Russian Classics in Russian and English

А.П. Чехов
Пьесы

Anton Chekhov
Plays

French Classics in French and English

MADAME BOVARY
by Gustave Flaubert — ISBN: 978-0956401052

PIERRE AND JEAN
by Guy de Maupassant — ISBN: 978-0956774989

BEL-AMI
by Guy de Maupassant — ISBN: 978-0956774958

SWANN'S WAY
by Marcel Proust — ISBN: 978-0956774972

THE RED AND THE BLACK
by Stendhal — ISBN: 978-0956774965

Find us online:

French Classics in French and English page
on Facebook

Russian Classics in Russian and English

ANNA KARENINA (volume 1)
by Leo Tolstoy — ISBN: 978-0956774934

ANNA KARENINA (volume 2)
by Leo Tolstoy — ISBN: 978-0956774941

THE KREUTZER SONATA & THE DEATH OF IVAN ILYICH
by Leo Tolstoy — ISBN: 978-0956401069

CRIME AND PUNISHMENT
by Fyodor Dostoevsky — ISBN: 978-0956774927

NOTES FROM UNDERGROUND
by Fyodor Dostoevsky — ISBN: 978-0956401083

DEAD SOULS
by Nikolai Gogol — ISBN: 978-0956774910

THE LADY WITH THE DOG & OTHER STORIES
by Anton Chekhov — ISBN: 978-0956401076

PLAYS
by Anton Chekhov — ISBN: 978-0956401038

A HERO OF OUR TIME
by Mikhail Lermontov — ISBN: 978-0956401045

THE TORRENTS OF SPRING
by Ivan Turgenev — ISBN: 978-0956401090

FIRST LOVE & ASYA
by Ivan Turgenev — ISBN: 978-0956774903

Find us online:

Russian Novels in Russian and English page
on Facebook

Contents

От издателя	5
Иванов	20
Ivanov	21
Чайка	144
The Seagull	145
Дядя Ваня	242
Uncle Vanya	243
Три сестры	332
Three Sisters	333
Вишневый сад	458
The Cherry Orchard	459

От издателя

Чехов был с нами всегда

В пяти пьесах Чехова, собранных в этой книге, - три штампа. Первый: народ стремится в Харьков. Лопахин в "Вишневом саде" хочет прожить там всю зиму. Он "замучился без дела", не знает, к чему руки приложить – "болтаются как-то странно, точно чужие". А в Харькове – дело, в Харькове – бизнес...

В "Дяде Ване" в Харьков сбегают отставной профессор Серебряков и его молодая жена Елена Андреевна. Серебряков скучать не будет, ибо в Харькове живет некий Павел Алексеевич, написавший брошюру, в которой "опровергает то, что семь лет назад сам же защищал". Что же касается Елены Андреевны, то Астров считает, что в Харькове она зачахнет от скуки, и предлагает ей адюльтер в романтическом ландшафте: "Останьтесь, прошу вас. Сознайтесь, делать вам на этом свете нечего, цели жизни у вас никакой, занять вам своего внимания нечем, и, рано или поздно, все равно поддадитесь чувству, — это неизбежно. Так уж лучше это не в Харькове и не где-нибудь в Курске, а здесь, на лоне природы..."

Чехов не уточняет, бывал ли сам Астров в Харькове; вполне возможно, что нет, и говорит о том, чего не знает. Голова Астрова занята проблемой спасения российских лесов, а Харьков – это прогресс, это цивилизация! В Харькове, между прочим, продавали вишню из "Вишневого

сада", о чем вспоминает старый Фирс: "В прежнее время, лет сорок-пятьдесят назад, вишню сушили, мочили, мариновали, варенье варили, и, бывало... сушеную вишню возами отправляли в Москву и в Харьков. Денег было!"

И в Харькове, между прочим, умели ценить искусство. В "Чайке" актриса Аркадина восклицает: "Как меня в Харькове принимали, батюшки мои, до сих пор голова кружится!.. Студенты овацию устроили... Три корзины, два венка и вот... (Снимает с груди брошь и бросает на стол.)" Уж не Лопахин ли брошь подарил, великолепнейшая Ирина Николаевна?

Признаться, сам я в Харькове не бывал-с, и мне трудно понять, почему именно этот город играет столь важную роль в жизни чеховских героев. Мне понятно стремление трех сестер в Москву, где я родился и вырос, но Харьков? Лишь одно объяснение я нахожу: Чехов был писателем всей России, а не гламурным столичным беллетристом. Он родился и вырос в Таганроге, его семья буквально за волосы вытащила сама себя из провинции и перебралась в Москву, и потому Харьков для Чехова – важный город.

Я помню себя в молодые и глупые годы: я стою на вокзале перед расписанием поездов и думаю – зачем люди ездят из Таганрога в Харьков или из Харькова в Таганрог? Не все ли равно? И еще помню, как удивился, когда узнал, что самый интеллигентный писатель России – не москвич и даже не петербуржец. Семейство Чеховых – лимита, мешочники! И потом, когда я замечал "приезжих" на московских улицах или в метро, я напоминал себе, что среди них может быть новый Чехов; иногда даже помогал им зайти на эскалатор.

Штамп второй: женщины кладут собеседникам голову на грудь. Удобная грудь у Ольги в "Трех сестрах". Сначала нянька Анфиса проделывает с ней этот маневр, затем его повторяет Ирина со словами: "Придет время, все узнают, зачем все это, для чего эти страдания, никаких не будет тайн, а пока надо жить... надо работать, только работать!"

В "Чайке" Маша говорит Дорну: "Я страдаю. Никто, никто не знает моих страданий! (Кладет ему голову на грудь,

тихо.) Я люблю Константина." Затем Нина Заречная в разговоре с Константином Треплевым "кладет ему голову на грудь и сдержанно рыдает".

В "Дяде Ване" Соня устраивается на груди у Елены Андреевны, а Елена Андреевна дает себе волю в разговоре с Астровым: "(Не видя Войницкого). Пощадите... оставьте меня... (Кладет Астрову голову на грудь.) Нет! (Хочет уйти.)"

Я думаю, виновата цензура. Цензоров царской России, конечно, не сравнить с их преемниками из советского Главлита, но проблемы у Чехова возникали не раз. Цензору "Чайки", например, не понравилось, что Треплев не осуждает свою мать Аркадину за сожительство с Тригориным без брака. Очевидно, драматург был скован в выборе приемов для показа физических отношений между персонажами.

Судить о личной жизни Чехова по его пьесам было бы совершенно неправильно. О, Антон Павлович женщин знал! В Советском Союзе эта часть биографии писателя замалчивалась, мы слышали только про Лику Мизинову и Ольгу Книппер, которая впоследствии стала его женой, так что Книппер не считается. Чехов активно пользовался услугами проституток, позднее появились актрисы, но и проститутки остались. Актриса Клеопатра Каратыгина обычно играла на сцене скелетов и смерть, Татьяна Щепкина-Куперник и Лидия Яворская любили не только Чехова, но и друг друга, а также Федора Корша, которому принадлежал популярный московский театр, где состоялась премьера "Иванова". Рядовой советский поклонник Чехова ничего этого не знал; возможно, читал что-то из произведений известной советской писательницы и переводчицы Щепкиной-Куперник, не подозревая о ее бурном прошлом.

Кто-то воскликнет в стиле эпохи перестройки и гласности: нас обманывали 70 лет! Но правильно ли это в случае с Чеховым? Советская цензура способствовала тому, что Антон Павлович в течение тех 70 лет оставался эталоном интеллигентности, образцом для подражания.

За это писатель сказал бы Главлиту большое русское спасибо, если бы мог. Чехов не тащил свой сексуальный опыт в повести, рассказы и пьесы, его литература – о другом; публичное смакование интимных подробностей его жизни вряд ли обрадовало бы его. И сегодня российские любители Чехова по-прежнему хотят видеть его умным, сдержанным, в пенсне, как на портрете кисти Иосифа Браза. Тончайший писатель, самоотверженный доктор, исследователь Сахалина, почти святой – да; жадный до сексуальных удовольствий мужчина – спасибо, не надо.

В предисловии к вышедшей в 1997 году биографии Чехова британский профессор Дональд Рэйфилд пишет, что в российских архивах хранится огромное количество неопубликованных документов, относящихся к жизни писателя, причем, судя по архивным записям, российские чеховеды их читали, но публиковать не хотят. Россияне отказываются видеть Чехова в объятиях двух актрис-лесбиянок. Все, что женщина может сделать Чехову, - это положить голову ему на грудь.

Штамп третий: разговоры о будущем. Во всех пяти пьесах имеются персонажи, которые размышляют о нем, мечтают о лучшей жизни. Интересно проследить эволюцию этой темы. В более ранних пьесах "Иванов" (1887) и "Чайка" (1896) чеховские герои видят счастье в духовном обновлении самих себя – в любви, в литературе, в театре. В "Дяде Ване" (1897) духовный момент также присутствует, в частности, в монологе Сони в конце пьесы: "Мы, дядя Ваня, будем жить. Проживем длинный, длинный ряд дней, долгих вечеров; будем терпеливо сносить испытания, какие пошлет нам судьба; будем трудиться для других и теперь, и в старости, не зная покоя, а когда наступит наш час, мы покорно умрем, и там за гробом мы скажем, что мы страдали, что мы плакали, что нам было горько, и бог сжалится над нами, и мы с тобою, дядя, милый дядя, увидим жизнь светлую, прекрасную, изящную, мы обрадуемся и на теперешние наши несчастья оглянемся с умилением, с улыбкой — и отдохнем. Я верую, дядя, верую горячо, страстно... (Ста-

новится перед ним на колени и кладет голову на его руки; утомленным голосом.) Мы отдохнем!"

Здесь же слышны мотивы труда – "трудиться для других и теперь, и в старости, не зная покоя". Этот мотив присутствует и в "Иванове", но главный герой той пьесы уже надорвался, уже разуверился. Дядя Ваня и Соня пока держатся, а доктор Астров осуществляет на практике теорию малых дел, которая завоевала популярность среди российских интеллигентов в 1880-е годы, - он спасает леса.

В "Трех сестрах" (1900) тема счастья через труд звучит из уст Вершинина: "Через двести-триста лет жизнь на земле будет невообразимо прекрасной, изумительной. Человеку нужна такая жизнь, и если ее нет пока, то он должен предчувствовать ее, ждать, мечтать, готовиться к ней, он должен для этого видеть и знать больше, чем видели и знали его дед и отец." И в другом месте: "Мне кажется, все на земле должно измениться мало-помалу и уже меняется на наших глазах. Через двести-триста, наконец, тысячу лет, — дело не в сроке, — настанет новая, счастливая жизнь. Участвовать в этой жизни мы не будем, конечно, но мы для нее живем теперь, работаем, ну, страдаем, мы творим ее — и в этом одном цель нашего бытия и, если хотите, наше счастье."

У Вершинина все это останется на уровне разговоров: он военная косточка, подполковник, батарейный командир, у него сумасшедшая жена, теща и две дочери. Никуда ему от армии не деться... Но есть в "Трех сестрах" другой персонаж, который рассуждает о будущем более практично и предпринимает конкретные шаги для того, чтобы изменить свою жизнь. Более того, у Чехова-драматурга появляется новый мотив – "надвигающаяся буря". Звучит этот мотив в словах барона Тузенбаха: "Пришло время, надвигается на всех нас громада, готовится здоровая, сильная буря, которая идет, уже близка и скоро сдует с нашего общества лень, равнодушие, предубеждение к труду, гнилую скуку. Я буду работать, а

через какие-нибудь 25-30 лет работать будет уже каждый человек. Каждый!"

Перечитаем еще раз место о "здоровой, сильной буре". До двух революций 1917 года остается 17 лет.

Нет, Тузенбах - не революционер. Он говорит Ирине: "Я увезу тебя завтра, мы будем работать, будем богаты, мечты мои оживут. "Будем богаты..." "Здоровую бурю" Тузенбах видит не в социалистической революции, а в развитии капитализма в России. Барон оставляет службу в армии и собирается работать на кирпичном заводе. Его убивает на дуэли Соленый (после чего Ирина кладет голову на грудь Ольге), но дело Тузенбаха живет. И живет оно в образе Лопахина в последней чеховской пьесе.

"Вишневый сад" (1903) - пьеса, наиболее заряженная социальным содержанием; именно поэтому она входила в программу средней школы в Советском Союзе. Здесь Чехов намечает уже не одну, а две бури. До двух революций остается 14 лет.

"Капиталистическую бурю" олицетворяет купец Лопахин. Он тоже мечтает о новой жизни, но по-своему: "До сих пор в деревне были только господа и мужики, а теперь появились еще дачники. Все города, даже самые небольшие, окружены теперь дачами. И можно сказать, дачник лет через двадцать размножится до необычайности. Теперь он только чай пьет на балконе, но ведь может случиться, что на своей одной десятине он займется хозяйством, и тогда ваш вишневый сад станет счастливым, богатым, роскошным..."

Кто-то возразит: Чехов никогда не поставил бы рядом барона Тузенбаха и купца Лопахина! Почему же? В чем проблема? В том, что тот – барон, а этот – мужик? Но Чехов, в отличие от многих нынешних россиян, никогда не испытывал пиетета по отношению к дворянам, никогда не произносил их титулы с подобострастной дрожью в голосе. По словам Дональда Рэйфилда, писатель вращался в самых разных кругах – среди учителей, врачей, крупных предпринимателей, купцов, крестьян, актеров, художников, ученых, чиновников, офицеров,

помещиков, проституток – и со всеми находил общий язык, за исключением дворян.

Прадед писателя, Михаил Чехов, всю жизнь был крепостным, дед – Егор Михайлович – принадлежал графу Черткову, владевшему поместьем в Воронежской губернии. За 30 лет тяжелого труда Егор Чехов накопил 875 рублей, на которые выкупил из рабства себя, жену и троих сыновей. Граф Чертков "проявил великодушие" и в довесок добавил дочь Егора Александру, однако его родители и братья так и остались рабами. Пути Чеховых и Чертковых пересеклись еще раз в конце 19-го века: Антон Павлович был знаком с внуком владельца своего деда – Владимиром Чертковым, соратником и другом Л.Н. Толстого.

Купец Лопахин – тоже из крепостных, его отец был рабом деда и отца Любови Андреевны Раневской; он – один из наиболее симпатичных персонажей "Вишневого сада". Питает искреннюю приязнь к Раневской ("вы, собственно вы, сделали для меня когда-то так много, что я забыл все и люблю вас, как родную... больше, чем родную"), по отношению к ней и ее брату Гаеву ведет себя честно, дает им дельный совет по поводу того, как спасти имение. Да, он малограмотный, но стыдится этого: "Мой папаша был мужик, идиот, ничего не понимал, меня не учил, а только бил спьяна, и все палкой. В сущности, и я такой же болван и идиот. Ничему не обучался, почерк у меня скверный, пишу я так, что от людей совестно, как свинья." Когда покупает имение с садом, глубоко чувствует боль Раневской: "Отчего же, отчего вы меня не послушали? Бедная моя, хорошая, не вернешь теперь. (Со слезами.) О, скорее бы все это прошло, скорее бы изменилась как-нибудь наша нескладная, несчастная жизнь."

В каком же виде предстает перед нами российское дворянство? Три персонажа: Раневская, Гаев и Симеонов-Пищик. Неужели у кого-нибудь повернется язык сказать, что Чехов им сочувствует, что "Вишневый сад" - это плач по дворянской России? В лучшем случае драматург жалеет Раневскую – несчастную женщину, запутавшуюся в

жизни и любви. Гаев – человек абсолютно никчемный, под конец пьесы пристроившийся в каком-то банке; Симеонов-Пищик – такое же ничтожество, радующееся тому, что англичане, "величайшего ума люди", нашли в его имении какую-то белую глину. Раневская и Гаев не смогли сохранить имение и вишневый сад исключительно из-за своего чистоплюйства, и такую Россию Чехову совершенно не жалко. Ему ближе всех Лопахин. В "счастливом будущем", о котором так любят рассуждать чеховские герои, Лопахин пригодится, а вот Раневской, Гаеву и Пищику там места нет.

Об отношении русского дворянства к великому русскому писателю свидетельствует поразительная история, произошедшая с одной из дочерей Льва Толстого – Татьяной. В 1896 году, прочитав "Дом с мезонином", Татьяна влюбилась в Чехова и рассказала о своих чувствах матери. Чехов тебе не пара, он слишком беден и слишком низкого происхождения, ответила графиня Софья Андреевна – жена Льва Толстого, дочь московского врача, в молодости готовившаяся стать домашней учительницей.

С появлением на сцене Пети Трофимова деревья в вишневом саду покачнулись от новой бури, которая до этого не дула в чеховской драматургии – ни малейшего ветерка не было. Он в поношенном студенческом мундире, в очках, крестьянка в поезде назвала его "облезлый барин". Ему 26 или 27 лет, университет не закончил, вечный студент, сын аптекаря. Это уже не просто Петя Трофимов, это – типичный представитель, как учили нас выражаться на уроках литературы. Напомню: Владимир Ленин не закончил Казанский университет, экзамены в Санкт-Петербургском университете сдал экстерном; Иосиф Сталин – недоучившийся семинарист; Лев Троцкий закончил училище в Одессе, в университетах вообще не обучался.

Как и Вершинин с Тузенбахом, как Соня, Петя мечтает о счастливом будущем: "Человечество идет вперед, совершенствуя свои силы. Все, что недосягаемо для него теперь, когда-нибудь станет близким, понятным, только вот надо работать, помогать всеми силами тем, кто ищет

истину." Пока ничего нового, все это в пьесах Чехова уже было. Идем дальше: "У нас, в России, работают пока очень немногие. Громадное большинство той интеллигенции, какую я знаю, ничего не ищет, ничего не делает и к труду пока не способно. Называют себя интеллигенцией, а прислуге говорят "ты", с мужиками обращаются, как с животными, учатся плохо, серьезно ничего не читают, ровно ничего не делают, о науках только говорят, в искусстве понимают мало." Выпад в сторону дворянства, укол Раневской, которая говорит "ты" 87-летнему лакею Фирсу. Дальше: "Все серьезны, у всех строгие лица, все говорят только о важном, философствуют, а между тем у всех на глазах рабочие едят отвратительно, спят без подушек, по тридцати, по сорока в одной комнате, везде клопы, смрад, сырость, нравственная нечистота... И, очевидно, все хорошие разговоры у нас для того только, чтобы отвести глаза себе и другим. Укажите мне, где у нас ясли, о которых говорят так много и часто, где читальни? О них только в романах пишут, на деле же их нет совсем. Есть только грязь, пошлость, азиатчина..."

Петя Трофимов переводит дискуссию в область конкретных проблем – положение рабочих, о которых раньше Чехов писал гораздо меньше, чем о крестьянах, ясли, читальни... И хватит уже болтать, надо что-то делать!

Вдруг – "отдаленный звук, точно с неба, звук лопнувшей струны, замирающий, печальный". Гадают, что это. Нет, это не бадья в шахте сорвалась и не цапля крикнула. Правильно Раневская вздрагивает со словами "неприятно почему-то": это, господа, жизнь ваша привычная скоро оборвется. Конечно, неприятно...

До 1917 года – всего 14 лет. Уже восемь лет как действует "Союз борьбы за освобождение рабочего класса"; уже пять лет существует РСДРП, в 1903 году, в год премьеры "Вишневого сада", в Брюсселе и Лондоне прошел второй съезд этой партии; уже три года как Ленин и Плеханов издают "Искру". А Гаев все в бильярд играет, а Пищик все деньги пытается занять... Сомнительно, чтобы

А.П. Чехов был информирован о развитии революционного движения в России, но он чувствовал, что происходит в стране, он чувствовал уже другую бурю, не ту, о которой мечтал барон Тузенбах, - посильнее, пострашнее...

Старик Фирс бормочет по поводу зловещего звука лопнувшей струны: "Перед несчастьем тоже было: и сова кричала, и самовар гудел бесперечь." "Перед каким несчастьем?" – спрашивает Гаев. "Перед волей", - говорит Фирс.

Потом на сцене появляется "прохожий в белой потасканной фуражке, в пальто; он слегка пьян." Он вроде забавный, декламирует Надсона: "Брат мой, страдающий брат..." Неточное начало, ошибся пьяный... А стихотворение, между прочим, кончается словами: "Мир устанет от мук, захлебнется в крови, утомится безумной борьбой - и поднимет к любви, к беззаветной любви, очи, полные скорбной мольбой!.." Потом, после цитаты из Некрасова, прохожий просит денег: "позвольте голодному россиянину копеек тридцать...". Варя испуганно вскрикивает, Лопахин бросается защищать владельцев усадьбы, Любовь Андреевна торопливо откупается золотым рублем. Петя Трофимов молчит. Неужели знает, что через 14 лет прохожий не попросит, а потребует? И уж не откупишься от него, и даже купец Лопахин не поможет...

Лопахин согласен с Петей в том, что дела в России не блестящи: "Надо только начать делать что-нибудь, чтобы понять, как мало честных, порядочных людей." Но тут проблема: Петя не согласен с Лопахиным в том, кому предстоит вылечить Россию.

Приговор дворянству звучит в разговоре Трофимова с Аней, в реплике, которая начинается известной фразой "вся Россия наш сад" (эти слова любили писать на плакатах в Советском Союзе): "Подумайте, Аня: ваш дед, прадед и все ваши предки были крепостники, владевшие живыми душами, и неужели с каждой вишни в саду, с каждого листка, с каждого ствола не глядят на вас человеческие существа, неужели вы не слышите голосов... Владеть живыми душами — ведь это переродило всех вас, живших

раньше и теперь живущих, так что ваша мать, вы, дядя, уже не замечаете, что вы живете в долг, на чужой счет, на счет тех людей, которых вы не пускаете дальше передней... Мы отстали по крайней мере лет на двести, у нас нет еще ровно ничего, нет определенного отношения к прошлому, мы только философствуем, жалуемся на тоску или пьем водку. Ведь так ясно, чтобы начать жить в настоящем, надо сначала искупить наше прошлое, покончить с ним, а искупить его можно только страданием, только необычайным, непрерывным трудом. Поймите это, Аня."

Итак, с дворянами покончено, они на свалке истории. На Россию надвигаются две бури – Лопахин и Трофимов. Они сталкиваются в сцене прощания, когда Петя ищет свои старые калоши, а Лопахин предлагает ему деньги. Это – высшая точка социально-политической линии в пьесе. Лопахин заработал 40 тысяч рублей на маке и хочет поделиться с вечным студентом: "предлагаю тебе взаймы, потому что могу. Зачем же нос драть? Я мужик... попросту."

Если бы Петя Трофимов уже состоял в какой-нибудь революционной организации, он эти деньги взял бы – на покупку бомб или печатного станка. Но пока он отказывается: "Оставь, оставь... Дай мне хоть двести тысяч, не возьму. Я свободный человек. И все, что так высоко и дорого цените вы все, богатые и нищие, не имеет надо мной ни малейшей власти, вот как пух, который носится по воздуху. Я могу обходиться без вас, я могу проходить мимо вас, я силен и горд."

И дальше следуют фразы, которые поразительно напоминают советские пьесы и фильмы о революционерах. Трофимов: "Человечество идет к высшей правде, к высшему счастью, какое только возможно на земле, и я в первых рядах!" Лопахин: "Дойдешь?" Трофимов: "Дойду." Пауза. "Дойду или укажу другим путь, как дойти." И "слышно, как вдали стучат топором по дереву". Это не Чехов, к которому мы привыкли. Это почти Николай Островский, "Как закалялась сталь", строительство Боярской узкоколейки...

Трофимов и Аня весело прощаются с усадьбой и вишневым садом: "Прощай, дом! Прощай, старая жизнь! Здравствуй, новая жизнь!" Что с ними станет? Кем они станут? Революционная работа, ссылка в Сибирь, побег, эмиграция, Петроград 17-го? А почему бы и нет?

Чехов умер в 1904 году в возрасте 44 лет. В советской школе любили задавать вопрос: а принял бы Антон Павлович Октябрьскую революцию, если бы дожил до нее? В те времена вопрос был риторическим; дети тянули руки - конечно, принял бы! Он же был гуманист, за рабочих и крестьян, сочувствовал их горю... Отвечали дети, которых так учили, которые понятия не имели о том, какой трагедией для России обернулась революция, гражданская война и сталинизм. Задай этот вопрос сегодняшним школьникам, и потянутся руки: нет, конечно, не принял бы! Ведь Антон Павлович – гуманист... Чехов и большевики? Вы шутите, Людмила Ивановна! Отвечают дети, которые очень хорошо осведомлены об ужасах гражданской войны и сталинизма, но забывают: в 17-м году никто не мог предположить, что будет в 20-м или в 37-м. Зато в 17-м еще прекрасно помнили крепостное право, еще были живы россияне, родившиеся рабами. В Лондоне уже строили метро, а в России русский человек продавал русского человека как скотину, проигрывал в карты, менял на лошадей и борзых собак. Чехов никогда об этом не забывал.

Как повели себя люди из ближайшего окружения Чехова? Его друг Иван Бунин бежал сначала в Одессу, потом во Францию. Для него, выходца из старинного дворянского рода, революция была бунтом грязного вонючего быдла. В "Окаянных днях" он упивается своей ненавистью: "А сколько лиц бледных, скуластых, с разительно асимметрическими чертами среди этих красноармейцев и вообще среди русского простонародья,— сколько их, этих атавистических особей, круто замешанных на монгольском атавизме! Весь, Мурома, Чудь белоглазая... И как раз именно из них, из этих самых русичей, издревле славных своей *антисоциальностью,* давших столько

"удалых разбойничков", столько бродяг, бегунов, а потом хитровцев, босяков, как раз из них и вербовали мы красу, гордость и надежду русской *социальной* революции. Что ж дивиться результатам?"

Очень сомнительно, чтобы доктор Чехов, бесплатно лечивший тысячи крестьян, сам вышедший из крестьянской семьи, написал бы что-нибудь подобное о "русском простонародье".

В "Антоновских яблоках" Бунин вспоминает: "Крепостного права я не знал и не видел, но помню у тетки Анны Герасимовны чувствовал его. Въедешь во двор и сразу ощутишь, что тут оно еще вполне живо. Усадьба - небольшая, но вся старая, прочная, окруженная столетними березами и лозинами. Надворных построек - невысоких, но домовитых - множество, и все они точно слиты из темных дубовых бревен под соломенными крышами. Выделяется величиной или, лучше сказать, длиной только почерневшая людская, из которой выглядывают последние могикане дворового сословия - какие-то ветхие старики и старухи, дряхлый повар в отставке, похожий на Дон-Кихота. Все они, когда въезжаешь во двор, подтягиваются и низко-низко кланяются. Седой кучер, направляющийся от каретного сарая взять лошадь, еще у сарая снимает шапку и по всему двору идет с обнаженной головой." Уж не Фирсом ли кучера звали, Иван Алексеевич?

Бунин не принял не только Октябрьскую, но и Февральскую, переживал за "вишневый сад": "Мужики, разгромившие осенью семнадцатого года одну помещичью усадьбу под Ельцом, ощипали, оборвали для потехи перья с живых павлинов и пустили их, окровавленных, летать, метаться, тыкаться с пронзительными криками куда попало." ("Окаянные дни".) Чехов, вероятно, пожалел бы павлинов, но и понял бы мужиков, понял бы истоки их жгучей ненависти к помещичьей усадьбе.

Бунин уехал, а Ольга Книппер-Чехова осталась. В 1943 году играла Раневскую в 300-м представлении "Вишневого сада" во МХАТе, в том же году получила Сталинскую

премию; награждена двумя орденами Ленина; умерла в Москве в 1959 году. Станиславский остался; в 1922 году возил МХАТ на гастроли в Европе и США; в 1936-м получил звание народного артиста СССР, награжден орденами Ленина и Трудового Красного Знамени, умер в 1938 году в возрасте 75 лет. Немирович-Данченко остался: те же ордена, что и у Станиславского, народный артист СССР с 1936 года, две Сталинских премии, умер в Москве в 1943 году в возрасте 84 лет. Сложный это вопрос – Чехов и революция...

Конечно, для советской власти он был очень удобным писателем. Антон Павлович всю жизнь держался в стороне от политических партий, группировок и направлений. Он не написал ничего подобного "Бесам" Достоевского и не успел заклеймить большевиков, поскольку не был знаком с ними. У советской цензуры к нему претензий не было в отличие от цензуры царской.

Когда читаешь Чехова, то забываешь, какой в России государственный строй – республика или монархия. Он не пишет об этом, его герои не говорят об этом; гораздо важнее отношения между людьми, любовь, поиски смысла жизни – темы, интересные при любой политической системе. Можно было зарыться в Чехова и забыть про речи советских вождей, съезды КПСС и необходимость выполнить пятилетку в четыре года.

Благоговейное отношение советского читателя и зрителя к А.П. Чехову заставляет усомниться в правоте Владимира Набокова, который в 1957 году в лекции "Пошляки и пошлость" для американских студентов назвал Советский Союз страной "моральных уродов, улыбающихся рабов и тупоголовых громил". Обидно, что Набоков сам впал в пошлость самого низкого сорта вместе со многими российскими эмигрантами, которые свой отъезд из страны воспринимали как исход Последнего Русского Интеллигента.

В России интеллигенция была и до Советов, и при Советах, и после Советов. Лечили людей, учили детей, расщепляли атом, исследовали клетку, водили

своих отпрысков к учительнице по музыке, читали "Литературную газету", ходили в театр и на художественные выставки, доставали билеты на Московский кинофестиваль, любили непропагандистские фильмы, отправлялись в походы "за мечтами и за запахом тайги", слушали Окуджаву и Никитиных, ездили на дачу ухаживать за своим маленьким вишневым садиком (Лопахин оказался прав!). Я другой такой страны не знаю, где поэты выступали на стадионах, где так горячо спорили о "физиках и лириках" и о том, что такое настоящий интеллигент, где считалось неприличным говорить о деньгах.

Всем этим людям нужен был Чехов. По нему сверяли уровень интеллигентности. Детям в Москве, Харькове и Таганроге сначала объясняли, что вилку надо держать в левой руке, а нож – в правой, а потом цитировали им "Дом с мезонином": "Хорошее воспитание не в том, что ты не прольешь соуса на скатерть, а в том, что ты не заметишь, если это сделает кто-нибудь другой".

Чехов был с нами всегда...

Александр Васильев

Иванов

Драма в четырех действиях

Действующие лица

Иванов Николай Алексеевич, *непременный член по крестьянским делам присутствия.*
Анна Петровна, *его жена, урожденная Сарра Абрамсон.*
Шабельский Матвей Семенович, *граф, его дядя по матери.*
Лебедев Павел Кириллыч, *председатель земской управы.*
Зинаида Савишна, *его жена.*
Саша, *дочь Лебедевых, 20-ти лет.*
Львов Евгений Константинович, *молодой земский врач.*
Бабакина Марфа Егоровна, *молодая вдова, помещица, дочь богатого купца.*
Косых Дмитрий Никитич, *акцизный.*
Боркин Михаил Михайлович, *дальний родственник Иванова и управляющий его имением.*
Авдотья Назаровна, *старуха с неопределенною профессией.*
Егорушка, *нахлебник Лебедевых.*
1-й гость.
2-й гость.
3-й гость.
4-й гость.
Петр, *лакей Иванова.*
Гаврила, *лакей Лебедевых.*
Гости обоего пола, лакеи.

Действие происходит в одном из уездов средней полосы России.

Действие первое

Сад в имении Иванова. Слева фасад дома с террасой. Одно окно открыто. Перед террасой широкая полукруглая площадка, от которой в сад, прямо и вправо, идут аллеи. На правой стороне садовые диванчики и столики. На одном из последних горит лампа. Вечереет. При поднятии занавеса слышно, как в доме разучивают дуэт на рояле и виолончели.

Ivanov

A Drama in Four Acts

Characters

Nikolai Alekseyevich Ivanov, *perpetual member of the Council of Peasant Affairs.*
Anna Petrovna, *his wife. Nee Sarah Abramson.*
Matvey Semyonovich Shabelsky, *a count, his maternal uncle.*
Pavel Kirillych Lebedev, *chairman of the Board of the Zemstvo.*
Zinaida Savishna, *his wife.*
Sasha, *the Lebedevs' daughter, twenty years old.*
Evgeny Konstantinovich Lvov, *a young zemstvo doctor.*
Marfa Yegorovna Babakina, *a young widow, owner of an estate and daughter of a rich merchant.*
Dmitry Nikitich Kosykh, *an exciseman.*
Mikhail Mikhaylovich Borkin, *a distant relative of Ivanov, and manager of his estate.*
Avdotya Nazarovna, *an old woman of uncertain occupation.*
Yegorushka, *a dependant of the Lebedevs.*
First Guest.
Second Guest.
Third Guest.
Fourth Guest.
Pyotr, *a lackey of Ivanov.*
Gavrila, *a lackey of the Lebedevs.*
Guests of both sexes, lackeys.

The play takes place in one of the districts of central Russia.

Act I

The garden of Ivanov's estate. On the left is the facade of the house with a terrace. One window is open. In front of the terrace is a broad semicircular lawn, from which alleys lead into the garden straight ahead and right. On the right are several garden benches and small tables. A lamp is burning on one of the tables. It is getting dark. As the curtain rises sounds of the piano and violoncello duet are heard.

Иванов

I

Иванов и Боркин.

Иванов сидит за столом и читает книгу. Боркин в больших сапогах, с ружьем, показывается в глубине сада; он навеселе; увидев Иванова, на цыпочках идет к нему и, поравнявшись с ним, прицеливается в его лицо.

Иванов *(увидев Боркина, вздрагивает и вскакивает).* Миша, бог знает что... вы меня испугали... Я и так расстроен, а вы еще с глупыми шутками... *(Садится.)* Испугал и радуется...

Боркин *(хохочет).* Ну, ну... виноват, виноват. *(Садится рядом.)* Не буду больше, не буду... *(Снимает фуражку.)* Жарко. Верите ли, душа моя, в какие-нибудь три часа семнадцать верст отмахал... замучился... Пощупайте-ка, как у меня сердце бьется...

Иванов *(читая).* Хорошо, после...

Боркин. Нет, вы сейчас пощупайте. *(Берет его руку и прикладывает к груди.)* Слышите? Ту-ту-ту-ту-ту-ту. Это, значит, у меня порок сердца. Каждую минуту могу скоропостижно умереть. Послушайте, вам будет жаль, если я умру?

Иванов. Я читаю... после...

Боркин. Нет, серьезно, вам будет жаль, если я вдруг умру? Николай Алексеевич, вам будет жаль, если я умру?

Иванов. Не приставайте!

Боркин. Голубчик, скажите: будет жаль?

Иванов. Мне жаль, что от вас водкой пахнет. Это, Миша, противно.

Боркин *(смеется).* Разве пахнет? Удивительное дело... Впрочем, тут нет ничего удивительного. В Плесниках я встретил следователя, и мы, признаться, с ним рюмок по восьми стукнули. В сущности говоря, пить очень вредно. Послушайте, ведь вредно? А? вредно?

Иванов. Это, наконец, невыносимо... Поймите, Миша, что это издевательство...

Боркин. Ну, ну... виноват, виноват!.. Бог с вами, сидите себе... *(Встает и идет.)* Удивительный народ, даже и поговорить нельзя. *(Возвращается.)* Ах, да! Чуть было не забыл... Пожалуйте восемьдесят два рубля!..

Иванов. Какие восемьдесят два рубля?

Боркин. Завтра рабочим платить.

Иванов. У меня нет.

Ivanov

I

Ivanov and Borkin.

Ivanov is sitting at a table reading a book. Borkin, in top-boots and carrying a gun, appears in the rear of the garden. He is a little tipsy. As he sees Ivanov he comes toward him on tiptoe, and when he comes opposite him he points the gun at his face.

Ivanov. [*Catches sight of Borkin. Shudders and jumps to his feet.*] Misha, God knows what... you frightened me... I can't stand your stupid jokes when I am upset... [*He sits down.*] Frightened me, and is happy...
Borkin. [*Laughing loudly.*] There, there... I am sorry, I am sorry. [*Sits down next to Ivanov.*] I won't do it again. Indeed I won't... [*Takes off his cap.*] It's hot. Would you believe it, my dear boy, I have covered seventeen versts in about three hours... I am worn out... Just feel how my heart is beating...
Ivanov. [*Reading.*] OK, later...
Borkin. No, feel it now. [*Takes his hand and presses it against his breast.*] Can you feel it? Tu-tu-tu-tu-tu-tu. That means I have cardiac defect. I may die suddenly any minute. Would you be sorry if I died?
Ivanov. I am reading... later...
Borkin. No, seriously, would you be sorry if I died suddenly? Nikolai Alekseyevich, would you be sorry if I died?
Ivanov. Don't bother me!
Borkin. My dear, tell me: would you be sorry?
Ivanov. I am sorry that you smell of vodka. It is disgusting, Misha.
Borkin. [*Laughing.*] Do I smell? How strange... And yet, there is nothing strange in it. I met the magistrate at Plesniki, and I must admit that we did drink about eight glasses each. Strictly speaking, drinking is very harmful. Listen, it is harmful, isn't it? Is it? Harmful?
Ivanov. This is unendurable... Misha, you should understand that this is torture...
Borkin. There, there... sorry, sorry!.. Sit here by yourself then, for heaven's sake... [*Gets up and goes away.*] Extraordinary people, one can't even talk to them. [*He comes back.*] Oh, yes! I nearly forgot... Please let me have eighty-two roubles!..
Ivanov. What eighty-two roubles?
Borkin. To pay the workmen tomorrow.
Ivanov. I don't have it.

Боркин. Покорнейше благодарю! *(Дразнит.)* У меня нет... Да ведь нужно платить рабочим? Нужно?
Иванов. Не знаю. У меня сегодня ничего нет. Подождите до первого числа, когда жалованье получу.
Боркин. Вот и извольте разговаривать с такими субъектами!.. Рабочие придут за деньгами не первого числа, а завтра утром!..
Иванов. Так что же мне теперь делать? Ну, режьте меня, пилите... И что у вас за отвратительная манера приставать ко мне именно тогда, когда я читаю, пишу или...
Боркин. Я вас спрашиваю: рабочим нужно платить или нет? Э, да что с вами говорить!.. *(Машет рукой.)* Помещики тоже, черт подери, землевладельцы... Рациональное хозяйство... Тысяча десятин земли - и ни гроша в кармане... Винный погреб есть, а штопора нет... Возьму вот и продам завтра тройку! Да-с!.. Овес на корню продал, а завтра возьму и рожь продам. *(Шагает по сцене.)* Вы думаете, я стану церемониться? Да? Ну, нет-с, не на такого напали...

II

Те же, Шабельский (за сценой) и Анна Петровна.

Голос Шабельского за окном: "Играть с вами нет никакой возможности... Слуха у вас меньше, чем у фаршированной щуки, а туше возмутительное".
Анна Петровна *(показывается в открытом окне).* Кто здесь сейчас разговаривал? Это вы, Миша? Что вы так шагаете?
Боркин. С вашим Nicolas-voilà еще не так зашагаешь.
Анна Петровна. Послушайте, Миша, прикажите принести на крокет сена.
Боркин *(машет рукой).* Оставьте вы меня, пожалуйста...
Анна Петровна. Скажите, какой тон... К вам этот тон совсем не идет. Если хотите, чтобы вас любили женщины, то никогда при них не сердитесь и не солидничайте... *(Мужу.)* Николай, давайте на сене кувыркаться!..
Иванов. Тебе, Анюта, вредно стоять у открытого окна. Уйди, пожалуйста... *(Кричит.)* Дядя, закрой окно!

Окно закрывается.

Borkin. Thank you kindly! [*Teasing.*] I don't have it... And yet the workmen must be paid, mustn't they?

Ivanov. I don't know. I have nothing today. Wait till the first of the month when I get my salary.

Borkin. How is it possible to talk to subjects like you!.. The workmen are coming for their money tomorrow morning, not on the first of the month!..

Ivanov. What am I supposed to do now? Well, put a knife into me, saw me... And what do you mean by this irritating way you have of pestering me whenever I am reading, writing or...

Borkin. Must the workmen be paid or not, I ask you? Eh, what is the use of talking to you!.. [*Waves his hand.*] Squires, damn you, landowners... Rational farming... A thousand desyatinas of land – and not a kopeck in your pockets... There is a wine cellar, but no corkscrew... I will sell the carriage horses tomorrow! Yes!.. I have sold the oats as they stand in the field, and tomorrow I will sell the rye. [*He walks about the stage.*] Do you think I am going to stand upon ceremony? Do you? Certainly not, I am not that kind of a man...

II

The same, Shabelsky (offstage) and Anna Petrovna.

Shabelsky's voice is heard through the window: "I can't play with you... You have less ear for music than a stuffed pike, and your touch is a disgrace".

Anna Petrovna. [*Appears in the open window.*] Who was talking here just now? Was it you, Misha? Why are you stamping like that?

Borkin. Anybody who had anything to do with your Nicolas-voilà would be stamping like that.

Anna Petrovna. Listen, Misha, have some hay carried onto the croquet lawn.

Borkin. [*Waves his hand.*] Leave me alone, please...

Anna Petrovna. Oh, what manners... They are not becoming to you at all. If you want to be loved by women you must never let them see you angry or pompous... [*To her husband.*] Nikolai, let us go and play on the hay!..

Ivanov. It is bad for you to stand at the open window, Anyuta. Go away, please... [*Calls.*] Shut the window, Uncle!

The window is shut.

Боркин. Не забывайте еще, что через два дня нужно проценты платить Лебедеву.
Иванов. Я помню. Сегодня я буду у Лебедева и попрошу его подождать... *(Смотрит на часы.)*
Боркин. Вы когда туда поедете?
Иванов. Сейчас.
Боркин *(живо)*. Постойте, постойте!.. ведь сегодня, кажется, день рождения Шурочки... Те-те-те-те... А я забыл... Вот память, а? *(Прыгает.)* Поеду, поеду... *(Поет.)* Поеду... Пойду выкупаюсь, пожую бумаги, приму три капли нашатырного спирта и - хоть сначала начинай... Голубчик, Николай Алексеевич, мамуся моя, ангел души моей, вы всё нервничаете, ей-богу, ноете, постоянно в мерлехлюндии, а ведь мы, ей-богу, вместе черт знает каких делов могли бы наделать! Для вас я на все готов... Хотите, я для вас на Марфуше Бабакиной женюсь? Половина приданого ваша... То есть не половина, а всё берите, всё!..
Иванов. Будет вам вздор молоть...
Боркин. Нет, серьезно, ей-богу, хотите, я на Марфуше женюсь? Приданое пополам... Впрочем, зачем я это вам говорю? Разве вы поймете? *(Дразнит.)* "Будет вздор молоть". Хороший вы человек, умный, но в вас не хватает этой жилки, этого, понимаете ли, взмаха. Этак бы размахнуться, чтобы чертям тошно стало... Вы психопат, нюня, а будь вы нормальный человек, то через год имели бы миллион. Например, будь у меня сейчас две тысячи триста рублей, я бы через две недели имел двадцать тысяч. Не верите? И это, по-вашему, вздор? Нет, не вздор... Вот дайте мне две тысячи триста рублей, и я через неделю доставлю вам двадцать тысяч. На том берегу Овсянов продает полоску земли, как раз против нас, за две тысячи триста рублей. Если мы купим эту полоску, то оба берега будут наши. А если оба берега будут наши, то, понимаете ли, мы имеем право запрудить реку. Ведь так? Мы мельницу будем строить, и как только мы объявим, что хотим запруду сделать, так все, которые живут вниз по реке, поднимут гвалт, а мы сейчас: коммен зи гер[1], - если хотите, чтобы плотины не было, заплатите. Понимаете? Заревская фабрика даст пять тысяч, Корольков три тысячи, монастырь даст пять тысяч...
Иванов. Все это, Миша, фокусы... Если не хотите со мною ссориться, то держите их при себе.
Боркин *(садится за стол)*. Конечно!.. Я так и знал!.. И сами ничего не делаете, и меня связываете...

---
[1] Идите-ка сюда. *(Нем. - kommen Sie hier.)*

Ivanov

Borkin. And don't forget that the interest must be paid to Lebedev in two days.

Ivanov. I remember. I am going over to see Lebedev today and shall ask him to wait... [*He looks at his watch.*]

Borkin. When are you going there?

Ivanov. Now.

Borkin. [*Agitatedly.*] Wait, wait!.. Isn't this Sasha's birthday?.. Te-te-te-te... And I forgot... What a memory... [*Jumps about.*] I shall go, I shall go... [*Sings.*] I shall go... I shall have a swim, chew some paper, take three drops of ammonia spirit, and I'll be ready to start all over again... Nikolai Alekseyevich, my dear, my mummy, angel of my soul, you are always nervous, really, you are whimpering, constantly in melancholy, but together we could really do devil knows what! I would do anything for you... Do you want me to marry Marfusha Babakina for you? Half the dowry is yours... That is, not half, either, but all—take it all!..

Ivanov. Enough of this nonsense...

Borkin. No, seriously, really, do you want me to marry Marfusha? We'll halve the dowry... But why am I telling you this? How can you understand? [*Mockingly.*] "Enough of this nonsense". You are a good man and a clever one, but you haven't that little vein, well, that dash. Why, you and I could cut a dash together that would make the devils sick... If you were a normal man instead of a morbid hypochondriac we would have a million in a year. For instance, if I had twenty-three hundred roubles now I could make twenty thousand in two weeks. You don't believe me? You think it is all nonsense? No, it isn't nonsense... Give me twenty-three hundred roubles, and I will bring you twenty thousand in a week. Ovsyanov is selling a strip of land across the river, right opposite us, for twenty-three hundred roubles. If we buy that strip, both banks will be ours. And if both banks are ours, then, you see, we shall have the right to build a dam across the river. Isn't that so? We'll start building a mill, and as soon as we say that we want to build a dam, the people on the river below us will, of course, raise a rumpus, and we shall say: kommen Sie hier[1]. If you don't want a dam here you will have to pay. Do you understand? The Zarevsky factory would give five thousand, Korolkov three thousand, the monastery will give five thousand...

Ivanov. This is all tricks, Misha... If you don't want to quarrel with me you must keep them to yourself.

Borkin. [*Sits down at the table.*] Of course!.. I knew how it would be!.. You do nothing yourself, and you tie my hands...

---

[1] Come here (*German*).

Иванов

III

Те же, Шабельский и Львов.

Шабельский *(выходя со Львовым из дома).* Доктора - те же адвокаты, с тою только разницей, что адвокаты только грабят, а доктора и грабят и убивают... Я не говорю о присутствующих. *(Садится на диванчик.)* Шарлатаны, эксплуататоры... Может быть, в какой-нибудь Аркадии попадаются исключения из общего правила, но... я в свою жизнь пролечил тысяч двадцать и не встретил ни одного доктора, который не казался бы мне патентованным мошенником.
Боркин *(Иванову).* Да, сами ничего не делаете и меня связываете. Оттого у нас и денег нет...
Шабельский. Повторяю, я не говорю о присутствующих... Может быть, есть исключения, хотя, впрочем... *(Зевает.)*
Иванов *(закрывая книгу).* Что, доктор, скажете?
Львов *(оглядываясь на окно).* То же, что и утром говорил: ей немедленно нужно в Крым ехать. *(Ходит по сцене.)*
Шабельский *(прыскает).* В Крым!.. Отчего, Миша, мы с тобою не лечим? Это так просто... Стала перхать или кашлять от скуки какая-нибудь мадам Анго или Офелия, бери сейчас бумагу и прописывай по правилам науки: сначала молодой доктор, потом поездка в Крым, в Крыму татарин...
Иванов *(графу).* Ах, не зуди ты, зуда! *(Львову.)* Чтобы ехать в Крым, нужны средства. Допустим, что я найду их, но ведь она решительно отказывается от этой поездки...
Львов. Да, отказывается.

Пауза.

Боркин. Послушайте, доктор, разве Анна Петровна уж так серьезно больна, что необходимо в Крым ехать?..
Львов *(оглядывается на окно).* Да, чахотка...
Боркин. Псс!.. нехорошо... Я сам давно уже по лицу замечал, что она не протянет долго.
Львов. Но... говорите потише... в доме слышно...

Пауза.

Ivanov

III

The same, Shabelsky and Lvov.

Shabelsky. [*Coming out of the house with Lvov.*] The only difference between lawyers and doctors is that lawyers simply rob you, whereas doctors both rob you and kill you... I am not referring to anyone present. [*Sits down on the bench.*] Charlatans, exploiters... Perhaps in some Arcadia you might find exceptions to the general rule, but... I have spent about twenty thousand roubles on treatment in my life, and I have never met a doctor who did not seem to me a licensed scoundrel.
Borkin. [*To Ivanov.*] Yes, you do nothing yourself, and you tie my hands. That is why we have no money...
Shabelsky. I repeat, I am not referring to anyone present... There may be exceptions though, after all... [*He yawns.*]
Ivanov. [*Shutting his book.*] What have you to tell me, doctor?
Lvov. [*Looking toward the window.*] Exactly what I said this morning: she must go to the Crimea at once. [*Walks about the stage.*]
Shabelsky. [*Bursts out laughing.*] To the Crimea!.. Why don't you and I set up as doctors, Misha? It's so simple... Then, if some Madame Angot or Ophelia begins to spit cotton or cough out of boredom, get a sheet of paper and write out a prescription according to the rules of science: first a young doctor, then a journey to the Crimea, in the Crimea a Tartar...
Ivanov. [*To the Count.*] Oh, stop buzzing, buzzer! [*To Lvov.*] It takes money to go to the Crimea. Even if I find it, she has categorically refused to go...
Lvov. Yes, she has.

Pause.

Borkin. Look here, doctor, is Anna Petrovna really so seriously ill that she absolutely must go to the Crimea?..
Lvov. [*Looking toward the window.*] Yes, she has consumption...
Borkin. Whew!.. No good... I have seen in her face for some time that she could not last much longer.
Lvov. But... speak more softly... one can hear you in the house...

Pause.

Иванов

Боркин *(вздыхая).* Жизнь наша... Жизнь человеческая подобна цветку, пышно произрастающему в поле: пришел козел, съел и - нет цветка...
Шабельский. Все вздор, вздор и вздор!.. *(Зевает.)* Вздор и плутни.

Пауза.

Боркин. А я, господа, тут все учу Николая Алексеевича деньги наживать. Сообщил ему одну чудную идею, но мой порох, по обыкновению, упал на влажную почву. Ему не втолкуешь... Посмотрите, на что он похож: меланхолия, сплин, тоска, хандра, грусть...
Шабельский *(встает и потягивается).* Для всех ты, гениальная башка, изобретаешь и учишь всех, как жить, а меня хоть бы раз поучил... Поучи-ка, умная голова, укажи выход...
Боркин *(встает).* Пойду купаться... Прощайте, господа... *(Графу.)* У вас двадцать выходов есть... На вашем месте я через неделю имел бы тысяч двадцать. *(Идет.)*
Шабельский *(идет за ним).* Каким это образом? Ну-ка, научи.
Боркин. Тут и учить нечему. Очень просто... *(Возвращается.)* Николай Алексеевич, дайте мне рубль!

Иванов молча дает ему деньги.

Merci! *(Графу.)* У вас еще много козырей на руках.
Шабельский *(идя за ним).* Ну, какие же?
Боркин. На вашем месте я через неделю имел бы тысяч тридцать, если не больше. *(Уходит с графом.)*
Иванов *(после паузы).* Лишние люди, лишние слова, необходимость отвечать на глупые вопросы - всё это, доктор, утомило меня до болезни. Я стал раздражителен, вспыльчив, резок, мелочен до того, что не узнаю себя. По целым дням у меня голова болит, бессонница, шум в ушах... А деваться положительно некуда... Положительно...
Львов. Мне, Николай Алексеевич, нужно серьезно поговорить с вами.
Иванов. Говорите.
Львов. Я об Анне Петровне. *(Садится.)* Она не соглашается ехать в Крым, но с вами она поехала бы.
Иванов *(подумав).* Чтобы ехать вдвоем, нужны средства. К тому же, мне не дадут продолжительного отпуска. В этом году я уже брал раз отпуск...

Ivanov

Borkin. [*Sighing.*] Our life... The life of man is like a flower, blooming so gaily in a field. Then, along comes a goat, he eats it, and the flower is gone...
Shabelsky. All nonsense, nonsense and nonsense!.. [*Yawning.*] Nonsense and hanky-panky.

Pause.

Borkin. Gentlemen, I have been teaching Nikolai Alekseyevich to make money. I have submitted a brilliant plan to him, but as usual my powder fell on a damp soil. It's impossible to convince him... Look what a sight he is now: melancholy, spleen, boredom, blues, sadness...
Shabelsky. [*Gets up and stretches himself.*] You are always inventing schemes for everybody, you head of genius, and telling them how to live; can't you teach me just for once? Teach me, clever head, show me the way out...
Borkin. [*Getting up.*] I am going to have a swim... Goodbye, gentlemen... [*To the Count.*] You have twenty ways out... If I were you I should have twenty thousand in a week. [*Walks away.*]
Shabelsky. [*Follows him.*] How? Come, teach me.
Borkin. There is nothing to teach. It's very simple... [*Comes back.*] Nikolai Alekseyevich, give me a rouble!

Ivanov silently hands him the money.

Merci! [*To the Count.*] You still hold many trump cards.
Shabelsky. [*Following him.*] Well, what are they?
Borkin. If I were you I should have thirty thousand in a week, if not more. [*Exit with the Count.*]
Ivanov. [*After a pause.*] Irrelevant people, irrelevant words, and the necessity of answering stupid questions, have wearied me so, doctor, that I am ill. I have become so irritable, hot-tempered, harsh, petty that I don't recognise myself. My head aches for days at a time, I can't sleep, there is a noise in my ears... And yet there is no escape from it all... Absolutely none...
Lvov. Nikolay Alekseyevich, I have something serious to speak to you about.
Ivanov. Speak.
Lvov. It's about Anna Petrovna. [*He sits down.*] She refuses to go to the Crimea alone, but she would go with you.
Ivanov. [*Thoughtfully.*] We need money for us both to go. Besides, I could not get leave for so long. I have had one holiday already this year...

Иванов

Львов. Допустим, что это правда. Теперь далее. Самое главное лекарство от чахотки - это абсолютный покой, а ваша жена не знает ни минуты покоя. Ее постоянно волнуют ваши отношения к ней. Простите, я взволнован и буду говорить прямо. Ваше поведение убивает ее.

Пауза.

Николай Алексеевич, позвольте мне думать о вас лучше!..
Иванов. Все это правда, правда... Вероятно, я страшно виноват, но мысли мои перепутались, душа скована какою-то ленью, и я не в силах понимать себя. Не понимаю ни людей, ни себя... *(Взглядывает на окно.)* Нас могут услышать, пойдемте, пройдемся.

Встают.

Я, милый друг, рассказал бы вам с самого начала, но история длинная и такая сложная, что до утра не расскажешь.

Идут.

Анюта замечательная, необыкновенная женщина... Ради меня она переменила веру, бросила отца и мать, ушла от богатства, и если бы я потребовал еще сотню жертв, она принесла бы их, не моргнув глазом. Ну-с, а я ничем не замечателен и ничем не жертвовал. Впрочем, это длинная история... Вся суть в том, милый доктор *(мнется)*, что... короче говоря, женился я по страстной любви и клялся любить вечно, но... прошло пять лет, она все еще любит меня, а я... *(Разводит руками.)* Вы вот говорите мне, что она скоро умрет, а я не чувствую ни любви, ни жалости, а какую-то пустоту, утомление. Если со стороны поглядеть на меня, то это, вероятно, ужасно; сам же я не понимаю, что делается с моею душой...

Уходят по аллее.

IV

Шабельский, потом Анна Петровна.

Ivanov

Lvov. Let's suppose it's true. Now to proceed. The best cure for consumption is absolute peace of mind, and your wife has none whatever. She is forever upset by your attitude to her. Forgive me, I am excited and am going to speak frankly. Your behaviour is killing her.

Pause.

Nikolai Alekseyevich, let me believe better things of you!..
Ivanov. All that is true, true... I must be terribly guilty, but my mind is confused, my soul is paralysed by some kind of laziness; and I can't understand myself. I don't understand people or myself... [*Looks toward the window.*] Come, let us take a walk, we might be overheard here.

They get up.

My dear friend, you should hear the whole story from the beginning if it were not so long and complicated that to tell it would take all night.

They walk.

Anyuta is a splendid, an exceptional woman... For me she has changed her faith, left her father and mother and her fortune, and if I should demand a hundred other sacrifices, she would consent to every one without the quiver of an eyelid. Well, I am not a remarkable man in any way, and have sacrificed nothing. Well, it's a long story... The whole point is, my dear doctor, [*vacillates*] that... in short, I married her for passionate love and vowed to love her forever, but... now after five years she loves me still and I... [*He throws up his hands.*] Now you tell me that she will die soon, and I feel neither love nor pity, only a sort of emptiness and weariness. To all appearances this must seem horrible, and I cannot understand myself what is happening to my soul...

They walk out down the alley.

IV

Shabelsky, then Anna Petrovna.

Иванов

Шабельский *(входит и хохочет).* Честное слово, это не мошенник, а мыслитель, виртуоз! Памятник ему нужно поставить. В себе одном совмещает современный гной во всех видах: и адвоката, и доктора, и кукуевца, и кассира. *(Садится на нижнюю ступень террасы.)* И ведь нигде, кажется, курса не кончил, вот что удивительно... Стало быть, каким был бы гениальным подлецом, если бы еще усвоил культуру, гуманитарные науки! "Вы, говорит, через неделю можете иметь двадцать тысяч. У вас, говорит, еще на руках козырный туз - ваш графский титул. *(Хохочет.)* За вас любая девица пойдет с приданым"...

Анна Петровна открывает окно и глядит вниз.

"Хотите, говорит, посватаю за вас Марфушу?" Qui est-ce que c'est[1] Марфуша? Ах, это та, Балабалкина... Бабакалкина... эта, что на прачку похожа.
Анна Петровна. Это вы, граф?
Шабельский. Что такое?

Анна Петровна смеется.

(Еврейским акцентом.) Зачиво вы шмеетесь?
Анна Петровна. Я вспомнила одну вашу фразу. Помните, вы говорили за обедом? Вор прощеный, лошадь... Как это?
Шабельский. Жид крещеный, вор прощеный, конь леченый - одна цена.
Анна Петровна *(смеется).* Вы даже простого каламбура не можете сказать без злости. Злой вы человек. *(Серьезно.)* Не шутя, граф, вы очень злы. С вами жить скучно и жутко. Всегда вы брюзжите, ворчите, все у вас подлецы и негодяи. Скажите мне, граф, откровенно: говорили вы когда-нибудь о ком хорошо?
Шабельский. Это что за экзамен?
Анна Петровна. Живем мы с вами под одною крышей уже пять лет, и я ни разу не слыхала, чтобы вы отзывались о людях спокойно, без желчи и без смеха. Что вам люди сделали худого? И неужели вы думаете, что вы лучше всех?
Шабельский. Вовсе я этого не думаю. Я такой же мерзавец и свинья в ермолке, как все. Моветон и старый башмак. Я всегда себя браню. Кто я? Что я? Был богат, свободен, немного счастлив, а теперь... нахлебник, приживалка, обезличенный шут. Я негодую,

---
[1] Кто это? *(франц.)*

Ivanov

Shabelsky. [*Comes in and laughs.*] Upon my word, that man is no scoundrel, but a thinker, a virtuoso! He deserves a monument. He is an amalgam of the modern pus of all kinds: lawyer, doctor, grabber, cashier. [*He sits down on the lowest step of the terrace.*] And yet he has never finished a course of studies in any college; that is so surprising... What an ingenious scoundrel he would have made if he had acquired culture, the humanities! "You could make twenty thousand in a week," he said. "You still hold the ace of trumps: your title of count. [*He laughs.*] Any girl with a dowry would marry you"...

Anna Petrovna opens the window and looks down.

"Do you want me, he says, to make a match between you and Marfusha?" says he. Qui est-ce que c'est Marfusha?[1] Oh, that one, Balabalkina... Babakalkina... the one that looks like a laundress.
Anna Petrovna. Is that you, Count?
Shabelsky. What is it?

Anna Petrovna laughs.

[*With a Jewish accent.*] Vy do you laugh?
Anna Petrovna. I remembered a phrase of yours. You said it at dinner, do you remember? A forgiven thief, a horse... How was it?
Shabelsky. A baptised Yid, a forgiven thief, a doctored horse - all worth the same price.
Anna Petrovna. [*Laughs.*] You can't even say a simple pun without malice. You are a malicious man. [*Seriously.*] Joking aside, Count, you are very malicious and very tiresome and ghastly to live with. You are always grumbling and growling, and everybody to you is a scoundrel and a blackguard. Tell me honestly, Count, have you ever spoken well of anyone?
Shabelsky. What kind of examination is this?
Anna Petrovna. We have lived under this same roof now for five years, and I have never heard you speak of people calmly, without bitterness and derision. What harm have people done to you? And do you really consider yourself better than anyone else?
Shabelsky. I don't think that at all. I am a blackguard and a swine in yarmulke like everyone else. A man with bad manners and an old shoe. I am always scolding myself. Who am I? What am I? I was rich once, free, a little bit happy, and now... a dependant, a sponger, a faceless jester. I boil

---
[1] Who is this Marfusha? (*French*)

35

презираю, а мне в ответ смеются; я смеюсь, на меня печально кивают головой и говорят: спятил старик... А чаще всего меня не слышат и не замечают...
Анна Петровна *(покойно).* Опять кричит...
Шабельский. Кто кричит?
Анна Петровна. Сова. Каждый вечер кричит.
Шабельский. Пусть кричит. Хуже того, что уже есть, не может быть. *(Потягивается.)* Эх, милейшая Сарра, выиграй я сто или двести тысяч, показал бы я вам, где раки зимуют!.. Только бы вы меня и видели. Ушел бы я из этой ямы, от даровых хлебов, и ни ногой бы сюда до самого страшного суда...
Анна Петровна. А что бы вы сделали, если бы вы выиграли?
Шабельский *(подумав).* Я прежде всего поехал бы в Москву и цыган послушал. Потом... потом махнул бы в Париж. Нанял бы себе там квартиру, ходил бы в русскую церковь...
Анна Петровна. А еще что?
Шабельский. По целым дням сидел бы на жениной могиле и думал. Так бы я и сидел на могиле, пока не околел. Жена в Париже похоронена...

Пауза.

Анна Петровна. Ужасно скучно. Сыграть нам дуэт еще, что ли?
Шабельский. Хорошо, приготовьте ноты.

Анна Петровна уходит.

V

Шабельский, Иванов и Львов.

Иванов *(показывается на аллее со Львовым).* Вы, милый друг, кончили курс только в прошлом году, еще молоды и бодры, а мне тридцать пять. Я имею право вам советовать. Не женитесь вы ни на еврейках, ни на психопатках, ни на синих чулках, а выбирайте себе что-нибудь заурядное, серенькое, без ярких красок, без лишних звуков. Вообще всю жизнь стройте по шаблону. Чем серее и монотоннее фон, тем лучше. Голубчик, не воюйте вы в одиночку с тысячами, не сражайтесь с мельницами, не бейтесь лбом о стены... Да хранит вас бог от всевозможных рациональных хозяйств, необыкновенных

over and scorn, but they answer me with a laugh; when I laugh, they shake their heads at me sadly and say the old man has gone mad... But oftenest of all I am unheard and unnoticed...
Anna Petrovna. [*Quietly.*] Screaming again...
Shabelsky. Who is screaming?
Anna Petrovna. The owl. It screams every evening.
Shabelsky. Let it scream. Things can't be worse than they are already. [*Stretches.*] Alas, my dear Sarah, if I could only win a hundred thousand or two hundred thousand, I would show you a thing or two!.. I would be gone in a heartbeat! I would get away out of this hole, and leave the bread of charity, and would not show my nose here until the last judgment day...
Anna Petrovna. What would you do if you were to win so much money?
Shabelsky. [*Thoughtfully.*] First I would go to Moscow and listen to the Gipsies. Then... then I would go to Paris. I would take an apartment there and go to the Russian church...
Anna Petrovna. And what else?
Shabelsky. I would go and sit by my wife's grave for days and days and think. I would sit there until I died. My wife is buried in Paris...

Pause.

Anna Petrovna. It's terribly boring. Shall we play another duet?
Shabelsky. All right, prepare the music.

Anna Petrovna goes out.

V

Shabelsky, Ivanov and Lvov.

Ivanov. [*Appears with Lvov in the alley.*] My dear friend, you graduated from college just last year, you are still young and vigorous, and I am thirty-five. I have the right to advise you. Don't marry a Jewess or a psychopath or a bluestocking but choose something common, grey, without bright colours, without excessive sounds. In general, build your whole life according to a pattern. The greyer and more monotonous the background, the better. My dear, don't fight alone against thousands; don't tilt against windmills; don't beat your forehead against walls... God keep you from all

школ, горячих речей... Запритесь себе в свою раковину и делайте свое маленькое, богом данное дело... Это теплее, честнее и здоровее. А жизнь, которую я пережил, - как она утомительна! Ах, как утомительна!.. Сколько ошибок, несправедливостей, сколько нелепого... *(Увидев графа, раздраженно.)* Всегда ты, дядя, перед глазами вертишься, не даешь поговорить наедине!

Шабельский *(плачущим голосом).* А черт меня возьми нигде приюта нет! *(Вскакивает и идет в дом.)*

Иванов *(кричит ему вслед).* Ну, виноват, виноват! *(Львову.)* За что я его обидел? Нет, я решительно развинтился. Надо будет с собою что-нибудь сделать. Надо...

Львов *(волнуясь).* Николай Алексеевич, я выслушал вас и... и, простите, буду говорить прямо, без обиняков. В вашем голосе, в вашей интонации, не говоря уж о словах, столько бездушного эгоизма, столько холодного бессердечия... Близкий вам человек погибает оттого, что он вам близок, дни его сочтены, а вы... вы можете не любить, ходить, давать советы, рисоваться... Не могу я вам высказать, нет у меня дара слова, но... но вы мне глубоко несимпатичны!..

Иванов. Может быть, может быть... Вам со стороны виднее... Очень возможно, что вы меня понимаете... Вероятно, я очень, очень виноват... *(Прислушивается.)* Кажется, лошадей подали. Пойду одеться... *(Идет к дому и останавливается.)* Вы, доктор, не любите меня и не скрываете этого. Это делает честь вашему сердцу... *(Уходит в дом.)*

Львов *(один).* Проклятый характер... Опять упустил случай и не поговорил с ним как следует... Не могу говорить с ним хладнокровно! Едва раскрою рот и скажу одно слово, как у меня вот тут *(показывает на грудь)* начинает душить, переворачиваться, и язык прилипает к горлу. Ненавижу этого Тартюфа, возвышенного мошенника, всею душой... Вот уезжает... У несчастной жены все счастье в том, чтобы он был возле нее, она дышит им, умоляет его провести с нею хоть один вечер, а он... он не может... Ему, видите ли, дома душно и тесно. Если он хоть один вечер проведет дома, то с тоски пулю себе пустит в лоб. Бедный... ему нужен простор, чтобы затеять какую-нибудь новую подлость... О, я знаю, зачем ты каждый вечер ездишь к этим Лебедевым! Знаю!

VI

Львов, Иванов (в шляпе и пальто), Шабельский и Анна Петровна.

kinds of rational farming, extraordinary schools, violent speeches... Shut yourself up in your shell and do your little God-given thing... It's warmer, healthier and more honest. The life I have lived has been so tiring! Oh, so tiring!.. So full of mistakes, of injustice and stupidity... [*Catches sight of the Count, and speaks angrily.*] There you are again, Uncle, always under foot, never letting one have a talk in private!

Shabelsky. [*In a tearful voice.*] Damn it all, there is no refuge anywhere! [*He jumps up and goes into the house.*]

Ivanov. [*Shouts after him.*] Oh, I'm sorry, I'm sorry! [*To Lvov.*] Why have I offended him? Yes, my nerves have certainly gone to pieces. I must do something about it. I must...

Lvov. [*Excitedly.*] Nikolai Alekseyevich, I have heard all you have to say and... and... forgive me, I am going to speak frankly and plainly. In your voice, in your intonation, not to mention your words, there is so much heartless egoism, so much cold cruelty... A person close to you is dying because she is close to you, her days are numbered, and you... you can not love her, you can go about giving advice and posing... I cannot say all I should like to; I have not the gift of words, but... but you are deeply antipathetic to me!..

Ivanov. Maybe, maybe... As an onlooker you can see more clearly... It's very possible that you understand me... I am probably very, very guilty... [*Listens.*] I think the carriage is ready. I will go and dress... [*He goes toward the house and stops.*] You dislike me, doctor, and you don't conceal it. It does credit to your heart... [*He goes into the house.*]

Lvov. [*Alone.*] My damned character... I have let another opportunity slip without speaking to him as I meant to... I can't talk calmly to him! The moment I open my mouth and say one word I feel such a commotion and suffocation here [*he points at his chest*], and my tongue sticks to my throat. Oh, I loathe that Tartuffe, that high-minded rascal, with all my heart... Now he is leaving... The entire happiness of his unfortunate wife is his presence; she breathes him, she implores him to spend at least one evening with her, and he... he can't... You see, he feels stuffy and cramped at home. If he spends a single evening at home, he will shoot himself in despair. Poor fellow... he needs space to do some new dirty trick... Oh, I know why you go to those Lebedevs every evening! I know!

VI

Lvov, Ivanov (in a hat and coat), Shabelsky and Anna Petrovna.

Иванов

Шабельский (*выходя с Ивановым и с Анной Петровной из дома*). Наконец, Nicolas, это бесчеловечно!.. Сам уезжаешь каждый вечер, а мы остаемся одни. От скуки ложимся спать в восемь часов. Это безобразие, а не жизнь! И почему это тебе можно ездить, а нам нельзя? Почему?

Анна Петровна. Граф, оставьте его! Пусть едет, пусть...

Иванов (*жене*). Ну, куда ты, больная, поедешь? Ты больна и тебе нельзя после заката солнца быть на воздухе... Спроси вот доктора. Ты не дитя, Анюта, нужно рассуждать... (*Графу.*) А тебе зачем туда ехать?

Шабельский. Хоть к черту в пекло, хоть к крокодилу в зубы, только чтоб не здесь оставаться. Мне скучно! Я отупел от скуки! Я надоел всем. Ты оставляешь меня дома, чтобы ей не было одной скучно, а я ее загрыз, заел!

Анна Петровна. Оставьте его, граф, оставьте! Пусть едет, если ему там весело.

Иванов. Аня, к чему этот тон? Ты знаешь, я не за весельем туда еду! Мне нужно поговорить о векселе.

Анна Петровна. Не понимаю, зачем ты оправдываешься? Поезжай! Кто тебя держит?

Иванов. Господа, не будемте есть друг друга! Неужели это так необходимо!?

Шабельский (*плачущим голосом*). Nicolas, голубчик, ну, я прошу тебя, возьми меня с собою! Я погляжу там мошенников и дураков и, может быть, развлекусь. Ведь я с самой Пасхи нигде не был!

Иванов (*раздраженно*). Хорошо, поедем! Как вы мне все надоели!

Шабельский. Да? Ну, merci, merci... (*Весело берет его под руку и отводит в сторону.*) Твою соломенную шляпу можно надеть?

Иванов. Можно, только поскорей, пожалуйста!

Граф бежит в дом.

Как вы все надоели мне! Впрочем, господи, что я говорю? Аня, я говорю с тобою невозможным тоном. Никогда этого со мною раньше не было. Ну, прощай, Аня, я вернусь к часу.

Анна Петровна. Коля, милый мой, останься дома!

Иванов (*волнуясь*). Голубушка моя, родная моя, несчастная, умоляю тебя, не мешай мне уезжать по вечерам из дому. Это жестоко, несправедливо с моей стороны, но позволяй мне делать эту несправедливость! Дома мне мучительно тяжело! Как только прячется солнце, душу мою начинает давить тоска. Какая тоска! Не

Ivanov

Shabelsky. [*Coming out of the house with Ivanov and Anna Petrovna.*] Look here, Nicolas, this is simply barbarous!.. You go away every evening and leave us here alone. We get so bored that we go to bed at eight o'clock. It is a scandal, not a life! And why can you go if we can't? Why?
Anna Petrovna. Leave him alone, Count! Let him go, let him...
Ivanov. [*To his wife.*] How can a sick woman like you go anywhere? You are sick and must not go out after sunset... Ask the doctor here. You are no child, Anyuta, you must be reasonable... [*To the Count.*] And why would you go there?
Shabelsky. I am ready to go into the devil's furnace, into the jaws of a crocodile, so long as I don't have to stay here. I am bored! I am stupefied by this dullness! Everyone here is tired of me. You leave me at home so she isn't bored alone, but I have been biting her to death, I have eaten her!
Anna Petrovna. Leave him alone, Count, leave him alone! Let him go if he enjoys himself there.
Ivanov. Anya, why this tone? You know I am not going for pleasure! I must talk about the promissory note.
Anna Petrovna. I don't understand why you are justifying yourself to me. Go ahead! Who is keeping you?
Ivanov. Gentlemen, let's not eat one another! Is that really necessary?
Shabelsky. [*Tearfully.*] Nicolas, my dear, I'm asking you, take me with you! I might possibly be amused by the sight of the scoundrels and fools I should see there. I haven't been off this place since Easter!
Ivanov. [*Exasperated.*] Oh, very well! Come along then! How tiresome you all are!
Shabelsky. I may go? Oh, merci, merci... [*Takes him gaily by the arm and leads him aside.*] May I wear your straw hat?
Ivanov. You may, only hurry, please!

The Count runs into the house.

How tired I am of you all! But no, God, what am I saying? Anya, my manner to you is insufferable, and it never used to be. Well, goodbye, Anya, I shall be back by one.
Anna Petrovna. Kolya, my dear, stay at home!
Ivanov. [*Excitedly.*] My darling, my unhappy sweetheart, I implore you, don't stop me going out in the evenings. It is cruel and unjust to do it, but let me do you this injustice! It is such torture for me to stay at home! As soon as the sun goes down my soul is overwhelmed by despair. What despair! Don't ask me why. I don't know. I swear by God, I don't know!

спрашивай, отчего это. Я сам не знаю. Клянусь истинным богом, не знаю! Здесь тоска, а поедешь к Лебедевым, там еще хуже; вернешься оттуда, а здесь опять тоска, и так всю ночь... Просто отчаяние!..

Анна Петровна. Коля... а то остался бы! Будем, как прежде, разговаривать... Поужинаем вместе, будем читать... Я и брюзга разучили для тебя много дуэтов... *(Обнимает его.)* Останься!..

Пауза.

Я тебя не понимаю. Это уж целый год продолжается. Отчего ты изменился?

Иванов. Не знаю, не знаю...

Анна Петровна. А почему ты не хочешь, чтобы я уезжала вместе с тобою по вечерам?

Иванов. Если тебе нужно, то, пожалуй, скажу. Немножко жестоко это говорить, но лучше сказать... Когда меня мучает тоска, я... я начинаю тебя не любить. Я и от тебя бегу в это время. Одним словом, мне нужно уезжать из дому.

Анна Петровна. Тоска? понимаю, понимаю... Знаешь что, Коля? Ты попробуй, как прежде, петь, смеяться, сердиться... Останься, будем смеяться, пить наливку, и твою тоску разгоним в одну минуту. Хочешь, я буду петь? Или пойдем, сядем у тебя в кабинете, в потемках, как прежде, и ты мне про свою тоску расскажешь... У тебя такие страдальческие глаза! Я буду глядеть в них и плакать, и нам обоим станет легче... *(Смеется и плачет.)* Или, Коля, как? Цветы повторяются каждую весну, а радости - нет? Да? Ну, поезжай, поезжай...

Иванов. Ты помолись за меня богу, Аня! *(Идет, останавливается и думает.)* Нет, не могу! *(Уходит.)*

Анна Петровна. Поезжай... *(Садится у стола.)*

Львов *(ходит по сцене).* Анна Петровна, возьмите себе за правило: как только бьет шесть часов, вы должны идти в комнаты и не выходить до самого утра. Вечерняя сырость вредна вам.

Анна Петровна. Слушаю-с.

Львов. Что "слушаю-с"! Я говорю серьезно.

Анна Петровна. А я не хочу быть серьезною. *(Кашляет.)*

Львов. Вот видите, - вы уже кашляете...

VII

Львов, Анна Петровна и Шабельский.

Ivanov

Here I am in despair, but if I go to the Lebedevs, there it is even worse; I come back from there, and here it's despair again, and so all night long... It's breaking my heart!..

Anna Petrovna. Kolya... Won't you stay? We will talk as we used to... We'll have supper together, we'll read... The old grumbler and I have learned many duets for you... [*She embraces him.*] Stay!..

Pause.

I can't understand you. This has been going on for a year now. Why have you changed?

Ivanov. I don't know, I don't know...

Anna Petrovna. And why don't you want me to go out with you in the evenings?

Ivanov. If you insist on knowing, I'll tell you. It is a little cruel to say it, but it's better to say... When despair tortures me, I... I begin to dislike you. At such times I must escape from you too. In short, I have to leave this house.

Anna Petrovna. Despair? I understand, I understand... You know what, Kolya? Try to sing and laugh and get angry as you used to... Stay here, and we'll laugh, drink fruit liqueur, and we'll chase away this despair of yours in one minute. Shall I sing to you? Or shall we sit in your study in the dark as we used to, and you tell me about your despair... I can see such suffering in your eyes! Let me look into them and weep, and our hearts will both be lighter... [*She laughs and cries.*] Or how is it, Kolya? The flowers return with every spring, but joy doesn't? Right? Well, go then, go...

Ivanov. Pray to God for me, Anya! [*He goes; then stops and thinks.*] No, I can't! [*Exit.*]

Anna Petrovna. Go... [*Sits down by the table.*]

Lvov. [*Walks about the stage.*] Anna Petrovna, make this a rule: as soon as it strikes six o'clock you must go indoors and not come out again until morning. The damp evening air is bad for you.

Anna Petrovna. Yes, sir!

Lvov. What do you mean by "Yes, sir"? I am speaking seriously.

Anna Petrovna. But I don't want to be serious. [*She coughs.*]

Lvov. There now, you see, you are coughing already...

VII

Lvov, Anna Petrovna and Shabelsky.

Иванов

Шабельский (*в шляпе и пальто выходит из дому*). А где Николай? Лошадей подали? (*Быстро идет и целует руку Анне Петровне.*) Покойной ночи, прелесть! (*Гримасничает.*) Гевалт! Жвините, пожалуста! (*Быстро уходит.*)
Львов. Шут!

Пауза; слышны далекие звуки гармоники.

Анна Петровна. Какая скука!.. Вон кучера и кухарки задают себе бал, а я... я - как брошенная... Евгений Константинович, где вы там шагаете? Идите сюда, сядьте!..
Львов. Не могу я сидеть.

Пауза.

Анна Петровна. На кухне "чижика" играют. (*Поет.*) "Чижик, чижик, где ты был? Под горою водку пил".

Пауза.

Доктор, у вас есть отец и мать?
Львов. Отец умер, а мать есть.
Анна Петровна. Вы скучаете по матери?
Львов. Мне некогда скучать.
Анна Петровна (*смеется*). Цветы повторяются каждую весну, а радости - нет. Кто мне сказал эту фразу? Дай бог память... Кажется, сам Николай сказал. (*Прислушивается.*) Опять сова кричит!
Львов. Ну и пусть кричит.
Анна Петровна. Я, доктор, начинаю думать, что судьба меня обсчитала. Множество людей, которые, может быть, и не лучше меня, бывают счастливы и ничего не платят за свое счастье. Я же за всё платила, решительно за всё!.. И как дорого! За что брать с меня такие ужасные проценты?.. Душа моя, вы все осторожны со мною, деликатничаете, боитесь сказать правду, но думаете, я не знаю, какая у меня болезнь? Отлично знаю. Впрочем, скучно об этом говорить... (*Еврейским акцентом.*) Жвините, пожалуста! Вы умеете рассказывать смешные анекдоты?
Львов. Не умею.
Анна Петровна. А Николай умеет. И начинаю я также удивляться несправедливости людей: почему на любовь не отвечают любовью и

Ivanov

Shabelsky. [*Comes out of the house in hat and coat.*] Where is Nikolai? Is the carriage here yet? [*Goes quickly to Anna Petrovna and kisses her hand.*] Goodnight, my darling! [*Makes a face.*] Gevalt! I beg your bardon, plez! [*He goes quickly out.*]
Lvov. Jester!

Pause; the sounds of a concertina are heard in the distance.

Anna Petrovna. What boredom!.. The coachmen and the cooks are having a ball, and I... I feel abandoned... Why are you walking about, Evgeny Konstantinovich? Come and sit down here!..
Lvov. I can't sit down.

Pause.

Anna Petrovna. They are playing "Siskin" in the kitchen. [*She sings.*] "Siskin, siskin, where are you? On the mountain drinking dew."

Pause.

Are your father and mother living, Doctor?
Lvov. My father is dead, and my mother is alive.
Anna Petrovna. Do you miss your mother?
Lvov. I am too busy to miss anyone.
Anna Petrovna. [*Laughing.*] The flowers return with every spring, but joy doesn't. I wonder who said this phrase to me. God give me memory... I think Nikolai himself said it. [*Listens.*] The owl is hooting again!
Lvov. Well, let it hoot.
Anna Petrovna. Doctor, I am beginning to think that fate has cheated me. Many people who, perhaps, are no better than I am are happy and pay nothing for their happiness. But I have paid for it all, every moment of it!.. And such a price! Why should I have to pay such terrible interest?.. My dear, you are all so considerate and gentle with me, you're afraid of telling me the truth; but do you think I don't know what is the matter with me? I know perfectly well. However, it's boring to talk about it... [*With a Jewish accent.*] " I beg your bardon, plez!" Can you tell funny stories?
Lvov. No, I can't.
Anna Petrovna. Nikolai can. I am beginning to be surprised, too, at the injustice of people: why don't they respond with love to love, and why do they pay for truth with lies? Tell me: how much longer I shall be hated by

за правду платят ложью? Скажите: до каких пор будут ненавидеть меня отец и мать? Они живут за пятьдесят верст отсюда, а я день и ночь, даже во сне, чувствую их ненависть. А как прикажете понимать тоску Николая? Он говорит, что не любит меня только по вечерам, когда его гнетет тоска. Это я понимаю и допускаю, но представьте, что он разлюбил меня совершенно! Конечно, это невозможно, ну - а вдруг? Нет, нет, об этом и думать даже не надо. *(Поет.)* "Чижик, чижик, где ты был?.." *(Вздрагивает.)* Какие у меня страшные мысли!.. Вы, доктор, не семейный и не можете понять многого...

Львов. Вы удивляетесь... *(Садится рядом.)* Нет, я... я удивляюсь, удивляюсь вам! Ну, объясните, растолкуйте мне, как это вы, умная, честная, почти святая, позволили так нагло обмануть себя и затащить вас в это совиное гнездо? Зачем вы здесь? Что общего у вас с этим холодным, бездушным... но оставим вашего мужа! - что у вас общего с этою пустою, пошлою средой? О, господи боже мой!.. Этот вечно брюзжащий, заржавленный, сумасшедший граф, этот пройдоха, мошенник из мошенников, Миша, со своею гнусною физиономией... Объясните же мне, к чему вы здесь? Как вы сюда попали?..

Анна Петровна *(смеется).* Вот точно так же и он когда-то говорил... Точь-в-точь... Но у него глаза больше, и, бывало, как он начнет говорить о чем-нибудь горячо, так они как угли... Говорите, говорите!..

Львов *(встает и машет рукой).* Что мне говорить? Идите в комнаты...

Анна Петровна. Вы говорите, что Николай то да се, пятое, десятое. Откуда вы его знаете? Разве за полгода можно узнать человека? Это, доктор, замечательный человек, и я жалею, что вы не знали его года два-три тому назад. Он теперь хандрит, молчит, ничего не делает, но прежде... Какая прелесть!.. Я полюбила его с первого взгляда. (Смеется.) Взглянула, а меня мышеловка - хлоп! Он сказал: пойдем... Я отрезала от себя всё, как, знаете, отрезают гнилые листья ножницами, и пошла...

Пауза.

А теперь не то... Теперь он едет к Лебедевым, чтобы развлечься с другими женщинами, а я... сижу в саду и слушаю, как сова кричит...

Стук сторожа.

Ivanov

my mother and father? They live fifty versts away, and yet I can feel their hatred day and night, even in my sleep. And what am I supposed to think about Nikolai's despair? He says that he only dislikes me in the evening, when he is overwhelmed by despair. I understand that, and can tolerate it, but what if he should come to dislike me altogether? Of course that is impossible, but what if... No, no, I mustn't even think about it. [*Sings.*] "Siskin, siskin, where are you?" [*Shudders.*] What fearful thoughts I have!.. You are not married, Doctor; there are many things that you cannot understand...

Lvov. You are surprised... [*Sits down next to her.*] No, I... I am surprised, I am surprised at you! Tell me, explain to me how you, an honest and intelligent woman, almost a saint, could allow yourself to be so basely deceived and dragged into this owl's nest? Why are you here? What have you in common with such a cold and heartless... but enough of your husband! What have you in common with this empty and vulgar ambience? Oh, my God!.. With that eternal grumbler, the crazy and rusty Count? With that swindler, that prince of rascals, Misha, with his vile face? Explain to me why you are here. How did you get here?

Anna Petrovna. [*Laughs.*] That is exactly what he used to say long ago... Word for word... Only his eyes are larger than yours, and when he began to talk excitedly about something they would shine like coals... Go on, go on!..

Lvov. [*Gets up and waves his hand.*] What can I say? Go into the house...

Anna Petrovna. You say that Nikolai is this and that, so and so. How can you possibly understand him? How can you learn to know anyone in six months? He is a wonderful man, Doctor, and I am sorry you could not have known him as he was two or three years ago. He is depressed and silent now, and does nothing, but then... What charm!.. I fell in love with him at first sight. [*Laughs.*] I gave one look and was caught like a mouse in a trap! He said, let's go... I cut every tie as, you know, one snips the withered leaves with scissors, and I went...

Pause.

But things are different now... Now he goes to the Lebedevs to amuse himself with other women, and I... sit in the garden and listen to the hoot of the owl...

The watchman's rattle.

Доктор, а братьев у вас нет?
Львов. Нет.

Анна Петровна рыдает.

Ну, что еще? Что вам?
Анна Петровна *(встает).* Я не могу, доктор, я поеду туда...
Львов. Куда это?
Анна Петровна. Туда, где он... Я поеду... Прикажите заложить лошадей... *(Идет к дому.)*
Львов. Вам нельзя ехать...
Анна Петровна. Оставьте меня, не ваше дело... Я не могу, поеду... Велите дать лошадей... *(Бежит в дом.)*
Львов. Нет, я решительно отказываюсь лечить при таких условиях! Мало того, что ни копейки не платят, но еще душу выворачивают вверх дном!.. Нет, я отказываюсь! Довольно!.. *(Идет в дом.)*

Занавес.

Действие второе

Зал в доме Лебедевых; прямо выход в сад; направо и налево двери. Старинная, дорогая мебель. Люстра, канделябры и картины - все это в чехлах.

I

Зинаида Савишна, 1-й гость, 2-й гость, 3-й гость, Косых, Авдотья Назаровна, Егорушка, Гаврила, горничная, старухи-гостьи, барышни и Бабакина.

Зинаида Савишна сидит на диване. По обе стороны ее на креслах старухи-гостьи; на стульях молодежь. В глубине, около выхода в сад, играют в карты; между играющими: Косых, Авдотья Назаровна и Егорушка. Гаврила стоит у правой двери; горничная разносит на подносе лакомства. Из сада в правую дверь и обратно в продолжение всего действия циркулируют гости. Бабакина выходит из правой двери и направляется к Зинаиде Савишне.

Ivanov

Doctor, do you have brothers?
Lvov. No.

Anna Petrovna sobs.

What is it? What is the matter?
Anna Petrovna. [*Gets up.*] I can't stand it, Doctor, I will go there...
Lvov. Where?
Anna Petrovna. Where he is... I will go... Tell them to harness the horses... [*She goes toward the house.*]
Lvov. You can't go...
Anna Petrovna. Leave me alone, it's none of your business... I can't, I will go... Tell them to bring the carriage... [*Runs into the house.*]
Lvov. No, I positively refuse to treat anyone under these conditions! It's not only that they don't pay me a kopeck, they also turn my soul upside down!.. No, I refuse! I had enough!.. [*He goes into the house.*]

Curtain.

Act II

The hall in the Lebedevs' house; in the centre is the door leading into the garden; doors to the right and left. Expensive old furniture. The chandelier, candelabra and paintings are under covers.

I

Zinaida Savishna, First Guest, Second Guest, Third Guest, Kosykh, Avdotya Nazarovna, Yegorushka, Gavrila, the maid, old female guests, young ladies and Babakina.

Zinaida Savishna is sitting on a sofa. The old female guests are sitting in armchairs on either hand. The young guests are sitting on chairs. Kosykh, Avdotya Nazarovna, Yegorushka, and others are playing cards in the background, by the door to the garden. Gavrila is standing near the door on the right. The maid is passing sweetmeats about on a tray. During the entire act guests come and go from the garden through the door on the right and back again. Enter Babakina through the door on the right and goes toward Zinaida Savishna.

Иванов

Зинаида Савишна *(радостно)*. Душечка, Марфа Егоровна...
Бабакина. Здравствуйте, Зинаида Савишна! Честь имею вас поздравить с новорожденною...

Целуются.

Дай бог, чтоб...
Зинаида Савишна. Благодарю вас, душечка, я так рада... Ну, как ваше здоровье?..
Бабакина. Очень вами благодарна. *(Садится рядом на диван.)* Здравствуйте, молодые люди!..

Гости встают и кланяются.

1-й гость *(смеется)*. Молодые люди... а вы разве старая?
Бабакина *(вздыхая)*. Где уж нам в молодые лезть...
1-й гость *(почтительно смеясь)*. Помилуйте, что вы... Одно только звание, что вдова, а вы любой девице можете десять очков вперед дать.

Гаврила подносит Бабакиной чай.

Зинаида Савишна *(Гавриле)*. Что же ты так подаешь? Принес бы какого-нибудь варенья. Кружовенного, что ли...
Бабакина. Не беспокойтесь, очень вами благодарна...

Пауза.

1-й гость. Вы, Марфа Егоровна, через Мушкино ехали?..
Бабакина. Нет, на Займище. Тут дорога лучше.
1-й гость. Так-с.
Косых. Два пики.
Егорушка. Пас.
Авдотья Назаровна. Пас.
2-й гость. Пас.
Бабакина. Выигрышные билеты, душечка Зинаида Савишна, опять пошли шибко в гору. Видано ли дело: первый заем стоит уж двести семьдесят, а второй без малого двести пятьдесят... Никогда этого не было...
Зинаида Савишна *(вздыхает)*. Хорошо, у кого их много...

Ivanov

Zinaida Savishna. [*Gaily.*] My dearest Marfa Yegorovna…
Babakina. How do you do, Zinaida Savishna? I'm honoured to congratulate you on your daughter's birthday…

They kiss.

God grant…
Zinaida Savishna. Thank you, my dear, I am so delighted… How are you?..
Babakina. Thank you very much. [*She sits down on the sofa next to her.*] Good evening, young people!..

The guests get up and bow.

First Guest. [*Laughs.*] Young people… Are you old?
Babakina. [*Sighs.*] How can I make any pretence to youth now?..
First Guest. [*Laughs politely.*] Come on… The fact that you are a widow means nothing; you could give any girl a head start of ten points.

Gavrila brings Babakina some tea.

Zinaida Savishna. [*To Gavrila.*] Why do you serve it like that? Go and fetch some jam. Gooseberry, for instance…
Babakina. Don't trouble yourself, thank you very much…
Pause.

First Guest. Did you come through Mushkino on your way here, Marfa Yegorovna?
Babakina. No, I came by way of Zaymishche. The road is better that way.
First Guest. Yes, it is.
Kosykh. Two in spades.
Yegorushka. Pass.
Avdotya Nazarovna. Pass.
Second Guest. Pass.
Babakina. The price of State loan bonds has again gone up very quickly, my dear Zinaida Savishna. I have never seen anything like that: the first issue is already worth two hundred and seventy and the second nearly two hundred and fifty… This has never happened before…
Zinaida Savishna. [*Sighs.*] How fortunate for those who have a lot of them…

Бабакина. Не скажите, душечка; хоть они и в большой цене, а держать в них капитал невыгодно. Одна страховка сживет со света.
Зинаида Савишна. Так-то так, а все-таки, моя милая, надеешься... *(Вздыхает.)* Бог милостив...
3-й гость. С моей точки зрения, mesdames, я так рассуждаю, что в настоящее время иметь капитал очень невыгодно. Процентные бумаги дают весьма немного дивиденда, а пускать деньги в оборот чрезвычайно опасно. Я так понимаю, mesdames, что человек, который в настоящее время имеет капитал, находится более в критическом положении, чем тот, mesdames, который...
Бабакина *(вздыхает).* Это верно!

1-й гость зевает.

А разве можно при дамах зевать?
1-й гость. Pardon, mesdames, это я нечаянно.

Зинаида Савишна встает и уходит в правую дверь; продолжительное молчание.

Егорушка. Два бубны.
Авдотья Назаровна. Пас.
2-й гость. Пас.
Косых. Пас.
Бабакина *(в сторону).* Господи, какая скука, помереть можно!

II

Те же, Зинаида Савишна и Лебедев.

Зинаида Савишна *(выходя из правой двери с Лебедевым, тихо).* Что уселся там? Примадонна какая! Сиди с гостями! *(Садится на прежнее место.)*
Лебедев *(зевает).* Ох, грехи наши тяжкие! *(Увидев Бабакину.)* Батюшки, мармелад сидит! Рахат-лукум!.. *(Здоровается.)* Как ваше драгоценнейшее?..
Бабакина. Очень вами благодарна.
Лебедев. Ну, слава богу!.. Слава богу! *(Садится в кресло.)* Так, так... Гаврила!

Гаврила подносит ему рюмку водки и стакан воды; он выпивает водку и запивает водой.

Babakina. Don't say that, dear; although their price is high, it does not pay to put one's capital into them. The insurance alone will kill you.
Zinaida Savishna. Quite true, and yet, my dear, one still hopes… [*Sighs.*] God is kind…
Third Guest. From my point of view, mesdames, I reckon that at present having capital is exceedingly unprofitable. Bonds pay very small dividends, and putting money into circulation is exceedingly dangerous. As I understand it, mesdames, the man with capital now finds himself in a more critical position than the man, mesdames, who…
Babakina. [*Sighs.*] Quite right.

First Guest yawns.

How dare you yawn in the presence of ladies?
First Guest. Pardon, mesdames, it was quite an accident.

Zinaida Savishna gets up and goes out through the door on the right; long silence.

Yegorushka. Two in hearts.
Avdotya Nazarovna. Pass.
Second Guest. Pass.
Kosykh. Pass.
Babakina. [*Aside.*] Heavens, what boredom. I shall die!

II

The same, Zinaida Savishna and Lebedev.

Zinaida Savishna. [*Entering through the door on the right with Lebedev, quietly.*] Why are you sitting there? What a prima donna! Sit with the guests! [*She sits down in her former place.*]
Lebedev. [*Yawning.*] Oh, our sins are heavy! [*Catches sight of Babakina.*] Good gracious, marmalade is sitting there! Turkish delight!.. [*Greets her.*] How is your most precious?..
Babakina. Thank you very much.
Lebedev. Well, thank God!.. Thank God! [*Sits down in an armchair.*] Well, well… Gavrila!

Gavrila brings him a glass of vodka and a tumbler of water. He empties the glass of vodka and drinks the water.

Иванов

1-й гость. На доброе здоровье!..

Лебедев. Какое уж тут доброе здоровье!.. Околеванца нет, и на том спасибо. *(Жене.)* Зюзюшка, а где же наша новорожденная?

Косых *(плаксиво).* Скажите мне, ради бога: ну, за что мы остались без взятки? *(Вскакивает.)* Ну, за что мы проиграли, черт меня подери совсем?

Авдотья Назаровна *(вскакивает и сердито).* А за то, что если ты, батюшка, не умеешь играть, так не садись. Какое ты имеешь полное право ходить в чужую масть? Вот и остался у тебя маринованный туз!..

Оба бегут из-за стола вперед.

Косых *(плачущим голосом).* Позвольте, господа... У меня на бубнах: туз, король, дама, коронка сам-восемь, туз пик и одна, понимаете ли, одна маленькая червонка, а она, черт знает, не могла объявить маленький шлем!.. Я сказал: без козыря...

Авдотья Назаровна *(перебивая).* Это я сказала: без козыря! Ты сказал: два без козыря...

Косых. Это возмутительно!.. Позвольте... у вас... у меня... у вас... *(Лебедеву.)* Да вы посудите, Павел Кириллыч... У меня на бубнах: туз, король, дама, коронка сам-восемь...

Лебедев *(затыкает уши).* Отстань, сделай милость... отстань...

Авдотья Назаровна *(кричит).* Это я сказала: без козыря!

Косых *(свирепо).* Будь я подлец и анафема, если я сяду еще когда-нибудь играть с этою севрюгой! *(Быстро уходит в сад.)*

2-й гость уходит за ним, за столом остается Егорушка.

Авдотья Назаровна. Уф!.. Даже в жар от него бросило... Севрюга!.. Сам ты севрюга!..

Бабакина. Да и вы, бабушка, сердитая...

Авдотья Назаровна *(увидев Бабакину, всплескивает руками).* Ясочка моя, красавица!.. Она здесь, а я, куриная слепота, и не вижу... Голубочка... *(Целует ее в плечо и садится рядом.)* Вот радость! Дай же я на тебя погляжу, лебедь белая! Тьфу, тьфу, тьфу... чтоб не сглазить!..

Лебедев. Ну, распелась... Жениха бы ей лучше подыскала...

Авдотья Назаровна. И найду! В гроб, грешница, не лягу, а ее да Саничку замуж выдам!.. В гроб не лягу... *(Вздох.)* Только вот, где

Ivanov

First Guest. Good health to you!..
Lebedev. What good health?.. I am thankful that I am not dead. [*To his wife.*] Zyuzyushka, where is our newborn girl?
Kosykh. [*In a plaintive voice.*] Tell me for God's sake: why haven't we taken any trick? [*He jumps up.*] Yes, why have we lost this game, dammit?
Avdotya Nazarovna. [*Jumps up, angrily.*] Because, my dear friend, if you don't know how to play, you shouldn't be sitting at the table. What right had you to lead from another suit? So you were left with a marinated ace!..

They both leave the table and run forward.

Kosykh. [*In a tearful voice.*] Let me explain, gentlemen... I had the ace, king, queen, and eight of diamonds, the ace of spades and one, just one, little heart, do you understand? But she, dammit, couldn't make a little slam!.. I said one in no-trumps...
Avdotya Nazarovna. [*Interrupting him.*] No, I said one in no-trumps! You said two in no-trumps...
Kosykh. This is outrageous!.. Allow me... you had... I had... you had... [*To Lebedev.*] You shall decide it, Pavel Kirillych... I had the ace, king, queen, and eight of diamonds...
Lebedev. [*Puts his fingers into his ears.*] Leave me alone, do me a favour... leave me alone...
Avdotya Nazarovna. [*Yells.*] I said no-trumps!
Kosykh. [*Furiously.*] I'll be an accursed scoundrel if I ever sit down to play with that sturgeon! [*He rushes into the garden.*]

Second Guest follows him. Yegorushka is left alone at the table.

Avdotya Nazarovna. Whew!.. He gave me fever... Sturgeon!.. You're a sturgeon yourself!..
Babakina. But you are angry too, grandma...
Avdotya Nazarovna. [*Sees Babakina and claps her hands.*] My beautiful darling!.. She is here, and, blind as a hen, I don't see her... My darling dove... [*She kisses her on the shoulder and sits down beside her.*] What joy! Let me look at you, my white swan! Tfu, tfu, tfu... I don't want to jinx you!..
Lebedev. Now you are singing... Why don't you find her a husband?..
Avdotya Nazarovna. I will find! I will not go to my grave, sinner that I am, before I have married her and Sanichka off!.. I will not go to my

их найдешь нынче, женихов-то? Вон они, наши женихи-то, сидят нахохлившись, словно петухи мокрые!..
3-й гость. Весьма неудачное сравнение. С моей точки зрения, mesdames, если теперешние молодые люди предпочитают холостую жизнь, то в этом виноваты, так сказать, социальные условия...
Лебедев. Ну, ну!.. не философствуй!.. не люблю!..

III

Те же и Саша.

Саша (*входит и идет к отцу*). Такая великолепная погода, а вы сидите здесь, господа, в духоте.
Зинаида Савишна. Сашенька, разве ты не видишь, что у нас Марфа Егоровна?
Саша. Виновата. (*Идет к Бабакиной и здоровается.*)
Бабакина. Загорделась, Саничка, загорделась, хоть бы разок приехала. (*Целуется.*) Поздравляю, душечка...
Саша. Благодарю. (*Садится рядом с отцом.*)
Лебедев. Да, Авдотья Назаровна, трудно теперь с женихами. Не то что жениха - путевых шаферов достать негде. Нынешняя молодежь, не в обиду будь сказано, какая-то, господь с нею, кислая, переваренная... Ни поплясать, ни поговорить, ни выпить толком...
Авдотья Назаровна. Ну, пить-то они все мастера, только дай...
Лебедев. Не велика штука пить - пить и лошадь умеет... Нет, ты с толком выпей!.. В наше время, бывало, день-деньской с лекциями бьешься, а как только настал вечер, идешь прямо куда-нибудь на огонь и до самой зари волчком вертишься... И пляшешь, и барышень забавляешь, и эта штука. (*Щелкает себя по шее.*) Бывало, и брешешь, и философствуешь, пока язык не отнимется... А нынешние... (*Машет рукой.*) Не понимаю... Ни богу свечка, ни черту кочерга. Во всем уезде есть только один путевый малый, да и тот женат (*вздыхает*) и, кажется, уж беситься стал...
Бабакина. Кто это?
Лебедев. Николаша Иванов.
Бабакина. Да, он хороший мужчина (*делает гримасу*), только несчастный!..
Зинаида Савишна. Еще бы, душечка, быть ему счастливым! (*Вздыхает.*) Как он, бедный, ошибся!.. Женился на своей жидовке и так,

grave... [*Sighs.*] But where to find suitors nowadays? There sit some suitors now like wet roosters with raised feathers!..

Third Guest. A most unfortunate comparison. In my opinion, mesdames, if the young men of our day prefer to remain single, the fault lies with the social conditions, so to speak...

Lebedev. Come, enough of that!.. stop philosophising!.. I don't like it!..

III

The same and Sasha.

Sasha. [*Enters and goes up to her father.*] The weather is so beautiful, and you are frowsting in here, gentlemen.

Zinaida Savishna. Sashenka, don't you see that Marfa Yegorovna is here?

Sasha. I beg your pardon. [*She goes up to Babakina and greets her.*]

Babakina. You've become too proud, Sanichka, you've become too proud. Why don't you come to my place just once? [*They kiss each other.*] Happy birthday, my dear...

Sasha. Thank you. [*She sits down by her father.*]

Lebedev. As you were saying, Avdotya Nazarovna, suitors are hard to find. And not just a suitor – one can't get proper best men anywhere. I don't want to be rude, but the young men of the present are a musty and overboiled lot, God help them... They can't dance or talk or drink in earnest...

Avdotya Nazarovna. Oh, as far as drinking goes, they are all experts, just give them...

Lebedev. Simply to drink is no art. A horse can drink... No, it must be done in the right way!.. In my young days we used to cudgel our brains all day over our lectures, but as soon as evening came we would go straight off toward some light and keep it up till dawn... How we used to dance and entertain the young ladies, and this thing too. [*Flips his neck.*] We would yap and philosophise until our tongues failed us... But this lot now... [*He waves his hand.*] I don't understand... Neither fish nor flesh. There is only one sensible young fellow in the whole district, and he is married. [*Sighs.*] And I think he's started going crazy...

Babakina. Who is he?

Lebedev. Nikolasha Ivanov.

Babakina. Yes, he is a fine man [*makes a face*], only he is unhappy!..

Zinaida Savishna. How could he be happy, my dear! [*Sighs.*] He made such a mistake, poor man!.. When he married that Yid of his he thought,

бедный, рассчитывал, что отец и мать за нею золотые горы дадут, а вышло совсем напротив... С того времени, как она переменила веру, отец и мать знать ее не хотят, прокляли... Так ни копейки и не получил. Теперь кается, да уж поздно...

Саша. Мама, это неправда.

Бабакина *(горячо).* Шурочка, как же неправда? Ведь это все знают. Ежели бы не было интереса, то зачем бы ему на еврейке жениться? Разве русских мало? Ошибся, душечка, ошибся... *(Живо.)* Господи, да и достается же теперь ей от него! Просто смех один. Придет откуда-нибудь домой и сейчас к ней: "Твои отец и мать меня надули! Пошла вон из моего дома!" А куда ей идти? Отец и мать не примут; пошла бы в горничные, да работать не приучена... Уж он мудрует-мудрует над нею, пока граф не вступится. Не будь графа, давно бы ее со света сжил...

Авдотья Назаровна. А то, бывает, запрет ее в погреб и - "ешь, такая-сякая, чеснок"... Ест-ест, покуда из души переть не начнет.

Смех.

Саша. Папа, ведь это ложь!

Лебедев. Ну, так что же? Пусть себе мелют на здоровье... *(Кричит.)* Гаврила!..

Гаврила подает ему водку и воду.

Зинаида Савишна. Оттого вот и разорился, бедный. Дела, душечка, совсем упали... Если бы Боркин не глядел за хозяйством, так ему бы с жидовкой есть нечего было. *(Вздыхает.)* А как мы-то, душечка, из-за него пострадали!.. Так пострадали, что один только бог видит! Верите ли, милая, уж три года, как он нам девять тысяч должен!

Бабакина *(с ужасом).* Девять тысяч!..

Зинаида Савишна. Да... это мой милый Пашенька распорядился дать ему. Не разбирает, кому можно дать, кому нельзя. Про капитал я уже не говорю - бог с ним, но лишь бы проценты исправно платил!..

Саша *(горячо).* Мама, об этом вы говорили уже тысячу раз!

Зинаида Савишна. Тебе-то что? Что ты заступаешься?

Саша *(встает).* Но как у вас хватает духа говорить все это про человека, который не сделал вам никакого зла? Ну, что он вам сделал?

poor man, that her father and mother would give away whole mountains of gold with her, but it turned out quite the opposite... Since the day she changed her faith her father and mother have refused to see her, they disowned her... So he has never seen a kopeck. He is repenting now, but it is too late...

Sasha. Mother, that is not true.

Babakina. [*Passionately.*] How is it not true, Shurochka? Everyone knows it. Why did he have to marry a Jewess? He must have had some reason. Are Russian girls so scarce? He made a mistake, my dear, he made a mistake... [*Excitedly.*] My God, she is in a lot of trouble from him now! It's hilarious. He comes home from somewhere and immediately goes to her: "Your father and mother have deceived me! Get out of my house!" And where would she go? Her father and mother wouldn't take her back. She might find a place as a house-maid but she had never learned to work... He worries and worries her until the Count interferes. If it had not been for the Count, he would have worried her to death long ago...

Avdotya Nazarovna. Or sometimes he shuts her up in the cellar and says: "Eat garlic, you so-and-so"... She eats and eats until it starts coming out of her soul.

Laughter.

Sasha. Father, this is a lie!

Lebedev. So what? Let them yap if it amuses them... [*He calls.*] Gavrila!..

Gavrila brings him vodka and water.

Zinaida Savishna. All this ruined him, poor man. His affairs are in a frightful condition, my dear... If Borkin hadn't been taking such good charge of his estate he and his Yid wouldn't have had anything to eat. [*Sighs.*] And what anxiety he has caused us, my dear!.. Heaven only knows how we have suffered! Would you believe it, my dear, he has owed us nine thousand for three years!

Babakina. [*Horrified.*] Nine thousand!..

Zinaida Savishna. Yes... My dear Pashenka gave an instruction to lend him. He never knows to whom it is safe to lend and to whom it is not. I am not talking about the capital anymore – let it ride, but he ought to pay the interest on time!..

Sasha. [*Passionately.*] Mother, you have already discussed this a thousand times!

Zinaida Savishna. What difference does it make to you? Why should you interfere?

Sasha. [*Gets up.*] How can you find it in your heart to gossip about a man who has never done any of you any harm? What harm has he done you?

3-й гость. Александра Павловна, позвольте мне сказать два слова! Я уважаю Николая Алексеича и всегда считал за честь, но, говоря entre nous[1], он мне кажется авантюристом.

Саша. И поздравляю, если вам так кажется.

3-й гость. В доказательство приведу вам следующий факт, который передавал мне его атташе, или, так сказать, чичероне Боркин. Два года тому назад, во время скотской эпизоотии, он накупил скота, застраховал его...

Зинаида Савишна. Да, да, да! Я помню этот случай. Мне тоже говорили.

3-й гость. Застраховал его, можете иметь в виду, потом заразил чумой и взял страховую премию.

Саша. Ах, да вздор все это! Вздор! Никто не покупал и не заражал скота! Это сам Боркин сочинил такой проект и везде хвастался им. Когда Иванов узнал об этом, то Боркин потом у него две недели прощения просил. Виноват же Иванов только, что у него слабый характер и не хватает духа прогнать от себя этого Боркина, и виноват, что он слишком верит людям! Все, что у него было, растащили, расхитили; около его великодушных затей наживался всякий, кто только хотел.

Лебедев. Шура-горячка! Будет тебе!

Саша. Зачем же они говорят вздор? Ах, да все это скучно и скучно! Иванов, Иванов, Иванов - и больше нет других разговоров. *(Идет к двери и возвращается.)* Удивляюсь! *(Молодым людям.)* Положительно удивляюсь вашему терпению, господа! Неужели вам не скучно так сидеть? Ведь воздух застыл от тоски! Говорите же что-нибудь, забавляйте барышень, шевелитесь! Ну, если у вас нет других сюжетов, кроме Иванова, то смейтесь, пойте, пляшите, что ли...

Лебедев *(смеется).* Пробери-ка, пробери их хорошенько!

Саша. Ну, послушайте, сделайте мне такое одолжение! Если не хотите плясать, смеяться, петь, если все это скучно, то прошу вас, умоляю, хоть раз в жизни, для курьеза, чтобы удивить или насмешить, соберите силы и все разом придумайте что-нибудь остроумное, блестящее, скажите даже хоть дерзость или пошлость, но чтоб было смешно и ново! Или все разом совершите что-нибудь маленькое, чуть заметное, но хоть немножко похожее на подвиг, чтобы барышни хоть раз в жизни, глядя на вас, могли бы сказать: "Ах!" Послушайте, ведь вы желаете нравиться, но почему же вы не стараетесь нравиться? Ах, господа! Все вы не то, не то, не то!.. На вас глядя, мухи мрут и лампы начинают коптеть. Не то, не то!.. Тысячу раз я вам говорила и всегда буду говорить, что все вы не то, не то, не то!..

---

[1] Между нами *(франц.).*

Ivanov

Third Guest. Alexandra Pavlovna, let me say two words! I respect Nikolai Alekseyevich and have always held it an honour, but, between ourselves, I consider him an adventurer.
Sasha. I congratulate you on your opinion.
Third Guest. In proof I will present to you the following fact which was communicated to me by his attaché, his, so to speak, cicerone Borkin. Two years ago, at the time of the cattle epizooty, he bought some cattle and had them insured...
Zinaida Savishna. Yes, yes, yes! I remember that case. I was told about it too.
Third Guest. He had them insured, as you understand, and then infected them with the plague and collected the insurance money.
Sasha. Oh, this is all nonsense! Nonsense! No one bought and infected any cattle! The plan was invented by Borkin himself, who boasted about it everywhere. When Ivanov learned about it, Borkin was asking to forgive him for two weeks. Ivanov is only guilty of a weak character and too great faith in people! He can't make up his mind to get rid of that Borkin, and so all his possessions have been plundered and stolen from him. Everyone who wanted to has made a profit out of his generous projects.
Lebedev. Shura, you little firebrand, that will do!
Sasha. Why do they all talk nonsense? Oh, this is all boring, boring! Ivanov, Ivanov, Ivanov - you never speak of anything else. [*She goes toward the door, then comes back.*] I am astonished! [*To the young men.*] I am utterly astonished at your patience, gentlemen! Aren't you bored sitting like that? Even the air has jellied from boredom! Say something, amuse the young ladies, move about! Or if you can't talk of anything except Ivanov, then laugh, sing, dance or something...
Lebedev. [*Laughs.*] Give them, give them a good scolding!
Sasha. Listen, will you do me a favour? If you don't want to dance, laugh or sing, if all that is boring, then let me ask you, implore you, just once in your lives, for fun, to astonish or make us laugh, to summon all your powers and all together come up with something witty, brilliant, say even something insolent or vulgar, so long as it is funny and original! Or all of you together do something small, barely noticeable, but which looks just a little bit like a heroic deed so that the young ladies for once in their lives, looking at you, could say: 'Ah!' Listen, you want them to like you, but why don't you try to make them like you? Oh, gentlemen! There is something wrong with you, wrong, wrong!.. Looking at you, flies are dying, and lamps start smoking. Wrong, wrong!.. I have told you so a thousand times and shall always go on telling you that there is something wrong with everyone of you, something wrong, wrong!..

Иванов

IV

Те же, Иванов и Шабельский.

Шабельский (*входя с Ивановым из правой двери*). Кто это здесь декламирует? Вы, Шурочка? (*Хохочет и пожимает ей руку.*) Поздравляю, ангел мой, дай вам бог попозже умереть и не рождаться во второй раз...
Зинаида Савишна (*радостно*). Николай Алексеевич, граф!..
Лебедев. Ба! Кого вижу... граф! (*Идет навстречу.*)
Шабельский (*увидав Зинаиду Савишну и Бабакину, протягивает в сторону их руки*). Два банка на одном диване!.. Глядеть любо! (*Здоровается: Зинаиде Савишне.*) Здравствуйте, Зюзюшка! (*Бабакиной.*) Здравствуйте, помпончик!..
Зинаида Савишна. Я так рада. Вы, граф, у нас такой редкий гость! (*Кричит.*) Гаврила, чаю! Садитесь, пожалуйста! (*Встает, уходит в правую дверь и тотчас же возвращается, вид крайне озабоченный.*)

Саша садится на прежнее место. Иванов молча здоровается со всеми.

Лебедев (*Шабельскому*). Откуда ты взялся? Какие это силы тебя принесли? Вот сюрприз, накажи меня бог... (*Целует его.*) Граф, ведь ты разбойник! Так не делают порядочные люди! (*Ведет его за руку к рампе.*) Отчего ты у нас не бываешь? Сердит, что ли?
Шабельский. На чем же я могу к тебе ездить? Верхом на палке? Своих лошадей у меня нет, а Николай не берет с собою, велит с Саррой сидеть, чтоб та не скучала. Присылай за мною своих лошадей, тогда и буду ездить...
Лебедев (*машет рукой*). Ну, да?.. Зюзюшка скорее треснет, чем даст лошадей. Голубчик ты мой, милый, ведь ты для меня дороже и роднее всех! Из всего старья уцелели я да ты! Люблю в тебе я прежние страдания и молодость погибшую мою... Шутки шутками, а я вот почти плачу. (*Целует графа.*)
Шабельский. Пусти, пусти! От тебя, как из винного погреба...
Лебедев. Душа моя, ты не можешь себе представить, как мне скучно без моих друзей! Вешаться готов с тоски... (*Тихо.*) Зюзюшка со своею ссудною кассой разогнала всех порядочных людей, и остались, как видишь, одни только зулусы... эти Дудкины, Будкины... Ну, кушай чай...

Ivanov

IV

The same, Ivanov and Shabelsky.

Shabelsky. [*Entering with Ivanov through the door on the right.*] Who is making a speech here? Is it you, Shurochka? [*He laughs loudly and shakes hands with her.*] Congratulations, my angel, may God let you die as late as possible and never be born again...
Zinaida Savishna. [*Joyfully.*] Nikolai Alekseyevich, Count!..
Lebedev. Why, it is Count! [*Goes to meet him.*]
Shabelsky. [*Sees Zinaida Savishna and Babakina and stretches out his arms towards them.*] Two banks on one sofa!.. What a pleasant picture! [*He greets them; to Zinaida Savishna.*] Good evening, Zyuzyushka! [*To Babakina.*] Good evening, little pompon!..
Zinaida Savishna. I am so glad. Count, you are such a rare visitor here. [*Calls.*] Gavrila, tea! Please sit down! [*She gets up, goes out through the door on the right and immediately comes back, evidently much preoccupied.*]

Sasha sits down in her former place. Ivanov silently greets everyone.

Lebedev. [*To Shabelsky.*] Where have you come from? What forces brought you here? What a surprise, may God punish me... [*Kisses him.*] Count, you're a rascal! Decent people don't behave like that. [*Leads him by the arm towards the footlights.*] Why don't you ever come to see us? Are you angry or what?
Shabelsky. How can I come here to see you? Astride a stick? I have no horses of my own, and Nikolai won't take me with him, he says I must stay with Sarah so that she doesn't get bored. Send your horses for me and I shall come...
Lebedev. [*Waves his hand.*] Well... Zyuzyushka would rather crack than give the horses. My dear, dear old friend, for me you are closer and more precious than anyone else! You and I are the only survivors of the old rags! I love in you my old sorrow and my lost youth... You may laugh at it, but I am almost in tears. [*Kisses the Count.*]
Shabelsky. Let me go, let me go! You smell like the air of a wine cellar...
Lebedev. My dear friend, you cannot imagine how lonely I am without my friends! I could hang myself out of boredom... [*In a low voice.*] Zyuzyushka has frightened all the decent people away with her pawnshop, and now we have only these Zulus, as you see... these Dudkins, Budkins... Well, drink your tea...

Иванов

Гаврила подносит графу чай.

Зинаида Савишна (*озабоченно Гавриле*). Ну, как же ты подаешь? Принес бы какого-нибудь варенья... Кружовенного что ли...
Шабельский (*хохочет, Иванову*). Что, не говорил я тебе? (*Лебедеву.*) Я с ним пари дорогой держал, что, как приедем, Зюзюшка сейчас же начнет угощать нас кружовенным вареньем...
Зинаида Савишна. Вы, граф, все такой же насмешник... (*Садится.*)
Лебедев. Двадцать бочек его наварили, так куда же его девать?
Шабельский (*садясь около стола*). Всё копите, Зюзюшка? Ну, что, уж миллиончик есть, а?
Зинаида Савишна (*со вздохом*). Да, со стороны поглядеть, так богаче нас и людей нет, а откуда быть деньгам? Один разговор только...
Шабельский. Ну, да, да!.. знаем!.. Знаем, как вы плохо в шашки играете... (Лебедеву.) Паша, скажи по совести: скопили миллион?
Лебедев. Ей-богу, не знаю. Это у Зюзюшки спроси...
Шабельский (*Бабакиной*). И у жирненького помпончика скоро будет миллиончик! Ей-богу, хорошеет и полнеет не по дням, а по часам! Что значит деньжищ много...
Бабакина. Очень вами благодарна, ваше сиятельство, а только я не люблю насмешек.
Шабельский. Милый мой банк, да разве это насмешки? Это просто вопль души, от избытка чувств глаголят уста... Вас и Зюзюшку я люблю бесконечно... (*Весело.*) Восторг!.. Упоение!.. Вас обеих не могу видеть равнодушно...
Зинаида Савишна. Вы все такой же, как и были. (*Егорушке.*) Егорушка, потуши свечи! Зачем им гореть попусту, если не играете?

Егорушка вздрагивает; тушит свечи и садится.

(*Иванову.*) Николай Алексеевич, как здоровье вашей супруги?
Иванов. Плохо. Сегодня доктор положительно сказал, что у нее чахотка...
Зинаида Савишна. Неужели? Какая жалость!.. (*Вздох.*) А мы все ее так любим...
Шабельский. Вздор, вздор и вздор!.. Никакой чахотки нет, докторское шарлатанство, фокус. Хочется эскулапу шляться, вот и выдумал чахотку. Благо муж не ревнив. (*Иванов делает нетерпеливое движение.*) Что касается самой Сарры, то я не верю ни одному ее слову, ни

Ivanov

Gavrila brings the Count tea.

Zinaida Savishna. [*Anxiously, to Gavrila.*] How are you serving it? Go fetch some jam... Gooseberry, for instance...
Shabelsky. [*Laughing loudly, to Ivanov.*] Didn't I tell you so? [*To Lebedev.*] I bet him driving over, that as soon as we arrived Zyuzyushka would at once start feeding us with gooseberry jam...
Zinaida Savishna. Count, you are still a mocker... [*She sits down.*]
Lebedev. They have made twenty barrels of it, how else can we get rid of it?
Shabelsky. [*Sits down near the table.*] Are you still adding to the hoard, Zyuzyushka? Well, have you got your little million yet, eh?
Zinaida Savishna. [*Sighing.*] It seems from the outside as if no one could be richer than we, but where does the money come from? It is all gossip...
Shabelsky. Oh, yes, yes!.. We know!.. We know how badly you play checkers... [*To Lebedev.*] Tell me, Pasha, honestly, have you saved up a million yet?
Lebedev. God, I don't know. Ask Zyuzyushka about it...
Shabelsky. [*To Babakina.*] And my fat little pompon here will soon have a million too! God, she is getting prettier and plumper not only every day, but every hour! That's what it means to have a lot of money...
Babakina. Thank you very much, Your Excellency, but I don't like being mocked.
Shabelsky. My dear bank, do you call that mocking? It was a wail of the soul, my lips speak from exuberance of feeling... My love for you and Zyuzyushka is immense... [*Gaily.*] Rapture!.. Bliss!.. I cannot see you two with indifference...
Zinaida Savishna. You are still the same. [*To Yegorushka.*] Yegorushka, put out the candles! Why are they burning to no purpose if you are not playing?
Yegorushka gives a start; puts out the candles and sits down.

[*To Ivanov.*] Nikolai Alekseyevich, how is your wife's health?
Ivanov. Bad. The doctor said today that she certainly had consumption.
Zinaida Savishna. Really? How sad!.. [*Sighs.*] And we are all so fond of her...
Shabelsky. Nonsense, nonsense and nonsense!.. There is no consumption, it's doctor's charlatanism, a trick. Aesculapius wants to hang around, so he has invented consumption. Fortunately her husband isn't jealous. [*Ivanov makes an inpatient gesture.*] As for Sarah, I don't trust a word or a move

одному движению. В своей жизни я никогда не верил ни докторам, ни адвокатам, ни женщинам. Вздор, вздор, шарлатанство и фокусы!

Лебедев (*Шабельскому*). Удивительный ты субъект, Матвей!.. Напустил на себя какую-то мизантропию и носится с нею, как дурак с писаною торбой. Человек как человек, а заговоришь, так точно у тебя типун на языке или сплошной катар... Да, ей-богу!..

Шабельский. Что же мне, целоваться с мошенниками и подлецами, что ли?

Лебедев. Где же ты видишь мошенников и подлецов?

Шабельский. Я, конечно, не говорю о присутствующих, но...

Лебедев. Вот тебе и но... Все это напускное.

Шабельский. Напускное... Хорошо, что у тебя никакого мировоззрения нет.

Лебедев. Какое мое мировоззрение? Сижу и каждую минуту околеванца жду. Вот мое мировоззрение. Нам, брат, не время с тобою о мировоззрениях думать. Так-то... (*Кричит.*) Гаврила!

Шабельский. Ты уж и так нагаврилился... Погляди, как нос насандалил!

Лебедев (*пьет*). Ничего, душа моя... не венчаться мне ехать.

Зинаида Савишна. Давно уже у нас доктор Львов не был. Совсем забыл.

Саша. Моя антипатия. Ходячая честность. Воды не попросит, папиросы не закурит без того, чтобы не показать своей необыкновенной честности. Ходит или говорит, а у самого на лбу написано: я честный человек! Скучно с ним.

Шабельский. Узкий, прямолинейный лекарь! (*Дразнит.*) "Дорогу честному труду!" Орет на каждом шагу, как попугай, и думает, что в самом деле второй Добролюбов. Кто не орет, тот подлец. Взгляды удивительные по своей глубине. Если мужик зажиточный и живет по-человечески, то, значит, подлец и кулак. Я хожу в бархатном пиджаке, и одевает меня лакей - я подлец и крепостник. Так честен, так честен, что всего распирает от честности. Места себе не находит. Я даже боюсь его... Ей-ей!.. Того и гляди, что из чувства долга по рылу хватит или подлеца пустит.

Иванов. Он меня ужасно утомил, но все-таки мне симпатичен; в нем много искренности.

Шабельский. Хороша искренность! Подходит вчера ко мне вечером и ни с того ни с сего: "Вы, граф, мне глубоко несимпатичны!" Покорнейше благодарю! И все это не просто, а с тенденцией: и голос дрожит, и глаза горят, и поджилки трясутся... Черт бы

of hers. I have made a point all my life of mistrusting all doctors, lawyers, and women. Nonsense, nonsense, charlatanism and tricks!
Lebedev. [*To Shabelsky.*] You are an extraordinary person, Matvey!.. You have assumed some kind of misanthropy and run around with it like a fool with a new toy. You are a man like any other but as soon as you start talking, it's as if you had a pip on your tongue or total catarrh... Yes, I mean it!..
Shabelsky. What am I supposed to do, kiss swindlers and scoundrels?
Lebedev. Where do you see swindlers and scoundrels?
Shabelsky. Of course I am not talking of anyone here present, but...
Lebedev. So much for your but... All this is simply a fancy of yours.
Shabelsky. A fancy... It is lucky for you that you have no world view.
Lebedev. What is my world view? I sit and wait for death every minute. That is my world view. It's too late for us, brother, to think about world views. So then... [*He calls.*] Gavrila!
Shabelsky. You have had quite enough of Gavrila already... Look at your nose!
Lebedev. [*Drinks.*] No matter, my dear... I am not going to be married today.
Zinaida Savishna. Doctor Lvov has not been here for a long time. He has quite forgotten us.
Sasha. My antipathy. A walking honesty. He can't ask for a glass of water or smoke a cigarette without making a display of his remarkable honesty. Walking or talking, it is written on his forehead: I am an honest man! He is a bore.
Shabelsky. He is a narrow-minded, one-dimensional medico. [*Mockingly.*] "Make way for honest labour!" He shrieks like a parrot at every step and thinks himself another Dobrolyubov. Anyone who doesn't shriek is a rascal. His views are remarkably profound. If a peasant is well off and lives decently, he sees at once that he must be a scoundrel and a kulak. I wear a velvet jacket and am dressed by my valet - I am a rascal and a serf owner. He is so honest, so honest, honesty is oozing from him. There is no place in this world for a man like him. I am even afraid of him... Yes, indeed!.. He is likely, out of a sense of duty, to punch me in the snout or call me a knave.
Ivanov. I am dreadfully tired of him, but I like him anyway; he is so sincere.
Shabelsky. His sincerity is beautiful! He came up to me yesterday evening and remarked absolutely apropos of nothing: "Count, I have a deep aversion to you!" Thank you very much! It isn't as if he said such things simply, but they are extremely pointed: his voice trembles, his

побрал эту деревянную искренность! Ну, я противен ему, гадок, это естественно... я и сам сознаю, но к чему говорить это в лицо? Я дрянной человек, но ведь у меня, как бы то ни было, седые волосы... Бездарная, безжалостная честность!

Лебедев. Ну, ну, ну!.. Сам, небось, был молодым и понимаешь.

Шабельский. Да, я был молод и глуп, в свое время разыгрывал Чацкого, обличал мерзавцев и мошенников, но никогда в жизни я воров не называл в лицо ворами и в доме повешенного не говорил о веревке. Я был воспитан. А ваш этот тупой лекарь почувствовал бы себя на высоте своей задачи и на седьмом небе, если бы судьба дала ему случай, во имя принципа и общечеловеческих идеалов, хватить меня публично по рылу и под микитки.

Лебедев. Молодые люди все с норовом. У меня дядя гегелианец был... так тот, бывало, соберет к себе гостей полон дом, выпьет, станет вот этак на стул и начинает: "Вы невежды! Вы мрачная сила! Заря новой жизни!" Та-та, та-та, та-та... Уж он отчитывает-отчитывает...

Саша. А гости что же?

Лебедев. А ничего... Слушают да пьют себе. Раз, впрочем, я его на дуэль вызвал... дядю-то родного. Из-за Бэкона вышло. Помню, сидел я, дай бог память, вот так, как Матвей, а дядя с покойным Герасимом Нилычем стояли вот тут, примерно, где Николаша... Ну-с, Герасим Нилыч и задает, братец ты мой, вопрос...

Входит Боркин.

V

Те же и Боркин (одетый франтом, со свертком в руках, подпрыгивая и напевая, входит из правой двери. Гул одобрения).

Барышни, Лебедев, Шабельский вместе.

Барышни. Михаил Михайлович!..
Лебедев. Мишель Мишелич! Слыхом-слыхать...
Шабельский. Душа общества!
Боркин. А вот и я! (*Подбегает к Саше.*) Благородная синьорина, беру на себя смелость поздравить вселенную с рождением такого чудного цветка, как вы... Как дань своего восторга, осмеливаюсь преподнести

eyes flash, his veins swell... To hell with this wooden honesty! So, I am disgusting and odious to him, that's natural... I know that I am, but why say it to my face? I am a worthless man, but, after all, I have grey hair... Mediocre, ruthless honesty!
Lebedev. Come, come, come!.. You were young yourself, weren't you, and must understand.
Shabelsky. Yes, I was young and stupid; I played Chatsky in my day and unmasked blackguards and swindlers, but I have never in my life called thieves thieves to their faces or talked of the rope in the house of a man who had been hung. I knew how to behave. But this stupid doctor of yours would think himself on top of his mission and in the seventh heaven, if fate gave him a chance to punch me in the snout and in my groin in public in the name of principle and universal human ideals.
Lebedev. Young men are all tetchy. I had an uncle who was a Hegelian... He would fill his house with guests, and after he had had a drink he would get up on a chair, like this, and begin: "You ignoramuses! You power of darkness! The dawn of a new life!" Ta-ta, ta-ta, ta-ta... He would lecture and lecture...
Sasha. And the guests?
Lebedev. Nothing... They would just listen and drink. Once, though, I challenged him to a duel... my own uncle. It was over Bacon. I remember I was sitting, God help my memory, where Matvey is, and my uncle and the late Gerasim Nilych were standing here, about where Nikolasha is now... Well, my friend, Gerasim Nilych asks a question...
Enter Borkin.

V

The same and Borkin. [He is dressed like a dandy and carries a parcel under his arm. He comes in singing and skipping through the door on the right. A murmur of approval.]

Young Ladies, Lebedev, Shabelsky all together.

Young Ladies. Mikhail Mikhaylovich!..
Lebedev. Michel Michelich! My ears don't deceive me...
Shabelsky. The soul of the society!
Borkin. Here I am! [*He runs up to Sasha.*] Noble Signorina, let me be so bold as to congratulate the universe on the birth of such a marvellous flower as you... As a token of my delight let me presume to present you

(подает сверток) фейерверки и бенгальские огни собственного изделия. Да проясняют они ночь так же, как вы просветляете потемки темного царства. *(Театрально раскланивается.)*
Саша. Благодарю вас...
Лебедев *(хохочет, Иванову).* Отчего ты не прогонишь эту Иуду?
Боркин *(Лебедеву).* Павлу Кириллычу! *(Иванову.)* Патрону... *(Поет.)* Nicolas-voilà, го-ги-го! *(Обходит всех.)* Почтеннейшей Зинаиде Савишне... Божественной Марфе Егоровне... Древнейшей Авдотье Назаровне... Сиятельнейшему графу...
Шабельский *(хохочет).* Душа общества... Едва вошел, как атмосфера стала жиже. Вы замечаете?
Боркин. Уф, утомился... Кажется, со всеми здоровался. Ну, что новенького, господа? Нет ли чего-нибудь такого особенного, в нос шибающего? *(Живо Зинаиде Савишне.)* Ах, послушайте, мамаша... Еду сейчас к вам... *(Гавриле.)* Дай-ка мне, Гаврюша, чаю, только без кружовенного варенья! *(Зинаиде Савишне.)* Еду сейчас к вам, а на реке у вас мужики с лозняка кору дерут. Отчего вы лозняк на откуп не отдадите?
Лебедев *(Иванову).* Отчего ты не прогонишь эту Иуду?
Зинаида Савишна *(испуганно).* А ведь это правда, мне и на ум не приходило!..
Боркин *(делает ручную гимнастику).* Не могу без движений... Мамаша, что бы такое особенное выкинуть? Марфа Егоровна, я в ударе... Я экзальтирован! *(Поет.)* "Я вновь пред тобою..."
Зинаида Савишна. Устройте что-нибудь, а то все соскучились.
Боркин. Господа, что же вы это в самом деле носы повесили? Сидят, точно присяжные заседатели!.. Давайте изобразим что-нибудь. Что хотите? Фанты, веревочку, горелки, танцы, фейерверки?..
Барышни *(хлопают в ладоши).* Фейерверки, фейерверки! *(Бегут в сад.)*
Саша *(Иванову).* Что вы сегодня такой скучный?..
Иванов. Голова болит, Шурочка, да и скучно...
Саша. Пойдемте в гостиную.

Идут в правую дверь; уходят в сад все, кроме Зинаиды Савишны и Лебедева.

Зинаида Савишна. Вот это я понимаю - молодой человек: и минуты не побыл, а уж всех развеселил. *(Притушивает большую лампу.)* Пока они все в саду, нечего свечам даром гореть. *(Тушит свечи.)*
Лебедев *(идя за нею).* Зюзюшка, надо бы дать гостям закусить чего-нибудь...

[*hands her the parcel*] with these fireworks and this Bengal fire of my own manufacture. May they illuminate the night as brightly as you illuminate the shadows of this dark kingdom. [*Bows theatrically.*]
Sasha. Thank you...
Lebedev. [*Laughing loudly, to Ivanov.*] Why don't you fire this Judas?
Borkin. [*To Lebedev.*] Pavel Kirillych! [*To Ivanov.*] My patron... [*Sings.*] Nikolas-voilà, hey ho hey! [*Greets everybody in turn.*] Most highly honoured Zinaida Savishna... Divine Marfa Yegorovna... Most ancient Avdotya Nazarovna... Noblest of Counts...
Shabelsky. [*Laughs.*] The soul of the society... The moment he came in the atmosphere became more liquid. Have you noticed?
Borkin. Whew, I am tired... I believe I have greeted everybody. Well, gentlemen, what's new? Is there anything special, something that hits you in the nostrils? [*Jovially to Zinaida Savishna.*] Oh, listen, mummy... As I was on my way here... [*To Gavrila.*] Some tea, please Gavryusha, but without gooseberry jam! [*To Zinaida Savishna.*] As I was on my way here I saw some peasants down on the riverbank pulling the bark off the willows. Why don't you lease out the willows?
Lebedev. [*To Ivanov.*] Why don't you fire this Judas?
Zinaida Savishna. [*Shocked.*] Why, that is quite true! I never thought of it!..
Borkin. [*Doing physical exercised with his arms.*] I can't sit still... Mummy, what tricks shall I be up to next? Marfa Yegorovna, I am at my best... I am exalted! [*Sings.*] "Once more I stand before thee..."
Zinaida Savishna. Organize something, we are all bored.
Borkin. Gentlemen, why are you so gloomy? You are sitting there like members of the jury!.. Let's do something. What would you like? Forfeits, rope, tag, dancing, fireworks?..
Young Ladies. [*Clap their hands.*] Fireworks, fireworks! [*Run into the garden.*]
Sasha. [*To Ivanov.*] Why are you so depressed today?..
Ivanov. I've got a headache, Shurochka, and then I feel bored...
Sasha. Let's go into the sitting-room.
They go out through the door on the right; everyone goes into the garden except Zinaida Savishna and Lebedev.
Zinaida Savishna. That's what I call a young man: he's only been here less than a minute and he has everybody cheered up. [*She puts out the large lamp.*] There is no reason the candles should burn for nothing so long as they are all in the garden. [*She blows out the candles.*]
Lebedev. [*Follows her.*] Zyuzyushka, we really ought to give our guests something to eat...

Иванов

Зинаида Савишна. Ишь свечей сколько... недаром люди судят, что мы богатые. *(Тушит.)*
Лебедев *(идя за нею).* Зюзюшка, ей-богу, дала бы чего-нибудь поесть людям... Люди молодые, небось, проголодались, бедные... Зюзюшка...
Зинаида Савишна. Граф не допил своего стакана. Даром только сахар пропал. *(Идет в левую дверь.)*
Лебедев. Тьфу!.. *(Уходит в сад.)*

VI

Иванов и Саша.

Саша *(входя с Ивановым из правой двери).* Все ушли в сад.
Иванов. Такие-то дела, Шурочка. Прежде я много работал и много думал, но никогда не утомлялся; теперь же ничего не делаю и ни о чем не думаю, а устал телом и душой. День и ночь болит моя совесть, я чувствую, что глубоко виноват, но в чем собственно моя вина, не понимаю. А тут еще болезнь жены, безденежье, вечная грызня, сплетни, лишние разговоры, глупый Боркин... Мой дом мне опротивел, и жить в нем для меня хуже пытки. Скажу вам откровенно, Шурочка, для меня стало невыносимо даже общество жены, которая меня любит. Вы - мой старый приятель, и вы не будете сердиться за мою искренность. Приехал я вот к вам развлечься, но мне скучно и у вас, и опять меня тянет домой. Простите, я сейчас потихоньку уеду.
Саша. Николай Алексеевич, я понимаю вас. Ваше несчастие в том, что вы одиноки. Нужно, чтобы около вас был человек, которого бы вы любили и который вас понимал бы. Одна только любовь может обновить вас.
Иванов. Ну, вот еще, Шурочка! Недостает, чтоб я, старый, мокрый петух, затянул новый роман! Храни меня бог от такого несчастия! Нет, моя умница, не в романе дело. Говорю, как пред богом, я снесу все: и тоску, и психопатию, и разоренье, и потерю жены, и свою раннюю старость, и одиночество, но не снесу, не выдержу я своей насмешки над самим собою. Я умираю от стыда при мысли, что я, здоровый, сильный человек, обратился не то в Гамлета, не то в Манфреда, не то в лишние люди... сам черт не разберет! Есть жалкие люди, которым льстит, когда их называют Гамлетами или лишними, но для меня это - позор! Это возмущает мою гордость, стыд гнетет меня, и я страдаю...

Ivanov

Zinaida Savishna. What crowds of candles... no wonder people think we are rich. [*Puts them out.*]
Lebedev. [*Follows her.*] Zyuzyushka, for heaven's sake, do give people something to eat... They are young and must be hungry by now, poor things... Zyuzyushka
Zinaida Savishna. The Count did not finish his tea. All that sugar has been wasted. [*Goes out through the door on the left.*]
Lebedev. Pah!.. [*Goes out into the garden.*]

VI

Ivanov and Sasha.

Sasha. [*Enters with Ivanov through the door on the right.*] Everyone's gone out into the garden.
Ivanov. This is how it is, Shurochka. I used to work hard and think hard, and never tire; now, I neither do anything nor think anything, and I am weary, body and soul. My conscience leaves me no peace day or night, I feel I am deeply guilty, and yet I don't understand what my fault is. And now comes my wife's illness, lack of money, the constant squabble, gossiping, pointless conversations, that stupid Borkin... My home has become unendurable to me, and to live there is worse than torture. Frankly, Shurochka, even the company of my wife, who loves me, has become unbearable for me. You are my old friend and you will not be angry with me for my openness. I came to your place to have some fun, but I am bored here too, something urges me home again. Forgive me, I shall slip away at once.
Sasha. Nikolai Alekseyevich, I understand you. You are unhappy because you are lonely. You need someone at your side whom you can love, someone who understands you. Only love can renew you.
Ivanov. What an idea, Shurochka! Fancy an old wet rooster like myself starting a new love affair! Heaven preserve me from such misfortune! No, my little sage, this is not a question of romance. I say as before God that I will endure everything: sadness and sickness of mind and ruin and the loss of my wife and premature old age and loneliness, but I cannot, I will not endure the scorn I have for myself. I am dying of shame when I think that a strong, healthy man like myself has become some kind of Manfred or Hamlet or one of the needless people... devil himself won't figure it out! There are pathetic people who feel flattered by being called Hamlets or needless, but for me it's a disgrace! It disturbs my pride, shame overwhelms me, and I suffer...

Иванов

Саша *(шутя, сквозь слезы)*. Николай Алексеевич, бежимте в Америку.

Иванов. Мне до этого порога лень дойти, а вы в Америку... *(Идут к выходу в сад.)* В самом деле, Шура, вам здесь трудно живется! Как погляжу я на людей, которые вас окружают, мне становится страшно: за кого вы тут замуж пойдете? Одна только надежда, что какой-нибудь проезжий поручик или студент украдет вас и увезет...

VII

Те же и Зинаида Савишна.

Зинаида Савишна выходит из левой двери с банкой варенья.

Иванов. Виноват, Шурочка, я догоню вас...

Саша уходит в сад.

Зинаида Савишна, я к вам с просьбой...
Зинаида Савишна. Что вам, Николай Алексеевич?
Иванов *(мнется)*. Дело, видите ли, в том, что послезавтра срок моему векселю. Вы премного обязали бы меня, если бы дали отсрочку или позволили приписать проценты к капиталу. У меня теперь совсем нет денег...
Зинаида Савишна *(испуганно)*. Николай Алексеевич, да как это можно? Что же это за порядок? Нет, и не выдумывайте вы, бога ради, не мучьте меня несчастную...
Иванов. Виноват, виноват... *(Уходит в сад.)*
Зинаида Савишна. Фуй, батюшки, как он меня встревожил!.. Я вся дрожу... вся дрожу... *(Уходит в правую дверь.)*

VIII

Косых.

Косых *(входит из левой двери и идет через сцену)*. У меня на бубнах: туз, король, дама, коронка сам-восемь, туз пик и одна... одна маленькая червонка, а она, черт ее возьми совсем, не могла объявить маленького шлема! (Уходит в правую дверь.)

Ivanov

Sasha. [*Joking, through tears.*] Nikolai Alekseyevich, let's run away to America.

Ivanov. I am too lazy to get to that threshold, and you are talking about America... [*They go toward the door into the garden.*] As a matter of fact, Shura, your life here is hard! When I look at the men who surround you I am terrified: which of them could you marry here? The only hope is that some passing lieutenant or student will steal you and carry you away...

VII

The same and Zinaida Savishna.

Enter Zinaida Savishna through the door on the left with a jar of jam.

Ivanov. Excuse me, Shurochka, I'll catch up with you...

Sasha goes out into the garden.

Zinaida Savishna, may I ask you a favour?
Zinaida Savishna. What is it, Nikolai Alekseyevich?
Ivanov. [*Hesitating.*] The fact is, you know, that the interest on my note is due day after tomorrow. I should be more than obliged to you if you will let me postpone the payment of it, or would let me add the interest to the capital. I simply haven't the money now...
Zinaida Savishna. [*Frightened.*] Nikolai Alekseyevich, how can it be? What sort of an order is this? No, don't even think about it, for God's sake, don't torment an unfortunate woman like me...
Ivanov. I'm sorry, I'm sorry... [*He goes out into the garden.*]
Zinaida Savishna. Oh, dear, what a fright he gave me!.. I am trembling all over... trembling all over... [*Goes out through the door on the right.*]

VIII

Kosykh.

Kosykh. [*Enters through the door on the left and walks across the stage.*] I had the ace, king, queen, and eight of diamonds, the ace of spades, and one, just one little heart, and she—damn her,—she couldn't make a little slam! [*Goes out through the door on the right.*]

Иванов

IX

Авдотья Назаровна и 1-й гость.

Авдотья Назаровна (*выходя с 1-м гостем из сада*). Вот так бы я ее и растерзала, сквалыгу... так бы и растерзала! Шутка ли, с пяти часов сижу, а она хоть бы ржавою селедкой попотчевала!.. Ну, дом!.. Ну, хозяйство!..
1-й гость. Такая скучища, что просто разбежался бы и головой об стену! Ну, люди, господи помилуй!.. Со скуки да с голоду волком завоешь и людей грызть начнешь...
Авдотья Назаровна. Так бы я ее и растерзала, грешница.
1-й гость. Выпью, старая, и - домой! И невест мне твоих не надо. Какая тут, к нечистому, любовь, ежели с самого обеда ни рюмки?
Авдотья Назаровна. Пойдем, поищем, что ли...
1-й гость. Тсс!.. Потихоньку! Шнапс, кажется, в столовой, в буфете стоит. Мы Егорушку за бока... Тсс!..

Уходят в левую дверь.

X

Анна Петровна и Львов (выходят из правой двери).

Анна Петровна. Ничего, нам рады будут. Никого нет. Должно быть, в саду.
Львов. Ну, зачем, спрашивается, вы привезли меня сюда, к этим коршунам? Не место тут для нас с вами! Честные люди не должны знать этой атмосферы!
Анна Петровна. Послушайте, господин честный человек! Нелюбезно провожать даму и всю дорогу говорить с нею только о своей честности! Может быть, это и честно, но, по меньшей мере, скучно. Никогда с женщинами не говорите о своих добродетелях. Пусть они сами поймут. Мой Николай, когда был таким, как вы, в женском обществе только пел песни и рассказывал небылицы, а между тем каждая знала, что он за человек.
Львов. Ах, не говорите мне про вашего Николая, я его отлично понимаю!

Ivanov

IX

Avdotya Nazarovna and First Guest.

Avdotya Nazarovna. [*Enters from the garden with First Guest.*] How I should like to tear her to pieces, the miser... How I should like to tear her to pieces! It's not a joke, I've been sitting here since five o'clock, and she could at least give us rusty herring! What a house!.. What a household!..
First Guest. I am so bored that I feel like taking a run and beating my head against the wall! What people, Lord have mercy!.. I shall soon be howling like a wolf and gnawing at people from boredom and hunger...
Avdotya Nazarovna. How I should like to tear her to pieces, sinner that I am.
First Guest. I shall have a drink, old woman, and then home I go! And I don't need your brides. How the devil can a man think of love who hasn't had a glass to drink since dinner?
Avdotya Nazarovna. Come on, let's have a look...
First Guest. Sh!.. Softly! I think the schnapps is in the sideboard in the dining-room. We'll get hold of Yegorushka... Sh!..
They go out through the door on the left.

X

Anna Petrovna and Lvov [enter through the door on the right].

Anna Petrovna. Never mind, they will be glad to see us. No one is here. They must be in the garden.
Lvov. I should like to know why you have brought me here to these vultures. This is no place for you and me! Honest people shouldn't know this atmosphere!
Anna Petrovna. Listen to me, Mr. Honest Man! When you are escorting a lady it is bad manners to talk to her the whole way about nothing but your own honesty! It may be honest, but it is also tedious, to say the least. Never tell a woman how good you are; let her find it out herself. My Nikolai, when he was your age, used only to sing and tell tales in the company of women, and yet every woman knew what kind of a man he was.
Lvov. Oh, don't talk to me of your Nikolai; I understand him perfectly well!

Иванов

Анна Петровна. Вы хороший человек, но ничего не понимаете. Пойдемте в сад. Он никогда не выражался так: "Я честен! Мне душно в этой атмосфере! Коршуны! Совиное гнездо! Крокодилы!" Зверинец он оставлял в покое, а когда, бывало, возмущался, то я от него только и слышала: "Ах, как я был несправедлив сегодня!" или: "Анюта, жаль мне этого человека!" Вот как, а вы...

Уходят.

XI

Авдотья Назаровна и 1-й гость.

1-й гость (*выходя из левой двери*). В столовой нет, так, стало быть, где-нибудь в кладовой. Надо бы Егорушку пощупать. Пойдем через гостиную.
Авдотья Назаровна. Так бы я ее и растерзала!..

Уходят в правую дверь.

XII

Бабакина, Боркин и Шабельский.

Бабакина и Боркин со смехом выбегают из сада; за ними, смеясь и потирая руки, семенит Шабельский.

Бабакина. Какая скука! (*Хохочет.*) Какая скука! Все ходят и сидят, как будто аршин проглотили! От скуки все косточки застыли. (*Прыгает.*) Надо размяться!..

Боркин хватает ее за талию и целует в щеку.

Шабельский (*хохочет и щелкает пальцами*). Черт возьми! (*Крякает.*) Некоторым образом...
Бабакина. Пустите, пустите руки, бесстыдник, а то граф бог знает что подумает! Отстаньте!..

Anna Petrovna. You are a good man, but you understand nothing. Let's go into the garden. He never said: "I am honest! I am suffocating in this atmosphere! Vultures! An owl's nest! Crocodiles!" He left the wild beast show alone, and the most I have ever heard him say when he was excited was: "Oh, how unjust I have been today!" or "Anyuta, I am sorry for that man!" That's the kind of person he was, but you...

They go out.

XI

Avdotya Nazarovna and First Guest.

First Guest. [*Enters through the door on the left.*] There isn't any in the dining-room, so it must be somewhere in the pantry. We must feel out Yegorushka. Let's go through the sitting-room.
Avdotya Nazarovna. How I should like to tear her to pieces!..

They go out through the door on the right.

XII

Babakina, Borkin and Shabelsky.

Babakina and Borkin run in laughing from the garden; Shabelsky comes mincing behind them, laughing and rubbing his hands.

Babakina. Such boredom! [*Laughs loudly.*] Such boredom! Everyone's walking and sitting around as if he had swallowed a poker! I am frozen to the marrow by this boredom. [*Skips about.*] I need to warm up!..

Borkin catches her by the waist and kisses her cheek.

Shabelsky. [*Laughs loudly and snaps his fingers.*] Dammit! [*Chuckles.*] Really, you know...
Babakina. Let go, get your hands off me, you impudent man! God knows what the Count will think! Leave me alone!..

Боркин. Ангел души моей, карбункул моего сердца!.. *(Целует.)* Дайте взаймы две тысячи триста рублей!..
Бабакина. Не-не-нет... Что хотите, а насчет денег - очень вами благодарна... Нет, нет, нет!.. Ах, да пустите руки!..
Шабельский *(семенит около)*. Помпончик... Имеет свою приятность...
Боркин *(серьезно)*. Но довольно. Давайте говорить о деле. Будем рассуждать прямо, по-коммерчески. Отвечайте мне прямо, без субтильностей и без всяких фокусов: да или нет? Слушайте! *(Указывает на графа.)* Вот ему нужны деньги, минимум три тысячи годового дохода. Вам нужен муж. Хотите быть графиней?
Шабельский *(хохочет)*. Удивительный циник!
Боркин. Хотите быть графиней? Да или нет?
Бабакина *(взволнованно)*. Выдумываете, Миша, право... И эти дела не делаются так, с бухты-барахты... Если графу угодно, он сам может и... и я не знаю, как это вдруг, сразу...
Боркин. Ну, ну, будет тень наводить! Дело коммерческое... Да или нет?
Шабельский *(смеясь и потирая руки)*. В самом деле, а? Черт возьми, разве устроить себе эту гнусность? а? Помпончик... *(Целует Бабакину в щеку.)* Прелесть!.. Огурчик!..
Бабакина. Постойте, постойте, вы меня совсем встревожили... Уйдите, уйдите!.. Нет, не уходите!..
Боркин. Скорей! Да или нет? Нам некогда...
Бабакина. Знаете что, граф? Вы приезжайте ко мне в гости дня на три... У меня весело, не так, как здесь... Приезжайте завтра... *(Боркину.)* Нет, вы это шутите?
Боркин *(сердито)*. Да кто же станет шутить в серьезных делах?
Бабакина. Постойте, постойте... Ах, мне дурно! Мне дурно! Графиня... Мне дурно!.. Я падаю...

Боркин и граф со смехом берут ее под руки и, целуя в щеки, уводят в правую дверь.

XIII

Иванов, Саша, потом Анна Петровна.

Ivanov

Borkin. Angel of my soul, carbuncle of my heart!.. [*Kisses her.*] Lend me twenty-three hundred roubles!..
Babakina. No, no, no... Anything you want, but as far as my money is concerned – thank you very much... No, no, no!.. Oh, get your hands off me!..
Shabelsky. [*Minces around them.*] Little pompon... Has its charms...
Borkin. [*Seriously.*] Come, that will do. Let's talk business. Let's discuss it in a straightforward commercial way. Answer me straightly, without equivocations and tricks: yes or no? Listen to me! [*Points at the Count.*] He needs money, at least three thousand a year. You need a husband. Do you want to be a Countess?
Shabelsky. [*Laughs loudly.*] An amazing cynic!
Borkin. Do you want to be a Countess? Yes or no?
Babakina. [*Excitedly.*] You are making this up, Misha, really... These things aren't done like this, off the cuff... If the Count wants to, he can himself and... and I don't know how this suddenly, all at once...
Borkin. Come, don't muddy the waters! This is a commercial matter... Yes or no?
Shabelsky. [*Laughing and rubbing his hands.*] How about it, really? Dammit, why don't I do this abomination to myself, eh? Little pompon... [*He kisses Babakina on the cheek.*] Cutie!.. Little pickle!..
Babakina. Stop, stop, you've quite disturbed me... Go away, go away!.. No, don't go away!..
Borkin. Quickly! Yes or no? We don't have time...
Babakina. You know what, Count? Come and visit me for three days... It is gay at my house, not like here... Come tomorrow... [*To Borkin.*] No, you must be joking!
Borkin. [*Angrily.*] Who would joke about serious matters?
Babakina. Wait, wait... Oh, I feel faint! I feel faint! A Countess... I feel faint!.. I am falling..

Borkin and Shabelsky, laughing, take her by the arms and, kissing her on the cheeks, lead her out through the door on the right.

XIII

Ivanov, Sasha, then Anna Petrovna.

Иванов

Иванов и Саша вбегают из сада.

Иванов (*в отчаянии хватая себя за голову*). Не может быть! Не надо, не надо, Шурочка!.. Ах, не надо!..
Саша (*с увлечением*). Люблю я вас безумно... Без вас нет смысла моей жизни, нет счастья и радости! Для меня вы всё...
Иванов. К чему, к чему! Боже мой, я ничего не понимаю... Шурочка, не надо!..
Саша. В детстве моем вы были для меня единственною радостью; я любила вас и вашу душу, как себя, а теперь... я вас люблю, Николай Алексеевич... С вами не то что на край света, а куда хотите, хоть в могилу, только, ради бога, скорее, иначе я задохнусь...
Иванов (*закатывается счастливым смехом*). Это что же такое? Это, значит, начинать жизнь сначала? Шурочка, да?.. Счастье мое! (*Привлекает ее к себе.*) Моя молодость, моя свежесть...

Анна Петровна входит из сада и, увидев мужа и Сашу, останавливается как вкопанная.

Значит, жить? Да? Снова за дело?

Поцелуй. После поцелуя Иванов и Саша оглядываются и видят Анну Петровну.

(*В ужасе.*) Сарра!

Занавес.

Действие третье

Кабинет Иванова. Письменный стол, на котором в беспорядке лежат бумаги, книги, казенные пакеты, безделушки, револьверы; возле бумаг лампа, графин с водкой, тарелка с селедкой, куски хлеба и огурцы. На стенах ландкарты, картины, ружья, пистолеты, серпы, нагайки и проч. - Полдень.

I

Шабельский, Лебедев, Боркин и Петр.

Ivanov

Ivanov and Sasha run in from the garden.

Ivanov. [*Desperately clutching his head.*] It can't be! Don't, don't, Shurochka!.. Oh, don't!..
Sasha. [*With passion.*] I love you madly... Without you my life has no meaning, no happiness, no joy! You're everything to me...
Ivanov. Why, why! My God, I understand nothing... Shurochka, don't!..
Sasha. You were the only joy of my childhood; I loved you and your soul as myself, and now... I love you, Nikolai Alekseyevich... Take me with you to the ends of the earth, wherever you wish, even to the grave, but for heaven's sake, as soon as possible, or I'll suffocate...
Ivanov. [*Bursts into happy laughter.*] What is this? Does it mean starting a new life? Does it, Shurochka? My happiness! [*He draws her to him.*] My youth, my freshness...

Anna Petrovna enters from the garden and, seeing her husband and Sasha, freezes on the spot.

Does it mean, to live? Yes? And work again?

Kiss. After the kiss Ivanov and Sasha look around and see Anna Petrovna.

[*With horror.*] Sarah!

Curtain.

Act III

Ivanov's study. A desk; on it lie in disorder papers, books, official parcels, knick-knacks, revolvers; near the papers stand a lamp, a decanter of vodka, and a plate with herring; pieces of bread and gherkins. On the walls hang maps, pictures, guns, pistols, sickles, whips, etc. - Midday.

I

Shabelsky, Lebedev, Borkin and Pyotr.

Иванов

Шабельский и Лебедев сидят по сторонам письменного стола. Боркин среди сцены верхом на стуле. Петр стоит у двери.

Лебедев. У Франции политика ясная и определенная... Французы знают, чего хотят. Им нужно лущить колбасников и больше ничего, а у Германии, брат, совсем не та музыка. У Германии кроме Франции еще много сучков в глазу...

Шабельский. Вздор!.. По-моему, немцы трусы и французы трусы... Показывают только друг другу кукиши в кармане. Поверь, кукишами дело и ограничится. Драться не будут.

Боркин. А по-моему, зачем драться? К чему все эти вооружения, конгрессы, расходы? Я что бы сделал? Собрал бы со всего государства собак, привил бы им пастеровский яд в хорошей дозе и пустил бы в неприятельскую страну. Все враги перебесились бы у меня через месяц.

Лебедев *(смеется).* Голова, посмотришь, маленькая, а великих идей в ней тьма-тьмущая, как рыб в океане.

Шабельский. Виртуоз!

Лебедев. Бог с тобою, смешишь ты, Мишель Мишелич! *(Перестает смеяться.)* Что ж, господа, Жомини да Жомини, а об водке ни пол-слова. Repetatur!¹ *(Наливает три рюмки.)* Будемте здоровы...

Пьют и закусывают.

Селедочка, матушка, всем закускам закуска.

Шабельский. Ну, нет, огурец лучше... Ученые с сотворения мира думают и ничего умнее соленого огурца не придумали. *(Петру.)* Петр, поди-ка еще принеси огурцов да вели на кухне изжарить четыре пирожка с луком. Чтоб горячие были.

Петр уходит.

Лебедев. Водку тоже хорошо икрой закусывать. Только как? С умом надо... Взять икры паюсной четверку, две луковочки зеленого лучку, прованского масла, смешать все это и, знаешь, этак... поверх всего лимончиком... Смерть! От одного аромата угоришь.

Боркин. После водки хорошо тоже закусывать жареными пескарями. Только их надо уметь жарить. Нужно почистить, потом обвалять в толченых сухарях и жарить досуха, чтобы на зубах хрустели... хру-хру-хру...

---
[1] Повторим! *(лат.).*

Ivanov

Shabelsky and Lebedev are sitting on either side of the desk. Borkin is sitting astride a chair in the centre of the stage. Pyotr is standing by the door.

Lebedev. The policy of France is clear and definite... The French know what they want. They need to husk the Krauts and nothing more, but Germany, my friend, has a totally different music. Germany has many more thorns in her flesh than just France...

Shabelsky. Nonsense!.. In my opinion the Germans are cowards and the French are cowards... They give each other the finger behind their backs. Trust me, they will not do more than giving each other the finger. They won't fight.

Borkin. In my opinion, why should they fight? Why all these armaments, congresses, spendings? Do you know what I would do? I would catch dogs in the whole country, infect them with a good dose of Pasteur's poison and let them loose in the enemy's country. I would have all the enemies go mad in a month.

Lebedev. [*Laughs.*] His head looks small, but it's full of great ideas like the ocean is full of fish.

Shabelsky. Virtuoso!

Lebedev. God be with you, you're making me laugh, Michel Michelich! [*Stops laughing.*] Well, gentlemen, Jomini, Jomini, but not half a word about vodka. Repetatur![1] [*He fills three glasses.*] Our good health...

They drink and eat.

Mother herring is the relish of all relishes.

Shabelsky. Well, no, gherkin is better... Scientists have been thinking since the creation of the world and haven't come up with anything cleverer than a pickled gherkin. [*To Pyotr.*] Pyotr, go and fetch some more gherkins and tell them in the kitchen to make four little onion pasties. And see that we get them hot.

Pyotr goes out.

Lebedev. Vodka goes well with caviar too. Only how? One must use his brain... Take a quarter of a pound of pressed caviar, two bulbs of spring onion, olive oil, mix them together and, you know... lemon juice on top... Death! Just the aroma will drive you crazy.

Borkin. Another good thing to eat after vodka is roast gudgeon. But they must be roasted right. They should be cleaned, then rolled in breadcrumbs, and roasted until they will crackle between the teeth... crunch, crunch, crunch...

---

[1] Let's repeat it! (*Latin*).

Шабельский. Вчера у Бабакиной была хорошая закуска - белые грибы.
Лебедев. А еще бы...
Шабельский. Только как-то особенно приготовлены. Знаешь, с луком, с лавровым листом, со всякими специями. Как открыли кастрюлю, а из нее пар, запах... просто восторг!
Лебедев. А что ж? Repetatur, господа!

Выпивают.

Будемте здоровы... *(Смотрит на часы.)* Должно быть, не дождусь я Николаши. Пора мне ехать. У Бабакиной, ты говоришь, грибы подавали, а у нас еще не видать грибов. Скажи на милость, за каким это лешим ты зачастил к Марфутке?
Шабельский *(кивает на Боркина).* Да вот, женить меня на ней хочет...
Лебедев. Женить?.. Тебе сколько лет?
Шабельский. Шестьдесят два года.
Лебедев. Самая пора жениться. А Марфутка как раз тебе пара.
Боркин. Тут не в Марфутке дело, а в Марфуткиных стерлингах.
Лебедев. Чего захотел: Марфуткиных стерлингов... А гусиного чаю не хочешь?
Боркин. А вот как женится человек, да набьет себе ампоше[1], тогда и увидите гусиный чай. Облизнетесь...
Шабельский. Ей-богу, а ведь он серьезно. Этот гений уверен, что я его послушаюсь и женюсь...
Боркин. А то как же? А вы разве уже не уверены?
Шабельский. Да ты с ума сошел... Когда я был уверен? Псс...
Боркин. Благодарю вас... Очень вам благодарен! Так это, значит, вы меня подвести хотите? То женюсь, то не женюсь... сам черт не разберет, а я уж честное слово дал! Так вы не женитесь?
Шабельский *(пожимает плечами).* Он серьезно... Удивительный человек!
Боркин *(возмущаясь).* В таком случае, зачем же было баламутить честную женщину? Она помешалась на графстве, не спит, не ест... Разве этим шутят?.. Разве это честно?
Шабельский *(щелкает пальцами).* А что, в самом деле, не устроить ли себе эту гнусность? А? Назло! Возьму и устрою. Честное слово... Вот будет потеха!

---

[1] Здесь: карман (*франц.* empocher - класть в карман).

Ivanov

Shabelsky. We had a good relish at Babakina's yesterday - white mushrooms.
Lebedev. You don't say!
Shabelsky. Only they were prepared in a special way. You know, with onions and bay-leaves and various spices. When the saucepan was opened, the steam and the odour that floated out... sheer delight!
Lebedev. What do you say? Repetatur, gentlemen!

They drink.

Good health to us... [*He looks at his watch.*] I can't wait for Nikolasha any longer. It's time for me to go. So you say Babakina gave you mushrooms? We haven't seen mushrooms yet at home. Will you please tell me, why the hell you go so often to Marfutka's?
Shabelsky. [*Nodding at Borkin.*] He wants to marry me off to her...
Lebedev. To marry you off?.. How old are you?
Shabelsky. Sixty-two.
Lebedev. Really, just the age to get married. And Marfutka is a good match for you.
Borkin. This is not a question of Marfutka, but of Marfutka's sterlings.
Lebedev. So that's what you want: Marfutka's sterlings... Don't you want the goose tea too?
Borkin. When the man is married and has his pocket full, then you'll see the goose tea.
Shabelsky. By God, he is quite serious about it. This genius is sure that I will listen to him and get married...
Borkin. Of course! Aren't you sure yourself?
Shabelsky. You must be mad... When was I sure! Bah!
Borkin. Thank you... I am much obliged to you! Does it mean you want to let me down? First you say you will get married, then you say you won't... the devil himself won't get it, but I've already given my word of honour! So you're not going to marry?
Shabelsky. [*Shrugs his shoulders.*] He is serious... An extraordinary man!
Borkin. [*Losing his temper.*] In that case, why have you turned an honest woman's head? She went crazy about becoming a Countess, she doesn't sleep, she doesn't eat... How can you make a joke of such things?.. Is that honest?
Shabelsky. [*Snaps his fingers.*] Well, why don't I do this abomination to myself, after all? Eh? Out of spite! I shall certainly do it. Word of honour... It will be fun!

Иванов

Входит Львов.

II

Те же и Львов.

Лебедев. Эскулапии наше нижайшее... *(Подает Львову руку и поет.)* "Доктор, батюшка, спасите, смерти до смерти боюсь..."
Львов. Николай Алексеевич еще не приходил?
Лебедев. Да нет, я сам его жду больше часа.

Львов нетерпеливо шагает по сцене.

Милый, ну, как здоровье Анны Петровны?
Львов. Плохо.
Лебедев *(вздох).* Можно пойти засвидетельствовать почтение?
Львов. Нет, пожалуйста, не ходите. Она, кажется, спит...

Пауза.

Лебедев. Симпатичная, славная... *(Вздыхает.)* В Шурочкин день рождения, когда она у нас в обморок упала, поглядел я на ее лицо и тогда еще понял, что уж ей, бедной, недолго жить. Не понимаю, отчего с нею тогда дурно сделалось? Прибегаю, гляжу: она, бледная, на полу лежит, около нее Николаша на коленях, тоже бледный, Шурочка вся в слезах. Я и Шурочка после этого случая неделю как шальные ходили.
Шабельский *(Львову).* Скажите мне, почтеннейший жрец науки, какой ученый открыл, что при грудных болезнях дамам бывают полезны частые посещения молодого врача? Это великое открытие! Великое! Куда оно относится: к аллопатии или гомеопатии?

Львов хочет ответить, но делает презрительное движение и уходит.

Какой уничтожающий взгляд...
Лебедев. А тебя дергает нелегкая за язык! За что ты его обидел?
Шабельский *(раздраженно).* А зачем он врет? Чахотка, нет надежды, умрет... Врет он! Я этого терпеть не могу!

Ivanov

Enter Lvov.

II

The same and Lvov.

Lebedev. We bow before you, Aesculapius... [*Gives Lvov his hand and sings.*] "Doctor, doctor, save, oh, save me, I am scared to death of dying..."
Lvov. Hasn't Nikolai Alekseyevich come yet?
Lebedev. Not yet. I have been waiting for him myself for over an hour.

Lvov walks impatiently about the stage.

My dear, how is Anna Petrovna's health?
Lvov. Bad.
Lebedev. [*Sighs.*] May one go and pay one's respects to her?
Lvov. No, please don't. She is asleep, I believe...

Pause.

Lebedev. She is a lovely, charming woman... [*Sighs.*] The day she fainted at our house, on Shurochka's birthday, I looked at her face and realised that she had not much longer to live, poor thing. I don't understand why she fainted. When I ran up, she was lying on the floor, pale, with Nikolai on his knees beside her, pale as well, and Shurochka was all in tears. Shurochka and I went about almost crazy for a week after that.
Shabelsky. [*To Lvov.*] Tell me, most honoured priest of science, what scholar discovered that the frequent visits of a young doctor were beneficial to ladies suffering from affections of the chest? It is a great discovery! Really great! Would you classify it as allopathy or homeopathy?

Lvov wants to answer, but makes a contemptuous gesture and walks out.

What a withering look...
Lebedev. Some fiend must prompt you to say such things! Why did you offend him?
Shabelsky. [*Angrily.*] Why does he tell such lies? Consumption, no hope, she is going to die... He is lying! I can't stand it!

Иванов

Лебедев. Почему же ты думаешь, что он врет?

Шабельский (*встает и ходит*). Я не могу допустить мысли, чтобы живой человек вдруг, ни с того, ни с сего, умер. Оставим этот разговор!

III

Лебедев, Шабельский, Боркин и Косых.

Косых (*вбегает запыхавшись*). Дома Николай Алексеевич? Здравствуйте! (*Быстро пожимает всем руки.*) Дома?

Боркин. Его нет.

Косых (*садится и вскакивает*). В таком случае, прощайте! (*Выпивает рюмку водки и быстро закусывает.*) Поеду дальше... Дела... Замучился... Еле на ногах стою...

Лебедев. Откуда ветер принес?

Косых. От Барабанова. Всю ночь провинтили и только что кончили... Проигрался в пух... Этот Барабанов играет как сапожник! (*Плачущим голосом.*) Вы послушайте: все время несу я черву... (*Обращается к Боркину, который прыгает от него.*) Он ходит бубну, я опять черву, он бубну... Ну, и без взятки. (*Лебедеву.*) Играем четыре трефы. У меня туз, дама-шост на руках, туз, десятка-третей пик...

Лебедев (*затыкает уши*). Уволь, уволь, ради Христа, уволь!

Косых (*графу*). Понимаете: туз, дама-шост на трефах, туз, десятка-третей пик...

Шабельский (*отстраняет его руками*). Уходите, не желаю я слушать!

Косых. И вдруг несчастье: туза пик по первой бьют...

Шабельский (*хватает со стола револьвер*). Отойдите, стрелять буду!..

Косых (*машет рукой*). Черт знает... Неужели даже поговорить не с кем? Живешь как в Австралии: ни общих интересов, ни солидарности... Каждый живет врозь... Однако, надо ехать... пора. (*Хватает фуражку.*) Время дорого... (*Подает Лебедеву руку.*) Пас!..

Смех.

Косых уходит и в дверях сталкивается с Авдотьей Назаровной.

Ivanov

Lebedev. What makes you think he is lying?
Shabelsky. [*Gets up and walks about.*] I can't bear to think that a living person could die like that, suddenly, without any reason at all. Don't let us talk about it!

III

Lebedev, Shabelsky, Borkin and Kosykh.

Kosykh. [*Runs in panting.*] Is Nikolai Alekseyevich at home? How do you do? [*He shakes hands quickly all round.*] Is he at home?
Borkin. No, he isn't.
Kosykh. [*Sits down and jumps up again.*] In that case, goodbye! [*Drinks a glass of vodka and has a quick bite.*] I must be going... Business... I am exhausted... I can barely stand on my feet...
Lebedev. Where did you blow in from?
Kosykh. From Barabanov's. We played vint all night and only just stopped... I was absolutely fleeced... That Barabanov plays like a shoemaker! [*In a tearful voice.*] Just listen to this: I had hearts... [*He turns to Borkin, who jumps away from him.*] He led a diamond, and I led a heart again, and he led another diamond... Well, we didn't take the trick. [*To Lebedev.*] We were playing four in clubs. I had the ace and queen, and the ace and ten of spades...
Lebedev. [*Closes his ears.*] Spare me, spare me, for Christ's sake, spare me!
Kosykh. [*To the Count.*] Do you understand? I had the ace and queen of clubs, the ace and ten of spades...
Shabelsky. [*Pushes him away.*] Go away, I don't want to listen!
Kosykh. When suddenly, misfortune: my ace of spades took the first trick...
Shabelsky. [*Snatching up a revolver from the desk.*] Go away, or I shall shoot!..
Kosykh. [*Waves his hand.*] Dammit... Can't I even talk to somebody? It's like living in Australia: no common interests, no solidarity... Each man lives for himself alone... However, I must be off... it's time. [*Grabs his cap.*] Time is precious... [*Gives Lebedev his hand.*] Pass!..

Laughter.

Kosykh goes out and in the doorway runs into Avdotya Nazarovna.

Иванов

IV

Шабельский, Лебедев, Боркин и Авдотья Назаровна.

Авдотья Назаровна (*вскрикивает*). Чтоб тебе пусто было, с ног сшиб!
Все. А-а-а!.. вездесущая!..
Авдотья Назаровна. Вот они где, а я по всему дому ищу. Здравствуйте, ясные соколы, хлеб да соль... (*Здоровается.*)
Лебедев. Зачем пришла?
Авдотья Назаровна. За делом, батюшка! (*Графу.*) Дело вас касающее, ваше сиятельство. (*Кланяется.*) Велели кланяться и о здоровье спросить... И велела она, куколочка моя, сказать, что ежели вы нынче к вечеру не приедете, то она глазочки свои проплачет. Так, говорит, милая, отзови его в стороночку и шепни на ушко по секрету. А зачем по секрету? Тут всё люди свои. И такое дело, не кур крадем, а по закону да по любви, по междоусобному согласию. Никогда, грешница, не пью, а через такой случай выпью!
Лебедев. И я выпью. (*Наливает.*) А тебе, старая скворешня, и сносу нет. Лет тридцать я тебя старухой знаю...
Авдотья Назаровна. И счет годам потеряла... Двух мужей похоронила, пошла бы еще за третьего, да никто не хочет без приданого брать. Детей душ восемь было... (*Берет рюмку.*) Ну, дай бог, дело хорошее мы начали, дай бог его и кончить! Они будут жить да поживать, а мы глядеть на них да радоваться! Совет им и любовь... (*Пьет.*) Строгая водка!
Шабельский (*хохоча, Лебедеву*). Но что, понимаешь, курьезнее всего, так это то, что они думают серьезно, будто я... Удивительно! (*Встает.*) А то в самом деле, Паша, не устроить ли себе эту гнусность? Назло... Этак, мол, на, старая собака, ешь! Паша, а? Ей-богу...
Лебедев. Пустое ты городишь, граф. Наше, брат, дело с тобою об околеванце думать, а Марфутки да стерлинги давно мимо проехали... Прошла наша пора.
Шабельский. Нет, я устрою! Честное слово, устрою!

Входят Иванов и Львов.

Ivanov

IV

Shabelsky, Lebedev, Borkin and Avdotya Nazarovna.

Avdotya Nazarovna. [*Shrieks.*] Bad luck to you, you knocked me down!
All. Oh!.. She is always everywhere at once!..
Avdotya Nazarovna. Here they are, I have been looking for you all over the house. Good-day, fair falcons, bread and salt to you... [*Greets them.*]
Lebedev. What brings you here?
Avdotya Nazarovna. Business, my dear! [*To the Count.*] Business connected with Your Excellency. [*Bows.*] I was told to bow and to inquire after your health... And she, my little baby doll, told me to say that if you did not come to see her this evening she would cry her eyes out. Take him aside, my dear said, and whisper secretly in his ear. But why should I make a secret? We're all friends here. And, as a matter of fact, we are not stealing chickens, but arranging an affair of lawful love by mutual consent. I never drink, sinner that I am, but under these circumstances I shall have a drink!
Lebedev. So shall I. [*Pours.*] You must be immortal, you old nesting box. I've known you for about thirty years as an old woman...
Avdotya Nazarovna. I have lost count of the years... I have buried two husbands, and would have married a third but nobody wants to take me without a dowry. I have had eight children... [*Takes up a glass.*] Well, God grant, we have begun a good work, may it come, God grant, to a good end! They will live happily ever after, and we shall look at them and rejoice! Peace and love to them... [*Drinks.*] This is strong vodka!
Shabelsky. [*Laughing loudly, to Lebedev.*] You see, the strangest thing is, they seriously think I am... Amazing! [*Gets up.*] And yet, Pasha, why don't I do this abomination to myself? Out of spite... Here, the old dog, eat this! Eh, Pasha? By God...
Lebedev. You are talking nonsense, Count. You and I, my dear friend, must fix our thoughts on dying now; Marfutkas and the sterlings have passed us long time ago... Our time is over.
Shabelsky. No, I shall do it! Upon my word, I shall!

Enter Ivanov and Lvov.

Иванов

V

Те же, Иванов и Львов.

Львов. Я прошу вас уделить мне только пять минут.
Лебедев. Николаша! *(Идет навстречу к Иванову и целует его.)* Здравствуй, дружище... Я тебя уж целый час дожидаюсь.
Авдотья Назаровна *(кланяется).* Здравствуйте, батюшка!
Иванов *(с горечью).* Господа, опять в моем кабинете кабак завели!.. Тысячу раз просил я всех и каждого не делать этого... *(Подходит к столу.)* Ну, вот, бумагу водкой облили... крошки... огурцы... Ведь противно!
Лебедев. Виноват, Николаша, виноват... Прости. Мне с тобою, дружище, поговорить надо о весьма важном деле...
Боркин. И мне тоже.
Львов. Николай Алексеевич, можно с вами поговорить?
Иванов *(указывает на Лебедева).* Вот и ему я нужен. Подождите, вы после... *(Лебедеву.)* Чего тебе?
Лебедев. Господа, я желаю говорить конфиденциально. Прошу...

Граф уходит с Авдотьей Назаровной, за ними Боркин, потом Львов.

Иванов. Паша, сам ты можешь пить, сколько тебе угодно, это твоя болезнь, но прошу не спаивать дядю. Раньше он у меня никогда не пил. Ему вредно.
Лебедев *(испуганно).* Голубчик, я не знал... Я даже внимания не обратил...
Иванов. Не дай бог, умрет этот старый ребенок, не вам будет худо, а мне... Что тебе нужно?..

Пауза.

Лебедев. Видишь ли, любезный друг... Не знаю, как начать, чтобы это вышло не так бессовестно... Николаша, совестно мне, краснею, язык заплетается, но, голубчик, войди в мое положение, пойми, что я человек подневольный, негр, тряпка... Извини ты меня...
Иванов. Что такое?
Лебедев. Жена послала... Сделай милость, будь другом, заплати ты ей проценты! Веришь ли, загрызла, заездила, замучила! Отвяжись ты от нее, ради создателя!..

Ivanov

V

The same, Ivanov and Lvov.

Lvov. Will you please spare me just five minutes of your time?
Lebedev. Nikolasha! [*He goes to meet Ivanov and kisses him.*] How are you, old friend? I have been waiting an hour for you.
Avdotya Nazarovna. [*Bows.*] How do you do, dear friend?
Ivanov. [*Bitterly.*] Gentlemen, you've turned my study into a bar-room again! I have asked you all a thousand times not to do so... [*Goes up to the desk.*] There, you see, you have spilt vodka on my papers... crumbs... gherkins... It's disgusting!
Lebedev. Sorry, Nikolasha, sorry... Forgive us. I have something very important to talk to you about, old friend...
Borkin. So have I.
Lvov. Nikolai Alekseyevich, may I have a word with you?
Ivanov. [*Points to Lebedev.*] He needs me too. Wait, you're next... [*To Lebedev.*] What do you want?
Lebedev. Gentlemen, I want to speak to him in private. Please...

The Count goes out with Avdotya Nazarovna, followed by Borkin, then Lvov.

Ivanov. Pasha, you may drink yourself as much as you want, it is your disease, but I'm asking you not to make my uncle drink. He never used to drink in my house. It's bad for him.
Lebedev. [*Startled.*] My dear, I didn't know... I didn't pay attention...
Ivanov. God forbid, but if this old baby dies, I'll be feeling bad, not you... What do you want?..

Pause.

Lebedev. The fact is, my dear friend... I don't know how to begin to make it seem less unscrupulous... Nikolasha, I am ashamed of myself, I am blushing, my tongue sticks to the roof of my mouth, but, my dear boy, put yourself in my place; remember that I don't belong to myself, I am a Negro, a milk-toast... Forgive me...
Ivanov. What are you talking about?
Lebedev. My wife has sent me... Do me a favour, be a friend, pay her the interest! Believe me, she's gnawing me, she's tormenting me, she's wearing me out! For heaven's sake, free yourself from her!..

Иванов

Иванов. Паша, ты знаешь, у меня теперь нет денег.
Лебедев. Знаю, знаю, но что же мне делать? Ждать она не хочет. Если опротестует вексель, то как я и Шурочка будем тебе в глаза глядеть?
Иванов. Мне самому совестно, Паша, рад сквозь землю провалиться, но... но где взять? Научи: где? Остается одно: ждать осени, когда я хлеб продам.
Лебедев *(кричит).* Не хочет она ждать!

Пауза.

Иванов. Твое положение неприятное, щекотливое, а мое еще хуже. *(Ходит и думает.)* И ничего не придумаешь... Продать нечего...
Лебедев. Съездил бы к Мильбаху, попросил, ведь он тебе шестнадцать тысяч должен.

Иванов безнадежно машет рукой.

Вот что, Николаша... Я знаю, ты станешь браниться, но... уважь старого пьяницу! По-дружески... Гляди на меня, как на друга... Студенты мы с тобою, либералы... Общность идей и интересов... В Московском университете оба учились... Alma mater... *(Вынимает бумажник.)* У меня вот есть заветные, про них ни одна душа в доме не знает. Возьми взаймы... *(Вынимает деньги и кладет на стол.)* Брось самолюбие, а взгляни по-дружески... Я бы от тебя взял, честное слово...

Пауза.

Вот они на столе: тысяча сто. Ты съезди к ней сегодня и отдай собственноручно. Нате, мол, Зинаида Савишна, подавитесь! Только, смотри, и виду не подавай, что у меня занял, храни тебя бог! А то достанется мне на орехи от кружовенного варенья! *(Всматривается в лицо Иванова.)* Ну, ну, не надо! *(Быстро берет со стола деньги и прячет в карман.)* Не надо! Я пошутил... Извини, ради Христа!

Пауза.

Мутит на душе?

Иванов машет рукой.

Ivanov

Ivanov. Pasha, you know that I have no money now.
Lebedev. I know, I know, but what can I do? She won't wait. If she protests the bill, how could Shurochka and I ever look you in the face again?
Ivanov. I'm ashamed myself, Pasha, I would be glad to sink through the floor, but... but where shall I get it? Tell me, where? There is nothing I can do but to wait until I sell my wheat in the autumn.
Lebedev. [*Shrieks.*] But she won't wait!

Pause.

Ivanov. Your position is unpleasant and delicate, but mine is even worse. [*He walks about and thinks.*] And I can't think of anything... There is nothing to sell...
Lebedev. You might go to Milbach and ask him; he owes you sixteen thousand.

Ivanov makes a despairing gesture.

Listen to me, Nikolasha... I know you'll start wrangling but... do a favour to an old drunkard! As friends do... Regard me as a friend... We were students together, liberals... Common ideas and interests... We were both at the Moscow University... Alma Mater... [*Takes out his wallet.*] I have a private fund here; not a soul at home knows about it. Take a loan... [*Takes out the money and lays it on the desk.*] Forget your pride; look at it as a friend... I would take it from you, word of honour...

Pause.

There it is on the desk: one thousand one hundred. Go to her today and give it to her with your own hand. Say, take it, Zinaida Savishna, and may you choke on it! Only, for heaven's sake, don't let her see by your manner that you got it from me! Otherwise I will catch it from Gooseberry Jam! [*Looks intently into Ivanov's face.*] There, there, you mustn't! [*Quickly takes the money from the desk and stuffs it back into his pocket.*] You mustn't! I was only joking... Forgive me, for Christ's sake!
Pause.

Do you feel nauseous at heart?

Ivanov waves his hand.

Иванов

Да, дела... *(Вздыхает.)* Настало для тебя время скорби и печали. Человек, братец ты мой, все равно что самовар. Не все он стоит в холодке на полке, но, бывает, и угольки в него кладут: пш... пш! Ни к черту это сравнение не годится, ну, да ведь умнее не придумаешь... *(Вздыхает.)* Несчастия закаляют душу. Мне тебя не жалко, Николаша, ты выскочишь из беды, перемелется - мука будет, но обидно, брат, и досадно мне на людей... Скажи на милость, откуда эти сплетни берутся! Столько, брат, про тебя по уезду сплетен ходит, что, того и гляди, к тебе товарищ прокурора приедет... Ты и убийца, и кровопийца, и грабитель, и изменник...

Иванов. Это все пустяки, вот у меня голова болит.
Лебедев. Все оттого, что много думаешь.
Иванов. Ничего я не думаю.
Лебедев. А ты, Николаша, начихай на все да поезжай к нам. Шурочка тебя любит, понимает и ценит. Она, Николаша, честный, хороший человек. Не в мать и не в отца, а, должно быть, в проезжего молодца... Гляжу, брат, иной раз и не верю, что у меня, у толстоносого пьяницы, такое сокровище. Поезжай, потолкуй с нею об умном и - развлечешься. Это верный, искренний человек...

Пауза.

Иванов. Паша, голубчик, оставь меня одного...
Лебедев. Понимаю, понимаю... *(Торопливо смотрит на часы.)* Я понимаю. *(Целует Иванова.)* Прощай. Мне еще на освящение школы ехать. *(Идет к двери и останавливается.)* Умная... Вчера стали мы с Шурочкой насчет сплетен говорить. *(Смеется.)* А она афоризмом выпалила: "Папочка, светляки, говорит, светят ночью только для того, чтобы их легче могли увидеть и съесть ночные птицы, а хорошие люди существуют для того, чтобы было что есть клевете и сплетне". Каково? Гений! Жорж Занд!..
Иванов. Паша! *(Останавливает его.)* Что со мною?
Лебедев. Я сам тебя хотел спросить об этом, да, признаться, стеснялся. Не знаю, брат! С одной стороны, мне казалось, что тебя одолели несчастия разные, с другой же стороны, знаю, что ты не таковский, чтобы того... Бедой тебя не победишь. Что-то, Николаша, другое, а что - не понимаю!
Иванов. Я сам не понимаю. Мне кажется, или... впрочем, нет!

Пауза.

Ivanov

Yes, situation... [*Sighs.*] A time of grief and sadness has come to you. A man, brother, is like a samovar. It doesn't stand in a cold place on a shelf all the time; sometimes they put coals in it: psh... psh! Dammit, this comparison isn't working at all, but I can't think of a cleverer one... [*Sighs.*] Misfortunes fortify the soul. I don't feel sorry for you, Nikolasha, you will come out of your trouble; wheat goes through the mill, and comes out as flour; but I am annoyed, brother, and discontented with the people... Tell me, please, where does this gossip come from? The whole district is buzzing with so much gossip about you, brother, that the deputy prosecutor may visit you any minute... You're a murderer and a bloodsucker and a robber and a traitor...

Ivanov. All that is nonsense; my head is aching.
Lebedev. All because you think so much.
Ivanov. I never think.
Lebedev. Come, Nikolasha, sneeze at the whole thing and come and see us. Shurochka loves you, she understands and appreciates you. Nikolasha, she is an honest, good person. Too different from her mother and father; she must be taking after some fine fellow passing by! Sometimes, when I look at her, brother, I cannot believe that a cob-nosed drunkard like me has such a treasure. Go, talk to her about something clever, and it'll cheer you up. She is a faithful, sincere person...

Pause.

Ivanov. Pasha, my dear friend, leave me alone...
Lebedev. I understand, I understand... [*Hastily glances at his watch.*] I understand... [*Kisses Ivanov.*] Goodbye. I must go to the blessing of the school now. [*Goes to the door and stops.*] She is so clever... Shurochka and I were talking about gossiping yesterday. [*Laughs.*] And she flashed out this epigram: "Father," she said, "fireflies shine at night so that the night birds may make them their prey easier, and good people are made to be preyed upon by gossips and slanderers." What do you think of that? A genius! A George Sand!..
Ivanov. Pasha! [*Stops him.*] What is the matter with me?
Lebedev. I have wanted to ask you that myself, but I must confess I was ashamed to. I don't know, brother! Sometimes I think your various troubles have been too heavy for you, and yet I know you are not the kind to... you know... You would not be overcome by misfortune. It must be something else, Nikolasha, but what it may be I don't understand!
Ivanov. I myself don't understand. I think, it's either... and yet, no!

Pause.

Иванов

Видишь ли, что я хотел сказать. У меня был рабочий Семен, которого ты помнишь. Раз, во время молотьбы, он захотел похвастать перед девками своею силой, взвалил себе на спину два мешка ржи и надорвался. Умер скоро. Мне кажется, что я тоже надорвался. Гимназия, университет, потом хозяйство, школы, проекты... Веровал я не так, как все, женился не так, как все, горячился, рисковал, деньги свои, сам знаешь, бросал направо и налево, был счастлив и страдал, как никто во всем уезде. Все это, Паша, мои мешки... Взвалил себе на спину ношу, а спина-то и треснула. В двадцать лет мы все уже герои, за всё беремся, всё можем, и к тридцати уже утомляемся, никуда не годимся. Чем, чем ты объяснишь такую утомляемость? Впрочем, быть может, это не то... Не то, не то!.. Иди, Паша, с богом, я надоел тебе.

Лебедев *(живо).* Знаешь что? Тебя, брат, среда заела!

Иванов. Глупо, Паша, и старо. Иди!

Лебедев. Действительно, глупо. Теперь и сам вижу, что глупо. Иду, иду!.. *(Уходит.)*

VI

Иванов, потом Львов.

Иванов *(один).* Нехороший, жалкий и ничтожный я человек. Надо быть тоже жалким, истасканным, испитым, как Паша, чтобы еще любить меня и уважать. Как я себя презираю, боже мой! Как глубоко ненавижу я свой голос, свои шаги, свои руки, эту одежду, свои мысли. Ну, не смешно ли, не обидно ли? Еще года нет, как был здоров и силен, был бодр, неутомим, горяч, работал этими самыми руками, говорил так, что трогал до слез даже невежд, умел плакать, когда видел горе, возмущался, когда встречал зло. Я знал, что такое вдохновение, знал прелесть и поэзию тихих ночей, когда от зари до зари сидишь за рабочим столом или тешишь свой ум мечтами. Я веровал, в будущее глядел, как в глаза родной матери... А теперь, о, боже мой! утомился, не верю, в безделье провожу дни и ночи. Не слушаются ни мозг, ни руки, ни ноги. Имение идет прахом, леса трещат под топором. *(Плачет.)* Земля моя глядит на меня, как сирота. Ничего я не жду, ничего не жаль, душа дрожит от страха перед завтрашним днем... А история с Саррой? Клялся в вечной любви, пророчил счастье, открывал перед ее глазами будущее, какое ей не снилось

Ivanov

You see, here is what I wanted to say. I used to have a workman called Simon, you remember him. Once, at threshing time, to show the girls how strong he was, he loaded himself with two sacks of rye, and broke his back. He died soon after. I think I have broken my back too. High school, university, then the cares of this estate, schools, projects... My religious beliefs were different from other people's, I did not marry as others did; I'd get excited, I'd take risks, I'd throw my money, as you know, to right and left, I was happy and I suffered like no one else in the whole district. All that, Pasha, is my sacks... So I heaped the burdens on my back, and my back broke. We are all heroes at twenty, we tackle everything, we can do everything, and by thirty we are already worn out, useless men. How, how can you explain this weariness? However, I may be quite wrong... Wrong, wrong!.. Go, Pasha, God help you, I am boring you.
Lebedev. [*Jovially.*] You know what? You, brother, fell prey to your surroundings!
Ivanov. That's stupid, Pasha, and stale. Go!
Lebedev. It really is stupid. I see now myself it's stupid. I'm going, I'm going!.. [*Exit.*]

VI

Ivanov, then Lvov.

Ivanov. [*Alone.*] I am a bad, pathetic and puny man. Only a pathetic and worn-out drunkard like Pasha could still love and respect me. Good God, how I despise myself! How bitterly I hate my voice, my walk, my hands, these clothes, my thoughts. Well, isn't this ridiculous, isn't this insulting? Less than a year ago I was healthy and strong, I was sprightly, tireless, passionate, I worked with these very hands, I used to speak so that even boors were moved to tears, I could weep when I saw misfortune and grow indignant at the sight of evil. I could feel inspiration, I understood the beauty and poetry of the silent nights when from dusk to dawn I was sitting at my desk or giving up my mind to dreams. I believed, I looked into the future as into the eyes of my mother... And now, oh, my God, I am tired and without faith; I spend my days and nights in idleness. I have no control over my brain, my hands, my feet. My estate goes down the chute, my woods are falling under the blows of the axe. [*Weeps.*] My land looks up at me as an orphan. I expect nothing, am sorry for nothing; my soul trembles in fear of tomorrow... And this story with Sarah? I swore eternal love, I predicted happiness, I opened her eyes to a future she had

даже во сне. Она поверила. Во все пять лет я видел только, как она угасала под тяжестью своих жертв, как изнемогала в борьбе с совестью, но, видит бог, ни косого взгляда на меня, ни слова упрека!.. И что же? Я разлюбил ее... Как? Почему? За что? Не понимаю. Вот она страдает, дни ее сочтены, а я, как последний трус, бегу от ее бледного лица, впалой груди, умоляющих глаз... Стыдно, стыдно!

Пауза.

Сашу, девочку, трогают мои несчастия. Она мне, почти старику, объясняется в любви, а я пьянею, забываю про все на свете, обвороженный, как музыкой, и кричу: "Новая жизнь! счастье!" А на другой день верю в эту жизнь и в счастье так же мало, как в домового... Что же со мною? В какую пропасть толкаю я себя? Откуда во мне эта слабость? Что стало с моими нервами? Стоит только больной жене уколоть мое самолюбие, или не угодит прислуга, или ружье даст осечку, как я становлюсь груб, зол и не похож на себя...

Пауза.

Не понимаю, не понимаю, не понимаю! Просто хоть пулю в лоб!..
Львов *(входит.)* Мне нужно с вами объясниться, Николай Алексеевич!
Иванов. Если мы, доктор, будем каждый день объясняться, то на это сил никаких не хватит.
Львов. Вам угодно меня выслушать?
Иванов. Выслушиваю я вас каждый день и до сих пор никак не могу понять: что собственно вам от меня угодно?
Львов. Говорю я ясно и определенно, и не может меня понять только тот, у кого нет сердца...
Иванов. Что у меня жена при смерти - я знаю; что я непоправимо виноват перед нею - я тоже знаю; что вы честный, прямой человек - тоже знаю! Что же вам нужно еще?
Львов. Меня возмущает человеческая жестокость... Умирает женщина. У нее есть отец и мать, которых она любит и хотела бы видеть перед смертью; то знают отлично, что она скоро умрет и что все еще любит их, но, проклятая жестокость, они точно хотят удивить Иегову своим религиозным закалом: всё еще проклинают ее! Вы, человек, которому она пожертвовала всем - и верой, и родным гнездом, и покоем совести, вы откровеннейшим образом и с самыми

Ivanov

never even dreamed of. She believed me. For all these five years I have seen her fading away under the weight of her sacrifices, and collapsing in her struggle with her conscience. God knows, she has never given me one angry look, or uttered one word of reproach!.. What is the result? I fell out of love with her... How? Why? What for? I don't understand. She is suffering, her days are numbered; yet I fly like the worst coward from her pale face, sunken chest, pleading eyes... I am ashamed, ashamed!

Pause.

Sasha, a young girl, is touched by my misfortunes. She declares her love for me, almost an old man, and I get intoxicated, I forget everything in this world, enchanted as if by music, and I yell: "A new life! Happiness!" Next day I believe in this life and happiness as little as I believe in a goblin... What is the matter with me? What is this abyss I am pushing myself in? What is the cause of this weakness of mine? What's wrong with my nerves? As soon as my sick wife wounds my pride or a servant makes a mistake or my gun misses fire, I become rude, angry and unlike myself...

Pause.

I don't understand, I don't understand, I don't understand! Why don't I just put a bullet through my forehead!..

Lvov. [*Enters.*] I must have an explanation with you, Nikolai Alekseyevich!

Ivanov. If we are going to have an explanation every day, doctor, we shall neither of us have the strength to stand it.

Lvov. Will you be good enough to hear me out?

Ivanov. I hear you out every day and I still can't understand what exactly you want from me.

Lvov. I speak plainly and definitely, and only a heartless person could fail to understand me...

Ivanov. My wife is dying – that I know; I am irreparably guilty before her – that I also know; you are an honest, straightforward man – I know that too! What more do you want?

Lvov. Human cruelty perturbs me... The woman is dying. She has a father and mother whom she loves and would like to see before she dies; they know perfectly well that she will die soon and that she loves them still, but with diabolical cruelty, as if they want to impress Jehovah with their religious zeal, they still damn her! You, the man for whom she has sacrificed everything – her faith, her home, her peace of mind, - you in the most obvious manner and with the most obvious intentions go over to

откровенными целями каждый день катаетесь к этим Лебедевым!
Иванов. Ах, я там уже две недели не был...
Львов *(не слушая его).* С такими людьми, как вы, надо говорить прямо, без обиняков, и если вам не угодно слушать меня, то не слушайте! Я привык называть вещи настоящим их именем... Вам нужна эта смерть для новых подвигов; пусть так, но неужели вы не могли бы подождать? Если бы вы дали ей умереть естественным порядком, не долбили бы ее своим откровенным цинизмом, то неужели бы от вас ушла Лебедева со своим приданым? Не теперь, так через год, через два, вы, чудный Тартюф, успели бы вскружить голову девочке и завладеть ее приданым так же, как и теперь... К чему же вы торопитесь? Почему вам нужно, чтобы ваша жена умерла теперь, а не через месяц, через год?..
Иванов. Мучение... Доктор, вы слишком плохой врач, если предполагаете, что человек может сдерживать себя до бесконечности. Мне страшных усилий стоит не отвечать вам на ваши оскорбления.
Львов. Полноте, кого вы хотите одурачить? Сбросьте маску.
Иванов. Умный человек, подумайте: по-вашему, нет ничего легче, как понять меня! Да? Я женился на Анне, чтобы получить большое приданое... Приданого мне не дали, я промахнулся и теперь сживаю ее со света, чтобы жениться на другой и взять приданое... Да? Как просто и несложно... Человек такая простая и немудреная машина... Нет, доктор, в каждом из нас слишком много колес, винтов и клапанов, чтобы мы могли судить друг о друге по первому впечатлению или по двум-трем внешним признакам. Я не понимаю вас, вы меня не понимаете, и сами мы себя не понимаем. Можно быть прекрасным врачом - и в то же время совсем не знать людей. Не будьте же самоуверенны и согласитесь с этим.
Львов. Да неужели же вы думаете, что вы так непрозрачны и у меня так мало мозга, что я не могу отличить подлости от честности?
Иванов. Очевидно, мы с вами никогда не споемся... В последний раз я спрашиваю и отвечайте, пожалуйста, без предисловий: что собственно вам нужно от меня? Чего вы добиваетесь? *(Раздраженно.)* И с кем я имею честь говорить: с моим прокурором или с врачом моей жены?
Львов. Я врач и, как врач, требую, чтобы вы изменили ваше поведение... Оно убивает Анну Петровну!
Иванов. Но что же мне делать? Что? Если вы меня понимаете лучше, чем я сам себя понимаю, то говорите определенно: что мне делать?
Львов. По крайней мере, действовать не так откровенно.
Иванов. А, боже мой! Неужели вы себя понимаете? *(Пьет воду.)*

those Lebedevs every day!

Ivanov. Ah, it is two weeks since I was there...

Lvov. [*Not listening to him.*] To men like yourself one must speak plainly, in no uncertain terms, and if you don't want to listen to me, then don't listen! I always call a spade a spade... You need this death in order to carry out new heroic deeds; be it so, but can't you wait? If, instead of crushing the life out of your wife by your explicit cynicism, you let her die naturally, do you think you would lose Lebedeva with her dowry? You, a wonderful Tartuffe, could turn the girl's head and get hold of her dowry a year or two from now as easily as you can today... Why are you in such a hurry? Why do you need your wife to die now, instead of in a month's time, or a year's?..

Ivanov. This is torture... Doctor, you are a very bad physician if you think a man can control himself forever. It costs me tremendous efforts not to answer your insults.

Lvov. Look here, who do you want to fool? Drop your mask.

Ivanov. Clever man, just think: in your opinion, there is nothing easier than to understand me! Right? I married Anna to get a big dowry... I didn't get the dowry, I made a mistake, and now I am hustling her out of the world so that I could marry another woman and get her dowry... Yes? How simple and easy... Man is such a simple and primitive machine... No, doctor, in each one of us there are too many wheels, screws and valves for us to judge each other by first impressions or by two or three external indications. I don't understand you, you don't understand me, and neither of us understands himself. A man can be a splendid doctor, and at the same time a very bad judge of human nature. Don't be self-confident and admit it.

Lvov. Do you really think you are so non-transparent and I am too stupid to tell meanness from honesty?

Ivanov. It's clear that we shall never agree... For the last time I ask you, and please answer me without preamble: what exactly do you want from me? What are you after? [*Irritatedly.*] And with whom have I the honour of speaking: with my prosecutor or with my wife's doctor?

Lvov. I am a doctor, and as a doctor I demand that you change your conduct... It is killing Anna Petrovna!

Ivanov. What am I supposed to do? What? If you understand me better than I understand myself, tell me definitely: what am I supposed to do?

Lvov. At least, don't act so obviously.

Ivanov. Oh, my God! Do you really understand yourself? [*Drinks some water.*] Leave me alone. I am a thousand times guilty, I shall answer before

Иванов

Оставьте меня. Я тысячу раз виноват, отвечу перед богом, а вас никто не уполномочивал ежедневно пытать меня...

Львов. А кто вас уполномочивал оскорблять во мне мою правду? Вы измучили и отравили мою душу. Пока я не попал в этот уезд, я допускал существование людей глупых, сумасшедших, увлекающихся, но никогда я не верил, что есть люди преступные осмысленно, сознательно направляющие свою волю в сторону зла... Я уважал и любил людей, но, когда увидел вас...

Иванов. Я уже слышал об этом!

Львов. Слышали? *(Увидев входящую Сашу; она в амазонке.)* Теперь уж, надеюсь, мы отлично понимаем друг друга! *(Пожимает плечами и уходит.)*

VII

Иванов и Саша.

Иванов *(испуганно).* Шура, это ты?

Саша. Да, я. Здравствуй. Не ожидал? Отчего ты так долго не был у нас?

Иванов. Шура, ради бога, это неосторожно! Твой приезд может страшно подействовать на жену.

Саша. Она меня не увидит. Я прошла черным ходом. Сейчас уеду. Я беспокоюсь: ты здоров? Отчего не приезжал так долго?

Иванов. Жена и без того уж оскорблена, почти умирает, а ты приезжаешь сюда. Шура, Шура, это легкомысленно и бесчеловечно!

Саша. Что же мне было делать? Ты две недели не был у нас, не отвечал на письма. Я измучилась. Мне казалось, что ты тут невыносимо страдаешь, болен, умер. Ни одной ночи я не спала покойно. Сейчас уеду... По крайней мере, скажи: ты здоров?

Иванов. Нет, замучил я себя, люди мучают меня без конца... Просто сил моих нет! А тут еще ты! Как это нездорово, как ненормально! Шура, как я виноват, как виноват!..

Саша. Как ты любишь говорить страшные и жалкие слова! Виноват ты? Да? Виноват? Ну, так говори же: в чем?

Иванов. Не знаю, не знаю...

Саша. Это не ответ. Каждый грешник должен знать, в чем он грешен. Фальшивые бумажки делал, что ли?

Иванов. Неостроумно!

Саша. Виноват, что разлюбил жену? Может быть, но человек не

God, but no one has given you the right to torture me every day...
Lvov. Who has given you the right to insult my sense of truth? You have bedevilled and poisoned my soul. Before I came to this district I conceded that stupid, crazy, deluded people existed, but I never believed that some people could be so criminal as to turn their will consciously, deliberately in the direction of evil... I respected and loved people, but when I saw you...
Ivanov. I've heard all that before!
Lvov. Have you? [*He sees Sasha coming in; she is wearing a riding habit.*] Now, I hope, we understand one another perfectly well! [*Shrugs his shoulders and goes out.*]

VII

Ivanov and Sasha.

Ivanov. [*Startled.*] Shura, is that you?
Sasha. Yes, it's me. How are you? You didn't expect me, did you? Why haven't you been to see us for so long?
Ivanov. Shura, for God's sake, this is imprudent! Your coming may have a terrible effect on my wife.
Sasha. She won't see me. I came in by the back entrance. I shall go in a minute. I was worried: are you well? Why haven't you come for so long?
Ivanov. My wife is offended already, and almost dying, and you come here. Shura, Shura, this is thoughtless and inhuman!
Sasha. What was I supposed to do? You haven't been to see us for two weeks, you haven't answered my letters. I was worried. I imagined you suffering unbearably, or ill, or dead. I haven't slept calmly for a single night. I will go away now... At least tell me: are you well?
Ivanov. No, I am a torment to myself, and people torment me without end... I can't stand it! And now you! How morbid, how abnormal it all is! Shura, I am so guilty, so guilty!..
Sasha. How you like saying dreadful and pitiful words! So you are guilty? Really? Guilty? Well, tell me then: guilty of what?
Ivanov. I don't know, I don't know...
Sasha. That is no answer. Every sinner should know his sin. Perhaps you have been forging money?
Ivanov. That is not funny!
Sasha. Guilty because you fell out of love with your wife? Perhaps, but

хозяин своим чувствам, ты не хотел разлюбить. Виноват ты, что она видела, как я объяснялась тебе в любви? Нет, ты не хотел, чтобы она видела...

Иванов *(перебивая).* И так далее, и так далее... Полюбил, разлюбил, не хозяин своим чувствам - все это общие места, избитые фразы, которыми не поможешь...

Саша. Утомительно с тобою говорить. *(Смотрит на картину.)* Как хорошо собака нарисована! Это с натуры?

Иванов. С натуры. И весь этот наш роман - общее, избитое место: он пал духом и утерял почву. Явилась она, бодрая духом, сильная, и подала ему руку помощи. Это красиво и похоже на правду только в романах, а в жизни...

Саша. И в жизни то же самое.

Иванов. Вижу, тонко ты понимаешь жизнь! Мое нытье внушает тебе благоговейный страх, ты воображаешь, что обрела во мне второго Гамлета, а, по-моему, эта моя психопатия, со всеми ее аксессуарами, может служить хорошим материалом только для смеха и больше ничего! Надо бы хохотать до упаду над моим кривляньем, а ты - караул! Спасать, совершать подвиг! Ах, как я зол сегодня на себя! Чувствую, что сегодняшнее мое напряжение разрешится чем-нибудь... Или я сломаю что-нибудь, или...

Саша. Вот, вот, это именно и нужно. Сломай что-нибудь, разбей или закричи. Ты на меня сердит, я сделала глупость, что решилась приехать сюда. Ну, так возмутись, закричи на меня, затопай ногами. Ну? Начинай сердиться...

Пауза.

Ну?

Иванов. Смешная.

Саша. Отлично! Мы, кажется, улыбаемся! Будьте добры, соблаговолите еще раз улыбнуться!

Иванов *(смеется).* Я заметил: когда ты начинаешь спасать меня и учить уму-разуму, то у тебя делается лицо наивное-пренаивное, а зрачки большие, точно ты на комету смотришь. Постой, у тебя плечо в пыли. *(Смахивает с ее плеча пыль.)* Наивный мужчина, - это дурак. Вы же, женщины, умудряетесь наивничать так, что это у вас выходит и мило, и здорово, и тепло, и не так глупо, как кажется. Только что у вас у всех за манера? Пока мужчина здоров, силен и весел, вы не обращаете на него никакого внимания, но как только он покатил вниз по наклонной плоскости и стал Лазаря петь, вы вешаетесь ему

no one is master of his feelings, you didn't want to fall out of love. Are you guilty because she saw me telling you that I love you? No, you didn't want her to see it...
Ivanov. [*Interrupting her.*] And so on, and so on... Fell in love, fell out of love, not master of his feelings - all these are commonplace, worn out phrases, with which you can't help me...
Sasha. It's tiresome to talk to you. [*Looks at a picture.*] How well this dog is drawn! Is it done from life?
Ivanov. From life. And this whole romance of ours is a commonplace, worn out story: he lost heart and began to go down in the world. She appeared, brave and strong of heart, and gave him a hand of help. This is pretty and looks like truth only in novels, but in life...
Sasha. In life it's the same.
Ivanov. I see you have an acute understanding of life! My nagging fills you with awe, you imagine you have discovered in me a second Hamlet; but in my view this psychonosis of mine with all its accessories can serve only as good material for jokes and nothing else! One should die of laughter at my antics, but you cry for help! To save, to do a heroic deed! Oh, how I hate myself today! I feel that today's tension of mine will lead to something... Either I'll break something or...
Sasha. Yes, yes, that's exactly what you need. Break something, smash it to pieces or scream. You are angry with me, it was foolish of me to come here. Well, then throw a fit, yell at me, stamp your feet. Well? Start getting angry...

Pause.

Well?
Ivanov. You are funny.
Sasha. Splendid! We seem to be smiling! Be kind, do me the favour of smiling once more!
Ivanov. [*Laughs.*] I have noticed that whenever you start educating me and saving my soul, your face grows naive, oh so naive, and your eyes grow as wide as if you were looking at a comet. Wait a moment; your shoulder is covered with dust. [*Brushes the dust from her shoulder.*] A naive man is a fool. But you women contrive to be naive in such a way that it comes across as sweet, and wholesome, and cordial, and not as silly as it seems. But what a strange way you have! You are ignoring a man as long as he is healthy, strong and cheerful, and fastening yourselves to him as soon as he begins

на шею. Разве быть женой сильного и храброго человека хуже, чем быть сиделкой у какого-нибудь слезоточивого неудачника?
Саша. Хуже!
Иванов. Почему же? *(Хохочет.)* Не знает об этом Дарвин, а то бы он задал вам на орехи! Вы портите человеческую породу. По вашей милости на свете скоро будут рождаться одни только нытики и психопаты.

Саша. Мужчины многого не понимают. Всякой девушке скорее понравится неудачник, чем счастливец, потому что каждую соблазняет любовь деятельная... Понимаешь? Деятельная. Мужчины заняты делом и потому у них любовь на третьем плане. Поговорить с женой, погулять с нею по саду, приятно провести время, на ее могилке поплакать - вот и все. А у нас любовь - это жизнь. Я люблю тебя, это значит, что я мечтаю, как я излечу тебя от тоски, как пойду с тобою на край света... Ты на гору, и я на гору; ты в яму, и я в яму. Для меня, например, было бы большим счастьем всю ночь бумаги твои переписывать, или всю ночь сторожить, чтобы тебя не разбудил кто-нибудь, или идти с тобою пешком верст сто. Помню, года три назад, ты раз, во время молотьбы, пришел к нам весь в пыли, загорелый, измученный и попросил пить. Принесла я тебе стакан, а ты уж лежишь на диване и спишь как убитый. Спал ты у нас полсуток, а я все время стояла за дверью и сторожила, чтобы кто не вошел. И так мне было хорошо! Чем больше труда, тем любовь лучше, то есть она, понимаешь ли, сильней чувствуется.

Иванов. Деятельная любовь... Гм... Порча это, девическая философия, или, может, так оно и должно быть... *(Пожимает плечами.)* Черт его знает! *(Весело.)* Шура, честное слово, я порядочный человек!.. Ты посуди: я всегда любил философствовать, но никогда в жизни я не говорил: "наши женщины испорчены" или: "женщина вступила на ложную дорогу". Ей-богу, я был только благодарен и больше ничего! Больше ничего! Девочка моя, хорошая, какая ты забавная! А я-то, какой смешной болван! Православный народ смущаю, по целым дням Лазаря пою. *(Смеется.)* Бу-у! бу-у! *(Быстро отходит.)* Но уходи, Саша! Мы забылись...

Саша. Да, пора уходить. Прощай! Боюсь, как бы твой честный доктор из чувства долга не донес Анне Петровне, что я здесь. Слушай меня: ступай сейчас к жене и сиди, сиди, сиди... Год понадобится сидеть - год сиди. Десять лет - сиди десять лет. Исполняй свой долг. И горюй, и прощения у нее проси, и плачь - все это так и надо. А главное, не забывай дела.

Ivanov

to go down-hill and whine. Is it really worse to be the wife of a strong and brave man than to nurse some weepy loser?
Sasha. Yes, it's worse!
Ivanov. But why? [*Laughs loudly.*] Darwin can't hear what you are saying, otherwise he would give hell to you! You're degrading the human race. Soon, thanks to your kindness, only whiners and psychopaths will be born into the world.
Sasha. Men don't understand a lot of things. Any girl would rather love an unfortunate man than a fortunate one, because every girl is enticed by active love... Do you understand? Active. Men are busy with their work, and therefore they keep love far in the background. To talk to his wife, to walk with her in the garden, to pass the time pleasantly with her, to cry at her grave – that's all. But for us, love means life. I love you; that means that I dream of how I shall cure you of your sadness, how I shall go with you to the ends of the earth... You go up a mountain, and I go up a mountain; you go down a pit, and I go down a pit. For instance, it would be a great happiness for me to copy out your papers all night, or to watch all night that no one should wake you, or to walk a hundred versts with you. I remember that three years ago, at threshing time, you came to us all dusty and sunburnt and exhausted, and asked for a drink. When I brought you a glass you were already lying on the sofa and sleeping like a dead man. You slept there for half a day, and all that time I watched by the door that no one should come in. How happy I was! The more a girl can do, the greater her love will be; that is, I mean, the more she feels it.
Ivanov. Active love... Hm... It's poison, a girlish philosophy; or, perhaps, that's how things should be... [*Shrugs his shoulders.*] The devil knows! [*Gaily.*] On my honour, Shura, I am a decent man!.. Judge for yourself: I have always liked to philosophise, but I have never in my life said: "our women are corrupt" or "a woman set foot on the wrong path". By God, I was only grateful, and nothing more! Nothing more! My dear little girl, how comical you are! And what a ridiculous cretin I am! I disturb all good Christian folk, and go about whining for days. [*Laughs.*] Boo! Boo! [*Quickly walks away.*] But go away, Sasha! We have forgotten ourselves...
Sasha. Yes, it's time to go. Goodbye! I am afraid that that honest doctor of yours will have told Anna Petrovna out of a sense of duty that I am here. Listen to me: go now to your wife and stay with her, stay, stay... If you have to stay for a year – stay for a year. If for ten years – stay for ten years. Do your duty. And grieve, and ask her forgiveness, and weep - that's how it ought to be. But the main thing is, don't forget about your work.

Иванов

Иванов. Опять у меня такое чувство, как будто я мухомору объелся. Опять!
Саша. Ну, храни тебя создатель! Обо мне можешь совсем не думать! Недели через две черкнешь строчку - и на том спасибо. А я тебе буду писать...

Боркин выглядывает в дверь.

VIII

Те же и Боркин.

Боркин. Николай Алексеевич, можно? *(Увидев Сашу.)* Виноват, я и не вижу... *(Входит.)* Бонжур! *(Раскланивается.)*
Саша *(смущенно).* Здравствуйте...
Боркин. Вы пополнели, похорошели.
Саша *(Иванову).* Так я ухожу, Николай Алексеевич... Я ухожу. *(Уходит.)*
Боркин. Чудное видение! Шел за прозой, а наткнулся на поэзию... *(Поет.)* "Явилась ты, как пташка к свету..."

Иванов взволнованно ходит по сцене.

(Садится.) А в ней, Nicolas, есть что-то такое, этакое, чего нет в других. Не правда ли? Что-то особенное... фантасмагорическое... *(Вздыхает.)* В сущности, самая богатая невеста во всем уезде, но маменька такая редька, что никто не захочет связываться. После ее смерти все останется Шурочке, а до смерти даст тысяч десять, плойку и утюг, да еще велит в ножки поклониться. *(Роется в карманах.)* Покурить де-лос-махорос. Не хотите ли? *(Протягивает портсигар.)* Хорошие... Курить можно.
Иванов *(подходит к Боркину, задыхаясь от гнева).* Сию же минуту чтоб ноги вашей не было у меня в доме! Сию же минуту!

Боркин приподнимается и роняет сигару.

Вон сию же минуту!
Боркин. Nicolas, что это значит? За что вы сердитесь?

Ivanov

Ivanov. Again I feel as if I have been gorging myself with toadstools. Again!
Sasha. Well, God save you! You can forget me entirely! If in two weeks you send me a line - I shall be content with that. And I shall write to you...

Borkin looks in at the door.

VIII

The same and Borkin.

Borkin. Nikolai Alekseyevich, may I? [*He sees Sasha.*] I beg your pardon, I didn't see you... [*Enters.*] Bonjour! [*He bows.*]
Sasha. [*Embarrassed.*] How do you do?
Borkin. You've got plumper and prettier.
Sasha. [*To Ivanov.*] I'm leaving, Nikolai Alekseyevich... I am leaving. [*Goes out.*]
Borkin. A beautiful apparition! I came expecting prose and found poetry... [*Sings.*] "You came like a bird to the light..."

Ivanov walks excitedly about the stage.

[*Sits down.*] There is something in her, Nikolas, that one doesn't find in other women, isn't there? Something special... phantasmagoric... [*Sighs.*] As a matter of fact, she is the richest bride in the whole district, but her mother is such a radish that no one will have her. After her mother's death Shurochka will have everything, but until then she will give her ten thousand, a curling iron and a flat-iron, and she will make her humble herself to the ground. [*Rummages in his pockets.*] I'll smoke de-los-majoros. Would you like one? [*Offers his cigar case.*] They are good... Quite smokable.
Ivanov. [*Comes up to Borkin, stifled with rage.*] Get out of my house this minute! This minute!

Borkin rises and drops his cigar.

Get out this minute!
Borkin. Nikolas, what does this mean? Why are you angry?

Иванов

Иванов. За что? А откуда у вас эти сигары? И вы думаете, что я не знаю, куда и зачем вы каждый день возите старика?
Боркин *(пожимает плечами).* Да вам-то что за надобность?
Иванов. Негодяй вы этакий! Ваши подлые проекты, которыми вы сыплете по всему уезду, сделали меня в глазах людей бесчестным человеком! У нас нет ничего общего, и я прошу вас сию же минуту оставить мой дом! *(Быстро ходит.)*
Боркин. Я знаю, все это вы говорите в раздражении, а потому не сержусь на вас. Оскорбляйте сколько хотите... *(Поднимает сигару.)* А меланхолию пора бросить. Вы не гимназист...
Иванов. Я вам что сказал? *(Дрожа.)* Вы играете мною?

Входит Анна Петровна.

IX

Те же и Анна Петровна.

Боркин. Ну, вот, Анна Петровна пришла... Я уйду. *(Уходит.)*

Иванов останавливается возле стола и стоит, поникнув головой.

Анна Петровна *(после паузы).* Зачем она сейчас сюда приезжала?

Пауза.

Я тебя спрашиваю: зачем она сюда приезжала?
Иванов. Не спрашивай, Анюта...

Пауза.

Я глубоко виноват. Придумывай какое хочешь наказание, я все снесу, но... не спрашивай... Говорить я не в силах.
Анна Петровна *(сердито).* Зачем она здесь была?

Пауза.

А, так вот ты какой! Теперь я тебя понимаю. Наконец-то я вижу, что

Ivanov

Ivanov. Why? Where did you get these cigars? Do you think I don't know where you take the old man every day, and for what purpose?

Borkin. [*Shrugs his shoulders.*] What business is it of yours?

Ivanov. You blackguard, you! Your disgraceful projects that you have been promoting all over the district made me disreputable in the eyes of people. You and I have nothing in common, and I ask you to leave my house this minute! [*Walks about quickly.*]

Borkin. I know that you are saying all this in a moment of irritation, and so I am not angry with you. Insult me as much as you please... [*Picks up his cigar.*] But it's time to shake off this melancholy of yours. You're not a schoolboy...

Ivanov. What did I tell you? [*Shuddering.*] Are you making fun of me?

Enter Anna Petrovna.

IX

The same and Anna Petrovna.

Borkin. There now, Anna Petrovna has come... I shall go. [*Goes out.*]

Ivanov stops by his desk and stands with his head bowed.

Anna Petrovna. [*After a pause.*] What did she come here for?

Pause.

I'm asking you: what did she come here for?

Ivanov. Don't ask me, Anyuta...

Pause.

I am terribly guilty. Think of any punishment you want, I will stand anything, but... don't ask... I have no strength to talk.

Anna Petrovna. [*Angrily.*] Why was she here?

Pause.

Ah, so that's what you're like! Now I understand you. Finally I see what

ты за человек. Бесчестный, низкий... Помнишь, ты пришел и солгал мне, что ты меня любишь... Я поверила и оставила отца, мать, веру и пошла за тобою... Ты лгал мне о правде, о добре, о своих честных планах, я верила каждому слову...

Иванов. Анюта, я никогда не лгал тебе...

Анна Петровна. Жила я с тобою пять лет, томилась и болела от мысли, что изменила своей вере, но любила тебя и не оставляла ни на одну минуту... Ты был моим кумиром... И что же? Все это время ты обманывал меня самым наглым образом...

Иванов. Анюта, не говори неправды. Я ошибался, да, но не солгал ни разу в жизни... В этом ты не смеешь попрекнуть меня...

Анна Петровна. Теперь все понятно... Женился ты на мне и думал, что отец и мать простят меня, дадут мне денег... Ты это думал...

Иванов. О, боже мой! Анюта, испытывать так терпение... *(Плачет.)*

Анна Петровна. Молчи! Когда увидел, что денег нет, повел новую игру... Теперь я все помню и понимаю. *(Плачет.)* Ты никогда не любил меня и не был мне верен... Никогда!..

Иванов. Сарра, это ложь!.. Говори, что хочешь, но не оскорбляй меня ложью...

Анна Петровна. Бесчестный, низкий человек... Ты должен Лебедеву, и теперь, чтобы увильнуть от долга, хочешь вскружить голову его дочери, обмануть ее так же, как меня. Разве неправда?

Иванов *(задыхаясь)*. Замолчи, ради бога! Я за себя не ручаюсь... Меня душит гнев, и я... я могу оскорбить тебя...

Анна Петровна. Всегда ты нагло обманывал, и не меня одну... Все бесчестные поступки сваливал ты на Боркина, но теперь я знаю - чьи они...

Иванов. Сарра, замолчи, уйди, а то у меня с языка сорвется слово! Меня так и подмывает сказать тебе что-нибудь ужасное, оскорбительное... *(Кричит.)* Замолчи, жидовка!..

Анна Петровна. Не замолчу... Слишком долго ты обманывал меня, чтобы я могла молчать...

Иванов. Так ты не замолчишь? *(Борется с собою.)* Ради бога...

Анна Петровна. Теперь иди и обманывай Лебедеву...

Иванов. Так знай же, что ты... скоро умрешь... Мне доктор сказал, что ты скоро умрешь...

Анна Петровна *(садится, упавшим голосом)*. Когда он сказал?

Пауза.

sort of man you are. Dishonest, unworthy... Do you remember that you came and lied to me that you loved me?.. I believed you and left my father, my mother, my faith, and followed you... You lied to me about truth, about goodness, about your noble plans, and I believed every word...

Ivanov. Anyuta, I have never lied to you...

Anna Petrovna. I have lived with you for five years, I was plagued and made ill by the idea that I betrayed my faith, but I have loved you and have never left you for a moment... You were my idol... And what have you done? All this time you have been deceiving me in the most dastardly way...

Ivanov. Anyuta, don't tell lies. I have made mistakes, yes, but I have never told a lie in my life... You dare not accuse me of that...

Anna Petrovna. It is all clear to me now... You married me because you expected my father and mother to forgive me and give me money... That's what you expected...

Ivanov. Oh my God! Anyuta, to test my patience like this... [*Weeps.*]

Anna Petrovna. Be quiet! When you saw there was no money, you began a new game... Now I remember and understand everything. [*Weeps.*] You have never loved me or been faithful to me... Never!..

Ivanov. Sarah, that's a lie!.. Say what you want, but don't insult me with a lie...

Anna Petrovna. Dishonest, unworthy man... You owe money to Lebedev, and now, to escape paying your debt, you want to turn the head of his daughter and deceive her as you have deceived me. Is that not true?

Ivanov. [*Stifled.*] Be quiet, for God's sake! I can't answer for myself... I am choking with rage, and I... I might insult you...

Anna Petrovna. You've always basely deceived me, and not only me... You have always blamed Borkin for all your dishonest actions, but now I know whose they are...

Ivanov. Sarah, stop, go away, or else I shall say some word! I long to say something dreadful to you, something offensive... [*Shrieks.*] Hold your tongue, Yid!..

Anna Petrovna. I won't hold my tongue... You have deceived me too long for me to be silent now...

Ivanov. So you won't be quiet? [*Struggles with himself.*] For God's sake...

Anna Petrovna. Now go and deceive Lebedeva...

Ivanov. Know then that you... will die soon... The doctor told me that you will die soon...

Anna Petrovna. [*Sits down, in a dismal voice.*] When did he say that?

Pause.

Иванов

Иванов *(хватая себя за голову).* Как я виноват! Боже, как я виноват! *(Рыдает.)*

Занавес.

Между третьим и четвертым действиями проходит около года.

Действие четвертое

Одна из гостиных в доме Лебедева. Впереди арка, отделяющая гостиную от зала, направо и налево - двери. Старинная бронза, фамильные портреты. Праздничное убранство. Пианино, на нем скрипка, возле стоит виолончель. В продолжение всего действия по залу ходят гости, одетые по-бальному.

I

Львов.

Львов *(входит, смотрит на часы).* Пятый час. Должно быть, сейчас начнется благословение... Благословят и повезут венчать. Вот оно, торжество добродетели и правды! Сарру не удалось ограбить, замучил ее и в гроб уложил, теперь нашел другую. Будет и перед этою лицемерить, пока не ограбит ее и, ограбивши, не уложит туда же, где лежит бедная Сарра. Старая, кулаческая история...

Пауза.

На седьмом небе от счастья, прекрасно проживет до глубокой старости, а умрет со спокойною совестью. Нет, я выведу тебя на чистую воду! Когда я сорву с тебя проклятую маску и когда все узнают, что ты за птица, ты полетишь у меня с седьмого неба вниз головой в такую яму, из которой не вытащит тебя сама нечистая сила! Я честный человек, мое дело вступиться и открыть глаза слепым. Исполню свой долг и завтра же вон из этого проклятого уезда! *(Задумывается.)* Но что сделать? Объясняться с Лебедевыми - напрасный труд. Вызвать на дуэль? Затеять скандал? Боже мой, я волнуюсь, как мальчишка, и

Ivanov

Ivanov. [*Clutches his head.*] How guilty I am! God, how guilty I am! [*Sobs.*]

Curtain.

About a year passes between the third and fourth acts.

Act IV

A sitting-room in Lebedev's house. In front is an arch separating the sitting-room from the ballroom. To the right and left are doors. Some antique bronzes, family portraits. Festive decorations. A piano, on it a violin, near it stands a violoncello. During the entire act guests, dressed for a ball, walk about in the ballroom.

I

Lvov.

Lvov. [*Enters, looks at his watch.*] It's after four o'clock. I think the blessing will begin any time now... They will be blessed and driven off to be married. This is it, the triumph of virtue and truth! Not being able to rob Sarah, he has tortured her and laid her in her coffin; and now he has found another one. He will deceive her too until he robs her, and having robbed her, lays her where poor Sarah lies. The old kulak story...

Pause.

He will live to a fine old age in the seventh heaven of happiness, and will die with a clear conscience. No, I shall bring you out into the open! And when I tear off that accursed mask of yours, and when everyone knows what kind of a bird you are, you shall come plunging down headfirst from your seventh heaven, into a pit so deep that the devil himself will not be able to drag you out of it! I am an honest man, it is my duty to interfere and open the eyes of the blind. I shall fulfil my duty and tomorrow get out of this accursed district! [*Thoughtfully.*] But what shall I do? To have an explanation with the Lebedevs would be a vain task. Challenge him to a

совсем потерял способность соображать. Что делать? Дуэль?

II

Львов и Косых.

Косых *(входит, радостно Львову)*. Вчера объявил маленький шлем на трефах, а взял большой. Только опять этот Барабанов мне всю музыку испортил! Играем. Я говорю: без козырей. Он пас. Два трефы. Он пас. Я два бубны... три трефы... и представьте, можете себе представить: я объявляю шлем, а он не показывает туза. Покажи он, мерзавец, туза, я объявил бы большой шлем на без-козырях...
Львов. Простите, я в карты не играю и потому не сумею разделить вашего восторга. Скоро благословение?
Косых. Должно, скоро. Зюзюшку в чувство приводят. Белугой ревет, приданого жалко.
Львов. А не дочери?
Косых. Приданого. Да и обидно. Женится, значит долга не заплатит. Зятевы векселя не опротестуешь.

III

Те же и Бабакина.

Бабакина *(разодетая, важно проходит через сцену мимо Львова и Косых; последний прыскает в кулак; она оглядывается)*. Глупо!

Косых касается пальцем ее талии и хохочет.

Мужик! *(Уходит.)*
Косых *(хохочет)*. Совсем спятила баба! Пока в сиятельство не лезла - была баба, как баба, а теперь приступу нет. *(Дразнит.)* Мужик!
Львов *(волнуясь)*. Слушайте, скажите мне искренно: какого вы мнения об Иванове?
Косых. Ничего не стоит. Играет как сапожник. В прошлом году, в посту, был такой случай. Садимся мы играть: я, граф, Боркин и он. Я сдаю...
Львов *(перебивая)*. Хороший он человек?

Ivanov

duel? Make a scandal? My God, I am as excited as a small boy, and have entirely lost the ability to think. What shall I do? Fight a duel?

II

Lvov and Kosykh.

Kosykh. [*Enters, gaily to Lvov.*] I declared a little slam in clubs yesterday, and made a grand slam. Only that Barabanov spoilt the whole game for me again! We are playing. I say: no trumps. He passes. Two in clubs. He passes. I made it two diamonds... three in clubs... and imagine, imagine if you can: I declare a slam and he doesn't show his ace. If he had showed his ace, the rascal, I should have declared a grand slam in no trumps...
Lvov. Excuse me, I don't play cards, and so I can't share your excitement. Will the blessing be soon?
Kosykh. I think so, soon. They are now bringing Zyuzyushka to herself. She is bellowing like a beluga; she can't bear to see the dowry go.
Lvov. Not the daughter?
Kosykh. The dowry. What a shame! He is getting married, and that means he won't pay his debt. One can't protest the bills of one's son-in-law.

III

The same and Babakina.

Babakina. [*Dressed up, struts across the stage past Lvov and Kosykh; the latter bursts out laughing into his fist; Babakina looks round.*] It's stupid!

Kosykh touches her waist with his finger and laughs loudly.

Boor! [*Goes out.*]
Kosykh. [*Laughs loudly.*] The woman's gone barmy! Before she fixed her eye on a title she was like any other woman, but there is no coming near her now. [*Mocks her.*] Boor!
Lvov. [*Nervously.*] Listen, tell me honestly: what do you think of Ivanov?
Kosykh. He's no good at all. He plays cards like a shoemaker. This is what happened last year during Lent: I, the Count, Borkin and he, sat down to play. I'm dealing...
Lvov. [*Interrupting him.*] Is he a good man?

Косых. Он-то? Жох-мужчина! Пройда, сквозь огонь и воду прошел. Он и граф - пятак пара. Нюхом чуют, где что плохо лежит. На жидовке нарвался, съел гриб, а теперь к Зюзюшкиным сундукам подбирается. Об заклад бьюсь, будь я трижды анафема, если через год он Зюзюшку по миру не пустит. Он - Зюзюшку, а граф - Бабакину. Заберут денежки и будут жить-поживать да добра наживать. Доктор, что это вы сегодня такой бледный? На вас лица нет.
Львов. Ничего, это так. Вчера лишнее выпил.

IV

Те же, Лебедев и Саша.

Лебедев (*входя с Сашей*). Здесь поговорим. (*Львову и Косых.*) Ступайте, зулусы, в залу к барышням. Нам по секрету поговорить нужно.
Косых (*проходя мимо Саши, восторженно щелкает пальцами*). Картина! Козырная дама!
Лебедев. Проходи, пещерный человек, проходи!

Львов и Косых уходят.

Садись, Шурочка, вот так... (*Садится и оглядывается.*) Слушай внимательно и с должным благоговением. Дело вот в чем: твоя мать приказала мне передать тебе следующее... Понимаешь? Я не от себя буду говорить, а мать приказала.
Саша. Папа, покороче!
Лебедев. Тебе в приданое назначается пятнадцать тысяч рублей серебром. Вот... Смотри, чтоб потом разговоров не было! Постой, молчи! Это только цветки, а будут еще ягодки. Приданого тебе назначено пятнадцать тысяч, но, принимая во внимание, что Николай Алексеевич должен твоей матери девять тысяч, из твоего приданого делается вычитание... Ну-с, а потом, кроме того...
Саша. Для чего ты мне это говоришь?
Лебедев. Мать приказала!
Саша. Оставьте меня в покое! Если бы ты хотя немного уважал меня и себя, то не позволил бы себе говорить со мною таким образом. Не нужно мне вашего приданого! Я не просила и не прошу!
Лебедев. За что же ты на меня набросилась? У Гоголя две крысы

Ivanov

Kosykh. Him? An artful dodger! A rapscallion, went through fire and water. He and the Count are two of a kind. They have keen noses for a good game. He got it wrong with the Yid, ate a mushroom, and now he's getting closer to Zyuzyushka's chests. I'll wager you, may I be triply cursed, he'll ruin Zyuzyushka in a year. He will ruin Zyuzyushka, and the Count will ruin Babakina. They will take all the money and live happily ever after. Doctor, why are you so pale today? You look like a ghost.
Lvov. It's nothing. I drank a little too much yesterday.

IV

The same, Lebedev and Sasha.

Lebedev. [*Enters with Sasha.*] Let's talk in here. [*To Lvov and Kosykh.*] Go into the ball-room, Zulus, to the young ladies. We need to talk in private.
Kosykh. [*Snaps his fingers enthusiastically as he goes by Sasha.*] What a picture! The queen of trumps!
Lebedev. Go along, caveman, go along!

Lvov and Kosykh go out.

Sit down, Shurochka, there... [*He sits down and looks about him.*] Listen to me attentively and with proper respect. The thing is, your mother has ordered me to tell you the following... Do you understand? I am not speaking for myself, your mother has ordered.
Sasha. Papa, do say it briefly!
Lebedev. Your dowry is going to be fifteen thousand silver roubles. Here... Don't let us have any discussions about it afterwards! Wait, be quiet! That's only the beginning, the best is yet to come. Your dowry is going to be fifteen thousand, but in consideration of the fact that Nikolai Alekseyevich owes your mother nine thousand, a deduction is being made from your dowry... Well, then, beside that...
Sasha. Why do you tell me all this?
Lebedev. Your mother ordered!
Sasha. Leave me in peace! If you had any respect for yourself and me you would not permit yourself to speak to me in this way. I don't need your dowry! I didn't ask for it and don't ask for it now!
Lebedev. What are you attacking me for? The two rats in Gogol's play

сначала понюхали, а потом уж ушли, а ты, эмансипе, не понюхавши, набросилась.

Саша. Оставьте вы меня в покое, не оскорбляйте моего слуха вашими грошовыми расчетами.

Лебедев (*вспылив*). Тьфу! Все вы то сделаете, что я себя ножом пырну или человека зарежу! Та день-деньской рёвма-ревет, зудит, пилит, копейки считает, а эта, умная, гуманная, черт подери, эмансипированная, не может понять родного отца! Я оскорбляю слух! Да ведь прежде чем прийти сюда оскорблять твой слух, меня там (*указывает на дверь*) на куски резали, четвертовали. Не может она понять! Голову вскружили и с толку сбили... ну вас! (*Идет к двери и останавливается.*) Не нравится мне, всё мне в вас не нравится!

Саша. Что тебе не нравится?

Лебедев. Всё мне не нравится! Всё!

Саша. Что всё?

Лебедев. Так вот я рассядусь перед тобою и стану рассказывать. Ничего мне не нравится, а на свадьбу твою я и смотреть не хочу! (*Подходит к Саше и ласково.*) Ты меня извини, Шурочка, может быть, твоя свадьба умная, честная, возвышенная, с принципами, но что-то в ней не то, не то! Не походит она на другие свадьбы. Ты - молодая, свежая, чистая, как стеклышко, красивая, а он - вдовец, истрепался, обносился. И не понимаю я его, бог с ним. (*Целует дочь.*) Шурочка, прости, но что-то не совсем чисто. Уж очень много люди говорят. Как-то так у него эта Сарра умерла, потом как-то вдруг почему-то на тебе жениться захотел... (*Живо.*) Впрочем, я баба, баба. Обабился, как старый кринолин. Не слушай меня. Никого, себя только слушай.

Саша. Папа, я и сама чувствую, что не то... Не то, не то, не то. Если бы ты знал, как мне тяжело! Невыносимо! Мне неловко и страшно сознаваться в этом. Папа, голубчик, ты меня подбодри, ради бога... научи, что делать.

Лебедев. Что такое? Что?

Саша. Так страшно, как никогда не было! (*Оглядывается.*) Мне кажется, что я его не понимаю и никогда не пойму. За все время, пока я его невеста, он ни разу не улыбнулся, ни разу не взглянул мне прямо в глаза. Вечно жалобы, раскаяние в чем-то, намеки на какую-то вину, дрожь... Я утомилась. Бывают даже минуты, когда мне кажется, что я... я его люблю не так сильно, как нужно. А когда он приезжает к нам или говорит со мною, мне становится скучно. Что это все значит, папочка? Страшно!

sniffed first and then went away, but you, my emancipated girl, attack without even sniffing.

Sasha. Leave me in peace, and do not offend my ears with your two-penny calculations.

Lebedev. [*Losing his temper.*] Bah! You all will make me stick a knife into myself or kill somebody! That one bellows, buzzes, nags, counts every kopeck all day, and this one is so clever and humane and, dammit, emancipated that she can't understand her own father! I offend her ears! Before I came here to offend your ears I was being cut up into pieces and quartered over there [*points to the door*]. She can't understand! She is bewildered and deluded... go to hell! [*Goes toward the door and stops.*] I don't like it, I don't like anything about all of you!

Sasha. What don't you like?

Lebedev. Everything! Everything!

Sasha. What do you mean by everything?

Lebedev. Am I supposed to sit down in front of you and start telling you this? I don't like anything, as for your marriage, I simply can't abide it! [*Goes up to Sasha, caressingly.*] Forgive me, Shurochka, maybe your marriage is wise, honest, high-minded, with principles, but there is something wrong about it, something wrong! It doesn't look like other marriages. You are young, fresh, clean as a piece of glass, beautiful, and he is a widower, battered and worn. And I don't understand him, God help him. [*Kisses his daughter.*] Shurochka, forgive me but there is something crooked here. Too many people are saying too many things. Somehow that Sarah of his died, then suddenly for some reason he wanted to marry you... [*Excitedly.*] But I'm a wimp, a wimp. I've become as effeminate as an old crinoline. Don't listen to me. Don't listen to anyone, only to your own heart.

Sasha. Papa, I feel myself that there is something wrong... Wrong, wrong, wrong. If you only knew how hard it is for me! It's unbearable! I am ashamed and frightened to confess this. Papa darling, cheer me up, for God's sake... teach me what to do.

Lebedev. What's the matter? What?

Sasha. I am so frightened, as never before! [*Looks around.*] I think I don't understand him, and I never shall. He has not smiled or looked straight into my eyes once since we have been engaged. He is forever complaining, repenting for something, hinting at some guilt, trembling... I am tired. There are even moments when I think that I... I love him not as strongly as I should. And when he comes to see us, or talks to me, I get bored. What does it all mean, papa darling? I'm scared!

Лебедев. Голубушка моя, дитя мое единственное, послушай старого отца. Откажи ему!
Саша *(испуганно).* Что ты, что ты!
Лебедев. Право, Шурочка. Скандал будет, весь уезд языками затрезвонит, но ведь лучше пережить скандал, чем губить себя на всю жизнь.
Саша. Не говори, не говори, папа! И слушать не хочу. Надо бороться с мрачными мыслями. Он хороший, несчастный, непонятый человек; я буду его любить, пойму, поставлю его на ноги. Я исполню свою задачу. Решено!
Лебедев. Не задача это, а психопатия.
Саша. Довольно. Я покаялась тебе, в чем не хотела сознаться даже самой себе. Никому не говори. Забудем.
Лебедев. Ничего я не понимаю. Или я отупел от старости, или все вы очень уж умны стали, а только я, хоть зарежьте, ничего не понимаю.

V

Те же и Шабельский.

Шабельский *(входя).* Черт бы побрал всех и меня в том числе! Возмутительно!
Лебедев. Тебе что?
Шабельский. Нет, серьезно, нужно во что бы то ни стало устроить себе какую-нибудь гнусность, подлость, чтоб не только мне, но и всем противно стало. И я устрою. Честное слово! Я уж сказал Боркину, чтобы он объявил меня сегодня женихом. *(Смеется.)* Все подлы, и я буду подл.
Лебедев. Надоел ты мне! Слушай, Матвей, договоришься ты до того, что тебя, извини за выражение, в желтый дом свезут.
Шабельский. А чем желтый дом хуже любого белого или красного дома? Сделай милость, хоть сейчас меня туда вези. Сделай милость. Все подленькие, маленькие, ничтожные, бездарные, сам я гадок себе, не верю ни одному своему слову...
Лебедев. Знаешь что, брат? Возьми в рот паклю, зажги и дыши на людей. Или еще лучше: возьми свою шапку и поезжай домой. Тут свадьба, все веселятся, а ты - кра-кра, как ворона. Да, право...

Lebedev. My darling, my only child, listen to your old father. Give him up!

Sasha. [*Frightened.*] How can you say that, how can you say that?

Lebedev. Really, Shurochka. It will make a scandal, all the tongues in the district will be wagging about it, but it's better to live through a scandal than to ruin your whole life.

Sasha. Don't say that, don't say that, father! I don't want to listen. One must crush gloomy thoughts. He is a good, unhappy, misunderstood man; I shall love him and understand him, and I shall set him on his feet again. I shall do my duty. That is settled!

Lebedev. That's not your duty, it's psychonosis.

Sasha. Enough. I have confessed things to you that I have not dared to admit even to myself. Don't tell anyone. Let's forget it.

Lebedev. I understand nothing. Either I've become brainless from old age or else you have all grown very clever, and only I, even if you put a knife into me, don't understand a thing.

V

The same and Shabelsky.

Shabelsky. [*Enters.*] To hell with all of you and myself, too! This is revolting!

Lebedev. What do you want?

Shabelsky. Seriously, I must really do some abomination, some hideosity to myself, so that not only I but everybody else will be disgusted by it. And I shall do it, upon my word! I have already told Borkin to announce today that I am to be married. [*Laughs.*] Everybody is a scoundrel and I will be one too.

Lebedev. I am tired of you! Listen, Matvey, you talk in such a way that, excuse my saying so, you will find yourself in the yellow house[1].

Shabelsky. Why is the yellow house worse than any white or red house? Kindly take me there at once. Please do! Everybody is mean, petty, vain, dull; I am disgusted with myself, I don't believe a word I say…

Lebedev. You know what, brother? Put tow in your mouth, light it, and blow at people. Or, better still, take your hat and go home. This is a wedding, we all are enjoying ourselves, and you are croaking like a raven. Yes, really…

---

[1] Lunatic asylum.

Иванов

Шабельский склоняется к пианино и рыдает.

Батюшки!.. Матвей!.. граф!.. Что с тобою? Матюша, родной мой... ангел мой... Я обидел тебя? Ну, прости меня, старую собаку... Прости пьяницу... Воды выпей...
Шабельский. Не нужно. (*Поднимает голову.*)
Лебедев. Чего ты плачешь?
Шабельский. Ничего, так...
Лебедев. Нет, Матюша, не лги... отчего? Что за причина?
Шабельский. Взглянул я сейчас на эту виолончель и... и жидовочку вспомнил...
Лебедев. Эва, когда нашел вспоминать! Царство ей небесное, вечный покой, а вспоминать не время...
Шабельский. Мы с нею дуэты играли... Чудная, превосходная женщина!

Саша рыдает.

Лебедев. Ты еще что? Будет тебе! Господи, ревут оба, а я... я... Хоть уйдите отсюда, гости увидят!
Шабельский. Паша, когда солнце светит, то и на кладбище весело. Когда есть надежда, то и в старости хорошо. А у меня ни одной надежды, ни одной!
Лебедев. Да, действительно тебе плоховато... Ни детей у тебя, ни денег, ни занятий... Ну, да что делать! (*Саше.*) А ты-то чего?
Шабельский. Паша, дай мне денег. На том свете мы поквитаемся. Я съезжу в Париж, погляжу на могилу жены. В своей жизни я много давал, роздал половину своего состояния, а потому имею право просить. К тому же прошу я у друга...
Лебедев (*растерянно*). Голубчик, у меня ни копейки! Впрочем, хорошо, хорошо! То есть я не обещаю, а понимаешь ли... отлично, отлично! (В сторону.) Замучили!

VI

Те же, Бабакина и потом Зинаида Савишна.

Бабакина (*входит*). Где же мой кавалер? Граф, как вы смеете оставлять меня одну? У, противный! (*Бьет графа веером по руке.*)

Ivanov

Shabelsky leans over the piano and sobs.

Good gracious!.. Matvey!.. Count!.. What's wrong with you? Matyusha, my dear... my angel... Have I offended you? Well, forgive me, an old dog... Forgive a drunkard... Have some water...

Shabelsky. I don't want any. [*Raises his head.*]
Lebedev. Why are you crying?
Shabelsky. No reason, just...
Lebedev. No, Matyusha, don't lie... why? What's the reason?
Shabelsky. I looked at that violoncello now and... and remembered the little Yid...
Lebedev. What a moment you have chosen to remember her! The realm of heaven to her, eternal peace, but it isn't the moment to remember...
Shabelsky. We used to play duets together... She was a wonderful, beautiful woman!

Sasha sobs.

Lebedev. What, you too? Stop it! God, they are both howling, and I... I... Go away, the guests will see!
Shabelsky. Pasha, when the sun is shining, it is gay even in a cemetery. One can be cheerful even in old age when there is hope. But I haven't a single hope, not one!
Lebedev. Yes, it's really rather sad for you... You have no children, no money, no occupation... Well, what's there to be done about it? [*To Sasha.*] And what's the matter with you?
Shabelsky. Pasha, give me some money. We'll settle it in the next world. I'll go to Paris and have a look at my wife's grave. I have given away a lot in my life, dispensed half of my fortune, and so I have the right to ask. Besides, I am asking a friend...
Lebedev. [*Embarrassed.*] My dear friend, I haven't a kopeck! All right, all right though! That is to say, I don't promise, but you see... very well, very well! [*Aside.*] This is torture!

VI

The same, Babakina and then Zinaida Savishna.

Babakina. [*Enters.*] Where is my beau? Count, how dare you leave me alone? Ooh, you are horrid! [*Taps the Count on the arm with her fan.*]

Иванов

Шабельский (*брезгливо*). Оставьте меня в покое! Я вас ненавижу!
Бабакина (*оторопело*). Что?.. А?..
Шабельский. Отойдите прочь!
Бабакина (*падает в кресло*). Ах! (*Плачет.*)
Зинаида Савишна (*входит, плача*). Там кто-то приехал... Кажется, женихов шафер. Благословлять время... (*Рыдает.*)
Саша (*умоляюще*). Мама!
Лебедев. Ну, все заревели! Квартет! Да будет нам сырость разводить! Матвей!.. Марфа Егоровна!.. Ведь эдак и я... я заплачу... (*Плачет.*) Господи!
Зинаида Савишна. Если тебе мать не нужна, если без послушания... то сделаю тебе такое удовольствие, благословлю...

Входит Иванов; он во фраке и перчатках.

VII

Те же и Иванов.

Лебедев. Этого еще недоставало! Что такое?
Саша. Зачем ты?
Иванов. Виноват, господа, позвольте мне поговорить с Сашей наедине.
Лебедев. Это непорядок, чтоб до венца к невесте приезжать! Тебе пора ехать в церковь!
Иванов. Паша, я прошу...

Лебедев пожимает плечами; он, Зинаида Савишна, граф и Бабакина уходят.

VIII

Иванов и Саша.

Саша (*сурово*). Что тебе нужно?
Иванов. Меня душит злоба, но я могу говорить хладнокровно. Слушай. Сейчас я одевался к венцу, взглянул на себя в зеркало, а у меня на висках... седины. Шура, не надо! Пока еще не поздно, нужно

Ivanov

Shabelsky. [*Squeamishly.*] Leave me alone! I hate you!
Babakina. [*Shocked.*] What?.. Eh?..
Shabelsky. Go away!
Babakina. [*Sinks into an armchair.*] Oh! [*Weeps.*]
Zinaida Savishna. [*Enters, weeping.*] Someone has just arrived... I think it's the best man. It's time for the blessing... [*Sobs.*]
Sasha. [*Imploringly.*] Mother!
Lebedev. Well, now you are all howling! A quartet! Come, don't let us have any more of this dampness! Matvey!.. Marfa Yegorovna!.. If you go on like this, I... I shall cry too... [*Cries.*] Heavens!
Zinaida Savishna. If you don't need your mother, if you disobey... I'll do this favour to you, I'll give you my blessing...

Enter Ivanov; he is wearing a tailcoat and gloves.

VII

The same and Ivanov.

Lebedev. That crowns all! What is it?
Sasha. Why are you here?
Ivanov. I beg your pardon, gentlemen, let me speak to Sasha alone.
Lebedev. It's not right, you mustn't come to see the bride before the wedding ceremony! It's time for you to go to the church!
Ivanov. Pasha, I'm asking you...

Lebedev shrugs his shoulders; he, Zinaida Savishna, the Count and Babakina go out.

VIII

Ivanov and Sasha.

Sasha. [*Sternly.*] What do you want?
Ivanov. I am choking with anger, but I can speak calmly. Listen. As I was dressing just now for the wedding, I looked in the mirror at myself, and on my temples... there was grey hair. Shura, we mustn't! We must end this

прекратить эту бессмысленную комедию... Ты молода, чиста, у тебя впереди жизнь, а я...

Саша. Все это не ново, слышала я уже тысячу раз и мне надоело! Поезжай в церковь, не задерживай людей.

Иванов. Я сейчас уеду домой, а ты объяви своим, что свадьбы не будет. Объясни им как-нибудь. Пора взяться за ум. Поиграл я Гамлета, а ты возвышенную девицу - и будет с нас.

Саша (*вспыхнув*). Это что за тон? Я не слушаю.

Иванов. А я говорю и буду говорить.

Саша. Ты зачем приехал? Твое нытье переходит в издевательство.

Иванов. Нет, уж я не ною! Издевательство? Да, я издеваюсь. И если бы можно было издеваться над самим собою в тысячу раз сильнее и заставить хохотать весь свет, то я бы это сделал! Взглянул я на себя в зеркало - и в моей совести точно ядро лопнуло! Я надсмеялся над собою и от стыда едва не сошел с ума. (*Смеется.*) Меланхолия! Благородная тоска! Безотчетная скорбь! Недостает еще, чтобы я стихи писал. Ныть, петь Лазаря, нагонять тоску на людей, сознавать, что энергия жизни утрачена навсегда, что я заржавел, отжил свое, что я поддался слабодушию и по уши увяз в этой гнусной меланхолии, - сознавать это, когда солнце ярко светит, когда даже муравей тащит свою ношу и доволен собою, - нет, слуга покорный! Видеть, как одни считают тебя за шарлатана, другие сожалеют, третьи протягивают руку помощи, четвертые, - что всего хуже, - с благоговением прислушиваются к твоим вздохам, глядят на тебя, как на второго Магомета, и ждут, что вот-вот ты объявишь им новую религию... Нет, слава богу, у меня еще есть гордость и совесть! Ехал я сюда, смеялся над собою, и мне казалось, что надо мною смеются птицы, смеются деревья...

Саша. Это не злость, а сумасшествие!

Иванов. Ты думаешь? Нет, я не сумасшедший. Теперь я вижу вещи в настоящем свете, и моя мысль так же чиста, как твоя совесть. Мы любим друг друга, но свадьбе нашей не быть! Я сам могу беситься и киснуть сколько мне угодно, но я не имею права губить других! Своим нытьем я отравил жене последний год ее жизни. Пока ты моя невеста, ты разучилась смеяться и постарела на пять лет. Твой отец, для которого было все ясно в жизни, по моей милости перестал понимать людей. Еду ли я на съезд, в гости, на охоту, куда ни пойду, всюду вношу с собою скуку, уныние, недовольство. Постой, не перебивай! Я резок, свиреп, но, прости, злоба душит меня, и иначе говорить я не могу. Никогда я не лгал, не клеветал на жизнь, но, ставши брюзгой, я, против воли, сам того не замечая, клевещу на

Ivanov

senseless comedy before it's too late... You are young, pure, you have your life before you, but I...
Sasha. None of this is new, I've heard it a thousand times and I'm tired of it! Go to the church, don't keep people waiting.
Ivanov. I shall go home now, and you must tell your family that there will be no wedding. Explain it to them somehow. It is time we came to our senses. I have been playing Hamlet, and you a high-minded girl – enough of that.
Sasha. [*Losing her temper.*] What kind of tone is that? I'm not listening.
Ivanov. But I am speaking, and will continue to speak.
Sasha. Why did you come? Your whining is turning into derision.
Ivanov. No, I am not whining any more. Derision? Yes, I am deriding. And if I could deride myself a thousand times more bitterly and set the whole world laughing, I would do it! I looked in the mirror at myself, and it was as if a cannon ball exploded in my conscience! I laughed at myself, and nearly went mad with shame. [*Laughs.*] Melancholy! Noble grief! Uncontrollable sorrow! It only remains for me to write verses. To whimper, to whine, to sadden people, to acknowledge that the energy of life has gone forever, that I've got rusty, outlived my purpose, that I have given myself up to cowardice and got bogged down up to my ears in this loathsome melancholy, - to acknowledge that when the sun is shining brightly, when even the ant is carrying its burden and is content with itself, - no, I'm not doing that! To see that some consider me a charlatan, others pity me, some others lend me a helping hand, or worst of all, some people listen reverently to my sighs, look at me as a second Mohammed, and expect me to expound a new religion every moment... No, thank God, I still have my pride and conscience! On my way here I laughed at myself, and it seemed to me that the birds were laughing at me, the trees were laughing...
Sasha. This is not anger, but madness!
Ivanov. You think so? No, I am not mad. I see things in their right light now, and my mind is as clear as your conscience. We love each other, but we shall never be married! I can rave and grow bitter by myself as much as I please, but I have no right to drag others down with me! My whining poisoned the last year of my wife's life. Since you have been engaged to me you have forgotten how to laugh and have aged five years. Your father, to whom life was always simple and clear, thanks to me, is now unable to understand people. If I go to a convention, pay a visit or go hunting, wherever I go, I bring boredom, depression, and discontent along with me. Wait, don't interrupt! I am harsh and fierce, but, excuse me, I am stifled with rage, and I can't speak otherwise. I have never lied or vilified my life, but since I've become a grumbler, I vilify it involuntarily, without noticing

нее, ропщу на судьбу, жалуюсь, и всякий, слушая меня, заражается отвращением к жизни и тоже начинает клеветать. А какой тон! Точно я делаю одолжение природе, что живу. Да черт меня возьми!

Саша. Постой... Из того, что ты сейчас сказал, следует, что нытье тебе надоело и что пора начать новую жизнь!.. И отлично!..

Иванов. Ничего я отличного не вижу. И какая там новая жизнь? Я погиб безвозвратно! Пора нам обоим понять это. Новая жизнь!

Саша. Николай, опомнись! Откуда видно, что ты погиб? Что за цинизм такой? Нет, не хочу ни говорить, ни слушать... Поезжай в церковь!

Иванов. Погиб!

Саша. Не кричи так, гости услышат!

Иванов. Если неглупый, образованный и здоровый человек без всякой видимой причины стал петь Лазаря и покатил вниз по наклонной плоскости, то он катит уже без удержа, и нет ему спасения! Ну, где мое спасение? В чем? Пить я не могу - голова болит от вина; плохих стихов писать - не умею, молиться на свою душевную лень и видеть в ней нечто превыспреннее - не могу. Лень и есть лень, слабость есть слабость - других названий у меня нет. Погиб, погиб - и разговоров быть не может! *(Оглядывается.)* Нам могут помешать. Слушай. Если ты меня любишь, то помоги мне. Сию же минуту, немедля откажись от меня! Скорее...

Саша. Ах, Николай, если бы ты знал, как ты меня утомил! Как измучил ты мою душу! Добрый, умный человек, посуди: ну, можно ли задавать такие задачи? Что ни день, то задача, одна труднее другой... Хотела я деятельной любви, но ведь это мученическая любовь!

Иванов. А когда ты станешь моею женой, задачи будут еще сложней. Откажись же! Пойми: в тебе говорит не любовь, а упрямство честной натуры. Ты задалась целью во что бы то ни стало воскресить во мне человека, спасти, тебе льстило, что ты совершаешь подвиг... Теперь ты готова отступить назад, но тебе мешает ложное чувство. Пойми!

Саша. Какая у тебя странная, дикая логика! Ну, могу ли я от тебя отказаться? Как я откажусь? У тебя ни матери, ни сестры, ни друзей... Ты разорен, имение твое растащили, на тебя кругом клевещут...

Иванов. Глупо я сделал, что сюда приехал. Мне нужно было бы поступить так, как я хотел...

Входит Лебедев.

it myself, I murmur at my fate and complain, and everyone who hears me is seized with the same disgust of life and begins to vilify it too. And what a tone! As if I am doing nature a favour by living. Oh, who the hell I am!

Sasha. Wait a moment... From what you have just said, it is obvious that you are tired of your whining, and that the time has come for you to begin a new life!.. That's splendid!..

Ivanov. I don't see anything splendid about it. How can I lead a new life? I am lost forever! It is time we both understood that. A new life!

Sasha. Nikolai, come to your senses! How can you say you are lost? What do you mean by such cynicism? No, I won't listen to you or talk with you... Go to the church!

Ivanov. I am lost!

Sasha. Don't talk so loud; the guests will hear!

Ivanov. If an intelligent, educated, and healthy man for no obvious reason begins to complain of his lot and go down-hill, there is nothing to stop him, and there is no salvation for him! Well, where is my salvation? Where? I can't drink – wine makes my head ache; I can't write bad poetry, I can't worship the laziness of my soul and see anything lofty in it. Laziness is laziness and weakness is weakness - I have no other names for them. I'm lost, I'm lost - there's nothing to talk about here! [*Looks around.*] Someone might disturb us. Listen. If you love me, help me. Renounce me this minute, at once! Quickly...

Sasha. Oh, Nikolai! If you only knew how you've tired me! How you've exhausted my soul! Good, intelligent man, judge for yourself: can I possibly solve such problems? Every day there is a problem, each one more difficult than the last... I wanted an active love, but this is martyrdom of love!

Ivanov. And when you are my wife the problems will be even harder. Renounce me! Understand this: it is not love that is urging you, but the obstinacy of an honest person. You've undertaken to reawaken the man in me and to save me whatever it takes, you've been flattered by the idea that you've been doing a heroic deed... You are willing to retreat now, but you are prevented by a false feeling. Understand that!

Sasha. What strange, wild reasoning! How can I give you up? How can I? You have no mother, no sister, no friends... You are ruined, your estate has been plundered, everyone is slandering you...

Ivanov. It was foolish of me to come here. I should have done as I wanted to...

Enter Lebedev.

Иванов

IX

Те же и Лебедев.

Саша *(бежит навстречу отцу).* Папа, ради бога, прибежал он сюда, как бешеный, и мучает меня! Требует, чтобы я отказалась от него, не хочет губить меня. Скажи ему, что я не хочу его великодушия! Я знаю, что делаю.

Лебедев. Ничего не понимаю... Какое великодушие?

Иванов. Свадьбы не будет!

Саша. Будет! Папа, скажи ему, что свадьба будет!

Лебедев. Постой, постой!.. Почему же ты не хочешь, чтобы была свадьба?

Иванов. Я объяснил ей почему, но она не хочет понимать.

Лебедев. Нет, ты не ей, а мне объясни, да так объясни, чтобы я понял! Ах, Николай Алексеевич! Бог тебе судья! Столько ты напустил туману в нашу жизнь, что я точно в кунсткамере живу: гляжу и ничего не понимаю... Просто наказание... Ну, что мне прикажешь, старику, с тобою делать? На дуэль тебя вызвать, что ли?

Иванов. Никакой дуэли не нужно. Нужно иметь только голову на плечах и понимать русский язык.

Саша *(ходит в волнении, по сцене).* Это ужасно, ужасно! Просто как ребенок!

Лебедев. Остается только руками развести и больше ничего. Послушай, Николай! По-твоему, все это у тебя умно, тонко, по всем правилам психологии, а по-моему, это скандал и несчастие. Выслушай меня, старика, в последний раз! Вот что я тебе скажу: успокой свой ум! Гляди на вещи просто, как все глядят! На этом свете все просто. Потолок белый, сапоги черные, сахар сладкий. Ты Сашу любишь, она тебя любит. Коли любишь - оставайся, не любишь - уходи, в претензии не будем. Ведь это так просто! Оба вы здоровые, умные, нравственные, и сыты, слава богу, и одеты... Что ж тебе еще нужно? Денег нет? Велика важность! Не в деньгах счастье... Конечно, я понимаю... имение у тебя заложено, процентов нечем платить, но я - отец, я понимаю... Мать как хочет, бог с ней; не дает денег - не нужно. Шурка говорит, что не нуждается в приданом. Принципы, Шопенгауэр... Все это чепуха... Есть у меня в банке заветные десять тысяч... *(Оглядывается.)* Про них в доме ни одна собака не знает...

Ivanov

IX

The same and Lebedev.

Sasha. [*Running to her father.*] Papa, for God's sake, he has rushed over here like a madman, and is torturing me! He insists that I should renounce him; he doesn't want to drag me down with him. Tell him that I don't want his generosity! I know what I am doing.
Lebedev. I don't understand anything... What generosity?
Ivanov. There will be no wedding!
Sasha. There will! Papa, tell him that there will be a wedding!
Lebedev. Wait, wait!.. What objection have you to the wedding?
Ivanov. I have explained it to her, but she refuses to understand.
Lebedev. Don't explain it to her, but to me, and explain it so that I may understand! Oh, Nikolai Alekseyevich! God be your judge! You have brought so much fog into our lives that I feel as if I were living in a cabinet of curiosities; I look and I understand nothing... This is sheer torture... What on earth can an old man like me do with you? Shall I challenge you to a duel?
Ivanov. There is no need of a duel. All you need is a head on your shoulders and to understand the Russian language.
Sasha. [*Walks about the stage in excitement.*] This is dreadful, dreadful! Just like a child!
Lebedev. There is nothing left but to throw up your hands, and that's it. Listen, Nikolai! From your point of view what you are doing is clever, subtle, according to all the rules of psychology, but from my point of view this is a scandal and a misfortune. I am an old man; hear me out for the last time! This is what I want to say to you: calm your mind! Look at things simply, as everyone else does! This is a simple world. The ceiling is white; the boots are black; sugar is sweet. You love Sasha and she loves you. If you love her, stay; if you don't, go away, we won't hold it against you. It's so simple! You are both healthy, intelligent, moral people; thank God, you both have food and clothing... What more do you want? You have no money? So what! Happiness is not bought with money... Of course, I understand... your estate is mortgaged, you have nothing to pay the interest with, but I am her father, I understand... Her mother can do as she likes, may God be with her, if she won't give money – you don't need it. Shurka says she doesn't need a dowry. Principles, Schopenhauer... It's all nonsense... I have sacred ten thousand in the bank. [*Looks around.*] Not a dog in the house knows about

Иванов

Бабушкины... Это вам обоим... Берите, только уговор лучше денег: Матвею дайте тысячи две...

В зале собираются гости.

Иванов. Паша, разговоры ни к чему. Я поступаю так, как велит мне моя совесть.
Саша. И я поступаю так, как велит мне моя совесть. Можешь говорить что угодно, я тебя не отпущу. Папа, сейчас благословлять! Пойду позову маму... *(Уходит.)*

X

Иванов и Лебедев.

Лебедев. Ничего не понимаю...
Иванов. Слушай, бедняга... Объяснять тебе, кто я - честен или подл, здоров или психопат, я не стану. Тебе не втолкуешь. Был я молодым, горячим, искренним, неглупым; любил, ненавидел и верил не так, как все, работал и надеялся за десятерых, сражался с мельницами, бился лбом об стены; не соразмерив своих сил, не рассуждая, не зная жизни, я взвалил на себя ношу, от которой сразу захрустела спина и потянулись жилы; я спешил расходовать себя на одну только молодость, пьянел, возбуждался, работал; не знал меры. И скажи: можно ли было иначе? Ведь нас мало, а работы много, много! Боже, как много! И вот как жестоко мстит мне жизнь, с которою я боролся! Надорвался я! В тридцать лет уже похмелье, я стар, я уже надел халат. С тяжелою головой, с ленивою душой, утомленный, надорванный, надломленный, без веры, без любви, без цели, как тень, слоняюсь я среди людей и не знаю: кто я, зачем живу, чего хочу? И мне уже кажется, что любовь - вздор, ласки приторны, что в труде нет смысла, что песня и горячие речи пошлы и стары. И всюду я вношу с собою тоску, холодную скуку, недовольство, отвращение к жизни... Погиб безвозвратно! Перед тобою стоит человек, в тридцать пять лет уже утомленный, разочарованный, раздавленный своими ничтожными подвигами; он сгорает со стыда, издевается над своею слабостью... О, как возмущается во мне гордость, какое душит меня бешенство! *(Пошатываясь.)* Эка, как я уходил себя! Даже шатаюсь... Ослабел я. Где Матвей? Пусть он свезет меня домой.

Ivanov

it... Granny's... It's for you both... Take it, just one condition: give Matvey two thousand or so...

The guests are gathering in the ball-room.

Ivanov. Pasha, conversations won't help. I am acting as my conscience bids me.
Sasha. And I am acting as my conscience bids me. You may say what you please; I won't let you go. Papa, let's have the blessing right now! I'll go and call Mama... [*Exits.*]

X

Ivanov and Lebedev.

Lebedev. I don't understand anything...
Ivanov. Listen, my poor friend... I'm not going to explain to you what kind of a man I am - honest or mean, healthy or mad. You wouldn't understand. I was young, passionate, sincere, and intelligent enough; I loved, hated and believed differently from everyone else, I worked and hoped with the strength of ten, I tilted against windmills and banged my head against walls; without measuring my strength, without thinking, without knowing what life was, I shouldered a load that made my back crunch and my tendons stretch; I rushed to spend my forces while I was young, I got intoxicated, I got excited, I worked; I knew no bounds. Tell me, could I have done otherwise? There are so few of us and so much to do, so much to do! God, how much to do! And how cruelly life has revenged herself on me, who fought against her! I am a broken man! I already had a hangover at thirty, I am old, I've already put on a dressing gown. With a heavy head and a sluggish soul, weary, shattered, broken-down, without faith or love or a goal, I wander like a shadow among people, not knowing who I am, why I am alive, what I want. Love seems to me to be folly, caresses cloying; I see no sense in working, and song and passionate speeches seem vulgar and stale. So I carry my sadness with me wherever I go; a cold weariness, a discontent, a horror of life... I am lost for ever! Before you stands a man who at thirty-five is already tired, disillusioned, crushed by his trifling exploits; he is burning with shame and mocking his own weakness... Oh, how my pride rebels, what mad fury chokes me! [*Staggering.*] My strength is failing me! I'm even staggering... I've become weak. Where is Matvey? Let him take me home.

Иванов

Голоса в зале. Женихов шафер приехал!

XI

Те же, Шабельский, Боркин и потом Львов и Саша.

Шабельский *(входя).* В чужом, поношенном фраке... без перчаток... и сколько за это насмешливых взглядов, глупых острот, пошлых улыбок... Отвратительные людишки!

Боркин *(быстро входит с букетом; он во фраке, с шаферским цветком).* Уф! Где же он? *(Иванову.)* Вас в церкви давно ждут, а вы тут философию разводите. Вот комик! Ей-богу, комик! Ведь вам надо не с невестой ехать, а отдельно со мною, за невестой же я приеду из церкви. Неужели вы даже этого не понимаете? Положительно, комик!

Львов *(входит, Иванову).* А, вы здесь? *(Громко.)* Николай Алексеевич Иванов, объявляю во всеуслышание, что вы подлец!

Иванов *(холодно).* Покорнейше благодарю.

Общее замешательство.

Боркин *(Львову).* Милостивый государь, это низко! Я вызываю вас на дуэль!

Львов. Господин Боркин, я считаю для себя унизительным не только драться, но даже говорить с вами! А господин Иванов может получить удовлетворение, когда ему угодно.

Шабельский. Милостивый государь, я дерусь с вами!

Саша *(Львову).* За что? За что вы его оскорбили? Господа, позвольте, пусть он мне скажет: за что?

Львов. Александра Павловна, я оскорблял не голословно. Я пришел сюда как честный человек, чтобы раскрыть вам глаза, и прошу вас выслушать меня.

Саша. Что вы можете сказать? Что вы честный человек? Это весь свет знает! Вы лучше скажите мне по чистой совести: понимаете вы себя или нет! Вошли вы сейчас сюда как честный человек и нанесли ему страшное оскорбление, которое едва не убило меня; раньше, когда вы преследовали его, как тень, и мешали ему жить, вы были уверены, что исполняете свой долг, что вы честный человек. Вы вмешивались в его частную жизнь, злословили и судили его где только можно было, забрасывали меня и всех знакомых анонимными письмами,

Voices in the ball-room. The best man has arrived!

XI

The same, Shabelsky, Borkin and then Lvov and Sasha.

Shabelsky. [*Entering.*] In somebody else's worn-out tail-coat... without gloves... and how many scornful glances, silly jokes and vulgar grins I get for it... Disgusting little people!
Borkin. [*Enters quickly with a bunch of flowers; he's in a tail-coat with a best-man's flower in his buttonhole.*] Oof! Where is he? [*To Ivanov.*] They have been waiting for you for a long time in the church, and here you are philosophising. What a comedian! A real comedian! You must not go with the bride, but with me, and I shall then come back for the bride from the church. Don't you understand even that? Definitely a comedian!
Lvov. [*Enters, to Ivanov.*] Ah, you are here? [*Loudly.*] Nikolai Alekseyevich Ivanov, I announce for everybody to hear that you are a scoundrel!
Ivanov. [*Coldly.*] Thank you kindly.

General confusion.

Borkin. [*To Lvov.*] Sir, this is dastardly! I challenge you to a duel!
Lvov. Mister Borkin, I count it a disgrace not only to fight with you, but even to talk to you! Mister Ivanov, however, can receive satisfaction whenever he chooses.
Shabelsky. Sir, I shall fight you!
Sasha. [*To Lvov.*] Why? Why have you insulted him? Gentlemen, please, let him tell me: why?
Lvov. Alexandra Pavlovna, I have not insulted him without cause. I came here as an honest man to open your eyes, and I beg you to hear me out.
Sasha. What can you say? That you are an honest man? The whole world knows it! You'd better tell me on your honour whether you understand yourself or not! You have come in here just now as an honest man and have insulted him so terribly that you have nearly killed me; in the past, when you followed him like a shadow and disturbed him, you were convinced that you were doing your duty, that you were an honest man. You interfered in his private life, maligned and criticised him wherever you could; you overwhelmed me and all our acquaintances with anonymous letters - and all the time you imagined yourself to be an honest man. Thinking that

— и все время вы думали, что вы честный человек. Думая, что это честно, вы, доктор, не щадили даже его больной жены и не давали ей покоя своими подозрениями. И какое бы насилие, какую жестокую подлость вы ни сделали, вам все бы казалось, что вы необыкновенно честный и передовой человек!

Иванов *(смеясь).* Не свадьба, а парламент! Браво, браво!..

Саша *(Львову).* Вот теперь и подумайте: понимаете вы себя или нет? Тупые, бессердечные люди! *(Берет Иванова за руку.)* Пойдем отсюда, Николай! Отец, пойдем!

Иванов. Куда там пойдем? Постой, я сейчас все это кончу! Проснулась во мне молодость, заговорил прежний Иванов! *(Вынимает револьвер.)*

Саша *(вскрикивает).* Я знаю, что он хочет сделать! Николай, бога ради!

Иванов. Долго катил вниз по наклону, теперь стой! Пора и честь знать! Отойдите! Спасибо, Саша!

Саша *(кричит).* Николай, бога ради! Удержите!

Иванов. Оставьте меня! *(Отбегает в сторону и застреливается.)*

Занавес.

Ivanov

that was honest, you, a doctor, did not even spare his sick wife or give her a moment's peace with your suspicions. And no matter what violence, what cruel meanness you committed, you still imagined yourself to be an exceptionally honest and progressive man!

Ivanov. [*Laughing.*] This is not a wedding, but a parliament! Bravo, bravo!..

Sasha. [*To Lvov.*] Now, think about it: do you understand yourself or not? Stupid, heartless people! [*Takes Ivanov by the hand.*] Let's go from here, Nikolai! Father, let's go!

Ivanov. Where shall we go? Wait a moment, I'll put an end to all this right now! My youth is awake in me; the former Ivanov is here! [*Takes out a revolver.*]

Sasha. [*Cries out.*] I know what he wants to do! Nikolai, for God's sake!

Ivanov. I have been rolling down-hill for a long time. Now, halt! It's time to go! Step aside! Thank you, Sasha!

Sasha. [*Cries out.*] Nikolai, for God's sake! Hold him!

Ivanov. Leave me alone! [*He rushes aside, and shoots himself.*]

Curtain.

Чайка

Комедия в четырех действиях

Действующие лица

Ирина Николаевна Аркадина, *по мужу Треплева, актриса.*
Константин Гаврилович Треплев, *ее сын, молодой человек.*
Петр Николаевич Сорин, *ее брат.*
Нина Михайловна Заречная, *молодая девочка, дочь богатого помещика.*
Илья Афанасьевич Шамраев, *поручик в отставке, управляющий у Сорина.*
Полина Андреевна, *его жена.*
Маша, *его дочь.*
Борис Алексеевич Тригорин, *беллетрист.*
Евгений Сергеевич Дорн, *врач.*
Семен Семенович Медведенко, *учитель.*
Яков, *работник.*
Повар.
Горничная.

Действие происходит в усадьбе Сорина. Между третьим и четвертым действием проходит два года.

Действие первое

Часть парка в имении Сорина. Широкая аллея, ведущая по направлению от зрителей в глубину парка к озеру, загорожена эстрадой, наскоро сколоченной для домашнего спектакля, так что озера совсем не видно. Налево и направо у эстрады кустарник. Несколько стульев, столик. Только что зашло солнце. На эстраде за опущенным занавесом Яков и другие работники; слышатся кашель и стук. Маша и Медведенко идут слева, возвращаясь с прогулки.

Медведенко. Отчего вы всегда ходите в черном?
Маша. Это траур по моей жизни. Я несчастна.

THE SEAGULL

A Comedy in Four Acts

Characters

Irina Nikolayevna Arkadina, *by marriage Trepleva, an actress.*
Konstantin Gavrilovich Treplev, *her son, a young man.*
Pyotr Nikolayevich Sorin, *her brother.*
Nina Mikhaylovna Zarechnaya, *a young girl, the daughter of a rich landowner.*
Ilya Afanasievich Shamrayev, *a retired lieutenant, the manager of Sorin's estate.*
Polina Andreyevna, *his wife.*
Masha, *his daughter.*
Boris Alekseyevich Trigorin, *a belletrist.*
Evgeny Sergeyevich Dorn, *a doctor.*
Semyon Semyonovich Medvedenko, *a schoolmaster.*
Yakov, *a workman.*
A cook.
A maidservant.

The scene is laid on Sorin's estate. Two years elapse between the third and fourth acts.

Act I

A part of the park on Sorin's estate. A broad alley leads away from the audience toward a lake which lies lost in the depths of the park. The alley is obstructed by a rough stage, temporarily erected for the performance of amateur theatricals, and which screens the lake from view. Bushes to the left and right of the stage. A few chairs and a little table. The sun has just set. Yakov and some other workmen are heard hammering and coughing on the stage behind the lowered curtain. Masha and Medvedenko come in from the left, returning from a walk.

Medvedenko. Why do you always wear black?
Masha. I am mourning my life. I am unhappy.

Чайка

Медведенко. Отчего? *(В раздумье.)* Не понимаю... Вы здоровы, отец у вас хотя и небогатый, но с достатком. Мне живется гораздо тяжелее, чем вам. Я получаю всего двадцать три рубля в месяц, да еще вычитают с меня в эмеритуру, а все же я не ношу траура.

Садятся.

Маша. Дело не в деньгах. И бедняк может быть счастлив.
Медведенко. Это в теории, а на практике выходит так: я, да мать, да две сестры и братишка, а жалованья всего 23 рубля. Ведь есть и пить надо? Чаю и сахару надо? Табаку надо? Вот тут и вертись.
Маша *(оглядываясь на эстраду).* Скоро начнется спектакль.
Медведенко. Да. Играть будет Заречная, а пьеса сочинения Константина Гавриловича. Они влюблены друг в друга, и сегодня их души сольются в стремлении дать один и тот же художественный образ. А у моей души и у вашей нет общих точек соприкосновения. Я люблю вас, не могу от тоски сидеть дома, каждый день хожу пешком шесть верст сюда да шесть обратно и встречаю один лишь индифферентизм с вашей стороны. Это понятно. Я без средств, семья у меня большая... Какая охота идти за человека, которому самому есть нечего?
Маша. Пустяки. *(Нюхает табак.)* Ваша любовь трогает меня, но я не могу отвечать взаимностью, вот и все. *(Протягивает ему табакерку.)* Одолжайтесь.
Медведенко. Не хочется.

Пауза.

Маша. Душно, должно быть ночью будет гроза. Вы все философствуете или говорите о деньгах. По-вашему, нет большего несчастья, как бедность, а по-моему, в тысячу раз легче ходить в лохмотьях и побираться, чем... Впрочем, вам не понять этого...

Входят справа Сорин и Треплев.

Сорин *(опираясь на трость.)* Мне, брат, в деревне как-то не того, и, понятная вещь, никогда я тут не привыкну. Вчера лег в десять и сегодня утром проснулся в девять с таким чувством, как будто от долгого спанья у меня мозг прилип к черепу и все такое. *(Смеется.)* А после обеда нечаянно опять уснул, и теперь я весь разбит, испы-

The Seagull

Medvedenko. Why? *[Thinking it over.]* I don't understand it... You are healthy, and though your father is not rich, he has a good competency. My life is far harder than yours. I only have twenty-three roubles a month to live on, they take pension contributions out of that, but I don't wear mourning.

They sit down.

Masha. It's not about the money. A poor man can be happy.
Medvedenko. In theory, yes, but in reality it looks like this: my mother, my two sisters, my little brother and I must all live somehow on my salary of twenty-three roubles a month. We have to eat and drink, I take it. You wouldn't have us go without tea and sugar, would you? Or tobacco? Try to survive on that.
Masha. *[Looking in the direction of the stage.]* The play will soon begin.
Medvedenko. Yes, Zarechnaya is going to act in Konstantin Gavrilovich's play. They love one another, and their two souls will unite tonight in the effort to create the same artistic image. There is no ground on which your soul and mine can meet. I love you. Too restless and sad to stay at home, I tramp here every day, six miles and back, to be met only by your indifference. I can understand that. I am poor, my family is large, you can have no inducement to marry a man who cannot even find sufficient food for his own mouth.
Masha. It is not that. *[She takes snuff.]* I am touched by your love, but I cannot return it, that is all. *[She offers him the snuff-box.]* Will you take some?
Medvedenko. No, thank you.

Pause.

Masha. The air is sultry; a storm is brewing for tonight. You're always moralising or talking about money. To you, poverty is the greatest misfortune that can befall a man, but I think it is a thousand times easier to go begging in rags than to... You wouldn't understand that, though...

Enter Sorin and Treplev, from the right.

Sorin. *[Leaning on a cane.]* For some reason, my boy, country life doesn't suit me, and I am sure I shall never get used to it. Last night I went to bed at ten and woke at nine this morning, feeling as if, from oversleep, my brain had stuck to my skull, and so on. *[Laughing.]* And yet I accidentally dropped off to sleep again after dinner, and feel utterly done up at this

тываю кошмар, в конце концов...
Треплев. Правда, тебе нужно жить в городе. *(Увидев Машу и Медведенка.)* Господа, когда начнется, вас позовут, а теперь нельзя здесь. Уходите, пожалуйста.
Сорин *(Маше.)* Марья Ильинична, будьте так добры, попросите вашего папашу, чтобы он распорядился отвязать собаку, а то она воет. Сестра опять всю ночь не спала.
Маша. Говорите с моим отцом сами, а я не стану. Увольте, пожалуйста. *(Медведенку.)* Пойдемте!
Медведенко *(Треплеву.)* Так вы перед началом пришлите сказать.

Оба уходят.

Сорин. Значит, опять всю ночь будет выть собака. Вот история, никогда в деревне я не жил, как хотел. Бывало, возьмешь отпуск на 28 дней и приедешь сюда, чтобы отдохнуть и все, но тут тебя так доймут всяким вздором, что уж с первого дня хочется вон. *(Смеется.)* Всегда я уезжал отсюда с удовольствием... Ну, а теперь я в отставке, деваться некуда в конце концов. Хочешь — не хочешь, живи...
Яков *(Треплеву.)* Мы, Константин Гаврилыч, купаться пойдем.
Треплев. Хорошо, только через десять минут будьте на местах. *(Смотрит на часы.)* Скоро начнется.
Яков. Слушаю. *(Уходит.)*
Треплев *(окидывая взглядом эстраду).* Вот тебе и театр. Занавес, потом первая кулиса, потом вторая и дальше пустое пространство. Декораций никаких. Открывается вид прямо на озеро и на горизонт. Поднимем занавес ровно в половине девятого, когда взойдет луна.
Сорин. Великолепно.
Треплев. Если Заречная опоздает, то, конечно, пропадет весь эффект. Пора бы уж ей быть. Отец и мачеха стерегут ее, и вырваться ей из дому так же трудно, как из тюрьмы. *(Поправляет дяде галстук.)* Голова и борода у тебя взлохмачены. Надо бы постричься, что ли...
Сорин *(расчесывая бороду).* Трагедия моей жизни. У меня и в молодости была такая наружность, будто я запоем пил и все. Меня никогда не любили женщины. *(Садясь.)* Отчего сестра не в духе?
Треплев. Отчего? Скучает. *(Садясь рядом.)* Ревнует. Она уже и против меня, и против спектакля, и против моей пьесы, потому что ее беллетристу может понравиться Заречная. Она не знает моей пьесы, но уже ненавидит ее.
Сорин *(смеется).* Выдумаешь, право...

The Seagull

moment. It is like a nightmare.
Treplev. There is no doubt that you should live in town. *[He catches sight of Masha and Medvedenko.]* You shall be called when the play begins, my friends, but you must not stay here now. Go away, please.
Sorin. *[To Masha.]* Maria Ilynichna, will you kindly ask your father to leave the dog unchained? It howled so last night that my sister was unable to sleep.
Masha. You must speak to my father yourself. Please excuse me; I can't do so. *[To Medvedenko.]* Come, let us go.
Medvedenko. *[To Treplev.]* You will let us know when the play begins?
They both go out.

Sorin. I foresee that that dog is going to howl all night again. It is always this way in the country; I have never been able to live as I like here. I come down for a 28-day holiday, to rest and all, and am plagued so by their nonsense that I long to escape after the first day. *[Laughing.]* I have always been glad to get away from this place, but I have been retired now, and this was the only place I had to come to. Willy-nilly, one must live somewhere...
Yakov. *[To Treplev.]* We are going to take a swim, Konstantin Gavrilych.
Treplev. Very well, but you must be back in ten minutes. *[Looks at his watch.]* It will start soon.
Yakov. We will, sir. *[Exit.]*
Treplev. *[Looking at the stage.]* Some kind of a theatre. See, there we have the curtain, the foreground, the background, and then empty space. No artificial scenery is needed. The eye travels direct to the lake, and rests on the horizon. The curtain will be raised as the moon rises at half-past eight.
Sorin. Splendid.
Treplev. Of course the whole effect will be ruined if Zarechnaya is late. She should be here by now, but her father and stepmother watch her so closely that escaping from home is as hard for her as escaping from a prison. *[He straightens his uncle's tie.]* Your hair and beard are all on end. Oughtn't you to have them trimmed?
Sorin. *[Combing his beard.]* They are the tragedy of my life. Even when I was young I always looked as if I were drunk, and all. Women have never loved me. *[Sitting down.]* Why is my sister out of temper?
Treplev. Why? Because she is bored. *[Sitting down beside Sorin.]* And jealous. She has set herself against me, and against the performance, and against my play, because her belletrist may like Zarechnaya. She hates my play without ever having read it.
Sorin. *[Laughing.]* You are imagining it...

Чайка

Треплев. Ей уже досадно, что вот на этой маленькой сцене будет иметь успех Заречная, а не она. *(Посмотрев на часы.)* Психологический курьез — моя мать. Бесспорно талантлива, умна, способна рыдать над книжкой, отхватит тебе всего Некрасова наизусть, за больными ухаживает, как ангел; но попробуй похвалить при ней Дузе! Ого-го! Нужно хвалить только ее одну, нужно писать о ней, кричать, восторгаться ее необыкновенною игрой в "La dame aux camelias" или в "Чад жизни", но так как здесь, в деревне, нет этого дурмана, то вот она скучает и злится, и все мы — ее враги, все мы виноваты. Затем она суеверна, боится трех свечей, тринадцатого числа. Она скупа. У нее в Одессе в банке семьдесят тысяч — это я знаю наверное. А попроси у нее взаймы, она станет плакать.

Сорин. Ты вообразил, что твоя пьеса не нравится матери, и уже волнуешься и все. Успокойся, мать тебя обожает.

Треплев *(обрывая у цветка лепестки).* Любит — не любит, любит — не любит, любит — не любит. *(Смеется.)* Видишь, моя мать меня не любит. Еще бы! Ей хочется жить, любить, носить светлые кофточки, а мне уже двадцать пять лет, и я постоянно напоминаю ей, что она уже не молода. Когда меня нет, ей только тридцать два года, при мне же сорок три, и за это она меня ненавидит. Она знает также, что я не признаю театра. Она любит театр, ей кажется, что она служит человечеству, святому искусству, а по-моему, современный театр — это рутина, предрассудок. Когда поднимается занавес и при вечернем освещении, в комнате с тремя стенами, эти великие таланты, жрецы святого искусства изображают, как люди едят, пьют, любят, ходят, носят свои пиджаки; когда из пошлых картин и фраз стараются выудить мораль — маленькую, удобопонятную, полезную в домашнем обиходе; когда в тысяче вариаций мне подносят все одно и то же, одно и то же, одно и то же, — то я бегу и бегу, как Мопассан бежал от Эйфелевой башни, которая давила ему мозг своей пошлостью.

Сорин. Без театра нельзя.

Треплев. Нужны новые формы. Новые формы нужны, а если их нет, то лучше ничего не нужно. *(Смотрит на часы.)* Я люблю мать, сильно люблю; но она ведет бестолковую жизнь, вечно носится с этим беллетристом, имя ее постоянно треплют в газетах, — и это меня утомляет. Иногда же просто во мне говорит эгоизм обыкновенного смертного; бывает жаль, что у меня мать известная актриса, и, кажется, будь это обыкновенная женщина, то я был бы счастливее. Дядя, что может быть отчаяннее и глупее положения: бывало, у

The Seagull

Treplev. Yes, she is furious because Nina is going to have a success on this little stage rather than herself. *[Looking at his watch.]* My mother is a psychological curiosity. Without doubt talented and intelligent, capable of sobbing over a novel, of reciting all Nekrasov's poetry by heart, and of nursing the sick like an angel; but you should see what happens if any one begins praising Duse to her! O-ho-ho! She alone must be praised and written about, raved over, her marvellous acting in "La Dame aux Camelias" or in "The Fumes of Life" extolled to the skies. As she cannot get all that narcotic in the country, she grows peevish and cross, and thinks we are all against her, and to blame for it all. She is superstitious, too. She dreads three burning candles, and fears the thirteenth day of the month. Then she is stingy. I know for a fact that she has seventy thousand roubles in a bank at Odessa, but she will burst into tears if you ask her for a loan.
Sorin. You have taken it into your head that your mother dislikes your play, and the thought of it has excited you, and all. Keep calm; your mother adores you.
Treplev. *[Pulling a flower to pieces.]* She loves me, loves me not; loves—loves me not; loves—loves me not! *[Laughing.]* You see, my mother doesn't love me, and why should she? She wants to live, to love, to wear light blouses, and I am already twenty-five years old; a constant reminder to her that she is no longer young. When I am away she is only thirty-two, in my presence she is forty-three, and she hates me for it. She knows, too, that I despise the theatre. She adores it, and imagines that she is working for the benefit of humanity and her sacred art, but to me the modern theatre is just routine and prejudice. When the curtain rises on that three-walled room, lit for the evening, when those mighty geniuses, those high-priests of the sacred art, show us people in the act of eating, drinking, loving, walking, and wearing their coats; and when they attempt to extract a moral from their trivial images and phrases – a small moral, one easy to understand, useful at home; when I am offered under a thousand different guises the same, same, same old stuff, then I run and run as Maupassant ran from the Eiffel Tower that was about to crush his mind by its vulgarity.
Sorin. But we can't do without a theatre.
Treplev. We need new forms. We need new forms, and if we can't have them, let us rather not have it at all. *[Looking at his watch.]* I love my mother, I love her devotedly, but I think she leads a stupid life. She always has this belletrist of hers on her mind, her name is always in the newspapers, and I am tired of it. Plain, human egoism sometimes speaks in my heart, and I regret that my mother is a famous actress. If she were an ordinary woman I think I should be a happier man. What could be more

нее сидят в гостях сплошь все знаменитости, артисты и писатели, и между ними только один я — ничто, и меня терпят только потому, что я ее сын. Кто я? Что я? Вышел из третьего курса университета по обстоятельствам, как говорится, от редакции не зависящим, никаких талантов, денег ни гроша, а по паспорту я — киевский мещанин. Мой отец ведь киевский мещанин, хотя тоже был известным актером. Так вот, когда, бывало, в ее гостиной все эти артисты и писатели обращали на меня свое милостивое внимание, то мне казалось, что своими взглядами они измеряли мое ничтожество, — я угадывал их мысли и страдал от унижения...

Сорин. Кстати, скажи, пожалуйста, что за человек этот беллетрист? Не поймешь его. Все молчит.

Треплев. Человек умный, простой, немножко, знаешь, меланхоличный. Очень порядочный. Сорок лет будет ему еще не скоро, но он уже знаменит и сыт, сыт по горло... Что касается его писаний, то... как тебе сказать? Мило, талантливо... но... после Толстого или Зола не захочешь читать Тригорина.

Сорин. А я, брат, люблю литераторов. Когда-то я страстно хотел двух вещей: хотел жениться и хотел стать литератором, но не удалось ни то, ни другое. Да. И маленьким литератором приятно быть, в конце концов.

Треплев (*прислушивается*). Я слышу шаги... (*Обнимает дядю.*) Я без нее жить не могу... Даже звук ее шагов прекрасен... Я счастлив безумно. (*Быстро идет навстречу Нине Заречной, которая входит.*) Волшебница, мечта моя...

Нина (*взволнованно*). Я не опоздала... Конечно, я не опоздала...

Треплев (*целуя ее руки*). Нет, нет, нет...

Нина. Весь день я беспокоилась, мне было так страшно! Я боялась, что отец не пустит меня... Но он сейчас уехал с мачехой. Красное небо, уже начинает восходить луна, и я гнала лошадь, гнала. (*Смеется.*) Но я рада. (*Крепко жмет руку Сорина.*)

Сорин (*смеется*). Глазки, кажется, заплаканы... Ге-ге! Нехорошо!

Нина. Это так... Видите, как мне тяжело дышать. Через полчаса я уеду, надо спешить. Нельзя, нельзя, бога ради не удерживайте. Отец не знает, что я здесь.

Треплев. В самом деле, уже пора начинать, надо идти звать всех.

Сорин. Я схожу и все. Сию минуту. (*Идет вправо и поет.*) "Во Францию два гренадера..." (*Оглядывается.*) Раз так же вот я запел, а один товарищ прокурора и говорит мне: "А у вас, ваше превосходительство, голос сильный..." Потом подумал и прибавил:

The Seagull

intolerable and foolish than my position, Uncle, when I find myself the only nonentity among a crowd of her guests, all celebrated actors and writers? And they only endure me because I am her son. Who am I? What am I? I left the third year of the university for reasons, as they say, beyond control of the editorial office. I have neither talent nor money, and according to my passport I am a petty bourgeois from Kiev. My father was a Kiev petty bourgeois, but he was a well-known actor too. So when all those actors and writers in her drawing-room deigned to notice me at all, it seemed to me their eyes were measuring my insignificance; I read their thoughts, and suffered from humiliation...
Sorin. Tell me, by the way, what is this belletrist like? I can't understand him, he is always so silent.
Treplev. He is a clever man, simple, and a little, I might say, melancholic in disposition. Very decent. Though still well under forty, he is already famous and well-fed, fed up to the neck. As for his writing, they are—how shall I put it?—pleasing, full of talent... but... after Tolstoy or Zola you wouldn't want to read Trigorin.
Sorin. I like literary men, my boy. I once passionately desired two things: to marry, and to become an author. I have succeeded in neither. Yes. It must be pleasant to be even an insignificant author.
Treplev. *[Listening.]* I hear footsteps... *[He embraces his uncle.]* I cannot live without her... Even the sound of her footsteps is lovely. I am madly happy. *[He goes quickly to meet Nina Zarechnaya, who enters.]* Enchantress, my dream...
Nina. *[Excitedly.]* I am not late... Of course, I am not late...
Treplev. *[Kissing her hands.]* No, no, no...
Nina. I have been worried all day, I was so scared! I was so afraid my father would prevent my coming, but he and my stepmother have just gone driving. The sky was red, the moon was beginning to rise, and I urged my horse to go faster and faster. *[Laughing.]* But I am glad. *[She firmly shakes Sorin's hand.]*
Sorin. *[Laughing.]* Your little eyes look as if you had been crying... He-he! It's no good!
Nina. It is nothing... You see how out of breath I am. Do let us hurry, I must go in half an hour. No, no, for heaven's sake do not urge me to stay. My father doesn't know I am here.
Treplev. As a matter of fact, it is time to begin now. I must call everyone.
Sorin. Let me call them—and all—I am going this minute. *[He goes toward the right and sings.]* "To France two grenadiers..." *[Looks back.]* I was singing that once when a Deputy Public Prosecutor said to me: "You have a powerful voice, Your Excellency..." Then he thought a moment and

Чайка

"Но... противный". *(Смеется и уходит.)*

Нина. Отец и его жена не пускают меня сюда. Говорят, что здесь богема... боятся, как бы я не пошла в актрисы... А меня тянет сюда к озеру, как чайку... мое сердце полно вами. *(Оглядывается.)*

Треплев. Мы одни.

Нина. Кажется, кто-то там...

Треплев. Никого.

Поцелуй.

Нина. Это какое дерево?

Треплев. Вяз.

Нина. Отчего оно такое темное?

Треплев. Уже вечер, темнеют все предметы. Не уезжайте рано, умоляю вас.

Нина. Нельзя.

Треплев. А если я поеду к вам, Нина? Я всю ночь буду стоять в саду и смотреть на ваше окно.

Нина. Нельзя, вас заметит сторож. Трезор еще не привык к вам и будет лаять.

Треплев. Я люблю вас.

Нина. Тсс...

Треплев *(услышав шаги).* Кто там? Вы, Яков?

Яков *(за эстрадой).* Точно так.

Треплев. Становитесь по местам. Пора. Луна восходит?

Яков. Точно так.

Треплев. Спирт есть? Сера есть? Когда покажутся красные глаза, нужно, чтобы пахло серой. *(Нине.)* Идите, там все приготовлено. Вы волнуетесь?..

Нина. Да, очень. Ваша мама — ничего, ее я не боюсь, но у вас Тригорин... Играть при нем мне страшно и стыдно... Известный писатель... Он молод?

Треплев. Да.

Нина. Какие у него чудесные рассказы!

Треплев *(холодно).* Не знаю, не читал.

Нина. В вашей пьесе трудно играть. В ней нет живых лиц.

Треплев. Живые лица! Надо изображать жизнь не такою, как она есть, и не такою, как должна быть, а такою, как она представляется в мечтах.

Нина. В вашей пьесе мало действия, одна только читка. И в пьесе, по-моему, непременно должна быть любовь...

The Seagull

added, "But... it is a disagreeable one!" *[He goes out laughing.]*

Nina. My father and his wife never will let me come here; they call this place Bohemia and are afraid I shall become an actress. But this lake attracts me as it does a seagull... My heart is full of you. *[She looks around.]*
Treplev. We are alone.
Nina. Isn't that some one over there?
Treplev. No one.

They kiss.

Nina. What is that tree?
Treplev. An elm.
Nina. Why does it look so dark?
Treplev. It is evening; everything looks dark now. Don't go away early, I implore you.
Nina. I must.
Treplev. What if I come to your place, Nina? I shall stand in your garden all night and look at your window.
Nina. You mustn't, the watchman would see you, and Treasure is not used to you yet, and would bark.
Treplev. I love you.
Nina. Hush!
Treplev. *[Hearing footsteps.]* Who is that? Is it you, Yakov?
Yakov. *[Behind the stage.]* Yes, sir.
Treplev. To your places then. It's time. Is the moon rising?
Nina. Yes, sir.
Treplev. Is the spirit ready? Is the sulphur ready? There must be a smell of sulphur when the red eyes shine out. *[To Nina.]* Go, now, everything is ready in there. Are you nervous?..
Nina. Yes, very. I am not afraid of your mother, but Trigorin is here... I am terrified and ashamed to act before him... A famous writer... Is he young?
Treplev. Yes.
Nina. What beautiful stories he writes!
Treplev. *[Coldly.]* I don't know, I haven't read them.
Nina. Your play is very hard to act; there are no living characters in it.
Treplev. Living characters! Life must be represented not as it is, and not as it ought to be, but as it appears in dreams.
Nina. There is so little action in your play; only recitation. And I think love should always be in every play...

Оба уходят за эстраду. Входят Полина Андреевна и Дорн.

Полина Андреевна. Становится сыро. Вернитесь, наденьте калоши.

Дорн. Мне жарко.

Полина Андреевна. Вы не бережете себя. Это упрямство. Вы — доктор и отлично знаете, что вам вреден сырой воздух, но вам хочется, чтобы я страдала; вы нарочно просидели вчера весь вечер на террасе...

Дорн *(напевает).* "Не говори, что молодость сгубила".

Полина Андреевна. Вы были так увлечены разговором с Ириной Николаевной... вы не замечали холода. Признайтесь, она вам нравится...

Дорн. Мне 55 лет.

Полина Андреевна. Пустяки, для мужчины это не старость. Вы прекрасно сохранились и еще нравитесь женщинам.

Дорн. Так что же вам угодно?

Полина Андреевна. Перед актрисой вы все готовы падать ниц. Все!

Дорн *(напевает).* "Я вновь пред тобою..." Если в обществе любят артистов и относятся к ним иначе, чем, например, к купцам, то это в порядке вещей. Это — идеализм.

Полина Андреевна. Женщины всегда влюблялись в вас и вешались на шею. Это тоже идеализм?

Дорн *(пожав плечами).* Что ж? В отношениях женщин ко мне было много хорошего. Во мне любили главным образом превосходного врача. Лет десять-пятнадцать назад, вы помните, во всей губернии я был единственным порядочным акушером. Затем всегда я был честным человеком.

Полина Андреевна *(хватает его за руку).* Дорогой мой!

Дорн. Тише. Идут.

Входят Аркадина под руку с Сориным, Тригорин, Шамраев, Медведенко и Маша.

Шамраев. В 1873 году в Полтаве на ярмарке она играла изумительно. Один восторг! Чудно играла! Не изволите ли также знать, где теперь комик Чадин, Павел Семеныч? В Расплюеве был неподражаем, лучше Садовского, клянусь вам, многоуважаемая. Где он теперь?

The Seagull

Both go behind the stage. Enter Polina Andreyevna and Dorn.

Polina Andreyevna. It is getting damp. Go back and put on your galoshes.
Dorn. I am hot.
Polina Andreyevna. You never take care of yourself; you are quite obstinate about it, and yet you are a doctor, and know quite well that damp air is bad for you. But you like to see me suffer. You sat out on the terrace all yesterday evening on purpose...
Dorn. *[Sings.]* "Oh, tell me not that youth is wasted."
Polina Andreyevna. You were so enchanted by the conversation with Irina Nikolayevna that you did not even notice the cold. Confess that you like her...
Dorn. I am fifty-five years old.
Polina Andreyevna. A trifle. That is not old for a man. You have kept your looks magnificently, and women still like you.
Dorn. What do you want from me?
Polina Andreyevna. You men are all ready to go down on your knees to an actress, all of you.
Dorn. *[Sings.]* "Once more I stand before thee." It is only right that artists should be made much of by society and treated differently from, let us say, merchants. It is a kind of idealism.
Polina Andreyevna. Women have always fallen in love with you and thrown themselves at you. Is that idealism too?
Dorn. *[Shrugging his shoulders.]* Well, there has been a great deal that was good in women's attitude towards me. In me they liked, above all, the excellent doctor. Ten or fifteen years ago, you remember, I was the only decent obstetrician they had in the whole province. And I have always acted like a man of honour.
Polina Andreyevna. *[Seizes his hand.]* My dearest!
Dorn. Be quiet. Here they come.

Arkadina comes in on Sorin's arm; also Trigorin, Shamrayev, Medvedenko, and Masha.

Shamrayev. She acted most beautifully at the Poltava Fair in 1873. Pure delight! She acted magnificently! But do you also know where Pavel Semyonych Chadin, the comedian, is now? He was inimitable as Rasplyuyev, better than Sadovsky, I swear to you, my dear. Where is he now?

Чайка

Аркадина. Вы все спрашиваете про каких-то допотопных. Откуда я знаю! *(Садится.)*
Шамраев *(вздохнув).* Пашка Чадин! Таких уж нет теперь. Пала сцена, Ирина Николаевна! Прежде были могучие дубы, а теперь мы видим одни только пни.
Дорн. Блестящих дарований теперь мало, это правда, но средний актер стал гораздо выше.
Шамраев. Не могу с вами согласиться. Впрочем, это дело вкуса. De gustibus aut bene, aut nihil.[1]

Треплев выходит из-за эстрады.

Аркадина *(сыну).* Мой милый сын, когда же начало?
Треплев. Через минуту. Прошу терпения.
Аркадина *(читает из "Гамлета").* "Мой сын! Ты очи обратил мне внутрь души, и я увидела ее в таких кровавых, в таких смертельных язвах — нет спасенья!"
Треплев *(из "Гамлета").* "И для чего ж ты поддалась пороку, любви искала в бездне преступленья?"

За эстрадой играют в рожок.

Господа, начало! Прошу внимания! Я начинаю. *(Стучит палочкой и говорит громко.)* О вы, почтенные, старые тени, которые носитесь в ночную пору над этим озером, усыпите нас, и пусть нам приснится то, что будет через двести тысяч лет!
Сорин. Через двести тысяч лет ничего не будет.
Треплев. Так вот пусть изобразят нам это ничего.
Аркадина. Пусть. Мы спим.

Поднимается занавес; открывается вид на озеро; луна над горизонтом, отражение ее в воде; на большом камне сидит Нина Заречная, вся в белом.

Нина. Люди, львы, орлы и куропатки, рогатые олени, гуси, пауки, молчаливые рыбы, обитавшие в воде, морские звезды и те, которых нельзя было видеть глазом, — словом, все жизни, все жизни, все жизни, свершив печальный круг, угасли... Уже тысячи веков, как земля не носит на себе ни одного живого существа, и эта бедная луна напрасно зажигает свой фонарь. На лугу уже не просыпаются с криком журавли, и майских жуков не бывает слышно в липовых

---

[1] О вкусах или хорошо, или ничего *(лат.).*

The Seagull

Arkadina. You are always asking about some antediluvians. How would I know! *[She sits down.]*
Shamrayev. *[Sighing.]* Pashka Chadin! There are none left like him. The stage has declined, Irina Nikolayevna! Once there were sturdy oaks but now we can see only stumps.
Dorn. It is true that we have few dazzling geniuses these days, but the average actor has become much better.
Shamrayev. I cannot agree with you; however, that is a matter of taste. De gustibus aut bene, aut nihil.[1]

Enter Treplev from behind the stage.

Arkadina. When will the play begin, my dear son?
Treplev. In a moment. I must ask you to have patience.
Arkadina. *[Quoting from Hamlet.]* My son, 'thou turn'st mine eyes into my very soul; and there I see such black grained spots As will not leave their tinct.'
Treplev. *[Quoting from Hamlet.]* 'Nay, but to live in the rank sweat of an enseamed bed, stew'd in corruption, honeying and making love over the nasty sty...'

A horn is blown behind the stage.

Ladies and gentlemen, the play is about to begin! Attention, please! I shall commence. *[He taps with a stick, and speaks in a loud voice.]* O, ye time-honoured, ancient mists that drive at night across the surface of this lake, blind you our eyes with sleep, and show us in our dreams that which will be in two hundred thousand years!
Sorin. There won't be anything in two hundred thousand years.
Treplev. Then let them show us that nothingness.
Arkadina. Yes, let them—we are asleep.

The curtain rises. A vista opens across the lake. The moon hangs low above the horizon and is reflected in the water. Nina Zarechnaya, dressed in white, is seen seated on a great rock.

Nina. Men, lions, eagles and quails, horned stags, geese, spiders, silent fish that inhabit the waves, starfish from the sea, and creatures invisible to the eye—in one word, life—all, all life, completing the dreary round, has died out at last... Thousands of centuries have passed since the earth last bore a living creature, and this poor moon lights her lamp in vain. No longer are the waking cries of cranes heard in the meadow, or the drone of

---
[1] About tastes, either good or nothing *(Latin)*.

рощах. Холодно, холодно, холодно. Пусто, пусто, пусто. Страшно, страшно, страшно.

Пауза.

Тела живых существ исчезли в прахе, и вечная материя обратила их в камни, в воду, в облака, а души их всех слились в одну. Общая мировая душа — это я... я... Во мне душа и Александра Великого, и Цезаря, и Шекспира, и Наполеона, и последней пиявки. Во мне сознания людей слились с инстинктами животных, и я помню все, все, и каждую жизнь в себе самой я переживаю вновь.

Показываются болотные огни.

Аркадина *(тихо)*. Это что-то декадентское.
Треплев *(умоляюще и с упреком)*. Мама!
Нина. Я одинока. Раз в сто лет я открываю уста, чтобы говорить, и мой голос звучит в этой пустоте уныло, и никто не слышит... И вы, бледные огни, не слышите меня... Под утро вас рождает гнилое болото, и вы блуждаете до зари, но без мысли, без воли, без трепетания жизни. Боясь, чтобы в вас не возникла жизнь, отец вечной материи, дьявол, каждое мгновение в вас, как в камнях и в воде, производит обмен атомов, и вы меняетесь непрерывно. Во вселенной остается постоянным и неизменным один лишь дух.

Пауза.

Как пленник, брошенный в пустой глубокий колодец, я не знаю, где я и что меня ждет. От меня не скрыто лишь, что в упорной, жестокой борьбе с дьяволом, началом материальных сил, мне суждено победить, и после того материя и дух сольются в гармонии прекрасной и наступит царство мировой воли. Но этот будет, лишь когда мало-помалу, через длинный ряд тысячелетий, и луна, и светлый Сириус, и земля обратятся в пыль... А до тех пор ужас, ужас...

Пауза; на фоне озера показываются две красных точки.

Вот приближается мой могучий противник, дьявол. Я вижу его страшные, багровые глаза...
Аркадина. Серой пахнет. Это так нужно?

The Seagull

May beetles in the groves of limes. All is cold, cold, cold. All is void, void, void. All is terrible, terrible, terrible.

Pause.

The bodies of all living creatures have dropped to dust, and eternal matter has transformed them into stones and water and clouds; but their spirits have flowed together into one, and that great world-soul am I... I... In me is the spirit of Alexander the Great and Caesar and Shakespeare and Napoleon, and of the tiniest leech. In me the consciousness of man has joined hands with the instinct of the animal; I remember all, all, and each life lives again in me.

The will-o-the-wisps flicker out.

Arkadina. *[Softly.]* This is something decadent.
Treplev. *[Imploringly, with reproach.]* Mother!
Nina. I am lonely. Once in a hundred years my lips are opened, my voice echoes mournfully in this emptiness, and no one hears... And you, pale lights, you do not hear me... You are engendered at sunset in the putrid marsh, and flit till dawn, unconscious, will-less, unwarmed by the breath of life. Satan, father of eternal matter, trembling lest the spark of life should glow in you, moves the atoms every instant, like those in rocks and water, and so you change for ever. Only the spirit remains eternal and immutable in the universe.

Pause.

Like a captive in a well deep and void, I know not where I am, nor what awaits me. One thing only is not hidden from me: in my fierce and obstinate battle with Satan, the source of the forces of matter, I am destined to be victorious in the end. Matter and spirit will then be one at last in glorious harmony, and the reign of universal freedom will come. But this can only come to pass by slow degrees, when after countless eons the moon and earth and shining Sirius shall fall to dust... Until that hour horror, horror...

Pause; two red points appear against the lake.

Satan, my mighty foe, advances; I see his dread and lurid eyes...
Arkadina. I smell sulphur. Is that done on purpose?

Треплев. Да.
Аркадина (*смеется*). Да, это эффект.
Треплев. Мама!
Нина. Он скучает без человека...
Полина Андреевна (*Дорну*). Вы сняли шляпу. Наденьте, а то простудитесь.
Аркадина. Это доктор снял шляпу перед дьяволом, отцом вечной материи.
Треплев (*вспылив, громко*). Пьеса кончена! Довольно! Занавес!
Аркадина. Что же ты сердишься?
Треплев. Довольно! Занавес! Подавай занавес! (*Топнув ногой.*) Занавес!

Занавес опускается.

Виноват! Я выпустил из вида, что писать пьесы и играть на сцене могут только немногие избранные. Я нарушил монополию! Мне... я... (*Хочет еще что-то сказать, но машет рукой и уходит влево.*)
Аркадина. Что с ним?
Сорин. Ирина, нельзя так, матушка, обращаться с молодым самолюбием.
Аркадина. Что же я ему сказала?
Сорин. Ты его обидела.
Аркадина. Он сам предупредил, что это шутка, и я относилась к его пьесе, как к шутке.
Сорин. Все-таки...
Аркадина. Теперь оказывается, что он написал великое произведение! Скажите пожалуйста! Стало быть, устроил он этот спектакль и надушил серой не для шутки, а для демонстрации... Ему хотелось поучить нас, как надо писать и что нужно играть... Наконец, это становится скучно. Эти постоянные вылазки против меня и шпильки, воля ваша, надоедят хоть кому! Капризный, самолюбивый мальчик.
Сорин. Он хотел доставить тебе удовольствие.
Аркадина. Да? Однако же вот он не выбрал какой-нибудь обыкновенной пьесы, а заставил нас прослушать этот декадентский бред. Ради шутки я готова слушать и бред, но ведь тут претензии на новые формы, на новую эру в искусстве. А, по-моему, никаких тут новых форм нет, а просто дурной характер.
Тригорин. Каждый пишет так, как хочет и как может.

The Seagull

Treplev. Yes.
Arkadina. *[Laughing.]* Yes, it's an effect.
Treplev. Mother!
Nina. He longs for man...
Polina Andreyevna. *[To Dorn.]* You have taken off your hat. Put it on, you will catch cold.
Arkadina. The doctor has taken off his hat to Satan, the father of eternal matter.
Treplev. *[Loudly and angrily.]* The performance is over! Enough of this! Curtain!
Arkadina. Why are you angry?
Treplev. Enough! Curtain! Down with the curtain! *[Stamping his foot.]* Curtain!

The curtain falls.

Excuse me, I forgot that only a chosen few might write plays or act on the stage. I have infringed the monopoly! I... I... *[He would like to say more, but waves his hand instead, and goes out to the left.]*
Arkadina. What is the matter with him?
Sorin. Irina my dear, you should not handle youthful ambition so roughly.
Arkadina. What did I say to him?
Sorin. You hurt his feelings.
Arkadina. But he told us it was a joke, so I treated his play as if it were a joke.
Sorin. Nevertheless...
Arkadina. Now it appears that he has written a masterpiece, if you please! I suppose it was not meant to amuse us at all, but that he arranged the performance and fumigated us with sulphur to demonstrate to us how plays should be written, and what is worth acting... I am tired of him. No one could stand his constant thrusts and sallies. He is a wilful, egotistic boy.
Sorin. He had hoped to give you pleasure.
Arkadina. Is that so? However, he did not choose some ordinary play, but forced his decadent trash on us. I am willing to listen to any raving, so long as it is meant as a joke, but he pretended to be introducing us to new forms, and inaugurating a new era in art. In my opinion, there are no new forms here, it was simply an exhibition of bad temper.
Trigorin. Everybody writes as he wants, and as best he may.

Аркадина. Пусть он пишет, как хочет и как может, только пусть оставит меня в покое.

Дорн. Юпитер, ты сердишься...

Аркадина. Я не Юпитер, а женщина. *(Закуривает.)* Я не сержусь, мне только досадно, что молодой человек так скучно проводит время. Я не хотела его обидеть.

Медведенко. Никто не имеет основания отделять дух от материи, так как, быть может, самый дух есть совокупность материальных атомов. *(Живо, Тригорину.)* А вот, знаете ли, описать бы в пьесе и потом сыграть на сцене, как живет наш брат — учитель. Трудно, трудно живется!

Аркадина. Это справедливо, но не будем говорить ни о пьесах, ни об атомах. Вечер такой славный! Слышите, господа, поют? *(Прислушивается.)* Как хорошо!

Полина Андреевна. Это на том берегу.

Пауза.

Аркадина *(Тригорину).* Сядьте возле меня. Лет 10-15 назад, здесь, на озере, музыка и пение слышались, непрерывно почти каждую ночь. Тут на берегу шесть помещичьих усадеб. Помню, смех, шум, стрельба, и все романы, романы... Jeune premier'ом и кумиром всех этих шести усадеб был тогда вот, рекомендую *(кивает на Дорна),* доктор Евгений Сергеич. И теперь он очарователен, но тогда был неотразим. Однако меня начинает мучить совесть. За что я обидела моего бедного мальчика? Я непокойна. *(Громко.)* Костя! Сын! Костя!

Маша. Я пойду поищу его.

Аркадина. Пожалуйста, милая.

Маша *(идет влево).* Ау! Константин Гаврилович!... Ау! *(Уходит.)*

Нина *(выходя из-за эстрады).* Очевидно, продолжения не будет, мне можно выйти. Здравствуйте! *(Целуется с Аркадиной и Полиной Андреевной.)*

Сорин. Браво! браво!

Аркадина. Браво, браво! Мы любовались. С такою наружностью, с таким чудным голосом нельзя, грешно сидеть в деревне. У вас должен быть талант. Слышите? Вы обязаны поступить на сцену!

Нина. О, это моя мечта! *(Вздохнув.)* Но она никогда не осуществится.

Аркадина. Кто знает! Вот позвольте вам представить: Тригорин, Борис Алексеевич.

Нина. Ах, я так рада... *(Сконфузившись.)* Я всегда вас читаю...

Аркадина *(усаживая ее возле).* Не конфузьтесь, милая. Он знамени-

The Seagull

Arkadina. Let him write as he wants and can, but let him leave me in peace.
Dorn. Thou art angry, O Jove...
Arkadina. I am a woman, not Jove. *[She lights a cigarette.]* And I am not angry, I am only sorry to see a young man wasting his time so tediously. I did not mean to hurt him.
Medvedenko. No one has any ground for separating spirit from matter, as the spirit may well consist of the union of material atoms. *[Excitedly, to Trigorin.]* Some day one should write a play, and put on the stage the life of the likes of us, schoolmasters. It is a hard, hard life.
Arkadina. I agree with you, but do not let us talk about plays or atoms now. This is such a lovely evening! Do you hear, gentlemen, the singing? *[Listens.]* How wonderful!
Polina Andreyevna. It's from the far shore.

Pause.

Arkadina. *[To Trigorin.]* Sit down beside me here. Ten or fifteen years ago we had constant music and singing on this lake almost every night. There are six estates on its shores. All was laughter, noise, shooting, and romance, romance... The young star and idol of these six estates in those days was this man here, *[nods toward Dorn.]* Doctor Evgeny Sergeych. He is fascinating now, but he was irresistible then. But my conscience is beginning to prick me. Why did I hurt my poor boy? I feel uneasy. *[Loudly.]* Kostya! My son! Kostya!
Masha. I will go and look for him.
Arkadina. If you please, my dear.
Masha. *[Goes off to the left.]* Hallo! Konstantin Gavrilovich!.. Hallo! *[Exit.]*
Nina. *[Comes in from behind the stage.]* I see that the play will not be finished, I can come out. Good evening! *[She kisses Arkadina and Polina Andreyevna.]*
Sorin. Bravo! Bravo!
Arkadina. Bravo! Bravo! We were quite charmed. With your looks and such a lovely voice it is a sin for you to hide yourself in the country. You must be talented. It is your duty to go on the stage, do you hear me?
Nina. Oh, it is my dream! *[Sighing.]* But it will never come true.
Arkadina. Who knows! But let me present Boris Alekseyevich Trigorin.
Nina. I am delighted... *[Embarrassed.]* I always read you...
Arkadina. *[Drawing Nina down beside her.]* Don't be embarrassed, dear.

тость, но у него простая душа. Видите, он сам сконфузился.
Дорн. Полагаю, теперь можно поднять занавес, а то жутко.
Шамраев *(громко).* Яков, подними-ка, братец, занавес!

Занавес поднимается.

Нина *(Тригорину).* Не правда ли, странная пьеса?
Тригорин. Я ничего не понял. Впрочем, смотрел я с удовольствием. Вы так искренно играли. И декорация была прекрасная.

Пауза.

Должно быть, в этом озере много рыбы.
Нина. Да.
Тригорин. Я люблю удить рыбу. Для меня нет больше наслаждения, как сидеть под вечер на берегу и смотреть на поплавок.
Нина. Но, я думаю, кто испытал наслаждение творчества, для того уже все другие наслаждения не существуют.
Аркадина *(смеясь).* Не говорите так. Когда ему говорят хорошие слова, то он проваливается.
Шамраев. Помню, в Москве в оперном театре однажды знаменитый Сильва взял нижнее до. А в это время, как нарочно, сидел на галерее бас из наших синодальных певчих, и вдруг, можете себе представить наше крайнее изумление, мы слышим в галереи: "Браво, Сильва!" — целою октавой ниже... Вот этак *(низким баском):* браво, Сильва... Театр так и замер.

Пауза.

Дорн. Тихий ангел пролетел.
Нина. А мне пора. Прощайте.
Аркадина. Куда? Куда так рано? Мы вас не пустим.
Нина. Меня ждет папа.
Аркадина. Какой он, право... *(Целуются.)* Ну, что делать. Жаль, жаль вас отпускать.
Нина. Если бы вы знали, как мне тяжело уезжать!
Аркадина. Вас бы проводил кто-нибудь, моя крошка.
Нина *(испуганно).* О нет, нет!
Сорин *(ей, умоляюще).* Останьтесь!
Нина. Не могу, Петр Николаевич.

The Seagull

He is a celebrity, but he has a simple soul. See, he is embarrassed himself.
Dorn. Couldn't the curtain be raised now? It is depressing to have it down.
Shamrayev. *[Loudly.]* Yakov, my man! Raise the curtain!

The curtain rises.

Nina. *[To Trigorin.]* It was a strange play, wasn't it?
Trigorin. I couldn't understand it at all, but I watched it with pleasure because you acted with such sincerity, and the setting was beautiful.

Pause.

There must be a lot of fish in this lake.
Nina. Yes, there are.
Trigorin. I love fishing. I know of nothing pleasanter than to sit on a shore in the evening with one's eyes on a floating cork.
Nina. Why, I should think that for one who has tasted the pleasure of creation, no other pleasure could exist.
Arkadina. *[Laughing.]* Don't talk like that. He always begins to flounder when people say nice things to him.
Shamrayev. I remember once at the Opera House in Moscow the famous Silva took the low C. Well, you can imagine our astonishment when one of our church cantors, a bass, who happened to be sitting in the gallery, suddenly boomed out: "Bravo, Silva!" a whole octave lower. Like this *[in a deep bass voice]*: bravo, Silva... The audience was left breathless.

Pause.

Dorn. An angel of silence is flying over our heads.
Nina. And I must go. Goodbye.
Arkadina. Where to? Where must you go so early? We shan't allow it.
Nina. My father is waiting for me.
Arkadina. How cruel he is, really... *[They kiss each other.]* Then I suppose we can't keep you, but it is very hard indeed to let you go.
Nina. If you only knew how hard it is for me to leave you all!
Arkadina. Somebody must see you home, my pet.
Nina. *[Frightened.]* No, no!
Sorin. *[Imploringly.]* Stay!
Nina. I can't, Pyotr Nikolayevich.

Чайка

Сорин. Останьтесь на один час и все. Ну, что, право...
Нина *(подумав, сквозь слезы).* Нельзя! *(Пожимает руку и быстро уходит.)*
Аркадина. Несчастная девушка в сущности. Говорят, ее покойная мать завещала мужу все свое громадное состояние, все до копейки, и теперь эта девочка осталась ни с чем, так как отец ее уже завещал все своей второй жене. Это возмутительно.
Дорн. Да, ее папенька порядочная-таки скотина, надо отдать ему полную справедливость.
Сорин *(потирая озябшие руки).* Пойдемте-ка, господа, и мы, а то становится сыро. У меня ноги болят.
Аркадина. Они у тебя, как деревянные, едва ходят. Ну, пойдем, старик злосчастный. *(Берет его под руку.)*
Шамраев *(подавая руку жене).* Мадам?
Сорин. Я слышу, опять воет собака. *(Шамраеву.)* Будьте добры, Илья Афанасьевич, прикажите отвязать ее.
Шамраев. Нельзя, Петр Николаевич, боюсь, как бы воры в амбар не забрались. Там у меня просо. *(Идущему рядом Медведенку.)* Да, на целую октаву ниже: "Браво, Сильва!" А ведь не певец, простой синодальный певчий.
Медведенко. А сколько жалованья получает синодальный певчий?

Все уходят, кроме Дорна.

Дорн *(один).* Не знаю, быть может, я ничего не понимаю или сошел с ума, но пьеса мне понравилась. В ней что-то есть. Когда это девочка говорила об одиночестве и потом, когда показались красные глаза дьявола, у меня от волнения дрожали руки. Свежо, наивно... Вот, кажется, он идет. Мне хочется наговорить ему побольше приятного.
Треплев *(входит).* Уже нет никого.
Дорн. Я здесь.
Треплев. Меня по всему парку ищет Машенька. Несносное создание.
Дорн. Константин Гаврилович, мне ваша пьеса чрезвычайно понравилась. Странная она какая-то, и конца я не слышал, и все-таки впечатление сильное. Вы талантливый человек, вам надо продолжать.

Треплев крепко жмет ему руку и обнимает порывисто.

Фуй, какой нервный. Слезы на глазах... Я что хочу сказать? Вы взяли

The Seagull

Sorin. Stay just one hour more, and all. Come now, really...
Nina. *[After thinking; through her tears.]* I can't! *[She shakes hands with him and quickly goes out.]*
Arkadina. An unlucky girl, as a matter of fact. They say that her mother left the whole of an immense fortune to her husband, every kopeck, and now the child is penniless because the father has already willed everything away to his second wife. It is outrageous.
Dorn. Yes, her papa is a perfect beast, and I don't mind saying so—it is what he deserves.
Sorin. *[Rubbing his chilled hands.]* Come, let us go in, gentlemen; it's getting damp, and my legs are aching.
Arkadina. Yes, they are barely moving as if they were made of wood. Come, you unfortunate old man. *[She takes his arm.]*
Shamrayev. *[Offering his arm to his wife.]* Madame?
Sorin. I hear that dog howling again. *[To Shamrayev.]* Won't you please have it unchained, Ilya Afanasievich?
Shamrayev. I can't, Pyotr Nikolayevich. The granary is full of millet, and I am afraid thieves might break in. *[To Medvedenko who is walking beside him.]* Yes, a whole octave lower: "Bravo, Silva!" And he wasn't a singer, just a simple church cantor.
Medvedenko. And how much is a church cantor paid?

All go out except Dorn.

Dorn. *[Alone.]* I don't know, I may have lost my judgment or my wits, but I liked that play. There was something in it. When the girl spoke of her solitude and then when the Devil's red eyes appeared, I felt my hands shaking from excitement. Fresh, naïve... But here he comes. I want to say a lot of pleasant things to him.
Treplev. *[Enters]*. All gone already.
Dorn. I am here.
Treplev. Mashenka has been looking for me all over the park. An insufferable creature.
Dorn. Konstantin Gavrilovich, your play delighted me. It was strange, of course, and I did not hear the end, but it made a deep impression on me. You have a great deal of talent, and must persevere in your work.

Treplev squeezes his hand hard and hugs him impetuously.

Tut-tut, how excited you are. Tears in your eyes... Listen to me. You chose

сюжет из области отвлеченных идей. Так и следовало, потому что художественное произведение непременно должно выражать какую-нибудь большую мысль. Только то прекрасно, что серьезно. Как вы бледны!

Треплев. Так вы говорите — продолжать?
Дорн. Да... Но изображайте только важное и вечное. Вы знаете, я прожил свою жизнь разнообразно и со вкусом, я доволен, но если бы мне пришлось испытать подъем духа, какой бывает у художников во время творчества, то, мне кажется, я презирал бы свою материальную оболочку и все, что этой оболочке свойственно, и уносился бы от земли подальше в высоту.
Треплев. Виноват, где Заречная?
Дорн. И вот еще что. В произведении должна быть ясная, определенная мысль. Вы должны знать, для чего пишете, иначе, если пойдете по этой живописной дороге без определенной цели, то вы заблудитесь и ваш талант погубит вас.
Треплев (*нетерпеливо*). Где Заречная?
Дорн. Она уехала домой.
Треплев (*в отчаянии*). Что же мне делать? Я хочу ее видеть... Мне необходимо ее видеть... Я поеду...

Маша входит.

Дорн (*Треплеву*). Успокойтесь, мой друг.
Треплев. Но все-таки я поеду. Я должен поехать.
Маша. Идите, Константин Гаврилович, в дом. Вас ждет ваша мама. Она непокойна.
Треплев. Скажите ей, что я уехал. И прошу вас всех, оставьте меня в покое! Оставьте! Не ходите за мной!
Дорн. Но, но, но, милый... нельзя так... Нехорошо.
Треплев (*сквозь слезы*). Прощайте, доктор. Благодарю... (*Уходит.*)
Дорн (*вздохнув*). Молодость, молодость!
Маша. Когда нечего больше сказать, то говорят: молодость, молодость... (*Нюхает табак.*)
Дорн (*берет у нее табакерку и швыряет в кусты*). Это гадко!

Пауза.

В доме, кажется, играют. Надо идти.
Маша. Погодите.

your subject in the realm of abstract ideas, and you did quite right. A work of art should invariably embody some lofty idea. Only that which is seriously meant can ever be beautiful. How pale you are!

Treplev. So you advise me to persevere?

Dorn. Yes... But depict only important and eternal things. You know, I have led a diverse and tasteful life, I am content, but if I should ever experience the exaltation that an artist feels during his moments of creation, I think I should spurn this material envelope of my soul and everything connected with it, and should soar away into heights above this earth.

Treplev. I beg your pardon, but where is Zarechnaya?

Dorn. And yet another thing: every work of art should have a clear and definite idea. You should know why you are writing, for if you follow this picturesque road without a definite goal, you will lose yourself, and your genius will be your ruin.

Treplev. *[Impetuously.]* Where is Zarechnaya?

Dorn. She has gone home.

Treplev. *[In despair.]* What shall I do? I want to see her... I must see her... I will go...

Enter Masha.

Dorn. *[To Treplev.]* Calm down, my friend.

Treplev. I am going. I must go.

Masha. Konstantin Gavrilovich, go into the house. Your mother is waiting for you. She is uneasy.

Treplev. Tell her I have gone away. And for heaven's sake, all of you, leave me alone! Leave me! Don't follow me!

Dorn. Come, come, my dear... You shouldn't... It's not right.

Treplev. *[Through his tears.]* Goodbye, doctor, and thank you... *[Exit.]*

Dorn. *[Sighing.]* Ah, youth, youth!

Masha. It is always "Youth, youth," when there is nothing else to be said. *[She takes snuff.]*

Dorn. *[Takes the snuff-box out of her hands and flings it into the bushes.]* It's disgusting!

Pause.

I hear music in the house. I must go in.

Masha. Wait a moment.

Чайка

Дорн. Что?

Маша. Я еще раз хочу вам сказать. Мне хочется поговорить... *(Волнуясь.)* Я не люблю своего отца... но к вам лежит мое сердце. Почему-то я всею душой чувствую, что вы мне близки... Помогите же мне, помогите, а то я сделаю глупость, я насмеюсь над своею жизнью, испорчу ее... Не могу дольше...

Дорн. Что? В чем помочь?

Маша. Я страдаю. Никто, никто не знает моих страданий! *(Кладет ему голову на грудь, тихо.)* Я люблю Константина.

Дорн. Как все нервны! Как все нервны! И сколько любви... О, колдовское озеро! *(Нежно.)* Но что же я могу сделать, дитя мое? Что? Что?

Занавес.

Действие второе

Площадка для крокета. В глубине направо дом с большою террасой, налево видно озеро, в котором, отражаясь, сверкает солнце. Цветники. Полдень. Жарко. Сбоку площадки, в тени старой липы, сидят на скамье Аркадина, Дорн и Маша. У Дорна на коленях раскрытая книга.

Аркадина *(Маше).* Вот встанемте.

Обе встают.

Станем рядом. Вам двадцать два года, а мне почти вдвое. Евгений Сергеич, кто из нас моложавее?

Дорн. Вы, конечно.

Аркадина. Вот-с... А почему? Потому что я работаю, я чувствую, я постоянно в суете, а вы сидите все на одном месте, не живете... И у меня правило: не заглядывать в будущее. Я никогда не думаю ни о старости, ни о смерти. Чему быть, того не миновать.

Маша. А у меня такое чувство, как будто я родилась уже давно-давно; жизнь свою я тащу волоком, как бесконечный шлейф... И часто не бывает никакой охоты жить. *(Садится.)* Конечно, это все пустяки. Надо встряхнуться, сбросить с себя все это.

Дорн *(напевает тихо).* "Расскажите вы ей, цветы мои..."

Аркадина. Затем я корректна, как англичанин. Я, милая, держу

The Seagull

Dorn. What?

Masha. Let me tell you again. I feel like talking... *[Excitedly.]* I do not love my father... but my heart turns to you. For some reason, I feel with all my soul that you are close to me... Help me! Help me, or I shall do something foolish and mock at my life, and ruin it... I am at the end of my strength...

Dorn. What? How can I help you?

Masha. I suffer. No one, no one knows how I suffer! *[She lays her head on his chest and speaks softly.]* I love Konstantin.

Dorn. Oh, how excitable you all are! How excitable! And how much love... O lake of spells! *[Tenderly.]* But what can I do for you, my child? What? What?

Curtain.

Act II

A croquet lawn. The house with a broad terrace stands in the background on the right. The lake, brightly reflecting the rays of the sun, lies to the left. There are flower-beds here and there. It is noon; the day is hot. To one side of the lawn Arkadina, Dorn, and Masha are sitting on a bench in the shade of an old linden. An open book is lying on Dorn's knees.

Arkadina. *[To Masha.]* Come, get up.

They both get up.

Stand beside me. You are twenty-two and I am almost twice your age. Evgeny Sergeych, which of us is the younger looking?

Dorn. You are, of course.

Arkadina. You see! Now why is it? Because I work, I feel, I am always busy, whereas you never move off the same spot. You don't live... It is a maxim of mine never to look into the future. I never admit the thought of old age or death. What will be will be.

Masha. And I feel as if I had been born a long, long time ago; I trail my life behind me like an endless tail... Often I have no desire to live at all. *[Sits down.]* Of course that is foolish. One ought to pull oneself together and shake off all this.

Dorn. *[Sings softly.]* "Tell her, my flowers..."

Arkadina. Then I am correct as an Englishman. My dear, I am always

себя в струне, как говорится, и всегда одета и причесана comme il faut. Чтобы я позволила себе выйти из дому, хотя бы вот в сад, в блузе или непричесанной? Никогда. Оттого я и сохранилась, что никогда не была фефелой, не распускала себя, как некоторые... *(Подбоченясь, прохаживается по площадке.)* Вот вам — как цыпочка. Хоть пятнадцатилетнюю девочку играть.

Дорн. Ну-с, тем не менее все-таки я продолжаю. *(Берет книгу.)* Мы остановились на лабазнике и крысах...

Аркадина. И крысах. Читайте. *(Садится.)* Впрочем, дайте мне, я буду читать. Моя очередь. *(Берет книгу и ищет в ней глазами.)* И крысах... Вот оно... *(Читает.)* "И, разумеется, для светских людей баловать романистов и привлекать их к себе так же опасно, как лабазнику воспитывать крыс в своих амбарах. А между тем их любят. Итак, когда женщина избрала писателя, которого она желает заполонить, она осаждает его посредством комплиментов, любезностей и угождений..." Ну, это у французов, может быть, но у нас ничего подобного, никаких программ. У нас женщина обыкновенно, прежде чем заполонить писателя, сама уже влюблена по уши, сделайте милость. Недалеко ходить, взять хоть меня и Тригорина...

Идет Сорин, опираясь на трость, и рядом с ним Нина; Медведенко катит за ним пустое кресло.

Сорин *(тоном, каким ласкают детей).* Да? У нас радость? Мы сегодня веселы в конце концов? *(Сестре.)* У нас радость! Отец и мачеха уехали в Тверь, и мы теперь свободны на целых три дня.

Нина *(садится рядом с Аркадиной и обнимает ее).* Я счастлива! Я теперь принадлежу вам.

Сорин *(садится в свое кресло).* Она сегодня красивенькая.

Аркадина. Нарядная, интересная... За это вы умница. *(Целует Нину.)* Но не нужно очень хвалить, а то сглазим. Где Борис Алексеевич?

Нина. Он в купальне рыбу удит.

Аркадина. Как ему не надоест! *(Хочет продолжать читать.)*

Нина. Это вы что?

Аркадина. Мопассан "На воде", милочка. *(Читает несколько строк про себя.)* Ну, дальше неинтересно и неверно. *(Закрывает книгу.)* Непокойна у меня душа. Скажите, что с моим сыном? Отчего он так скучен и суров? Он целые дни проводит на озере, и я его почти совсем не вижу.

The Seagull

well-groomed, as the saying is, and my clothes and hair are always comme il faut. Do you think I should ever permit myself to go out of the house, even just into the garden, in a blouse, with untidy hair? Certainly not! I have kept my looks by never letting myself slump as some women do... *[She puts her arms akimbo, and walks up and down on the lawn.]* Here I am, like a chick. I could play a fifteen-year-old girl.
Dorn. I see. Nevertheless, I shall continue my reading. *[He takes up his book.]* We stopped at the grain-dealer and the rats...
Arkadina. And the rats. Read on. *[She sits down.]* No, give it to me, it is my turn to read. *[She takes the book and looks for the place.]* And the rats... Ah, here it is... *[She reads.]* "It is as dangerous for society to attract and indulge authors as it is for a grain-dealer to raise rats in their granaries. Yet they love them. And so, when a woman has found an author whom she wishes to make her own, she lays siege to him by indulging and flattering him..." Well, maybe the French do, but we certainly don't have programmes like that. Here a woman is usually head over ears in love with an author before she attempts to lay siege to him, thank you very much. You have an example before your eyes, in me and Trigorin...

Sorin comes in leaning on a cane, with Nina beside him. Medvedenko follows, pushing an arm-chair.

Sorin. *[In a caressing voice, as if speaking to a child.]* So we are happy now, eh? Are we enjoying ourselves at last today? *[To his sister.]* We are happy! Father and stepmother have gone away to Tver, and we are free for three whole days.
Nina. *[Sits down beside Arkadina, and embraces her.]* I am so happy! I belong to you now.
Sorin. *[Sits down in his arm-chair.]* She looks lovely today.
Arkadina. Well-dressed, attractive... That was nice of you. *[She kisses Nina.]* But we mustn't praise her too much; we shall jinx her. Where is Boris Alekseyevich?
Nina. He is fishing at the bathing place.
Arkadina. I wonder he isn't bored. *[She wants to continue her reading.]*
Nina. What are you reading?
Arkadina. "On the Water," by Maupassant, my dear. *[She reads a few lines to herself.]* But the rest is neither true nor interesting. *[She closes the book.]* I feel uneasy. Tell me, what is the matter with my son? Why is he so dull and stern lately? He spends all his days on the lake, and I scarcely ever see him any more.

Чайка

Маша. У него нехорошо на душе. *(Нине, робко.)* Прошу вас, прочтите из его пьесы!

Нина *(пожав плечами).* Вы хотите? Это так неинтересно!

Маша *(сдерживая восторг).* Когда он сам читает что-нибудь, то глаза у него горят и лицо становится бледным. У него прекрасный, печальный голос; а манеры, как у поэта.

Слышно, как храпит Сорин.

Дорн. Спокойной ночи!
Аркадина. Петруша!
Сорин. А?
Аркадина. Ты спишь?
Сорин. Нисколько.

Пауза.

Аркадина. Ты не лечишься, а это нехорошо, брат.
Сорин. Я рад бы лечиться, да вот доктор не хочет.
Дорн. Лечиться в шестьдесят лет!
Сорин. И в шестьдесят лет жить хочется.
Дорн *(досадливо).* Э! Ну, принимайте валериановые капли.
Аркадина. Мне кажется, ему хорошо бы поехать куда-нибудь на воды.
Дорн. Что ж? Можно поехать. Можно и не поехать.
Аркадина. Вот и пойми.
Дорн. И понимать нечего. Все ясно.

Пауза.

Медведенко. Петру Николаевичу следовало бы бросить курить.
Сорин. Пустяки.
Дорн. Нет, не пустяки. Вино и табак обезличивают. После сигары или рюмки водки вы уже не Петр Николаевич, а Петр Николаевич плюс еще кто-то; у вас расплывается ваше я, и вы уже относитесь к самому себе, как к третьему лицу — он.
Сорин *(смеется).* Вам хорошо рассуждать. Вы пожили на своем веку, а я? Я прослужил по судебному ведомству 28 лет, но еще не жил, ничего не испытал в конце концов и понятная вещь, жить мне очень хочется. Вы сыты и равнодушны, и потому имеете наклонность

The Seagull

Masha. His heart is heavy. *[Timidly, to Nina.]* Please recite something from his play!
Nina. *[Shrugging her shoulders.]* Shall I? It's so uninteresting!
Masha. *[With suppressed rapture.]* When he recites something, his eyes shine and his face grows pale. His voice is beautiful and sad, and he has the ways of a poet.

Sorin begins to snore.

Dorn. Good night!
Arkadina. Petrusha!
Sorin. Eh?
Arkadina. Are you asleep?
Sorin. Not a bit of it.

Pause.

Arkadina. You don't do a thing for your health, and it's bad, brother.
Sorin. I would be glad to, but Doctor is against it.
Dorn. The idea of doing anything for one's health at sixty!
Sorin. One still wants to live at sixty.
Dorn. *[Crossly.]* Ho! Well, take some valerian.
Arkadina. I think a journey to some watering-place would be good for him.
Dorn. Why, yes; he might go as well as not.
Arkadina. You don't understand.
Dorn. There is nothing to understand; it is quite clear.

Pause.

Medvedenko. Pyotr Nikolayevich ought to give up smoking.
Sorin. What nonsense!
Dorn. No, that is not nonsense. Wine and tobacco destroy the individuality. After a cigar or a glass of vodka you are no longer Pyotr Nikolayevich, but Pyotr Nikolayevich plus somebody else. Your ego breaks in two: you begin to think of yourself in the third person – 'he'.
Sorin. *[Laughing.]* It is easy for you to argue. You have had a good life, but what about me? I have served in the Department of Justice for twenty-eight years, but I have never lived, I have never had any experiences, and it's understandable that I want to live very much. You are satiated and

к философии, я же хочу жить и потому пью за обедом херес и курю сигары и все. Вот и все.

Дорн. Надо относиться к жизни серьезно, а лечиться в шестьдесят лет, жалеть, что в молодости мало наслаждался, это, извините, легкомыслие.

Маша *(встает).* Завтракать пора, должно быть. *(Идет ленивою, вялою походкой.)* Ногу отсидела... *(Уходит.)*

Дорн. Пойдет и перед завтраком две рюмочки пропустит.

Сорин. Личного счастья нет у бедняжки.

Дорн. Пустое, ваше превосходительство.

Сорин. Вы рассуждаете, как сытый человек.

Аркадина. Ах, что может быть скучнее этой вот милой деревенской скуки! Жарко, тихо, никто ничего не делает, все философствуют... Хорошо с вами, друзья, приятно вас слушать, но... сидеть у себя в номере и учить роль — куда лучше!

Нина *(восторженно).* Хорошо! Я понимаю вас.

Сорин. Конечно, в городе лучше. Сидишь в своем кабинете, лакей никого не впускает без доклада, телефон... на улице извозчики и все...

Дорн *(напевает).* "Расскажите вы ей, цветы мои..."

Входит Шамраев, за ним Полина Андреевна.

Шамраев. Вот и наши. Добрый день! *(Целует руку у Аркадиной, потом у Нины.)* Весьма рад видеть вас в добром здоровье. *(Аркадиной.)* Жена говорит, что вы собираетесь сегодня ехать с нею вместе в город. Это правда?

Аркадина. Да, мы собираемся.

Шамраев. Гм... Это великолепно, но на чем же вы поедете, многоуважаемая? Сегодня у нас возят рожь, все работники заняты. А на каких лошадях, извольте вас спросить?

Аркадина. На каких? Почем я знаю — на каких!

Сорин. У нас же выездные есть.

Шамраев *(волнуясь).* Выездные? А где я возьму хомуты? Где я возьму хомуты? Это удивительно! Это непостижимо! Высокоуважаемая! Извините, я благоговею перед вашим талантом, готов отдать за вас десять лет жизни, но лошадей я вам не могу дать!

Аркадина. Но если я должна ехать? Странное дело!

Шамраев. Многоуважаемая! Вы не знаете, что значит хозяйство!

indifferent, and that is why you have an inclination for philosophy, but I want to live, and that is why I drink my sherry at dinner and smoke cigars, and all.

Dorn. One must take life seriously, and to take a cure at sixty and regret that one did not have more pleasure in youth is, forgive my saying so, trifling.

Masha. *[Gets up.]* It must be lunch-time. *[She walks away languidly, with a dragging step.]* My leg has gone to sleep... *[Exit.]*

Dorn. She is going to have a couple of drinks before lunch.

Sorin. The poor soul is unhappy.

Dorn. That is a trifle, Your Excellency.

Sorin. You are talking like a satiated man.

Arkadina. Oh, what could be duller than this dear tedium of the country? The air is hot and still, nobody does anything but philosophise about life... It is good to be with you, my friends, pleasant to listen to you, but... I had rather sit in my hotel room learning a role by heart!

Nina. *[With enthusiasm.]* You are quite right! I understand you.

Sorin. Of course it is better in town. One can sit in one's study with a telephone, no one comes in without being first announced by the footman... there are cabs on the street, and all...

Dorn. *[Sings.]* "Tell her, my flowers..."

Shamrayev comes in, followed by Polina Andreyevna.

Shamrayev. Here they are. How do you do? *[He kisses Arkadina's hand and then Nina's.]* I am delighted to see you in good health. *[To Arkadina.]* My wife tells me that you mean to go to town with her today. Is that so?

Arkadina. Yes, we are going to.

Shamrayev. Hm... That is splendid, but how do you intend to get there, dear madam? We are hauling rye today, and all the men are busy. And what horses would you take, if I may ask?

Arkadina. What horses? How do I know what horses!

Sorin. Why, we have the carriage horses.

Shamrayev. *[Nervously]*. The carriage horses? And where am I to find harnesses? Where am I to find harnesses? This is astonishing! This is beyond belief! Excuse me, my dear madam, I have the greatest respect for your talents, and would gladly sacrifice ten years of my life for you, but I cannot let you have any horses today!

Arkadina. But if I must go? This is extraordinary!

Shamrayev. You do not know, my dear madam, what it is to run an estate!

Аркадина (*вспылив*). Это старая история! В таком случае я сегодня же уезжаю в Москву. Прикажите нанять для меня лошадей в деревне, а то я уйду на станцию пешком!
Шамраев (*вспылив*). В таком случае я отказываюсь от места! Ищите себе другого управляющего. (*Уходит.*)
Аркадина. Каждое лето так, каждое лето меня здесь оскорбляют! Нога моя здесь больше не будет!

Уходит влево, где предполагается купальня; через минуту видно, как она проходит в дом; за нею идет Тригорин с удочками и с ведром.

Сорин (*вспылив*). Это нахальство! Это черт знает что такое! Мне это надоело в конце концов. Сейчас же подать сюда всех лошадей!
Нина (*Полине Андреевне*). Отказать Ирине Николаевне, знаменитой артистке! Разве всякое желание ее, даже каприз, не важнее вашего хозяйства? Просто невероятно!
Полина Андреевна (*в отчаянии*). Что я могу? Войдите в мое положение: что я могу?
Сорин (*Нине*). Пойдемте к сестре... Мы все будем умолять ее, чтобы она не уезжала. Не правда ли? (*Глядя по направлению, куда ушел Шамраев.*) Невыносимый человек! Деспот!
Нина (*мешая ему встать*). Сидите, сидите... Мы вас довезем...

Она и Медведенко катят кресло.

О, как это ужасно!
Сорин. Да, да, это ужасно... Но он не уйдет, я сейчас поговорю с ним.

Уходят; остаются только Дорн и Полина Андреевна.

Дорн. Люди скучны. В сущности следовало бы вашего мужа отсюда просто в шею, а ведь все кончится тем, что эта старая баба Петр Николаевич и его сестра попросят у него извинения. Вот увидите!
Полина Андреевна. Он и выездных лошадей послал в поле. И каждый день такие недоразумения. Если бы вы знали, как это волнует меня! Я заболеваю; видите, я дрожу... Я не выношу его грубости. (*Умоляюще.*) Евгений, дорогой, ненаглядный, возьмите меня к себе... Время наше уходит, мы уже не молоды, и хоть бы в конце жизни нам не прятаться, не лгать...

The Seagull

Arkadina. *[In a burst of anger.]* That is an old story! Under these circumstances I shall go back to Moscow this very day. Order a carriage for me from the village, or I shall go to the station on foot!
Shamrayev. *[In a burst of anger.]* Under these circumstances I resign my position. You must find yourself another manager. *[Exit.]*
Arkadina. It is like this every summer; every summer I am insulted here! I shall never set foot here again!

She goes out to the left, in the direction of the bathing place. In a minute she is seen entering the house, followed by Trigorin, who carries fishing-rods and a bucket.

Sorin. *[In a burst of anger.]* This is impudence! What the hell! I've had enough of it. I want all the horses brought here at once!
Nina. *[To Polina Andreyevna.]* How could he refuse anything to Irina Nikolayevna, the famous actress? Is not every wish, every caprice even, of hers, more important than any farm work? This is incredible!
Polina Andreyevna. *[In despair.]* What can I do? Put yourself in my place: what I can do?
Sorin. *[To Nina.]* Let us go to my sister... We will all beg her not to go, won't we? *[He looks in the direction in which Shamrayev went out.]* An insufferable man! A tyrant!
Nina. *[Preventing him from getting up.]* Sit still, sit still... We'll wheel you...
She and Medvedenko push the chair before them.

Oh, this is terrible!
Sorin. Yes, yes, it is terrible... But he won't leave, I shall have a talk with him in a moment.

They go out. Only Dorn and Polina Andreyevna are left.

Dorn. How tiresome people are! Your husband deserves to be thrown out of here neck and crop, but it will all end by this old woman Pyotr Nikolayevich and his sister asking the man's pardon. See if it doesn't!
Polina Andreyevna. He has sent the carriage horses into the field too. These misunderstandings occur every day. If you only knew how they excite me! I get ill; see, I am trembling... I cannot endure his rough ways. *[Imploringly.]* Evgeny, my darling, my beloved, take me to you... Our time is short; we are no longer young; let us end deception and concealment, even though it is only at the end of our lives...

Чайка

Пауза.

Дорн. Мне пятьдесят пять лет, уже поздно менять свою жизнь.
Полина Андреевна. Я знаю, вы отказываете мне, потому что, кроме меня, есть женщины, которые вам близки. Взять всех к себе невозможно. Я понимаю. Простите, я надоела вам.

Нина показывается около дома; она рвет цветы.

Дорн. Нет, ничего.
Полина Андреевна. Я страдаю от ревности. Конечно, вы доктор, вам нельзя избегать женщин. Я понимаю...
Дорн *(Нине, которая подходит).* Как там?
Нина. Ирина Николаевна плачет, а у Петра Николаевича астма.
Дорн *(встает).* Пойти дать обоим валериановых капель...
Нина *(подает ему цветы).* Извольте!
Дорн. Merci bien. *(Идет к дому.)*
Полина Андреевна *(идя с ним).* Какие миленькие цветы! *(Около дома, глухим голосом.)* Дайте мне эти цветы! Дайте мне эти цветы! *(Получив цветы, рвет их и бросает в сторону; оба идут в дом.)*
Нина *(одна).* Как странно видеть, что известная артистка плачет, да еще по такому пустому поводу! И не странно ли, знаменитый писатель, любимец публики, о нем пишут во всех газетах, портреты его продаются, его переводят на иностранные языки, а он целый день ловит рыбу и радуется, что поймал двух голавлей. Я думала, что известные люди горды, неприступны, что они презирают толпу и своею славой, блеском своего имени как бы мстят ей за то, что она выше всего ставит знатность происхождения и богатство. Но они вот плачут, удят рыбу, играют в карты, смеются и сердятся, как все...

Треплев (входит без шляпы, с ружьем и с убитою чайкой). Вы одни здесь?

Нина. Одна.

Треплев кладет у ее ног чайку.

Что это значит?
Треплев. Я имел подлость убить сегодня эту чайку. Кладу у ваших ног.
Нина. Что с вами? *(Поднимает чайку и глядит на нее.)*

The Seagull

Pause.

Dorn. I am fifty-five years old. It is too late now for me to change my ways of living.
Polina Andreyevna. I know that you refuse me because there are other women who are close to you, and you cannot take everybody. I understand. Excuse me—I see I am only bothering you.

Nina is seen near the house picking flowers.

Dorn. No, it is all right.
Polina Andreyevna. I am tortured by jealousy. Of course you are a doctor and cannot escape from women. I understand...
Dorn. *[To Nina, who comes toward them.]* How are things in there?
Nina. Irina Nikolayevna is crying, and Pyotr Nikolayevich is having an attack of asthma.
Dorn. *[Gets up.]* I will go and give them both valerian...
Nina. *[Hands him the flowers.]* That's for you!
Dorn. Merci bien. *[He goes towards the house.]*
Polina Andreyevna. *[Going with him.]* What pretty flowers! *[By the house, in a low voice.]* Give me those flowers! Give me those flowers! *[Having got the flowers, she tears them to pieces and flings them away; they both go into the house.]*
Nina. *[Alone.]* How strange to see a famous actress weeping, and for such a trifle! Is it not strange, too, that a famous author should sit fishing all day? He is the idol of the public, the papers are full of him, his portraits are for sale, his works have been translated into foreign languages, and yet he is overjoyed if he catches a couple of chubs. I always thought famous people were distant and proud; I thought they despised the crowd which exalts riches and birth, and avenged themselves on it by dazzling it with the glory of their names. But here they weep, fish, play cards, laugh and get angry like everybody else...
Treplev. *[Comes in without a hat on, carrying a gun and a dead seagull.]* Are you alone here?
Nina. Alone.

Treplev lays the seagull at her feet.

What does it mean?
Treplev. I was base enough today to kill this seagull. I lay it at your feet.
Nina. What is happening to you? *[She picks up the seagull and looks at it.]*

Треплев *(после паузы)*. Скоро таким же образом я убью самого себя.
Нина. Я вас не узнаю.
Треплев. Да, после того, как я перестал узнавать вас. Вы изменились ко мне, ваш взгляд холоден, мое присутствие стесняет вас.
Нина. В последнее время вы стали раздражительны, выражаетесь все непонятно, какими-то символами. И вот эта чайка тоже, по-видимому, символ, но, простите, я не понимаю... *(Кладет чайку на скамью.)* Я слишком проста, чтобы понимать вас.
Треплев. Это началось с того вечера, когда так глупо провалилась моя пьеса. Женщины не прощают неуспеха. Я все сжег, все до последнего клочка. Если бы вы знали, как я несчастлив! Ваше охлаждение страшно, невероятно, точно я проснулся и вижу вот, будто это озеро вдруг высохло или утекло в землю. Вы только что сказали, что вы слишком просты, чтобы понимать меня. О, что тут понимать?! Пьеса не понравилась, вы презираете мое вдохновение, уже считаете меня заурядным, ничтожным, каких много... *(Топнув ногой.)* Как это я хорошо понимаю, как понимаю! У меня в мозгу точно гвоздь, будь он проклят вместе с моим самолюбием, которое сосет мою кровь, сосет, как змея... *(Увидев Тригорина, который идет, читая книжку.)* Вот идет истинный талант; ступает, как Гамлет, и тоже с книжкой. *(Дразнит.)* "Слова, слова, слова..." Это солнце еще не подошло к вам, а вы уже улыбаетесь, взгляд ваш растаял в его лучах. Не стану мешать вам. *(Уходит быстро.)*
Тригорин *(записывая в книжку)*. Нюхает табак и пьет водку... Всегда в черном. Ее любит учитель...
Нина. Здравствуйте, Борис Алексеевич!
Тригорин. Здравствуйте. Обстоятельства неожиданно сложились так, что, кажется, мы сегодня уезжаем. Мы с вами едва ли еще увидимся когда-нибудь. А жаль, мне приходится не часто встречать молодых девушек, молодых и интересных, я уже забыл и не могу себе ясно представить, как чувствуют себя в 18-19 лет, и потому у меня в повестях и рассказах молодые девушки обыкновенно фальшивы. Я бы вот хотел хоть один час побыть на вашем месте, чтобы узнать, как вы думаете, и вообще что вы за штучка.
Нина. А я хотела бы побывать на вашем месте.
Тригорин. Зачем?
Нина. Чтобы узнать, как чувствует себя известный талантливый писатель. Как чувствуется известность? Как вы ощущаете то, что вы известны?
Тригорин. Как? Должно быть, никак. Об этом я никогда не думал.

The Seagull

Treplev. *[After a pause.]* So shall I soon kill myself.
Nina. I don't recognise you.
Treplev. Yes, since the time when I ceased to recognise you. You have changed towards me; your look is cold; my presence discomforts you.
Nina. You have grown so irritable lately, and you talk so darkly and symbolically. And this seagull seems like a symbol, but, forgive me, I don't understand… *[She puts the seagull on the bench.]* I am too simple to understand you.
Treplev. All this began on the evening when my play failed so stupidly. Women don't forgive failure. I have burnt everything, everything to the last page. If you could only fathom my unhappiness! Your estrangement is to me terrible, incredible; it is as if I had suddenly waked to find this lake dried up or sunk into the earth. You've just said you are too simple to understand me. Oh, what is there to understand? They disliked my play, you despise my inspiration, you already think of me as common and insignificant, as many are… *[Stamping his foot.]* How well I can understand it, how well! It is as if I had a nail in my brain, may it be accursed, together with my ambition, which sucks my blood, sucks it like a snake… *[He sees Trigorin, who approaches reading a book.]* There comes real talent, striding along like another Hamlet, and with a book, too. *[Mockingly.]* "Words, words, words…" This sun hasn't approached you yet, but you already smile, your gaze has melted in its rays. I shall not disturb you. *[He goes out quickly.]*
Trigorin. *[Making notes in his book.]* Takes snuff and drinks vodka… Always wears black. She is loved by a schoolteacher…
Nina. How do you do, Boris Alekseyevich?
Trigorin. How are you? Owing to an unforeseen development of circumstances, it seems that we are leaving here today. You and I shall probably never see each other again, and I am sorry for it. I seldom meet young girls now, young and pretty; I have already forgotten and can't clearly imagine how it feels to be eighteen or nineteen, and the young girls in my novels and stories are usually false. I should like to change places with you, if but for an hour, to find out how you think, and what kind of little thing you are.
Nina. And I should like to be in your place.
Trigorin. Why?
Nina. To find out how a famous and talented writer feels. What is it like to be famous? How do you feel about the fact that you are famous?
Trigorin. How? I feel nothing. I have never thought about it.

Чайка

(Подумав.) Что-нибудь из двух: или вы преувеличиваете мою известность, или же вообще она никак не ощущается.

Нина. А если читаете про себя в газетах?

Тригорин. Когда хвалят, приятно, а когда бранят, то потом два дня чувствуешь себя не в духе.

Нина. Чудный мир! Как я завидую вам, если бы вы знали! Жребий людей различен. Одни едва влачат свое скучное, незаметное существование, все похожие друг на друга, все несчастные; другим же, как, например, вам, — вы один из миллиона, — выпала на долю жизнь интересная, светлая, полная значения... вы счастливы...

Тригорин. Я? *(Пожимая плечами.)* Гм... Вы вот говорите об известности, о счастье, о какой-то светлой, интересной жизни, а для меня все эти хорошие слова, простите, все равно, что мармелад, которого я никогда не ем. Вы очень молоды и очень добры.

Нина. Ваша жизнь прекрасна!

Тригорин. Что же в ней особенно хорошего? *(Смотрит на часы.)* Я должен сейчас идти и писать. Извините, мне некогда... *(Смеется.)* Вы, как говорится, наступили на мою самую любимую мозоль, и вот я начинаю волноваться и немного сердиться. Впрочем, давайте говорить. Будем говорить о моей прекрасной, светлой жизни... Ну-с, с чего начнем? *(Подумав немного.)* Бывают насильственные представления, когда человек день и ночь думает, например, все о луне, и у меня есть своя такая луна. День и ночь одолевает меня одна неотвязная мысль: я должен писать, я должен писать, я должен... Едва кончил повесть, как уже почему-то должен писать другую, потом третью, после третьей четвертую... Пишу непрерывно, как на перекладных, и иначе не могу. Что же тут прекрасного и светлого, я вас спрашиваю? О, что за дикая жизнь! Вот я с вами, я волнуюсь, а между тем каждое мгновение помню, что меня ждет неоконченная повесть. Вижу вот облако, похожее на рояль. Думаю: надо будет упомянуть где-нибудь в рассказе, что плыло облако, похожее на рояль. Пахнет гелиотропом. Скорее мотаю на ус: приторный запах, вдовий цвет, упомянуть при описании летнего вечера. Ловлю себя и вас на каждой фразе, на каждом слове и спешу скорее запереть все эти фразы и слова в свою литературную кладовую: авось пригодится! Когда кончаю работу, бегу в театр или удить рыбу; тут бы и отдохнуть, забыться, ан — нет, в голове уже ворочается тяжелое чугунное ядро — новый сюжет, и уже тянет к столу, и надо спешить опять писать и писать. И так всегда, всегда, и нет мне покоя от самого себя, и я чувствую, что съедаю собственную жизнь, что для

The Seagull

[Thoughtfully.] Either one thing or the other: either you exaggerate my fame, or else, it can't be felt at all.
Nina. But when you read about yourself in the papers?
Trigorin. When they praise me, I am pleased; when they scold me, I am out of sorts for the next two days.
Nina. This is a wonderful world! If you only knew how I envy you! Men are born to different destinies. Some barely drag a weary, unnoticeable life, all very much alike, all unhappy, while to one out of a million, as to you, for instance, comes a bright destiny full of interest and meaning. You are lucky.
Trigorin. I, lucky? *[He shrugs his shoulders.]* Hm... You are talking about fame, and happiness, about some bright and interesting life, and all these fine words mean as much to me—forgive my saying so—as marmalade does, which I never eat. You are very young and very kind.
Nina. Your life is beautiful!
Trigorin. What is so special about it? *[He looks at his watch.]* I must go now and write. Excuse me, I am in a hurry... *[He laughs.]* You have stepped on my pet corn, as they say, and I am getting excited, and a little cross. But let us talk. Let us talk about my bright and beautiful life... Well, where shall we start? *[After a few moments' thought.]* Violent obsessions sometimes lay hold of a man: he may, for instance, think day and night of nothing but the moon. I have such a moon. Day and night I am held in the grip of one besetting thought: I must write, I must write, I must... Hardly have I finished one story than something urges me to write another, and then a third, and after that a fourth... I write ceaselessly, as if I were travelling dawk, and I can't do otherwise. Do you see anything bright and beautiful in that? Oh, it is a wild life! Even now, thrilled as I am by talking to you, I do not forget for an instant that an unfinished story is awaiting me. I can see that cloud there, which has the shape of a grand piano. And I think: I must mention in my story a cloud floating by that looked like a grand piano. I smell heliotrope; I make a mental note to myself: a sugary smell, the colour worn by widows; I must mention that in a description of a summer evening. I catch an idea in every sentence of yours or of my own, in every word, and hasten to lock all these phrases and words in my literary storeroom, thinking that some day they may be useful to me. As soon as I stop working I rush off to the theatre or go fishing, in the hope that I may find rest and oblivion there, but no! Some new subject for a story is sure to come rolling through my brain like a heavy iron cannonball. I hear my desk calling, and have to hurry back to it and begin to write and write again. And so it goes for everlasting. I cannot escape myself, though I feel that I

меда, который я отдаю кому-то в пространство, я обираю пыль с лучших своих цветов, рву самые цветы и топчу их корни. Разве я не сумасшедший? Разве мои близкие и знакомые держат себя со мною, как со здоровым? "Что пописываете? Чем нас подарите?" Одно и то же, одно и то же, и мне кажется, что это внимание знакомых, похвалы, восхищение, — все это обман, меня обманывают, как больного, и я иногда боюсь, что вот-вот подкрадутся ко мне сзади, схватят и повезут, как Поприщина, в сумасшедший дом. А в те годы, в молодые, лучшие годы, когда я начинал, мое писательство было одним сплошным мучением. Маленький писатель, особенно когда ему не везет, кажется себе неуклюжим, неловким, лишним, нервы у него напряжены, издерганы; неудержимо бродит он около людей, причастных к литературе и к искусству, непризнанный, никем не замечаемый, боясь прямо и смело глядеть в глаза, точно страстный игрок, у которого нет денег. Я не видел своего читателя, но почему-то в моем воображении он представлялся мне недружелюбным, недоверчивым. Я боялся публики, она была страшна мне, и когда мне приходилось ставить свою новую пьесу, то мне казалось всякий раз, что брюнеты враждебно настроены, а блондины холодно равнодушны. О, как это ужасно! Какое это было мучение!

Нина. Позвольте, но разве вдохновение и самый процесс творчества не дают вам высоких, счастливых минут?

Тригорин. Да. Когда пишу, приятно. И корректуру читать приятно. Но... едва вышло из печати, как я не выношу, и вижу уже, что оно не то, ошибка, что его не следовало бы писать вовсе, и мне досадно, на душе дрянно... *(Смеясь.)* А публика читает: "Да, мило, талантливо... Мило, но далеко до Толстого", или: "Прекрасная вещь, но „Отцы и дети" Тургенева лучше". И так до гробовой доски все будет только мило и талантливо, мило и талантливо — больше ничего, а как умру, знакомые, проходя мимо могилы, будут говорить; "Здесь лежит Тригорин. Хороший был писатель, но он писал хуже Тургенева".

Нина. Простите, я отказываюсь понимать вас. Вы просто избалованы успехом.

Тригорин. Каким успехом? Я никогда не нравился себе. Я не люблю себя как писателя. Хуже всего, что я в каком-то чаду и часто не понимаю, что я пишу... Я люблю вот эту воду, деревья, небо, я чувствую природу, она возбуждает во мне страсть, непреодолимое желание писать. Но ведь я не пейзажист только, я ведь еще гражданин, я люблю родину, народ, я чувствую, что если я писатель, то я обязан говорить о народе, об его страданиях, об его будущем,

The Seagull

am consuming my life. To prepare the honey I feed to unknown crowds, I brush the pollen from my dearest flowers, I tear them from their stems, and trample their roots. Am I not a madman? Do my friends and loved ones treat me as a sane person? "What are you writing? What present are you going to give us?" It is always the same, always the same, and I think that this attention from my friends, praises and admiration must be a deception, that I am being hoodwinked like a crazy person, and I am sometimes afraid that they will creep up on me from behind, grab me and whisk me off, like Poprishchin, to a lunatic asylum. The best years of my youth, when I was starting, were made one continual agony for me by my writing. A small author, especially when he does not make a success, feels clumsy, ill-at-ease, and superfluous. His nerves are all on edge and stretched to the point of breaking; he is irresistibly attracted to literary and artistic people, and hovers about them unknown and unnoticed, fearing to look them bravely straight in the eye, like a man with a passion for gambling without any money. I did not see my readers, but for some reason I imagined they were distrustful and unfriendly. I was afraid of the public, they terrified me, and when I had to stage a new play, every time it seemed to me as if all the dark eyes in the audience were looking at it with enmity, and all the blue ones with cold indifference. Oh, how terrible it was! What agony!

Nina. But don't your inspiration and the act of creation give you moments of lofty happiness?

Trigorin. Yes. Writing is a pleasure to me, and so is reading the proofs. But no sooner does a book leave the press than it becomes odious to me; and I see that it is not what I meant it to be; that I made a mistake to write it at all; and I feel disappointed and lousy. *[Laughing.]* Then the public reads it: "Yes, it is pretty and talented... Pretty, but not nearly as good as Tolstoy", or "It is a lovely thing, but Turgenev's 'Fathers and Sons' is better". To my dying day everything will be only pretty and talented, pretty and talented, and nothing more; and when I am gone, those that knew me will say as they pass my grave: "Here lies Trigorin, a good writer, but he was not as good as Turgenev."

Nina. You must excuse me, but I decline to understand what you are talking about. The fact is, you have been spoilt by your success.

Trigorin. What success? I have never liked myself. As a writer, I do not like myself at all. Worst of all, I live in some kind of fumes and often hardly understand what I am writing... I love this water, these trees, the sky; I feel nature which wakes a feeling of passion in my heart, an uncontrollable desire to write. But I am not only a painter of landscapes, I am also a citizen. I love my country, the people; I feel that, as a writer, it is my duty to speak

говорить о науке, о правах человека и прочее и прочее, и я говорю обо всем, тороплюсь, меня со всех сторон подгоняют, сердятся, я мечусь из стороны в сторону, как лисица, затравленная псами, вижу, что жизнь и наука все уходят вперед и вперед, а я все отстаю и отстаю, как мужик, опоздавший на поезд, и в конце концов чувствую, что я умею писать только пейзаж, а во всем остальном я фальшив, и фальшив до мозга костей.

Нина. Вы заработались, и у вас нет времени и охоты сознать свое значение. Пусть вы недовольны собою, но для других вы велики и прекрасны! Если бы я была таким писателем, как вы, то я отдала бы толпе всю свою жизнь, но сознавала бы, что счастье ее только в том, чтобы возвышаться до меня, и она возила бы меня на колеснице.

Тригорин. Ну, на колеснице... Агамемнон я, что ли?

Оба улыбнулись.

Нина. За такое счастье, как быть писательницей или артисткой, я перенесла бы нелюбовь близких, нужду, разочарование, я жила бы под крышей и ела бы только ржаной хлеб, страдала бы от недовольства собою, от сознания своих несовершенств, но зато бы уж я потребовала славы... настоящей, шумной славы... *(Закрывает лицо руками.)* Голова кружится... Уф!...

Голос Аркадиной *(из дому):* "Борис Алексеевич!"

Тригорин. Меня зовут... Должно быть, укладываться. А не хочется уезжать. *(Оглядывается на озеро.)* Ишь ведь какая благодать!... Хорошо!

Нина. Видите на том берегу дом и сад?

Тригорин. Да.

Нина. Это усадьба моей покойной матери. Я там родилась. Я всю жизнь провела около этого озера и знаю на нем каждый островок.

Тригорин. Хорошо у вас тут! *(Увидев чайку.)* А это что?

Нина. Чайка. Константин Гаврилыч убил.

Тригорин. Красивая птица. Право, не хочется уезжать. Вот уговорите-ка Ирину Николаевну, чтобы она осталась. *(Записывает в книжку.)*

Нина. Что это вы пишете?

Тригорин. Так записываю... Сюжет мелькнул... *(Пряча книжку.)* Сюжет для небольшого рассказа: на берегу озера с детства живет молодая девушка, такая, как вы; любит озеро, как чайка, и счастлива, и свободна, как чайка. Но случайно пришел человек, увидел и от

of the people, of their sorrows, of their future, also of science, of the rights of man, and so forth. So I write on every subject, I hurry, and the public hounds me on all sides, they are angry, and I race and dodge like a fox with a pack of hounds on his trail. I see life and science flitting away before me. I am left behind them like a peasant who has missed his train, and finally I come back to the conclusion that all I am fit for is to describe landscapes, and that in everything else I am false, false to the marrow of my bones.

Nina. You work too hard, and you have neither time nor desire to realise the importance of your writings. You may be discontented with yourself but to others you appear a great and splendid man! If I were a writer like you I should devote my whole life to the people, knowing that their happiness depended only on their ability to rise to the heights I had attained, and they would carry me along in a chariot.

Trigorin. Well, in a chariot... Do you think I am Agamemnon?

They both smile.

Nina. For the bliss of being a writer or an actress I could endure the dislike of my family, want, and disillusionment, I would live in an attic and eat only rye bread, I would suffer from dissatisfaction with myself, from realising my shortcomings; but I should demand in return fame... real, resounding fame... *[She covers her face with her hands.]* My head reels... Whew!..

The voice of Arkadina *[from inside the house]:* "Boris Alekseyevich!"

Trigorin. She is calling me... Probably to pack. But I don't want to leave. *[He turns to look at the lake.]* What a blessing such beauty is!..

Nina. Do you see that house and garden there, on the far shore?

Trigorin. Yes.

Nina. That is my dead mother's house. I was born there, and have lived all my life beside this lake. I know every little island in it.

Trigorin. This is a beautiful place to live. *[He catches sight of the seagull.]* What is that?

Nina. A seagull. Konstantin Gavrilych shot it.

Trigorin. What a lovely bird! Really, I don't want to leave. Can't you persuade Irina Nikolayevna to stay? *[He writes something in his notebook.]*

Nina. What are you writing?

Trigorin. Just making a note... An idea that occurred to me... *[He puts away the book.]* An idea for a short story. A young girl grows up on the shores of a lake, a girl like you. She loves the lake as the gulls do, and is as happy and free as they. But a man sees her who chances to come that way,

нечего делать погубил ее, как вот эту чайку.

Пауза. В окне показывается Аркадина.

Аркадина. Борис Алексеевич, где вы?
Тригорин. Сейчас! *(Идет и оглядывается на Нину; у окна, Аркадиной.)* Что?
Аркадина. Мы остаемся.

Тригорин уходит в дом.

Нина *(подходя к рампе; после некоторого раздумья).* Сон!

Занавес.

Действие третье

Столовая в доме Сорина. Направо и налево двери. Буфет. Шкаф с лекарствами. Посреди комнаты стол. Чемодан и картонки, заметны приготовления к отъезду. Тригорин завтракает, Маша стоит у стола.

Маша. Все это я рассказываю вам как писателю. Можете воспользоваться. Я вам по совести: если бы он ранил себя серьезно, то я не стала бы жить ни одной минуты. А все же я храбрая. Вот взяла и решила: вырву эту любовь из своего сердца, с корнем вырву.
Тригорин. Каким же образом?
Маша. Замуж выхожу. За Медведенка.
Тригорин. Это за учителя?
Маша. Да.
Тригорин. Не понимаю, какая надобность.
Маша. Любить безнадежно, целые годы все ждать чего-то... А как выйду замуж, будет уже не до любви, новые заботы заглушат все старое. И все-таки, знаете ли, перемена. Не повторить ли нам?
Тригорин. А не много ли будет?
Маша. Ну, вот! *(Наливает по рюмке.)* Вы не смотрите на меня так. Женщины пьют чаще, чем вы думаете. Меньшинство пьет открыто, как я, а большинство тайно. Да. И все водку или коньяк. *(Чокается.)*

The Seagull

and he destroys her out of idleness, as this gull here has been destroyed.

Pause. Arkadina appears in a window.

Arkadina. Boris Alekseyevich, where are you?
Trigorin. Coming! *[He goes and looks back at Nina; by the window, to Arkadina.]* What?
Arkadina. We are staying.

Trigorin goes into the house.

Nina. *[Comes forward to the footlights; after some thought.]* It is a dream!

Curtain.

Act III

The dining-room of Sorin's house. Doors open out of it to the right and left. A cupboard with medicines. A table in the centre of the room. A trunk and boxes, preparations for departure are evident. Trigorin is having breakfast, Masha is standing by the table.

Masha. I am telling you all these things because you are a writer. You can use it. I tell you honestly, I should not have lived a minute longer if he had wounded himself seriously. Yet I am courageous. I have decided to tear this love of mine out of my heart by the roots.
Trigorin. How?
Masha. By marrying Medvedenko.
Trigorin. The school-teacher?
Masha. Yes.
Trigorin. I don't see the necessity for that.
Masha. Love without hope, to wait for years and years for something… But when I get married I won't be thinking about love, new cares will deaden the memories of the past. At least, you know, it will be a change. Shall we have another drink?
Trigorin. Haven't we had enough?
Masha. Fiddlesticks! *[She fills two glasses.]* Don't look at me like that. Women drink oftener than you imagine. Most of them do it in secret, and some drink openly, as I do. Yes. And it is always either vodka or brandy.

Чайка

Желаю вам! Вы человек простой, жалко с вами расставаться.

Пьют.

Тригорин. Мне самому не хочется уезжать.
Маша. А вы попросите, чтобы она осталась.
Тригорин. Нет, теперь не останется. Сын ведет себя крайне бестактно. То стрелялся, а теперь, говорят, собирается меня на дуэль вызвать. А чего ради? Дуется, фыркает, проповедует новые формы... Но ведь всем хватит места, и новым и старым, — зачем толкаться?
Маша. Ну, и ревность. Впрочем, это не мое дело.

Пауза. Яков проходит слева направо с чемоданом; входит Нина и останавливается у окна.

Мой учитель не очень-то умен, но добрый человек и бедняк, и меня сильно любит. Его жалко. И его мать-старушку жалко. Ну-с, позвольте пожелать вам всего хорошего. Не поминайте лихом. *(Крепко пожимает руку.)* Очень вам благодарна за ваше доброе расположение. Пришлите же мне ваши книжки, непременно с автографом. Только не пишите "многоуважаемой", а просто так: "Марье, родства не помнящей, неизвестно для чего живущей на этом свете". Прощайте! *(Уходит.)*
Нина *(протягивая в сторону Тригорина руку, сжатую в кулак).* Чет или нечет?
Тригорин. Чет.
Нина *(вздохнув).* Нет. У меня в руке только одна горошина. Я загадала: идти мне в актрисы или нет? Хоть бы посоветовал кто.
Тригорин. Тут советовать нельзя.

Пауза.

Нина. Мы расстаемся и... пожалуй, более уже не увидимся. Я прошу вас принять от меня на память вот этот маленький медальон. Я приказала вырезать ваши инициалы... а с этой стороны название вашей книжки: "Дни и ночи".
Тригорин. Как грациозно! *(Целует медальон.)* Прелестный подарок!
Нина. Иногда вспоминайте обо мне.
Тригорин. Я буду вспоминать. Я буду вспоминать вас, какою вы

The Seagull

[They touch glasses.] To your good health! You are so easy to get on with that I am sorry to see you go.

They drink.

Trigorin. I don't want to leave.
Masha. You should ask her to stay.
Trigorin. No, she won't stay now. Her son has been behaving extremely tactlessly. First he attempted suicide, and now I hear he is going to challenge me to a duel. And what for? He is sulking and sneering and preaching about new forms... But there is enough space for everyone, new and old – why do we have to jostle?
Masha. It's jealousy too. However, that is none of my business.

Pause. Yakov walks through from left to right carrying a trunk; Nina comes in and stands by the window.

That schoolteacher of mine is none too clever, but he is a good and poor man, and he loves me dearly. I feel sorry for him. And I feel sorry for his old mother. Well, let me wish you all the best. Remember me kindly. *[She firmly shakes his hand.]* Thank you very much for your goodwill. Send me your books, with autographs of course. Just don't write "To highly respected", but simply this: "To Maria, who, forgetful of her kinship, for some unknown reason is living in this world." Goodbye! *[Exit.]*
Nina. *[Holding out her closed hand to Trigorin.]* Odd or even?
Trigorin. Even.
Nina. *[With a sigh.]* No. I have only one pea in my hand. I wanted to see whether I should become an actress or not. If only someone would advise me what to do.
Trigorin. One cannot give advice in a case like this.

Pause.

Nina. We shall soon part, perhaps never to meet again. I should like you to accept this little medallion as a remembrance of me. I have had your initials engraved on it, and on this side is the name of one of your books: "Days and Nights."
Trigorin. How graceful! *[He kisses the medallion.]* It is a lovely present!
Nina. Think of me sometimes.
Trigorin. I will. I will remember you as I saw you that bright day—do you

Чайка

были в тот ясный день — помните? — неделю назад, когда вы были в светлом платье... Мы разговаривали... еще тогда на скамье лежала белая чайка.

Нина *(задумчиво).* Да, чайка...

Пауза.

Больше нам говорить нельзя, сюда идут... Перед отъездом дайте мне две минуты, умоляю вас... *(Уходит влево; одновременно входят справа Аркадина, Сорин во фраке со звездой, потом Яков, озабоченный укладкой.)*

Аркадина. Оставайся-ка, старик, дома. Тебе ли с твоим ревматизмом разъезжать по гостям? *(Тригорину.)* Это кто сейчас вышел? Нина?

Тригорин. Да.

Аркадина. Pardon, мы помешали... *(Садится.)* Кажется, все уложила. Замучилась.

Тригорин *(читает на медальоне).* "Дни и ночи", страница 121, строки 11 и 12.

Яков *(убирая со стола).* Удочки тоже прикажете уложить?

Тригорин. Да, они мне еще понадобятся. А книги отдай кому-нибудь.

Яков. Слушаю.

Тригорин *(про себя).* Страница 121, строки 11 и 12. Что же в этих строках? *(Аркадиной.)* Тут в доме есть мои книжки?

Аркадина. У брата в кабинете, в угловом шкапу.

Тригорин. Страница 121... *(Уходит.)*

Аркадина. Право, Петруша, остался бы дома...

Сорин. Вы уезжаете, без вас мне будет тяжело дома.

Аркадина. А в городе что же?

Сорин. Особенного ничего, но все же. *(Смеется.)* Будет закладка земского дома и все такое... Хочется хоть час-другой воспрянуть от этой пискариной жизни, а то очень уж я залежался, точно старый мундштук. Я приказал подавать лошадей к часу, в одно время и выедем.

Аркадина *(после паузы).* Ну, живи тут, не скучай, не простуживайся. Наблюдай за сыном. Береги его. Наставляй.

Пауза.

Вот уеду, так и не буду знать, отчего стрелялся Константин. Мне кажется, главной причиной была ревность, и чем скорее я увезу отсюда Тригорина, тем лучше.

The Seagull

recall it?—a week ago, when you wore your light dress... We talked... And the white seagull lay on the bench.
Nina. *[Lost in thought.]* Yes, the seagull...

Pause.

We can't talk any more, they are coming here... I beg you to let me see you alone for two minutes before you go... *[She goes out to the left; at the same moment Arkadina comes in from the right, with Sorin in a long coat, with his order on his breast, then Yakov, who is busy packing.]*
Arkadina. Stay here at home, old man. How could you pay visits with that rheumatism of yours? *[To Trigorin.]* Who left the room just now? Nina?
Trigorin. Yes.
Arkadina. Pardon, we interrupted you... *[She sits down.]* I think everything is packed. I am absolutely exhausted.
Trigorin. *[Reading the inscription on the medallion.]* "Days and Nights", page 121, lines 11 and 12.
Yakov. *[Clearing the table.]* Shall I pack your fishing-rods, too?
Trigorin. Yes, I shall need them, but you can give my books away.
Yakov. Very well, sir.
Trigorin. *[To himself.]* Page 121, lines 11 and 12. What's in those lines? *[To Arkadina.]* Have we my books here in the house?
Arkadina. In my brother's study, in the corner cupboard.
Trigorin. Page 121... *[Exit.]*
Arkadina. Really, Petrusha, you should stay at home...
Sorin. You are going away, and I shall be lonely without you.
Arkadina. What would you do in town?
Sorin. Oh, nothing in particular, but somehow. *[He laughs.]* They are soon to lay the corner-stone of the new Council building and all that... How I should like to leap out of this minnow-pond, if but for an hour or two! I am tired of lying here like an old cigarette holder. I have ordered the carriage for one o'clock. We'll go away together.
Arkadina. *[After a pause.]* Well, stay here, don't mope, don't catch cold. Keep an eye on my son. Take good care of him. Counsel him.

Pause.

I am going away, and so shall never find out why Konstantin tried to shoot himself. I think the chief reason was jealousy, and the sooner I take Trigorin away, the better.

Сорин. Как тебе сказать? Были и другие причины. Понятная вещь, человек молодой, умный, живет в деревне, в глуши, без денег, без положения, без будущего. Никаких занятий. Стыдится и боится своей праздности. Я его чрезвычайно люблю, и он ко мне привязан, но все же в конце концов ему кажется, что он лишний в доме, что он тут нахлебник, приживал. Понятная вещь, самолюбие...
Аркадина. Горе мне с ним! *(В раздумье.)* Поступить бы ему на службу, что ли...
Сорин *(насвистывает, потом нерешительно).* Мне кажется, было бы самое лучшее, если бы ты... дала ему немного денег. Прежде всего ему нужно одеться по-человечески и все. Один и тот же сюртучишка он таскает три года, ходит без пальто... *(Смеется.)* Да и погулять малому не мешало бы... Поехать за границу, что ли... Это ведь не дорого стоит.
Аркадина. Все-таки... Пожалуй, на костюм я еще могу, но чтоб за границу... Нет, в настоящее время и на костюм не могу. *(Решительно.)* Нет у меня денег!

Сорин смеется.

Нет!
Сорин *(насвистывает).* Так-с. Прости, милая, не сердись. Я тебе верю... Ты великодушная, благородная женщина.
Аркадина *(сквозь слезы).* Нет у меня денег!
Сорин. Будь у меня деньги, понятная вещь, я бы сам дал ему, но у меня ничего нет, ни пятачка. *(Смеется.)* Всю мою пенсию у меня забирает управляющий и тратит на земледелие, скотоводство, пчеловодство, и деньги мои пропадают даром. Пчелы дохнут, коровы дохнут, лошадей мне никогда не дают...
Аркадина. Да, у меня есть деньги, но ведь я артистка; одни туалеты разорили совсем.
Сорин. Ты добрая, милая... Я тебя уважаю... Да... Но опять со мною что-то того... *(Пошатывается.)* Голова кружится. *(Держится за стол.)* Мне дурно и все.
Аркадина *(испуганно).* Петруша! *(Стараясь поддержать его.)* Петруша, дорогой мой... *(Кричит.)* Помогите мне! Помогите!...

Входят Треплев с повязкой на голове, Медведенко.

Ему дурно!

The Seagull

Sorin. There were—how shall I explain it to you?—other reasons. It's understandable; here is a clever young chap living in the depths of the country, without money or position, with no future ahead of him, and with nothing to do. He is ashamed and afraid of being so idle. I love him very much, and he is fond of me, but nevertheless he feels that he is needless in this house, that he is a dependent, a sponger. His pride is understandable...

Arkadina. He is a misery to me! *[Thoughtfully.]* He might possibly go into official service...

Sorin. *[Whistles, then speaks with hesitation.]* It seems to me that the best thing for him would be if you... gave him a little money. For one thing, he should dress like a human being and all. He has been wearing the same little old coat for three years, and he doesn't even have an overcoat... *[Laughing.]* And it wouldn't hurt the youngster to sow a few wild oats... To go abroad, for instance... It doesn't cost much.

Arkadina. Yes, but... I think I might manage about his suit, but going abroad... No, I can't even manage a suit now. *[Decidedly.]* I have no money!

Sorin laughs.

I haven't indeed!

Sorin. *[Whistles.]* Very well. Forgive me, darling; don't be angry. I believe you... You are a noble, generous woman.

Arkadina. *[Weeping.]* I really haven't the money!

Sorin. If I had any money of course I should let him have some myself, but I haven't even a penny. *[Laughs.]* The farm manager takes my pension from me and puts it all into agriculture or into cattle or bees, and my money disappears for nothing. The bees die, the cows die, they never let me have horses...

Arkadina. Of course I have some money, but I am an actress and my expenses for dress alone are enough to bankrupt me.

Sorin. You are kind and dear... I respect you... Yes... But something is the matter with me again... *[He staggers.]* I feel giddy. *[He holds on to the table.]* I feel faint, and all.

Arkadina. *[Frightened.]* Petrusha! *[She tries to support him.]* Petrusha, my dear... *[She shouts.]* Help me! Help!..

Treplev, with a bandage around his head, and Medvedenko come in.

He is fainting!

Сорин. Ничего, ничего... *(Улыбается и пьет воду.)* Уже прошло... и все...
Треплев *(матери).* Не пугайся, мама, это не опасно. С дядей теперь это часто бывает. *(Дяде.)* Тебе, дядя, надо полежать.
Сорин. Немножко, да... А все-таки в город я поеду... Полежу и поеду... понятная вещь... *(Идет, опираясь на трость.)*
Медведенко *(ведет его под руку).* Есть загадка: утром на четырех, в полдень на двух, вечером на трех...
Сорин *(смеется).* Именно. А ночью на спине. Благодарю вас, я сам могу идти...
Медведенко. Ну вот, церемонии!...

Он и Сорин уходят.

Аркадина. Как он меня напугал!
Треплев. Ему нездорово жить в деревне. Тоскует. Вот если бы ты, мама, вдруг расщедрилась и дала ему взаймы тысячи полторы-две, то он мог бы прожить в городе целый год.
Аркадина. У меня нет денег. Я актриса, а не банкирша.

Пауза.

Треплев. Мама, перемени мне повязку. Ты это хорошо делаешь.
Аркадина *(достает из аптечного шкафа йодоформ и ящик с перевязочным материалом).* А доктор опоздал.
Треплев. Обещал быть к десяти, а уже полдень.
Аркадина. Садись. *(Снимает у него с головы повязку.)* Ты как в чалме. Вчера один приезжий спрашивал на кухне, какой ты национальности. А у тебя почти совсем зажило. Остались самые пустяки. *(Целует его в голову.)* А ты без меня опять не сделаешь чик-чик?
Треплев. Нет, мама. То была минута безумного отчаяния, когда я не мог владеть собою. Больше это не повторится. *(Целует ей руку.)* У тебя золотые руки. Помню, очень давно, когда ты еще служила на казенной сцене, — я тогда был меленьким, — у нас во дворе была драка, сильно побили жилицу-прачку. Помнишь? Ее подняли без чувств... ты все ходила к ней, носила лекарства, мыла в корыте ее детей. Неужели не помнишь?
Аркадина. Нет. *(Накладывает новую повязку.)*
Треплев. Две балерины жили тогда в том же доме, где мы... Ходили

The Seagull

Sorin. I am all right, it's nothing... *[He smiles and drinks some water.]* It is all over now... and all...
Treplev. *[To his mother.]* Don't be frightened, mother, it is not dangerous. Uncle often has this now. *[To his uncle.]* You must lie down, Uncle.
Sorin. Yes, for a little while... But I am going to town all the same... I shall lie down and then go... it's understandable... *[He walks leaning on his cane.]*
Medvedenko. *[Taking his arm.]* Here is a riddle: on four legs in the morning; on two legs at noon; and on three legs in the evening...
Sorin. *[Laughing.]* Exactly. And on one's back at night. Thank you, I can walk alone...
Medvedenko. Come on, what formality!..

He and Sorin go out.

Arkadina. He gave me a dreadful fright!
Treplev. It is not good for him to live in the country. He feels bored. Mother, if you would only untie your purse-strings for once, and lend him fifteen hundred or two thousand roubles, he could then spend a whole year in town.
Arkadina. I have no money. I am an actress and not a banker.

Pause.

Treplev. Please change my bandage for me, mother, you do it so well.
Arkadina. *[Takes iodoform and a box of bandages out of the pharmacy cupboard.]* The doctor is late.
Treplev. He promised to be here by ten, and now it is noon already.
Arkadina. Sit down. *[She takes the bandage off his head.]* You look as if you had a turban on. A stranger that was in the kitchen yesterday asked to what nationality you belonged. Your wound is almost healed. There is almost nothing there. *[She kisses his head.]* You won't be up to any more of these silly tricks again, will you, when I am gone?
Treplev. No, mother. I did that in a moment of insane despair, when I had lost all control over myself. It will never happen again. *[He kisses her hand.]* Your touch is golden. I remember a long, long time ago, when you were still acting at state theatres, when I was still a little chap, there was a fight one day in our court, and a poor washerwoman, who lived in our building, was severely beaten up. Do you remember? She was picked up unconscious... and you nursed her, gave her medicines, and bathed her children in the washtub. Don't you remember?
Arkadina. No. *[She puts on a new bandage.]*
Treplev. Two ballerinas lived in the same house as us... They used to

Чайка

к тебе кофе пить...
Аркадина. Это помню.
Треплев. Богомольные они такие были.

Пауза.

В последнее время, вот в эти дни, я люблю тебя так же нежно и беззаветно, как в детстве. Кроме тебя, теперь у меня никого не осталось. Только зачем, зачем ты поддаешься влиянию этого человека?
Аркадина. Ты не понимаешь его, Константин. Это благороднейшая личность...
Треплев. Однако когда ему доложили, что я собираюсь вызвать его на дуэль, благородство не помешало ему сыграть труса. Уезжает. Позорное бегство!
Аркадина. Какой вздор! Я сама прошу его уехать отсюда.
Треплев. Благороднейшая личность! Вот мы с тобою почти ссоримся из-за него, а он теперь где-нибудь в гостиной или в саду смеется над нами... развивает Нину, старается окончательно убедить ее, что он гений.
Аркадина. Для тебя наслаждение говорить мне неприятности. Я уважаю этого человека и прошу при мне не выражаться о нем дурно.
Треплев. А я не уважаю. Ты хочешь, чтобы я тоже считал его гением, но прости, я лгать не умею, от его произведений мне претит.
Аркадина. Это зависть. Людям не талантливым, но с претензиями, ничего больше не остается, как порицать настоящие таланты. Нечего сказать, утешение!
Треплев *(иронически)*. Настоящие таланты! *(Гневно.)* Я талантливее вас всех, коли на то пошло! *(Срывает с головы повязку.)* Вы, рутинеры, захватили первенство в искусстве и считаете законным и настоящим лишь то, что делаете вы сами, а остальное вы гнетете и душите! Не признаю я вас! Не признаю ни тебя, ни его!
Аркадина. Декадент!..
Треплев. Отправляйся в свой милый театр и играй там в жалких, бездарных пьесах!
Аркадина. Никогда я не играла в таких пьесах. Оставь меня! Ты и жалкого водевиля написать не в состоянии. Киевский мещанин! Приживал!
Треплев. Скряга!
Аркадина. Оборвыш!

Треплев садится и тихо плачет.

The Seagull

come and have coffee with you...
Arkadina. I remember that.
Treplev. They were very pious.

Pause.

Recently, these last days, I have loved you as tenderly and trustingly as I did as a child. I have no one left me now but you. Only why, why do you let yourself be controlled by that man?
Arkadina. You don't understand him, Konstantin. He is a very noble person...
Treplev. Nevertheless, when he was told that I was going to challenge him to a duel his nobility did not prevent him from playing the coward. He is leaving. An ignominious retreat!
Arkadina. What nonsense! I have asked him myself to go.
Treplev. A very noble person! Here we are almost quarrelling over him, and he is probably somewhere in the sitting-room or in the garden laughing at us at this very moment... or else enlightening Nina's mind and trying to persuade her into thinking him a man of genius.
Arkadina. You enjoy saying unpleasant things to me. I respect that man and ask you not to speak ill of him in my presence.
Treplev. And I don't respect him. You want me to think him a genius too, but I'm sorry, I can't lie: his books make me sick.
Arkadina. You envy him. There is nothing left for people with no talent and pretensions to do but to criticise real talents. I hope you enjoy the consolation it brings!
Treplev. *[With irony.]* Real talents! *[Angrily.]* I am more talented than any of you, if it comes to that! *[He tears the bandage off his head.]* You are the slaves of convention, you have seized the upper hand in the arts and consider as legitimate and real only what you do; all else you suppress and strangle! I don't recognise you! I don't recognise either you or him!
Arkadina. Decadent!..
Treplev. Go back to your beloved theatre and act in miserable, talentless plays!
Arkadina. I never acted in plays like that. Leave me alone! You can't write even a pathetic vaudeville. Kiev petty bourgeois! Sponger!
Treplev. Miser!
Arkadina. Rag-bag!

Treplev sits down and cries softly.

Чайка

Ничтожество! *(Пройдясь в волнении.)* Не плачь. Не нужно плакать... *(Плачет.)* Не надо... *(Целует его в лоб, в щеки, в голову.)* Милое мое дитя, прости... Прости свою грешную мать. Прости меня, несчастную.
Треплев *(обнимает ее).* Если бы ты знала! Я все потерял. Она меня не любит, я уже не могу писать... пропали все надежды...
Аркадина. Не отчаивайся... Все обойдется. Он сейчас уедет, она опять тебя полюбит. *(Утирает ему слезы.)* Будет. Мы уже помирились.
Треплев *(целует ей руки).* Да, мама.
Аркадина *(нежно).* Помирись и с ним. Не надо дуэли... Ведь не надо?
Треплев. Хорошо... Только, мама, позволь мне не встречаться с ним. Мне это тяжело... выше сил...

Входит Тригорин.

Вот... Я выйду... *(Быстро убирает в шкаф лекарства.)* А повязку ужо доктор сделает...
Тригорин *(ищет в книжке).* Страница 121..., строки 11 и 12... вот... *(Читает.)* "Если тебе когда-нибудь понадобится моя жизнь, то приди и возьми ее".

Треплев подбирает с полу повязку и уходит.

Аркадина *(поглядев на часы).* Скоро лошадей подадут.
Тригорин *(про себя).* Если тебе когда-нибудь понадобится моя жизнь, то приди и возьми ее.
Аркадина. У тебя, надеюсь, все уже уложено?
Тригорин *(нетерпеливо).* Да, да... *(В раздумье.)* Отчего в этом призыве чистой души послышалась мне печаль и мое сердце так болезненно сжалось?... Если тебе когда-нибудь понадобится моя жизнь, то приди и возьми ее. *(Аркадиной.)* Останемся еще на один день!

Аркадина отрицательно качает головой.

Останемся!
Аркадина. Милый, я знаю, что удерживает тебя здесь. Но имей над собою власть. Ты немного опьянел, отрезвись.
Тригорин. Будь ты тоже трезва, будь умна, рассудительна, умоляю

The Seagull

Nonentity! *[Walking up and down in great excitement.]* Don't cry. You mustn't cry... *[She cries.]* You really mustn't... *[She kisses his forehead, his cheeks, his head.]* My darling child, forgive me... Forgive your wicked mother. Forgive me, I am so unhappy.
Treplev. *[Embracing her.]* If you could only know! I have lost everything. She does not love me, I can't write any more... all my hopes are lost...
Arkadina. Don't despair... This will all pass. He will go away now, she will love you again. *[She wipes away his tears.]* Stop crying. We have made peace.
Treplev. *[Kissing her hands.]* Yes, mother.
Arkadina. *[Tenderly.]* Make your peace with him, too. Don't duel with him... You surely won't duel?
Treplev. All right... But you must not insist on my seeing him again, mother. It's hard for me... I couldn't stand it...

Trigorin comes in.

There he is... I am going... *[He quickly puts the medicines away in the cupboard.]* The doctor will do the bandage...
Trigorin. *[Looking through the pages of a book.]* Page 121... lines 11 and 12... here it is... *[He reads.]* "If at any time you should have need of my life, come and take it."

Treplev picks up the bandage off the floor and goes out.

Arkadina. *[Looking at her watch.]* The carriage will soon be here.
Trigorin. *[To himself.]* If at any time you should have need of my life, come and take it.
Arkadina. I hope your things are all packed.
Trigorin. *[Impatiently.]* Yes, yes... *[In deep thought.]* Why do I hear sadness that wrings my heart in this cry of a pure soul?.. If at any time you should have need of my life, come and take it. *[To Arkadina.]* Let us stay here one more day!

Arkadina shakes her head.

Do let us stay!
Arkadina. I know, my dear, what keeps you here, but you must control yourself. You have got a little intoxicated; be sober.
Trigorin. You must be sober, too. Be sensible and reasonable. I am

тебя, взгляни на все это, как истинный друг... *(Жмет ей руку.)* Ты способна на жертвы... Будь моим другом, отпусти меня...

Аркадина *(в сильном волнении).* Ты так увлечен?

Тригорин. Меня манит к ней! Быть может, это именно то, что мне нужно.

Аркадина. Любовь провинциальной девочки? О, как ты мало себя знаешь!

Тригорин. Иногда люди спят на ходу, так вот я говорю с тобой, а сам будто сплю и вижу ее во сне... Мною овладели сладкие, дивные мечты... Отпусти...

Аркадина *(дрожа).* Нет, нет... Я обыкновенная женщина, со мною нельзя говорить так... Не мучай меня, Борис... Мне страшно...

Тригорин. Если захочешь, ты можешь быть необыкновенною. Любовь юная, прелестная, поэтическая, уносящая в мир грез, — на земле только она одна может дать счастье! Такой любви я не испытал еще... В молодости было некогда, я обивал пороги редакций, боролся с нуждой... Теперь вот она, эта любовь, пришла, наконец, манит... Какой же смысл бежать от нее?

Аркадина *(с гневом).* Ты сошел с ума!

Тригорин. И пускай.

Аркадина. Вы все сговорились сегодня мучить меня! *(Плачет.)*

Тригорин *(берет себя за голову).* Не понимает! Не хочет понять!

Аркадина. Неужели я уже так стара и безобразна, что со мною можно, не стесняясь, говорить о других женщинах? *(Обнимает его и целует.)* О, ты обезумел! Мой прекрасный, дивный... Ты, последняя страница моей жизни! *(Становится на колени.)* Моя радость, моя гордость, мое блаженство... *(Обнимает его колени.)* Если ты покинешь меня хотя на один час, то я не переживу, сойду с ума, мой изумительный, великолепный, мой повелитель...

Тригорин. Сюда могут войти. *(Помогает ей встать.)*

Аркадина. Пусть, я не стыжусь моей любви к тебе. *(Целует ему руки.)* Сокровище мое, отчаянная голова, ты хочешь безумствовать, но я не хочу, не пущу... *(Смеется.)* Ты мой... ты мой... И этот лоб мой, и глаза мои, и эти прекрасные шелковистые волосы тоже мои... Ты весь мой. Ты такой талантливый, умный, лучший из всех теперешних писателей, ты единственная надежда России... У тебя столько искренности, простоты, свежести, здорового юмора... Ты можешь одним штрихом передать главное, что характерно для лица или пейзажа, люди у тебя, как живые. О, тебя нельзя читать без восторга! Ты думаешь, это фимиам? Я льщу? Ну посмотри мне в

The Seagull

begging you, look upon all this as a true friend would... *[He squeezes her hand.]* You are capable of self-sacrifice... Be a friend to me and release me...
Arkadina. *[In deep excitement.]* Are you so much infatuated?
Trigorin. She beckons me! It may be that this is just what I need.
Arkadina. What, the love of a provincial girl? Oh, how little you know yourself!
Trigorin. People sometimes walk in their sleep, and so I feel as if I were asleep, and dreaming of her as I talk to you... I am possessed by sweet and delightful dreams... Release me...
Arkadina. *[Shuddering.]* No, no... I am an ordinary woman, you must not talk to me like that... Do not torment me, Boris... I am scared...
Trigorin. You could be an extraordinary woman if you only would. Love alone can bring happiness on earth, love the enchanting, the poetical love of youth, that takes us to the world of dreams! I've never experienced such love... I had no time for it when I was young and struggling with want and laying siege to editorial offices... But now at last this love has come to me, it beckons me... Why should I run from it?
Arkadina. *[With anger.]* You are mad!
Trigorin. If you say so.
Arkadina. You have all conspired together to torture me today. *[She weeps.]*
Trigorin. *[Clutching his head desperately.]* She doesn't understand! She doesn't want to understand!
Arkadina. Am I then so old and ugly already that you can talk to me like this without any shame about other women? *[She embraces and kisses him.]* Oh, you have lost your senses! My splendid, my glorious... You are the last chapter of my life! *[She falls on her knees.]* You are my joy, my pride, my bliss... *[She embraces his knees.]* I could never endure it should you desert me, if only for an hour; I should go mad, my wonder, my marvel, my king...
Trigorin. Someone might come in. *[He helps her to rise.]*
Arkadina. Let them come! I am not ashamed of my love for you. *[She kisses his hands.]* My jewel! My despair! You want to do a foolish thing, but I don't want you to do it. I shan't let you do it... *[She laughs.]* You are mine... you are mine... This forehead is mine, these eyes are mine, this wonderful silky hair is also mine... All your being is mine. You are so talented, so clever, the best of all living writers; you are the only hope of Russia... You are so sincere, so simple, so fresh, so full of healthy humour... You can bring out the essence of a face or a landscape in a single line, and your characters live and breathe. Oh, one can't read you without admiration! Do you think this is the incense of flattery? Look into my eyes... look... Do

глаза... посмотри... Похожа я на лгунью? Вот и видишь, я одна умею ценить тебя; одна говорю тебе правду, мой милый, чудный. Поедешь? Да? Ты меня не покинешь?...

Тригорин. У меня нет своей воли... У меня никогда не было своей воли... Вялый, рыхлый, всегда покорный — неужели это может нравиться женщине? Бери меня, увози, но только не отпускай от себя ни на шаг...

Аркадина (*про себя*). Теперь он мой. (*Развязно, как ни в чем не бывало.*) Впрочем, если хочешь, можешь остаться. Я уеду сама, а ты приедешь потом, через неделю. В самом деле, куда тебе спешить?

Тригорин. Нет, уж поедем вместе.

Аркадина. Как хочешь, вместе, так вместе...

Пауза. Тригорин записывает в книжку.

Что ты?

Тригорин. Утром слышал хорошее выражение: "Девичий бор..." Пригодится. (*Потягивается.*) Значит, ехать? Опять вагоны, станции, бу-феты, отбивные котлеты, разговоры...

Шамраев (*входит*). Имею честь с прискорбием заявить, что лошади поданы. Пора уже, многоуважаемая, ехать на станцию; поезд приходит в два и пять минут. Так вы же, Ирина Николаевна, сделайте милость, не забудьте навести справочку: где теперь актер Суздальцев? Жив ли? Здоров ли? Вместе пивали когда-то... в "Ограбленной почте" играл неподражаемо... С ним тогда, помню, в Елисаветграде служил трагик Измайлов, тоже личность замечательная... Не торопитесь, многоуважаемая, пять минут еще можно. Раз в одной мелодраме они играли заговорщиков, и когда их вдруг накрыли, то надо было сказать: "Мы попали в западню", а Измайлов — "Мы попали в запендю"... (*Хохочет.*) Запендю!...

Пока он говорит, Яков хлопочет около чемодана, горничная приносит Аркадиной шляпу, манто, зонтик, перчатки: все помогают Аркадиной одеться. Из левой двери выглядывает повар, который немного погодя входит нерешительно. Входит Полина Андреевна, потом Сорин и Медведенко.

Полина Андреевна (*с корзиночкой*). Вот вам слив на дорогу... Очень сладкие. Может, захотите полакомиться...

Аркадина. Вы очень добры, Полина Андреевна.

Полина Андреевна. Прощайте, моя дорогая! Если что было не так,

The Seagull

I look like a liar? You see that I alone know how to treasure you. I alone tell you the truth, my dear, my wonderful. Will you go with me? You will? You will not forsake me?..

Trigorin. I have no will of my own... I never had a will of my own... I am indolent, quaggy, always submissive - is it possible that women like that? Take me. Take me away with you, but do not let me stir a step from your side...

Arkadina. *[To herself.]* Now he is mine. *[Carelessly, as if nothing unusual had happened.]* Of course you can stay here if you really want to. I shall go, and you can follow in a week's time. Yes, really, why should you hurry away?

Trigorin. No, let's go together.

Arkadina. As you like, let's go together then...

Pause. Trigorin writes something in his notebook.

What are you writing?

Trigorin. A good expression I heard this morning: "A grove of maiden pines..." It may be useful. *[He stretches.]* So, we are really going? Railway carriages, stations, restaurants, cutlets, conversations again...

Shamrayev. *[Enters.]* I am sorry to have to inform you that your carriage is at the door. It is time to go to the station, honoured madam; the train leaves at two-five. Would you be kind enough, Irina Nikolayevna, to remember to inquire for me where Suzdaltsev the actor is now? Is he still alive? Is he well? We used to drink together a long time ago... He was inimitable in "The Mail Robbery"... A tragedian called Izmailov was in the same company in Yelizavetgrad, I remember, who was also quite remarkable... Don't hurry, honoured madam, you still have five minutes. They were both of them conspirators once, in the same melodrama, and when they were suddenly discovered, they were supposed to say "We have been trapped!" But Izmailov cried out: "We have been rapped!" *[He laughs.]* Rapped!..

While he has been talking Yakov has been busy with the trunk, and the maid has brought Arkadina her hat, cloak, parasol, and gloves. Everyone helps Arkadina to dress. The cook looks through the door on the left, and then comes in hesitatingly. Polina Andreyevna comes in, then Sorin and Medvedenko.

Polina Andreyevna. *[With a little basket.]* Here are some plums for the journey... Very sweet. You may want some treat...

Arkadina. You are very kind, Polina Andreyevna.

Polina Andreyevna. Goodbye, my dear! If things have not been quite

то простите. *(Плачет.)*
Аркадина *(обнимает ее)*. Все было хорошо, все было хорошо. Только вот плакать не нужно.
Полина Андреевна. Время наше уходит!
Аркадина. Что же делать!
Сорин *(в пальто с пелериной, в шляпе, с палкой, выходит из левой двери; проходя через комнату)*. Сестра, пора, как бы не опоздать в конце концов. Я иду садиться. *(Уходит.)*
Медведенко. А я пойду пешком на станцию... провожать. Я живо... *(Уходит.)*
Аркадина. До свиданья, мои дорогие... Если будем живы и здоровы, летом опять увидимся...

Горничная, Яков и повар целуют у нее руку.

Не забывайте меня. *(Подает повару рубль.)* Вот вам рубль на троих.
Повар. Покорнейше благодарим, барыня. Счастливой вам дороги! Много вами довольны!
Яков. Дай бог час добрый!
Шамраев. Письмецом бы осчастливили! Прощайте, Борис Алексеевич!
Аркадина. Где Константин? Скажите ему, что я уезжаю. Надо проститься. Ну, не поминайте лихом. *(Якову.)* Я дала рубль повару. Это на троих.

Все уходят вправо. Сцена пуста. За сценой шум, какой бывает, когда провожают. Горничная возвращается, чтобы взять со стола корзину со сливами, и опять уходит.

Тригорин *(возвращаясь)*. Я забыл свою трость. Она, кажется, там на террасе. *(Идет и у левой двери встречается с Ниной, которая входит.)* Это вы? Мы уезжаем...
Нина. Я чувствовала, что мы еще увидимся. *(Возбужденно.)* Борис Алексеевич, я решила бесповоротно, жребий брошен, я поступаю на сцену. Завтра меня уже не будет здесь, я ухожу от отца, покидаю все, начинаю новую жизнь... Я уезжаю, как и вы... в Москву. Мы увидимся там.
Тригорин *(оглянувшись)*. Остановитесь в "Славянском базаре"... Дайте мне тотчас же знать... Молчановка, дом Грохольского... Я тороплюсь...

The Seagull

right, forgive us. *[She weeps.]*
Arkadina. *[Embraces her.]* Everything was all right, everything was all right. But you mustn't cry.
Polina Andreyevna. Our time is passing by!
Arkadina. What can we do!
Sorin. *[Comes in through the door on the left, dressed in a coat with a cape and a hat, and carrying his cane; he crosses the room.]* Sister, it is time, unless you want to be late. I am going to get into the carriage. *[Exit.]*
Medvedenko. I shall walk quickly to the station... to see you off. *[Exit.]*
Arkadina. Goodbye, my dears... We shall meet again next summer if we are alive and well...

The maid, Yakov, and the cook kiss her hand.

Don't forget me. *[She gives the cook a rouble.]* There is a rouble for all three of you.
Cook. Thank you kindly, mistress. A pleasant journey to you! We are very thankful to you!
Yakov. God bless you!
Shamrayev. Send us a little letter to cheer us up! Goodbye, Boris Alekseyevich!
Arkadina. Where is Konstantin? Tell him I am leaving. I must say goodbye. Well, think kindly of me. *[To Yakov.]* I gave the cook a rouble for all three of you.

All go out through the door on the right. The stage remains empty. Sounds of farewell from the backstage. The maid comes back to fetch the basket of plums from the table and goes out again.

Trigorin. *[Comes back.]* I had forgotten my cane. I think I left it on the terrace. *[He goes toward the door on the left and meets Nina, who comes in.]* Is that you? We are off...
Nina. I knew we should meet again. *[With emotion.]* Boris Alekseyevich, I have come to an irrevocable decision, the die is cast: I am going on the stage. Tomorrow I won't be here, I am leaving my father, abandoning everything and beginning life anew... I am going, as you are... to Moscow. We shall meet there.
Trigorin. *[Glancing about him.]* Stay at the Slavyansky Bazar... Let me know as soon as you get there... Molchanovka Street, Grokholsky House... I'm in a hurry...

Чайка

Пауза.

Нина. Еще одну минуту...
Тригорин *(вполголоса).* Вы так прекрасны... О, какое счастье думать, что мы скоро увидимся!

Она склоняется к нему на грудь.

Я опять увижу эти чудные глаза, невыразимо прекрасную, нежную улыбку... эти кроткие черты, выражение ангельской чистоты... Дорогая моя...

Продолжительный поцелуй.

Занавес.

Между третьим и четвертым действием проходит два года.

Действие четвертое

Одна из гостиных в доме Сорина, обращенная Константином Треплевым в рабочий кабинет. Направо и налево двери, ведущие во внутренние покои. Прямо стеклянная дверь на террасу. Кроме обычной гостиной мебели, в правом углу письменный стол, возле левой двери турецкий диван, шкаф с книгами, книги на окнах, на стульях. — Вечер. Горит одна лампа под колпаком. Полумрак. Слышно, как шумят деревья и воет ветер в трубах. Стучит сторож. Медведенко и Маша входят.

Маша *(окликает).* Константин Гаврилыч! Константин Гаврилыч! *(Осматриваясь.)* Нет никого. Старик каждую минуту все спрашивает, где Костя, где Костя... Жить без него не может...
Медведенко. Боится одиночества. *(Прислушиваясь.)* Какая ужасная погода! Это уже вторые сутки.
Маша *(припускает огня в лампе).* На озере волны. Громадные.
Медведенко. В саду темно. Надо бы сказать, чтобы сломали в саду тот театр. Стоит голый, безобразный, как скелет, и занавеска от ветра хлопает. Когда я вчера вечером проходил мимо, то мне показалось, будто кто в нем плакал.

The Seagull

Pause.

Nina. Just one more minute...
Trigorin. *[In a low voice.]* You are so beautiful... What bliss to think that I shall see you soon!

She puts her head on his chest.

I shall see those glorious eyes again, that ineffably wonderful, tender smile... those gentle features with their expression of angelic purity... My darling...

A prolonged kiss.

Curtain.

Two years elapse between the third and fourth acts.

Act IV

A sitting-room in Sorin's house, which has been converted by Konstantin Treplev into a study. To the right and left are doors leading into inner rooms, and in the centre is a glass door opening onto a terrace. Besides the usual furniture of a sitting-room there is a writing-desk in the right-hand corner. There is a Turkish divan near the door on the left, a bookcase, books on the windowsills and chairs. - It is evening. The room is dimly lighted by a shaded lamp. The wind moans in the tree tops and whistles down the chimney. The watchman is heard sounding his rattle. Medvedenko and Masha come in.

Masha. *[Calling.]* Konstantin Gavrilych! Konstantin Gavrilych! *[Looking around.]* There is no one here. The old man asks every minute where is Kostya, where is Kostya... He can't live without him...
Medvedenko. He dreads being left alone. *[Listening.]* What a terrible weather! We have had this for two days.
Masha. *[Turning up the lamp.]* The waves on the lake are enormous.
Medvedenko. It is dark in the garden. I think that theatre in the garden ought to be knocked down. It is standing there naked and hideous as a skeleton, with the curtain flapping in the wind. I thought I heard a voice weeping in it as I passed there last night.

Чайка

Маша. Ну, вот...

Пауза.

Медведенко. Поедем, Маша, домой!
Маша *(качает отрицательно головой)*. Я здесь останусь ночевать.
Медведенко *(умоляюще)*. Маша, поедем! Наш ребеночек небось голоден.
Маша. Пустяки. Его Матрена покормит.

Пауза.

Медведенко. Жалко. Уже третью ночь без матери.
Маша. Скучный ты стал. Прежде, бывало, хоть пофилософствуешь, а теперь все ребенок, домой, ребенок, домой, — и больше от тебя ничего не услышишь.
Медведенко. Поедем, Маша!
Маша. Поезжай сам.
Медведенко. Твой отец не даст мне лошади.
Маша. Даст. Ты попроси, он и даст.
Медведенко. Пожалуй, попрошу. Значит, ты завтра приедешь?
Маша *(нюхает табак)*. Ну, завтра. Пристал...

Входят Треплев и Полина Андреевна; Треплев принес подушки и одеяло, а Полина Андреевна постельное белье: кладут на турецкий диван, затем Треплев идет к своему столу и садится.

Зачем это, мама?
Полина Андреевна. Петр Николаевич просил постлать ему у Кости.
Маша. Давайте я... *(Постилает постель.)*
Полина Андреевна *(вздохнув)*. Старый, что малый... *(Подходит к письменному столу и, облокотившись, смотрит в рукопись.)*

Пауза.

Медведенко. Так я пойду. Прощай. Маша. *(Целует у жены руку.)* Прощайте, мамаша. *(Хочет поцеловать руку у тещи.)*
Полина Андреевна *(досадливо)*. Ну! Иди с богом.
Медведенко. Прощайте, Константин Гаврилыч.

The Seagull

Masha. What an idea...

Pause.

Medvedenko. Let's go home, Masha!
Masha. *[Shaking her head.]* I shall spend the night here.
Medvedenko. *[Imploringly.]* Let's go, Masha! Our baby must be hungry.
Masha. Nonsense. Matryona will feed it.

Pause.

Medvedenko. It is a pity to leave him three nights without his mother.
Masha. You've become tiresome. You used sometimes to philosophise, but now it's always the baby, home, the baby, home - that is all I ever hear from you.
Medvedenko. Let's go, Masha!
Masha. You can go.
Medvedenko. Your father won't give me a horse.
Masha. He will. Ask him, and he will.
Medvedenko. I think I shall. Are you coming home tomorrow?
Masha. *[Takes snuff.]* Yes, tomorrow. What a bore...

Treplev and Polina Andreyevna come in. Treplev is carrying some pillows and a blanket, and Polina Andreyevna is carrying sheets and pillow cases. They lay them on the Turkish divan, then Treplev goes and sits down at his desk.

Who is that for, mother?
Polina Andreyevna. Pyotr Nikolayevich asked me to make his bed in Kostya's room.
Masha. Let me... *[She makes the bed.]*
Polina Andreyevna. *[Sighing.]* An old man is like a child... *[Goes up to the desk and, leaning on it, looks at the manuscript.]*

Pause.

Medvedenko. Well, I am going. Goodbye, Masha. *[He kisses his wife's hand.]* Goodbye, mother. *[He tries to kiss his mother-in-law's hand.]*
Polina Andreyevna. *[Crossly.]* Be off, in God's name!
Medvedenko. Goodbye, Konstantin Gavrilych.

Чайка

Треплев молча подает руку: Медведенко уходит.

Полина Андреевна *(глядя в рукопись).* Никто не думал и не гадал, что из вас, Костя, выйдет настоящий писатель. А вот, слава Богу, и деньги стали вам присылать из журналов. *(Проводит рукой по его волосам.)* И красивый стал... Милый Костя, хороший, будьте поласковее с моей Машенькой!..
Маша *(постилая).* Оставьте его, мама.
Полина Андреевна *(Треплеву).* Она славненькая.

Пауза.

Женщине, Костя, ничего не нужно, только взгляни на нее ласково. По себе знаю.

Треплев встает из-за стола и молча уходит.

Маша. Вот и рассердили. Надо было приставать!
Полина Андреевна. Жалко мне тебя, Машенька.
Маша. Очень нужно!
Полина Андреевна. Сердце мое за тебя переболело. Я ведь все вижу, все понимаю.
Маша. Все глупости. Безнадежная любовь — это только в романах. Пустяки. Не нужно только распускать себя и все чего-то ждать, ждать у моря погоды... Раз в сердце завелась любовь, надо ее вон. Вот обещали перевести мужа в другой уезд. Как переедем туда, — все забуду... с корнем из сердца вырву.

Через две комнаты играют меланхолический вальс.

Полина Андреевна. Костя играет. Значит, тоскует.
Маша *(делает бесшумно два-три тура вальса).* Главное, мама, перед глазами не видеть. Только бы дали моему Семену перевод, а там, поверьте, в один месяц забуду. Пустяки все это.

Открывается левая дверь, Дорн и Медведенко катят в кресле Сорина.

Медведенко. У меня теперь в доме шестеро. А мука семь гривен пуд.
Дорн. Вот тут и вертись.

The Seagull

Treplev gives his hand in silence, Medvedenko goes out.

Polina Andreyevna. *[Looking at the manuscript.]* No one ever dreamed, Kostya, that you would turn into a real author. And now, thank God, the magazines have begun sending you money. *[She strokes his hair.]* You have grown handsome, too... Dear, kind Kostya, be a little nicer to my Mashenka!..
Masha. *[Making the bed.]* Leave him alone, mother.
Polina Andreyevna. *[To Treplev.]* She is a sweet child.

Pause.

A woman, Kostya, asks only for kind looks. I know that from experience.

Treplev gets up from his desk and goes out without a word.

Masha. There now! You have vexed him. You had to bother him!
Polina Andreyevna. I am sorry for you, Mashenka.
Masha. Much I need your pity!
Polina Andreyevna. My heart aches for you. I see everything, I understand everything.
Masha. It's all nonsense. Hopeless love exists only in novels. It's a trifle. One just shouldn't let oneself go and wait for something, whistling for a wind... Love must be plucked out the moment it springs up in the heart. My husband has been promised a transfer to another district, and when we have once moved there I shall forget it all... I shall tear it out of my heart by the roots.

Someone plays a melancholy waltz two rooms away.

Polina Andreyevna. Kostya is playing. That means he is sad.
Masha. *[Silently waltzes two or three turns.]* The main thing, mother, is not to have him in sight. Believe me, if my Semyon could only get his transfer I should forget it all in a month. It's all trifle.

The door on the left opens, Dorn and Medvedenko wheel in Sorin in an arm-chair.

Medvedenko. I have six people at home now, and flour is at seventy kopecks a pud.
Dorn. A hard riddle to solve.

Чайка

Медведенко. Вам хорошо смеяться. Денег у вас куры не клюют.
Дорн. Денег? За тридцать лет практики, мой друг, беспокойной практики, когда я не принадлежал себе ни днем, ни ночью, мне удалось скопить только две тысячи, да и те я прожил недавно за границей. У меня ничего нет.
Маша *(мужу).* Ты не уехал?
Медведенко *(виновато).* Что ж? Когда не дают лошади!
Маша *(с горькой досадой, вполголоса).* Глаза бы мои тебя не видели!

Кресло останавливается в левой половине комнаты; Полина Андреевна, Маша и Дорн садятся возле; Медведенко, опечаленный, в сторону.

Дорн. Сколько у вас перемен, однако! Из гостиной сделали кабинет.
Маша. Здесь Константину Гаврилычу удобнее работать. Он может, когда угодно, выходить в сад и там думать.

Стучит сторож.

Сорин. Где сестра?
Дорн. Поехала на станцию встречать Тригорина. Сейчас вернется.
Сорин. Если вы нашли нужным выписать сюда сестру, значит, я опасно болен. *(Помолчав.)* Вот история, я опасно болен, а между тем мне не дают никаких лекарств.
Дорн. А чего вы хотите? Валериановых капель? Соды? Хины?
Сорин. Ну, начинается философия. О, что за наказание! *(Кивнув головой на диван.)* Это для меня постлано?
Полина Андреевна. Для вас, Петр Николаевич.
Сорин. Благодарю вас.
Дорн *(напевает).* "Месяц плывет по ночным небесам..."
Сорин. Вот хочу дать Косте сюжет для повести. Она должна называться так, "Человек, который хотел". "L'homme qui a voulu". В молодости когда-то хотел я сделаться литератором — и не сделался; хотел красиво говорить — и говорил отвратительно *(дразнит себя)*, "и все и все такое, того, не того"... и, бывало, резюме везешь, везешь, даже в пот ударит; хотел жениться — и не женился; хотел всегда жить в городе — и вот кончаю свою жизнь в деревне, и все.
Дорн. Хотел стать действительным статским советником — и стал.
Сорин *(смеется).* К этому я не стремился. Это вышло само собою.

The Seagull

Medvedenko. It is easy for you to laugh. You are rich enough to scatter money to your chickens.
Dorn. Money? My friend, after practising for thirty years, during which I could not call my soul my own for one minute of the night or day, I succeeded at last in scraping together two thousand roubles, all of which went, not long ago, in a trip which I took abroad. I've got nothing.
Masha. *[To her husband.]* You didn't go home?
Medvedenko. *[Apologetically.]* How can I go home when they won't give me a horse?
Masha. *[With bitter anger, in a low voice.]* Would I might never see your face again!

The wheelchair stops in the left-hand side of the room; Polina Andreyevna, Masha, and Dorn sit down beside it; Medvedenko stands sadly aside.

Dorn. What a lot of changes you have made here! You have turned this sitting-room into a study.
Masha. It is more comfortable for Konstantin Gavrilych to work here. He can step out into the garden to meditate whenever he feels like it.
The watchman's rattle is heard.
Sorin. Where is my sister?
Dorn. She has gone to the station to meet Trigorin. She will soon be back.
Sorin. I must be dangerously ill if you had to send for my sister. *[He falls silent for a moment.]* A nice business this is! Here I am dangerously ill, and you won't even give me any medicine.
Dorn. What do you want? Valerian drops? Soda? Quinine?
Sorin. Here you go again with your philosophy! Oh, what a punishment! *[He nods toward the divan.]* Is that bed for me?
Polina Andreyevna. For you, Pyotr Nikolayevich.
Sorin. Thank you.
Dorn. *[Sings.]* "The moon swims in the sky tonight..."
Sorin. I want to give Kostya an idea for a story. It should be called "The Man Who Wished". "L'Homme qui a voulu." When I was young, I wished to become an author; I failed. I wished to speak beautifully; I spoke abominably, *[making fun of himself]* "and all, and all, well, not well"... dragging each summation on and on until I sometimes break out into a sweat all over. I wished to marry, and I didn't; I always wished to live in the city, and here I am ending my days in the country, and all.
Dorn. You wished to become State Councillor, and—you are one.
Sorin. *[Laughing.]* I didn't try for that, it came of its own accord.

Чайка

Дорн. Выражать недовольство жизнью в шестьдесят два года, согласитесь, — это не великодушно.
Сорин. Какой упрямец. Поймите, жить хочется!
Дорн. Это легкомыслие. По законам природы всякая жизнь должна иметь конец.
Сорин. Вы рассуждаете, как сытый человек. Вы сыты и потому равнодушны к жизни, вам все равно. Но умирать и вам будет страшно.
Дорн. Страх смерти — животный страх... Надо подавлять его. Сознательно боятся смерти только верующие в вечную жизнь, которым страшно бывает своих грехов. А вы, во-первых, неверующий, во-вторых — какие у вас грехи? Вы двадцать пять лет прослужили по судебному ведомству — только всего.
Сорин *(смеется).* Двадцать восемь...

Входит Треплев и садится на скамеечке у ног Сорина. Маша все время не отрывает от него глаз.

Дорн. Мы мешаем Константину Гавриловичу работать.
Треплев. Нет, ничего.

Пауза.

Медведенко. Позвольте вас спросить, доктор, какой город за границей вам больше понравился?
Дорн. Генуя.
Треплев. Почему Генуя?
Дорн. Там превосходная уличная толпа. Когда вечером выходишь из отеля, то вся улица бывает запружена народом. Движешься потом в толпе без всякой цели, туда-сюда, по ломаной линии, живешь с нею вместе, сливаешься с нею психически и начинаешь верить, что в самом деле возможна одна мировая душа, вроде той, которую когда-то в вашей пьесе играла Нина Заречная. Кстати, где теперь Заречная? Где она и как?
Треплев. Должно быть, здорова.
Дорн. Мне говорили, будто она повела какую-то особенную жизнь. В чем дело?
Треплев. Это, доктор, длинная история.
Дорн. А вы покороче.

Пауза.

The Seagull

Dorn. You must admit that it is petty to cavil at life at sixty-two years of age.
Sorin. You are pig-headed! Can't you see I want to live?
Dorn. That is futile. Nature has commanded that every life shall come to an end.
Sorin. You speak like a satiated man. You are satiated, and so you are indifferent to life, you don't care. But even you will dread death.
Dorn. The fear of death is an animal fear... It must be overcome. Only those who believe in eternal life and tremble for sins committed, can logically fear death. But, for one thing, you are a non-believer, and for another, what sins have you committed? You have served in the Department of Justice for twenty-five years, that is all.
Sorin. *[Laughing.]* Twenty-eight...

Treplev comes in and sits down on a stool at Sorin's feet. Masha fixes her eyes on him and never once tears them away.

Dorn. We are keeping Konstantin Gavrilovich from his work.
Treplev. No matter.

Pause.

Medvedenko. Can I ask you, Doctor, which city abroad you liked the best?
Dorn. Genoa.
Treplev. Why Genoa?
Dorn. There is such a splendid crowd in its streets. When you leave the hotel in the evening, the whole street is full of people. You move with the crowd without any aim, hither and thither, following a zigzag line, you live together with this crowd, you merge with it mentally, and you begin to believe at last in a single world spirit, like the one in your play that Nina Zarechnaya acted. By the way, where is Zarechnaya now? Where is she and how is she doing?
Treplev. She must be well.
Dorn. I hear she has led rather a strange life; what happened?
Treplev. It is a long story, Doctor.
Dorn. Tell it shortly.

Pause.

Чайка

Треплев. Она убежала из дому и сошлась с Тригориным. Это вам известно?

Дорн. Знаю.

Треплев. Был у нее ребенок. Ребенок умер. Тригорин разлюбил ее и вернулся к своим прежним привязанностям, как и следовало ожидать. Впрочем, он никогда не покидал прежних, а по бесхарактерности как-то ухитрился и тут и там. Насколько я мог понять из того, что мне известно, личная жизнь Нины не удалась совершенно.

Дорн. А сцена?

Треплев. Кажется, еще хуже. Дебютировала она под Москвой в дачном театре, потом уехала в провинцию. Тогда я не упускал ее из виду и некоторое время куда она, туда и я. Бралась она все за большие роли, но играла грубо, безвкусно, с завываниями, с резкими жестами. Бывали моменты, когда она талантливо вскрикивала, талантливо умирала, но это были только моменты.

Дорн. Значит, все-таки есть талант?

Треплев. Понять было трудно. Должно быть, есть. Я ее видел, но она не хотела меня видеть, и прислуга не пускала меня к ней в номер. Я понимал ее настроение и не настаивал на свидании.

Пауза.

Что же вам еще сказать? Потом я, когда уже вернулся домой, получал от нее письма. Письма умные, теплые, интересные; она не жаловалась, но я чувствовал, что она глубоко несчастна; что ни строчка, то больной, натянутый нерв. И воображение немного расстроено. Она подписывалась Чайкой. В "Русалке" Мельник говорит, что он ворон, так она в письмах все повторяла, что она чайка. Теперь она здесь.

Дорн. То есть как, здесь?

Треплев. В городе, на постоялом дворе. Уже дней пять как живет там в номере. Я было поехал к ней, и вот Марья Ильинична ездила, но она никого не принимает. Семен Семенович уверяет, будто вчера после обеда видел ее в поле, в двух верстах отсюда.

Медведенко. Да, я видел. Шла в ту сторону, к городу. Я поклонился, спросил, отчего не идет к нам в гости. Она сказала, что придет.

Треплев. Не придет она.

Пауза.

Отец и мачеха не хотят ее знать. Везде расставили сторожей, чтобы

The Seagull

Treplev. She ran away from home and joined Trigorin. Do you know that?
Dorn. I do.
Treplev. She had a child. The child died. Trigorin soon tired of her and returned to his former ties, as might have been expected. He had never broken them, indeed, but out of weakness of character had always vacillated between the two. As far as I can make out from what I have heard, Nina's personal life has not been altogether a success.
Dorn. What about the stage?
Treplev. Even worse, I think. She made her debut on the stage of a dacha theatre near Moscow, then went to the provinces. At that time I never let her out of my sight, and for a while wherever she went I followed. She always attempted big parts, but her delivery was crude, tasteless, with howling, with harsh gestures. She shrieked and died ably at times, but those were but moments.
Dorn. Then she really has a talent?
Treplev. I never could make out. I believe she has. I saw her, but she refused to see me, and her servant would never admit me to her rooms. I appreciated her feelings, and did not insist upon a meeting.

Pause.

What more can I tell you? Later, when I returned home, I used to receive letters from her. Clever, warm, interesting letters; she never complained, but I could tell that she was profoundly unhappy; every line was like an aching, strained nerve. She has a slightly disturbed imagination. She signed herself "Seagull." The Miller in "Rusalka" called himself a crow, and so she repeated in her letters that she was a seagull. She is here now.
Dorn. What do you mean here?
Treplev. In the town, at the inn. She has been in a room there for five days. I should have gone to see her, and Maria Ilynichna here went, but she refuses to see anyone. Semyon Semyonovich tells me he saw her in the fields two versts from here yesterday evening.
Medvedenko. Yes, I saw her. She was walking in that direction, towards the town. I bowed and asked her why she had not been to see us. She said she would come.
Treplev. She won't come.
Pause.

Her father and stepmother have disowned her. They have even put

даже близко не допускать ее к усадьбе. *(Отходит с доктором к письменному столу.)* Как легко, доктор, быть философом на бумаге и как это трудно на деле!

Сорин. Прелестная была девушка.
Дорн. Что-с?
Сорин. Прелестная, говорю, была девушка. Действительный статский советник Сорин был даже в нее влюблен некоторое время.
Дорн. Старый ловелас.

Слышен смех Шамраева.

Полина Андреевна. Кажется, наши приехали со станции...
Треплев. Да, я слышу маму.

Входят Аркадина, Тригорин, за ними Шамраев.

Шамраев *(входя)*. Мы все стареем, выветриваемся под влиянием стихий, а вы, многоуважаемая, все еще молоды... Светлая кофточка, живость... грация...
Аркадина. Вы опять хотите сглазить меня, скучный человек!
Тригорин *(Сорину)*. Здравствуйте, Петр Николаевич! Что это вы все хвораете? Нехорошо! *(Увидев Машу, радостно.)* Марья Ильинична!
Маша. Узнали? *(Жмет ему руку.)*
Тригорин. Замужем?
Маша. Давно.
Тригорин. Счастливы? *(Раскланивается с Дорном и с Медведенком, потом нерешительно подходит к Треплеву.)* Ирина Николаевна говорила, что вы уже забыли старое и перестали гневаться.

Треплев протягивает ему руку.

Аркадина *(сыну)*. Вот Борис Алексеевич привез журнал с твоим новым рассказом.
Треплев *(принимая книгу, Тригорину)*. Благодарю вас. Вы очень любезны.

Садятся.

Тригорин. Вам шлют поклон ваши почитатели... В Петербурге и в Москве вообще заинтересованы вами, и меня все спрашивают

watchmen all around their estate to keep her away. *[He goes with the doctor toward the desk.]* How easy it is, Doctor, to be a philosopher on paper, and how difficult in real life!
Sorin. She was a beautiful girl.
Dorn. What?
Sorin. I'm saying she was a beautiful girl. State Councillor Sorin was even in love with her for a time.
Dorn. You old Lovelace, you!

Shamrayev's laugh is heard.

Polina Andreyevna. I think they've come back from the station...
Treplev. Yes, I can hear my mother.

Arkadina and Trigorin come in, followed by Shamrayev.

Shamrayev. *[Coming in.]* We all grow old and wither under the influence of the elements, my honourable lady, while you are still young... Light blouse, gay spirits... grace...
Arkadina. You want to jinx me again, you tiresome man!
Trigorin. *[To Sorin.]* How do you do, Pyotr Nikolayevich? What, still ill? That's not good! *[With pleasure, as he catches sight of Masha.]* Maria Ilynichna!
Masha. You recognised me? *[She shakes hands with him.]*
Trigorin. Married?
Masha. Long ago.
Trigorin. Happy? *[He bows to Dorn and Medvedenko, and then goes hesitatingly toward Treplev.]* Irina Nikolayevna says you have forgotten the past and are no longer angry with me.

Treplev gives him his hand.

Arkadina. *[To her son.]* Here is a magazine that Boris Alekseyevich has brought you with your latest story in it.
Treplev. *[To Trigorin, as he takes the magazine.]* Many thanks; you are very kind.
They sit down.

Trigorin. Your admirers send you their regards... A lot of people in Moscow and St. Petersburg are interested in you, and all ply me with

про вас. Спрашивают: какой он, сколько лет, брюнет или блондин. Думают все почему-то, что вы уже немолоды. И никто не знает вашей настоящей фамилии, так как вы печатаетесь под псевдонимом. Вы таинственны, как Железная Маска.
Треплев. Надолго к нам?
Тригорин. Нет, завтра же думаю в Москву. Надо. Тороплюсь кончить повесть и затем еще обещал дать что-нибудь в сборник. Одним словом — старая история.

Пока они разговаривают, Аркадина и Полина Андреевна ставят среди комнаты ломберный стол и раскрывают его; Шамраев зажигает свечи, ставит стулья. Достают из шкафа лото.

Погода встретила меня неласково. Ветер жестокий. Завтра утром, если утихнет, отправлюсь на озеро удить рыбу. Кстати, надо осмотреть сад и то место, где — помните? — играли вашу пьесу. У меня созрел мотив, надо только возобновить в памяти место действия.
Маша (*отцу*). Папа, позволь мужу взять лошадь! Ему нужно домой.
Шамраев (*дразнит*). Лошадь... домой... (*Строго.*) Сама видела: сейчас посылали на станцию. Не гонять же опять.
Маша. Но ведь есть другие лошади... (*Видя, что отец молчит, машет рукой.*) С вами связываться...
Медведенко. Я, Маша, пешком пойду. Право...
Полина Андреевна (*вздохнув*). Пешком, в такую погоду... (*Садится за ломберный стол.*) Пожалуйте, господа.
Медведенко. Ведь всего только шесть верст... Прощай... (*Целует жене руку.*) Прощайте, мамаша. (*Теща нехотя протягивает ему для поцелуя руку.*) Я бы никого не беспокоил, но ребеночек... (*Кланяется всем.*) Прощайте... (*Уходит; походка виноватая.*)
Шамраев. Небось дойдет. Не генерал.
Полина Андреевна (*стучит по столу*). Пожалуйте, господа. Не будем терять времени, а то скоро ужинать позовут.

Шамраев, Маша и Дорн садятся за стол.

Аркадина (*Тригорину*). Когда наступают длинные осенние вечера, здесь играют в лото. Вот взгляните: старинное лото, в которое еще играла с нами покойная мать, когда мы были детьми. Не хотите ли до ужина сыграть с нами партию? (*Садится с Тригориным за стол.*) Игра скучная, но если привыкнуть к ней, то ничего. (*Сдает всем по*

The Seagull

questions about you. They ask me what you look like, how old you are, whether you are fair or dark. For some reason they all think that you are no longer young. And no one knows your real name, as you always write under an assumed name. You are a mystery like the Man in the Iron Mask.
Treplev. Do you expect to be here long?
Trigorin. No, I am going back to Moscow tomorrow. I have to. I am hurrying to finish a novel, and have promised to give something for a miscellany. In a word - the same old story.

During their conversation Arkadina and Polina Andreyevna put a card table in the middle of the room and open it; Shamrayev lights the candles and arranges the chairs. They fetch a box of lotto from the cupboard.

The weather has given me a rough welcome. The wind is frightful. If it goes down by tomorrow morning I shall go fishing in the lake. By the way, I need to have a look at the garden and the spot where your play was given — do you remember? I have an idea for a story, but I need to refresh the scene in my memory.
Masha. *[To her father.]* Father, do please let my husband have a horse! He ought to go home.
Shamrayev. *[Mocking her.]* A horse... home... *[Sternly.]* You know the horses have just been to the station. I can't send them out again.
Masha. But there are other horses... *[Seeing that her father remains silent, gives a wave of the hand.]* One wouldn't want to deal with you...
Medvedenko. I shall go on foot, Masha. Really...
Polina Andreyevna. *[With a sigh.]* On foot in this weather... *[She takes a seat at the card table.]* Shall we begin, gentlemen?
Medvedenko. It is only six versts... Goodbye... *[He kisses his wife's hand.]* Goodbye, mother. *[His mother-in-law unwillingly gives him her hand to kiss.]* I should not have troubled you all, but the baby... *[He bows to everyone.]* Goodbye... *[He goes out with an apologetic air.]*
Shamrayev. He will get there all right. He is not a general.
Polina Andreyevna. *[Knocking on the table.]* Come, gentlemen. Don't let us waste time, we shall soon be called to supper.

Shamrayev, Masha, and Dorn sit down at the table.

Arkadina. *[To Trigorin.]* When the long autumn evenings descend on us we play lotto here. Look at this old lotto set; we used it when our late mother played with us as children. Don't you want to play a game with us until supper? *[She and Trigorin sit down at the table.]* It is a boring

три карты.)

Треплев *(перелистывая журнал).* Свою повесть прочел, а моей даже не разрезал. *(Кладет журнал на письменный стол, потом направляется к левой двери; проходя мимо матери, целует ее в голову.)*

Аркадина. А ты, Костя?

Треплев. Прости, что-то не хочется... Я пройдусь. *(Уходит.)*

Аркадина. Ставка — гривенник. Поставьте за меня, доктор.

Дорн. Слушаю-с.

Маша. Все поставили? Я начинаю... Двадцать два!

Аркадина. Есть.

Маша. Три!...

Дорн. Так-с.

Маша. Поставили три? Восемь! Восемьдесят один! Десять!

Шамраев. Не спеши.

Аркадина. Как меня в Харькове принимали, батюшки мои, до сих пор голова кружится!

Маша. Тридцать четыре!

За сценой играют меланхолический вальс.

Аркадина. Студенты овацию устроили... Три корзины, два венка и вот... *(Снимает с груди брошь и бросает на стол.)*

Шамраев. Да, это вещь...

Маша. Пятьдесят!..

Дорн. Ровно пятьдесят?

Аркадина. На мне был удивительный туалет... Что-что, а уж одеться я не дура.

Полина Андреевна. Костя играет. Тоскует, бедный.

Шамраев. В газетах бранят его очень.

Маша. Семьдесят семь!

Аркадина. Охота обращать внимание.

Тригорин. Ему не везет. Все никак не может попасть в свой настоящий тон. Что-то странное, неопределенное, порой даже похожее на бред. Ни одного живого лица.

Маша. Одиннадцать!

Аркадина *(оглянувшись на Сорина).* Петруша, тебе скучно?

Пауза.

game, but it is all right when one gets used to it. *[She deals everyone three cards.]*
Treplev. *[Looking through the magazine.]* He has read his own story, and hasn't even cut the pages of mine. *[He lays the magazine on his desk and goes toward the door on the left; as he passes his mother kisses her on the head.]*
Arkadina. What about you, Kostya?
Treplev. Sorry, I don't feel like it... I will go for a walk. *[He goes out.]*
Arkadina. The stake is ten kopecks. Doctor, put a stake for me.
Dorn. At your orders.
Masha. Has everyone put their stakes? I shall begin... Twenty-two!
Arkadina. I have it.
Masha. Three!..
Dorn. Right.
Masha. Have you put down three? Eight! Eighty-one! Ten!
Shamrayev. Don't go so fast.
Arkadina. What a reception they gave me in Kharkov, gracious me! I am still dazed by it!
Masha. Thirty-four!

The notes of a melancholy waltz from the backstage.

Arkadina. The students gave me an ovation... Three baskets of flowers, two wreaths and this... *[She unclasps a brooch from her breast and throws it on the table.]*
Shamrayev. Yes, this is quite a thing...
Masha. Fifty!..
Dorn. Fifty precisely?
Arkadina. I wore a magnificent dress... I am no fool when it comes to clothes.
Polina Andreyevna. Kostya is playing. The poor boy is sad.
Shamrayev. He has been severely criticised in the papers.
Masha. Seventy-seven!
Arkadina. He shouldn't pay any attention.
Trigorin. He is out of luck. He can't somehow find his real tune. Something strange, vague, sometimes verging on delirium. Not a single living character.
Masha. Eleven!
Arkadina. *[Looking back at Sorin.]* Are you bored, Petrusha?

Pause.

Чайка

Спит.

Дорн. Спит действительный статский советник.

Маша. Семь! Девяносто!

Тригорин. Если бы я жил в такой усадьбе, у озера, то разве я стал бы писать? Я поборол бы в себе эту страсть и только и делал бы, что удил рыбу.

Маша. Двадцать восемь!

Тригорин. Поймать ерша или окуня — это такое блаженство!

Дорн. А я верю в Константина Гаврилыча. Что-то есть! Что-то есть! Он мыслит образами, рассказы его красочны, ярки, и я их сильно чувствую. Жаль только, что он не имеет определенных задач. Производит впечатление, и больше ничего, а ведь на одном впечатлении далеко не уедешь. Ирина Николаевна, вы рады, что у вас сын писатель?

Аркадина. Представьте, я еще не читала. Все некогда.

Маша. Двадцать шесть!

Треплев тихо входит и идет к своему столу.

Шамраев *(Тригорину).* А у нас, Борис Алексеевич, осталась ваша вещь.

Тригорин. Какая?

Шамраев. Как-то Константин Гаврилыч застрелил чайку, и вы поручили мне заказать из нее чучело.

Тригорин. Не помню. *(Раздумывая.)* Не помню!

Маша. Шестьдесят шесть! Один!

Треплев *(распахивает окно, прислушивается).* Как темно! Не понимаю, отчего я испытываю такое беспокойство.

Аркадина. Костя, закрой окно, а то дует.

Треплев закрывает окно.

Маша. Восемьдесят восемь!

Тригорин. У меня партия, господа.

Аркадина *(весело).* Браво! Браво!

Шамраев. Браво!

Аркадина. Этому человеку всегда и везде везет. *(Встает.)* А теперь пойдемте закусить чего-нибудь. Наша знаменитость не обедала сегодня. После ужина будем продолжать. *(Сыну.)* Костя, оставь свои рукописи, пойдем есть.

Треплев. Не хочу, мама, я сыт.

The Seagull

He is asleep.
Dorn. The State Councillor is taking a nap.
Masha. Seven! Ninety!
Trigorin. Do you think I would write if I lived in such an estate, by a lake? I would overcome my passion, and give my life up to fishing.
Masha. Twenty-eight!
Trigorin. To catch a ruff or a perch is such a bliss!
Dorn. I have great faith in Konstantin Gavrilych. There is something in him! There is something in him! He thinks in images; his stories are vivid and full of colour, and always affect me deeply. It is only a pity that he has no definite objectives. He creates an impression, and nothing more, and one cannot go far on an impression alone. Are you glad, Irina Nikolayevna, that you have an author for a son?
Arkadina. Can you imagine, I still haven't read. I never have time.
Masha. Twenty-six!

Treplev comes in quietly and goes to his desk.

Shamrayev. *[To Trigorin.]* We have something here that belongs to you, Boris Alekseyevich.
Trigorin. What is it?
Shamrayev. Some time ago Konstantin Gavrilych shot a seagull, and you told me to have it stuffed.
Trigorin. I don't remember. *[Thoughtfully.]* I don't remember!
Masha. Sixty-six! One!
Treplev. *[Throws open the window and stands listening.]* How dark! I don't understand what makes me so restless.
Arkadina. Shut the window, Kostya, there is a draught.

Treplev shuts the window.

Masha. Eighty-eight!
Trigorin. My card is full, gentlemen.
Arkadina. *[Gaily.]* Bravo! Bravo!
Shamrayev. Bravo!
Arkadina. That man always has good luck, everywhere. *[She gets up.]* And now let's go and have a bite. Our celebrity did not have any dinner today. We'll continue after supper. *[To her son.]* Kostya, leave your manuscripts, let's go to eat.
Treplev. I don't want to, mother; I am not hungry.

Чайка

Аркадина. Как знаешь. *(Будит Сорина.)* Петруша, ужинать! *(Берет Шамраева под руку.)* Я расскажу вам, как меня принимали в Харькове...

Полина Андреевна тушит на столе свечи, потом она и Дорн катят кресло. Все уходят в левую дверь; на сцене остается один Треплев за письменным столом.

Треплев *(собирается писать; пробегает то, что уже написано).* Я так много говорил о новых формах, а теперь чувствую, что сам мало-помалу сползаю к рутине. *(Читает.)* "Афиша на заборе гласила... Бледное лицо, обрамленное темными волосами..." Гласила, обрамленное... Это бездарно... *(Зачеркивает.)* Начну с того, как героя разбудил шум дождя, а остальное все вон. Описание лунного вечера длинно и изысканно. Тригорин выработал себе приемы, ему легко... У него на плотине блестит горлышко разбитой бутылки и чернеет тень от мельничного колеса — вот и лунная ночь готова, а у меня и трепещущий свет, и тихое мерцание звезд, и далекие звуки рояля, замирающие в тихом ароматном воздухе... Это мучительно.

Пауза.

Да, я все больше и больше прихожу к убеждению, что дело не в старых и не в новых формах, а в том, что человек пишет, не думая ни о каких формах, пишет, потому что это свободно льется из его души.

Кто-то стучит в окно, ближайшее к столу.

Что такое? *(Глядит в окно.)* Ничего не видно... *(Отворяет стеклянную дверь и смотрит в сад.)* Кто-то пробежал вниз по ступеням. *(Окликает.)* Кто здесь?

Уходит; слышно, как он быстро идет по террасе; через полминуты возвращается с Ниной Заречной.

Нина! Нина!

Нина кладет ему голову на грудь и сдержанно рыдает.

(Растроганный.) Нина! Нина! Это вы... вы... Я точно предчувствовал, весь день душа моя томилась ужасно. *(Снимает с нее шляпу и*

The Seagull

Arkadina. As you please. *[She wakes Sorin.]* Petrusha, supper! *[She takes Shamrayev's arm.]* Let me tell you about my reception in Kharkov...

Polina Andreyevna blows out the candles on the table, then she and Dorn wheel the chair. All go out through the door on the left; only Treplev stays on the stage at his desk.

Treplev. *[Prepares to write; runs his eye over what he has already written.]* I have talked so much about new forms, but now I feel myself gradually slipping into the beaten track. *[He reads.]* "A placard on the fence said... A pale face in a frame of dusky hair..." Said, frame... This is mediocre... *[He scratches out.]* I shall begin from the place where my hero is wakened by the noise of the rain, and the rest must go. The description of a moonlight night is long and stilted. Trigorin has worked out his own technique, it's easy for him... He writes that the neck of a broken bottle glitters on the dam, and that the shadow lays black under the mill-wheel – and he has a moonlight night. But I speak of the shimmering light, the quiet twinkling of the stars, the distant sounds of a piano dying away in the still and scented air... This is torture.
Pause.

The conviction is gradually forcing itself upon me that it is not a question of forms new or old, but of a man writing without thinking of any forms whatsoever, writing because it pours freely from his soul.

Somebody knocks on the window nearest to the desk.

What is that? *[He looks out of the window.]* I can't see anything... *[He opens the glass door and looks out into the garden.]* Someone ran down the steps. *[He calls.]* Who is there?

He goes out, and is heard walking quickly along the terrace; in half a minute he comes back with Nina Zarechnaya.

Nina! Nina!

Nina puts her head on his chest and stifles her sobs.

[Deeply moved.] Nina, Nina! It is you... you... I had some sort of a premonition; all day my soul has been terribly aching. *[He takes off her*

тальму.) О, моя добрая, моя ненаглядная, она пришла! Не будем плакать, не будем.
Нина. Здесь есть кто-то.
Треплев. Никого.
Нина. Заприте двери, а то войдут.
Треплев. Никто не войдет.
Нина. Я знаю, Ирина Николаевна здесь. Заприте двери...
Треплев *(запирает правую дверь на ключ, подходит к левой).* Тут нет замка. Я заставлю креслом. *(Ставит у двери кресло.)* Не бойтесь, никто не войдет.
Нина *(пристально глядит ему в лицо).* Дайте я посмотрю на вас. *(Оглядываясь.)* Тепло, хорошо... Здесь тогда была гостиная. Я сильно изменилась?
Треплев. Да... Вы похудели, и у вас глаза стали больше. Нина, как-то странно, что я вижу вас. Отчего вы не пускали меня к себе? Отчего вы до сих пор не приходили? Я знаю, вы здесь живете уже почти неделю... Я каждый день ходил к вам по нескольку раз, стоял у вас под окном, как нищий.
Нина. Я боялась, что вы меня ненавидите. Мне каждую ночь все снится, что вы смотрите на меня и не узнаете. Если бы вы знали! С самого приезда я все ходила тут... около озера. Около вашего дома была много раз и не решалась войти. Давайте сядем.

Садятся.

Сядем и будем говорить, говорить. Хорошо здесь, тепло, уютно... Слышите — ветер? У Тургенева есть место: "Хорошо тому, кто в такие ночи сидит под кровом дома, у кого есть теплый угол". Я — чайка... Нет, не то. *(Трет себе лоб.)* О чем я? Да... Тургенев... "И да поможет Господь всем бесприютным скитальцам..." Ничего. *(Рыдает.)*
Треплев. Нина, вы опять... Нина!
Нина. Ничего, мне легче от этого... Я уже два года не плакала. Вчера поздно вечером я пошла посмотреть в саду, цел ли наш театр. А он до сих пор стоит. Я заплакала в первый раз после двух лет, и у меня отлегло, стало яснее на душе. Видите, я уже не плачу. *(Берет его за руку.)* Итак, вы стали уже писателем... Вы писатель, я — актриса. Попали и мы с вами в круговорот... Жила я радостно, по-детски — проснешься утром и запоешь; любила вас, мечтала о славе, а теперь? Завтра рано утром ехать в Елец в третьем классе... с мужиками, а в Ельце образованные купцы будут приставать с любезностями. Груба

The Seagull

hat and cloak.] Oh, my kind, my darling, she has come! We mustn't cry, we mustn't.
Nina. There is someone here.
Treplev. No one.
Nina. Lock the doors, someone might come in.
Treplev. No one will come in.
Nina. I know Irina Nikolayevna is here. Lock the doors...
Treplev. *[Locks the door on the right and comes to the door on the left.]* There is no lock on this one. I shall put an armchair against it. *[Puts an armchair against the door.]* Don't be frightened, no one shall come in.
Nina. *[Gazing intently into his face.]* Let me look at you. *[Looks about her.]* It is warm and nice... This used to be a sitting-room. Have I changed much?
Treplev. Yes... You have grown thinner, and your eyes have become larger. Nina, it seems so strange to see you. Why didn't you let me come to you? Why didn't you come sooner to me? You have been here nearly a week, I know... I have been several times each day to where you live, and have stood like a beggar beneath your window.
Nina. I was afraid you might hate me. I dream every night that you look at me without recognising me. If you only knew! Ever since I came back I have been wandering here... by the lake. I have been near your house many times, but I have never had the courage to come in. Let us sit down.

They sit down.

Let us sit down and talk and talk. It is nice here, warm and cosy... Do you hear – the wind? Turgenev says, "Happy is he who sits on such nights under the roof of his home, who has a warm corner." I am a seagull... No, not that. *[She rubs her forehead.]* What was I saying? Yes... Turgenev... "And God help all homeless wanderers..." It's nothing. *[She sobs.]*
Treplev. Nina, again... Nina!
Nina. It's nothing, I feel better after this... I have not cried for two years. I went into the garden late last night to see if our old theatre were still standing. And it is still standing. I wept for the first time in two years, and I was relieved, my soul became clearer. See, I am not crying now. *[She takes his hand.]* So, you have become a writer... You are a writer, I am an actress... We have both been sucked into the whirlpool... My life used to be as happy as a child's; I used to wake in the morning and sing; I loved you and dreamt of fame, and now? Early tomorrow morning I must go to Yelets in a third-class carriage... with peasants, and in Yelets educated

жизнь!

Треплев. Зачем в Елец?

Нина. Взяла ангажемент на всю зиму. Пора ехать.

Треплев. Нина, я проклинал вас, ненавидел, рвал ваши письма и фотографии, но каждую минуту я сознавал, что душа моя привязана к вам навеки. Разлюбить вас я не в силах, Нина. С тех пор как я потерял вас и как начал печататься, жизнь для меня невыносима, — я страдаю... Молодость мою вдруг как оторвало, и мне кажется, что я уже прожил на свете девяносто лет. Я зову вас, целую землю, по которой вы ходили; куда бы я ни смотрел, всюду мне представляется ваше лицо, эта ласковая улыбка, которая светила мне в лучшие годы моей жизни...

Нина (*растерянно*). Зачем он так говорит, зачем он так говорит?

Треплев. Я одинок, не согрет ничьей привязанностью, мне холодно, как в подземелье, и, что бы я ни писал, все это сухо, черство, мрачно. Останьтесь здесь, Нина, умоляю вас, или позвольте мне уехать с вами!

Нина быстро надевает шляпу и тальму.

Нина, зачем? Бога ради, Нина... (*Смотрит, как она одевается; пауза.*)

Нина. Лошади мои стоят у калитки. Не провожайте, я сама дойду... (*Сквозь слезы.*) Дайте воды...

Треплев (*дает ей напиться*). Вы куда теперь?

Нина. В город.

Пауза.

Ирина Николаевна здесь?

Треплев. Да... В четверг дяде было нехорошо, мы ей телеграфировали, чтобы она приехала.

Нина. Зачем вы говорите, что целовали землю, по которой я ходила? Меня надо убить. (*Склоняется к столу.*) Я так утомилась! Отдохнуть бы... отдохнуть! (*Поднимает голову.*) Я — чайка... Нет, не то. Я — актриса. Ну да! (*Услышав смех Аркадиной и Тригорина, прислушивается, потом бежит к левой двери и смотрит в замочную скважину.*) И он здесь... (*Возвращаясь к Треплеву.*) Ну, да... Ничего... Да... Он не верил в театр, все смеялся над моими мечтами, и мало-помалу я тоже перестала верить и пала духом... А

The Seagull

merchants will pursue me with compliments. Life is rough!
Treplev. Why to Yelets?
Nina. I have accepted an engagement there for the whole winter. It is time to go.
Treplev. Nina, I cursed you, and hated you, and torn up your letters and photographs, and yet I have known every minute of my life that my soul is bound to you for ever. To cease from loving you is beyond my power,
Nina. From the time I lost you and began to be published, my life has been unendurable – I have been suffering... It's as if my youth was suddenly plucked from me, and I feel as if I have lived in this world for ninety years. I call out to you, I kiss the ground you walked on; wherever I looked I have seen your face everywhere, this tender smile that had illumined for me the best years of my life...
Nina. *[Embarrassedly.]* Why does he talk like this, why does he talk like this?
Treplev. I am lonely, unwarmed by any attachment. I am as cold as if I were in a cave. Whatever I write is dry, harsh, gloomy. Stay here, Nina, I beseech you, or else let me go away with you!

Nina quickly puts on her hat and cloak.

Nina, why? For God's sake, Nina... *[He watches her as she dresses; a pause.]*
Nina. My carriage is at the gate. Don't see me off, I shall find the way alone... *[Weeping.]* Give me some water...
Treplev. *[Gives her water.]* Where are you going now?
Nina. To the town.

Pause.

Is Irina Nikolayevna here?
Treplev. Yes... My uncle felt ill on Thursday, and we telegraphed for her to come.
Nina. Why do you say that you have kissed the ground I walked on? You should kill me. *[She leans on the table.]* I am so tired! If I could only rest... rest! *[She raises her head.]* I am a seagull... No, not that. I am an actress. Yes! *[She hears Arkadina and Trigorin laughing, listens, then runs to the door on the left and looks through the keyhole.]* He is here too... *[Going back to Treplev.]* Well, yes... No matter... Yes... He didn't believe in the theatre, he used to laugh at my dreams, and little by little I ceased to believe too and became down-hearted... Then came all the cares of love, jealousy,

тут заботы любви, ревность, постоянный страх за маленького... Я стала мелочною, ничтожною, играла бессмысленно... Я не знала, что делать с руками, не умела стоять на сцене, не владела голосом. Вы не понимаете этого состояния, когда чувствуешь, что играешь ужасно. Я — чайка. Нет, не то... Помните, вы подстрелили чайку? Случайно пришел человек, увидел и от нечего делать погубил... Сюжет для небольшого рассказа. Это не то... *(Трет себе лоб.)* О чем я?... Я говорю о сцене. Теперь уж я не так... Я уже настоящая актриса, я играю с наслаждением, с восторгом, пьянею на сцене и чувствую себя прекрасной. А теперь, пока живу здесь, я все хожу пешком, все хожу и думаю, думаю и чувствую, как с каждым днем растут мои душевные силы... Я теперь знаю, понимаю, Костя, что в нашем деле — все равно, играем мы на сцене или пишем — главное не слава, не блеск, не то, о чем я мечтала, а уменье терпеть. Умей нести свой крест и веруй. Я верую, и мне не так больно, и когда я думаю о своем призвании, то не боюсь жизни.

Треплев *(печально)*. Вы нашли свою дорогу, вы знаете, куда идете, а я все еще ношусь в хаосе грез и образов, не зная, для чего и кому это нужно. Я не верую и не знаю, в чем мое призвание.

Нина *(прислушиваясь)*. Тсс... Я пойду. Прощайте. Когда я стану большою актрисой, приезжайте взглянуть на меня. Обещаете? А теперь... *(Жмет ему руку.)* Уже поздно. Я еле на ногах стою... я истощена, мне хочется есть...

Треплев. Останьтесь, я дам вам поужинать...

Нина. Нет, нет... Не провожайте, я сама дойду... Лошади мои близко... Значит, она привезла его с собою? Что ж, все равно. Когда увидите Тригорина, то не говорите ему ничего... Я люблю его. Я люблю его даже сильнее, чем прежде... Сюжет для небольшого рассказа... Люблю, люблю страстно, до отчаяния люблю. Хорошо было прежде, Костя! Помните? Какая ясная, теплая, радостная, чистая жизнь, какие чувства, — чувства, похожие на нежные, изящные цветы... Помните?... *(Читает.)* "Люди, львы, орлы и куропатки, рогатые олени, гуси, пауки, молчаливые рыбы, обитавшие в воде, морские звезды и те, которых нельзя было видеть глазом, — словом, все жизни, все жизни, все жизни, свершив печальный круг, угасли. Уже тысячи веков, как земля не носит на себе ни одного живого существа, и эта бедная луна напрасно зажигает свой фонарь. На лугу уже не просыпаются с криком журавли, и майских жуков не бывает слышно в липовых рощах..." *(Обнимает порывисто Треплева и убегает в стеклянную дверь.)*

The Seagull

the constant anxiety about my little one... I grew trivial, vain, and acted without meaning... I didn't know what to do with my hands, I didn't know how to stand on the stage, didn't control my voice. You cannot understand this state of mind when you feel that you are acting terribly. I am a seagull... No, not that... Do you remember how you shot a seagull? A man chanced to pass that way, saw it and destroyed it out of idleness... An idea for a short story... No, not that... *[She rubs her forehead.]* What was I saying?.. I was talking about the stage. I have changed now... Now I am a real actress, I act with pleasure, with exaltation, I get intoxicated on the stage, and feel that I am superb. And now, ever since I have been here, I have been walking, walking and thinking, thinking and feeling the strength of my spirit growing every day... I know now, I understand, Kostya, that for us, whether we act on the stage or write, the most important thing isn't glory or splendour or anything I used to dream about, but the ability to endure. One must know how to bear one's cross, and one must have faith. I believe, and so do not suffer so much, and when I think of my calling I do not fear life.

Treplev. *[Sadly.]* You have found your way, you know where you are going, but I am still floating in a chaos of dreams and phantoms, not knowing whom and what end I am serving by it all. I do not believe in anything, and I do not know what my calling is.

Nina. *[Listening.]* Hush!.. I must go. Goodbye. When I have become a great actress, come and see me. Do you promise? And now... *[She squeezes his hand.]* It is late. I can hardly stand... I am exhausted, I am hungry...

Treplev. Stay, I will give you some supper...

Nina. No, no... Don't see me off, I can find the way alone... My carriage is near... So, she brought him with her? Well, it doesn't matter. Don't tell Trigorin anything when you see him... I love him. I love him even more than before... An idea for a short story... I love him, I love him passionately, I love him to despair. It was so good before, Kostya! Do you remember? What a bright, warm, joyful, pure life, what feelings – feelings like tender and graceful flowers... Do you remember?.. *[She recites.]* "Men, lions, eagles and quails, horned stags, geese, spiders, silent fish that inhabit the waves, starfish from the sea, and creatures invisible to the eye—in one word, life—all, all life, completing the dreary round, has died out at last. Thousands of centuries have passed since the earth last bore a living creature, and this poor moon lights her lamp in vain. No longer are the waking cries of cranes heard in the meadow, or the drone of May beetles in the groves of limes..." *[She embraces Treplev impetuously and runs out through the glass door.]*

Чайка

Треплев *(после паузы).* Нехорошо, если кто-нибудь встретит ее в саду и потом скажет маме. Это может огорчить маму...

В продолжение двух минут молча рвет все свои рукописи и бросает под стол, потом отпирает правую дверь и уходит.

Дорн *(стараясь отворить левую дверь).* Странно. Дверь как будто заперта... *(Входит и ставит на место кресло.)* Скачка с препятствиями.

Входят Аркадина, Полина Андреевна, за ними Яков с бутылками и Маша, потом Шамраев и Тригорин.

Аркадина. Красное вино и пиво для Бориса Алексеевича ставьте сюда, на стол. Мы будем играть и пить. Давайте садиться, господа.
Полина Андреевна *(Якову).* Сейчас же подавай и чай. *(Зажигает свечи, садится за ломберный стол.)*
Шамраев *(подводит Тригорина к шкафу).* Вот вещь, о которой я давеча говорил... *(Достает из шкафа чучело чайки.)* Ваш заказ.
Тригорин *(глядя на чайку).* Не помню! *(Подумав.)* Не помню!

Направо за сценой выстрел; все вздрагивают.

Аркадина *(испуганно).* Что такое?
Дорн. Ничего. Это, должно быть, в моей походной аптеке что-нибудь лопнуло. Не беспокойтесь. *(Уходит в правую дверь, через полминуты возвращается.)* Так и есть. Лопнула склянка с эфиром. *(Напевает.)* "Я вновь пред тобою стою очарован..."
Аркадина *(садясь за стол).* Фуй, я испугалась. Это мне напомнило, как... *(Закрывает лицо руками.)* Даже в глазах потемнело...
Дорн *(перелистывая журнал, Тригорину).* Тут месяца два назад была напечатана одна статья... письмо из Америки, и я хотел вас спросить, между прочим... *(берет Тригорина за талию и отводит к рампе)* так как я очень интересуюсь этим вопросом... *(Тоном ниже, вполголоса.)* Уведите отсюда куда-нибудь Ирину Николаевну. Дело в том, что Константин Гаврилович застрелился...

Занавес.

The Seagull

Treplev. *[After a pause.]* It will be bad if someone meets her in the garden and then tells my mother. It can distress my mother...

For two minutes he silently tears up all his manuscripts and throws them under the desk, then unlocks the door on the right and goes out.

Dorn. *[Trying to open the door on the left.]* Odd. The door seems to be locked... *[He comes in and puts the armchair back in its place.]* A hurdle race.
Arkadina and Polina Andreyevna come in, followed by Yakov carrying some bottles and Masha, then Shamrayev and Trigorin.

Arkadina. Put the red wine and the beer for Boris Alekseyevich here, on the table. We are going to play and drink. Let's sit down, gentlemen.
Polina Andreyevna. *[To Yakov.]* And bring the tea at once. *[She lights the candles and takes her seat at the card table.]*
Shamrayev. *[Leads Trigorin to the cupboard.]* Here is the thing I was telling you about... *[He takes the stuffed seagull out of the cupboard.]* Your order.
Trigorin. *[Looking at the seagull.]* I don't remember! *[Thinking.]* I don't remember!

In the backstage, on the right side, a shot; everyone starts.

Arkadina. *[Frightened.]* What is that?
Dorn. Nothing. Probably something has blown up in my ambulance box. Don't worry. *[He goes out through the door on the right, and comes back in half a minute.]* It is as I thought. A bottle of ether has exploded. *[He sings.]* "Spellbound once more I stand before thee..."
Arkadina. *[Sitting down at the table.]* Tut-tut, I was frightened. It reminded me how... *[She covers her face with her hands.]* Everything went dark before my eyes...
Dorn. *[Looking through the pages of a magazine, to Trigorin.]* There was an article published here a couple of months ago... A letter from America, and I wanted to ask you, among other things... *[He puts his arm around Trigorin's waist and leads him to the footlights.]* Since I am very much interested in this question... *[He lowers his voice, quietly.]* Take Irina Nikolayevna somewhere away from here. The thing is, Konstantin Gavrilovich has shot himself...

Curtain.

Дядя Ваня

Сцены из деревенской жизни в четырех действиях

Действующие лица

Серебряков Александр Владимирович, *отставной профессор.*
Елена Андреевна, *его жена, 27 лет.*
Софья Александровна (Соня), *его дочь от первого брака.*
Войницкая Мария Васильевна, *вдова тайного советника, мать первой жены профессора.*
Войницкий Иван Петрович, *ее сын.*
Астров Михаил Львович, *врач.*
Телегин Илья Ильич, *обедневший помещик.*
Марина, *старая няня.*
Работник.

Действие происходит в усадьбе Серебрякова.

Действие первое

Сад. Видна часть дома с террасой. На аллее под старым тополем стол, сервированный для чая. Скамьи, стулья; на одной из скамей лежит гитара. Недалеко от стола качели. Третий час дня. Пасмурно.
Марина (сырая, малоподвижная старушка, сидит у самовара, вяжет чулок) и Астров (ходит возле).

Марина (наливает стакан). Кушай, батюшка.
Астров (нехотя принимает стакан). Что-то не хочется.
Марина. Может, водочки выпьешь?
Астров. Нет. Я не каждый день водку пью. К тому же душно.

Пауза.

Нянька, сколько прошло, как мы знакомы?

Uncle Vanya

Scenes from Country Life in Four Acts

Characters

Alexander Vladimirovich Serebryakov, *a retired professor.*
Elena Andreyevna, *his wife, twenty-seven years old.*
Sofya Alexandrovna (Sonya), *his daughter by his first marriage.*
Maria Vasilyevna Voynitskaya, *widow of a privy councillor, mother of the Professor's first wife.*
Ivan Petrovich Voynitsky, *her son.*
Mikhail Lvovich Astrov, *a doctor.*
Ilya Ilyich Telegin, *an impoverished landowner.*
Marina, *an old nurse.*
A workman.

The action takes place in Serebryakov's country estate.

Act I

The garden. Part of the house and its terrace are visible. In an alley of trees, under an old poplar, stands a table set for tea. Benches, chairs; on one of the benches is lying a guitar. Near the table is a swing. It is after two o'clock in the afternoon of a cloudy day.

Marina [a quaggy, lymphatic old woman, is sitting by the samovar knitting a stocking] and Astrov [walking about near her].

Marina. *[Pouring some tea into a glass.]* Have a little, my dear.
Astrov. *[Takes the glass unwillingly.]* Somehow, I don't feel like it.
Marina. Then will you have a little vodka?
Astrov. No, I don't drink vodka every day. Besides, it is too hot now.

Pause.

Nurse, how long have we known each other?

Дядя Ваня

Марина (*раздумывая*). Сколько? Дай бог память... Ты приехал сюда, в эти края... когда?.. еще жива была Вера Петровна, Сонечкина мать. Ты при ней к нам две зимы ездил... Ну, значит, лет одиннадцать прошло. (*Подумав.*) А может, и больше...
Астров. Сильно я изменился с тех пор?
Марина. Сильно. Тогда ты молодой был, красивый, а теперь постарел. И красота уже не та. Тоже сказать — и водочку пьешь.
Астров. Да... В десять лет другим человеком стал. А какая причина? Заработался, нянька. От утра до ночи все на ногах, покою не знаю, а ночью лежишь под одеялом и боишься, как бы к больному не потащили. За все время, пока мы с тобою знакомы, у меня ни одного дня не было свободного. Как не постареть? Да и сама по себе жизнь скучна, глупа, грязна... Затягивает эта жизнь. Кругом тебя одни чудаки, сплошь одни чудаки; а поживешь с ними года два-три и мало-помалу сам, незаметно для себя, становишься чудаком. Неизбежная участь. (*Закручивая свои длинные усы.*) Ишь, громадные усы выросли... Глупые усы. Я стал чудаком, нянька... Поглупеть-то я еще не поглупел, бог милостив, мозги на своем месте, но чувства как-то притупились. Ничего я не хочу, ничего мне не нужно, никого я не люблю... Вот разве тебя только люблю. (*Целует ее в голову.*) У меня в детстве была такая же нянька.
Марина. Может, ты кушать хочешь?
Астров. Нет. В Великом посту на третьей неделе поехал я в Малицкое на эпидемию... Сыпной тиф... В избах народ вповалку... Грязь, вонь, дым, телята на полу, с больными вместе... Поросята тут же... Возился я целый день, не присел, маковой росинки во рту не было, а приехал домой, не дают отдохнуть — привезли с железной дороги стрелочника; положил я его на стол, чтобы ему операцию делать, а он возьми и умри у меня под хлороформом. И когда вот не нужно, чувства проснулись во мне, и защемило мою совесть, точно это я умышленно убил его... Сел я, закрыл глаза — вот этак, и думаю: те, которые будут жить через сто-двести лет после нас и для которых мы теперь пробиваем дорогу, помянут ли нас добрым словом? Нянька, ведь не помянут!
Марина. Люди не помянут, зато бог помянет.
Астров. Вот спасибо. Хорошо ты сказала.

Входит Войницкий.

Войницкий (*выходит из дому, он выспался после завтрака и*

Uncle Vanya

Marina. *[Thinking.]* How long? Lord help me to remember... You came here, to these parts... when?.. Vera Petrovna, little Sonya's mother, was still alive. You visited us for two winters when she was here... So, that means about eleven years have passed... *[Thinking.]* Perhaps more...
Astrov. Have I changed much since then?
Marina. Much. You were young and handsome then, and now you are old. Not so handsome any more. And I must say - you drink vodka.
Astrov. Yes... Ten years have made me another man. And why? Because I am overworked, nurse. I am on my feet from morning to night, I know no rest; and at night I lie under my blanket with fear of being dragged out to visit a patient. Since we have known each other I haven't had a single day off. Could I help growing old? And then, life itself is boring, senseless, dirty... This life drags one down. You are surrounded only by cranks, nothing but cranks; and you live with them for two or three years and, little by little, without noticing it, you become a crank yourself. It's an inevitable lot. *[Twisting his long moustache.]* See what a huge moustache I have grown... Foolish moustache. I've become a crank, nurse... I haven't grown stupid yet, thank God, my brain is in the right place, but my feelings have somehow grown numb. I want nothing, I need nothing, I love no one... I love only you. *[Kisses her on the head.]* I had a nurse just like you when I was a child.
Marina. Maybe you want something to eat?
Astrov. No. During the third week of Lent I went to the epidemic at Malitskoye... Spotted typhus... People were all lying side by side in the huts... Filth, stench, smoke, calves on the floor next to the sick... Piglets too... I was busy all day, didn't sit down, not a crumb passed my lips, but when I got home there was still no rest for me - a switchman was carried in from the railroad; I laid him on the table to operate and he went and died on me under chloroform. And when I didn't need it, my feelings awoke in me, and my conscience was hurt as if I had killed him deliberately... I sat down and closed my eyes—like this—and thought: will those who will be living one or two hundred years from now, those for whom we are breaking the road now, speak kindly about us? No, nurse, they won't!
Marina. Man is forgetful, but God remembers.
Astrov. Thank you for that. You have spoken well.

Enter Voynitsky.

Voynitsky. *[Comes out of the house, he has had a good sleep after lunch*

Дядя Ваня

имеет помятый вид; садится на скамью, поправляет свой щегольский галстук). Да...

Пауза.

Да...

Астров. Выспался?
Войницкий. Да... Очень. *(Зевает.)* С тех пор, как здесь живет профессор со своею супругой, жизнь выбилась из колеи... Сплю не вовремя, за завтраком и обедом ем разные кабули, пью вина... нездорово все это! Прежде минуты свободной не было, я и Соня работали — мое почтение, а теперь работает одна Соня, а я сплю, ем, пью... Нехорошо!
Марина *(покачав головой).* Порядки! Профессор встает в 12 часов, а самовар кипит с утра, все его дожидается. Без них обедали всегда в первом часу, как везде у людей, а при них в седьмом. Ночью профессор читает и пишет, и вдруг часу во втором звонок... Что такое, батюшка? Чаю! Буди для него народ, ставь самовар... Порядки!
Астров. И долго они еще здесь проживут?
Войницкий *(свистит).* Сто лет. Профессор решил поселиться здесь.
Марина. Вот и теперь. Самовар уже два часа на столе, а они гулять пошли.
Войницкий. Идут, идут... Не волнуйся.

Слышны голоса; из глубины сада, возвращаясь с прогулки, идут Серебряков, Елена Андреевна, Соня и Телегин.

Серебряков. Прекрасно, прекрасно... Чудесные виды.
Телегин. Замечательные, ваше превосходительство.
Соня. Мы завтра поедем в лесничество, папа. Хочешь?
Войницкий. Господа, чай пить!
Серебряков. Друзья мои, пришлите мне чай в кабинет, будьте добры! Мне сегодня нужно еще кое-что сделать.
Соня. А в лесничестве тебе непременно понравится...

Елена Андреевна, Серебряков и Соня уходят в дом; Телегин идет к столу и садится возле Марины.

Uncle Vanya

and looks dishevelled; sits down on a bench, straightens his dandyish tie.] Yes...

Pause.

Yes...
Astrov. Have you had a good sleep?
Voynitsky. Yes... Very. *[Yawns.]* Ever since the Professor and his wife have come, our life has jumped the track... I sleep at the wrong time, eat all sorts of messes for lunch and dinner, drink wine... it isn't wholesome! Before I never had an idle moment, Sonya and I worked a lot, thank you very much, but now only Sonya works and I sleep, eat, drink... This is no good!
Marina. *[Shaking her head.]* What kind of order is that! The Professor gets up at twelve, the samovar is kept boiling all the morning, waiting for him. Before they came we used to have dinner after twelve, like everybody else, but with them here we have it after six. At night the Professor reads and writes, and suddenly, after one o'clock, there goes the bell... Heavens, what is that? Tea! Wake the servants for him, put on the samovar... What kind of order is that!
Astrov. Will they be here long?
Voynitsky. *[Whistling.]* A hundred years. The Professor has decided to make his home here.
Marina. Look at this now. The samovar has been on the table for two hours, and they have gone for a walk!
Voynitsky. They are coming, they are coming... Don't worry.

Voices are heard; Serebryakov, Elena Andreyevna, Sonya and Telegin come in from the depths of the garden, returning from their walk.

Serebryakov. Superb, superb... Wonderful views.
Telegin. Outstanding, Your Excellency.
Sonya. Tomorrow we shall go to the forest station, Papa. Would you like that?
Voynitsky. Gentlemen, tea is ready!
Serebryakov. My friends, send my tea to the study, please! I still have some work to do today.
Sonya. I am sure you will love the forest station...

Elena Andreyevna, Serebryakov and Sonya go into the house; Telegin goes to the table and sits down beside Marina.

Дядя Ваня

Войницкий. Жарко, душно, а наш великий ученый в пальто, в калошах, с зонтиком и в перчатках.
Астров. Стало быть, бережет себя.
Войницкий. А как она хороша! Как хороша! Во всю жизнь не видел женщины красивее.
Телегин. Еду ли я по полю, Марина Тимофеевна, гуляю ли в тенистом саду, смотрю ли на этот стол, я испытываю неизъяснимое блаженство! Погода очаровательная, птички поют, живем мы все в мире и согласии, — чего еще нам? *(Принимая стакан.)* Чувствительно вам благодарен!
Войницкий *(мечтательно).* Глаза... Чудная женщина.
Астров. Расскажи-ка что-нибудь, Иван Петрович.
Войницкий *(вяло).* Что тебе рассказать?
Астров. Нового нет ли чего?
Войницкий. Ничего. Все старо. Я тот же, что и был, пожалуй, стал хуже, так как обленился, ничего не делаю и только ворчу, как старый хрен. Моя старая галка, maman, все еще лепечет про женскую эмансипацию, одним глазом смотрит в могилу, а другим ищет в своих умных книжках зарю новой жизни.
Астров. А профессор?
Войницкий. А профессор по-прежнему от утра до глубокой ночи сидит у себя в кабинете и пишет. "Напрягши ум, наморщивши чело, все оды пишем, пишем, и ни себе, ни им похвал не слышим". Бедная бумага! Он бы лучше свою автобиографию написал. Какой это превосходный сюжет! Отставной профессор, понимаешь ли, старый сухарь, ученая вобла... Подагра, ревматизм, мигрень, от ревности и зависти вспухла печенка... Живет эта вобла в имении своей первой жены, живет поневоле, потому что жить в городе ему не по карману. Вечно жалуется на свои несчастья, хотя в сущности сам необыкновенно счастлив. *(Нервно.)* Ты только подумай, какое счастье! Сын простого дьячка, бурсак, добился ученых степеней и кафедры, стал его превосходительством, зятем сенатора и прочее и прочее. Все это неважно, впрочем. Но ты возьми вот что. Человек ровно двадцать пять лет читает и пишет об искусстве, ровно ничего не понимая в искусстве. Двадцать пять лет он пережевывает чужие мысли о реализме, натурализме и всяком другом вздоре; двадцать пять лет читает и пишет о том, что умным давно уже известно, а для глупых неинтересно: значит, двадцать пять лет переливает из пустого в порожнее. И в то же время какое самомнение! Какие претензии! Он вышел в отставку, и его не знает ни одна живая душа,

Uncle Vanya

Voynitsky. It's hot and stuffy, and our great scholar is wearing an overcoat, galoshes, gloves and carrying an umbrella.
Astrov. Which means he takes good care of himself.
Voynitsky. How lovely she is! How lovely! I have never in my life seen a more beautiful woman.
Telegin. As I ride in the fields, Marina Timofeyevna, or walk in a shady garden, as I look at this table, I feel inexplicable bliss! The weather is enchanting, the birds are singing, we are all living in peace and harmony—what more could we desire? *[Takes a glass of tea.]* You are very kind!
Voynitsky. *[Dreamily.]* Her eyes... A glorious woman.
Astrov. Come, Ivan Petrovich, tell us something.
Voynitsky. *[Drowsily.]* What shall I tell you?
Astrov. Is there anything new?
Voynitsky. Nothing. It's all stale. I am just the same as usual, or perhaps worse, because I have become lazy, I do nothing and only grumble like an old dodderer. My old jackdaw, maman, is still chattering about the emancipation of women, with one eye looking into her grave and the other looking for the dawn of a new life in her learned books.
Astrov. And the Professor?
Voynitsky. The Professor sits in his study from morning till late night, as usual, and writes. "Straining the mind, wrinkling the brow, we write, write, write, without respite or hope of praise in the future or now." Poor paper! He ought to write his autobiography. What a splendid subject! A retired professor, you see, an old cracker, a learned roach... Gout, rheumatism, migraine, his liver swollen from jealousy and envy... This roach lives on the estate of his first wife, lives against his will, because he can't afford to live in town. He is everlastingly whining about his hard lot, though, as a matter of fact, he is extraordinarily lucky. *[Nervously.]* Just think how lucky he is! The son of a common sexton, a seminarist, he has attained academic degrees and a chair, has become His Excellency, the son-in-law of a senator, and so on and so forth. That's not important, though. But think about this. The man has been lecturing and writing on art for precisely twenty-five years, understanding absolutely nothing about art. For twenty-five years he has been chewing on other men's thoughts about realism, naturalism, and all such nonsense; for twenty-five years he has been lecturing and writing things that clever men have long known and stupid ones are not interested in; for twenty-five years he has been catching the wind in a net. And what conceit all this time! What pretensions! He has retired unknown to any living soul, he is totally obscure; which means that for twenty-five

он совершенно неизвестен; значит, двадцать пять лет он занимал чужое место. А посмотри: шагает, как полубог!

Астров. Ну, ты, кажется, завидуешь.

Войницкий. Да, завидую! А какой успех у женщин! Ни один Дон-Жуан не знал такого полного успеха! Его первая жена, моя сестра, прекрасное, кроткое создание, чистая, как вот это голубое небо, благородная, великодушная, имевшая поклонников больше, чем он учеников, — любила его так, как могут любить одни только чистые ангелы таких же чистых и прекрасных, как они сами. Моя мать, его теща, до сих пор обожает его и до сих пор он внушает ей священный ужас. Его вторая жена, красавица, умница — вы ее только что видели, — вышла за него, когда уже он был стар, отдала ему молодость, красоту, свободу, свой блеск. За что? Почему?

Астров. Она верна профессору?

Войницкий. К сожалению, да.

Астров. Почему же, к сожалению?

Войницкий. Потому что эта верность фальшива от начала до конца. В ней много риторики, но нет логики. Изменить старому мужу, которого терпеть не можешь, — это безнравственно; стараться же заглушить в себе бедную молодость и живое чувство — это не безнравственно.

Телегин (*плачущим голосом*). Ваня, я не люблю, когда ты это говоришь. Ну, вот, право... Кто изменяет жене или мужу, тот, значит, неверный человек, тот может изменить и отечеству!

Войницкий (*с досадой*). Заткни фонтан, Вафля!

Телегин. Позволь, Ваня. Жена моя бежала от меня на другой день после свадьбы с любимым человеком по причине моей непривлекательной наружности. После того я своего долга не нарушал. Я до сих пор ее люблю и верен ей, помогаю чем могу и отдал свое имущество на воспитание деточек, которых она прижила с любимым человеком. Счастья я лишился, но у меня осталась гордость. А она? Молодость уже прошла, красота под влиянием законов природы поблекла, любимый человек скончался... Что же у нее осталось?

Входят Соня и Елена Андреевна; немного погодя входит Мария Васильевна с книгой; она садится и читает; ей дают чаю, и она пьет не глядя.

Соня (*торопливо, няне*). Там, нянечка, мужики пришли. Поди поговори с ними, а чай я сама. (*Наливает чай.*)

Няня уходит, Елена Андреевна берет свою чашку и пьет, сидя на качелях.

years he has occupied someone else's place. And yet look at him: he strides about like a demigod!

Astrov. I believe you envy him.

Voynitsky. Yes, I do envy him! Look at his success with women! No Don Juan has had such complete success! His first wife, my sister, a beautiful, gentle creature, as pure as this blue sky, noble, great-hearted, with more admirers than he had students, - loved him as only pure angels can love those who are as pure and beautiful as themselves. My mother, his mother-in-law, adores him to this day, and he still inspires worshipful awe in her. His second wife, a beauty, a clever woman – you just saw her - married him when he was already old, surrendered her youth, beauty, freedom, brilliance to him. What for? Why?

Astrov. Is she faithful to the Professor?

Voynitsky. Unfortunately she is.

Astrov. Why unfortunately?

Voynitsky. Because this fidelity is false from root to branch. There is much rhetoric but no logic in it. To be unfaithful to your old husband whom you hate – is immoral; but to try to strangle in yourself your poor youth and vital feeling – is not immoral.

Telegin. *[In a tearful voice.]* Vanya, I don't like it when you talk so. Here, really... Everyone who betrays wife or husband is faithless, and could also betray his country!

Voynitsky. *[Crossly.]* Turn off the tap, Waffle!

Telegin. No, allow me, Vanya. My wife ran away with a lover on the day after our wedding, because my exterior was unprepossessing. I have never failed in my duty since then. I love her and am true to her to this day, I help her all I can and have given my fortune to educate the children of herself and her lover. I have forfeited my happiness, but I have kept my pride. And she? Her youth has already fled, her beauty has faded according to the laws of nature, and her lover is dead... What has she kept?

Sonya and Elena Andreyevna come in; a little later Maria Vasilyevna comes in with a book; she sits down and reads; someone hands her a cup of tea which she drinks without looking.

Sonya. *[Hurriedly, to the nurse.]* Nurse, some peasants have come. Go and talk to them, and I shall pour the tea. *[Pours tea.]*

The nurse goes out, Elena Andreyevna takes her cup and drinks sitting on the swing.

Дядя Ваня

Астров *(Елене Андреевне).* Я ведь к вашему мужу. Вы писали, что он очень болен, ревматизм и еще что-то, а оказывается, он здоровехонек.

Елена Андреевна. Вчера вечером он хандрил, жаловался на боли в ногах, а сегодня ничего...

Астров. А я-то сломя голову скакал тридцать верст. Ну, да ничего, не впервой. Зато уж останусь у вас до завтра и по крайней мере высплюсь quantum satis.

Соня. И прекрасно. Это такая редкость, что вы у нас ночуете. Вы небось не обедали?

Астров. Нет-с, не обедал.

Соня. Так вот кстати и пообедаете. Мы теперь обедаем в седьмом часу. *(Пьет.)* Холодный чай!

Телегин. В самоваре уже значительно понизилась температура.

Елена Андреевна. Ничего, Иван Иваныч, мы и холодный выпьем.

Телегин. Виноват-с... Не Иван Иваныч, а Илья Ильич-с... Илья Ильич Телегин, или, как некоторые зовут меня по причине моего рябого лица, Вафля. Я когда-то крестил Сонечку, и его превосходительство, ваш супруг, знает меня очень хорошо. Я теперь у вас живу-с, в этом имении-с... Если изволили заметить, я каждый день с вами обедаю.

Соня. Илья Ильич — наш помощник, правая рука. *(Нежно.)* Давайте, крестненький, я вам еще налью.

Мария Васильевна. Ах!

Соня. Что с вами, бабушка?

Мария Васильевна. Забыла я сказать Александру... потеряла память... сегодня получила я письмо из Харькова от Павла Алексеевича... Прислал свою новую брошюру...

Астров. Интересно?

Мария Васильевна. Интересно, но как-то странно. Опровергает то, что семь лет назад сам же защищал. Это ужасно!

Войницкий. Ничего нет ужасного. Пейте, maman, чай.

Мария Васильевна. Но я хочу говорить!

Войницкий. Но мы уже пятьдесят лет говорим, и говорим, и читаем брошюры. Пора бы уж и кончить.

Мария Васильевна. Тебе почему-то неприятно слушать, когда я говорю. Прости, Жан, но в последний год ты так изменился, что я тебя совершенно не узнаю... Ты был человеком определенных убеждений, светлою личностью...

Войницкий. О да! Я был светлою личностью, от которой никому не было светло...

Uncle Vanya

Astrov. *[To Elena Andreyevna.]* I have come to see your husband. You wrote that he was very ill, rheumatism and something else, but he appears to be healthy.
Elena Andreyevna. He had a fit of the blues yesterday evening and complained of pains in his legs, but he is all right today...
Astrov. And I galloped thirty versts at break-neck speed. No matter, though, it is not the first time. Once here, however, I am going to stay until tomorrow, and at any rate sleep quantum satis.
Sonya. Splendid. You so seldom spend the night with us. I suppose you haven't had dinner?
Astrov. No, I haven't.
Sonya. So you will have it with us. We dine after six now. *[Drinks.]* This tea is cold!
Telegin. There has been a considerable drop of temperature in the samovar.
Elena Andreyevna. Never mind, Ivan Ivanych, we'll drink it cold then.
Telegin. I beg your pardon... Not Ivan Ivanych, but Ilya Ilyich... Ilya Ilyich Telegin, or Waffle, as some call me on account of my pock-marked face. I am Sonya's godfather, and His Excellency, your husband, knows me very well. I now live here, on this estate... Perhaps you kindly noticed that I dine with you every day.
Sonya. Ilya Ilyich is our helper, our right hand. *[Tenderly.]* Dear godfather, let me pour you some more.
Maria Vasilyevna. Ah!
Sonya. What is it, Granny?
Maria Vasilyevna. I forgot to tell Alexander... I have lost my memory... I received a letter today from Pavel Alekseyevich in Kharkov... He has sent me his new pamphlet...
Astrov. Is it interesting?
Maria Vasilyevna. Interesting, but rather strange. He refutes the very ideas which he himself defended seven years ago. It's appalling!
Voynitsky. There is nothing appalling about it. Drink your tea, maman.
Maria Vasilyevna. But I want to talk!
Voynitsky. For fifty years now we've been talking and talking and reading pamphlets. It's time to stop.
Maria Vasilyevna. For some reason it's unpleasant for you to listen when I talk. Pardon me, Jean, but you have changed so in the last year that I don't recognise you at all... You used to be a man of certain convictions and had an illuminating personality...
Voynitsky. Oh, yes! I had an illuminating personality, which illuminated no one...

Дядя Ваня

Пауза.

Я был светлою личностью... Нельзя сострить ядовитей! Теперь мне сорок семь лет. До прошлого года я так же, как вы, нарочно старался отуманивать свои глаза вашею этою схоластикой, чтобы не видеть настоящей жизни, — и думал, что делаю хорошо. А теперь, если бы вы знали! Я ночи не сплю с досады, от злости, что так глупо проворонил время, когда мог бы иметь все, в чем отказывает мне теперь моя старость!

Соня. Дядя Ваня, скучно!
Мария Васильевна (*сыну*). Ты точно обвиняешь в чем-то свои прежние убеждения... Но виноваты не они, а ты сам. Ты забывал, что убеждения сами по себе ничто, мертвая буква... Нужно было дело делать.
Войницкий. Дело? Не всякий способен быть пишущим perpetuum mobile, как ваш герр профессор.
Мария Васильевна. Что ты хочешь этим сказать?
Соня (*умоляюще*). Бабушка! Дядя Ваня! Умоляю вас!
Войницкий. Я молчу. Молчу и извиняюсь.

Пауза.

Елена Андреевна. А хорошая сегодня погода... Не жарко...

Пауза.

Войницкий. В такую погоду хорошо повеситься...

Телегин настраивает гитару. Марина ходит около дома и кличет кур.

Марина. Цып, цып, цып...
Соня. Нянечка, зачем мужики приходили?..
Марина. Все то же, опять все насчет пустоши. Цып, цып, цып...
Соня. Кого ты это?
Марина. Пеструшка ушла с цыплятами... Вороны бы не потаскали... (*Уходит.*)

Телегин играет польку; все молча слушают; входит работник.

Работник. Господин доктор здесь? (*Астрову.*) Пожалуйте, Михаил

Uncle Vanya

Pause.

I had an illuminating personality... You couldn't make a more venomous joke! I am forty-seven now. Until last year I deliberately endeavoured, like you, to blear my eyes with this scholasticism of yours, in order to not to see real life – and I thought I was doing a good thing. But now, if you only knew! I lie awake at nights, heartsick and angry, to think how stupidly I have wasted my time when I could have had everything which my old age now forbids!

Sonya. Uncle Vanya, it's boring!

Maria Vasilyevna. *[To her son.]* You seem to be blaming your former convictions for something... But you yourself, not they, are to blame. You have forgotten that convictions per se are nothing, a dead letter... You should have done something.

Voynitsky. Done something! Not everyone is capable of being a writing perpetuum mobile like your Herr Professor.

Maria Vasilyevna. What do you mean by that?

Sonya. *[Imploringly.]* Granny! Uncle Vanya! I entreat you!

Voynitsky. I am silent. I apologise and am silent.

Pause.

Elena Andreyevna. Lovely weather today... Not too hot...

Pause.

Voynitsky. A fine weather to hang oneself...

Telegin tunes the guitar. Marina walks near the house and calls the chickens.

Marina. Chick, chick, chick...

Sonya. What did the peasants want, nurse?..

Marina. The same old thing, about the wasteland again. Chick, chick, chick...

Sonya. Who are you calling?

Marina. The speckled hen has gone with her chicks... I am afraid the crows might get them... *[Exit.]*

Telegin plays a polka; all listen in silence; enter a workman.

Workman. Is Mister Doctor here? *[To Astrov.]* Excuse me, Mikhail

Дядя Ваня

Львович, за вами приехали.
Астров. Откуда?
Работник. С фабрики.
Астров *(с досадой).* Покорно благодарю. Что ж, надо ехать... *(Ищет глазами фуражку.)* Досадно, черт подери...
Соня. Как это неприятно, право... С фабрики приезжайте обедать.
Астров. Нет, уж поздно будет. Где уж... Куда уж... *(Работнику.)* Вот что, притащи-ка мне, любезный, рюмку водки, в самом деле.

Работник уходит.

Где уж... Куда уж... *(Нашел фуражку.)* У Островского в какой-то пьесе есть человек с большими усами и малыми способностями... Так это я. Ну, честь имею, господа... *(Елене Андреевне.)* Если когда-нибудь заглянете ко мне, вот вместе с Софьей Александровной, то буду искренно рад. У меня небольшое именьишко, всего десятин тридцать, но, если интересуетесь, образцовый сад и питомник, какого не найдете за тысячу верст кругом. Рядом со мной казенное лесничество... Лесничий там стар, болеет всегда, так что в сущности я заведую всеми делами.
Елена Андреевна. Мне уже говорили, что вы очень любите леса. Конечно, можно принести большую пользу, но разве это не мешает вашему настоящему призванию? Ведь вы доктор.
Астров. Одному богу известно, в чем наше настоящее призвание.
Елена Андреевна. И интересно?
Астров. Да, дело интересное.
Войницкий *(с иронией).* Очень!
Елена Андреевна *(Астрову).* Вы еще молодой человек, вам на вид... ну, тридцать шесть-тридцать семь лет... и, должно быть, не так интересно, как вы говорите... Все лес и лес. Я думаю, однообразно.
Соня. Нет, это чрезвычайно интересно. Михаил Львович каждый год сажает новые леса, и ему уже прислали бронзовую медаль и диплом. Он хлопочет, чтобы не истребляли старых. Если вы выслушаете его, то согласитесь с ним вполне. Он говорит, что леса украшают землю, что они учат человека понимать прекрасное и внушают ему величавое настроение. Леса смягчают суровый климат. В странах, где мягкий климат, меньше тратится сил на борьбу с природой, и потому там мягче и нежнее человек; там люди красивы, гибки, легко возбудимы, речь их изящна, движения грациозны. У них процветают науки и искусства, философия их не мрачна, отношения к женщине полны изящного благородства...

Uncle Vanya

Lvovich, they've come to fetch you.
Astrov. Where from?
Workman. The factory.
Astrov. *[Annoyed.]* Thank you very much. Well, I must go... *[Looks around for his cap.]* Damn it, this is annoying...
Sonya. It is unpleasant, really... Come back to dinner from the factory.
Astrov. No, it will be too late. Where... How... *[To the workman.]* Look here, my man, get me a glass of vodka, will you?

The workman goes out.

Where... How... *[Finds his cap.]* In one of Ostrovsky's plays there is a man with a long moustache and short wits... This is me. Well, let me bid you goodbye, gentlemen... *[To Elena Andreyevna.]* I should be really delighted if you would come to see me some day with Sofya Alexandrovna. My estate is small, just about thirty desyatinas, but if you are interested, I have an exemplary garden and a seed-plot whose like you will not find within a thousand versts. My place is next to state forests... The forester there is old and always ailing, so I superintend all the work myself.
Elena Andreyevna. I've already been told that you are very fond of the forests. Of course one can do a great deal of good, but doesn't it interfere with your real calling? You are a doctor.
Astrov. God alone knows what our real calling is.
Elena Andreyevna. And is it interesting?
Astrov. Yes, the work is interesting.
Voynitsky. *[Sarcastically.]* Very!
Elena Andreyevna. *[To Astrov.]* You are still a young man, you look... well, thirty-six, thirty-seven... I suspect it doesn't interest you as much as you say... Just forest and more forest. I should think, monotonous.
Sonya. No, it's extremely interesting. Every year Mikhail Lvovich plants new forests, and he has already received a bronze medal and a diploma. He makes efforts to prevent the destruction of old forests. If you listen to him you will agree with him entirely. He says that forests are the ornaments of the earth, that they teach mankind to understand beauty and attune his mind to lofty sentiments. Forests temper a stern climate. In countries with mild climate less effort is spent in the battle with nature, and therefore man is kinder and gentler there; people are handsome, supple, excitable, elegant in speech and graceful in movement. Science and art blossom among them, their philosophy isn't gloomy, their treatment of women is full of exquisite nobility...

Дядя Ваня

Войницкий (*смеясь*). Браво, браво!... Все это мило, но не убедительно, так что (*Астрову*) позволь мне, мой друг, продолжать топить печи дровами и строить сараи из дерева.

Астров. Ты можешь топить печи торфом, а сараи строить из камня. Ну, я допускаю, руби леса из нужды, но зачем истреблять их? Русские леса трещат под топором, гибнут миллиарды деревьев, опустошаются жилища зверей и птиц, мелеют и сохнут реки, исчезают безвозвратно чудные пейзажи, и все оттого, что у ленивого человека не хватает смысла нагнуться и поднять с земли топливо. (*Елене Андреевне.*) Не правда ли, сударыня? Надо быть безрассудным варваром, чтобы жечь в своей печке эту красоту, разрушать то, чего мы не можем создать. Человек одарен разумом и творческою силой, чтобы преумножать то, что ему дано, но до сих пор он не творил, а разрушал. Лесов все меньше и меньше, реки сохнут, дичь перевелась, климат испорчен, и с каждым днем земля становится все беднее и безобразнее. (*Войницкому.*) Вот ты глядишь на меня с иронией, и все, что я говорю, тебе кажется несерьезным и... и, быть может, это в самом деле чудачество, но когда я прохожу мимо крестьянских лесов, которые я спас от порубки, или когда я слышу, как шумит мой молодой лес, посаженный моими руками, я сознаю, что климат немножко и в моей власти, и что если через тысячу лет человек будет счастлив, то в этом немножко буду виноват и я. Когда я сажаю березку и потом вижу, как она зеленеет и качается от ветра, душа моя наполняется гордостью, и я... (*Увидев работника, который принес на подносе рюмку водки.*) Однако... (*пьет*) мне пора. Все это, вероятно, чудачество в конце концов. Честь имею кланяться! (*Идет к дому.*)

Соня (*берет его под руку и идет вместе*). Когда же вы приедете к нам?

Астров. Не знаю...

Соня. Опять через месяц?..

Астров и Соня уходят в дом; Мария Васильевна и Телегин остаются возле стола; Елена Андреевна и Войницкий идут к террасе.

Елена Андреевна. А вы, Иван Петрович, опять вели себя невозможно. Нужно было вам раздражать Марию Васильевну, говорить о perpetuum mobile! И сегодня за завтраком вы опять спорили с Александром. Как это мелко!

Войницкий. Но если я его ненавижу!

Елена Андреевна. Ненавидеть Александра не за что, он такой же,

Uncle Vanya

Voynitsky. *[Laughing.]* Bravo, bravo!.. All that is pretty but unconvincing, so, *[to Astrov]* my friend, let me go on burning firewood in stoves and building sheds of wood.

Astrov. You can burn peat in stoves and build sheds of stone. Well, I don't object to cutting forests from necessity, but why destroy them? The forests of Russia are falling under the blows of the axe, thousands of millions of trees are perishing, the homes of the wild animals and birds are being desolated; the rivers are shrinking, beautiful landscapes are disappearing forever, and all because lazy man is not sensible enough to bend down and pick up fuel from the ground. *[To Elena Andreyevna.]* Am I not right, Madame? One has to be a thoughtless barbarian to burn this beauty in his stove, to destroy what we cannot create. Man is endowed with reason and creative power in order to increase what he has been given, but so far he has not created, but demolished. There are fewer and fewer forests, the rivers are running dry, the game is exterminated, the climate is spoiled, and the earth becomes poorer and uglier every day. *[To Voynitsky.]* You're looking at me with irony, you do not take what I am saying seriously, and... and it may very well be crankery, but when I pass the peasants' forests that I have saved from the axe, or hear the rustling of my young forest planted by my own hands, I realise that I too have some small degree of control over the climate, and that if mankind is happy a thousand years from now I will have been a little bit responsible for that. When I plant a little birch and then see it growing green and swaying in the wind, my soul swells with pride, and I... *[Sees the workman, who has brought in a glass of vodka on a tray.]* However... *[drinks]* I must be off. Probably it is all crankery, anyway. I bid you goodbye! *[Goes toward the house.]*

Sonya. *[Takes his arm and goes with him.]* When are you coming to see us?

Astrov. I don't know...

Sonya. In a month again?..

Astrov and Sonya go into the house; Maria Vasilyevna and Telegin stay by the table; Elena Andreyevna and Voynitsky walk over to the terrace.

Elena Andreyevna. And you, Ivan Petrovich, have behaved intolerably again. You had to tease Maria Vasilyevna and talk about perpetuum mobile! And today at breakfast you quarrelled with Alexander again. This is so petty!

Voynitsky. But I hate him!

Elena Andreyevna. There is no reason to hate Alexander; he is like

Дядя Ваня

как все. Не хуже вас.

Войницкий. Если бы вы могли видеть свое лицо, свои движения... Какая вам лень жить! Ах, какая лень!

Елена Андреевна. Ах, и лень, и скучно! Все бранят моего мужа, все смотрят на меня с сожалением: несчастная, у нее старый муж! Это участие ко мне — о, как я его понимаю! Вот как сказал сейчас Астров: все вы безрассудно губите леса, и скоро на земле ничего не останется. Точно так вы безрассудно губите человека, и скоро благодаря вам на земле не останется ни верности, ни чистоты, ни способности жертвовать собою. Почему вы не можете видеть равнодушно женщину, если она не ваша? Потому что, — прав этот доктор, — во всех вас сидит бес разрушения. Вам не жаль ни лесов, ни птиц, ни женщин, ни друг друга...

Войницкий. Не люблю я этой философии!

Пауза.

Елена Андреевна. У этого доктора утомленное нервное лицо. Интересное лицо. Соне, очевидно, он нравится, она влюблена в него, и я ее понимаю. При мне он был здесь уже три раза, но я застенчива и ни разу не поговорила с ним как следует, не обласкала его. Он подумал, что я зла. Вероятно, Иван Петрович, оттого мы с вами такие друзья, что оба мы нудные, скучные люди! Нудные! Не смотрите на меня так, я этого не люблю.

Войницкий. Могу ли я смотреть на вас иначе, если я люблю вас? Вы мое счастье, жизнь, моя молодость! Я знаю, шансы мои на взаимность ничтожны, равны нулю, но мне ничего не нужно, позвольте мне только глядеть на вас, слышать ваш голос...

Елена Андреевна. Тише, вас могут услышать!

Идут в дом.

Войницкий *(идя за нею).* Позвольте мне говорить о своей любви, не гоните меня прочь, и это одно будет для меня величайшим счастьем...

Елена Андреевна. Это мучительно.

Оба уходят в дом. Телегин бьет по струнам и играет польку; Мария Васильевна что-то записывает на полях брошюры.

Занавес

Uncle Vanya

everyone else. No worse than you.

Voynitsky. If you could only see your face, your gestures... How indolent your life must be! How indolent!

Elena Andreyevna. Ah, it is indolent and tedious! Everyone abuses my husband, everyone looks at me with compassion: poor woman, she is married to an old man! This compassion for me - oh, how well I understand it! As Astrov said just now: you all thoughtlessly destroy the forests, so that there will soon be none left on earth. So you also thoughtlessly destroy mankind, and soon thanks to you there won't be any fidelity or purity or capacity for self-sacrifice left on earth. Why can't you look indifferently at a woman if she isn't yours? Because - that doctor is right - you are all possessed by a devil of destruction. You have no mercy on the forests or the birds or women or one another...

Voynitsky. I don't like this philosophy!

Pause.

Elena Andreyevna. That doctor has a weary, sensitive face. An interesting face. Sonya evidently likes him, she is in love with him, and I understand her. This is already the third time he has been here since I have come, but I'm shy and I haven't had a real talk with him yet, I haven't been kind to him. He thinks I am bad-tempered. Ivan Petrovich, you and I are probably such friends because we are both tedious, boring people! Tedious! Don't look at me that way, I don't like it.

Voynitsky. How can I look at you otherwise if I love you? You are my happiness, my life, my youth! I know that my chances of being loved in return are tiny, equal to zero, but I want nothing, just let me look at you, hear your voice...

Elena Andreyevna. Hush, someone will overhear you!

They go into the house.

Voynitsky. *[Following her.]* Let me speak of my love, don't drive me away, and this alone will be my greatest happiness...

Elena Andreyevna. This is agony...

They both go into the house. Telegin strikes the strings and plays a polka; Maria Vasilyevna writes something in the margins of the pamphlet.

Curtain.

Дядя Ваня

Действие второе

Столовая в доме Серебрякова. Ночь. Слышно, как в саду стучит сторож.

Серебряков (сидит в кресле перед открытым окном и дремлет) и Елена Андреевна (сидит подле него и тоже дремлет).

Серебряков *(очнувшись).* Кто здесь? Соня, ты?
Елена Андреевна. Это я.
Серебряков. Ты, Леночка... Невыносимая боль!
Елена Андреевна. У тебя плед упал на пол. *(Кутает ему ноги.)* Я, Александр, затворю окно.
Серебряков. Нет, мне душно... Я сейчас задремал и мне снилось, будто у меня левая нога чужая. Проснулся от мучительной боли. Нет, это не подагра, скорей ревматизм. Который теперь час?
Елена Андреевна. Двадцать минут первого.

Пауза.

Серебряков. Утром поищи в библиотеке Батюшкова. Кажется, он есть у нас.
Елена Андреевна. А?
Серебряков. Поищи утром Батюшкова. Помнится, он был у нас. Но отчего мне так тяжело дышать?
Елена Андреевна. Ты устал. Вторую ночь не спишь.
Серебряков. Говорят, у Тургенева от подагры сделалась грудная жаба. Боюсь, как бы у меня не было. Проклятая, отвратительная старость. Черт бы ее побрал. Когда я постарел, я стал себе противен. Да и вам всем, должно быть, противно на меня смотреть.
Елена Андреевна. Ты говоришь о своей старости таким тоном, как будто все мы виноваты, что ты стар.
Серебряков. Тебе же первой я противен.

Елена Андреевна отходит и садится поодаль.

Конечно, ты права. Я неглуп и понимаю. Ты молода, здорова, красива, жить хочешь, а я старик, почти труп. Что ж? Разве я не понимаю? И, конечно, глупо, что я до сих пор жив. Но погодите, скоро я освобожу вас всех. Недолго мне еще придется тянуть.

Uncle Vanya

Act II

The dining-room in Serebryakov's house. Night. The tapping of the watchman's rattle is heard in the garden.

Serebryakov is dozing in an armchair by an open window and Elena Andreyevna is sitting beside him, also dozing.

Serebryakov. *[Rousing himself.]* Who is here? Is it you, Sonya?
Elena Andreyevna. It's me.
Serebryakov. You, Lenochka... The pain is intolerable!
Elena Andreyevna. Your plaid has fallen on the floor. *[Wraps his legs.]* I will shut the window, Alexander.
Serebryakov. No, I am suffocating... I just now dozed off and dreamt that my left leg belonged to someone else. I woke up from agonising pain. No, it isn't gout, it's more like rheumatism. What time is it now?
Elena Andreyevna. Twenty past twelve.

Pause.

Serebryakov. In the morning look for Batyushkov in the library. I think we have him.
Elena Andreyevna. What?
Serebryakov. Look for Batyushkov in the morning. We used to have him, I remember. Why do I find it so hard to breathe?
Elena Andreyevna. You are tired. This is the second night you have had no sleep.
Serebryakov. They say that Turgenev got stenocardia from gout. I am afraid I am getting it too. Cursed and disgusting old age. Damn it. Ever since I have been old I have been hateful to myself, and I am sure, hateful to you all as well.
Elena Andreyevna. You speak about your old age in such a tone as if we were all to blame for your being old.
Serebryakov. I am more hateful to you than to anyone.

Elena Andreyevna walks away and sits down at a distance.

Of course, you are right. I am not stupid and I understand. You are young, healthy, beautiful, and longing for life, and I am an old man, almost a corpse. Well? Don't I know it? And, of course, it's foolish that I'm still alive. But wait, I shall soon set you all free. My life can't drag on much longer.

Елена Андреевна. Я изнемогаю... Бога ради молчи.

Серебряков. Выходит так, что благодаря мне все изнемогли, скучают, губят свою молодость, один только я наслаждаюсь жизнью и доволен. Ну да, конечно!

Елена Андреевна. Замолчи! Ты меня замучил!

Серебряков. Я всех замучил. Конечно.

Елена Андреевна (*сквозь слезы*). Невыносимо! Скажи, что ты хочешь от меня!

Серебряков. Ничего.

Елена Андреевна. Ну, так замолчи. Я прошу.

Серебряков. Странное дело, заговорит Иван Петрович или эта старая идиотка, Марья Васильевна, — и ничего, все слушают, но скажи я хоть одно слово, как все начинают чувствовать себя несчастными. Даже голос мой противен. Ну, допустим, я противен, я эгоист, я деспот, но неужели я даже в старости не имею некоторого права на эгоизм? Неужели я не заслужил? Неужели же, я спрашиваю, я не имею права на покойную старость, на внимание к себе людей?

Елена Андреевна. Никто не оспаривает у тебя твоих прав.

Окно хлопает от ветра.

Ветер поднялся, я закрою окно. (*Закрывает.*) Сейчас будет дождь. Никто у тебя твоих прав не оспаривает.

Пауза; сторож в саду стучит и поет песню.

Серебряков. Всю жизнь работать для науки, привыкнуть к своему кабинету, к аудитории, к почтенным товарищам — и вдруг, ни с того ни с сего, очутиться в этом склепе, каждый день видеть тут глупых людей, слушать ничтожные разговоры... Я хочу жить, я люблю успех, люблю известность, шум, а тут — как в ссылке. Каждую минуту тосковать о прошлом, следить за успехами других, бояться смерти... Не могу! Нет сил! А тут еще не хотят простить мне моей старости!

Елена Андреевна. Погоди, имей терпение: через пять-шесть лет и я буду стара.

Входит Соня.

Соня. Папа, ты сам приказал послать за доктором Астровым, а когда он приехал, ты отказываешься принять его. Это неделикатно. Только напрасно побеспокоили человека...

Uncle Vanya

Elena Andreyevna. I am exhausted... For God's sake, be quiet.
Serebryakov. It appears that, thanks to me, everybody's exhausted, bored, wasting their youth, I am the only one enjoying life and being content. Oh, yes, of course!
Elena Andreyevna. Be quiet! You are torturing me!
Serebryakov. I torture everybody. Of course.
Elena Andreyevna. *[Weeping.]* This is unbearable! Tell me, what do you want from me?
Serebryakov. Nothing.
Elena Andreyevna. Then be quiet. I'm begging you.
Serebryakov. It's a funny thing; if Ivan Petrovich or that old idiot Maria Vasilyevna start talking – never mind, everyone listens, but if I say just one word all begin to feel unhappy. Even my voice is disgusting. Well, suppose I am hateful, I am an egoist, I am a tyrant, but haven't I some right to egoism even at my old age? Haven't I deserved it? Haven't I, I ask you, the right to a quiet old age, to people's attention?
Elena Andreyevna. No one is disputing your rights.

The window slams in the wind.

The wind's risen, I will shut the window. *[Shuts it.]* It'll rain now. No one is disputing your rights.

Pause; the watchman in the garden sounds his rattle and sings a song.

Serebryakov. I have spent all my life working for science, I am used to my study, the lecture hall, my esteemed colleagues – and suddenly, for no apparent reason, I find myself in this crypt, I see stupid people here every day, I listen to futile conversations... I want to live, I like success, I like fame, noise, and here – it's like being in exile. To grieve every minute for the past, to see the success of others, to fear death... I can't! I haven't the strength! And they don't even want to forgive me my old age!
Elena Andreyevna. Wait, have patience; I shall be old myself in five or six years.

Sonya comes in.

Sonya. Father, you yourself sent for Dr. Astrov, but when he came you refused to see him. It's not nice. To give a man trouble for nothing...

Дядя Ваня

Серебряков. На что мне твой Астров? Он столько же понимает в медицине, как я в астрономии.
Соня. Не выписывать же сюда для твоей подагры целый медицинский факультет.
Серебряков. С этим юродивым я и разговаривать не стану.
Соня. Это как угодно. *(Садится.)* Мне все равно.
Серебряков. Который теперь час?
Елена Андреевна. Первый.
Серебряков. Душно... Соня, дай мне со стола капли!
Соня. Сейчас. *(Подает капли.)*
Серебряков *(раздраженно).* Ах, да не эти! Ни о чем нельзя попросить!
Соня. Пожалуйста, не капризничай. Может быть, это некоторым и нравится, но меня избавь, сделай милость! Я этого не люблю. И мне некогда, мне нужно завтра рано вставать, у меня сенокос.

Входит Войницкий в халате и со свечой.

Войницкий. На дворе гроза собирается.

Молния.

Вона как! Hélène и Соня, идите спать, я пришел вас сменить.
Серебряков *(испуганно).* Нет, нет! Не оставляйте меня с ним! Нет. Он меня заговорит!
Войницкий. Но надо же дать им покой! Они уже другую ночь не спят.
Серебряков. Пусть идут спать, но и ты уходи. Благодарю. Умоляю тебя. Во имя нашей прежней дружбы, не протестуй. После поговорим.
Войницкий *(с усмешкой).* Прежней нашей дружбы... Прежней...
Соня. Замолчи, дядя Ваня.
Серебряков *(жене).* Дорогая моя, не оставляй меня с ним! Он меня заговорит.
Войницкий. Это становится смешно.

Входит Марина со свечой.

Соня. Ты бы ложилась, нянечка. Уже поздно.
Марина. Самовар со стола не убран. Не очень-то ляжешь.

Uncle Vanya

Serebryakov. What do I care about your Astrov? He understands medicine as well as I understand astronomy.
Sonya. We can't send for the whole medical faculty, can we, to treat your gout?
Serebryakov. I won't talk to that fool.
Sonya. Do as you please. *[Sits down.]* It's all the same to me.
Serebryakov. What time is it now?
Elena Andreyevna. Past twelve.
Serebryakov. It is stifling... Sonya, hand me the drops on the table!
Sonya. Here. *[Hands him the drops.]*
Serebryakov. *[Crossly.]* Ah, not those! Can't I ask you to do a thing?
Sonya. Please don't be capricious. Some people may like it, but you must spare me, if you please! I don't like it. Besides, I haven't the time; I have to get up early tomorrow, we are cutting the hay.

Voynitsky comes in, wearing a dressing-gown and carrying a candle.

Voynitsky. A storm is brewing outside.

Lightning.

There it is! Hélène and Sonya, go to bed, I have come to take your place.
Serebryakov. *[Frightened.]* No, no! Don't leave me with him! No. He'll talk me to death!
Voynitsky. But you must give them some rest! This is the second night they have not slept.
Serebryakov. Let them go to bed, but you go away too. Thank you. I implore you. For the sake of our former friendship, don't protest. We'll talk later.
Voynitsky. *[With a grin.]* Our former friendship... Former...
Sonya. Be quiet, Uncle Vanya.
Serebryakov. *[To his wife.]* My darling, don't leave me with him! He'll talk me to death.
Voynitsky. This is getting ridiculous.

Marina comes in with a candle.

Sonya. You should go to bed, nurse. It's late.
Marina. The samovar is not cleared from the table. Can't go to bed yet.

Дядя Ваня

Серебряков. Все не спят, изнемогают, один только я блаженствую.
Марина *(подходит к Серебрякову, нежно).* Что, батюшка? Больно? У меня у самой ноги гудут, так и гудут. *(Поправляет плед.)* Это у вас давняя болезнь. Вера Петровна, покойница, Сонечкина мать, бывало, ночи не спит, убивается... Очень уж она вас любила...

Пауза.

Старые, что малые, хочется, чтобы пожалел кто, а старых-то никому не жалко. *(Целует Серебрякова в плечо).* Пойдем, батюшка, в постель... Пойдем, светик... Я тебя липовым чаем напою, ножки твои согрею... Богу за тебя помолюсь...
Серебряков *(растроганный).* Пойдем, Марина.
Марина. У самой-то у меня ноги так и гудут, так и гудут! *(Ведет его вместе с Соней.)* Вера Петровна, бывало, все убивается, все плачет... Ты, Сонюшка, тогда была еще мала, глупа... Иди, иди, батюшка...

Серебряков, Соня и Марина уходят.

Елена Андреевна. Я замучилась с ним. Едва на ногах стою.
Войницкий. Вы с ним, а я с самим собою. Вот уже третью ночь не сплю.
Елена Андреевна. Неблагополучно в этом доме. Ваша мать ненавидит все, кроме своих брошюр и профессора; профессор раздражен, мне не верит, вас боится; Соня злится на отца, злится на меня и не говорит со мною вот уже две недели; вы ненавидите мужа и открыто презираете свою мать; я раздражена и сегодня раз двадцать принималась плакать... Неблагополучно в этом доме.
Войницкий. Оставим философию!
Елена Андреевна. Вы, Иван Петрович, образованны и умны, и, кажется, должны бы понимать, что мир погибает не от разбойников, не от пожаров, а от ненависти, вражды, от всех этих мелких дрязг... Ваше бы дело не ворчать, а мирить всех.
Войницкий. Сначала помирите меня с самим собою! Дорогая моя... *(Припадает к ее руке.)*
Елена Андреевна. Оставьте! *(Отнимает руку.)* Уходите!
Войницкий. Сейчас пройдет дождь, и все в природе освежится и легко вздохнет. Одного только меня не освежит гроза. Днем и ночью, точно домовой, душит меня мысль, что жизнь моя потеряна

Uncle Vanya

Serebryakov. No one sleeps, they are all worn out, only I enjoy perfect happiness.

Marina. *[Goes up to Serebryakov, tenderly.]* What's the matter, my dear? Does it hurt? My own legs are aching too, oh, so badly. *[Arranges the plaid.]* You have had this illness such a long time. Vera Petrovna, Sonechka's late mother, used to stay awake with you too, and wear herself out for you... She loved you dearly.

Pause.

Old people want to be pitied as much as children, but nobody pities the old people. *[Kisses Serebryakov's shoulder.]* Come, my dear, to bed... Come, darling... I'll give you some linden-tea and warm your feet... I shall pray to God for you...

Serebryakov. *[Touched.]* Let's go, Marina.

Marina. My own feet are aching so badly, oh, so badly! *[She and Sonya lead him together.]* Vera Petrovna used to wear herself out with sorrow and weeping... You were still little and foolish then, Sonyushka... Come, come, my dear...

Serebryakov, Sonya and Marina go out.

Elena Andreyevna. I am exhausted by him. I can hardly stand on my feet.

Voynitsky. You are exhausted by him, and I am exhausted by my own self. It's the third night I haven't slept.

Elena Andreyevna. Something is wrong in this house. Your mother hates everything but her pamphlets and the Professor; the Professor is vexed, won't trust me, fears you; Sonya is angry with her father, angry with me, and hasn't spoken to me for two weeks now; you hate my husband and openly despise your mother; I am vexed, and have cried about twenty times today... Something is wrong in this house.

Voynitsky. Let's stop philosophising!

Elena Andreyevna. You are cultured and intelligent, Ivan Petrovich, and I think, you should understand that the world is not being destroyed by robbers and fires, but by hatred, enmity, all this dirty tattle... It is your duty to make peace, and not to growl.

Voynitsky. Help me first to make peace with myself! My darling... *[Kisses her hand.]*

Elena Andreyevna. Let go! *[Takes her hand away.]* Go away!

Voynitsky. Now the rain will be over, and all nature will be refreshed and breathe lightly. Only I will not be refreshed by the storm. Day and night the thought strangles me like a goblin, that my life is lost for ever. I've got

безвозвратно. Прошлого нет, оно глупо израсходовано на пустяки, а настоящее ужасно по своей нелепости. Вот вам моя жизнь и моя любовь: куда мне их девать, что мне с ними делать? Чувство мое гибнет даром, как луч солнца, попавший в яму, и сам я гибну.

Елена Андреевна. Когда вы мне говорите о своей любви, я как-то тупею и не знаю, что говорить. Простите, я ничего не могу сказать вам. *(Хочет идти.)* Спокойной ночи.

Войницкий *(загораживая ей дорогу).* И если бы вы знали, как я страдаю от мысли, что рядом со мною в этом же доме гибнет другая жизнь — ваша! Чего вы ждете? Какая проклятая философия мешает вам? Поймите же, поймите...

Елена Андреевна *(пристально смотрит на него).* Иван Петрович, вы пьяны!

Войницкий. Может быть, может быть...

Елена Андреевна. Где доктор?

Войницкий. Он там... у меня ночует. Может быть, может быть... Все может быть!

Елена Андреевна. И сегодня пили? К чему это?

Войницкий. Все-таки на жизнь похоже... Не мешайте мне, Hélène!

Елена Андреевна. Раньше вы никогда не пили, и никогда вы так много не говорили... Идите спать! Мне с вами скучно.

Войницкий *(припадая к ее руке).* Дорогая моя... чудная!

Елена Андреевна *(с досадой).* Оставьте меня. Это, наконец, противно. *(Уходит.)*

Войницкий *(один).* Ушла...

Пауза.

Десять лет тому назад я встречал ее у покойной сестры. Тогда ей было семнадцать, а мне тридцать семь лет. Отчего я тогда не влюбился в нее и не сделал ей предложения? Ведь это было так возможно! И была бы она теперь моею женой... Да... Теперь оба мы проснулись бы от грозы; она испугалась бы грома, а я держал бы ее в своих объятиях и шептал: "Не бойся, я здесь". О, чудные мысли, как хорошо, я даже смеюсь... но, боже мой, мысли путаются в голове... Зачем я стар? Зачем она меня не понимает? Ее риторика, ленивая мораль, вздорные, ленивые мысли о погибели мира — все это мне глубоко ненавистно.

Пауза.

Uncle Vanya

no past, it has been stupidly wasted on trifles, and the present is terrible in its absurdity. I give you my life and my love: where am I to put them, what am I to do with them? My feelings are dying for nothing, like a ray of sunlight falling into a pit, and I myself am dying.
Elena Andreyevna. When you speak to me of your love, I somehow get benumbed and don't know what to say. Forgive me, I have nothing to say to you. *[Wants to go out.]* Goodnight.
Voynitsky. *[Barring her way.]* If you only knew how I am tortured by the thought that beside me in this house is another life that is being lost forever — yours! What are you waiting for? What accursed philosophy stands in your way? Oh, understand, understand...
Elena Andreyevna. *[Looking at him intently.]* Ivan Petrovich, you are drunk!
Voynitsky. Perhaps, perhaps...
Elena Andreyevna. Where is the Doctor?
Voynitsky. He's in there... spending the night with me. Perhaps, perhaps... Anything is possible!
Elena Andreyevna. Have you been drinking again today? Why?
Voynitsky. That way I get a taste of life... Don't stop me, Hélène!
Elena Andreyevna. You never used to drink, and you never used to talk so much... Go to bed! I am bored with you.
Voynitsky. *[Kisses her hand.]* My darling... My beautiful one!
Elena Andreyevna. *[Angrily.]* Leave me alone. Really, this is disgusting. *[Goes out.]*
Voynitsky. *[Alone.]* She is gone...

Pause.

I used to meet her ten years ago, at my late sister's house. Then she was seventeen and I was thirty-seven. Why did I not fall in love with her then and propose to her? It would have been so easy! And now she would have been my wife... Yes... We would both have been waked tonight by the storm, and she would have been frightened by the thunder, but I would have held her in my arms and whispered: "Don't be afraid, I'm here." Oh, enchanting thoughts, so sweet that I even laugh... but my God, thoughts get tangled in my head... Why am I old? Why doesn't she understand me? I deeply hate her rhetoric, lazy morality, absurd and lazy ideas about the destruction of the world.

Pause.

Дядя Ваня

О, как я обманут! Я обожал этого профессора, этого жалкого подагрика, я работал на него как вол! Я и Соня выжимали из этого имения последние соки; мы, точно кулаки, торговали постным маслом, горохом, творогом, сами не доедали куска, чтобы из грошей и копеек собирать тысячи и посылать ему. Я гордился им и его наукой, я жил, я дышал им! Все, что он писал и изрекал, казалось мне гениальным... Боже, а теперь? Вот он в отставке, и теперь виден весь итог его жизни: после него не останется ни одной страницы труда, он совершенно неизвестен, он ничто! Мыльный пузырь! И я обманут... вижу, — глупо обманут...

Входит Астров в сюртуке, без жилета и галстука; он навеселе; за ним Телегин с гитарой.

Астров. Играй!
Телегин. Все спят-с!
Астров. Играй!

Телегин тихо наигрывает.

(Войницкому.) Ты один здесь? Дам нет? *(Подбоченясь, тихо поет.)* "Ходи хата, ходи печь, хозяину негде лечь..." А меня гроза разбудила. Важный дождик. Который теперь час?
Войницкий. А черт его знает.
Астров. Мне как будто послышался голос Елены Андреевны.
Войницкий. Сейчас она была здесь.
Астров. Роскошная женщина. *(Осматривает склянки на столе.)* Лекарства. Каких только тут нет рецептов! И харьковские, и московские, и тульские... Всем городам надоел своею подагрой. Он болен или притворяется?
Войницкий. Болен.

Пауза.

Астров. Что ты сегодня такой печальный? Профессора жаль, что ли?
Войницкий. Оставь меня.
Астров. А то, может быть, в профессоршу влюблен?
Войницкий. Она мой друг.
Астров. Уже?

Uncle Vanya

Oh, how I've been deceived! I worshipped that pathetic gout-ridden Professor; I worked for him like an ox! Sonya and I squeezed this estate dry; we traded in vegetable oil, peas, curd like kulaks, and never kept a morsel for ourselves so that we could scrape pennies and kopecks together into thousands and send them to him. I was proud of him and his learning, I lived, I breathed him! Everything he wrote and uttered seemed to me to come from a genius... God, and now? He has retired, and now we can see the total of his life: when he goes not a single page of his work will stay, he is absolutely unknown, he is nothing! A soap bubble! And I have been deceived... I see it – stupidly deceived...

Enter Astrov in his coat, without his waistcoat and tie; he's slightly drunk; Telegin follows him with a guitar.

Astrov. Play!
Telegin. Everyone is asleep!
Astrov. Play!

Telegin plays softly.

[To Voynitsky.] Are you alone here? No ladies? *[Sings softly with his arms akimbo.]* "The hut is cold, the fire is dead; where shall the master lay his head?" The storm woke me up. That's a heavy shower. What time is it now?
Voynitsky. The devil only knows.
Astrov. I thought I heard Elena Andreyevna's voice.
Voynitsky. She was here a moment ago.
Astrov. A splendid woman. *[Looks at the medicine bottles on the table.]* Medicine. What a variety of prescriptions! From Kharkov, from Moscow, from Tula... He has been pestering all the towns with his gout. Is he ill or shamming?
Voynitsky. Ill.
Pause.

Astrov. Why are you so sad today? Are you sorry for the Professor or what?
Voynitsky. Leave me alone.
Astrov. Or in love with the Professor's wife?
Voynitsky. She is my friend.
Astrov. Already?

Дядя Ваня

Войницкий. Что значит это "уже"?
Астров. Женщина может быть другом мужчины лишь в такой последовательности: сначала приятель, потом любовница, а затем уж друг.
Войницкий. Пошляческая философия.
Астров. Как? Да... Надо сознаться — становлюсь пошляком. Видишь, я и пьян. Обыкновенно я напиваюсь так один раз в месяц. Когда бываю в таком состоянии, то становлюсь нахальным и наглым до крайности. Мне тогда все нипочем! Я берусь за самые трудные операции и делаю их прекрасно; я рисую самые широкие планы будущего; в это время я уже не кажусь себе чудаком и верю, что приношу человечеству громадную пользу... громадную! И в это время у меня своя собственная философская система, и все вы, братцы, представляетесь мне такими букашками... микробами. *(Телегину.)* Вафля, играй!
Телегин. Дружочек, я рад бы для тебя всею душой, но пойми же, — в доме спят!
Астров. Играй!

Телегин тихо наигрывает.

Выпить бы надо. Пойдем, там, кажется, у нас еще коньяк остался. А как рассветет, ко мне поедем. Идёть? У меня есть фельдшер, который никогда не скажет "идет", а "идёть". Мошенник страшный. Так идёть? *(Увидев входящую Соню.)* Извините, я без галстука. *(Быстро уходит; Телегин идет за ним.)*
Соня. А ты, дядя Ваня, опять напился с доктором. Подружились ясные соколы. Ну, тот уж всегда такой, а ты-то с чего? В твои годы это совсем не к лицу.
Войницкий. Годы тут ни при чем. Когда нет настоящей жизни, то живут миражами. Все-таки лучше, чем ничего.
Соня. Сено у нас все скошено, идут каждый день дожди, все гниет, а ты занимаешься миражами. Ты совсем забросил хозяйство... Я работаю одна, совсем из сил выбилась... *(Испуганно.)* Дядя, у тебя на глазах слезы!
Войницкий. Какие слезы? Ничего нет... вздор... Ты сейчас взглянула на меня, как покойная твоя мать. Милая моя... *(Жадно целует ее руки и лицо.)* Сестра моя... милая сестра моя... где она теперь? Если бы она знала! Ах, если бы она знала!
Соня. Что? Дядя, что знала?
Войницкий. Тяжело, нехорошо... Ничего... После... Ничего... Я уйду... *(Уходит.)*

Uncle Vanya

Voynitsky. What do you mean by "already"?
Astrov. A woman can only become a man's friend in the following sequence: first, a pal, then a mistress, then a friend.
Voynitsky. A vulgar philosophy.
Astrov. What? Yes... I must admit - I am getting vulgar. You see, I am drunk. I usually get drunk like this once a month. When I am in this condition, I become extremely impudent and audacious. I feel capable of anything! I undertake the most difficult operations and do them magnificently; I draw up the broadest plans for the future; at times like that I don't see myself as a crank, and I believe I'm doing mankind an enormous favour... enormous! And at times like that I have my own system of philosophy, and all of you, brothers, seem to me to be bugs... microbes. *[To Telegin.]* Play, Waffle!
Telegin. For you, my dear friend, I would with all my heart, but you should understand - everybody in the house is asleep!
Astrov. Play!

Telegin plays softly.

I need a drink. Come, I think we still have some cognac left in there. And when it dawns, we'll go to my place. All roight? I have a medical assistant who never says 'all right' but 'all roight'. A terrible swindler. So, all roight? *[Seeing Sonya come in.]* I beg your pardon, I have no tie on. *[Goes out quickly, followed by Telegin.]*
Sonya. And you, Uncle Vanya, got drunk with the Doctor again. Fine falcons became friends. Well, he has always been like that, but why should you? At your age it doesn't suit you at all.
Voynitsky. Age has nothing to do with it. When there is no real life, people live in illusions. It's better than nothing.
Sonya. Our hay is all cut, it rains every day, everything is rotting, and you are busy with illusions. You have completely given up farming... I'm working alone, I'm at the end of my strength... *[Frightened.]* Uncle, you have tears in your eyes!
Voynitsky. What tears? There is nothing... nonsense... You just looked at me like your late mother. My darling... *[Eagerly kisses her hands and face.]* My sister... My dear sister... where is she now? If she knew! Ah, if she knew!
Sonya. What? If she knew what, Uncle?
Voynitsky. It's hard, bad... No matter... Later... No matter... I'm going... *[Goes out.]*

Дядя Ваня

Соня *(стучит в дверь).* Михаил Львович! Вы не спите?.. На минутку!
Астров *(за дверью).* Сейчас! *(Немного погодя входит: он уже в жилетке и галстуке.)* Что прикажете?
Соня. Сами вы пейте, если это вам не противно, но, умоляю, не давайте пить дяде. Ему вредно.
Астров. Хорошо. Мы не будем больше пить.

Пауза.

Я сейчас уеду к себе. Решено и подписано. Пока запрягут, будет уже рассвет.
Соня. Дождь идет. Погодите до утра.
Астров. Гроза идет мимо, только краем захватит. Поеду. И, пожалуйста, больше не приглашайте меня к вашему отцу. Я ему говорю — подагра, а он — ревматизм, я прошу лежать, он сидит. А сегодня так и вовсе не стал говорить со мною.
Соня. Избалован. *(Ищет в буфете.)* Хотите закусить?
Астров. Пожалуй, дайте.
Соня. Я люблю по ночам закусывать. В буфете, кажется, что-то есть. Он в жизни, говорят, имел большой успех у женщин, и его дамы избаловали. Вот берите сыр.

Оба стоят у буфета и едят.

Астров. Я сегодня ничего не ел, только пил. У вашего отца тяжелый характер. *(Достает из буфета бутылку.)* Можно? *(Выпивает рюмку.)* Здесь никого нет, и можно говорить прямо. Знаете, мне кажется, что в вашем доме я не выжил бы месяца, задохнулся бы в этом воздухе... Ваш отец, который весь ушел в свою подагру и в книги, дядя Ваня со своею хандрой, ваша бабушка, наконец, ваша мачеха...
Соня. Что мачеха?
Астров. В человеке должно быть все прекрасно: и лицо, и одежда, и душа, и мысли. Она прекрасна, спора нет, но... ведь она только ест, спит, гуляет, чарует всех нас своею красотой — и больше ничего. У нее нет никаких обязанностей, на нее работают другие... Ведь так? А праздная жизнь не может быть чистою.

Пауза.

Uncle Vanya

Sonya. *[Knocks on the door.]* Mikhail Lvovich! Are you awake?.. Just for a minute!
Astrov. *[Behind the door.]* In a moment! *[A little later he enters, wearing a waistcoat and tie.]* What do you want?
Sonya. Drink yourself if you don't find it revolting, but I implore you not to let my uncle drink. It is bad for him.
Astrov. All right. We won't drink any more.

Pause.

I am going home at once. Decided and signed. It will be dawn by the time the horses are harnessed.
Sonya. It's raining. Wait till morning.
Astrov. The storm is blowing over, this is only the edge of it. I'll go. And please don't ask me to come and see your father again. I tell him – it's gout, he says – it's rheumatism, I ask him to lie down, he sits up. And today he refused to see me at all.
Sonya. He has been spoilt. *[Looks in the sideboard.]* Would you like something to eat?
Astrov. Well, yes, give me something.
Sonya. I love to have a snack at night. I think there's something in the sideboard. They say he was a great success with women in his life, and the ladies have spoiled him. Here, have some cheese.

They both stand by the sideboard and eat.

Astrov. I haven't eaten anything today, I've only been drinking. Your father has a difficult nature. *[Takes a bottle out of the sideboard.]* May I? *[Drinks a glass.]* We are alone here, and I can speak frankly. You know, I think I wouldn't last a month in your house, I'd suffocate in this atmosphere... Your father, entirely absorbed in his gout and books, Uncle Vanya with his spleen, your grandmother, and finally, your stepmother...
Sonya. What about my stepmother?
Astrov. A human being should be entirely beautiful: the face, the clothes, the soul, the thoughts. She is beautiful, there is no argument here, but... she does nothing but eat, sleep, walk, charm us all with her beauty - and that is all. She has no responsibilities, others work for her... Am I not right? And an idle life can never be a pure one.

Pause.

Дядя Ваня

Впрочем, быть может, я отношусь слишком строго. Я не удовлетворен жизнью, как ваш дядя Ваня, и оба мы становимся брюзгами.

Соня. А вы недовольны жизнью?

Астров. Вообще жизнь люблю, но нашу жизнь, уездную, русскую, обывательскую, терпеть не могу и презираю ее всеми силами моей души. А что касается моей собственной, личной жизни, то, ей-богу, в ней нет решительно ничего хорошего. Знаете, когда идешь темною ночью по лесу, и если в это время вдали светит огонек, то не замечаешь ни утомления, ни потемок, ни колючих веток, которые бьют тебя по лицу... Я работаю, — вам это известно, — как никто в уезде, судьба бьет меня, не переставая, порой страдаю я невыносимо, но у меня вдали нет огонька. Я для себя уже ничего не жду, не люблю людей... Давно уже никого не люблю.

Соня. Никого?

Астров. Никого. Некоторую нежность я чувствую только к вашей няньке — по старой памяти. Мужики однообразны очень, неразвиты, грязно живут, а с интеллигенцией трудно ладить. Она утомляет. Все они, наши добрые знакомые, мелко мыслят, мелко чувствуют и не видят дальше своего носа — просто-напросто глупы. А те, которые поумнее и покрупнее, истеричны, заедены анализом, рефлексом... Эти ноют, ненавистничают, болезненно клевещут, подходят к человеку боком, смотрят на него искоса и решают: "О, это психопат!" или: "Это фразер!" А когда не знают, какой ярлык прилепить к моему лбу, то говорят: "Это странный человек, странный!" Я люблю лес — это странно; я не ем мяса — это тоже странно. Непосредственного, чистого, свободного отношения к природе и к людям уже нет... Нет и нет! *(Хочет выпить.)*

Соня *(мешает ему)*. Нет, прошу вас, умоляю, не пейте больше.

Астров. Отчего?

Соня. Это так не идет к вам! Вы изящны, у вас такой нежный голос... Даже больше, вы, как никто из всех, кого я знаю, — вы прекрасны. Зачем же вы хотите походить на обыкновенных людей, которые пьют и играют в карты? О, не делайте этого, умоляю вас! Вы говорите всегда, что люди не творят, а только разрушают то, что им дано свыше. Зачем же, зачем вы разрушаете самого себя? Не надо, не надо, умоляю, заклинаю вас.

Астров *(протягивает ей руку)*. Не буду больше пить.

Соня. Дайте мне слово.

Астров. Честное слово.

Соня *(крепко пожимает руку)*. Благодарю!

Uncle Vanya

However, I may be judging too severely. Like your Uncle Vanya, I am dissatisfied with life, and we are both becoming grumblers.
Sonya. Are you dissatisfied with life?
Astrov. I love life in general, but our life, provincial, Russian, philistine, I can't stand, and I despise it with all the strength of my soul. And as far as my own personal life is concerned, by heaven, there is absolutely nothing good in it. You know, when you walk in the forest on a dark night and if you see then a little light shining ahead, you don't notice fatigue or the darkness or the prickly twigs that whip your face... I work – you know that - as no one else in the district, fate beats me on without rest; at times I suffer unendurably and I see no light ahead. Now I expect nothing for myself, I don't love people... It is long since I have loved anyone.
Sonya. Anyone?
Astrov. Anyone. I only feel a sort of tenderness for your nurse - for old times' sake. The peasants are all alike; they are ignorant and live in dirt, and the educated people are hard to get along with. One gets tired of them. All of them, our good friends, think petty thoughts, feel petty feelings and see no farther than their own noses - they are simply dull. And those who are cleverer and bigger are hysterical, consumed by analysis and reflection... They whine, they hate, they cast malicious aspersions, they sidle up to a man, look sideways at him and decide: "Oh, he is a psychopath!" or "He is a wind-bag!" And when they don't know what label to stick on my forehead, they say: "He is a strange man, strange!" I love forests – that's strange; I don't eat meat – that's strange too. Natural, pure, free attitude towards nature and people doesn't exist any more... No, it doesn't! *[Wants to drink.]*
Sonya. *[Prevents him.]* No, I beg you, I implore you, don't drink any more.
Astrov. Why not?
Sonya. It is so unworthy of you! You are elegant, your voice is so gentle... Even more, you, unlike anyone I know – you are lovely. Why do you want to resemble the common people that drink and play cards? Oh, don't, I beg you! You always say that people do not create anything, but only destroy what heaven has given them. Why, oh, why, do you destroy yourself? Don't, don't, I implore, I entreat you.
Astrov. *[Gives her his hand.]* I won't drink any more.
Sonya. Give me your word.
Astrov. My word of honour.
Sonya. *[Squeezes his hand firmly.]* Thank you!

Дядя Ваня

Астров. Баста! Я отрезвел. Видите, я уже совсем трезв и таким останусь до конца дней моих. *(Смотрит на часы.)* Итак, будем продолжать. Я говорю: мое время уже ушло, поздно мне... Постарел, заработался, испошлился, притупились все чувства, и, кажется, я уже не мог бы привязаться к человеку. Я никого не люблю и... уже не полюблю. Что меня еще захватывает, так это красота. Неравнодушен я к ней. Мне кажется, что если бы вот Елена Андреевна захотела, то могла бы вскружить мне голову в один день... Но ведь это не любовь, не привязанность... *(Закрывает рукой глаза и вздрагивает.)*
Соня. Что с вами?
Астров. Так... В великом посту у меня больной умер под хлороформом.
Соня. Об этом пора забыть.

Пауза.

Скажите мне, Михаил Львович... Если бы у меня была подруга или младшая сестра, и если бы вы узнали, что она... ну, положим, любит вас, то как бы вы отнеслись к этому?
Астров *(пожав плечами)*. Не знаю. Должно быть, никак. Я дал бы ей понять, что полюбить ее не могу... да и не тем моя голова занята. Как-никак, а если ехать, то уже пора. Прощайте, голубушка, а то мы так до утра не кончим. *(Пожимает руку.)* Я пройду через гостиную, если позволите, а то боюсь, как бы ваш дядя меня не задержал. *(Уходит.)*
Соня *(одна)*. Он ничего не сказал мне... Душа и сердце его все еще скрыты от меня, но отчего же я чувствую себя такою счастливою? *(Смеется от счастья.)* Я ему сказала: вы изящны, благородны, у вас такой нежный голос... Разве это вышло некстати? Голос его дрожит, ласкает... вот я чувствую его в воздухе. А когда я сказала ему про младшую сестру, он не понял... *(Ломая руки.)* О, как это ужасно, что я некрасива! Как ужасно! А я знаю, что я некрасива, знаю, знаю... В прошлое воскресенье, когда выходили из церкви, я слышала, как говорили про меня, и одна женщина сказала: "Она добрая, великодушная, но жаль, что она так некрасива..." Некрасива...

Входит Елена Андреевна.

Елена Андреевна *(открывает окна)*. Прошла гроза. Какой хороший воздух!

Пауза.

Uncle Vanya

Astrov. Basta! I have sobered up. You see, I am perfectly sober now, and so I shall stay till the end of my days. *[Looks his watch.]* Well, let's continue. As I was saying, my time has already passed, it's too late for me... I am old, I am swamped with work, I have become common; all my feelings are numb, and I think I could never attach myself to a person again. I love no one, and... never shall! Beauty alone excites me still. I am attracted to it. I think Elena Andreyevna could turn my head in a day if she wanted to... But that's not love, that's not affection... *[Covers his eyes with his hand and shudders.]*
Sonya. What is it?
Astrov. Nothing... During Lent one of my patients died under chloroform.
Sonya. It is time to forget that.

Pause.

Tell me, Mikhail Lvovich... If I had a friend or a younger sister, and if you knew that she, well... loved you, what would you think about it?
Astrov. *[Shrugging his shoulders.]* I don't know. Nothing, I suppose. I would make her understand that I could not love her... my mind is busy with other things. I must start at once if I am ever to get off. Goodbye, my dear girl, otherwise we'll be talking till morning. *[Shakes her hand.]* I'll go out through the sitting-room, if you don't mind, because I am afraid your uncle might detain me. *[He goes out.]*
Sonya. *[Alone.]* He said nothing to me... His soul and heart are still hidden from me, but why do I feel so happy? *[Laughs with happiness.]* I told him: you are elegant, noble, your voice is so gentle... Did that come out wrong? His voice trembles, caresses... I can feel it in the air. But when I told him about a younger sister, he didn't understand... *[Wringing her hands.]* Oh, how terrible it is that I am plain! How terrible! And I know I am plain, I know it, I know it... Last Sunday, when we were coming out of the church, I heard people talking about me, and one woman said, "She is kind and noble, but what a pity she is so plain..." Plain...

Elena Andreyevna comes in.

Elena Andreyevna. *[Opens the windows.]* The storm has passed. What delicious air!

Pause.

Дядя Ваня

Где доктор?
Соня. Ушел.

Пауза.

Елена Андреевна. Софи!
Соня. Что?
Елена Андреевна. До каких пор вы будете дуться на меня? Друг другу мы не сделали никакого зла. Зачем же нам быть врагами? Полноте...
Соня. Я сама хотела... *(Обнимает ее.)* Довольно сердиться.
Елена Андреевна. И отлично.

Обе взволнованы.

Соня. Папа лег?
Елена Андреевна. Нет, сидит в гостиной... Не говорим мы друг с другом по целым неделям и бог знает из-за чего... *(Увидев, что буфет открыт.)* Что это?
Соня. Михаил Львович ужинал.
Елена Андреевна. И вино есть... Давайте выпьем брудершафт.
Соня. Давайте.
Елена Андреевна. Из одной рюмочки... *(Наливает.)* Этак лучше. Ну, значит — ты?
Соня. Ты.

Пьют и целуются.

Я давно уже хотела мириться, да все как-то совестно было... *(Плачет.)*
Елена Андреевна. Что же ты плачешь?
Соня. Ничего, это я так.
Елена Андреевна. Ну, будет, будет... *(Плачет.)* Чудачка, и я заплакала...

Пауза.

Ты на меня сердита за то, что я будто вышла за твоего отца по расчету... Если веришь клятвам, то клянусь тебе, — я выходила за него по любви. Я увлеклась им, как ученым и известным человеком. Любовь была не настоящая, искусственная, но ведь мне казалось тогда,

Uncle Vanya

Where is the Doctor?
Sonya. He has gone.

Pause.

Elena Andreyevna. Sophie!
Sonya. What?
Elena Andreyevna. How much longer are you going to sulk at me? We have not hurt each other. Why be enemies? Enough is enough...
Sonya. I myself wanted... *[Embraces her.]* Enough of being angry.
Elena Andreyevna. Excellent.

Both are moved.

Sonya. Has Papa gone to bed?
Elena Andreyevna. No, he is sitting in the drawing-room... We don't talk to each other for weeks at a time, heaven knows why... *[Sees the open sideboard.]* What is this?
Sonya. Mikhail Lvovich had supper.
Elena Andreyevna. And there is some wine... Let's drink to our friendship.
Sonya. Let's.
Elena Andreyevna. Out of one glass... *[Pours.]* That's better. So, first-name basis?
Sonya. First-name basis.

They drink and kiss.

I have long wanted to make peace, but somehow I was ashamed to... *[Cries.]*
Elena Andreyevna. Why are you crying?
Sonya. It's nothing, it's just...
Elena Andreyevna. There, there... *[Cries.]* Silly, now I am crying too...

Pause.

You are angry with me because I seem to have married your father for his money... If you believe oaths, I swear to you - I married him for love. I was fascinated by his learning and fame. It wasn't real love, it was artificial, but to me it seemed real at the time. It's not my fault. But ever since our

что она настоящая. Я не виновата. А ты с самой нашей свадьбы не переставала казнить меня своими умными подозрительными глазами.

Соня. Ну, мир, мир! Забудем.

Елена Андреевна. Не надо смотреть так — тебе это не идет. Надо всем верить, иначе жить нельзя.

Пауза.

Соня. Скажи мне по совести, как друг... Ты счастлива?

Елена Андреевна. Нет.

Соня. Я это знала. Еще один вопрос. Скажи откровенно, — ты хотела бы, чтобы у тебя был молодой муж?

Елена Андреевна. Какая ты еще девочка. Конечно, хотела бы. *(Смеется.)* Ну, спроси еще что-нибудь, спроси...

Соня. Тебе доктор нравится?

Елена Андреевна. Да, очень.

Соня *(смеется)*. У меня глупое лицо... да? Вот он ушел, а я все слышу его голос и шаги, а посмотрю на темное окно, — там мне представляется его лицо. Дай мне высказаться... Но я не могу говорить так громко, мне стыдно. Пойдем ко мне в комнату, там поговорим. Я тебе кажусь глупою? Сознайся... Скажи мне про него что-нибудь...

Елена Андреевна. Что же?

Соня. Он умный... Он все умеет, все может... Он и лечит, и сажает лес...

Елена Андреевна. Не в лесе и не в медицине дело... Милая моя, пойми, это талант! А ты знаешь, что значит талант? Смелость, свободная голова, широкий размах... Посадит деревцо и уже загадывает, что будет от этого через тысячу лет, уже мерещится ему счастье человечества. Такие люди редки, их нужно любить... Он пьет, бывает грубоват, — но что за беда? Талантливый человек в России не может быть чистеньким. Сама подумай, что за жизнь у этого доктора! Непролазная грязь на дорогах, морозы, метели, расстояния громадные, народ грубый, дикий, кругом нужда, болезни, а при такой обстановке тому, кто работает и борется изо дня в день, трудно сохранить себя к сорока годам чистеньким и трезвым... *(Целует ее.)* Я от души тебе желаю, ты стоишь счастья... *(Встает.)* А я нудная, эпизодическое лицо... И в музыке, и в доме мужа, во всех романах — везде, одним словом, я была только эпизодическим лицом. Собственно говоря, Соня, если вдуматься, то я очень, очень несчастна! *(Ходит в волнении по сцене.)* Нет мне счастья на этом

Uncle Vanya

marriage you never stopped punishing me with your clever, suspicious eyes.
Sonya. Well, peace, peace! Let's forget about it.
Elena Andreyevna. You must not look so at people - it is not becoming to you. You must trust everyone, otherwise life becomes impossible.

Pause.

Sonya. Tell me honestly, as a friend... Are you happy?
Elena Andreyevna. No.
Sonya. I knew it. One more question. Tell me frankly – would you like to have a young husband?
Elena Andreyevna. What a little girl you are still. Of course I would. *[Laughs.]* Go on, ask me something else, ask...
Sonya. Do you like the Doctor?
Elena Andreyevna. Yes, very much.
Sonya. *[Laughs.]* I have a stupid face... haven't I? He has gone, and I still hear his voice and footsteps, and when I look at the dark window - I see his face there. Let me unburden myself... But I can't speak so loudly, I am ashamed. Let's go to my room, we'll talk there. Do I seem foolish to you? Admit it... Tell me something about him...
Elena Andreyevna. What?
Sonya. He is clever... He can do everything... He cures the sick and plants forests...
Elena Andreyevna. It is not a question of forests and medicine ... My dear, you should understand, it's a talent! And do you know what talent means? Audacity, a free mind, a broad sweep... He plants a little tree and he's already planning what will come of it in a thousand years, he's already seeing visions of the happiness of mankind. People like him are rare and should be loved... He drinks and acts roughly at times – but what's the harm in that? A talented man in Russia can't be pure. Just think what kind of life this doctor has! Impassable mud on the roads, frosts, snowstorms, enormous distances, rough and savage people, surrounded by poverty and disease, and in these conditions it's hard for someone working and struggling day after day to keep himself pure and sober by the age of forty... *[Kisses her.]* I wish you happiness with all my heart, you deserve it... *[Gets up.]* And I am boring, a secondary character... In music, in my husband's house, in all my romances, - in a word, in everything I have been just a secondary character. As a matter of fact, Sonya, when you come to think of it, I am very, very unhappy! *[Walks excitedly about the stage.]*

свете. Нет! Что ты смеешься?
Соня *(смеется, закрыв лицо).* Я так счастлива... счастлива!
Елена Андреевна. Мне хочется играть... Я сыграла бы теперь что-нибудь.
Соня. Сыграй! *(Обнимает ее.)* Я не могу спать... Сыграй!
Елена Андреевна. Сейчас. Твой отец не спит. Когда он болен, его раздражает музыка. Поди спроси. Если он ничего, то сыграю. Поди.
Соня. Сейчас. *(Уходит.)*

В саду стучит сторож.

Елена Андреевна. Давно уже я не играла. Буду играть и плакать, плакать, как дура. *(В окно.)* Это ты стучишь, Ефим?
Голос сторожа. Я!
Елена Андреевна. Не стучи, барин нездоров.
Голос сторожа. Сейчас уйду! *(Подсвистывает.)* Эй вы, Жучка, Мальчик! Жучка!

Пауза.

Соня *(вернувшись).* Нельзя!

Занавес

Действие третье

Гостиная в доме Серебрякова. Три двери: направо, налево и посредине. — День.

Войницкий, Соня (сидят) и Елена Андреевна (ходит по сцене, о чем-то думая).

Войницкий. Герр профессор изволил выразить желание, чтобы сегодня все мы собрались вот в этой гостиной к часу дня. *(Смотрит на часы.)* Без четверти час. Хочет о чем-то поведать миру.
Елена Андреевна. Вероятно, какое-нибудь дело.
Войницкий. Никаких у него нет дел. Пишет чепуху, брюзжит и ревнует, больше ничего.
Соня *(тоном упрека).* Дядя!

Uncle Vanya

There's no happiness for me in this world. None! Why do you laugh?
Sonya. *[Laughs, covering her face.]* I am so happy... so happy!
Elena Andreyevna. I want to play the piano... I would like to play something now.
Sonya. Play! *[Embraces her.]* I can't sleep... Play!
Elena Andreyevna. In a moment. Your father isn't asleep. When he's ill, music irritates him. Go and ask him. If he doesn't mind, I shall play. Go.
Sonya. Wait a minute. *[Goes out.]*

The watchman's rattle is heard in the garden.

Elena Andreyevna. It is long since I have played. I shall play and weep, weep like a fool. *[Through the window.]* Is that you rattling, Yefim?
Voice of the watchman. It's me!
Elena Andreyevna. Don't rattle, the master is not well.
Voice of the watchman. I am going away this minute! *[Whistles.]* Hey you, Zhuchka, Boy! Zhuchka!

Pause.

Sonya. *[Comes back.]* He says, no!

Curtain.

Act III

The drawing-room in Serebryakov's house. Three doors: one to the right, one to the left, and one in the centre. – Daytime.

Voynitsky, Sonya [sitting] and Elena Andreyevna [walking about the stage, thinking of something.]

Voynitsky. Herr Professor has expressed the desire that all of us assemble in this drawing-room today at one o'clock p.m. *[Looks at his watch.]* Quarter to one. He has some communication to make to the world.
Elena Andreyevna. Probably a matter of business.
Voynitsky. He doesn't have any business. He writes twaddle, grumbles and is jealous; that's all.
Sonya. *[Reproachfully.]* Uncle!

Дядя Ваня

Войницкий. Ну, ну, виноват. *(Указывает на Елену Андреевну.)* Полюбуйтесь: ходит и от лени шатается. Очень мило! Очень!
Елена Андреевна. Вы целый день жужжите, все жужжите — как не надоест! *(С тоской.)* Я умираю от скуки, не знаю, что мне делать.
Соня *(пожимая плечами).* Мало ли дела? Только бы захотела.
Елена Андреевна. Например?
Соня. Хозяйством занимайся, учи, лечи. Мало ли? Вот когда тебя и папы здесь не было, мы с дядей Ваней сами ездили на базар мукой торговать.
Елена Андреевна. Не умею. Да и неинтересно. Это только в идейных романах учат и лечат мужиков, а как я, ни с того ни с сего, возьму вдруг и пойду их лечить или учить?
Соня. А вот я так не понимаю, как это не идти и не учить. Погоди, и ты привыкнешь. *(Обнимает ее.)* Не скучай, родная. *(Смеясь.)* Ты скучаешь, не находишь себе места, а скука и праздность заразительны. Смотри: дядя Ваня ничего не делает и только ходит за тобою, как тень, я оставила свои дела и прибежала к тебе, чтобы поговорить. Обленилась, не могу! Доктор Михаил Львович прежде бывал у нас очень редко, раз в месяц, упросить его было трудно, а теперь он ездит сюда каждый день, бросил и свои леса и медицину. Ты колдунья, должно быть.
Войницкий. Что томитесь? *(Живо.)* Ну, дорогая моя, роскошь, будьте умницей! В ваших жилах течет русалочья кровь, будьте же русалкой! Дайте себе волю хоть раз в жизни, влюбитесь поскорее в какого-нибудь водяного по самые уши — и бултых с головой в омут, чтобы герр профессор и все мы только руками развели!
Елена Андреевна *(с гневом).* Оставьте меня в покое! Как это жестоко! *(Хочет уйти.)*
Войницкий *(не пускает ее).* Ну, ну, моя радость, простите... Извиняюсь. *(Целует руку.)* Мир.
Елена Андреевна. У ангела не хватило бы терпения, согласитесь.
Войницкий. В знак мира и согласия я принесу сейчас букет роз; еще утром для вас приготовил... Осенние розы — прелестные, грустные розы... *(Уходит.)*
Соня. Осенние розы — прелестные, грустные розы...

Обе смотрят в окно.

Елена Андреевна. Вот уже и сентябрь. Как-то мы проживем здесь зиму!

Uncle Vanya

Voynitsky. All right, I'm sorry. *[Points at Elena Andreyevna.]* Look at her: she walks about staggering from idleness. Very nice! Very!

Elena Andreyevna. You have been droning and droning all day – how come you don't get bored! *[Despairingly.]* I am dying of boredom, I don't know what to do.

Sonya. *[Shrugging her shoulders.]* There is plenty to do if you would.

Elena Andreyevna. For instance?

Sonya. Run the farm, teach, treat the sick. Isn't that enough? Before you and Papa came, Uncle Vanya and I used to go to market ourselves to sell the flour.

Elena Andreyevna. I can't. And I'm not interested. Only in ideological novels people teach and treat the peasants; how can I suddenly go and treat or teach them?

Sonya. And I don't understand how can you not go and teach. Wait awhile, you will get used to it. *[Embraces her.]* Don't be bored, dearest. *[Laughing.]* You feel bored and restless, and boredom and idleness are catching. Look: Uncle Vanya does nothing and only follows you like a shadow, I have left my work and come running to you to talk. I've got so lazy, carry me out! Doctor Mikhail Lvovich used to visit us very seldom, once a month, it was difficult to persuade him, but now he drives over here every day, he has abandoned his forests and his medicine. You must be a witch.

Voynitsky. Why do you languish? *[Jovially.]* Come, my dearest, my splendor, be sensible! The blood of a mermaid runs in your veins, so be a mermaid! Let yourself go for once in your life; as soon as possible fall head over ears in love with some water sprite - and plop, plunge down head first into a pool, so that Herr Professor and all of us just throw up our hands in amazement.

Elena Andreyevna. *[Angrily.]* Leave me alone! How cruel it is! *[Wants to go out.]*

Voynitsky. *[Preventing her.]* There, there, my darling, forgive me... I apologise. *[Kisses her hand.]* Peace.

Elena Andreyevna. You must admit, you would try the patience of an angel.

Voynitsky. As a sign of peace and harmony I'll bring you a bouquet of roses now; I picked it for you this morning... Autumn roses - beautiful, sorrowful roses... *[Goes out.]*

Sonya. Autumn roses - beautiful, sorrowful roses...

Both of them look out of the window.

Elena Andreyevna. September already! How shall we live through the winter here?

Дядя Ваня

Пауза.

Где доктор?

Соня. В комнате у дяди Вани. Что-то пишет. Я рада, что дядя Ваня ушел, мне нужно поговорить с тобою.
Елена Андреевна. О чем?
Соня. О чем? *(Кладет ей голову на грудь.)*
Елена Андреевна. Ну, полно, полно... *(Приглаживает ей волосы.)* Полно.
Соня. Я некрасива.
Елена Андреевна. У тебя прекрасные волосы.
Соня. Нет! *(Оглядывается, чтобы взглянуть на себя в зеркало.)* Нет! Когда женщина некрасива, то ей говорят: "У вас прекрасные глаза, у вас прекрасные волосы"... Я его люблю уже шесть лет, люблю больше, чем свою мать; я каждую минуту слышу его, чувствую пожатие его руки; и я смотрю на дверь, жду, мне все кажется, что он сейчас войдет. И вот, ты видишь, я все прихожу к тебе, чтобы поговорить о нем. Теперь он бывает здесь каждый день, не смотрит на меня, не видит... Это такое страдание! У меня нет никакой надежды, нет, нет! *(В отчаянии.)* О боже, пошли мне силы... Я всю ночь молилась... Я часто подхожу к нему, сама заговариваю с ним, смотрю ему в глаза... У меня уже нет гордости, нет сил владеть собою... Не удержалась и вчера призналась дяде Ване, что люблю... И вся прислуга знает, что я его люблю. Все знают.
Елена Андреевна. А он?
Соня. Нет. Он меня не замечает.
Елена Андреевна *(в раздумье).* Странный он человек... Знаешь что? Позволь, я поговорю с ним... Я осторожно, намеками...

Пауза.

Право, до каких же пор быть в неизвестности... Позволь!

Соня утвердительно кивает головой.

И прекрасно. Любит или не любит — это нетрудно узнать. Ты не смущайся, голубка, не беспокойся, — я допрошу его осторожно, он и не заметит. Нам только узнать: да или нет?

Пауза.

Если нет, то пусть не бывает здесь. Так?

Uncle Vanya

Pause.

Where is the Doctor?
Sonya. In Uncle Vanya's room. He's writing something. I am glad Uncle Vanya has gone out, I need to talk to you.
Elena Andreyevna. About what?
Sonya. About what? *[Lays her head on Elena Andreyevna's breast.]*
Elena Andreyevna. There, there... *[Strokes her hair.]* There.
Sonya. I am plain!
Elena Andreyevna. You have lovely hair.
Sonya. No! *[Turns to look at herself in the mirror.]* No! When a woman is plain, they say to her, 'You have beautiful eyes, you have beautiful hair'... I have loved him now for six years, I have loved him more than my mother; I hear him every minute, I feel the pressure of his hand on mine; and I look at the door, I wait, I always think he is about to walk in. And as you see, I keep coming to you to talk of him. He is here every day now, he doesn't look at me, he doesn't see me... It's such an agony! I have absolutely no hope, no, none! *[In despair.]* Oh, God, give me strength... I prayed all night... I often go up to him, speak to him, look into his eyes... I have no pride left, no strength to control myself... I couldn't contain myself and yesterday I confessed to Uncle Vanya that I love... And all the servants know that I love him. Everyone knows.
Elena Andreyevna. Does he?
Sonya. No. He doesn't notice me.
Elena Andreyevna. *[Thoughtfully.]* He is a strange man... You know what? Let me talk to him... I shall be careful, only hint...

Pause.

Really, how long can you live in uncertainty... Let me!

Sonya nods an affirmative.

Splendid. It won't be difficult to find out whether he loves you or not. Don't be embarrassed, sweetheart, don't worry – I'll question him carefully, he won't even notice. We only want to find out: is it yes or no?

Pause.

If it is no, then he must stop coming here. Right?

Дядя Ваня

Соня утвердительно кивает головой.

Легче, когда не видишь. Откладывать в долгий ящик не будем, допросим его теперь же. Он собирался показать мне какие-то чертежи... Поди скажи, что я желаю его видеть.
Соня (*в сильном волнении*). Ты мне скажешь всю правду?
Елена Андреевна. Да, конечно. Мне кажется, что правда, какая бы она ни была, все-таки не так страшна, как неизвестность. Положись на меня, голубка.
Соня. Да... да... Я скажу, что ты хочешь видеть его чертежи... (*Идет и останавливается возле двери.*) Нет, неизвестность лучше... Все-таки надежда...
Елена Андреевна. Что ты?
Соня. Ничего. (*Уходит.*)
Елена Андреевна (*одна*). Нет ничего хуже, когда знаешь чужую тайну и не можешь помочь. (*Раздумывая.*) Он не влюблен в нее — это ясно, но отчего бы ему не жениться на ней? Она некрасива, но для деревенского доктора, в его годы, это была бы прекрасная жена. Умница, такая добрая, чистая... Нет, это не то, не то...

Пауза.

Я понимаю эту бедную девочку. Среди отчаянной скуки, когда вместо людей кругом бродят какие-то серые пятна, слышатся одни пошлости, когда только и знают, что едят, пьют, спят, иногда приезжает он, не похожий на других, красивый, интересный, увлекательный, точно среди потемок восходит месяц ясный... Поддаться обаянию такого человека, забыться... Кажется, я сама увлеклась немножко. Да, мне без него скучно, я вот улыбаюсь, когда думаю о нем... Этот дядя Ваня говорит, будто в моих жилах течет русалочья кровь. "Дайте себе волю хоть раз в жизни"... Что ж? Может быть, так и нужно... Улететь бы вольною птицей от всех вас, от ваших сонных физиономий, от разговоров, забыть, что все вы существуете на свете... Но я труслива, застенчива... Меня замучит совесть... Вот он бывает здесь каждый день, я угадываю, зачем он здесь, и уже чувствую себя виноватою, готова пасть перед Соней на колени, извиняться, плакать...
Астров (*входит с картограммой*). Добрый день! (*Пожимает руку.*) Вы хотели видеть мою живопись?
Елена Андреевна. Вчера вы обещали показать мне свои работы... Вы свободны?

Uncle Vanya

Sonya nods an affirmative.

It's easier when you don't see him. We won't put it off, we'll question him right now. He was going to show me some drawings... Go and tell him that I want to see him.
Sonya. *[In great excitement.]* Will you tell me the whole truth?
Elena Andreyevna. Yes, of course. I think that the truth, whatever it is, is not as dreadful as uncertainty. Trust to me, sweetheart.
Sonya. Yes... yes... I shall say that you want to see his drawings... *[Goes and stops near the door.]* No, uncertainty is better... There is hope after all...
Elena Andreyevna. What do you say?
Sonya. Nothing. *[Goes out.]*
Elena Andreyevna. *[Alone.]* There is nothing worse than to know another's secret when you can't help. *[In deep thought.]* He is obviously not in love with her, but why shouldn't he marry her? She is not pretty, but she would make a splendid wife for a country doctor of his age. She's clever and so kind, so pure... No, that's not it, that's not it...

Pause.

I understand the poor girl. In the midst of desperate boredom, when some kind of grey spots wander around instead of people, when she hears only platitudes, when people only eat, drink, and sleep, sometimes there appears this man, different from the others, handsome, interesting, fascinating, like a shiny moon rising in the darkness... To surrender to the charm of such a man, to forget oneself... I think I'm a little attracted myself. Yes, I am bored when he's not here, now I'm smiling when I'm thinking of him... That Uncle Vanya says I have the blood of a mermaid in my veins. "Let yourself go for once in your life"... Well, perhaps I should... To fly away from all of you free as a bird, away from your sleepy faces, from conversations, to forget that all of you exist on earth... But I am cowardly, shy... My conscience will torment me... He comes here every day, I guess why he's here, and feel guilty already, I'm ready to fall on my knees before Sonya, beg her forgiveness, weep...
Astrov. *[Comes in with a map.]* How do you do? *[Shakes her hand.]* You wanted to see my pictures?
Elena Andreyevna. Yesterday you promised to show me your work... Are you free?

Дядя Ваня

Астров. О, конечно. *(Растягивает на ломберном столе картограмму и укрепляет ее кнопками.)* Вы где родились?
Елена Андреевна *(помогая ему).* В Петербурге.
Астров. А получили образование?
Елена Андреевна. В консерватории.
Астров. Для вас, пожалуй, это неинтересно.
Елена Андреевна. Почему? Я, правда, деревни не знаю, но я много читала.
Астров. Здесь в доме есть мой собственный стол... В комнате у Ивана Петровича. Когда я утомлюсь совершенно, до полного отупления, то все бросаю и бегу сюда, и вот забавляюсь этой штукой час-другой... Иван Петрович и Софья Александровна щелкают на счетах, а я сижу подле них за своим столом и мажу — и мне тепло, покойно, и сверчок кричит. Но это удовольствие я позволяю себе не часто, раз в месяц... *(Показывая на картограмме.)* Теперь смотрите сюда. Картина нашего уезда, каким он был 50 лет назад. Темно— и светло-зеленая краска означает леса; половина всей площади занята лесом. Где по зелени положена красная сетка, там водились лоси, козы... Я показываю тут и флору и фауну. На этом озере жили лебеди, гуси, утки, и, как говорят старики, птицы всякой была сила, видимо-невидимо: носилась она тучей. Кроме сел и деревень, видите, там и сям разбросаны разные выселки, хуторочки, раскольничьи скиты, водяные мельницы... Рогатого скота и лошадей было много. По голубой краске видно. Например, в этой волости голубая краска легла густо; тут были целые табуны, и на каждый двор приходилось по три лошади.

Пауза.

Теперь посмотрим ниже. То, что было двадцать пять лет назад. Тут уж под лесом только одна треть всей площади. Коз уже нет, но лоси есть. Зеленая и голубая краски уже бледнее. И так далее, и так далее. Переходим к третьей части: картина уезда в настоящем. Зеленая краска лежит кое-где, но не сплошь, а пятнами; исчезли и лоси, и лебеди, и глухари... От прежних выселков, хуторков, скитов, мельниц и следа нет. В общем, картина постепенного и несомненного вырождения, которому, по-видимому, остается еще каких-нибудь 10-15 лет, чтобы стать полным. Вы скажете, что тут культурные влияния, что старая жизнь естественно должна была уступить место новой. Да, я понимаю, если бы на месте этих истребленных

Uncle Vanya

Astrov. Oh, of course. *[Lays the map on a card table and fastens it with thumbtacks.]* Where were you born?
Elena Andreyevna. *[Helping him.]* In St. Petersburg.
Astrov. And educated?
Elena Andreyevna. At the Conservatory.
Astrov. You will probably find this uninteresting.
Elena Andreyevna. Why? As a matter of fact, I don't know the country, but I have read a lot.
Astrov. I have my own desk here in the house... In Ivan Petrovich's room. When I am absolutely exhausted, to the point of total stupefaction, I drop everything and rush over here, and I play with this thing for an hour or two... Ivan Petrovich and Sofia Alexandrovna rattle on the abacus, and I sit beside them at my desk and paint, feeling warm, peaceful, and the cricket chirps. But I don't permit myself this pleasure often, just once a month... *[Pointing to the map.]* Now look here. A picture of our district as it was fifty years ago. The green tints, both dark and light, represent forests; half the total area is covered with forest. Where there is a red grid on the green, there were elks, goats... I show here both flora and fauna... In this lake lived swans, geese, ducks; as the old men say, there was a power of birds of every kind, countless numbers: they used to fly like a cloud. Besides the hamlets and villages, you see, scattered here and there are various settlements, little farmsteads, schismatic monasteries, watermills... There were a lot of cattle and horses. You can see it by the blue paint. For instance, see how thickly the blue paint lies in this volost; there were great herds of horses here, and every household had three horses.

Pause.

Now, let's look lower down. As it was twenty-five years ago. Only a third of the whole area is under forests now. There are no goats left, but there are elks. The green and blue paints are paler. And so on, and so on. Now we come to the third part; our district as it appears today. There's the green paint here and there, but not solid, in patches; the elks, the swans, the wood grouse have disappeared... There's no trace of the settlements, little farmsteads, schismatic monasteries, watermills that used to be there. It is, on the whole, the picture of a gradual and obvious decline which it will evidently only take about ten or fifteen more years to complete. You may say that these are cultural influences, that the old life must naturally give place to the new. Yes, I understand, if these ruined forests were replaced by highways, railroads, if there were plants, factories, schools here - the people

лесов пролегли шоссе, железные дороги, если бы тут были заводы, фабрики, школы — народ стал бы здоровее, богаче, умнее, но ведь тут ничего подобного! В уезде те же болота, комары, то же бездорожье, нищета, тиф, дифтерит, пожары... Тут мы имеем дело с вырождением вследствие непосильной борьбы за существование, это вырождение от косности, от невежества, от полнейшего отсутствия самосознания, когда озябший, голодный, больной человек, чтобы спасти остатки жизни, чтобы сберечь своих детей, инстинктивно, бессознательно хватается за все, чем только можно утолить голод, согреться, разрушает все, не думая о завтрашнем дне... Разрушено уже почти все, но взамен не создано еще ничего. *(Холодно.)* Я по лицу вижу, что вам неинтересно.

Елена Андреевна. Но я в этом так мало понимаю...

Астров. И понимать тут нечего, просто неинтересно.

Елена Андреевна. Откровенно говоря, мысли мои не тем заняты. Простите. Мне нужно сделать вам маленький допрос, и я смущена, не знаю, как начать.

Астров. Допрос?

Елена Андреевна. Да, допрос, но... довольно невинный. Сядем!

Садятся.

Дело касается одной молодой особы. Мы будем говорить, как честные люди, как приятели, без обиняков. Поговорим и забудем, о чем была речь. Да?

Астров. Да.

Елена Андреевна. Дело касается моей падчерицы Сони. Она вам нравится?

Астров. Да, я ее уважаю.

Елена Андреевна. Она вам нравится, как женщина?

Астров *(не сразу)*. Нет.

Елена Андреевна. Еще два-три слова — и конец. Вы ничего не замечали?

Астров. Ничего.

Елена Андреевна *(берет его за руку)*. Вы не любите ее, по глазам вижу... Она страдает... Поймите это и... перестаньте бывать здесь.

Астров *(встает)*. Время мое уже ушло... Да и некогда... *(Пожав плечами.)* Когда мне? *(Он смущен.)*

Елена Андреевна. Фу, какой неприятный разговор! Я так волнуюсь, точно протащила на себе тысячу пудов. Ну, слава богу, кончили.

would have become healthier, richer, better educated, but there's nothing of the sort! The district has the same swamps, mosquitoes, the same lack of roads, want, typhus, diphtheria, fires... Here we are dealing with a degradation brought on by the back-breaking struggle for existence, it's a degradation caused by stagnation, ignorance, a total lack of consciousness, when a cold, starving, sick man, in order to preserve the remnants of life, to save his children, instinctively, unconsciously snatches at everything that can satisfy his hunger and warm him, he destroys everything without a thought for the morrow... Now almost everything has been destroyed, but nothing has been created to take its place. *[Coldly.]* I see by your face that you don't find this interesting.
Elena Andreyevna. But I understand so little of it...
Astrov. There is nothing to understand here, it simply isn't interesting.
Elena Andreyevna. Frankly, my thoughts are elsewhere. Forgive me. I want to submit you to a little examination, but I am embarrassed and don't know how to begin.
Astrov. An examination?
Elena Andreyevna. Yes, an examination but... quite an innocent one. Let's sit down.

They sit down.

It is about a certain young person. We'll talk like honest people, like friends, in no uncertain terms. We'll talk and forget what we talked about. Yes?
Astrov. Yes.
Elena Andreyevna. It is about my stepdaughter Sonya. Do you like her?
Astrov. Yes, I respect her.
Elena Andreyevna. Do you like her as a woman?
Astrov. *[Not immediately.]* No.
Elena Andreyevna. Two or three words more – and that's it. Haven't you noticed anything?
Astrov. No.
Elena Andreyevna. *[Taking his hand.]* You don't love her, I see that in your eyes... She is suffering... You must understand that and... stop coming here...
Astrov. *[Gets up.]* My time is up now... And I haven't the time... *[Shrugging his shoulders.]* When can I? *[He is embarrassed.]*
Elena Andreyevna. Ugh, what an unpleasant conversation! I am as nervous as if I had been carrying a thousand pood load. Well, thank God,

Дядя Ваня

Забудем, будто не говорили вовсе, и... и уезжайте. Вы умный человек, поймете...

Пауза.

Я даже красная вся стала.

Астров. Если бы вы мне сказали месяц-два назад, то я, пожалуй, еще подумал бы, но теперь... *(Пожимает плечами.)* А если она страдает, то, конечно... Только одного не понимаю: зачем вам понадобился этот допрос? *(Глядит ей в глаза и грозит пальцем.)* Вы — хитрая!

Елена Андреевна. Что это значит?

Астров *(смеясь).* Хитрая! Положим, Соня страдает, я охотно допускаю, но к чему этот ваш допрос? *(Мешая ей говорить, живо.)* Позвольте, не делайте удивленного лица, вы отлично знаете, зачем я бываю здесь каждый день... Зачем и ради кого бываю, это вы отлично знаете. Хищница милая, не смотрите на меня так, я старый воробей...

Елена Андреевна *(в недоумении).* Хищница? Ничего не понимаю.

Астров. Красивый, пушистый хорек... Вам нужны жертвы! Вот я уже целый месяц ничего не делаю, бросил все, жадно ищу вас — и это вам ужасно нравится, ужасно... Ну, что ж? Я побежден, вы это знали и без допроса. *(Скрестив руки и нагнув голову.)* Покоряюсь. Нате, ешьте!

Елена Андреевна. Вы с ума сошли!

Астров *(смеется сквозь зубы).* Вы застенчивы...

Елена Андреевна. О, я лучше и выше, чем вы думаете! Клянусь вам! *(Хочет уйти.)*

Астров *(загораживая ей дорогу).* Я сегодня уеду, бывать здесь не буду, но... *(Берет ее за руку, оглядывается.)* Где мы будем видеться? Говорите скорее: где? Сюда могут войти, говорите скорее. *(Страстно.)* Какая чудная, роскошная... Один поцелуй... Мне поцеловать только ваши ароматные волосы...

Елена Андреевна. Клянусь вам...

Астров *(мешая ей говорить).* Зачем клясться? Не надо клясться. Не надо лишних слов... О, какая красивая! Какие руки! *(Целует руки.)*

Елена Андреевна. Но довольно наконец... уходите... *(Отнимает руки.)* Вы забылись.

Астров. Говорите же, говорите, где мы завтра увидимся? *(Берет ее за талию.)* Ты видишь, это неизбежно, нам надо видеться. *(Целует ее; в это время входит Войницкий с букетом роз и останавливается у двери.)*

that is over. Let's forget, as if we hadn't talked at all, and... and go. You are an intelligent man, you will understand...

Pause.

I am actually blushing all over.

Astrov. If you had told me a month or two ago, I might perhaps have considered it, but now... *[Shrugs his shoulders.]* Of course, if she is suffering... Only I don't understand one thing: why did you need this examination? *[Looks into her eyes and wags his finger at her.]* You are cunning!

Elena Andreyevna. What does this mean?

Astrov. *[Laughing.]* Cunning! Suppose Sonya is suffering, I readily admit that, but why this examination of yours? *[Prevents her from talking, lively.]* Please don't put on such a look of surprise; you know perfectly well why I come here every day... You know perfectly why and for whose sake I come. My sweet vamp, don't look at me like that; I am an old sparrow...

Elena Andreyevna. *[Perplexed.]* A vamp? I don't understand.

Astrov. Beautiful furry ferret... You need victims! For a whole month I've done nothing, I've dropped everything, I seek you eagerly - and you tremendously like it, tremendously... Well, what can I do? I am conquered, you knew it without your examination. *[Crossing his arms and bowing his head.]* I surrender. Here you have me, eat me!

Elena Andreyevna. You have gone mad!

Astrov. *[Laughs through his teeth.]* You are shy...

Elena Andreyevna. Oh, I'm better and nobler than you think! I swear to you! *[Wants to go.]*

Astrov. *[Barring her way.]* I will go today, I won't come here any more, but... *[Takes her by the hand, looks around.]* Where shall we meet? Tell me quickly: where? Someone might come in, tell me quickly. *[Passionately.]* What a wonderful, splendid... One kiss... I just want to kiss your fragrant hair...

Elena Andreyevna. I swear to you...

Astrov. *[Preventing her to speak.]* Why swear? No need to swear. No need for superfluous words... Oh, how beautiful! What hands! *[Kisses her hands.]*

Elena Andreyevna. Enough of this... go away... *[Frees her hands.]* You have forgotten yourself.

Astrov. Tell me, tell me where we'll meet tomorrow? *[Puts his arm around her waist.]* You see, it's inevitable, we must see each other. *[Kisses her; at this moment Voynitsky comes in with a bouquet of roses and stops by the door.]*

Дядя Ваня

Елена Андреевна (*не видя Войницкого*). Пощадите... оставьте меня... (*Кладет Астрову голову на грудь.*) Нет! (*Хочет уйти.*)
Астров (*удерживая ее за талию*). Приезжай завтра в лесничество... часам к двум... Да? Да? Ты приедешь?
Елена Андреевна (*увидев Войницкого*). Пустите! (*В сильном смущении отходит к окну.*) Это ужасно.
Войницкий (*кладет букет на стул; волнуясь, вытирает платком лицо и за воротником*). Ничего... Да... Ничего...
Астров (*будируя*). Сегодня, многоуважаемый Иван Петрович, погода недурна. Утром было пасмурно, словно как бы на дождь, а теперь солнце. Говоря по совести, осень выдалась прекрасная... и озими ничего себе. (*Свертывает картограмму в трубку.*) Вот только что: дни коротки стали... (*Уходит.*)
Елена Андреевна (*быстро подходит к Войницкому*). Вы постараетесь, вы употребите все ваше влияние, чтобы я и муж уехали отсюда сегодня же! Слышите? Сегодня же!
Войницкий (*вытирая лицо*). А? Ну, да... хорошо... Я, Hélène, все видел, все...
Елена Андреевна (*нервно*). Слышите? Я должна уехать отсюда сегодня же!

Входят Серебряков, Соня, Телегин и Марина.

Телегин. Я сам, ваше превосходительство, что-то не совсем здоров. Вот уже два дня хвораю. Голова что-то того...
Серебряков. Где же остальные? Не люблю я этого дома. Какой-то лабиринт. Двадцать шесть громадных комнат, разбредутся все, и никого никогда не найдешь. (*Звонит.*) Пригласите сюда Марью Васильевну и Елену Андреевну!
Елена Андреевна. Я здесь.
Серебряков. Прошу, господа, садиться.
Соня (*подойдя к Елене Андреевне, нетерпеливо*). Что он сказал?
Елена Андреевна. После.
Соня. Ты дрожишь? Ты взволнована? (*Пытливо всматривается в ее лицо.*) Я понимаю... Он сказал, что уже больше не будет бывать здесь... да?

Пауза.

Скажи: да?

Елена Андреевна утвердительно кивает головой.

Uncle Vanya

Elena Andreyevna. *[Without seeing Voynitsky.]* Have pity... leave me... *[Lays her head on Astrov's chest.]* No! *[Wants to go.]*
Astrov. *[Holding her by the waist.]* Come tomorrow to the forest station... around two o'clock... Yes? Yes? Will you come?
Elena Andreyevna. *[Sees Voynitsky.]* Let me go! *[Goes to the window deeply embarrassed.]* This is appalling.
Voynitsky. *[Puts the bouquet on a chair; agitated, wipes his face and inside his collar with a handkerchief.]* Never mind... Yes... Never mind...
Astrov. *[Irritated.]* Today, my dear Ivan Petrovich, the weather is not bad. The morning was overcast and looked like rain, but now the sun is shining. Honestly, we have had a very fine autumn... and the winter crop is looking fairly well. *[Rolls the map into a tube.]* The only thing is the days have become short... *[Goes out.]*
Elena Andreyevna. *[Goes quickly up to Voynitsky.]* You must do your best; you must use all your power to get my husband and myself away from here today! Do you hear? Today!
Voynitsky. *[Wiping his face.]* Ah? Well, yes... all right... Hélène, I saw everything, everything...
Elena Andreyevna. *[Nervously.]* Do you hear me? I must leave here this very day!

Serebryakov, Sonya, Telegin and Marina come in.

Telegin. I am not very well myself, Your Excellency. I have been ill for two days. My head is kind of...
Serebryakov. Where are the others? I hate this house. It's like a labyrinth. Twenty-six enormous rooms, everyone is scattered, one never can find a soul. *[Rings.]* Ask Maria Vasilyevna and Elena Andreyevna to come here!
Elena Andreyevna. I am here.
Serebryakov. Please, gentlemen, sit down.
Sonya. *[Goes up to Elena Andreyevna, anxiously.]* What did he say?
Elena Andreyevna. Later.
Sonya. You are trembling? You are upset? *[Looks inquiringly into her face.]* I understand... He said he would not come here any more... Yes?

Pause.

Tell me, did he?

Elena Andreyevna nods an affirmative.

Дядя Ваня

Серебряков *(Телегину).* С нездоровьем еще можно мириться, куда ни шло, но чего я не могу переварить, так это строя деревенской жизни. У меня такое чувство, как будто я с земли свалился на какую-то чужую планету. Садитесь, господа, прошу вас. Соня!

Соня не слышит его, она стоит, печально опустив голову.

Соня!

Пауза.

Не слышит. *(Марине.)* И ты, няня, садись.

Няня садится и вяжет чулок.

Прошу, господа. Повесьте, так сказать, ваши уши на гвоздь внимания. *(Смеется.)*
Войницкий *(волнуясь).* Я, быть может, не нужен? Могу уйти?
Серебряков. Нет, ты здесь нужнее всех.
Войницкий. Что вам от меня угодно?
Серебряков. Вам... Что же ты сердишься?

Пауза.

Если я в чем виноват перед тобою, то извини, пожалуйста.
Войницкий. Оставь этот тон. Приступим к делу... Что тебе нужно?

Входит Мария Васильевна.

Серебряков. Вот и maman. Я начинаю, господа.

Пауза.

Я пригласил вас, господа, чтобы объявить вам, что к нам едет ревизор. Впрочем, шутки в сторону. Дело серьезное. Я, господа, собрал вас, чтобы попросить у вас помощи и совета, и, зная всегдашнюю вашу любезность, надеюсь, что получу их. Человек я ученый, книжный и всегда был чужд практической жизни. Обойтись без указаний сведущих людей я не могу и прошу тебя, Иван Петрович, вот вас, Илья Ильич, вас, maman... Дело в том, что manet omnes una

Uncle Vanya

Serebryakov. *[To Telegin.]* One can, after all, become reconciled to ill health, but what I can't stomach is the way of life in the country. I feel as if I had fallen from the earth onto some strange planet. Please be seated, gentlemen. Sonya!

Sonya does not hear him, she stands with her head bowed sadly.

Sonya!

Pause.

She does not hear. *[To Marina.]* Sit down too, nurse.

The nurse sits down and knits a stocking.

Please, gentlemen. Hang your ears, if I may say so, on the peg of attention. *[Laughs.]*
Voynitsky. *[Agitated.]* Perhaps you do not need me? May I be excused?
Serebryakov. No, you are needed here more than anyone.
Voynitsky. What is it you want of me, sir?
Serebryakov. Sir... What are you angry about?

Pause.

If I've hurt you in any way, then please, forgive me.
Voynitsky. Drop that tone. Let's get down to business... What do you want?

Maria Vasilyevna comes in.

Serebryakov. Here is Maman. I shall begin, gentlemen.
Pause.

I have invited you, gentlemen, to inform you that an Inspector General is coming to us. Jokes aside, though. It's a serious matter. I have assembled you, gentlemen, in order to ask you for your assistance and advice, and knowing your unfailing amiability I hope I will receive them. I am a scholar, a bookworm, and have always been a stranger to practical life. I cannot do without directions of well-informed people, and so I ask you, Ivan Petrovich, and you, Ilya Ilyich, you, Maman... The truth is, manet

пох, то есть все мы под богом ходим; я стар, болен и потому нахожу своевременным регулировать свои имущественные отношения постольку, поскольку они касаются моей семьи. Жизнь моя уже кончена, о себе я не думаю, но у меня молодая жена, дочь-девушка.

Пауза.

Продолжать жить в деревне мне невозможно. Мы для деревни не созданы. Жить же в городе на те средства, какие мы получаем от этого имения, невозможно. Если продать, положим, лес, то эта мера экстраординарная, которою нельзя пользоваться ежегодно. Нужно изыскать такие меры, которые гарантировали бы нам постоянную, более или менее определенную цифру дохода. Я придумал одну такую меру и имею честь предложить ее на ваше обсуждение. Минуя детали, изложу ее в общих чертах. Наше имение дает в среднем размере не более двух процентов. Я предлагаю продать его. Если вырученные деньги мы обратим в процентные бумаги, то будем получать от четырех до пяти процентов, и я думаю, что будет даже излишек в несколько тысяч, который нам позволит купить в Финляндии небольшую дачу.

Войницкий. Постой... Мне кажется, что мне изменяет мой слух. Повтори, что ты сказал.

Серебряков. Деньги обратить в процентные бумаги и на излишек, какой останется, купить дачу в Финляндии.

Войницкий. Не Финляндия... Ты еще что-то другое сказал.

Серебряков. Я предлагаю продать имение.

Войницкий. Вот это самое. Ты продашь имение, превосходно, богатая идея... А куда прикажешь деваться мне со старухой матерью и вот с Соней?

Серебряков. Все это своевременно мы обсудим. Не сразу же.

Войницкий. Постой. Очевидно, до сих пор у меня не было ни капли здравого смысла. До сих пор я имел глупость думать, что имение принадлежит Соне. Мой покойный отец купил это имение в приданое для моей сестры. До сих пор я был наивен, понимал законы не по-турецки и думал, что имение от сестры перешло к Соне.

Серебряков. Да, имение принадлежит Соне. Кто спорит? Без согласия Сони я не решусь продать его. К тому же я предлагаю сделать это для блага Сони.

Войницкий. Это непостижимо, непостижимо! Или я с ума сошел, или... или...

Мария Васильевна. Жан, не противоречь Александру. Верь, он лучше нас знает, что хорошо и что дурно.

Uncle Vanya

omnes una nox, that is to say, our lives are in the hands of God; I am old, ill, and therefore I find it timely to regulate my property affairs insofar as they relate to my family. My life is now over, I am not thinking of myself, but I have a young wife, an unmarried daughter.

Pause.

I cannot continue to live in the country. We were not made for the country. Yet we cannot live in town on the income derived from this estate. We might sell the forest, but that would be an extraordinary measure we could not resort to every year. We must find some measures of guaranteeing to ourselves a regular, more or less fixed sum of income. I have thought of one such measure which I have the honour of presenting to you for your consideration. Avoiding details, I shall give you a rough outline. Our estate pays on average not more than two per cent. I propose to sell it. If we invest the money thus acquired in bonds, then we shall receive four to five per cent, and I think there will be even a surplus of several thousands which will allow us to buy a small dacha in Finland.
Voynitsky. Hold on... I think my ears are failing me. Repeat what you just said.
Serebryakov. Invest the money in bonds and buy a dacha in Finland with the surplus.
Voynitsky. Not Finland... You said something else.
Serebryakov. I propose to sell the estate.
Voynitsky. That's it. You will sell the estate, splendid, a rich idea... And where do you propose I go with my old mother and Sonya here?
Serebryakov. We will discuss all that in due time. Not everything at once.
Voynitsky. Wait. Clearly until this moment I have never had a grain of common sense. I have always been stupid enough to think that the estate belonged to Sonya. My late father bought this estate as a dowry for my sister. Up to now I've been naïve, I interpreted the laws in a non-Turkish way and thought that the estate had passed from my sister to Sonya.
Serebryakov. Yes, the estate belongs to Sonya. Who is disputing it? Without Sonya's consent I will not decide to sell it. Besides, I am proposing to do it for Sonya's good.
Voynitsky. This is incomprehensible, incomprehensible! Either I have gone mad or... or...
Maria Vasilyevna. Jean, don't contradict Alexander. Believe me, he knows better than we do what is good and what is bad.

Дядя Ваня

Войницкий. Нет, дайте мне воды. *(Пьет воду.)* Говорите, что хотите, что хотите!

Серебряков. Я не понимаю, отчего ты волнуешься. Я не говорю, что мой проект идеален. Если все найдут его негодным, то я не буду настаивать.

Пауза.

Телегин *(в смущении).* Я, ваше превосходительство, питаю к науке не только благоговение, но и родственные чувства. Брата моего Григория Ильича жены брат, может, изволите знать, Константин Трофимович Лакедемонов, был магистром...

Войницкий. Постой, Вафля, мы о деле... Погоди, после... *(Серебрякову).* Вот спроси ты у него. Это имение куплено у его дяди.

Серебряков. Ах, зачем мне спрашивать? К чему?

Войницкий. Это имение было куплено по тогдашнему времени за девяносто пять тысяч. Отец уплатил только семьдесят, и осталось долгу двадцать пять тысяч. Теперь слушайте... Имение это не было бы куплено, если бы я не отказался от наследства в пользу сестры, которую горячо любил. Мало того, я десять лет работал, как вол, и выплатил весь долг...

Серебряков. Я жалею, что начал этот разговор.

Войницкий. Имение чисто от долгов и не расстроено только благодаря моим личным усилиям. И вот когда я стал стар, меня хотят выгнать отсюда в шею!

Серебряков. Я не понимаю, чего ты добиваешься!

Войницкий. Двадцать пять лет я управлял этим имением, работал, высылал тебе деньги, как самый добросовестный приказчик, и за все время ты ни разу не поблагодарил меня. Все время — и в молодости и теперь — я получал от тебя жалованья пятьсот рублей в год — нищенские деньги! — и ты ни разу не догадался прибавить мне хоть один рубль!

Серебряков. Иван Петрович, почему же я знал? Я человек не практический и ничего не понимаю. Ты мог бы сам прибавить себе сколько угодно.

Войницкий. Зачем я не крал? Отчего вы все не презираете меня за то, что я не крал? Это было бы справедливо, и теперь я не был бы нищим!

Мария Васильевна *(строго).* Жан!

Телегин *(волнуясь).* Ваня, дружочек, не надо, не надо... я дрожу... Зачем портить хорошие отношения? *(Целует его.)* Не надо.

Войницкий. Двадцать пять лет я вот с этой матерью, как крот, сидел в четырех стенах... Все наши мысли и чувства принадлежали тебе

Uncle Vanya

Voynitsky. No, give me some water. *[Drinks water.]* Say anything you want, anything you want!
Serebryakov. I don't understand why you are upset. I don't say my project is ideal. If everyone finds it unsuitable, then I shall not insist.

Pause.

Telegin. *[Embarrassed.]* Your Excellency, for learning I have not just awe, but family feelings. My brother Gregory Ilyich's wife's brother, whom you may know - Konstantin Trofimovich Lakedemonov, had a master's degree...
Voynitsky. Stop, Waffle, we're talking business... Wait, later... *[To Serebryakov.]* There now, ask him. This estate was bought from his uncle.
Serebryakov. Ah, why should I ask? What for?
Voynitsky. This estate was bought then for ninety-five thousand. My father paid only seventy and left a debt of twenty-five thousand. Now listen... This estate would not have been bought if I had not renounced my inheritance in favour of my sister, whom I deeply loved. What is more, I worked for ten years like an ox, and paid off the whole debt...
Serebryakov. I regret having started this conversation.
Voynitsky. The estate is clear of debts and in good order thanks only to my personal efforts. And when I have grown old, you want to throw me out of here, neck and crop!
Serebryakov. I don't understand what you are driving at!
Voynitsky. For twenty-five years I have managed this estate, worked, sent you money like the most honest steward, and for all that time you haven't thanked me once. The whole time – both in my youth and now – I received from you a salary of five hundred roubles a year - a beggar's money! – and you haven't once thought of adding a single rouble to it!
Serebryakov. Ivan Petrovich, how could I know? I am not a practical man and don't understand anything. You could have added yourself as much as you wanted.
Voynitsky. Why did I not steal? Why don't you all despise me for not stealing? It would have been fair, and I wouldn't be a beggar now!
Maria Vasilyevna. *[Sternly.]* Jean!
Telegin. *[Agitated.]* Vanya, dear friend, you mustn't, you mustn't... I'm trembling... Why spoil good relations? *[Kisses him.]* You mustn't.
Voynitsky. For twenty-five years I have been sitting with my mother here within four walls like a mole ... All our thoughts and feelings belonged

одному. Днем мы говорили о тебе, о твоих работах, гордились тобою, с благоговением произносили твое имя; ночи мы губили на то, что читали журналы и книги, которые я теперь глубоко презираю!

Телегин. Не надо, Ваня, не надо... Не могу...

Серебряков *(гневно).* Не понимаю, что тебе нужно?

Войницкий. Ты для нас был существом высшего порядка, а твои статьи мы знали наизусть... Но теперь у меня открылись глаза! Я все вижу! Пишешь ты об искусстве, но ничего не понимаешь в искусстве! Все твои работы, которые я любил, не стоят гроша медного! Ты морочил нас!

Серебряков. Господа! Да уймите же его, наконец! Я уйду!

Елена Андреевна. Иван Петрович, я требую, чтобы вы замолчали! Слышите?

Войницкий. Не замолчу! *(Загораживая Серебрякову дорогу.)* Постой, я не кончил! Ты погубил мою жизнь! Я не жил, не жил! По твоей милости я истребил, уничтожил лучшие годы своей жизни! Ты мой злейший враг!

Телегин. Я не могу... не могу... Я уйду... *(В сильном волнении уходит.)*

Серебряков. Что ты хочешь от меня? И какое ты имеешь право говорить со мною таким тоном? Ничтожество! Если имение твое, то бери его, я не нуждаюсь в нем!

Елена Андреевна. Я сию же минуту уезжаю из этого ада! *(Кричит.)* Я не могу дольше выносить!

Войницкий. Пропала жизнь! Я талантлив, умен, смел... Если бы я жил нормально, то из меня мог бы выйти Шопенгауэр, Достоевский... Я зарапортовался! Я с ума схожу... Матушка, я в отчаянии! Матушка!

Мария Васильевна *(строго).* Слушайся Александра!

Соня *(становится перед няней на колени и прижимается к ней).* Нянечка! Нянечка!

Войницкий. Матушка! Что мне делать? Не нужно, не говорите! Я сам знаю, что мне делать! *(Серебрякову.)* Будешь ты меня помнить! *(Уходит в среднюю дверь.)*

Мария Васильевна идет за ним.

Серебряков. Господа, что же это такое, наконец? Уберите от меня этого сумасшедшего! Не могу я жить с ним под одной крышей! Живет тут *(указывает на среднюю дверь),* почти рядом со мною... Пусть перебирается в деревню, во флигель, или я переберусь отсюда, но оставаться с ним в одном доме я не могу...

only to you. By day we talked about you, about your works, took pride in you, spoke your name with veneration; our nights we wasted reading the magazines and books which I now deeply despise!
Telegin. You mustn't, Vanya, you mustn't... I can't stand it...
Serebryakov. *[Wrathfully.]* I don't understand what you want.
Voynitsky. To us you were a creature of the highest order, and we knew your articles by heart... But now my eyes opened! I see everything! You write about art but you understand nothing about art! All your works, which I used to love, are not worth one copper kopeck. You fooled us!
Serebryakov. Gentlemen! Will you stop him! I am going!
Elena Andreyevna. Ivan Petrovich, I command you to keep quiet! Do you hear me?
Voynitsky. I won't keep quiet! *[Barring Serebryakov's way.]* Wait, I haven't finished! You've wrecked my life! I haven't lived, I haven't lived! Thanks to you I eliminated, destroyed the best years of my life! You are my worst enemy!
Telegin. I can't stand it... I can't stand it... I am going... *[Goes out in great agitation.]*
Serebryakov. What do you want from me? And what right do you have to take such a tone with me? Nonentity! If the estate is yours, then take it, I don't need it!
Elena Andreyevna. I am going away out of this hell this minute! *[Shrieks.]* I can't stand it any more!
Voynitsky. My life is wasted! I am talented, clever, brave... If I had lived a normal life I might have become another Schopenhauer, Dostoyevsky... I am losing my head! I am going crazy... Mother, I am in despair! Mother!
Maria Vasilyevna. *[Sternly.]* Listen to Alexander!
Sonya. *[Kneels before the nurse and clings to her.]* Nurse! Nurse!
Voynitsky. Mother! What shall I do? But no, don't speak! I know myself what to do! *[To Serebryakov.]* You will remember me! *[Goes out through the door in the centre.]*

Maria Vasilyevna follows him.

Serebryakov. Gentlemen, what on earth is the matter? Take this lunatic out of my sight! I cannot live under the same roof with him! He lives here *[points to the centre door]*, almost next to me... Let him move into the village or the wing of the house, or I shall move out of here, but I cannot stay in the same house with him...

Дядя Ваня

Елена Андреевна *(мужу)*. Мы сегодня уедем отсюда! Необходимо распорядиться сию же минуту.
Серебряков. Ничтожнейший человек!
Соня *(стоя на коленях, оборачивается к отцу; нервно, сквозь слезы)*. Надо быть милосердным, папа! Я и дядя Ваня так несчастны! *(Сдерживая отчаяние.)* Надо быть милосердным! Вспомни, когда ты был помоложе, дядя Ваня и бабушка по ночам переводили для тебя книги, переписывали твои бумаги... все ночи, все ночи! Я и дядя Ваня работали без отдыха, боялись потратить на себя копейку и все посылали тебе... Мы не ели даром хлеба! Я говорю не то, не то я говорю, но ты должен понять нас, папа. Надо быть милосердным!
Елена Андреевна *(взволнованная, мужу)*. Александр, ради бога объяснись с ним... Умоляю.
Серебряков. Хорошо, я объяснюсь с ним... Я ни в чем не обвиняю, я не сержусь, но, согласитесь, поведение его по меньшей мере странно. Извольте, я пойду к нему. *(Уходит в среднюю дверь.)*
Елена Андреевна. Будь с ним помягче, успокой его... *(Уходит за ним.)*
Соня *(прижимаясь к няне)*. Нянечка! Нянечка!
Марина. Ничего, деточка. Погогочут гусаки — и перестанут... Погогочут — и перестанут...
Соня. Нянечка!
Марина *(гладит ее по голове)*. Дрожишь, словно в мороз! Ну, ну, сиротка, бог милостив. Липового чайку или малинки, оно и пройдет... Не горюй, сиротка... *(Глядя на среднюю дверь, с сердцем.)* Ишь расходились, гусаки, чтоб вам пусто!

За сценой выстрел; слышно, как вскрикивает Елена Андреевна; Соня вздрагивает.

У, чтоб тебя!
Серебряков *(вбегает, пошатываясь от испуга)*. Удержите его! Удержите! Он сошел с ума!

Елена Андреевна и Войницкий борются в дверях.

Елена Андреевна *(стараясь отнять у него револьвер)*. Отдайте! Отдайте, вам говорят!
Войницкий. Пустите, Hélène! Пустите меня! *(Освободившись, вбегает и ищет глазами Серебрякова.)* Где он? А, вот он! *(Стреляет в*

Uncle Vanya

Elena Andreyevna. *[To her husband.]* We are leaving today! We must give the instructions this minute.
Serebryakov. The most insignificant man!
Sonya. *[On her knees, turns to her father; nervously, through tears.]* You must be merciful, Papa! Uncle Vanya and I are so unhappy! *[Controlling her despair.]* You must be merciful! Remember, when you were younger, Uncle Vanya and Granny used to translate books for you at night, used to copy your papers... every night, every night! Uncle Vanya and I worked without rest; we were afraid to spend a kopeck on ourselves and sent it all to you... We earned our salt! I'm saying this wrong, I don't mean it, but you must understand us, Papa. You must be merciful!
Elena Andreyevna. *[Agitated, to her husband.]* For heaven's sake, Alexander, have a talk with him... I'm begging you.
Serebryakov. Very well, I shall have a talk with him... I don't blame him for anything, I am not angry, but you must admit, his behaviour is strange, to say the least. All right, I shall go to him. *[Goes out through the centre door.]*
Elena Andreyevna. Be gentle with him, quiet him... *[Follows him out.]*
Sonya. *[Clinging to the nurse.]* Nurse! Nurse!
Marina. It's all right, my baby. When the geese have cackled they will be still again... They cackle and then they stop...
Sonya. Nurse!
Marina. *[Stroking her head.]* You are trembling as if you were freezing! There, there, little orphan, God is merciful. A little linden-tea or raspberry, and it will pass away... Don't grieve, little orphan... *[Looking angrily at the door in the centre of the room.]* How those geese let themselves go, the devil take them!

Offstage a shot; Elena Andreyevna is heard to scream; Sonya shudders.

Oh, damn you!
Serebryakov. *[Runs in reeling with terror.]* Hold him! Hold him! He has gone mad!

Elena Andreyevna and Voynitsky are struggling in the doorway.

Elena Andreyevna. *[Trying to wrest the revolver from him.]* Give it to me! Give it to me, I tell you!
Voynitsky. Let me go, Hélène! Let me go! *[Freeing himself, runs in and looks for Serebryakov.]* Where is he? Ah, there he is! *[Shoots at him.]*

Дядя Ваня

него.) Бац!

Пауза.

Не попал? Опять промах?! *(С гневом.)* А черт, черт... черт бы побрал... *(Бьет револьвером об пол и в изнеможении садится на стул.)*

Серебряков ошеломлен; Елена Андреевна прислонилась к стене, ей дурно.

Елена Андреевна. Увезите меня отсюда! Увезите, убейте, но... я не могу здесь оставаться, не могу!
Войницкий *(в отчаянии).* О, что я делаю! Что я делаю!
Соня *(тихо).* Нянечка! Нянечка!

Занавес

Действие четвертое

Комната Ивана Петровича; тут его спальня, тут же и контора имения. У окна большой стол с приходо-расходными книгами и бумагами всякого рода, конторка, шкафы, весы. Стол поменьше для Астрова; на этом столе принадлежности для рисования, краски; возле папка. Клетка со скворцом. На стене карта Африки, видимо, никому здесь не нужная. Громадный диван, обитый клеенкой. Налево — дверь, ведущая в покои; направо — дверь в сени; подле правой двери положен половик, чтобы не нагрязнили мужики. Осенний вечер. Тишина.

Телегин и Марина сидят друг против друга и мотают чулочную шерсть.

Телегин. Вы скорее, Марина Тимофеевна, а то сейчас позовут прощаться. Уже приказали лошадей подавать.
Марина *(старается мотать быстрее).* Немного осталось.
Телегин. В Харьков уезжают. Там жить будут.
Марина. И лучше.
Телегин. Напужались... Елена Андреевна "одного часа, говорит, не желаю жить здесь... уедем да уедем... Поживем, говорит, в Харькове, оглядимся и тогда за вещами пришлем...". Налегке уезжают. Значит, Марина Тимофеевна, не судьба им жить тут. Не судьба... Фатальное предопределение.

Uncle Vanya

Bang!

Pause.

I didn't get him? I missed again? *[Furiously.]* Oh, devil, devil... devil take him... *[Flings the revolver on the floor and sits down on a chair exhausted.]*

Serebryakov is stunned; Elena Andreyevna leans against the wall, feeling faint.

Elena Andreyevna. Take me away from here! Take me away, kill me, but... I can't stay here, I can't!
Voynitsky. *[In despair.]* Oh, what am I doing? What am I doing!
Sonya. *[Softly.]* Nurse! Nurse!

Curtain.

Act IV

Ivan Petrovich's room, which is also his bedroom and the estate office. By the window are a large desk with ledgers and papers of every description, a bureau, cupboards, scales. A smaller desk belonging to Astrov; on this desk are drawing materials, paints; beside it a folder. A cage with a starling. A map of Africa on the wall, obviously of no use to anybody here. A huge sofa covered with buckram. A door to the left leads into the inner rooms; one to the right leads into the front hall; before the door to the right lies a mat so that the peasants don't bring in mud. An autumn evening. Silence.

Telegin and Marina are sitting facing one another, winding stocking wool.

Telegin. Be quick, Marina Timofeyevna, or we shall be called to say goodbye any minute. The carriage has already been ordered.
Marina. *[Tries to wind more quickly.]* There's not much left.
Telegin. They are going to Kharkov. They will live there.
Marina. It's better.
Telegin. They have been frightened... Elena Andreyevna says, "I don't want to live here an hour longer... let's go, let's go... We'll live, she says, in Kharkov, we'll look about us, and then we'll send for our things...". They are travelling light. It seems, Marina Timofeyevna, that fate has decreed for them not to live here. Fate... Fatal predetermination.

Дядя Ваня

Марина. И лучше. Давеча подняли шум, пальбу — срам один!
Телегин. Да, сюжет, достойный кисти Айвазовского.
Марина. Глаза бы мои не глядели.

Пауза.

Опять заживем, как было, по-старому. Утром в восьмом часу чай, в первом часу обед, вечером — ужинать садиться; все своим порядком, как у людей... по-христиански. *(Со вздохом.)* Давно уже я, грешница, лапши не ела.
Телегин. Да, давненько у нас лапши не готовили.

Пауза.

Давненько... Сегодня утром, Марина Тимофеевна, иду я деревней, а лавочник мне вслед: "Эй ты, приживал!" И так мне горько стало!
Марина. А ты без внимания, батюшка. Все мы у бога приживалы. Как ты, как Соня, как Иван Петрович — никто без дела не сидит, все трудимся! Все... Где Соня?
Телегин. В саду. С доктором все ходит, Ивана Петровича ищет. Боятся, как бы он на себя рук не наложил.
Марина. А где его пистолет?
Телегин *(шепотом)*. Я в погребе спрятал!
Марина *(с усмешкой)*. Грехи!

Входят со двора Войницкий и Астров.

Войницкий. Оставь меня. *(Марине и Телегину.)* Уйдите отсюда, оставьте меня одного хоть на один час! Я не терплю опеки.
Телегин. Сию минуту, Ваня. *(Уходит на цыпочках.)*
Марина. Гусак: го-го-го! *(Собирает шерсть и уходит.)*
Войницкий. Оставь меня!
Астров. С большим удовольствием, мне давно уже нужно уехать отсюда, но, повторяю, я не уеду, пока ты не возвратишь того, что взял у меня.
Войницкий. Я у тебя ничего не брал.
Астров. Серьезно говорю — не задерживай. Мне давно уже пора ехать.
Войницкий. Ничего я у тебя не брал.

Uncle Vanya

Marina. It's better. They made racket, shooting - disgrace!
Telegin. Yes, the scene was worthy of the brush of Ayvazovsky.
Marina. I wish I'd never laid eyes on them.

Pause.

Now we shall live as we used to, the old way. Tea in the morning after seven, dinner after twelve, sitting down to supper in the evening; everything in order as people do... the Christian way. *[Sighs.]* It is a long time since I have eaten noodles, sinner that I am.
Telegin. Yes, we haven't had noodles for ages.

Pause.

For ages... As I was going through the village this morning, Marina Timofeyevna, a shopkeeper called after me, "Hey you, sponger!" And I felt it so bitterly!
Marina. Don't pay attention to them, my dear. We are all spongers on God. You and Sonya and Ivan Petrovich - no one sits idle, we all work! All of us... Where is Sonya?
Telegin. In the garden. She and the Doctor are walking around, looking for Ivan Petrovich. They fear he may lay hands on himself.
Marina. Where is his pistol?
Telegin. *[Whispers.]* I hid it in the cellar.
Marina. *[With a grin.]* Sins!

Voynitsky and Astrov come in from outside.

Voynitsky. Leave me alone. *[To Marina and Telegin.]* Go away from here, leave me alone for just one hour! I can't stand surveillance.
Telegin. This minute, Vanya. *[Goes out on tiptoe.]*
Marina. The gander cackles; ho! ho! ho! *[Gathers up her wool and goes out.]*
Voynitsky. Leave me!
Astrov. With great pleasure, I ought to have gone long ago, but, I repeat, I shan't leave until you have returned what you took from me.
Voynitsky. I took nothing from you.
Astrov. I am being serious - don't detain me. I should have left long ago.
Voynitsky. I took nothing from you.

Дядя Ваня

Оба садятся.

Астров. Да? Что ж, погожу еще немного, а потом, извини, придется употребить насилие. Свяжем тебя и обыщем. Говорю это совершенно серьезно.

Войницкий. Как угодно.

Пауза.

Разыграть такого дурака: стрелять два раза и ни разу не попасть. Этого я себе никогда не прощу!

Астров. Пришла охота стрелять, ну, и палил бы в лоб себе самому.

Войницкий (*пожав плечами*). Странно. Я покушался на убийство, а меня не арестовывают, не отдают под суд. Значит, считают меня сумасшедшим. (*Злой смех.*) Я — сумасшедший, а не сумасшедшие те, которые под личиной профессора, ученого мага, прячут свою бездарность, тупость, свое вопиющее бессердечие. Не сумасшедшие те, которые выходят за стариков и потом у всех на глазах обманывают их. Я видел, видел, как ты обнимал ее!

Астров. Да-с, обнимал-с, а тебе вот. (*Делает нос.*)

Войницкий (*глядя на дверь*). Нет, сумасшедшая земля, которая еще держит вас!

Астров. Ну, и глупо.

Войницкий. Что ж, я — сумасшедший, невменяем, я имею право говорить глупости.

Астров. Стара штука. Ты не сумасшедший, а просто чудак. Шут гороховый. Прежде и я всякого чудака считал больным, ненормальным, а теперь я такого мнения, что нормальное состояние человека — это быть чудаком. Ты вполне нормален.

Войницкий (*закрывает лицо руками*). Стыдно! Если бы ты знал, как мне стыдно! Это острое чувство стыда не может сравниться ни с какою болью. (*С тоской.*) Невыносимо! (*Склоняется к столу.*) Что мне делать? Что мне делать?

Астров. Ничего.

Войницкий. Дай мне чего-нибудь. О боже мой... Мне сорок семь лет; если, положим, я проживу до шестидесяти, то мне остается еще тринадцать. Долго! Как я проживу эти тринадцать лет? Что буду делать, чем наполню их? О, понимаешь... (*судорожно жмет Астрову руку*) понимаешь, если бы можно было прожить остаток жизни как-нибудь по-новому. Проснуться бы в ясное, тихое утро и почувствовать, что жить ты начал снова, что все прошлое забыто, рассеялось, как дым. (*Плачет.*) Начать новую жизнь... Подскажи

Uncle Vanya

Both sit down.

Astrov. You didn't? Well, I shall wait a little longer, and then, sorry, I'll have to resort to force. We'll bind you and search you. I mean this absolutely seriously.
Voynitsky. Do as you please.

Pause.

To make such a fool of myself: to shoot twice and miss both times. I shall never forgive myself for it!
Astrov. When the impulse came to shoot, it would have been as well had you put a bullet through your own head.
Voynitsky. *[Shrugging his shoulders.]* Strange. I attempted murder, and am not going to be arrested or brought to trial. That means they think me mad. *[A bitter laugh.]* I am mad, and those who hide their lack of talent, their dullness, their crying heartlessness behind the mask of a professor, a learned magus, are sane. Those who marry old men and then deceive them under the eyes of all, are sane. I saw, I saw you embracing her!
Astrov. Yes, I did embrace her; so there. *[Puts his thumb to his nose.]*
Voynitsky. *[Looking at the door.]* No, it is the earth that is mad, because she still bears you!
Astrov. That is nonsense.
Voynitsky. Well, I am mad, insane, I have the right to talk nonsense.
Astrov. An old trick. You are not mad; you are simply a crank. A buffoon. I used to think every crank was sick, deranged, but now I'm of the opinion that the normal state of man is to be a crank. You are perfectly normal.
Voynitsky. *[Covers his face with his hands.]* I'm ashamed! If you knew how ashamed I am! This piercing feeling of shame can't be compared with any pain. *[With anguish.]* It's unbearable! *[Leans against the desk.]* What am I to do? What am I to do?
Astrov. Nothing.
Voynitsky. Give me something. Oh, my God... I am forty-seven years old; if I live, say, to sixty, I still have thirteen years. A long time! How shall I endure life for those thirteen years? What shall I do, how can I fill them? Oh, you see... *[squeezes Astrov's hand convulsively]* you see, if only I could live the rest of my life in some new way. If I could only wake some bright still morning and feel that life had begun again, that all the past was forgotten, dispersed like smoke. *[Weeps.]* To begin a new life... Tell me,

мне, как начать... с чего начать...

Астров *(с досадой)*. Э, ну тебя! Какая еще там новая жизнь! Наше положение, твое и мое, безнадежно.

Войницкий. Да?

Астров. Я убежден в этом.

Войницкий. Дай мне чего-нибудь... *(Показывая на сердце.)* Жжет здесь.

Астров *(кричит сердито)*. Перестань! *(Смягчившись.)* Те, которые будут жить через сто, двести лет после нас и которые будут презирать нас за то, что мы прожили свои жизни так глупо и так безвкусно, — те, быть может, найдут средство, как быть счастливыми, а мы... У нас с тобою только одна надежда есть. Надежда, что когда мы будем почивать в своих гробах, то нас посетят видения, быть может, даже приятные. *(Вздохнув.)* Да, брат. Во всем уезде было только два порядочных, интеллигентных человека: я да ты. Но в какие-нибудь десять лет жизнь обывательская, жизнь презренная затянула нас; она своими гнилыми испарениями отравила нашу кровь, и мы стали такими же пошляками, как все. *(Живо.)* Но ты мне зубов не заговаривай, однако. Ты отдай то, что взял у меня.

Войницкий. Я у тебя ничего не брал.

Астров. Ты взял у меня из дорожной аптеки баночку с морфием.

Пауза.

Послушай, если тебе во что бы то ни стало хочется покончить с собою, то ступай в лес и застрелись там. Морфий же отдай, а то пойдут разговоры, догадки, подумают, что это я тебе дал... С меня же довольно и того, что мне придется вскрывать тебя... Ты думаешь, это интересно?

Входит Соня.

Войницкий. Оставь меня!

Астров *(Соне)*. Софья Александровна, ваш дядя утащил из моей аптеки баночку с морфием и не отдает. Скажите ему, что это... не умно, наконец. Да и некогда мне. Мне пора ехать.

Соня. Дядя Ваня, ты взял морфий?

Пауза.

Астров. Он взял. Я в этом уверен.

Uncle Vanya

how to begin... where to begin...
Astrov. *[Crossly.]* Oh, stop it! What new life! Our situation, yours and mine, is hopeless.
Voynitsky. Really?
Astrov. I am convinced of that.
Voynitsky. Give me something... *[Pointing to his heart.]* It's burning here.
Astrov. *[Shouts angrily.]* Stop it! *[More gently.]* Those who will live in a hundred or two hundred years' time after us and who will despise us for living our lives so stupidly and so tastelessly – they may find a way to be happy, but we... You and I have only one hope. The hope that we'll be visited by visions, perhaps even by pleasant ones, as we lie resting in our coffins. *[Sighing]* Yes, brother. There were only two decent, intelligent men in the whole district, you and I. Ten years or so of this philistine life, this contemptible life have sucked us under; it has poisoned our blood with its putrid fumes, and we have become as vulgar as everyone else. *[Lively.]* But don't try to talk me out of my purpose. Give me back what you took from me.
Voynitsky. I took nothing from you.
Astrov. You took a little jar of morphine out of my ambulance box.

Pause.

Listen, if you are positively determined to make an end to yourself, go into the woods and shoot yourself there. Give back the morphine, or there will be a lot of talk and guesswork; people will think I gave it to you... It'll be quite enough having to perform a post-mortem on you... Do you think I should find it interesting?

Sonya comes in.

Voynitsky. Leave me alone!
Astrov. *[To Sonya.]* Sofia Alexandrovna, your uncle has stolen a jar of morphine out of my ambulance box and won't give it back. Tell him that it is... well, unwise. I haven't time. I must be going.
Sonya. Uncle Vanya, did you take the morphine?

Pause.

Astrov. He took it. I am sure of it.

Дядя Ваня

Соня. Отдай. Зачем ты нас пугаешь? *(Нежно.)* Отдай, дядя Ваня! Я, быть может, несчастна не меньше твоего, однако же не прихожу в отчаяние. Я терплю и буду терпеть, пока жизнь моя не окончится сама собою... Терпи и ты.

Пауза.

Отдай! *(Целует ему руку.)* Дорогой, славный дядя, милый, отдай! *(Плачет.)* Ты добрый, ты пожалеешь нас и отдашь. Терпи, дядя! Терпи!
Войницкий *(достает из стола баночку и подает ее Астрову)*. На, возьми! *(Соне.)* Но надо скорее работать, скорее делать что-нибудь, а то не могу... не могу...
Соня. Да, да, работать. Как только проводим наших, сядем работать... *(Нервно перебирает на столе бумаги.)* У нас все запущено.
Астров *(кладет баночку в аптеку и затягивает ремни)*. Теперь можно и в путь.
Елена Андреевна *(входит)*. Иван Петрович, вы здесь? Мы сейчас уезжаем... Идите к Александру, он хочет что-то сказать вам.
Соня. Иди, дядя Ваня. *(Берет Войницкого под руку.)* Пойдем. Папа и ты должны помириться. Это необходимо.

Соня и Войницкий уходят.

Елена Андреевна. Я уезжаю. *(Подает Астрову руку.)* Прощайте.
Астров. Уже?
Елена Андреевна. Лошади уже поданы.
Астров. Прощайте.
Елена Андреевна. Сегодня вы обещали мне, что уедете отсюда.
Астров. Я помню. Сейчас уеду.

Пауза.

Испугались? *(Берет ее за руку.)* Разве так страшно?
Елена Андреевна. Да.
Астров. А то остались бы! А? Завтра в лесничестве...
Елена Андреевна. Нет... Уже решено... И потому я гляжу на вас так храбро, что уже решен отъезд... Я об одном вас прошу: думайте обо мне лучше. Мне хочется, чтобы вы меня уважали.
Астров. Э! *(Жест нетерпения.)* Останьтесь, прошу вас. Сознайтесь,

Uncle Vanya

Sonya. Give it back. Why do you frighten us? *[Tenderly.]* Give it back, Uncle Vanya! I may be just as unhappy as you are, but I am not plunged in despair. I endure and shall endure until my life comes to a natural end... You must endure too.

Pause.

Give it back! *[Kisses his hand.]* Dear, good Uncle, darling, give it back! *[Weeps.]* You are kind, you will have pity on us and give it back. Endure, Uncle! Endure!

Voynitsky. *[Takes the jar from the drawer of the desk and hands it to Astrov.]* There, take it! *[To Sonya.]* But we must get to work quickly, do something quickly, otherwise I can't... I can't...

Sonya. Yes, yes, to work. As soon as we have seen them off we shall get down to work... *[Nervously looks over the papers on the desk.]* Everything is a mess here.

Astrov. *[Puts the jar in his ambulance box and tightens the straps.]* Now I can be off.

Elena Andreyevna. *[Comes in.]* Ivan Petrovich, you are here? We are leaving now... Go to Alexander, he wants to tell you something.

Sonya. Go, Uncle Vanya. *[Takes Voynitsky by the arm.]* Let's go. You and Papa must make peace. That's necessary.

Sonya and Voynitsky go out.

Elena Andreyevna. I am going away. *[Gives Astrov her hand.]* Goodbye.
Astrov. So soon?
Elena Andreyevna. They've already brought the carriage.
Astrov. Goodbye.
Elena Andreyevna. You promised me today you would go away from here.
Astrov. I remember. I am going now.

Pause.

Were you frightened? *[Takes her hand.]* Was it so terrible?
Elena Andreyevna. Yes.
Astrov. Why don't you stay? Why? Tomorrow at the forest station...
Elena Andreyevna. No... It is settled... And that is why I look at you so bravely, because our departure is settled... One thing I ask of you: think better of me. I should like you to respect me.
Astrov. Ah! *[With an impatient gesture.]* Stay, I beg you. Admit it, there

321

Дядя Ваня

делать вам на этом свете нечего, цели жизни у вас никакой, занять вам своего внимания нечем, и, рано или поздно, все равно поддадитесь чувству, — это неизбежно. Так уж лучше это не в Харькове и не где-нибудь в Курске, а здесь, на лоне природы... Поэтично по крайней мере, даже осень красива... Здесь есть лесничество, полуразрушенные усадьбы во вкусе Тургенева...

Елена Андреевна. Какой вы смешной... Я сердита на вас, но все же... буду вспоминать о вас с удовольствием. Вы интересный, оригинальный человек. Больше мы с вами уже никогда не увидимся, а потому — зачем скрывать? Я даже увлеклась вами немножко. Ну, давайте пожмем друг другу руки и разойдемся друзьями. Не поминайте лихом.

Астров (*пожал руку*). Да, уезжайте... (*В раздумье.*) Как будто бы вы и хороший, душевный человек, но как будто бы и что-то странное во всем вашем существе. Вот вы приехали сюда с мужем, и все, которые здесь работали, копошились, создавали что-то, должны были побросать свои дела и все лето заниматься только подагрой вашего мужа и вами. Оба — он и вы — заразили всех нас вашею праздностью. Я увлекся, целый месяц ничего не делал, а в это время люди болели, в лесах моих, лесных порослях, мужики пасли свой скот... Итак, куда бы ни ступили вы и ваш муж, всюду вы вносите разрушение... Я шучу, конечно, но все же... странно, и я убежден, что если бы вы остались, то опустошение произошло бы громадное. И я бы погиб, да и вам бы... несдобровать. Ну, уезжайте. Finita la comedia!

Елена Андреевна (*берет с его стола карандаш и быстро прячет*). Этот карандаш я беру себе на память.

Астров. Как-то странно... Были знакомы и вдруг почему-то... никогда уже больше не увидимся. Так и все на свете... Пока здесь никого нет, пока дядя Ваня не вошел с букетом, позвольте мне... поцеловать вас... На прощанье. Да? (*Целует ее в щеку.*) Ну, вот и прекрасно.

Елена Андреевна. Желаю всего хорошего. (*Оглянувшись.*) Куда ни шло, раз в жизни! (*Обнимает его порывисто, и оба тотчас же быстро отходят друг от друга.*) Надо уезжать.

Астров. Уезжайте поскорее. Если лошади поданы, то отправляйтесь.

Елена Андреевна. Сюда идут, кажется.

Оба прислушиваются.

Астров. Finita!

is nothing for you to do in this world, you have no object in life, there is nothing to occupy your attention, and sooner or later you'll give in to your feelings, - it's inevitable. It would be better if it happened not in Kharkov or somewhere in Kursk, but here, in nature's lap... It would then at least be poetical, even the autumn is beautiful... Here we have the forest station, mansion houses half in ruins that Turgenev writes of...

Elena Andreyevna. You are so funny... I am angry with you and yet... I shall always remember you with pleasure. You are an interesting, original man. We shall never see each other again, and so - why should I conceal it? I was even attracted to you a little. Well, let's shake hands and part friends. Remember me kindly.

Astrov. *[Shaking her hand.]* Yes, go... *[Thoughtfully]* You seem to be a good, sincere person, and yet there is something strange about all your personality. You arrived here with your husband, and everyone here who used to work, to putter, to create something had to drop his work and give himself up for the whole summer to your husband's gout and yourself. Both of you - he and you - have infected all of us with your idleness. I have been swept off my feet, I did nothing for a whole month, while people were ill, and the peasants have been pasturing their cattle in my woods and young plantations... So, wherever you and your husband set foot, you bring destruction everywhere... I am joking of course, and yet... it's strange, and I'm sure that had you stayed, the desolation would have been immense. I would have perished, and you... you would have been in trouble. So go. Finita la comedia!

Elena Andreyevna. *[Takes a pencil from his desk and quickly hides it.]* I'm taking this pencil for memory.

Astrov. It's rather strange... We met, and suddenly for some reason... we'll never see each other again. That is the way in this world... As long as we are alone here, before Uncle Vanya comes in with a bouquet, allow me... to kiss you... To say goodbye... Yes? *[Kisses her on the cheek.]* So, splendid.

Elena Andreyevna. I wish you all the best. *[Looking around.]* Come what will, once in my life! *[Embraces him impetuously, and they quickly part.]* We must go.

Astrov. Go quickly. If the carriage is ready, then go.

Elena Andreyevna. I think someone is coming.

Both listen.

Astrov. Finita!

Дядя Ваня

Входят Серебряков, Войницкий, Мария Васильевна с книгой, Телегин и Соня.

Серебряков (*Войницкому*). Кто старое помянет, тому глаз вон. После того, что случилось, в эти несколько часов я так много пережил и столько передумал, что, кажется, мог бы написать в назидание потомству целый трактат о том, как надо жить. Я охотно принимаю твои извинения и сам прошу извинить меня. Прощай! (*Целуется с Войницким три раза.*)
Войницкий. Ты будешь аккуратно получать то же, что получал и раньше. Все будет по-старому.

Елена Андреевна обнимает Соню.

Серебряков (*целует у Марии Васильевны руку*). Maman...
Мария Васильевна (*целуя его*). Александр, снимитесь опять и пришлите мне вашу фотографию. Вы знаете, как вы мне дороги.
Телегин. Прощайте, ваше превосходительство! Нас не забывайте!
Серебряков (*поцеловав дочь*). Прощай... Все прощайте! (*Подавая руку Астрову.*) Благодарю вас за приятное общество... Я уважаю ваш образ мыслей, ваши увлечения, порывы, но позвольте старику внести в мой прощальный привет только одно замечание: надо господа, дело делать! Надо дело делать! (*Общий поклон.*) Всего хорошего. (*Уходит; за ним идут Мария Васильевна и Соня.*)
Войницкий (*крепко целует руку у Елены Андреевны*). Прощайте... Простите... Никогда больше не увидимся.
Елена Андреевна (*растроганная*). Прощайте, голубчик. (*Целует его в голову и уходит.*)
Астров (*Телегину*). Скажи там, Вафля, чтобы заодно кстати подавали и мне лошадей.
Телегин. Слушаю, дружочек. (*Уходит.*)

Остаются только Астров и Войницкий.

Астров (*убирает со стола краски и прячет их в чемодан*). Что же ты не идешь проводить?
Войницкий. Пусть уезжают, а я... я не могу. Мне тяжело. Надо поскорей занять себя чем-нибудь... Работать, работать! (*Роется в бумагах на столе.*)

Пауза; слышны звонки.

Uncle Vanya

Serebryakov, Voynitsky, Maria Vasilyevna with a book, Telegin and Sonya come in.

Serebryakov. *[To Voynitsky.]* Shame on him who bears malice for the past. After what happened, in these last few hours I have gone through so much and done so much thinking that I believe I could write a whole treatise on the conduct of life for the instruction of posterity. I gladly accept your apology, and myself ask your forgiveness. Farewell! *[He and Voynitsky kiss three times.]*
Voynitsky. You will accurately receive what you used to receive. Everything will be as it was before.

Elena Andreyevna embraces Sonya.

Serebryakov. *[Kisses Maria Vasilyevna's hand.]* Maman...
Maria Vasilyevna. *[Kissing him.]* Alexander, have your photograph taken again and send it to me. You know how dear you are to me.
Telegin. Goodbye, Your Excellency! Don't forget us!
Serebryakov. *[Kissing his daughter.]* Goodbye... Goodbye all! *[Giving his hand to Astrov.]* Thank you for your pleasant company... I respect your way of thinking, your passions, inspirations, but let an old man include just one remark in his farewell speech: one must work, gentlemen! One must work! *[They all bow.]* All the best. *[Goes out followed by Maria Vasilyevna and Sonya.]*
Voynitsky. *[Kisses Elena Andreyevna's hand fervently.]* Goodbye... Forgive me... We'll never see each other again.
Elena Andreyevna. *[Touched.]* Goodbye, my dear. *[Kisses him on the head and goes out.]*
Astrov. *[To Telegin.]* Tell them to bring my carriage around too, Waffle.
Telegin. All right, dear friend. *[Goes out.]*

Only Astrov and Voynitsky are left.

Astrov. *[Takes the paints from the desk and packs them into his suitcase.]* Why don't you go to see them off?
Voynitsky. Let them go, and I... I can't. It's hard for me. I must quickly get busy with something... To work, to work! *[Rummages through his papers on the desk.]*

Pause; the sound of bells.

Дядя Ваня

Астров. Уехали. Профессор рад небось! Его теперь сюда и калачом не заманишь.
Марина *(входит).* Уехали. *(Садится в кресло и вяжет чулок.)*
Соня *(входит).* Уехали. *(Утирает глаза.)* Дай бог благополучно. *(Дяде.)* Ну, дядя Ваня, давай делать что-нибудь.
Войницкий. Работать, работать...
Соня. Давно, давно уже мы не сидели вместе за этим столом. *(Зажигает на столе лампу.)* Чернил, кажется, нет... *(Берет чернильницу, идет к шкафу и наливает чернил.)* А мне грустно, что они уехали.
Мария Васильевна *(медленно входит).* Уехали! *(Садится и погружается в чтение.)*
Соня *(садится за стол и перелистывает конторскую книгу).* Напиши, дядя Ваня, прежде всего счета. У нас страшно запущено. Сегодня опять присылали за счетом. Пиши. Ты пиши один счет, я — другой...
Войницкий *(пишет).* "Счет... господину..."

Оба пишут молча.

Марина *(зевает).* Баиньки захотелось...
Астров. Тишина. Перья скрипят, сверчок кричит. Тепло, уютно... Не хочется уезжать отсюда.

Слышны бубенчики.

Вот подают лошадей... Остается, стало быть, проститься с вами, друзья мои, проститься со своим столом и — айда! *(Укладывает картограммы в папку.)*
Марина. И чего засуетился? Сидел бы.
Астров. Нельзя.
Войницкий *(пишет).* "И старого долга осталось два семьдесят пять..."

Входит работник.

Работник. Михаил Львович, лошади поданы.
Астров. Слышал. *(Подает ему аптеку, чемодан и папку.)* Вот, возьми это. Гляди, чтобы не помять папку.
Работник. Слушаю. *(Уходит.)*
Астров. Ну-с... *(Идет проститься.)*
Соня. Когда же мы увидимся?

Uncle Vanya

Astrov. They have gone. The Professor must be glad! He couldn't be tempted back here now by a fortune.
Marina. *[Comes in.]* They have gone. *[Sits down in an armchair and knits a stocking.]*
Sonya. *[Comes in.]* They have gone. *[Wipes her eyes.]* God be with them. *[To her uncle.]* Well, Uncle Vanya, let's do something.
Voynitsky. To work, to work...
Sonya. It is long, long, since we sat together at this desk. *[Lights the lamp on the desk.]* There doesn't seem to be any ink... *[Takes the inkpot, goes to the cupboard and fills it with ink.]* But I feel sad that they have gone.
Maria Vasilyevna. *[Comes slowly in.]* They have gone! *[Sits down and becomes absorbed in reading.]*
Sonya. *[Sits down at the desk and looks through an account book.]* First of all, Uncle Vanya, write up the accounts. They are in a dreadful state. Today they sent for payment again. Write. You write one bill, I'll do another...
Voynitsky. *[Writes.]* "Account... for Mr..."

Both write silently.

Marina. *[Yawns.]* It's beddy-bye time for me...
Astrov. Stillness. The pens scratch, the cricket sings. It's warm, cosy... I don't want to go away from here.

The sound of little bells.

They are bringing my carriage... There now remains to say goodbye to you, my friends, to say goodbye to my desk, and - away! *[Puts the maps into the folder.]*
Marina. Why do you fuss? Sit a little longer.
Astrov. I mustn't.
Voynitsky. *[Writes.]* "And carry forward from the old debt two seventy-five..."

Workman comes in.

Workman. Mikhail Lvovich, your carriage is ready.
Astrov. I heard. *[Hands him the ambulance box, the suitcase and the folder]*. Here, take this. Look out, don't crush the folder.
Workman. Very well. *[Goes out.]*
Astrov. Well... *[Goes to say goodbye.]*
Sonya. When shall we see you again?

Дядя Ваня

Астров. Не раньше лета, должно быть. Зимой едва ли... Само собою, если случится что, то дайте знать — приеду. *(Пожимает руки.)* Спасибо за хлеб, за соль, за ласку... одним словом, за все. *(Идет к няне и целует ее в голову.)* Прощай, старая.
Марина. Так и уедешь без чаю?
Астров. Не хочу, нянька.
Марина. Может, водочки выпьешь?
Астров *(нерешительно).* Пожалуй...

Марина уходит.

(После паузы.) Моя пристяжная что-то захромала. Вчера еще заметил, когда Петрушка водил поить.
Войницкий. Перековать надо.
Астров. Придется в Рождественном заехать к кузнецу. Не миновать. *(Подходит к карте Африки и смотрит на нее.)* А, должно быть, в этой самой Африке теперь жарища — страшное дело!
Войницкий. Да, вероятно.
Марина *(возвращается с подносом, на котором рюмка водки и кусочек хлеба).* Кушай.

Астров пьет водку.

На здоровье, батюшка. *(Низко кланяется.)* А ты бы хлебцем закусил.
Астров. Нет, я и так... Затем, всего хорошего! *(Марине.)* Не провожай меня, нянька. Не надо.

Он уходит. Соня идет за ним со свечой, чтобы проводить его; Марина садится в свое кресло.

Войницкий *(пишет).* "Второго февраля масла постного двадцать фунтов... Шестнадцатого февраля опять масла постного 20 фунтов... Гречневой крупы..."

Пауза. Слышны бубенчики.

Марина. Уехал.

Пауза.

Uncle Vanya

Astrov. Not until summer, I suppose. Hardly this winter... Of course, if anything happens, let me know – I will come. *[Shakes hands.]* Thank you for your bread and salt, for your kindness... in short, for everything. *[Goes up to the nurse and kisses her on the head.]* Goodbye, old woman.
Marina. So you are going without your tea?
Astrov. I don't want any, nurse.
Marina. Won't you have some vodka?
Astrov. *[Hesitatingly.]* I might...

Marina goes out.

[After a pause.] My off-wheeler has gone lame for some reason. I noticed it yesterday when Petrushka was taking him to drink.
Voynitsky. You should have him re-shod.
Astrov. I shall have to go to the blacksmith at Rozhdestvennoye. It can't be avoided. *[Goes up to the map of Africa and looks at it.]* I suppose it is roasting hot in Africa now – terrible!
Voynitsky. Yes, I suppose it is.
Marina. *[Comes back with a tray on which are a glass of vodka and a piece of bread.]* Help yourself.

Astrov drinks vodka.

To your good health, my dear. *[Bows deeply.]* Have some bread with it.
Astrov. No, I'm fine... And now, all the best! *[To Marina.]* Don't see me off, nurse. No need.

He goes out. Sonya follows him with a candle to see him off; Marina sits down in her armchair.

Voynitsky. *[Writes.]* "On the 2nd of February, twenty pounds of vegetable oil... on the 16th of February twenty pounds of vegetable oil again... Buckwheat..."

Pause. The sound of bells.

Marina. He has gone.

Pause.

Дядя Ваня

Соня (*возвращается, ставит свечу на стол*). Уехал...
Войницкий (*сосчитал на счетах и записывает*). Итого... пятнадцать... двадцать пять...

Соня садится и пишет.

Марина (*зевает*). Ох, грехи наши...

Телегин входит на цыпочках, садится у двери и тихо настраивает гитару.

Войницкий (*Соне, проведя рукой по ее волосам*). Дитя мое, как мне тяжело! О, если б ты знала, как мне тяжело!
Соня. Что же делать, надо жить!

Пауза.

Мы, дядя Ваня, будем жить. Проживем длинный, длинный ряд дней, долгих вечеров; будем терпеливо сносить испытания, какие пошлет нам судьба; будем трудиться для других и теперь, и в старости, не зная покоя, а когда наступит наш час, мы покорно умрем, и там за гробом мы скажем, что мы страдали, что мы плакали, что нам было горько, и бог сжалится над нами, и мы с тобою, дядя, милый дядя, увидим жизнь светлую, прекрасную, изящную, мы обрадуемся и на теперешние наши несчастья оглянемся с умилением, с улыбкой — и отдохнем. Я верую, дядя, верую горячо, страстно... (*Становится перед ним на колени и кладет голову на его руки; утомленным голосом.*) Мы отдохнем!

Телегин тихо играет на гитаре.

Мы отдохнем! Мы услышим ангелов, мы увидим все небо в алмазах, мы увидим, как все зло земное, все наши страдания потонут в милосердии, которое наполнит собою весь мир, и наша жизнь станет тихою, нежною, сладкою, как ласка. Я верую, верую... (*Вытирает ему платком слезы*). Бедный, бедный дядя Ваня, ты плачешь... (*Сквозь слезы.*) Ты не знал в своей жизни радостей, но погоди, дядя Ваня, погоди... Мы отдохнем... (*Обнимает его.*) Мы отдохнем!

Стучит сторож. Телегин тихо наигрывает; Мария Васильевна пишет на полях брошюры; Марина вяжет чулок.

Мы отдохнем!

       Занавес медленно опускается.

Uncle Vanya

Sonya. *[Comes back, puts the candle on the desk.]* He has gone...
Voynitsky. *[Counted up on the abacus and writes down.]* Total... fifteen... twenty-five...

Sonya sits down and writes.

Marina. *[Yawns.]* Oh, our sins...

Telegin comes in on tiptoe, sits down by the door and quietly tunes his guitar.

Voynitsky. *[To Sonya, stroking her hair.]* My child, how hard it is for me! Oh, if you only knew how hard it is for me!
Sonya. What can we do, we must live!

Pause.

We shall live, Uncle Vanya. We shall live through the long, long procession of days with long evenings; we shall patiently bear the trials that fate imposes on us; we shall work for others without rest, both now and when we are old; and when our last hour comes we shall die humbly, and there, beyond the grave, we shall say that we suffered, that we wept, that our life was bitter, and God will have pity on us, and you and I, Uncle, dear Uncle, shall see a life that is bright, beautiful, refined, we shall rejoice and look back upon our present misfortunes with tenderness, with a smile - and we shall rest. I have faith, Uncle, fervent, passionate faith... *[Kneels down before him and lays her head on his hands; in a weary voice.]* We shall rest!

Telegin plays softly on the guitar.

We shall rest! We shall hear the angels, we shall see the whole sky studded with diamonds, we shall see all earthly evil, all our sufferings sink away in compassion that shall fill the whole world, and our life will become peaceful, tender, sweet as a caress. I have faith, I have faith... *[Wipes away his tears with a handkerchief.]* Poor, poor Uncle Vanya, you are crying... *[Through tears.]* You have known no joys in your life, but wait, Uncle Vanya, wait... We shall rest... *[Embraces him.]* We shall rest!

The watchman's rattle is heard. Telegin plays softly; Maria Vasilyevna writes on the margins of a pamphlet; Marina knits a stocking.

We shall rest!

The curtain slowly falls.

Три сестры

Драма в четырех действиях

Действующие лица

Прозоров Андрей Сергеевич.
Наталья Ивановна, *его невеста, потом жена.*
Ольга, Маша, Ирина, *его сестры.*
Кулыгин Федор Ильич, *учитель гимназии, муж Маши.*
Вершинин Александр Игнатьевич, *подполковник, батарейный командир.*
Тузенбах Николай Львович, *барон, поручик.*
Соленый Василий Васильевич, *штабс-капитан.*
Чебутыкин Иван Романович, *военный доктор.*
Федотик Алексей Петрович, *подпоручик.*
Родэ Владимир Карпович, *подпоручик.*
Ферапонт, *сторож из земской управы, старик.*
Анфиса, *нянька, старуха 80 лет.*

Действие происходит в губернском городе.

Действие первое

В доме Прозоровых. Гостиная с колоннами, за которыми виден большой зал. Полдень; на дворе солнечно, весело. В зале накрывают стол для завтрака. Ольга в синем форменном платье учительницы женской гимназии, все время поправляет ученические тетрадки, стоя и на ходу; Маша в черном платье, со шляпкой на коленях сидит и читает книжку, Ирина в белом платье стоит задумавшись.

Ольга. Отец умер ровно год назад, как раз в этот день, пятого мая, в твои именины, Ирина. Было очень холодно, тогда шел снег. Мне казалось, я не переживу, ты лежала в обмороке, как мертвая. Но вот прошел год, и мы вспоминаем об этом легко, ты уже в белом платье, лицо твое сияет. *(Часы бьют двенадцать.)* И тогда также били часы.

THREE SISTERS
A Drama in Four Acts
Characters

Andrey Sergeyevich Prozorov.
Natalia Ivanovna (Natasha), *his fiancée, later his wife.*
Olga, Masha, Irina, *his sisters.*
Fyodor Ilyich Kulygin, *high school teacher, Masha's husband.*
Alexander Ignatyevich Vershinin, *lieutenant-colonel in charge of a battery.*
Nicolai Lvovich Tuzenbach, *baron, lieutenant.*
Vassily Vassilyevich Soliony, *captain.*
Ivan Romanovich Chebutykin, *an army doctor.*
Alexey Petrovich Fedotik, *sub-lieutenant.*
Vladimir Carlovich Rode, *sub-lieutenant.*
Ferapont, *door-keeper at local council offices, an old man.*
Anfisa, *nurse, an old woman of 80.*

The action takes place in a provincial town.

Act I

In Prozorov's house. A sitting-room with pillars; behind is seen a large dining-room. It is midday, the sun is shining brightly outside. In the dining-room the table is being laid for lunch. Olga, in the regulation blue dress of a teacher at a girl's high school, is correcting exercise books, standing and walking about; Masha, in a black dress, with a hat on her knees, sits and reads a book; Irina, in white, stands about, with a thoughtful expression.

Olga. It's just a year since father died last May the fifth, on your name-day, Irina. It was very cold then, and snowing. I thought I would never survive it, and you were in a dead faint. And now a year has gone by and we are already thinking about it without pain, and you are already wearing a white dress and your face is shining. [*Clock strikes twelve.*] And the clock struck just the same way then.

Три сестры

Пауза.

Помню, когда отца несли, то играла музыка, на кладбище стреляли. Он был генерал, командовал бригадой, между тем народу шло мало. Впрочем, был дождь тогда. Сильный дождь и снег.
Ирина. Зачем вспоминать!

За колоннами, в зале около стола показываются барон Тузенбах, Чебутыкин и Соленый.

Ольга. Сегодня тепло, можно окна держать настежь, а березы еще не распускались. Отец получил бригаду и выехал с нами из Москвы одиннадцать лет назад, и, я отлично помню, в начале мая, вот в эту пору в Москве уже все в цвету, тепло, все залито солнцем. Одиннадцать лет прошло, а я помню там все, как будто выехали вчера. Боже мой! Сегодня утром проснулась, увидела массу света, увидела весну, и радость заволновалась в моей душе, захотелось на родину страстно.
Чебутыкин. Черта с два!
Тузенбах. Конечно, вздор.

Маша, задумавшись над книжкой, тихо насвистывает песню.

Ольга. Не свисти, Маша. Как это ты можешь!

Пауза.

Оттого, что я каждый день в гимназии и потом даю уроки до вечера, у меня постоянно болит голова и такие мысли, точно я уже состарилась. И в самом деле, за эти четыре года, пока служу в гимназии, я чувствую, как из меня выходят каждый день по каплям и силы, и молодость. И только растет и крепнет одна мечта...
Ирина. Уехать в Москву. Продать дом, покончить все здесь и — в Москву...
Ольга. Да! Скорее в Москву.

Чебутыкин и Тузенбах смеются.

Ирина. Брат, вероятно, будет профессором, он все равно не станет жить здесь. Только вот остановка за бедной Машей.

Three Sisters

Pause

I remember that there was music at the funeral, and they fired a volley in the cemetery. He was a general in command of a brigade but there were few people present. Of course, it was raining then, raining hard, and snowing.
Irina. Why think about it!

Baron Tuzenbach, Chebutykin and Soliony appear by the table in the dining-room, behind the pillars.

Olga. It's so warm today that we can keep the windows open, though the birches are not yet in flower. Father was put in command of a brigade, and he rode out of Moscow with us eleven years ago. I remember perfectly that it was early in May and that everything in Moscow was flowering then. It was warm too, everything was bathed in sunshine. Eleven years have gone, and I remember everything as if we rode out only yesterday. Oh, God! When I awoke this morning and saw all the light and the spring, joy entered my heart, and I longed passionately to go home.
Chebutykin. The devil a penny!
Tuzenbach. Nonsense, of course.

Masha, lost in a reverie over her book, whistles softly.

Olga. Don't whistle, Masha. How can you!

Pause

I'm always having headaches from having to go to the High School every day and then teach till evening. Strange thoughts come to me, as if I were already an old woman. And really, during these four years that I have been working at the High School, I have been feeling as if every day my strength and youth have been squeezed out of me, drop by drop. And only one desire grows and gains in strength...
Irina. To go away to Moscow. To sell the house, drop everything here, and go to Moscow...
Olga. Yes! To Moscow, and as soon as possible.

Chebutykin and Tuzenbach laugh.
Irina. I expect our brother will become a professor, but still, he won't want to live here. Poor Masha is the only problem.

Три сестры

Ольга. Маша будет приезжать в Москву на все лето, каждый год.

Маша тихо насвистывает песню.

Ирина. Бог даст, все устроится. *(Глядя в окно.)* Хорошая погода сегодня. Я не знаю, отчего у меня на душе так светло! Сегодня утром вспомнила, что я именинница, и вдруг почувствовала радость, и вспомнила детство, когда еще была жива мама. И какие чудные мысли волновали меня, какие мысли!
Ольга. Сегодня ты вся сияешь, кажешься необыкновенно красивой. И Маша тоже красива. Андрей был бы хорош, только он располнел очень, это к нему не идет. А я постарела, похудела сильно, оттого, должно быть, что сержусь в гимназии на девочек. Вот сегодня я свободна, я дома, и у меня не болит голова, я чувствую себя моложе, чем вчера. Мне двадцать восемь лет, только... Все хорошо, все от бога, но мне кажется, если бы я вышла замуж и целый день сидела дома, то это было бы лучше.

Пауза.

Я бы любила мужа.
Тузенбах *(Соленому).* Такой вы вздор говорите, надоело вас слушать. *(Входя в гостиную.)* Забыл сказать. Сегодня у вас с визитом будет наш новый батарейный командир Вершинин. *(Садится у пианино.)*
Ольга. Ну, что ж! Очень рада.
Ирина. Он старый?
Тузенбах. Нет. Ничего. Самое большее, лет сорок, сорок пять. *(Тихо наигрывает.)* По-видимому, славный малый. Неглуп, это — несомненно. Только говорит много.
Ирина. Интересный человек?
Тузенбах. Да, ничего себе, только жена, теща и две девочки. Притом женат во второй раз. Он делает визиты и везде говорит, что у него жена и две девочки. И здесь скажет. Жена какая-то полоумная, с длинной девической косой, говорит одни высокопарные вещи, философствует и часто покушается на самоубийство, очевидно, чтобы насолить мужу. Я бы давно ушел от такой, но он терпит и только жалуется.
Соленый *(входя из залы в гостиную с Чебутыкиным).* Одной рукой я поднимаю только полтора пуда, а двумя пять, даже шесть пудов. Из

Three Sisters

Olga. Masha will be coming to Moscow every year, for the whole summer.

Masha is whistling gently a song.

Irina. Everything will be arranged, please God. [*Looks out of the window.*] It's nice out today. I don't know why I'm so happy: I remembered this morning that it was my name-day, and I suddenly felt glad and remembered my childhood, when mother was still alive. What beautiful thoughts I had, what thoughts!

Olga. You're all radiance today, I've never seen you look so lovely. And Masha is pretty, too. Andrey wouldn't be bad-looking, if he wasn't so stout; it does spoil his appearance. But I've grown old and very thin, I suppose it's because I get angry with the girls at school. Today I'm free. I'm at home. I haven't got a headache, and I feel younger than I was yesterday. I'm only twenty-eight... All's well, God is everywhere, but it seems to me that if only I were married and could stay at home all day, it would be even better.

Pause.

I should love my husband.

Tuzenbach. [*To Soliony.*] I'm tired of listening to the rot you talk. [*Entering the sitting-room.*] I forgot to say that Vershinin, our new lieutenant-colonel of artillery, is coming to see you today. [*Sits down to the piano.*]

Olga. That's good. I'm glad.

Irina. Is he old?

Tuzenbach. Oh, no. Forty or forty-five, at the very outside. [*Plays softly.*] He seems rather a good sort. He's certainly no fool, only he talks too much.

Irina. Is he interesting?

Tuzenbach. Yes, he's not bad, but there's his wife, his mother-in-law, and two daughters. This is his second wife. He pays calls and tells everybody that he's got a wife and two daughters. He'll tell you so here. The wife isn't all there, she has a long girly plait and gushes extremely. She talks philosophy and tries to commit suicide every now and again, apparently in order to annoy her husband. I should have left her long ago, but he bears up patiently, and just grumbles.

Soliony. [*Enters the sitting-room with Chebutykin from the dining-room.*] With one hand I can only lift fifty-four pounds, but with both hands I can lift 180, or even 200 pounds. From this I conclude that two

этого я заключаю, что два человека сильнее одного не вдвое, а втрое, даже больше...

Чебутыкин *(читает на ходу газету).* При выпадении волос... два золотника нафталина на полбутылки спирта... растворить и употреблять ежедневно... *(Записывает в книжку.)* Запишем-с! *(Соленому.)* Так вот, я говорю вам, пробочка втыкается в бутылочку, и сквозь нее проходит стеклянная трубочка... Потом вы берете щепоточку самых простых, обыкновеннейших квасцов...

Ирина. Иван Романыч, милый Иван Романыч!

Чебутыкин. Что, девочка моя, радость моя?

Ирина. Скажите мне, отчего я сегодня так счастлива? Точно я на парусах, надо мной широкое голубое небо и носятся большие белые птицы. Отчего это? Отчего?

Чебутыкин *(целуя ей обе руки, нежно).* Птица моя белая...

Ирина. Когда я сегодня проснулась, встала и умылась, то мне вдруг стало казаться, что для меня все ясно на этом свете, и я знаю, как надо жить. Милый Иван Романыч, я знаю все. Человек должен трудиться, работать в поте лица, кто бы он ни был, и в этом одном заключается смысл и цель его жизни, его счастье, его восторги. Как хорошо быть рабочим, который встает чуть свет и бьет на улице камни, или пастухом, или учителем, который учит детей, или машинистом на железной дороге... Боже мой, не то что человеком, лучше быть волом, лучше быть простою лошадью, только бы работать, чем молодой женщиной, которая встает в двенадцать часов дня, потом пьет в постели кофе, потом два часа одевается... о, как это ужасно! В жаркую погоду так иногда хочется пить, как мне захотелось работать. И если я не буду рано вставать и трудиться, то откажите мне в вашей дружбе, Иван Романыч.

Чебутыкин *(нежно).* Откажу, откажу...

Ольга. Отец приучил нас вставать в семь часов. Теперь Ирина просыпается в семь и по крайней мере до девяти лежит и о чем-то думает. А лицо серьезное! *(Смеется.)*

Ирина. Ты привыкла видеть меня девочкой и тебе странно, когда у меня серьезное лицо. Мне двадцать лет!

Тузенбах. Тоска по труде, о боже мой, как она мне понятна! Я не работал ни разу в жизни. Родился я в Петербурге, холодном и праздном, в семье, которая никогда не знала труда и никаких забот. Помню, когда я приезжал домой из корпуса, то лакей стаскивал с меня сапоги, я капризничал в это время, а моя мать смотрела на меня с благоговением и удивлялась, когда другие на меня смотрели

men are not twice as strong as one, but three times, perhaps even more...
Chebutykin. [*Reads a newspaper as he walks.*] If your hair is coming out... take an ounce of naphthalene and half a bottle of spirit... dissolve and use daily... [*Makes a note in his pocket diary.*] Let's make a note! [*To Soliony.*] So, as I was saying to you, you put a cork into a little bottle, and there is a little glass tube stuck through it... Then you take a little pinch of the simplest, the most ordinary alum...
Irina. Ivan Romanych, dear Ivan Romanych!
Chebutykin. What does my own little girl want?
Irina. Tell me, why am I so happy today? I feel as if I were sailing under the broad blue sky with great white birds around me. Why is that? Why?
Chebutykin. [*Kisses her hands, tenderly.*] My white bird...
Irina. When I woke up today and got up and washed myself, I suddenly began to feel as if everything in this life was clear to me, and that I knew how I must live. Dear Ivan Romanych, I know everything. A man must work, toil in the sweat of his brow, whoever he may be, for that is the only meaning and object of his life, his happiness, his enthusiasm. How fine it is to be a workman who gets up at daybreak and breaks stones in the street, or a shepherd, or a schoolmaster, who teaches children, or an engine-driver on the railway... My God, let alone a man, it's better to be an ox, or just a simple horse, so long as it can work, than a young woman who wakes up at twelve o'clock, has her coffee in bed, and then spends two hours dressing... Oh it's awful! Sometimes when it's hot, your thirst can be just as tiresome as my need for work. And if I don't get up early in future and work, Ivan Romanych, then you may refuse me your friendship.
Chebutykin. [*Tenderly.*] I'll refuse, I'll refuse...
Olga. Father taught us to get up at seven. Now Irina wakes up at seven and lies and meditates about something till nine at least. And she looks so serious! [*Laughs.*]
Irina. You're so used to seeing me as a little girl that it seems queer to you when my face is serious. I'm twenty!
Tuzenbach. How well I can understand that craving for work, oh God! I've never worked once in my life. I was born in Petersburg, a chilly, lazy place, in a family which never knew what work or worry meant. I remember that when I used to come home from my corps, a footman used to have to pull off my boots while I fidgeted and my mother looked on in adoration and wondered why other people looked at me differently. They shielded

иначе. Меня оберегали от труда. Только едва ли удалось оберечь, едва ли! Пришло время, надвигается на всех нас громада, готовится здоровая, сильная буря, которая идет, уже близка и скоро сдует с нашего общества лень, равнодушие, предубеждение к труду, гнилую скуку. Я буду работать, а через какие-нибудь 25-30 лет работать будет уже каждый человек. Каждый!

Чебутыкин. Я не буду работать.
Тузенбах. Вы не в счет.
Соленый. Через двадцать пять лет вас уже не будет на свете, слава богу. Года через два-три вы умрете от кондрашки, или я вспылю и всажу вам пулю в лоб, ангел мой. *(Вынимает из кармана флакон с духами и опрыскивает себе грудь, руки.)*
Чебутыкин *(смеется).* А я в самом деле никогда ничего не делал. Как вышел из университета, так не ударил пальцем о палец, даже ни одной книжки не прочел, а читал только одни газеты... *(Вынимает из кармана другую газету.)* Вот... Знаю по газетам, что был, положим, Добролюбов, а что он там писал — не знаю... Бог его знает...

Слышно, как стучат в пол из нижнего этажа.

Вот... Зовут меня вниз, кто-то ко мне пришел. Сейчас приду... погодите... *(Торопливо уходит, расчесывая бороду.)*
Ирина. Это он что-то выдумал.
Тузенбах. Да. Ушел с торжественной физиономией, очевидно, принесет вам сейчас подарок.
Ирина. Как это неприятно!
Ольга. Да, это ужасно. Он всегда делает глупости.
Маша. У лукоморья дуб зеленый, златая цепь на дубе том... Златая цепь на дубе том... *(Встает и напевает тихо.)*
Ольга. Ты сегодня невеселая, Маша.

Маша, напевая, надевает шляпу.

Куда ты?
Маша. Домой.
Ирина. Странно...
Тузенбах. Уходить с именин!
Маша. Все равно... Приду вечером. Прощай, моя хорошая... *(Целует Ирину.)* Желаю тебе еще раз, будь здорова, будь счастлива. В прежнее время, когда был жив отец, к нам на именины приходило всякий

me from work. But they were not totally successful, not totally! A new age is dawning, a great mass is moving on us all, a powerful, health-giving storm is gathering, it is drawing near, soon it will be upon us and it will drive away laziness, indifference, the prejudice against labour, and rotten dullness from our society. I shall work, and in twenty-five or thirty years, every man will work. Every one!
Chebutykin. I shan't work.
Tuzenbach. You don't count.
Soliony. In twenty-five years' time, you will be dead, thank the Lord. In two or three years' time apoplexy will carry you off, or else I'll get angry and blow your brains out, my angel. [*Takes a scent-bottle out of his pocket and sprinkles his chest and hands.*]
Chebutykin. [*Laughs.*] It's quite true, I never have worked. After I graduated from the university I never stirred a finger or opened a book, I just read the papers... [*Takes another newspaper out of his pocket.*] Here we are... I've learnt from the papers that there used to be one, Dobrolyubov, for instance, but what he wrote—I don't know... God only knows...

Somebody is heard tapping on the floor from below.

There... They're calling me downstairs, somebody's come to see me. I'll be back in a minute... won't be long... [*Exit hurriedly, scratching his beard.*]
Irina. He's up to something.
Tuzenbach. Yes, he looked so solemn as he went out that I'm pretty certain he'll bring you a present in a moment.
Irina. How unpleasant!
Olga. Yes, it's awful. He's always doing silly things.
Masha. There stands a green oak by the curved seashore, and a golden chain is around it... And a golden chain is around it... [*Gets up and sings softly.*]
Olga. You're not very bright today, Masha.

Masha sings, putting on her hat.

Where are you off to?
Masha. Home.
Irina. That's odd...
Tuzenbach. Leaving a name-day party!
Masha. It doesn't matter... I'll come in the evening. Good-bye, my dear... [*Kisses Irina.*] I wish you health and happiness again. In the old days when

раз по тридцать — сорок офицеров, было шумно, а сегодня только полтора человека и тихо, как в пустыне... Я уйду... Сегодня я в мерлехлюндии, невесело мне, и ты не слушай меня. *(Смеясь сквозь слезы.)* После поговорим, а пока прощай, моя милая, пойду куда-нибудь.

Ирина *(недовольная).* Ну, какая ты...
Ольга *(со слезами).* Я понимаю тебя, Маша.
Соленый. Если философствует мужчина, то это будет философистика или там софистика; если же философствует женщина или две женщины, то уж это будет — потяни меня за палец.
Маша. Что вы хотите этим сказать, ужасно страшный человек?
Соленый. Ничего. Он ахнуть не успел, как на него медведь насел.

Пауза.

Маша *(Ольге, сердито).* Не реви!

Входят Анфиса и Ферапонт с тортом.

Анфиса. Сюда, батюшка мой. Входи, ноги у тебя чистые. *(Ирине.)* Из земской управы, от Протопопова, Михаила Иваныча... Пирог.
Ирина. Спасибо. Поблагодари. *(Принимает торт.)*
Ферапонт. Чего?
Ирина *(громче).* Поблагодари!
Ольга. Нянечка, дай ему пирога. Ферапонт, иди, там тебе пирога дадут.
Ферапонт. Чего?
Анфиса. Пойдем, батюшка Ферапонт Спиридоныч. Пойдем... *(Уходит с Ферапонтом.)*
Маша. Не люблю я Протопопова, этого Михаила Потапыча, или Иваныча. Его не следует приглашать.
Ирина. Я не приглашала.
Маша. И прекрасно.

Входит Чебутыкин, за ним солдат с серебряным самоваром; гул изумления и недовольства.

Ольга *(закрывает лицо руками).* Самовар! Это ужасно! *(Уходит в залу к столу.)*

father was alive, every time we had a name-day, thirty or forty officers used to come, and there was lots of noise, and today there's only a man and a half, and it's as quiet as in a desert... I'm off... I've got the hump today, and am not at all cheerful, so don't you mind me. [*Laughs through her tears.*] We'll have a talk later on, but good-bye for the present, my dear; I'll go somewhere.

Irina. [*Displeased.*] You are queer...
Olga. [*Crying.*] I understand you, Masha.
Soliony. When a man talks philosophy, well, it is philosophy or at any rate sophistry; but when a woman, or two women, talk philosophy—it's all my eye.
Masha. What do you mean by that, you very awful man?
Soliony. Nothing. He didn't have the time to sigh. The bear sat on him heavily.

Pause.

Masha. [*Angrily, to Olga.*] Don't cry!

Enter Anfisa and Ferapont with a cake.

Anfisa. This way, my dear. Come in, your feet are clean. [*To Irina.*] From the District Council, from Mikhail Ivanych Protopopov... a cake.
Irina. Thank you. Please thank him. [*Takes the cake.*]
Ferapont. What?
Irina. [*Louder.*] Please thank him.
Olga. Give him a pie, nurse. Ferapont, go, she'll give you a pie.
Ferapont. What?
Anfisa. Come on, gran'fer, Ferapont Spiridonych. Come on. [*Exit with Ferapont.*]
Masha. I don't like this Mikhail Potapych or Ivanych, Protopopov. We oughtn't to invite him here.
Irina. I never asked him.
Masha. That's all right.

Enter Chebutykin followed by a soldier with a silver samovar; there is a rumble of surprise and dissatisfaction.

Olga. [*Covers her face with her hands.*] A samovar! That's awful! [*Exit into the dining-room, to the table.*]

343

Три сестры

Вместе

Ирина. Голубчик Иван Романыч, что вы делаете!
Тузенбах *(смеется).* Я говорил вам.
Маша. Иван Романыч, у вас просто стыда нет!
Чебутыкин. Милые мои, хорошие мои, вы у меня единственные, вы для меня самое дорогое, что только есть на свете. Мне скоро шестьдесят, я старик, одинокий, ничтожный старик... Ничего во мне нет хорошего, кроме этой любви к вам, и если бы не вы, то я бы давно уже не жил на свете... *(Ирине.)* Милая, деточка моя, я знаю вас со дня вашего рождения... носил на руках... я любил покойницу маму...
Ирина. Но зачем такие дорогие подарки!
Чебутыкин *(сквозь слезы, сердито).* Дорогие подарки... Ну вас совсем! *(Денщику.)* Неси самовар туда... *(Дразнит.)* Дорогие подарки...

Денщик уносит самовар в залу.

Анфиса *(проходя через гостиную).* Милые, полковник незнакомый! Уж пальто снял, деточки, сюда идет. Аринушка, ты же будь ласковая, вежливенькая... *(Уходя.)* И завтракать уже давно пора... Господи... Тузенбах. Вершинин, должно быть.

Входит Вершинин.

Подполковник Вершинин!
Вершинин *(Маше и Ирине).* Честь имею представиться: Вершинин. Очень, очень рад, что, наконец, я у вас. Какие вы стали! Ай! ай!
Ирина. Садитесь, пожалуйста. Нам очень приятно.
Вершинин *(весело).* Как я рад, как я рад! Но ведь вас три сестры. Я помню — три девочки. Лиц уж не помню, но что у вашего отца, полковника Прозорова, были три маленьких девочки, я отлично помню и видел собственными глазами. Как идет время! Ой, ой, как идет время!
Тузенбах. Александр Игнатьевич из Москвы.
Ирина. Из Москвы? Вы из Москвы?
Вершинин. Да, оттуда. Ваш покойный отец был там батарейным командиром, а я в той же бригаде офицером. *(Маше.)* Вот ваше лицо немножко помню, кажется.
Маша. А я вас — нет!

Three Sisters

Together.

Irina. My dear Ivan Romanych, what are you doing!
Tuzenbach. [*Laughs.*] I told you so!
Masha. Ivan Romanych, you are simply shameless!
Chebutykin. My dear good girls, you are the only thing, and the dearest thing I have in the world. I'll soon be sixty. I'm an old man, a lonely worthless old man... The only good thing in me is my love for you, and if it hadn't been for you, I would have been dead long ago... [*To Irina.*] My dear little girl, I've known you since the day of your birth... I've carried you in my arms... I loved your late mother...
Irina. But your presents are so expensive!
Chebutykin. [*Through his tears, angrily.*] Expensive presents... You really, are!... [*To the orderly.*] Take the samovar in there... [*Teasing.*] Expensive presents...

The orderly goes into the dining-room with the samovar.

Anfisa. [*Crossing the sitting-room.*] My dear, there's a strange Colonel come! He's taken off his coat already. Children, he's coming here. Irina darling, you'll be a nice and polite little girl, won't you... [*Leaving.*] Should have lunched a long time ago... Oh, Lord...
Tuzenbach. It must be Vershinin.

Enter Vershinin.

Lieutenant-Colonel Vershinin!
Vershinin. [*To Masha and Irina.*] I have the honour to introduce myself, my name is Vershinin. I am very glad indeed to be able to come at last. How you've grown! Oh! oh!
Irina. Please sit down. We're very glad you've come.
Vershinin. [*Gaily.*] I am glad, very glad! But there are three sisters, surely. I remember—three little girls. I don't remember the faces, but your father, Colonel Prozorov, used to have three little girls, I remember that perfectly, I saw them with my own eyes. How time does fly! Oh, dear, how it flies!
Tuzenbach. Alexander Ignatyevich comes from Moscow.
Irina. From Moscow? Are you from Moscow?
Vershinin. Yes, that's so. Your father used to be in charge of a battery there, and I was an officer in the same brigade. [*To Masha.*] I seem to remember your face a little.
Masha. I don't remember you.

Три сестры

Ирина. Оля! Оля! *(Кричит в залу.)* Оля, иди же!

Ольга входит из залы в гостиную.

Подполковник Вершинин, оказывается, из Москвы.
Вершинин. Вы, стало быть, Ольга Сергеевна, старшая... А вы Мария... А вы Ирина — младшая...
Ольга. Вы из Москвы?
Вершинин. Да. Учился в Москве и начал службу в Москве, долго служил там, наконец получил здесь батарею — перешел сюда, как видите. Я вас не помню собственно, помню только, что вас было три сестры. Ваш отец сохранился у меня в памяти, вот закрою глаза и вижу, как живого. Я у вас бывал в Москве...
Ольга. Мне казалось, я всех помню, и вдруг...
Вершинин. Меня зовут Александром Игнатьевичем...
Ирина. Александр Игнатьевич, вы из Москвы... Вот неожиданность!
Ольга. Ведь мы туда переезжаем.
Ирина. Думаем, к осени уже будем там. Наш родной город, мы родились там... На Старой Басманной улице...

Обе смеются от радости.

Маша. Неожиданно земляка увидели. *(Живо.)* Теперь вспомнила! Помнишь, Оля, у нас говорили: "влюбленный майор". Вы были тогда поручиком и в кого-то влюблены, и вас все дразнили почему-то майором...
Вершинин *(смеется).* Вот, вот... Влюбленный майор, это так...
Маша. У вас были тогда только усы... О, как вы постарели! *(Сквозь слезы.)* Как вы постарели!
Вершинин. Да, когда меня звали влюбленным майором, я был еще молод, был влюблен. Теперь не то.
Ольга. Но у вас еще ни одного седого волоса. Вы постарели, но еще не стары.
Вершинин. Однако уже сорок третий год. Вы давно из Москвы?
Ирина. Одиннадцать лет. Ну, что ты, Маша, плачешь, чудачка... *(Сквозь слезы.)* И я заплачу...
Маша. Я ничего. А на какой вы улице жили?
Вершинин. На Старой Басманной.
Ольга. И мы там тоже...
Вершинин. Одно время я жил на Немецкой улице. С Немецкой ули-

Three Sisters

Irina. Olga! Olga! [*Shouts into the dining-room.*] Olga! Come along!

Olga enters the sitting-room from the dining-room.

Lieutenant Colonel Vershinin comes from Moscow, as it happens.
Vershinin. I take it that you are Olga Sergeyevna, the eldest, and that you are Maria... and you are Irina, the youngest...
Olga. So you come from Moscow?
Vershinin. Yes. I went to school in Moscow and began my service there; I served there for a long time until I got my battery here and moved over here, as you see. I don't really remember you, I only remember that there used to be three sisters. I remember your father well; I have only to shut my eyes to see him as he was. I used to come to your house in Moscow...
Olga. I used to think I remembered everybody, but...
Vershinin. My name is Alexander Ignatyevich...
Irina. Alexander Ignatyevich , you've come from Moscow... That is really quite a surprise!
Olga. We are going to live there, you see.
Irina. We think we may be there this autumn. It's our native town, we were born there... In Old Basmannaya Street...
They both laugh for joy.

Masha. We've unexpectedly met a fellow countryman. [*Briskly.*] I remember: Do you remember, Olga, they used to speak at home of a "lovelorn Major." You were only a Lieutenant then, and in love with somebody, but for some reason they always called you a Major for fun...
Vershinin. [*Laughs.*] That's it... the lovelorn Major, that's got it...
Masha. You only wore moustaches then. You have grown older! [*Through her tears.*] You have grown older!
Vershinin. Yes, when they used to call me the lovelorn Major, I was young and in love. I've grown out of both now.
Olga. But you haven't a single white hair yet. You're older, but you're not yet old.
Vershinin. I'm forty-two, anyway. Have you been away from Moscow long?
Irina. Eleven years. What are you crying for, Masha, you little fool... [*Crying.*] And I'm going to cry too...
Masha. It's all right. And where did you live?
Vershinin. Old Basmannaya Street.
Olga. Same as we.
Vershinin. Once I used to live in German Street. I used to walk from

цы я хаживал в Красные казармы. Там по пути угрюмый мост, под мостом вода шумит. Одинокому становится грустно на душе.

Пауза.

А здесь какая широкая, какая богатая река! Чудесная река!
Ольга. Да, но только холодно. Здесь холодно и комары...
Вершинин. Что вы! Здесь такой здоровый, хороший, славянский климат. Лес, река... и здесь тоже березы. Милые, скромные березы, я люблю их больше всех деревьев. Хорошо здесь жить. Только странно, вокзал железной дороги в двадцати верстах... И никто не знает, почему это так.
Соленый. А я знаю, почему это так.

Все глядят на него.

Потому что, если бы вокзал был близко, то не был бы далеко, а если он далеко, то, значит, не близко.

Неловкое молчание.

Тузенбах. Шутник, Василий Васильич.
Ольга. Теперь и я вспомнила вас. Помню.
Вершинин. Я вашу матушку знал.
Чебутыкин. Хорошая была, царство ей небесное.
Ирина. Мама в Москве погребена.
Ольга. В Ново-Девичьем...
Маша. Представьте, я уж начинаю забывать ее лицо. Так и о нас не будут помнить. Забудут.
Вершинин. Да. Забудут. Такова уж судьба наша, ничего не поделаешь. То, что кажется нам серьезным, значительным, очень важным, — придет время, — будет забыто или будет казаться неважным.

Пауза.

И интересно, мы теперь совсем не можем знать, что, собственно, будет считаться высоким, важным и что жалким, смешным. Разве открытие Коперника или, положим, Колумба не казалось в первое время ненужным, смешным, а какой-нибудь пустой вздор, написанный чудаком, не казался истиной? И может статься, что наша

the German Street to the Red Barracks. There's an ugly bridge in between, where the water rushes underneath. One gets melancholy when one is alone there.

Pause.

Here the river is so wide and fine! It's a splendid river!
Olga. Yes, but it's so cold. It's cold here, and the midges...
Vershinin. What are you saying! Here you've got such a fine healthy Slavic climate. You've a forest, a river... and birches too. Dear, modest birches, I like them more than any other tree. It's good to live here. Only it's odd that the railway station should be thirteen miles away... Nobody knows why.
Soliony. I know why.

All look at him.

Because if it was near it wouldn't be far off, and if it's far off, it can't be near.

An awkward pause.

Tuzenbach. You are a funny man, Vassily Vassilych.
Olga. Now I know who you are. I remember.
Vershinin. I used to know your mother.
Chebutykin. She was a good woman, rest her soul.
Irina. Mother is buried in Moscow.
Olga. At the Novo-Devichi...
Masha. Do you know, I'm beginning to forget her face. We'll be forgotten in just the same way. Forgotten.
Vershinin. Yes, they'll forget us. It's our fate, it can't be helped. A time will come when everything that seems serious, significant, or very important to us will be forgotten, or considered trivial.

Pause.

And the curious thing is that we can't possibly know what will come to be regarded as great and important, and what will be feeble, or silly. Didn't the discoveries of Copernicus, or Columbus, say, seem unnecessary and ludicrous at first, while wasn't it thought that some rubbish written by a fool, held all the truth? And it may so happen that our present life, with

теперешняя жизнь, с которой мы так миримся, будет со временем казаться странной, неудобной, неумной, недостаточно чистой, быть может, даже грешной...

Тузенбах. Кто знает? А быть может, нашу жизнь назовут высокой и вспомнят о ней с уважением. Теперь нет пыток, нет казней, нашествий, но вместе с тем сколько страданий!

Соленый (*тонким голосом*). Цып, цып, цып... Барона кашей не корми, а только дай ему пофилософствовать.

Тузенбах. Василий Васильич, прошу вас оставить меня в покое... (*Садится на другое место.*) Это скучно, наконец.

Соленый (*тонким голосом*). Цып, цып, цып...

Тузенбах (*Вершинину*). Страдания, которые наблюдаются теперь, — их так много! — говорят все-таки об известном нравственном подъеме, которого уже достигло общество...

Вершинин. Да, да, конечно.

Чебутыкин. Вы только что сказали, барон, нашу жизнь назовут высокой; но люди все же низенькие... (*Встает.*) Глядите, какой я низенький. Это для моего утешения надо говорить, что жизнь моя высокая, понятная вещь.

За сценой игра на скрипке.

Маша. Это Андрей играет, наш брат.

Ирина. Он у нас ученый. Должно быть, будет профессором. Папа был военным, а его сын избрал ученую карьеру.

Маша. По желанию папы.

Ольга. Мы сегодня его задразнили. Он, кажется, влюблен немножко.

Ирина. В одну здешнюю барышню. Сегодня она будет у нас, по всей вероятности.

Маша. Ах, как она одевается! Не то чтобы некрасиво, не модно, а просто жалко. Какая-то странная, яркая, желтоватая юбка с этакой пошленькой бахромой и красная кофточка. И щеки такие вымытые, вымытые! Андрей не влюблен — я не допускаю, все-таки у него вкус есть, а просто он так, дразнит нас, дурачится. Я вчера слышала, она выходит за Протопопова, председателя здешней управы. И прекрасно... (*В боковую дверь.*) Андрей, поди сюда! Милый, на минутку!

Входит Андрей.

Ольга. Это мой брат, Андрей Сергеич.

Вершинин. Вершинин.

which we are so satisfied, will in time appear strange, inconvenient, stupid, unclean, perhaps even sinful...
Tuzenbach. Who knows? But on the other hand, they may call our life noble and honour its memory. There is neither torture nor capital punishment now, there are no invasions, but how much suffering there is still!
Soliony. [*In a feeble voice.*] Chuck-chuck-chuck... The Baron will go without his dinner if you only let him talk philosophy.
Tuzenbach. Vassily Vassilych, kindly leave me alone. [*Changes his chair.*] You're very dull, you know.
Soliony. [*Feebly.*] Chuck-chuck-chuck...
Tuzenbach. [*To Vershinin.*] The sufferings we see today—there are so many of them!—still indicate a certain moral improvement in society.
Vershinin. Yes, yes, of course.
Chebutykin. You said just now, Baron, that they may call our life noble; but we are very petty... [*Stands up.*] See how little I am. People should call my life lofty and intelligible just to console me.

Violin played offstage.

Masha. That's Andrey playing—our brother.
Irina. He's the learned member of the family. I expect he will be a professor some day. Father was a military man, but his son chose an academic career for himself.
Masha. That was father's wish.
Olga. We ragged him today. We think he's a little in love.
Irina. To a local young lady. She will probably come here today.
Masha. You should see the way she dresses! It's not that her clothes are plain or unfashionable, but they are simply pathetic. Some queer bright yellow skirt with a wretched little fringe and a red bodice. And her cheeks washed so clean, so clean! Andrey isn't in love, well, I don't think so. After all he has taste, he's simply making fun of us, fooling about. I heard yesterday that she was going to marry Protopopov, the chairman of the Local Council. That's great... [*At the side door.*] Andrey, come here! Just for a minute, dear!

Enter Andrey.

Olga. My brother, Andrey Sergeych.
Vershinin. My name is Vershinin.

Андрей. Прозоров. *(Утирает вспотевшее лицо.)* Вы к нам батарейным командиром?
Ольга. Можешь представить, Александр Игнатьич из Москвы.
Андрей. Да? Ну, поздравляю, теперь мои сестрицы не дадут вам покою.
Вершинин. Я уже успел надоесть вашим сестрам.
Ирина. Посмотрите, какую рамочку для портрета подарил мне сегодня Андрей! *(Показывает рамочку.)* Это он сам сделал.
Вершинин *(глядя на рамочку и не зная, что сказать).* Да... вещь...
Ирина. И вот ту рамочку, что над пианино, он тоже сделал.

Андрей машет рукой и отходит.

Ольга. Он у нас и ученый, и на скрипке играет, и выпиливает разные штучки, одним словом, мастер на все руки. Андрей, не уходи! У него манера — всегда уходить. Поди сюда!

Маша и Ирина берут его под руки и со смехом ведут назад.

Маша. Иди, иди!
Андрей. Оставьте, пожалуйста.
Маша. Какой смешной! Александра Игнатьевича называли когда-то влюбленным майором, и он нисколько не сердился.
Вершинин. Нисколько!
Маша. А я хочу тебя назвать: влюбленный скрипач!
Ирина. Или влюбленный профессор!
Ольга. Он влюблен! Андрюша влюблен!
Ирина *(аплодируя).* Браво, браво! Бис! Андрюшка влюблен!
Чебутыкин *(подходит сзади к Андрею и берет его обеими руками за талию).* Для любви одной природа нас на свет произвела! *(Хохочет; он все время с газетой.)*
Андрей. Ну, довольно, довольно... *(Утирает лицо.)* Я всю ночь не спал и теперь немножко не в себе, как говорится. До четырех часов читал, потом лег, но ничего не вышло. Думал о том, о сем, а тут ранний рассвет, солнце так и лезет в спальню. Хочу за лето, пока буду здесь, перевести одну книжку с английского.
Вершинин. А вы читаете по-английски?
Андрей. Да. Отец, царство ему небесное, угнетал нас воспитанием. Это смешно и глупо, но в этом все-таки надо сознаться, после его смерти я стал полнеть и вот располнел в один год, точно мое

Three Sisters

Andrey. Mine is Prozorov. [*Wipes his perspiring face.*] You've come to take charge of the battery?
Olga. Just think, Alexander Ignatych comes from Moscow.
Andrey. Really? Congratulations. Now my little sisters won't give you any rest.
Vershinin. I've already managed to bore your sisters.
Irina. Just look what a nice little photograph frame Andrey gave me today. [*Shows the frame.*] He made it himself.
Vershinin. [*Looks at the frame and does not know what to say.*] Yes... It's a thing that...
Irina. And he made that frame there, on the piano as well.

Andrey waves his hand and walks away.

Olga. He's a scholar, and he plays the violin, and cuts all sorts of things out of wood, and is really a jack-of-all-trades. Don't go away, Andrey! He's got into a habit of always going away. Come here!

Masha and Irina take his arms and laughingly lead him back.

Masha. Come on, come on!
Andrey. Please leave me alone.
Masha. You are funny. Alexander Ignatyevich used to be called the lovelorn Major, but he never minded.
Vershinin. Not the least.
Masha. I'd like to call you the lovelorn fiddler!
Irina. Or the lovelorn professor!
Olga. He's in love! Andryusha is in love!
Irina. [*Applauds.*] Bravo, bravo! Encore! Andryusha is in love.
Chebutykin. [*Goes up behind Andrey and takes him round the waist with both arms.*] Nature only brought us into the world that we should love! [*Roars with laughter; he is always with a newspaper.*]
Andrey. That's enough, quite enough... [*Wipes his face.*] I couldn't sleep all night and now I can't quite find my feet, so to speak. I read until four o'clock, then went to bed, but nothing happened. I thought about one thing and another, and then it dawned early, and the sun crawled into my bedroom. This summer, while I'm here, I want to translate a book from the English...
Vershinin. Do you read English?
Andrey. Yes. Father, rest his soul, oppressed us with education. It may seem funny and silly, but it's nevertheless true, that after his death I began

тело освободилось от гнета. Благодаря отцу я и сестры знаем французский, немецкий и английский языки, а Ирина знает еще по-итальянски. Но чего это стоило!

Маша. В этом городе знать три языка ненужная роскошь. Даже и не роскошь, а какой-то ненужный придаток, вроде шестого пальца. Мы знаем много лишнего.

Вершинин. Вот-те на! *(Смеется.)* Знаете много лишнего! Мне кажется, нет и не может быть такого скучного и унылого города, в котором был бы не нужен умный, образованный человек. Допустим, что среди ста тысяч населения этого города, конечно, отсталого и грубого, таких, как вы, только три. Само собою разумеется, вам не победить окружающей вас темной массы; в течение вашей жизни мало-помалу вы должны будете уступить и затеряться в стотысячной толпе, вас заглушит жизнь, но все же вы не исчезнете, не останетесь без влияния; таких, как вы, после вас явится уже, быть может, шесть, потом двенадцать и так далее, пока наконец такие, как вы, не станут большинством. Через двести-триста лет жизнь на земле будет невообразимо прекрасной, изумительной. Человеку нужна такая жизнь, и если ее нет пока, то он должен предчувствовать ее, ждать, мечтать, готовиться к ней, он должен для этого видеть и знать больше, чем видели и знали его дед и отец. *(Смеется.)* А вы жалуетесь, что знаете много лишнего.

Маша *(снимает шляпу).* Я остаюсь завтракать.

Ирина *(со вздохом).* Право, все это следовало бы записать...

Андрея нет, он незаметно ушел.

Тузенбах. Через много лет, вы говорите, жизнь на земле будет прекрасной, изумительной. Это правда. Но, чтобы участвовать в ней теперь, хотя издали, нужно приготовляться к ней, нужно работать...

Вершинин *(встает).* Да. Сколько, однако, у вас цветов! *(Оглядываясь.)* И квартира чудесная. Завидую! А я всю жизнь мою болтался по квартиркам с двумя стульями, с одним диваном и с печами, которые всегда дымят. У меня в жизни не хватало именно вот таких цветов... *(Потирает руки.)* Эх! Ну, да что!

Тузенбах. Да, нужно работать. Вы, небось, думаете: расчувствовался немец. Но я, честное слово, русский и по-немецки даже не говорю. Отец у меня православный...

Пауза.

to put on flesh and plumped out in a year, as if my body had had some great pressure taken off it. Thanks to father, my sisters and I know French, German, and English, and Irina knows Italian as well. But we paid dearly for it all!

Masha. A knowledge of three languages is an unnecessary luxury in this town. It isn't even a luxury but a sort of useless extra, like a sixth finger. We know a lot too much.

Vershinin. Well, I say! [*Laughs.*] You know a lot too much! I don't think there can really be a town so dull and gloomy as to have no place for a clever, cultured person. Let us suppose even that among the hundred thousand inhabitants of this backward and uneducated town, there are only three persons like yourself. It stands to reason that you won't be able to conquer that dark mob around you; little by little as you grow older you will be bound to give way and lose yourselves in this crowd of a hundred thousand human beings; their life will suck you up in itself, but still, you won't disappear having influenced nobody; later on, others like you will come, perhaps six of them, then twelve, and so on, until at last your sort will be in the majority. In two or three hundred years' time life on this earth will be unimaginably beautiful and wonderful. Mankind needs such a life, and if it is not ours today then we must look ahead for it, wait, think, prepare for it. We must see and know more than our grandfathers and fathers saw and knew. [*Laughs.*] And you complain that you know too much.

Masha. [*Takes off her hat.*] I'll stay to lunch.

Irina. [*Sighs.*] Yes, all that ought to be written down.

Andrey is not there, he has gone out quietly.

Tuzenbach. You say that many years later on, life on this earth will be beautiful and wonderful. That's true. But to share in it now, even though at a distance, we must prepare for it, we must work...

Vershinin. [*Gets up.*] Yes. What a lot of flowers you have. [*Looks round.*] It's a beautiful flat. I envy you! I've spent my whole life in little flats with two chairs, one sofa, and stoves which always smoke. I've never had flowers like these in my life... [*Rubs his hands.*] Well, well!

Tuzenbach. Yes, we must work. You are probably thinking to yourself: the German lets himself go. But I assure you I'm a Russian, I can't even speak German. My father belonged to the Orthodox Church...

Pause.

Вершинин *(ходит по сцене).* Я часто думаю: что если бы начать жизнь снова, притом сознательно? Если бы одна жизнь, которая уже прожита, была, как говорится, начерно, другая — начисто! Тогда каждый из нас, я думаю, постарался бы прежде всего не повторять самого себя, по крайней мере создал бы для себя иную обстановку жизни, устроил бы себе такую квартиру с цветами, с массою света... У меня жена, двое девочек, притом жена дама нездоровая и так далее, и так далее, ну, а если бы начинать жизнь сначала, то я не женился бы... Нет, нет!

Входит Кулыгин в форменном фраке.

Кулыгин *(подходит к Ирине).* Дорогая сестра, позволь мне поздравить тебя с днем твоего ангела и пожелать искренно, от души, здоровья и всего того, что можно пожелать девушке твоих лет. И позволь поднести тебе в подарок вот эту книжку. *(Подает книжку.)* История нашей гимназии за пятьдесят лет, написанная мною. Пустяшная книжка, написанная от нечего делать, но ты все-таки прочти. Здравствуйте, господа! *(Вершинину.)* Кулыгин, учитель здешней гимназии. Надворный советник. *(Ирине.)* В этой книжке ты найдешь список всех кончивших курс в нашей гимназии за эти пятьдесят лет. Feci quod potui, faciant meliora potentes.[1] *(Целует Машу.)*
Ирина. Но ведь на Пасху ты уже подарил мне такую книжку.
Кулыгин *(смеется).* Не может быть! В таком случае отдай назад, или вот лучше отдай полковнику. Возьмите, полковник. Когда-нибудь прочтете от скуки.
Вершинин. Благодарю вас. *(Собирается уйти.)* Я чрезвычайно рад, что познакомился...
Ольга. Вы уходите? Нет, нет!
Ирина. Вы останетесь у нас завтракать. Пожалуйста.
Ольга. Прошу вас!
Вершинин *(кланяется).* Я, кажется, попал на именины. Простите, я не знал, не поздравил вас... *(Уходит с Ольгой в залу.)*
Кулыгин. Сегодня, господа, воскресный день, день отдыха, будем же отдыхать, будем веселиться каждый сообразно со своим возрастом и положением. Ковры надо будет убрать на лето и спрятать до зимы... Персидским порошком или нафталином... Римляне были здоровы, потому что умели трудиться, умели и отдыхать, у них была mens sana in corpore sano.[2] Жизнь их текла по известным формам. Наш директор говорит: главное во всякой жизни — это ее форма...

---

[1] Сделал, что мог; пусть, кто может, сделает лучше *(лат.).*
[2] Здоровый дух в здоровом теле *(лат.).*

Three Sisters

Vershinin. [*Walks about the stage.*] I often wonder: suppose we could begin life over again, knowing what we were doing? Suppose we could use one life, already ended, as a sort of rough draft for another? I think that every one of us would try, more than anything else, not to repeat himself, at the very least he would rearrange his manner of life, he would make sure of rooms like these, with flowers and light... I have a wife and two daughters, my wife's health is delicate and so on and so on, and if I had to begin life all over again I would not marry... No, no!

Enter Kulygin in a regulation jacket.

Kulygin. [*Going up to Irina.*] Dear sister, allow me to congratulate you on the day sacred to your good angel and to wish you, sincerely and from the bottom of my heart, good health and all that one can wish for a girl of your years. And then let me offer you this book as a present. [*Gives the book to her.*] It is the history of our High School during the last fifty years, written by myself. The book is worthless, and written because I had nothing to do, but read it all the same. Good day, gentlemen! [*To Vershinin.*] My name is Kulygin, I am a teacher at the local High School. A court councillor. [*To Irina.*] In this book you will find a list of all those who have taken the full course at our High School in the last fifty years. Feci quod potui, faciant meliora potentes.[1] [*Kisses Masha.*]
Irina. But you gave me one of these at Easter.
Kulygin. [*Laughs.*] I couldn't have, surely! You'd better give it back to me in that case, or else give it to the Colonel. Take it, Colonel. You'll read it some day when you're bored.
Vershinin. Thank you. [*Prepares to go.*] I am extremely happy to have made the acquaintance of...
Olga. Must you go? No, not yet!
Irina. You'll stay and have lunch with us. Please do.
Olga. Yes, please!
Vershinin. [*Bows.*] I seem to have dropped in on your name-day. Forgive me, I didn't know, and I didn't offer you my congratulations. [*Goes with Olga into the dining-room.*]
Kulygin. Today is Sunday, the day of rest, so let us rest and rejoice, each in a manner compatible with his age and disposition. The carpets will have to be taken up for the summer and put away till the winter... Persian powder or naphthalene... The Romans were healthy because they knew both how to work and how to rest, they had mens sana in corpore sano.[2] Their life ran along certain recognized patterns. Our director says: "The chief thing

---
[1] I have done what I can. Let those who are able do better (*Latin*).
[2] A healthy mind in a healthy body (*Latin*).

Что теряет свою форму, то кончается — и в нашей обыденной жизни то же самое. *(Берет Машу за талию, смеясь.)* Маша меня любит. Моя жена меня любит. И оконные занавески тоже туда с коврами... Сегодня я весел, в отличном настроении духа. Маша, в четыре часа сегодня мы у директора. Устраивается прогулка педагогов и их семейств.

Маша. Не пойду я.

Кулыгин *(огорченный)*. Милая Маша, почему?

Маша. После об этом... *(Сердито.)* Хорошо, я пойду, только отстань, пожалуйста... *(Отходит.)*

Кулыгин. А затем вечер проведем у директора. Несмотря на свое болезненное состояние, этот человек старается прежде всего быть общественным. Превосходная, светлая личность. Великолепный человек. Вчера после совета он мне говорит: "Устал, Федор Ильич! Устал!" *(Смотрит на стенные часы, потом на свои.)* Ваши часы спешат на семь минут. Да, говорит, устал!

За сценой игра на скрипке.

Ольга. Господа, милости просим, пожалуйте завтракать! Пирог!

Кулыгин. Ах, милая моя Ольга, милая моя! Я вчера работал с утра до одиннадцати часов вечера, устал и сегодня чувствую себя счастливым. *(Уходит в залу к столу.)* Милая моя...

Чебутыкин *(кладет газету в карман, причесывает бороду)*. Пирог? Великолепно!

Маша *(Чебутыкину строго)*. Только смотрите: ничего не пить сегодня. Слышите? Вам вредно пить.

Чебутыкин. Эва! У меня уж прошло. Два года, как запоя не было. *(Нетерпеливо.)* Э, матушка, да не все ли равно!

Маша. Все-таки не смейте пить. Не смейте. *(Сердито, но так, чтобы не слышал муж.)* Опять, черт подери, скучать целый вечер у директора!

Тузенбах. Я бы не пошел на вашем месте... Очень просто.

Чебутыкин. Не ходите, дуся моя.

Маша. Да, не ходите... Эта жизнь проклятая, невыносимая... *(Идет в залу.)*

Чебутыкин *(идет к ней)*. Ну-у!

Соленый *(проходя в залу)*. Цып, цып, цып...

Тузенбах. Довольно, Василий Васильич. Будет!

Соленый. Цып, цып, цып...

about each life is its pattern. Whatever loses its pattern is lost"—and it's just the same in our daily life. [*Takes Masha by the waist, laughing.*] Masha loves me. My wife loves me. And you ought to put the window curtains away with the carpets... I'm feeling gay and awfully pleased with life today. Masha, we've got to be at the director's at four. They're getting up a walk for the pedagogues and their families.
Masha. I shan't go.
Kulygin. [*Hurt.*] My dear Masha, why not?
Masha. I'll tell you later... [*Angrily.*] All right, I'll go, only please leave me alone... [*Steps away.*]
Kulygin. And then we're to spend the evening at the director's. In spite of his ill-health that man tries, above everything else, to be sociable. A splendid, illuminating personality. A wonderful man. After yesterday's committee he said to me: "I'm tired, Fyodor Ilyich, I'm tired!" [*Looks at the clock, then at his watch.*] Your clock is seven minutes fast. "Yes," he said, "I'm tired."

Violin played off.

Olga. Please, gentlemen, let's go and have lunch! There is a pie!
Kulygin. Oh my dear Olga, my dear. Yesterday I was working from morning till eleven o'clock at night, and got awfully tired. Today I'm quite happy. [*Goes into dining-room.*] My dear...
Chebutykin. [*Puts his paper into his pocket, and combs his beard.*] A pie? Splendid!
Masha. [*Severely to Chebutykin.*] Only mind; you're not to drink anything today. Do you hear? It's bad for you.
Chebutykin. Oh, it's over for me. I haven't been drunk for two years. [*Impatiently.*] And it's all the same, anyway, my dear!
Masha. You're not to dare to drink, all the same. [*Angrily, but so that her husband should not hear.*] Another dull evening at the Director's, confound it!
Tuzenbach. I shouldn't go if I were you... It's quite simple.
Chebutykin. Don't go, my dear.
Masha. Yes, "don't go..." It's a cursed, unbearable life... [*Goes into dining-room.*]
Chebutykin. [*Follows her.*] Well...
Soliony. [*Going into the dining-room.*] Chuck-chuck-chuck...
Tuzenbach. Vassily Vassilych, that's enough. Stop it!
Soliony. Chuck-chuck-chuck...

Три сестры

Кулыгин (*весело*). Ваше здоровье, полковник! Я педагог, и здесь в доме свой человек, Машин муж... Она добрая, очень добрая...
Вершинин. Я выпью вот этой темной водки... (*Пьет.*) Ваше здоровье! (*Ольге.*) Мне у вас так хорошо!

В гостиной остаются только Ирина и Тузенбах.

Ирина. Маша сегодня не в духе. Она вышла замуж восемнадцати лет, когда он казался ей самым умным человеком. А теперь не то. Он самый добрый, но не самый умный.
Ольга (*нетерпеливо*). Андрей, иди же наконец!
Андрей (*за сценой*). Сейчас. (*Входит и идет к столу.*)
Тузенбах. О чем вы думаете?
Ирина. Так. Я не люблю и боюсь этого вашего Соленого. Он говорит одни глупости...
Тузенбах. Странный он человек. Мне и жаль его, и досадно, но больше жаль. Мне кажется, он застенчив... Когда мы вдвоем с ним, то он бывает очень умен и ласков, а в обществе он грубый человек, бретер. Не ходите, пусть пока сядут за стол. Дайте мне побыть около вас. О чем вы думаете?

Пауза.

Вам двадцать лет, мне еще нет тридцати. Сколько лет нам осталось впереди, длинный, длинный ряд дней, полных моей любви к вам...
Ирина. Николай Львович, не говорите мне о любви.
Тузенбах (*не слушая*). У меня страстная жажда жизни, борьбы, труда, и эта жажда в душе слилась с любовью к вам, Ирина, и, как нарочно, вы прекрасны, и жизнь мне кажется такой прекрасной! О чем вы думаете?
Ирина. Вы говорите: прекрасна жизнь. Да, но если она только кажется такой! У нас, трех сестер, жизнь не была еще прекрасной, она заглушала нас, как сорная трава... Текут у меня слезы. Это не нужно... (*Быстро вытирает лицо, улыбается.*) Работать нужно, работать. Оттого нам невесело и смотрим мы на жизнь так мрачно, что не знаем труда. Мы родились от людей, презиравших труд...

Наталья Ивановна входит; она в розовом платье, с зеленым поясом.

Наташа. Там уже завтракать садятся... Я опоздала... (*Мельком гля-*

Three Sisters

Kulygin. [*Gaily.*] Your health, Colonel! I'm a pedagogue and quite at home here. I'm Masha's husband... She's a good sort, a very good sort...
Vershinin. I'll have some of this dark vodka... [*Drinks.*] Your health! [*To Olga.*] I'm very comfortable here!

Only Irina and Tuzenbach are now left in the sitting-room.

Irina. Masha's out of sorts today. She married when she was eighteen, when he seemed to her the wisest of men. And now it's different. He's the kindest man, but not the wisest.
Olga. [*Impatiently.*] Andrey, when are you coming?
Andrey. [*Off.*] One minute. [*Enters and goes to the table.*]
Tuzenbach. What are you thinking about?
Irina. It's nothing. I don't like this Soliony of yours and I'm afraid of him. He only says silly things...
Tuzenbach. He's a queer man. I'm both sorry for him and vexed by him, but more sorry. I think he's shy... When there are just the two of us he's very clever and kind; when other people are about he's rough and hectoring. Don't let's go in, let them sit at the table. Let me stay with you. What are you thinking of?

Pause.

You're twenty. I'm not yet thirty. How many years are there left to us, with their long, long lines of days, filled with my love for you...
Irina. Nicolai Lvovich, don't speak to me of love.
Tuzenbach. [*Does not hear.*] I've a great thirst for life, struggle, and work, and this thirst has united with my love for you, Irina, and you're so beautiful, and life seems so beautiful to me! What are you thinking about?
Irina. You say that life is beautiful. Yes, if only it seems so! The life of us, three sisters, hasn't been beautiful yet; it has been stifling us as if it was weeds... I'm crying. I oughtn't... [*Dries her tears, smiles.*] We must work, work. That is why we are unhappy and look at the world so sadly; we don't know what work is. Our parents despised work...

Enter Natalia Ivanovna; she wears a pink dress and a green sash.

Natasha. They're already sitting down to lunch in there... I'm late...

дится в зеркало, поправляется.) Кажется, причесана ничего себе... (Увидев Ирину.) Милая Ирина Сергеевна, поздравляю вас! *(Целует крепко и продолжительно.)* У вас много гостей, мне, право, совестно... Здравствуйте, барон!

Ольга *(входя в гостиную).* Ну, вот и Наталия Ивановна. Здравствуйте, моя милая!

Целуются.

Наташа. С именинницей. У вас такое большое общество, я смущена ужасно...
Ольга. Полно, у нас все свои. *(Вполголоса испуганно.)* На вас зеленый пояс! Милая, это не хорошо!
Наташа. Разве есть примета?
Ольга. Нет, просто не идет... и как-то странно...
Наташа *(плачущим голосом).* Да? Но ведь это не зеленый, а скорее матовый. *(Идет за Ольгой в залу.)*

В зале садятся завтракать; в гостиной ни души.

Кулыгин. Желаю тебе, Ирина, жениха хорошего. Пора тебе уж выходить.
Чебутыкин. Наталья Ивановна, и вам женишка желаю.
Кулыгин. У Натальи Ивановны уже есть женишок.
Маша *(стучит вилкой по тарелке).* Выпью рюмочку винца! Эх-ма, жизнь малиновая, где наша не пропадала!
Кулыгин. Ты ведешь себя на три с минусом.
Вершинин. А наливка вкусная. На чем это настояно?
Соленый. На тараканах.
Ирина *(плачущим голосом).* Фу! Фу! Какое отвращение!...
Ольга. За ужином будет жареная индейка и сладкий пирог с яблоками. Слава богу, сегодня целый день я дома, вечером — дома... Господа, вечером приходите.
Вершинин. Позвольте и мне прийти вечером!
Ирина. Пожалуйста.
Наташа. У них попросту.
Чебутыкин. Для любви одной природа нас на свет произвела. *(Смеется.)*
Андрей *(сердито).* Перестаньте, господа! Не надоело вам.

Three Sisters

[*Carefully examines herself in a mirror, and puts herself straight.*] I think my hair's done all right... [*Sees Irina.*] Dear Irina Sergeyevna, I congratulate you! [*Kisses her firmly and at length.*] You've so many visitors, I'm really ashamed... How do you do, Baron!

Olga. [*Enters the sitting-room.*] Here's Natalia Ivanovna. How are you, dear!

They kiss.

Natasha. Happy returns. I'm awfully shy, you've so many people here.
Olga. Don't be, they are all our friends. [*Frightened, in an undertone.*] You're wearing a green sash! My dear, you shouldn't!
Natasha. Is it a sign of anything?
Olga. No, it simply doesn't go well... and it looks so queer...
Natasha. [*In a tearful voice.*] Yes? But it isn't really green, it's too dull for that. [*Goes into the dining-room with Olga.*]

They sit down to lunch in the dining-room; there is no one in the sitting-room.

Kulygin. I wish you a nice fiancée, Irina. It's quite time you married.
Chebutykin. Natalia Ivanovna, I wish you the same.
Kulygin. Natalia Ivanovna has a fiancé already.
Masha. [*Raps with her fork on a plate.*] I will have a little glass of wine! Oh, come what may, we'll find a way out of our crimson life!
Kulygin. Bad marks to you for conduct.
Vershinin. This is a nice liqueur. What's it made of?
Soliony. Blackbeetles.
Irina. [*Tearfully.*] Phoo! Phoo! How disgusting!
Olga. There is to be a roast turkey and a sweet apple pie for dinner. Thank goodness I can spend all day and the evening at home. You'll come in the evening, ladies and gentlemen...
Vershinin. And please may I come in the evening!
Irina. Please do.
Natasha. They don't stand on ceremony here.
Chebutykin. Nature only brought us into the world that we should love! [*Laughs.*]
Andrey. [*Angrily.*] Stop it, gentlemen! Aren't you tired of it?

Три сестры

Федотик и Родэ входят с большой корзиной цветов.

Федотик. Однако уже завтракают...
Родэ (*громко и картавя*). Завтракают? Да, уже завтракают...
Федотик. Погоди минутку! (*Снимает фотографию.*) Раз! Погоди еще немного... (*Снимает другую фотографию.*) Два! Теперь готово!

Берут корзину и идут в залу, где их встречают с шумом.

Родэ (*громко*). Поздравляю, желаю всего, всего! Погода сегодня очаровательная, одно великолепие. Сегодня все утро гулял с гимназистами. Я преподаю в гимназии гимнастику...
Федотик. Можете двигаться, Ирина Сергеевна, можете! (*Снимая фотографию.*) Вы сегодня интересны. (*Вынимает из кармана волчок.*) Вот, между прочим, волчок... Удивительный звук...
Ирина. Какая прелесть!
Маша. У лукоморья дуб зеленый, злата цепь на дубе том... Злата цепь на дубе том... (*Плаксиво.*) Ну, зачем я это говорю? Привязалась ко мне эта фраза с самого утра...
Кулыгин. Тринадцать за столом!
Родэ (*громко*). Господа, неужели вы придаете значение предрассудкам?

Смех.

Кулыгин. Если тринадцать за столом, то, значит, есть тут влюбленные. Уж не вы ли, Иван Романович, чего доброго...

Смех.

Чебутыкин. Я старый грешник, а вот отчего Наталья Ивановна сконфузилась, решительно понять не могу.

Громкий смех; Наташа выбегает из залы в гостиную, за ней Андрей.

Андрей. Полно, не обращайте внимания! Погодите... прошу вас...
Наташа. Мне стыдно... Я не знаю, что со мной делается, а они поднимают меня на смех. То, что я сейчас вышла из-за стола, неприлично, но я не могу... не могу... (*Закрывает лицо руками.*)
Андрей. Дорогая моя, прошу вас, умоляю, не волнуйтесь. Уверяю

Three Sisters

Enter Fedotik and Rode with a large basket of flowers.

Fedotik. They're lunching already.
Rode. [*Loudly and jarring.*] Lunching? Yes, they are lunching already...
Fedotik. Wait a minute! [*Takes a photograph.*] That's one. No, just a moment... [*Takes another.*] That's two. Now we're ready!

They take the basket and go into the dining-room, where they have a noisy reception.

Rode. [*Loudly.*] Congratulations and best wishes! Lovely weather today, simply perfect. Was out walking with the High School students all the morning. I teach gymnastics at the High School...
Fedotik. You may move, Irina Sergeyevna, you may! [*Takes a photograph.*] You look pretty today. [*Takes a humming-top out of his pocket.*] Here's a humming-top, by the way. It's got a lovely note!
Irina. How awfully nice!
Masha. There stands a green oak by the curved seashore, and a golden chain is around it... And a golden chain is around it... [*Tearfully.*] What am I saying that for? I've had those words running in my head from the very morning...
Kulygin. There are thirteen at table!
Rode. [*Aloud.*] Surely you don't believe in superstitions?

Laughter.

Kulygin. If there are thirteen at table then it means there are lovers present. It isn't you, Ivan Romanovich, hang it all...

Laughter.

Chebutykin. I'm a hardened sinner, but I really don't see why Natalia Ivanovna should blush...

Loud laughter; Natasha runs out of the dining-room into the sitting-room, followed by Andrey.

Andrey. Don't pay any attention to them! Wait... do stop, please...
Natasha. I feel shame... I don't know what's the matter with me, and they're all laughing at me. It wasn't nice of me to leave the table like that, but I can't... I can't... [*Covers her face with her hands.*]
Andrey. My dear, I beg you. I implore you not to excite yourself. I assure

вас, они шутят, они от доброго сердца. Дорогая моя, моя хорошая, они все добрые, сердечные люди и любят меня и вас. Идите сюда к окну, нас здесь не видно им... *(Оглядывается.)*

Наташа. Я так не привыкла бывать в обществе...

Андрей. О молодость, чудная, прекрасная молодость! Моя дорогая, моя хорошая, не волнуйтесь так!... Верьте мне, верьте... Мне так хорошо, душа полна любви, восторга... О, нас не видят! Не видят! За что, за что я полюбил вас, когда полюбил, — о, ничего не понимаю. Дорогая моя, хорошая, чистая, будьте моей женой! Я вас люблю, люблю... как никого никогда...

Поцелуй. Два офицера входят и, увидев целующуюся пару, останавливаются в изумлении.

Занавес.

Действие второе

Декорация первого акта. Восемь часов вечера. За сценой на улице едва слышно играют на гармонике. Нет огня. Входит Наталья Ивановна в капоте, со свечой: она идет и останавливается у двери, которая ведет в комнату Андрея.

Наташа. Ты, Андрюша, что делаешь? Читаешь? Ничего, я так только... *(Идет, отворяет другую дверь и, заглянув в нее, затворяет.)* Огня нет ли...

Андрей *(входит с книгой в руке).* Ты что, Наташа?

Наташа. Смотрю, огня нет ли... Теперь масленица, прислуга сама не своя, гляди да и гляди, чтоб чего не вышло. Вчера в полночь прохожу через столовую, а там свеча горит. Кто зажег, так и не добилась толку. *(Ставит свечу.)* Который час?

Андрей *(взглянув на часы).* Девятого четверть.

Наташа. А Ольги и Ирины до сих пор еще нет. Не пришли. Все трудятся, бедняжки. Ольга на педагогическом совете, Ирина на телеграфе... *(Вздыхает.)* Сегодня утром говорю твоей сестре: "Побереги, говорю, себя, Ирина, голубчик". И не слушает. Четверть девятого, говоришь? Я боюсь, Бобик наш совсем нездоров. Отчего он холодный такой? Вчера у него был жар, а сегодня холодный весь... Я так боюсь!

you they're only joking, they're kind people. My dear, good girl, they're all kind and sincere people, and they like both you and me. Come here to the window, they can't see us here... [*Looks round.*]

Natasha. I'm so unaccustomed to make appearance in society...

Andrey. Oh youth, splendid, beautiful youth! My darling, don't be so excited! Believe me, believe me... I'm so happy, my soul is full of love, of ecstasy... They don't see us! They don't! Why, why or when did I fall in love with you—Oh, I can't understand anything. My dear, my pure darling, be my wife! I love you, I love you... as never before...

They kiss.

Two officers come in and, seeing the lovers kiss, stop in astonishment.

Curtain.

Act II

Scene as in Act I. It is 8 p.m. Somebody is heard playing a concertina outside in the street. There is no fire. Natalia Ivanovna enters in a dressing gown carrying a candle; she goes and stops by the door which leads into Andrey's room.

Natasha. What are you doing, Andryusha? Are you reading? It's nothing, only I... [*She goes, opens another door, and looks in, then closes it.*] Isn't there any fire...

Andrey. [*Enters with book in hand.*] What are you doing, Natasha?

Natasha. I was looking to see if there wasn't a fire. It's Shrovetide, and the servants are simply beside themselves; I must look out that something doesn't happen. When I came through the dining-room yesterday midnight, there was a candle burning. I couldn't get them to tell me who had lighted it. [*Puts down her candle.*] What's the time?

Andrey. [*Looks at his watch.*] A quarter past eight.

Natasha. And Olga and Irina aren't in yet. The poor things are still at work. Olga at the teacher's council, Irina at the telegraph office... [*Sighs.*] I said to your sister this morning, "Irina, darling, you must take care of yourself." But she doesn't listen. Did you say it was a quarter past eight? I am afraid Bobick is quite ill. Why is he so cold? He was feverish yesterday, but today he is quite cold... I am so frightened!

Андрей. Ничего, Наташа. Мальчик здоров.
Наташа. Но все-таки лучше пускай диэта. Я боюсь. И сегодня в десятом часу, говорили, ряженые у нас будут, лучше бы они не приходили, Андрюша.
Андрей. Право, я не знаю. Их ведь звали.
Наташа. Сегодня мальчишечка проснулся утром и глядит на меня, и вдруг улыбнулся; значит, узнал. "Бобик, говорю, здравствуй! Здравствуй, милый!" А он смеется. Дети понимают, отлично понимают. Так, значит, Андрюша, я скажу, чтобы ряженых не принимали.
Андрей *(нерешительно).* Да ведь это как сестры. Они тут хозяйки.
Наташа. И они тоже, я им скажу. Они добрые... *(Идет.)* К ужину я велела простокваши. Доктор говорит, тебе нужно одну простоквашу есть, иначе не похудеешь. *(Останавливается.)* Бобик холодный. Я боюсь, ему холодно в его комнате, пожалуй. Надо бы хоть до теплой погоды поместить его в другой комнате. Например, у Ирины комната как раз для ребенка: и сухо, и целый день солнце. Надо ей сказать, она пока может с Ольгой в одной комнате... Все равно днем дома не бывает, только ночует...

Пауза.

Андрюшанчик, отчего ты молчишь?
Андрей. Так, задумался... Да и нечего говорить...
Наташа. Да... Что-то я хотела тебе сказать... Ах, да. Там из управы Ферапонт пришел, тебя спрашивает.
Андрей *(зевает).* Позови его.

Наташа уходит; Андрей, нагнувшись к забытой ею свече, читает книгу. Входит Ферапонт; он в старом трепаном пальто, с поднятым воротником, уши повязаны.

Здравствуй, душа моя. Что скажешь?
Ферапонт. Председатель прислал книжку и бумагу какую-то. Вот... *(Подает книгу и пакет.)*
Андрей. Спасибо. Хорошо. Отчего же ты пришел так не рано? Ведь девятый час уже.
Ферапонт. Чего?
Андрей *(громче).* Я говорю, поздно пришел, уже девятый час.
Ферапонт. Так точно. Я пришел к вам, еще светло было, да не пускали все. Барин, говорят, занят. Ну, что ж. Занят так занят,

Andrey. It's all right, Natasha. The boy is well.
Natasha. Still, I think we ought to put him on a diet. I am so afraid. And the entertainers were to be here after nine; they had better not come, Andryusha.
Andrey. I don't know. After all, they were asked.
Natasha. This morning, when the little boy woke up and saw me he suddenly smiled; that means he recognized me. "Good morning, Bobick!" I said, "good morning, darling." And he laughed. Children understand, they understand very well. So I'll tell them, Andryusha, not to receive the entertainers.
Andrey. [*Hesitatingly.*] But what about my sisters. This is their house.
Natasha. I will tell them too. They are so kind... [*Going.*] I ordered sour milk for supper. The doctor says you must eat sour milk and nothing else, or you won't lose weight. [*Stops.*] Bobick is so cold. I'm afraid his room is too cold for him. It would be nice to put him into another room till the warm weather comes. Irina's room, for instance, is just right for a child: it's dry and has the sun all day. I must tell her, she can share Olga's room. It isn't as if she was at home in the daytime, she only sleeps here...

Pause.

Andryushanchik, why are you so silent?
Andrey. I was just thinking... There is really nothing to say...
Natasha. Yes... there was something I wanted to tell you... Oh, yes. Ferapont has come from the Council offices, he wants to see you.
Andrey. [*Yawns.*] Call him here.

Natasha goes out; Andrey reads his book, stooping over the candle she has left behind. Ferapont enters; he wears a tattered old coat with the collar up. His ears are muffled.

Good morning, my dear. What have you to say?
Ferapont. The Chairman sends a book and some document. Here... [*Hands him a book and a packet.*]
Andrey. Thank you. It's all right. Why couldn't you come earlier? It's past eight now.
Ferapont. What?
Andrey. [*Louder.*] I say you've come late, it's past eight.
Ferapont. Yes, yes. I came when it was still light, but they wouldn't let me in. They said the master was busy. Well, what was I to do. If he's

спешить мне некуда. *(Думая, что Андрей спрашивает его о чем-то.)* Чего?

Андрей. Ничего. *(Рассматривая книгу.)* Завтра пятница, у нас нет присутствия, но я все равно приду... займусь. Дома скучно...

Пауза.

Милый дед, как странно меняется, как обманывает жизнь! Сегодня от скуки, от нечего делать, я взял в руки вот эту книгу — старые университетские лекции, и мне стало смешно... Боже мой, я секретарь земской управы, той управы, где председательствует Протопопов, я секретарь, и самое большее, на что я могу надеяться, это — быть членом земской управы! Мне быть членом здешней земской управы, мне, которому снится каждую ночь, что я профессор московского университета, знаменитый ученый, которым гордится русская земля!

Ферапонт. Не могу знать... Слышу-то плохо...
Андрей. Если бы ты слышал как следует, то я, быть может, и не говорил бы с тобой. Мне нужно говорить с кем-нибудь, а жена меня не понимает, сестер я боюсь почему-то, боюсь, что они засмеют меня, застыдят... Я не пью, трактиров не люблю, но с каким удовольствием я посидел бы теперь в Москве у Тестова или в Большом Московском, голубчик мой.
Ферапонт. А в Москве, в управе давеча рассказывал подрядчик, какие-то купцы ели блины; один, который съел сорок блинов, будто помер. Не то сорок, не то пятьдесят. Не упомню.
Андрей. Сидишь в Москве, в громадной зале ресторана, никого не знаешь и тебя никто не знает, и в то же время не чувствуешь себя чужим. А здесь ты всех знаешь и тебя все знают, но чужой, чужой... Чужой и одинокий.
Ферапонт. Чего?

Пауза.

И тот же подрядчик сказывал — может, и врет, — будто поперек всей Москвы канат протянут.
Андрей. Для чего?
Ферапонт. Не могу знать. Подрядчик говорил.
Андрей. Чепуха. *(Читает книгу.)* Ты был когда-нибудь в Москве?
Ферапонт *(после паузы)*. Не был. Не привел бог.

Three Sisters

busy, he's busy, and I'm in no hurry. [*He thinks that Andrey is asking him something.*] What?

Andrey. Nothing. [*Looks through the book.*] Tomorrow's Friday. I'm not supposed to go to work, but I'll come—all the same... and do some work. It's dull at home.

Pause.

Oh, my dear old man, how strangely life changes, and how it deceives! Today, out of sheer boredom, I took up this book—old university lectures, and I couldn't help laughing. My God, I'm secretary of the local district council, the council which has Protopopov for its chairman, yes, I'm the secretary, and the summit of my ambitions is—to become a member of the council! I to be a member of the local district council, I, who dream every night that I'm a professor of Moscow University, a famous scholar of whom all Russia is proud!

Ferapont. I can't tell... I'm hard of hearing...

Andrey. If you weren't, I don't suppose I should talk to you. I've got to talk to somebody, and my wife doesn't understand me, and I'm a bit afraid of my sisters—I don't know why unless it is that they may make fun of me and make me feel ashamed... I don't drink, I don't like public-houses, but how I should like to be sitting just now in Testov's place in Moscow, or at the Great Moskovsky, old fellow!

Ferapont. And in Moscow, a contractor was once telling us at the council that some merchants or other were eating pancakes; one ate forty pancakes and died, he was saying. Either forty or fifty, I forget which.

Andrey. In Moscow you can sit in an enormous restaurant where you don't know anybody and where nobody knows you, and you don't feel all the same that you're a stranger. And here you know everybody and everybody knows you, and you're a stranger, a stranger... and a lonely stranger.

Ferapont. What?

Pause.

And the same contractor was telling—perhaps he was lying—that there was a cable stretching right across Moscow.

Andrey. What for?

Ferapont. I can't tell. The contractor said so.

Andrey. Rubbish. [*He reads the book.*] Were you ever in Moscow?

Ferapont. [*After a pause.*] No. God did not lead me there.

Три сестры

Пауза.

Мне идти?
Андрей. Можешь идти. Будь здоров.

Ферапонт уходит.

Будь здоров. *(Читая.)* Завтра утром придешь, возьмешь тут бумаги... Ступай...

Пауза.

Он ушел.

Звонок.

Да, дела... *(Потягивается и не спеша уходит к себе.)*

За сценой поет нянька, укачивая ребенка. Входят Маша и Вершинин. Пока они потом беседуют, горничная зажигает лампу и свечи.

Маша. *Не знаю.*

Пауза.

Не знаю. Конечно, много значит привычка. После смерти отца, например, мы долго не могли привыкнуть к тому, что у нас уже нет денщиков. Но и помимо привычки, мне кажется, говорит во мне просто справедливость. Может быть, в других местах и не так, но в нашем городе самые порядочные, самые благородные и воспитанные люди — это военные.
Вершинин. Мне пить хочется. Я бы выпил чаю.
Маша *(взглянув на часы).* Скоро дадут. Меня выдали замуж, когда мне было восемнадцать лет, и я своего мужа боялась, потому что он был учителем, а я тогда едва кончила курс. Он казался мне тогда ужасно ученым, умным и важным. А теперь уж не то, к сожалению.
Вершинин. Так... да.
Маша. Про мужа я не говорю, к нему я привыкла, но между штатскими вообще так много людей грубых, не любезных, не воспитанных. Меня волнует, оскорбляет грубость, я страдаю, когда вижу, что человек недостаточно тонок, недостаточно мягок, любезен. Когда мне случается

Three Sisters

Pause.

Shall I go?
Andrey. You may go. Good-bye.

Ferapont goes.

Good-bye. [*Reads.*] You can come tomorrow and fetch these documents... Go along...

Pause.

He's gone.

A ring.

Yes, yes... [*Stretches himself and slowly goes into his own room.*]

Behind the scene the nurse is singing a lullaby to the child. Masha and Vershinin come in. While they talk, a maidservant lights candles and a lamp.

Masha. I don't know.

Pause.

I don't know. Of course, habit counts for a great deal. After father's death, for instance, it took us a long time to get used to the absence of orderlies. But, apart from habit, it seems to me in all fairness that, however it may be in other places, in our town the most decent, the most honourable and well-mannered people are army men.
Vershinin. I'm thirsty. I should like some tea.
Masha. [*Glancing at her watch.*] They'll bring some soon. I was given in marriage when I was eighteen, and I was afraid of my husband because he was a teacher and I'd only just left school. He then seemed to me frightfully learned and wise and important. And now, unfortunately, that has changed.
Vershinin. Yes... yes.
Masha. I don't speak of my husband, I've grown used to him, but civilians in general are so often coarse, impolite, ill-mannered. Their rudeness angers me, it offends me. I suffer when I see that a man isn't quite sufficiently refined, or delicate, or polite. I simply suffer agonies when I

быть среди учителей, товарищей мужа, то я просто страдаю.
Вершинин. Да-с... Но мне кажется, все равно, что штатский, что военный, одинаково неинтересно, по крайней мере, в этом городе. Все равно! Если послушать здешнего интеллигента, штатского или военного, то с женой он замучился, с домом замучился, с имением замучился, с лошадьми замучился... Русскому человеку в высшей степени свойственен возвышенный образ мыслей, но скажите, почему в жизни он хватает так невысоко? Почему?
Маша. Почему?
Вершинин. Почему он с детьми замучился, с женой замучился? А почему жена и дети с ним замучились?
Маша. Вы сегодня немножко не в духе.
Вершинин. Может быть. Я сегодня не обедал, ничего не ел с утра. У меня дочь больна немножко, а когда болеют мои девочки, то мною овладевает тревога, меня мучает совесть за то, что у них такая мать. О, если бы вы видели ее сегодня! Что за ничтожество! Мы начали браниться с семи часов утра, а в девять я хлопнул дверью и ушел.

Пауза.

Я никогда не говорю об этом, и странно, жалуюсь только вам одной. *(Целует руку.)* Не сердитесь на меня. Кроме вас одной, у меня нет никого, никого...

Пауза.

Маша. Какой шум в печке. У нас незадолго до смерти отца гудело в трубе. Вот точно так.
Вершинин. Вы с предрассудками?
Маша. Да.
Вершинин. Странно это. *(Целует руку.)* Вы великолепная, чудная женщина. Великолепная, чудная! Здесь темно, но я вижу блеск ваших глаз.
Маша *(садится на другой стул).* Здесь светлей...
Вершинин. Я люблю, люблю, люблю... Люблю ваши глаза, ваши движения, которые мне снятся... Великолепная, чудная женщина!
Маша *(тихо смеясь).* Когда вы говорите со мной так, то я почему-то смеюсь, хотя мне страшно. Не повторяйте, прошу вас... *(Вполголоса.)* А впрочем, говорите, мне все равно... *(Закрывает лицо руками.)* Мне все равно. Сюда идут, говорите о чем-нибудь другом...

happen to be among schoolmasters, my husband's colleagues.
Vershinin. Yes... It seems to me that civilians and army men are equally uninteresting, in this town, at any rate. It's all the same! If you listen to a member of the local intelligentsia, whether to civilian or military, he will tell you that he's sick of his wife, sick of his house, sick of his estate, sick of his horses... We Russians are extremely gifted in the direction of thinking on an exalted plane, but, tell me, why do we aim so low in real life? Why?
Masha. Why?
Vershinin. Why is he sick of his children, sick of his wife? And why are his wife and children sick of him?
Masha. You're a little downhearted today.
Vershinin. Perhaps I am. I haven't had any dinner, I've had nothing since the morning. My daughter is a little unwell, and when my girls are ill, I get very anxious and my conscience tortures me because they have such a mother. Oh, if you had seen her today! What a trivial personality! We began quarrelling at seven in the morning and at nine I slammed the door and went out.

Pause.

I never speak about it, it's strange that I bear my complaints to you alone. [*Kisses her hand.*] Don't be angry with me. I haven't anybody but you, nobody at all...

Pause.

Masha. What a noise in the stove. Just before father's death there was a noise in the pipe, just like that.
Vershinin. Are you superstitious?
Masha. Yes.
Vershinin. That's strange. [*Kisses her hand.*] You are a splendid, wonderful woman. Splendid, wonderful! It is dark here, but I see your sparkling eyes.
Masha. [*Sits on another chair.*] There is more light here...
Vershinin. I love you, love you, love you... I love your eyes, your movements, I dream of them... Splendid, wonderful woman!
Masha. [*Laughing softly.*] When you talk to me like that, I laugh; I don't know why, for I'm afraid. Don't repeat it, please... [*In an undertone.*] No, go on, it's all the same to me... [*Covers her face with her hands.*] It's all the same. Somebody's coming, talk about something else...

Три сестры

Ирина и Тузенбах входят через залу.

Тузенбах. У меня тройная фамилия. Меня зовут барон Тузенбах-Кроне-Альтшауер, но я русский, православный, как вы. Немецкого у меня осталось мало, разве только терпеливость, упрямство, с каким я надоедаю вам. Я провожаю вас каждый вечер.
Ирина. Как я устала!
Тузенбах. И каждый вечер буду приходить на телеграф и провожать вас домой, буду десять — двадцать лет, пока вы не прогоните... *(Увидев Машу и Вершинина, радостно.)* Это вы? Здравствуйте.
Ирина. Вот я и дома, наконец. *(Маше.)* Сейчас приходит одна дама, телеграфирует своему брату в Саратов, что у ней сегодня сын умер, и никак не может вспомнить адреса. Так и послала без адреса, просто в Саратов. Плачет. И я ей нагрубила ни с того ни с сего. "Мне, говорю, некогда." Так глупо вышло. Сегодня у нас ряженые?
Маша. Да.
Ирина *(садится в кресло)*. Отдохнуть. Устала.
Тузенбах *(с улыбкой)*. Когда вы приходите с должности, то кажетесь такой маленькой, несчастненькой...

Пауза.

Ирина. Устала. Нет, не люблю я телеграфа, не люблю.
Маша. Ты похудела... *(Насвистывает.)* И помолодела, и на мальчишку стала похожа лицом.
Тузенбах. Это от прически.
Ирина. Надо поискать другую должность, а эта не по мне. Чего я так хотела, о чем мечтала, того-то в ней именно и нет. Труд без поэзии, без мыслей... Доктор стучит. *(Тузенбаху.)* Милый, постучите. Я не могу... устала...

Тузенбах стучит в пол.

Сейчас придет. Надо бы принять какие-нибудь меры. Вчера доктор и наш Андрей были в клубе и опять проигрались. Говорят, Андрей двести рублей проиграл.
Маша *(равнодушно)*. Что ж теперь делать!
Ирина. Две недели назад проиграл, в декабре проиграл. Скорее бы все проиграл, быть может, уехали бы из этого города. Господи боже мой, мне Москва снится каждую ночь, я совсем как помешанная. *(Смеется.)* Мы переезжаем туда в июне, а до июня осталось еще...

Three Sisters

Irina and Tuzenbach come in through the dining-room.

Tuzenbach. My surname is really triple. I am called Baron Tuzenbach-Krone-Altschauer, but I am Russian and Orthodox, the same as you. There is very little German left in me, unless perhaps it is the patience and the obstinacy with which I bore you. I see you home every night.
Irina. How tired I am!
Tuzenbach. And I'll come to the telegraph office to see you home every night for ten or twenty years, until you drive me away. [*He sees Masha and Vershinin; joyfully.*] Is that you? How do you do.
Irina. Well, I am home at last. [*To Masha.*] A lady came today to telegraph to her brother in Saratov that her son died today, and she couldn't remember the address anyhow. So she sent the telegram without an address, just to Saratov. She was crying. And for some reason or other I was rude to her. "I've no time," I said. It was so stupid. Are the entertainers coming tonight?
Masha. Yes.
Irina. [*Sitting down in an armchair.*] I want a rest. I am tired.
Tuzenbach. [*Smiling.*] When you come home from your work you seem so young, and so unfortunate...

Pause.

Irina. I am tired. No, I don't like the telegraph office, I don't like it.
Masha. You've grown thinner... [*Whistles a little.*] And you look younger, and your face has become like a boy's.
Tuzenbach. That's the way she does her hair.
Irina. I must find another job, this one won't do for me. What I wanted, what I hoped to get, just that is lacking here. Labour without poetry, without ideas... The doctor is knocking. [*To Tuzenbach.*] Will you knock, dear. I can't... I'm tired...

Tuzenbach knocks on the floor.

He'll come in a minute. Something ought to be done. Yesterday the doctor and Andrey played cards at the club and lost money. They say Andrey lost 200 roubles.
Masha. [*With indifference.*] What can we do now?
Irina. He lost money a fortnight ago, he lost money in December. Perhaps if he lost everything we should go away from this town. Oh, my God, I dream of Moscow every night. I'm just like a lunatic. [*Laughs.*] We go

февраль, март, апрель, май... почти полгода!
Маша. Надо только, чтобы Наташа не узнала как-нибудь о проигрыше.
Ирина. Ей, я думаю, все равно.

Чебутыкин, только что вставший с постели, — он отдыхал после обеда, — входит в залу и причесывает бороду, потом садится там за стол и вынимает из кармана газету.

Маша. Вот пришел... Он заплатил за квартиру?
Ирина *(смеется).* Нет. За восемь месяцев ни копеечки. Очевидно, забыл.
Маша *(смеется).* Как он важно сидит!

Все смеются; пауза.

Ирина. Что вы молчите, Александр Игнатьич?
Вершинин. Не знаю. Чаю хочется. Полжизни за стакан чаю! С утра ничего не ел...
Чебутыкин. Ирина Сергеевна!
Ирина. Что вам?
Чебутыкин. Пожалуйте сюда. Venez ici.

Ирина идет и садится за стол.

Я без вас не могу.

Ирина раскладывает пасьянс.

Вершинин. Что ж? Если не дают чаю, то давайте хоть пофилософствуем.
Тузенбах. Давайте. О чем?
Вершинин. О чем? Давайте помечтаем... например, о той жизни, какая будет после нас, лет через двести-триста.
Тузенбах. Что ж? После нас будут летать на воздушных шарах, изменятся пиджаки, откроют, быть может, шестое чувство и разовьют его, но жизнь останется все та же, жизнь трудная, полная тайн и счастливая. И через тысячу лет человек будет так же вздыхать: "ах, тяжко жить! " — и вместе с тем точно так же, как теперь, он будет бояться и не хотеть смерти.
Вершинин *(подумав).* Как вам сказать? Мне кажется, все на земле

Three Sisters

there in June, and before June there's still... February, March, April, May... nearly half a year!
Masha. Only Natasha mustn't get to know of this loss.
Irina. I expect it will be all the same to her.

Chebutykin, who has only just got out of bed—he was resting after dinner—comes into the dining-room and combs his beard. He then sits by the table and takes a newspaper from his pocket.

Masha. Here he is... Has he paid his rent?
Irina. [*Laughs.*] No. He's been here eight months and hasn't paid a kopeck. Seems to have forgotten.
Masha. [*Laughs.*] What dignity in his pose!

They all laugh. A pause.

Irina. Why are you so silent, Alexander Ignatych?
Vershinin. I don't know. I want some tea. Half my life for a tumbler of tea: I haven't had anything since morning...
Chebutykin. Irina Sergeyevna!
Irina. What is it?
Chebutykin. Please come here. Venez ici.

Irina goes and sits by the table.

I can't do without you.

Irina begins to play patience.

Vershinin. Well, if we can't have any tea, let's philosophize, at any rate.
Tuzenbach. Yes, let's. About what?
Vershinin. About what? Let us meditate... about life as it will be after our time; for example, in two or three hundred years.
Tuzenbach. Well? After our time people will fly about in balloons, the cut of one's jacket will change, perhaps they'll discover a sixth sense and develop it, but life will remain the same, laborious, mysterious, and happy. And in a thousand years' time, people will still be sighing: "Life is hard!"— and at the same time they'll be just as afraid of death, and unwilling to meet it, as we are.
Vershinin. [*Thoughtfully.*] How can I put it? It seems to me that

должно измениться мало-помалу и уже меняется на наших глазах. Через двести-триста, наконец, тысячу лет, — дело не в сроке, — настанет новая, счастливая жизнь. Участвовать в этой жизни мы не будем, конечно, но мы для нее живем теперь, работаем, ну, страдаем, мы творим ее — и в этом одном цель нашего бытия и, если хотите, наше счастье.

Маша тихо смеется.

Тузенбах. Что вы?
Маша. Не знаю. Сегодня весь день смеюсь с утра.
Вершинин. Я кончил там же, где и вы, в академии я не был; читаю я много, но выбирать книг не умею и читаю, быть может, совсем не то, что нужно, а между тем, чем больше живу, тем больше хочу знать. Мои волосы седеют, я почти старик уже, но знаю мало, ах, как мало! Но все же, мне кажется, самое главное и настоящее я знаю, крепко знаю. И как бы мне хотелось доказать вам, что счастья нет, не должно быть и не будет для нас... Мы должны только работать и работать, а счастье — это удел наших далеких потомков.

Пауза.

Не я, то хоть потомки потомков моих.

Федотик и Родэ показываются в зале; они садятся и напевают тихо, наигрывая на гитаре.

Тузенбах. По-вашему, даже не мечтать о счастье! Но если я счастлив!
Вершинин. Нет.
Тузенбах (*всплеснув руками и смеясь*). Очевидно, мы не понимаем друг друга. Ну, как мне убедить вас?

Маша тихо смеется.

(*Показывая ей палец.*) Смейтесь! (*Вершинину.*) Не то что через двести или триста, но и через миллион лет жизнь останется такою же, как и была; она не меняется, остается постоянною, следуя своим собственным законам, до которых вам нет дела или, по крайней мере, которых вы никогда не узнаете. Перелетные птицы, журавли,

everything on earth must change, little by little, and is already changing under our very eyes. After two or three hundred years, after a thousand—the actual time doesn't matter—a new and happy life will begin. We, of course, shall not take part in it, but we live and work and even suffer today that it should come. We create it—and in that one object is our destiny and, if you like, our happiness.

Masha laughs softly.

Tuzenbach. What is it?
Masha. I don't know. I've been laughing all day, ever since morning.
Vershinin. I graduated from the same school as you, I have not studied at the academy; I read a lot, but I cannot choose my books and perhaps what I read is not at all what I should, but the longer I live, the more I want to know. My hair is turning white, I am nearly an old man now, but I know so little, oh, so little! But I think I know the things that matter most, and that are most real. I know them well. And I wish I could make you understand that there is no happiness for us, that there should not and cannot be... We must only work and work, and happiness is only for our distant posterity.

Pause.

If not for me, then for the descendants of my descendants.

Fedotik and Rode come into the dining-room; they sit and sing softly, strumming on a guitar.

Tuzenbach. According to you, one should not even think about happiness! But suppose I am happy!
Vershinin. No.
Tuzenbach. [*Moves his hands and laughs.*] We do not seem to understand each other. How can I convince you?

Masha laughs quietly.

[*Tuzenbach continues, wagging a finger at her.*] Yes, laugh! [*To Vershinin.*] Not only after two or three centuries, but in a million years, life will still be as it was; life does not change, it remains for ever, following its own laws which do not concern us, or which, at any rate, you will never find out. Migrant birds, cranes for example, fly and fly, and whatever thoughts,

например, летят и летят, и какие бы мысли, высокие или малые, ни бродили в их головах, все же будут лететь и не знать, зачем и куда. Они летят и будут лететь, какие бы философы ни завелись среди них; и пускай философствуют, как хотят, лишь бы летели...
Маша. Все-таки смысл?
Тузенбах. Смысл... Вот снег идет. Какой смысл?

Пауза.

Маша. Мне кажется, человек должен быть верующим или должен искать веры, иначе жизнь его пуста, пуста... Жить и не знать, для чего журавли летят, для чего дети родятся, для чего звезды на небе... Или знать, для чего живешь, или же все пустяки, трын-трава.

Пауза.

Вершинин. Все-таки жалко, что молодость прошла...
Маша. У Гоголя сказано: скучно жить на этом свете, господа!
Тузенбах. А я скажу: трудно с вами спорить, господа! Ну вас совсем...
Чебутыкин (*читая газету*). Бальзак венчался в Бердичеве.

Ирина напевает тихо.

Даже запишу себе это в книжку. (*Записывает.*) Бальзак венчался в Бердичеве. (*Читает газету.*)
Ирина (*раскладывает пасьянс, задумчиво*). Бальзак венчался в Бердичеве.
Тузенбах. Жребий брошен. Вы знаете, Мария Сергеевна, я подаю в отставку.
Маша. Слышала. И ничего я не вижу в этом хорошего. Не люблю я штатских.
Тузенбах. Все равно... (*Встает.*) Я не красив, какой я военный? Ну, да все равно, впрочем... Буду работать. Хоть один день в моей жизни поработать так, чтобы прийти вечером домой, в утомлении повалиться в постель и уснуть тотчас же. (*Уходя в залу.*) Рабочие, должно быть, спят крепко!
Федотик (*Ирине*). Сейчас на Московской у Пыжикова купил для вас цветных карандашей. И вот этот ножичек...
Ирина. Вы привыкли обращаться со мной, как с маленькой, но ведь я уже выросла... (*Берет карандаши и ножичек, радостно.*) Какая прелесть!

high or low, enter their heads, they will still fly and not know why or where. They fly and will continue to fly, whatever philosophers come to life among them; they may philosophize as much as they like, only they will fly...
Masha. Still, is there a meaning?
Tuzenbach. A meaning... Now the snow is falling. What does it mean?

Pause.

Masha. It seems to me that a man must have faith, or must search for a faith, or his life will be empty, empty... To live and not to know why the cranes fly, why babies are born, why there are stars in the sky... Either you must know why you live, or everything is trivial, not worth a straw.

Pause.

Vershinin. Still, I am sorry that my youth has gone.
Masha. Gogol says: life in this world is a dull matter, gentlemen!
Tuzenbach. And I say it's difficult to argue with you, gentlemen! Hang it all.
Chebutykin. [*Reading a newspaper.*] Balzac was married at Berdichev.

Irina is singing softly.

That's worth making a note of. [*He makes a note.*] Balzac was married at Berdichev. [*Reads the newspaper.*]
Irina. [*Laying out cards, thoughtfully.*] Balzac was married at Berdichev.
Tuzenbach. The die is cast. I've handed in my resignation, Maria Sergeyevna.
Masha. So I heard. I don't see what good it is; I don't like civilians.
Tuzenbach. Never mind... [*Gets up.*] I'm not handsome; what use am I as a military man? Well, it makes no difference... I shall work. If only just once in my life I could work so that I could come home in the evening, fall exhausted on my bed, and go to sleep at once. [*Going into the dining-room.*] Workmen, I suppose, do sleep soundly!
Fedotik. [*To Irina.*] I bought some coloured pencils for you at Pyzhikov's in the Moscow Street, just now. And here is a little knife.
Irina. You have got into the habit of treating me as if I am a little girl, but I am grown up... [*Takes the pencils and the knife, then, with joy.*] How lovely!

Три сестры

Федотик. А для себя я купил ножик... вот поглядите... нож, еще другой нож, третий, это в ушах ковырять, это ножнички, это ногти чистить...
Родэ *(громко).* Доктор, сколько вам лет?
Чебутыкин. Мне? Тридцать два.

Смех.

Федотик. Я сейчас покажу вам другой пасьянс... *(Раскладывает пасьянс.)*

Подают самовар; Анфиса около самовара; немного погодя приходит Наташа и тоже суетится около стола; приходит Соленый и, поздоровавшись, садится за стол.

Вершинин. Однако, какой ветер!
Маша. Да. Надоела зима. Я уже и забыла, какое лето.
Ирина. Выйдет пасьянс, я вижу. Будем в Москве.
Федотик. Нет, не выйдет. Видите, осьмерка легла на двойку пик. *(Смеется.)* Значит, вы не будете в Москве.
Чебутыкин *(читает газету).* Цицикар. Здесь свирепствует оспа.
Анфиса *(подходя к Маше).* Маша, чай кушать, матушка. *(Вершинину.)* Пожалуйте, ваше высокоблагородие... простите, батюшка, забыла имя, отчество...
Маша. Принеси сюда, няня. Туда не пойду.
Ирина. Няня!
Анфиса. Иду-у!
Наташа *(Соленому).* Грудные дети прекрасно понимают. "Здравствуй, говорю, Бобик. Здравствуй, милый!" Он взглянул на меня как-то особенно. Вы думаете, во мне говорит только мать, но нет, нет, уверяю вас! Это необыкновенный ребенок.
Соленый. Если бы этот ребенок был мой, то я изжарил бы его на сковородке и съел бы. *(Идет со стаканом в гостиную и садится в угол.)*
Наташа *(закрыв лицо руками).* Грубый, невоспитанный человек!
Маша. Счастлив тот, кто не замечает, лето теперь или зима. Мне кажется, если бы я была в Москве, то относилась бы равнодушно к погоде...
Вершинин. На днях я читал дневник одного французского министра, писанный в тюрьме. Министр был осужден за Панаму. С каким упоением, восторгом упоминает он о птицах, которых видит в тюремном окне и которых не замечал раньше, когда был министром. Теперь, конечно, когда он выпущен на свободу, он уже по-прежнему не замечает птиц. Так же и вы не будете замечать Москвы, когда

Three Sisters

Fedotik. And I bought myself a knife... look at it... one blade, another, a third, an ear-scoop, scissors, nail-cleaners.
Rode. [*Loudly.*] Doctor, how old are you?
Chebutykin. I? Thirty-two.

Laughter.

Fedotik. I'll show you another kind of patience... [*Lays out cards.*]

A samovar is brought in; Anfisa attends to it; a little later Natasha enters and helps by the table; Soliony arrives and, after greetings, sits by the table.

Vershinin. What a wind!
Masha. Yes. I'm tired of winter. I've already forgotten what summer's like.
Irina. The patience is coming out, I see. We're going to Moscow.
Fedotik. No, it won't come out. Look, the eight is on the two of spades. [*Laughs.*] That means you won't go to Moscow.
Chebutykin. [*Reading paper.*] Tsitsihar. Smallpox is raging here.
Anfisa. [*Coming up to Masha.*] Masha, have some tea, my dear. [*To Vershinin.*] Please have some, your Honour... excuse me, my dear, but I've forgotten your name...
Masha. Bring some here, nurse. I shan't go over there.
Irina. Nurse!
Anfisa. Coming, coming!
Natasha. [*To Soliony.*] Children at the breast understand perfectly. I said "Good morning, Bobick; good morning, dear!" And he looked at me in quite an unusual way. You think it's only the mother in me that is speaking; I assure you that isn't so! He's a wonderful child.
Soliony. If he was my child I'd roast him on a frying-pan and eat him. [*Takes his tumbler into the drawing-room and sits in a corner.*]
Natasha. [*Covers her face in her hands.*] Vulgar, ill-bred man!
Masha. He's lucky who doesn't notice whether it's winter now, or summer. I think that if I were in Moscow, I shouldn't mind about the weather.
Vershinin. A few days ago I was reading the prison diary of a French minister. He had been sentenced on account of the Panama scandal. With what joy, what delight, he speaks of the birds he saw through the prison windows, which he had never noticed while he was a minister. Now, of course, that he is at liberty, he notices birds no more than he did before. When you go to live in Moscow you'll not notice it, in just the same way.

будете жить в ней. Счастья у нас нет и не бывает, мы только желаем его.

Тузенбах *(берет со стола коробку).* Где же конфеты?

Ирина. Соленый съел.

Тузенбах. Все?

Анфиса *(подавая чай).* Вам письмо, батюшка.

Вершинин. Мне? *(Берет письмо.)* От дочери. *(Читает.)* Да, конечно... Я, извините, Мария Сергеевна, уйду потихоньку. Чаю не буду пить. *(Встает взволнованный.)* Вечно эти истории...

Маша. Что такое? Не секрет?

Вершинин *(тихо).* Жена опять отравилась. Надо идти. Я пройду незаметно. Ужасно неприятно все это. *(Целует Маше руку.)* Милая моя, славная, хорошая женщина... Я здесь пройду потихоньку... *(Уходит.)*

Анфиса. Куда же он? А я чай подала... Экой какой.

Маша *(рассердившись).* Отстань! Пристаешь тут, покоя от тебя нет... *(Идет с чашкой к столу.)* Надоела ты мне, старая!

Анфиса. Что ж ты обижаешься? Милая!

Голос Андрея. Анфиса!

Анфиса *(дразнит).* Анфиса! Сидит там... *(Уходит.)*

Маша *(в зале у стола, сердито).* Дайте же мне сесть! *(Мешает на столе карты.)* Расселись тут с картами. Пейте чай!

Ирина. Ты, Машка, злая.

Маша. Раз я злая, не говорите со мной. Не трогайте меня!

Чебутыкин *(смеясь).* Не трогайте ее, не трогайте...

Маша. Вам шестьдесят лет, а вы, как мальчишка, всегда городите черт знает что.

Наташа *(вздыхает).* Милая Маша, к чему употреблять в разговоре такие выражения? При твоей прекрасной наружности в приличном светском обществе ты, я тебе прямо скажу, была бы просто очаровательна, если бы не эти твои слова. Je vous prie, pardonnez moi, Marie, mais vous avez des manieres un peu grossieres.[1]

Тузенбах *(сдерживая смех).* Дайте мне... дайте мне... Там, кажется, коньяк...

Наташа. Il parait, que mon Бобик deja ne dort pas,[2] проснулся. Он у меня сегодня нездоров. Я пойду к нему, простите... *(Уходит.)*

Ирина. А куда ушел Александр Игнатьич?

Маша. Домой. У него опять с женой что-то необычайное.

Тузенбах *(идет к Соленому, в руках графинчик с коньяком).* Все вы сидите один, о чем-то думаете — и не поймешь, о чем. Ну, давайте

---

[1] Прошу извинить меня, Мари, но у вас несколько грубые манеры *(франц.).*
[2] Кажется, мой Бобик уже не спит *(франц.).*

There can be no happiness for us, it only exists in our wishes.
Tuzenbach. [*Takes cardboard box from the table.*] Where are the candies?
Irina. Soliony has eaten them.
Tuzenbach. All of them?
Anfisa. [*Serving tea.*] There's a letter for you, my dear.
Vershinin. For me? [*Takes the letter.*] From my daughter. [*Reads.*] Yes, of course... I will go quietly. Excuse me, Maria Sergeyevna. I shan't have any tea. [*Stands up, excited.*] That eternal story...
Masha. What is it? Is it a secret?
Vershinin. [*Quietly.*] My wife has poisoned herself again. I must go. I'll go out quietly. It's all awfully unpleasant. [*Kisses Masha's hand.*] My dear, my splendid, good woman... I'll go this way, quietly... [*Exit.*]
Anfisa. Where has he gone? And I'd served tea... What a man.
Masha. [*Angrily.*] Leave me alone! You bother so one can't have a moment's peace... [*Goes to the table with her cup.*] I'm tired of you, old woman!
Anfisa. My dear! Why are you offended!
Andrey's voice. Anfisa!
Anfisa. [*Mocking.*] Anfisa! He sits there and... [*Exit.*]
Masha. [*In the dining-room, by the table angrily.*] Let me sit down! [*Disturbs the cards on the table.*] Here you are, spreading your cards out. Have some tea!
Irina. You are cross, Masha.
Masha. If I am cross, then don't talk to me. Don't touch me!
Chebutykin [*Laughing.*] Don't touch her, don't touch her...
Masha. You're sixty, but you're like a boy, always up to some beastly nonsense.
Natasha. [*Sighs.*] Dear Masha, why use such expressions in a conversation? With your beautiful exterior you would be simply fascinating in good society, I tell you so directly, if it wasn't for your words. Je vous prie, pardonnez moi, Marie, mais vous avez des manières un peu grossières.[1]
Tuzenbach. [*Restraining his laughter.*] Give me... give me... there's some cognac, I think.
Natasha. Il parait, que mon Bobick déjà ne dort pas,[2] he has awakened. He isn't well today. I'll go to him, excuse me... [*Exit.*]
Irina. Where has Alexander Ignatych gone?
Masha. Home. Something extraordinary has happened to his wife again.
Tuzenbach. [*Goes to Soliony with a decanter with cognac in his hands.*] You go on sitting by yourself, thinking of something—goodness knows

---
[1] Please forgive me, Marie, but your manners are a little rude (*French*).
[2] It seems my Bobick isn't asleep yet (*French*).

мириться. Давайте выпьем коньяку.

Пьют.

Сегодня мне придется играть на пианино всю ночь, вероятно, играть всякий вздор... Куда ни шло!
Соленый. Почему мириться? Я с вами не ссорился.
Тузенбах. Всегда вы возбуждаете такое чувство, как будто между нами что-то произошло. У вас характер странный, надо сознаться.
Соленый *(декларируя).* Я странен, не странен кто ж! Не сердись, Алеко!
Тузенбах. И при чем тут Алеко...

Пауза.

Соленый. Когда я вдвоем с кем-нибудь, то ничего, я как все, но в обществе я уныл, застенчив и... говорю всякий вздор. Но все-таки я честнее и благороднее очень, очень многих. И могу это доказать.
Тузенбах. Я часто сержусь на вас, вы постоянно придираетесь ко мне, когда мы бываем в обществе, но все же вы мне симпатичны почему-то. Куда ни шло, напьюсь сегодня. Выпьем!
Соленый. Выпьем.

Пьют.

Я против вас, барон, никогда ничего не имел. Но у меня характер Лермонтова. *(Тихо.)* Я даже немножко похож на Лермонтова... как говорят... *(Достает из кармана флакон с духами и льет на руки.)*
Тузенбах. Подаю в отставку. Баста! Пять лет все раздумывал и, наконец, решил. Буду работать.
Соленый *(декларируя).* Не сердись, Алеко... Забудь, забудь мечтания свои...

Пока они говорят, Андрей входит с книгой тихо и садится у свечи.

Тузенбах. Буду работать.
Чебутыкин *(идя в гостиную с Ириной).* И угощение было тоже настоящее кавказское: суп с луком, а на жаркое — чехартма, мясное.
Соленый. Черемша вовсе не мясо, а растение вроде нашего лука.
Чебутыкин. Нет-с, ангел мой. Чехартма не лук, а жаркое из баранины.

what. Come and let's make peace. Let's have some cognac.

They drink.

I expect I'll have to play the piano all night, some rubbish most likely... well, so be it!
Soliony. Why make peace? I haven't quarrelled with you.
Tuzenbach. You always make me feel as if something has taken place between us. You've a strange character, I must admit.
Soliony. [*Declaims.*] I am strange, but who is not? Don't be angry, Aleko!
Tuzenbach. And what has Aleko to do with it?

Pause.

Soliony. When I'm with one other man I behave just like everybody else, but in company I'm dull and shy and... talk all manner of rubbish. But I'm more honest and more honourable than very, very many people. And I can prove it.
Tuzenbach. I often get angry with you, you always fasten on to me in company, but I like you all the same. I'm going to drink my fill tonight, whatever happens. Drink, now!
Soliony. Let's drink.

They drink.

I never had anything against you, Baron. But my character is like Lermontov's. [*In a low voice.*] I even rather resemble Lermontov, they say... [*Takes a scent-bottle from his pocket, and scents his hands.*]
Tuzenbach. I've sent in my resignation. Basta! I've been thinking about it for five years, and at last made up my mind. I shall work.
Soliony. [*Declaims.*] Do not be angry, Aleko... forget, forget, thy dreams of yore...

While they are talking Andrey enters quietly with a book, and sits by the candle.

Tuzenbach. I shall work.
Chebutykin. [*Going with Irina into the dining-room.*] And the food was also real Caucasian: onion soup, and, for a roast, some chehartma, meat.
Soliony. Cheremsha isn't meat at all, but a plant something like our onion.
Chebutykin. No, my angel. Chehartma isn't onion, but roast mutton.

Три сестры

Соленый. А я вам говорю, черемша — лук.
Чебутыкин. А я вам говорю, чехартма — баранина.
Соленый. А я вам говорю, черемша — лук.
Чебутыкин. Что же я буду с вами спорить! Вы никогда не были на Кавказе и не ели чехартмы.
Соленый. Не ел, потому что терпеть не могу. От черемши такой же запах, как от чеснока.
Андрей *(умоляюще).* Довольно, господа! Прошу вас!
Тузенбах. Когда придут ряженые?
Ирина. Обещали к девяти; значит, сейчас.
Тузенбах *(обнимает Андрея).* Ах вы сени, мои сени, сени новые мои...
Андрей *(пляшет и поет).* Сени новые, кленовые...
Чебутыкин *(пляшет).* Решетчаты-е!

Смех.

Тузенбах *(целует Андрея).* Черт возьми, давайте выпьем. Андрюша, давайте выпьем на ты. И я с тобой, Андрюша, в Москву, в университет.
Соленый. В какой? В Москве два университета.
Андрей. В Москве один университет.
Соленый. А я вам говорю — два.
Андрей. Пускай хоть три. Тем лучше.
Соленый. В Москве два университета!

Ропот и шиканье.

В Москве два университета: старый и новый. А если вам неугодно слушать, если мои слова раздражают вас, то я могу не говорить. Я даже могу уйти в другую комнату... *(Уходит в одну из дверей.)*
Тузенбах. Браво, браво! *(Смеется.)* Господа, начинайте, я сажусь играть! Смешной этот Соленый... *(Садится за пианино, играет вальс.)*
Маша *(танцует вальс одна).* Барон пьян, барон пьян, барон пьян!

Входит Наташа.

Наташа *(Чебутыкину).* Иван Романыч! *(Говорит о чем-то Чебутыкину, потом тихо уходит.)*

Three Sisters

Soliony. And I tell you, cheremsha —is a sort of onion.
Chebutykin. And I tell you, chehartma—is mutton.
Soliony. And I tell you, cheremsha—is a sort of onion.
Chebutykin. What's the use of arguing with you! You've never been in the Caucasus, and never ate any chehartma.
Soliony. I never ate it, because I hate it. Cheremsha smells like garlic.
Andrey. [*Imploring.*] Please, gentlemen! I ask you!
Tuzenbach. When are the entertainers coming?
Irina. They promised for about nine; that is, now.
Tuzenbach. [*Embraces Andrey.*] Oh my mud room, my mud room, my newly-built mud room...
Andrey. [*Dances and sings.*] Newly-built mud room of maple-wood...
Chebutykin. [*Dances.*] Its walls are like a sieve!

Laughter.

Tuzenbach. [*Kisses Andrey.*] Hang it all, let's drink. Andryusha, old boy, let's drink like good friends. And I'll go with you, Andryusha, to Moscow, to the University.
Soliony. Which one? There are two universities in Moscow.
Andrey. There's one university in Moscow.
Soliony. Two, I tell you.
Andrey. Don't care if there are three. So much the better.
Soliony. There are two universities in Moscow!

There are murmurs and "hushes".

There are two universities in Moscow, the old one and the new one. And if you don't like to listen, if my words annoy you, then I need not speak. I can even go into another room... [*Exits through a door.*]
Tuzenbach. Bravo, bravo! [*Laughs.*] Come on, now. I'm going to play. Funny man, Soliony... [*Goes to the piano and plays a waltz.*]
Masha. [*Dancing solo.*] The Baron's drunk, the Baron's drunk, the Baron's drunk!

Natasha comes in.

Natasha. [*To Chebutykin.*] Ivan Romanych! [*Says something to Chebutykin, then goes out quietly.*]

Три сестры

Чебутыкин трогает Тузенбаха за плечо и шепчет ему о чем-то.

Ирина. Что такое?
Чебутыкин. Нам пора уходить. Будьте здоровы.
Тузенбах. Спокойной ночи. Пора уходить.
Ирина. Позвольте... А ряженые?...
Андрей *(сконфуженный).* Ряженых не будет. Видишь ли, моя милая, Наташа говорит, что Бобик не совсем здоров, и потому... Одним словом, я не знаю, мне решительно все равно.
Ирина *(пожимая плечами).* Бобик нездоров!
Маша. Где наша не пропадала! Гонят, стало быть, надо уходить. *(Ирине.)* Не Бобик болен, а она сама... Вот! *(Стучит пальцем по лбу.)* Мещанка!

Андрей уходит в правую дверь к себе, Чебутыкин идет за ним; в зале прощаются.

Федотик. Какая жалость! Я рассчитывал провести вечерок, но если болен ребеночек, то, конечно... Я завтра принесу ему игрушечку...
Родэ *(громко).* Я сегодня нарочно выспался после обеда, думал, что всю ночь буду танцевать. Ведь теперь только девять часов!
Маша. Выйдем на улицу, там потолкуем. Решим, что и как.

Слышно: "Прощайте! Будьте здоровы!" Слышен веселый смех Тузенбаха. Все уходят. Анфиса и горничная убирают со стола, тушат огни. Слышно, как поет нянька. Андрей в пальто и шляпе и Чебутыкин тихо входят.

Чебутыкин. Жениться я не успел, потому что жизнь промелькнула, как молния, да и потому, что безумно любил твою матушку, которая была замужем...
Андрей. Жениться не нужно. Не нужно, потому что скучно.
Чебутыкин. Так-то оно так, да одиночество. Как там ни философствуй, а одиночество страшная штука, голубчик мой... Хотя в сущности... конечно, решительно все равно!
Андрей. Пойдемте скорей.
Чебутыкин. Что же спешить? Успеем.
Андрей. Я боюсь, жена бы не остановила.
Чебутыкин. А!
Андрей. Сегодня я играть не стану, только так посижу. Нездоровится... Что мне делать, Иван Романыч, от одышки?
Чебутыкин. Что спрашивать! Не помню, голубчик. Не знаю.

Three Sisters

Chebutykin touches Tuzenbach on the shoulder and whispers something to him.

Irina. What is it?
Chebutykin. Time for us to go. Good-bye.
Tuzenbach. Good-night. It's time to go.
Irina. But, really... What about the entertainers?
Andrey. [*In confusion.*] There won't be any entertainers. You see, dear, Natasha says that Bobick isn't quite well, and so... In a word, I don't care, and it's absolutely all one to me.
Irina. [*Shrugging her shoulders.*] Bobick ill!
Masha. Here goes! Well, if we are sent home, I suppose we must go. [*To Irina.*] Bobick's all right, it's she herself... Here! [*Taps her forehead.*] Little bourgeoise!

Andrey goes to his room through the right-hand door, Chebutykin follows him. In the dining-room they are saying good-bye.

Fedotik. What a shame! I was expecting to spend the evening here, but of course, if the little baby is ill... I'll bring him some little toy tomorrow.
Rode. [*Loudly.*] I slept late after dinner today because I thought I was going to dance all night. It's only nine o'clock now!
Masha. Let's go into the street, we can talk there. Then we can settle things.

Good-byes and good nights are heard. Tuzenbach's merry laughter is heard. All go out. Anfisa and the maid clear the table, and put out the lights. The nurse sings. Andrey, wearing an overcoat and a hat, and Chebutykin enter silently.

Chebutykin. I never managed to get married because my life flashed by like lightning, and because I was madly in love with your mother, who was married...
Andrey. One shouldn't marry. One shouldn't, because it's dull.
Chebutykin. It's true, but what about loneliness? Say what you will, loneliness is a terrible thing, old fellow... Though really... of course, it absolutely doesn't matter!
Andrey. Let's be quicker.
Chebutykin. What are you in such a hurry for? We shall be in time.
Andrey. I'm afraid my wife may stop me.
Chebutykin. Ah!
Andrey. I shan't play tonight, I shall only sit and look on. I don't feel very well... What am I to do for my asthma, Ivan Romanych?
Chebutykin. Don't ask me! I don't remember, old fellow, I don't know.

Три сестры

Андрей. Пройдем кухней.

Уходят. Звонок, потом опять звонок; слышны голоса, смех.

Ирина *(входит).* Что там?
Анфиса *(шепотом).* Ряженые!

Звонок.

Ирина. Скажи, нянечка, дома нет никого. Пусть извинят.

Анфиса уходит. Ирина в раздумье ходит по комнате; она взволнована. Входит Соленый.

Соленый *(в недоумении).* Никого нет... А где же все?
Ирина. Ушли домой.
Соленый. Странно. Вы одни тут?
Ирина. Одна.

Пауза.

Прощайте.
Соленый. Давеча я вел себя недостаточно сдержанно, нетактично. Но вы не такая, как все, вы высоки и чисты, вам видна правда...Вы одна, только вы одна можете понять меня. Я люблю, глубоко, бесконечно люблю...
Ирина. Прощайте! Уходите.
Соленый. Я не могу жить без вас. *(Идя за ней.)* О, мое блаженство! *(Сквозь слезы.)* О, счастье! Роскошные, чудные, изумительные глаза, каких я не видел ни у одной женщины...
Ирина *(холодно).* Перестаньте, Василий Васильич!
Соленый. Первый раз я говорю о любви к вам, и точно я не на земле, а на другой планете. *(Трет себе лоб.)* Ну, да все равно. Насильно мил не будешь, конечно... Но счастливых соперников у меня не должно быть... Не должно... Клянусь вам всем святым, соперника я убью... О, чудная!

Наташа проходит со свечой.

Наташа *(заглядывает в одну дверь, в другую и проходит мимо две*

Three Sisters

Andrey. Let's go through the kitchen.

They go out. A bell rings, then a second time; voices and laughter are heard.

Irina. [*Enters.*] What's that?
Anfisa. [*Whispers.*] The entertainers!

Bell.

Irina. Tell them there's nobody at home, nurse. They must excuse us.

Anfisa goes out. Irina walks about the room deep in thought; she is excited. Soliony enters.

Soliony. [*In surprise.*] There's nobody here... Where are they all?
Irina. They've gone home.
Soliony. How strange. Are you here alone?
Irina. Yes, alone.

Pause.

Good-bye.
Soliony. Just now I behaved tactlessly, with insufficient reserve. But you are not like all the others, you are noble and pure, you can see the truth... You alone can understand me. I love you, deeply, beyond measure, I love you...
Irina. Good-bye! Go away.
Soliony. I cannot live without you. [*Follows her.*] Oh, my happiness! [*Through his tears.*] Oh, joy! Wonderful, marvellous, glorious eyes, such as I have never seen before...
Irina. [*Coldly.*] Stop it, Vassily Vassilych!
Soliony. This is the first time I speak about love for you, and it is as if I am no longer on the earth, but on another planet. [*Rubs his forehead.*] Well, never mind. I can't make you love me by force, of course... but I don't intend to have any more-favoured rivals... No... I swear to you by all that's sacred, I shall kill my rival... Oh, beautiful one!

Natasha enters with a candle.

Natasha. [*Looks in through one door, then through another, and goes*

ри, ведущей в комнату мужа). Тут Андрей. Пусть читает. Вы простите, Василий Василич, я не знала, что вы здесь, я по-домашнему.
Соленый. Мне все равно. Прощайте! *(Уходит.)*
Наташа. А ты устала, милая, бедная моя девочка! *(Целует Ирину.)* Ложилась бы спать пораньше.
Ирина. Бобик спит?
Наташа. Спит. Но неспокойно спит. Кстати, милая, я хотела тебе сказать, да все то тебя нет, то мне некогда... Бобику в теперешней детской, мне кажется, холодно и сыро. А твоя комната такая хорошая для ребенка. Милая, родная, переберись пока к Оле!
Ирина *(не понимая).* Куда?

Слышно, к дому подъезжает тройка с бубенчиками.

Наташа. Ты с Олей будешь в одной комнате, пока что, а твою комнату Бобику. Он такой милашка, сегодня я говорю ему: "Бобик, ты мой! Мой! " А он на меня смотрит своими глазеночками.

Звонок.

Должно быть, Ольга. Как она поздно!

Горничная подходит к Наташе и шепчет ей на ухо.

Протопопов? Какой чудак. Приехал Протопопов, зовет меня покататься с ним на тройке. *(Смеется.)* Какие странные эти мужчины...

Звонок.

Кто-то там пришел. Поехать разве на четверть часика прокатиться... *(Горничной.)* Скажи, сейчас.

Звонок.

Звонят... там Ольга, должно быть. *(Уходит.)*

Горничная убегает; Ирина сидит задумавшись; входят Кулыгин, Ольга, за ними Вершинин.

Кулыгин. Вот тебе и раз. А говорили, что у них будет вечер.

past the door leading to her husband's room.] Here's Andrey. Let him go on reading. Excuse me, Vassily Vassilych, I did not know you were here; I am in dishabille.
Soliony. It's all the same to me. Good-bye! [*Exit.*]
Natasha. You're so tired, my poor dear girl! [*Kisses Irina.*] If you only went to bed earlier.
Irina. Is Bobick asleep?
Natasha. Yes, but restlessly. By the way, dear, I wanted to tell you, but either you weren't at home, or I was busy... I think Bobick's present nursery is cold and damp. And your room would be so nice for the child. My dear, darling girl, do change over to Olga's for a bit!
Irina. [*Not understanding.*] Where?

The bells of a troika are heard as it drives up to the house.

Natasha. You and Olga can share a room, for the time being, and Bobick can have yours. He's such a darling; today I said to him, "Bobick, you're mine! Mine!" And he looked at me with his dear little eyes.

A bell rings.

It must be Olga. How late she is!

The maid enters and whispers to Natasha.

Protopopov? What a queer man! Protopopov's come and wants me to go for a drive with him in his troika. [*Laughs.*] How funny these men are...

A bell rings.

Somebody has come. Suppose I did go and have quarter an hour's drive... [*To the maid.*] Say I shan't be long.

Bell rings.
Somebody's ringing, it must be Olga. [*Exit.*]

The maid runs out; Irina sits deep in thought; Kulygin and Olga enter, followed by Vershinin.

Kulygin. Well, there you are. And you said there was going to be a party.

397

Вершинин. Странно, я ушел недавно, полчаса назад, и ждали ряженых...
Ирина. Все ушли.
Кулыгин. И Маша ушла? Куда она ушла? А зачем Протопопов внизу ждет на тройке? Кого он ждет?
Ирина. Не задавайте вопросов... Я устала.
Кулыгин. Ну, капризница...
Ольга. Совет только что кончился. Я замучилась. Наша начальница больна, теперь я вместо нее. Голова, голова болит, голова... *(Садится.)* Андрей проиграл вчера в карты двести рублей... Весь город говорит об этом...
Кулыгин. Да, и я устал на совете. *(Садится.)*
Вершинин. Жена моя сейчас вздумала попугать меня, едва не отравилась. Все обошлось, и я рад, отдыхаю теперь... Стало быть, надо уходить? Что ж, позвольте пожелать всего хорошего. Федор Ильич, поедемте со мной куда-нибудь! Я дома не могу оставаться, совсем не могу... Поедемте!
Кулыгин. Устал. Не поеду. *(Встает.)* Устал. Жена домой пошла?
Ирина. Должно быть.
Кулыгин *(целует Ирине руку)*. Прощай. Завтра и послезавтра целый день отдыхать. Всего хорошего! *(Идет.)* Чаю очень хочется. Рассчитывал провести вечер в приятном обществе и - о, fallacem hominum spem![1] Винительный падеж при восклицании...
Вершинин. Значит, один поеду. *(Уходит с Кулыгиным, посвистывая.)*
Ольга. Голова болит, голова... Андрей проиграл... весь город говорит... Пойду лягу. *(Идет.)* Завтра я свободна... О, боже мой, как это приятно! Завтра свободна, послезавтра свободна... Голова болит, голова... *(Уходит.)*
Ирина *(одна)*. Все ушли. Никого нет.

На улице гармоника, нянька поет песню.

Наташа *(в шубе и шапке идет через залу; за ней горничная)*. Через полчаса я буду дома. Только проедусь немножко. *(Уходит.)*
Ирина *(оставшись одна, тоскует)*. В Москву! В Москву! В Москву!

Занавес

---
[1] О, призрачная надежда людская! *(лат.)*

Three Sisters

Vershinin. It's queer; I went away not long ago, half an hour ago, and they were expecting entertainers...
Irina. They've all gone.
Kulygin. Has Masha gone too? Where has she gone? And what's Protopopov waiting for downstairs in his troika? Whom is he expecting?
Irina. Don't ask questions... I'm tired.
Kulygin. Oh, you're all whimsies...
Olga. My committee meeting is only just over. I'm tired out. Our chairwoman is ill, so I had to take her place. My head, my head is aching, my head... [*Sits.*] Andrey lost 200 roubles at cards yesterday... the whole town is talking about it...
Kulygin. Yes, my meeting tired me too. [*Sits.*]
Vershinin. My wife took it into her head to frighten me just now by nearly poisoning herself. It's all right now, and I'm glad; I can rest now... But perhaps we ought to go away? Well, my best wishes. Fyodor Ilyich, let's go somewhere together! I can't, I absolutely can't stay at home... Come on!
Kulygin. I'm tired. I won't go. [*Gets up.*] I'm tired. Has my wife gone home?
Irina. I suppose so.
Kulygin. [*Kisses Irina's hand.*] Good-bye, I'm going to rest all day tomorrow and the day after. Best wishes! [*Going.*] I should like some tea. I was looking forward to spending the whole evening in pleasant company and—o, fallacem hominum spem![1] Accusative case after an interjection...
Vershinin. Then I'll go somewhere by myself. [*Exit with Kulygin, whistling.*]
Olga. I've such a headache... Andrey has lost money... The whole town is talking... I'll go and lie down. [*Going.*] I'm free tomorrow... Oh, my God, what a mercy! I'm free tomorrow, I'm free the day after... Oh my head, my head... [*Exit.*]
Irina. [*Alone.*] They've all gone. Nobody's left.

A harmonica is being played in the street. The nurse sings.

Natasha. [*In fur coat and cap, steps across the dining-room, followed by the maid.*] I'll be back in half an hour. I'm only going for a little drive. [*Exit.*]
Irina. [*Alone in her misery.*] To Moscow! To Moscow! To Moscow!

Curtain.

---

[1] O illusive hope of mankind! (*Latin*)

Три сестры

Действие третье

Комната Ольги и Ирины. Налево и направо постели, загороженные ширмами. Третий час ночи. За сценой бьют в набат по случаю пожара, начавшегося уже давно. Видно, что в доме еще не ложились спать. На диване лежит Маша, одетая, как обыкновенно, в черное платье. Входят Ольга и Анфиса.

Анфиса. Сидят теперь внизу под лестницей... А говорю — "пожалуйте наверх, нешто, говорю, можно так", — плачут. "Папаша, говорят, не знаем где. Не дай бог, говорят, сгорел". Выдумали! И на дворе какие-то... тоже раздетые.
Ольга *(вынимает из шкапа платья).* Вот это серенькое возьми... И вот это... Кофточку тоже... И эту юбку бери, нянечка... Что же это такое, боже мой! Кирсановский переулок сгорел весь, очевидно... Это возьми... Это возьми... *(Кидает ей на руки платье).* Вершинины бедные напугались... Их дом едва не сгорел. Пусть у нас переночуют... домой их нельзя пускать... У бедного Федотика все сгорело, ничего не осталось...
Анфиса. Ферапонта позвала бы, Олюшка, а то не донесу...
Ольга *(звонит).* Не дозвонишься... *(В дверь.)* Подите сюда, кто там есть!

В открытую дверь видно окно, красное от зарева; слышно, как мимо дома проезжает пожарная команда.

Какой это ужас. И как надоело!

Входит Ферапонт.

Вот возьми снеси вниз... Там под лестницей стоят барышни Колотилины... отдай им. И это отдай...
Ферапонт. Слушаю. В двенадцатом году Москва тоже горела. Господи ты боже мой! Французы удивлялись.
Ольга. Иди, ступай...
Ферапонт. Слушаю. *(Уходит.)*
Ольга. Нянечка, милая, все отдай. Ничего нам не надо, все отдай, нянечка... Я устала, едва на ногах стою... Вершининых нельзя отпускать домой... Девочки лягут в гостиной, Александра Игнатьича вниз к барону... Федотика тоже к барону, или пусть у нас в зале... Доктор,

Three Sisters

Act III

The room shared by Olga and Irina. Beds, screened off, on the right and left. It is past 2 a.m. Offstage a fire-alarm is ringing; it has apparently been going for some time. Nobody in the house has gone to bed yet. Masha is lying on a sofa dressed, as usual, in black. Enter Olga and Anfisa.

Anfisa. Now they are downstairs, sitting under the stairs. I said to them, "Won't you come up," I said, "You can't go on like this," and they simply cried, "We don't know where father is." They said, "He may be burnt up by now." What an idea! And in the yard there are some people... also undressed.
Olga. [*Takes a dress out of the cupboard.*] Take this grey dress... And this... and the blouse as well... Take the skirt, too, nurse... My God! How awful it is! The whole of the Kirsanovsky Lane seems to have burned down. Take this... and this... [*Throws clothes into her hands.*] The poor Vershinins are so frightened... Their house was nearly burnt. They ought to come here for the night... They shouldn't be allowed to go home... Poor Fedotik is completely burnt out, there's nothing left...
Anfisa. Couldn't you call Ferapont, Olga dear. I can hardly manage...
Olga. [*Rings.*] They'll never answer... [*At the door.*] Come here, whoever there is!

Through the open door can be seen a window, red with flame: a fire-engine is heard passing the house.

How awful this is. And how I'm sick of it!

Ferapont enters.

Take these things down... The Kolotilin girls are down below... and let them have them. This, too.
Ferapont. Yes'm. In the year twelve Moscow was burning too. Oh, my God! The Frenchmen were surprised.
Olga. Go on, go on...
Ferapont. Yes'm. [*Exit.*]
Olga. Nurse, dear, let them have everything. We don't want anything. Give it all to them, nurse... I'm tired, I can hardly keep on my legs... The Vershinins mustn't be allowed to go home... The girls can sleep in the drawing-room, and Alexander Ignatych can go downstairs to the Baron's

как нарочно, пьян, ужасно пьян, и к нему никого нельзя. И жену Вершинина тоже в гостиной.

Анфиса (*утомленно*). Олюшка милая, не гони ты меня! Не гони!

Ольга. Глупости ты говоришь, няня. Никто тебя не гонит.

Анфиса (*кладет ей голову на грудь*). Родная моя, золотая моя, я тружусь, я работаю... Слаба стану, все скажут: пошла! А куда я пойду? Куда? Восемьдесят лет. Восемьдесят второй год...

Ольга. Ты посиди, нянечка... Устала ты, бедная... (*Усаживает ее.*) Отдохни, моя хорошая. Побледнела как!

Наташа входит.

Наташа. Там говорят, поскорее нужно составить общество для помощи погорельцам. Что ж? Прекрасная мысль. Вообще нужно помогать бедным людям, это обязанность богатых. Бобик и Софочка спят себе, спят, как ни в чем не бывало. У нас так много народу везде, куда ни пойдешь, полон дом. Теперь в городе инфлюэнца, боюсь, как бы не захватили дети.

Ольга (*не слушая ее*). В этой комнате не видно пожара, тут покойно...

Наташа. Да... Я, должно быть, растрепанная. (*Перед зеркалом.*) Говорят, я пополнела... и не правда! Ничуть! А Маша спит, утомилась, бедная... (*Анфисе холодно.*) При мне не смей сидеть! Встань! Ступай отсюда!

Анфиса уходит; пауза.

И зачем ты держишь эту старуху, не понимаю!

Ольга (*оторопев*). Извини, я тоже не понимаю...

Наташа. Ни к чему она тут. Она крестьянка, должна в деревне жить... Что за баловство! Я люблю в доме порядок! Лишних не должно быть в доме. (*Гладит ее по щеке.*) Ты, бедняжка, устала! Устала наша начальница! А когда моя Софочка вырастет и поступит в гимназию, я буду тебя бояться.

Ольга. Не буду я начальницей.

Наташа. Тебя выберут, Олечка. Это решено.

Ольга. Я откажусь. Не могу... Это мне не по силам... (*Пьет воду.*) Ты сейчас так грубо обошлась с няней... Прости, я не в состоянии переносить... даже в глазах потемнело...

Наташа (*взволнованно*). Прости, Оля, прости... Я не хотела тебя огорчать.

flat... Fedotik can go there, too, or else into our dining-room... The doctor is drunk, beastly drunk, as chance would have it, so nobody can go to him. Vershinin's wife, too, may go into the drawing-room.
Anfisa. [*Tired.*] Olga, dear girl, don't dismiss me! Don't dismiss me!
Olga. You're talking nonsense, nurse. Nobody is dismissing you.
Anfisa. [*Puts her head against Olga's bosom.*] My dear, precious girl, I'm working, I'm toiling away... I'm growing weak, and they'll all say go away! And where shall I go? Where? I'm eighty. Eighty-one years old...
Olga. You sit down, nurse dear... You're tired, poor dear... [*Makes her sit down.*] Rest, dear. You're so pale!

Natasha comes in.

Natasha. They are saying that a committee to assist the sufferers from the fire must be formed at once. Well, it's a beautiful idea. Of course the poor ought to be helped, it's the duty of the rich. Bobick and little Sophie are sleeping, sleeping as if nothing at all was the matter. There's such a lot of people here, the place is full of them, wherever you go. There's influenza in the town now. I'm afraid the children may catch it.
Olga. [*Not attending.*] In this room we can't see the fire, it's quiet here.
Natasha. Yes... I suppose I'm all untidy. [*Before the mirror.*] They say I'm growing stout... it isn't true! Certainly it isn't! Masha's asleep; the poor thing is tired out... [*Coldly, to Anfisa.*] Don't dare to be seated in my presence! Get up! Go away!

Exit Anfisa; a pause.

I don't understand what makes you keep on that old woman!
Olga. [*Confusedly.*] Excuse me, I don't understand either...
Natasha. She's no good here. She is a countrywoman, she ought to live in the country... Spoiling her, I call it! I like order in the house! We don't want any unnecessary people here. [*Strokes her cheek.*] You're tired, poor thing! Our head mistress is tired! And when my little Sophie grows up and goes to school I shall be so afraid of you.
Olga. I shan't be head mistress.
Natasha. They'll appoint you, Olga. It's settled.
Olga. I'll refuse the post. I can't... I'm not strong enough... [*Drinks water.*] You were so rude to nurse just now... I'm sorry. I can't stand it... everything seems dark in front of me...
Natasha. [*Excited.*] Forgive me, Olga, forgive me... I didn't want to annoy you.

Три сестры

Маша встает, берет подушку и уходит, сердитая.

Ольга. Пойми, милая... мы воспитаны, быть может, странно, но я не переношу этого. Подобное отношение угнетает меня, я заболеваю... я просто падаю духом!

Наташа. Прости, прости... *(Целует ее.)*

Ольга. Всякая, даже малейшая грубость, неделикатно сказанное слово волнует меня...

Наташа. Я часто говорю лишнее, это правда, но согласись, моя милая, она могла бы жить в деревне.

Ольга. Она уже тридцать лет у нас.

Наташа. Но ведь теперь она не может работать! Или я тебя не понимаю, или же ты не хочешь меня понять. Она не способна к труду, она только спит или сидит.

Ольга. И пускай сидит.

Наташа *(удивленно).* Как пускай сидит? Но ведь она же прислуга. *(Сквозь слезы.)* Я тебя не понимаю, Оля. У меня нянька есть, кормилица есть, у нас горничная, кухарка... для чего же нам еще эта старуха? Для чего?

За сценой бьют в набат.

Ольга. В эту ночь я постарела на десять лет.

Наташа. Нам нужно уговориться, Оля. Раз навсегда... Ты в гимназии, я — дома, у тебя ученье, у меня — хозяйство. И если я говорю что насчет прислуги, то знаю, что говорю; я знаю, что го-во-рю... И чтоб завтра же не было здесь этой старой воровки, старой хрычовки... *(стучит ногами)* этой ведьмы!... Не сметь меня раздражать! Не сметь! *(Спохватившись.)* Право, если ты не переберешься вниз, то мы всегда будем ссориться. Это ужасно.

Входит Кулыгин.

Кулыгин. Где Маша? Нам пора бы уже домой. Пожар, говорят, стихает. *(Потягивается.)* Сгорел только один квартал, а ведь был ветер, вначале казалось, горит весь город. *(Садится.)* Утомился. Олечка моя милая... Я часто думаю: если бы не Маша, то я на тебе б женился, Олечка. Ты очень хорошая... Замучился. *(Прислушивается.)*

Ольга. Что?

Кулыгин. Как нарочно, у доктора запой, пьян он ужасно. Как нарочно! *(Встает.)* Вот он идет сюда, кажется... Слышите? Да, сюда...

Three Sisters

Masha gets up, takes a pillow and goes out angrily.

Olga. Remember, dear... we have been brought up, in an unusual way, perhaps, but I can't bear this. Such behaviour has a bad effect on me, I get ill... I simply lose heart!
Natasha. Forgive me, forgive me... [*Kisses her.*]
Olga. Even the least bit of rudeness, the slightest impoliteness, upsets me.
Natasha. I often say too much, it's true, but you must agree, dear, that she could just as well live in the country.
Olga. She has been with us for thirty years.
Natasha. But she can't do any work now. Either I don't understand, or you don't want to understand me. She's no good for work, she can only sleep or sit about.
Olga. And let her sit about.
Natasha. [*Surprised.*] What do you mean? She's only a servant. [*Crying.*] I don't understand you, Olga. I've got a nurse, a wet-nurse, we've a housemaid, a cook... what do we want that old woman for as well? What good is she?

Fire-alarm offstage.

Olga. I've grown ten years older tonight.
Natasha. We must come to an agreement, Olga. Once for all... Your place is the school, mine—the home. You devote yourself to teaching, I, to the household. And if I talk about servants, then I do know what I am talking about; I do know what I am talking about... And tomorrow there's to be no more of that old thief, that old hag... [*Stamping.*] that witch! And don't you dare to annoy me! Don't you dare! [*Stopping short.*] Really, if you don't move downstairs, we shall always be quarrelling. This is awful.

Enter Kulygin.

Kulygin. Where's Masha? It's time we went home. The fire seems to be going down. [*Stretches himself.*] Only one block has burnt down, but there was such a wind that it seemed at first the whole town was going to burn. [*Sits.*] I'm tired out. My dear Olga... I often think that if it hadn't been for Masha, I should have married you. You are awfully nice... I am absolutely tired out. [*Listens.*]
Olga. What is it?
Kulygin. The doctor, of course, has been drinking hard; he's terribly drunk. As chance would have it! [*Gets up.*] He seems to be coming here...

(*Смеется.*) Экий какой, право... Я спрячусь. (*Идет в угол к шкапу.*) Этакий разбойник.

Ольга. Два года не пил, а тут вдруг взял и напился... (*Идет с Наташей в глубину комнаты.*)

Чебутыкин входит; не шатаясь, как трезвый, проходит по комнате, останавливается, смотрит, потом подходит к рукомойнику и начинает мыть руки.

Чебутыкин (*угрюмо*). Черт бы всех побрал... подрал... Думают, я доктор, умею лечить всякие болезни, а я не знаю решительно ничего, все позабыл, что знал, ничего не помню, решительно ничего.

Ольга и Наташа, незаметно для него, уходят.

Черт бы побрал. В прошлую среду лечил на Засыпи женщину — умерла, и я виноват, что она умерла. Да... Кое-что знал лет двадцать пять назад, а теперь ничего не помню. Ничего... В голове пусто, на душе холодно. Может быть, я и не человек, а только делаю вид, что у меня руки и ноги... и голова; может быть, я и не существую вовсе, а только кажется мне, что я хожу, ем, сплю. (*Плачет.*) О, если бы не существовать! (*Перестает плакать, угрюмо.*) Черт знает... Третьего дня разговор в клубе; говорят, Шекспир, Вольтер... Я не читал, совсем не читал, а на лице своем показал, будто читал. И другие тоже, как я. Пошлость! Низость! И та женщина, что уморил в среду, вспомнилась... и все вспомнилось, и стало на душе криво, гадко, мерзко... пошел, запил...

Ирина, Вершинин и Тузенбах входят; на Тузенбахе штатское платье, новое и модное.

Ирина. Здесь посидим. Сюда никто не войдет.
Вершинин. Если бы не солдаты, то сгорел бы весь город. Молодцы! (*Потирает от удовольствия руки.*) Золотой народ! Ах, что за молодцы!
Кулыгин (*подходя к ним*). Который час, господа?
Тузенбах. Уже четвертый час. Светает.
Ирина. Все сидят в зале, никто не уходит. И ваш этот Соленый сидит... (*Чебутыкину.*) Вы бы, доктор, шли спать.
Чебутыкин. Ничего-с... Благодарю-с. (*Причесывает бороду.*)
Кулыгин (*смеется*). Назюзюкался, Иван Романыч! (*Хлопает по*

Three Sisters

Do you hear him? Yes, here... [*Laughs.*] What a man... really... I'll hide myself. [*Goes to the cupboard in the corner.*] What a rogue.
Olga. He hadn't touched a drop for two years, and now he suddenly goes and gets drunk... [*Retires with Natasha to the back of the room.*]

Chebutykin enters; apparently sober, he goes around the room, stops, looks around, then goes to the wash-stand and begins to wash his hands.

Chebutykin. [*Gloomily.*] Devil take them all... take them all... They think I'm a doctor and can cure everything, and I know absolutely nothing, I've forgotten all I ever knew, I remember nothing, absolutely nothing.

Olga and Natasha go out, unnoticed by him.

Devil take it. Last Wednesday I attended a woman in Zasyp—and she died, and it's my fault that she died. Yes... I used to know a certain amount five-and-twenty years ago, but I remember nothing now. Nothing... My head is empty, my soul is cold. Perhaps I'm not really a man, and am only pretending that I've got arms and legs... and a head; perhaps I don't exist at all, and only imagine that I walk, and eat, and sleep. [*Cries.*] Oh, if only I didn't exist! [*Stops crying; gloomily.*] The devil only knows... Day before yesterday they were talking in the club; they said, Shakespeare, Voltaire... I'd never read, never read at all, and I put on an expression as if I had read. And so did the others. Oh, how vulgar! How petty! And then I remembered the woman I killed on Wednesday... and I remembered everything, and everything in my mind became crooked, nasty, wretched... So I went and drank...

Irina, Vershinin and Tuzenbach enter; Tuzenbach is wearing new and fashionable civilian clothes.
Irina. Let's sit down here. Nobody will come in here.
Vershinin. The whole town would have been destroyed if it hadn't been for the soldiers. Good men! [*Rubs his hands appreciatively.*] Splendid people! Oh, what a fine lot!
Kulygin. [*Coming up to him.*] What's the time?
Tuzenbach. It's past three now. It's dawning.
Irina. They are all sitting in the dining-room, nobody is going. And that Soliony of yours is sitting there. [*To Chebutykin.*] Hadn't you better be going to sleep, doctor?
Chebutykin. It's all right... thank you... [*Combs his beard.*]
Kulygin. [*Laughs.*] You got tipsy, Ivan Romanych! [*Pats him on the*

плечу.) Молодец! In vino veritas,[1] говорили древние.

Тузенбах. Меня все просят устроить концерт в пользу погорельцев.

Ирина. Ну, кто там...

Тузенбах. Можно бы устроить, если захотеть. Марья Сергеевна, например, играет на рояле чудесно.

Кулыгин. Чудесно играет!

Ирина. Она уже забыла. Три года не играла... или четыре.

Тузенбах. Здесь в городе решительно никто не понимает музыки, ни одна душа, но я, я понимаю и честным словом уверяю вас, Марья Сергеевна играет великолепно, почти талантливо.

Кулыгин. Вы правы, барон. Я ее очень люблю, Машу. Она славная.

Тузенбах. Уметь играть так роскошно и в то же время сознавать, что тебя никто, никто не понимает!

Кулыгин (*вздыхает*). Да... Но прилично ли ей участвовать в концерте?

Пауза.

Я ведь, господа, ничего не знаю. Может быть, это и хорошо будет. Должен признаться, наш директор хороший человек, даже очень хороший, умнейший, но у него такие взгляды... Конечно, не его дело, но все-таки, если хотите, то я, пожалуй, поговорю с ним.

Чебутыкин берет в руки фарфоровые часы и рассматривает их.

Вершинин. На пожаре я загрязнился весь, ни на что не похож.

Пауза.

Вчера я мельком слышал, будто нашу бригаду хотят перевести куда-то далеко. Одни говорят, в Царство Польское, другие — будто в Читу.

Тузенбах. Я тоже слышал. Что ж? Город тогда совсем опустеет.

Ирина. И мы уедем!

Чебутыкин (*роняет часы, которые разбиваются*). Вдребезги!

Пауза; все огорчены и сконфужены.

Кулыгин (*подбирает осколки*). Разбить такую дорогую вещь — ах, Иван Романыч, Иван Романыч! Ноль с минусом вам за поведение!

Ирина. Это часы покойной мамы.

---
[1] Истина в вине (*лат.*).

Three Sisters

shoulder.] Good man! In vino veritas,[1] the ancients used to say.
Tuzenbach. They keep on asking me to get up a concert in aid of the sufferers.
Irina. As if one could do anything...
Tuzenbach. With a bit of will it might be arranged. For example, Maria Sergeyevna is an excellent pianist.
Kulygin. Yes, excellent!
Irina. She's forgotten everything. She hasn't played for three years... or four.
Tuzenbach. In this town absolutely nobody understands music, not a soul, but I do understand it, and assure you on my word of honour that Maria Sergeyevna plays excellently, almost with genius.
Kulygin. You are right, Baron. I'm awfully fond of Masha. She's very fine.
Tuzenbach. To be able to play so admirably and to realize at the same time that nobody, nobody can understand you!
Kulygin. [*Sighs.*] Yes... But will it be quite all right for her to take part in a concert?

Pause.

You see, I don't know anything about it, gentlemen. Perhaps it will be alright. Although I must admit that our Director is a good man, a very good man even, a very clever man, still he has such views... Of course it isn't his business but still, if you wish it, perhaps I'd better talk to him.

Chebutykin takes a porcelain clock into his hands and examines it.

Vershinin. I got so dirty while the fire was on, I don't look like anybody on earth.
Pause.
Yesterday I happened to hear, casually, that they want to transfer our brigade to some distant place. Some said to Poland, others, to Chita.
Tuzenbach. I heard so, too. Well, if it is so, the town will be quite empty.
Irina. And we'll go away, too!
Chebutykin. [*Drops the clock which breaks to pieces.*] To smithereens!

A pause; everybody is pained and confused.

Kulygin. [*Gathering up the pieces.*] To smash such a valuable object—oh, Ivan Romanych, Ivan Romanych! Zero minus for conduct to you!
Irina. That clock used to belong to our late mother.

---
[1] Truth is in wine *(Latin)*.

Три сестры

Чебутыкин. Может быть... Мамы так мамы. Может, я не разбивал, а только кажется, что разбил. Может быть, нам только кажется, что мы существуем, а на самом деле нас нет. Ничего я не знаю, никто ничего не знает. *(У двери.)* Что смотрите? У Наташи романчик с Протопоповым, а вы не видите... Вы вот сидите тут и ничего не видите, а у Наташи романчик с Протопоповым... *(Поет.)* Не угодно ль этот финик вам принять... *(Уходит.)*
Вершинин. Да... *(Смеется.)* Как все это в сущности странно!

Пауза.

Когда начался пожар, я побежал скорей домой; подхожу, смотрю — дом наш цел и невредим и вне опасности, но мои девочки стоят у порога в одном белье, матери нет, суетится народ, бегают лошади, собаки, и у девочек на лицах тревога, ужас, мольба, не знаю что; сердце у меня сжалось, когда я увидел эти лица. Боже мой, думаю, что придется пережить еще этим девочкам в течение долгой жизни! Я хватаю их, бегу и все думаю одно: что им придется пережить еще на этом свете!

Набат; пауза.

Прихожу сюда, а мать здесь, кричит, сердится.

Маша входит с подушкой и садится на диван.

И когда мои девочки стояли у порога в одном белье, босые, и улица была красной от огня, был страшный шум, то я подумал, что нечто похожее произошло много лет назад, когда набегал неожиданно враг, грабил, зажигал... Между тем, в сущности, какая разница между тем, что есть и что было! А пройдет еще немного времени, каких-нибудь двести-триста лет, и на нашу теперешнюю жизнь также будут смотреть и со страхом, и с насмешкой, все нынешнее будет казаться и угловатым, и тяжелым, и очень неудобным, и странным. О, наверное, какая это будет жизнь, какая жизнь! *(Смеется.)* Простите, я опять зафилософствовался. Позвольте продолжать, господа. Мне ужасно хочется философствовать, такое у меня теперь настроение.

Пауза.

Three Sisters

Chebutykin. Perhaps... To your mother, your mother. Perhaps I didn't break it; it only looks as if I broke it. Perhaps we only think that we exist, when really we don't. I don't know anything, nobody knows anything. [*At the door.*] What are you looking at? Natasha has a little affair with Protopopov, and you don't see it... There you sit and see nothing, and Natasha has a little affair with Protopopov... [*Sings.*] Won't you please accept this date... [*Exit.*]
Vershinin. Yes. [*Laughs.*] How strange everything really is!

Pause.

When the fire broke out, I hurried off home; when I get there I see the house is whole, uninjured, and in no danger, but my girls are standing by the door in just their underclothes, their mother isn't there, the crowd is excited, horses and dogs are running about, and the girls' faces are so agitated, terrified, beseeching, and I don't know what else. My heart was pained when I saw those faces. My God, I thought, what these girls will have to suffer in their long lives! I caught them up and ran, and still kept on thinking the one thing: what they will have to live through in this world!

Fire-alarm; a pause.

I come here and find their mother shouting and angry.

Masha enters with a pillow and sits on the sofa.

And when my girls were standing by the door in just their underclothes, and the street was red from the fire, there was a dreadful noise, and I thought that something of the sort used to happen many years ago when an enemy made a sudden attack, and looted, and burned... And at the same time what a difference there really is between the present and the past! And when a little more time has gone by, in two or three hundred years perhaps, people will look at our present life with just the same fear, and the same contempt, and the whole past will seem clumsy and dull, and very uncomfortable, and strange. Oh, indeed, what a life there will be, what a life! [*Laughs.*] Forgive me, I've dropped into philosophy again. Please let me continue. I do awfully want to philosophize, it's just how I feel at present.

Pause.

Три сестры

Точно спят все. Так я говорю: какая это будет жизнь! Вы можете себе только представить... Вот таких, как вы, в городе теперь только три, в следующих поколениях — больше, все больше и больше, и придет время, когда все изменится по-вашему, жить будут по-вашему, а потом и вы устареете, народятся люди, которые будут лучше вас... *(Смеется.)* Сегодня у меня какое-то особенное настроение. Хочется жить чертовски... *(Поет.)* Любви все возрасты покорны, ее порывы благотворны... *(Смеется.)*
Маша. Трам-там-там...
Вершинин. Трам-там...
Маша. Тра-ра-ра?
Вершинин. Тра-та-та. *(Смеется.)*

Входит Федотик.

Федотик *(танцует).* Погорел, погорел! Весь дочиста!

Смех.

Ирина. Что ж за шутки. Все сгорело?
Федотик *(смеется).* Все дочиста. Ничего не осталось. И гитара сгорела, и фотография сгорела, и все мои письма... И хотел подарить вам записную книжечку — тоже сгорела.

Входит Соленый.

Ирина. Нет, пожалуйста, уходите, Василий Васильич. Сюда нельзя.
Соленый. Почему же это барону можно, а мне нельзя?
Вершинин. Надо уходить, в самом деле. Как пожар?
Соленый. Говорят, стихает. Нет, мне положительно странно, почему это барону можно, а мне нельзя? *(Вынимает флакон с духами и прыскается.)*
Вершинин. Трам-там-там.
Маша. Трам-там.
Вершинин *(смеется, Соленому).* Пойдемте в залу.
Соленый. Хорошо-с, так и запишем. Мысль эту можно б боле пояснить, да боюсь, как бы гусей не раздразнить... *(Глядя на Тузенбаха.)* Цып, цып, цып...

Уходит с Вершининым и Федотиком.

As if they are all asleep. As I was saying: what a life there will be! Only just imagine... There are only three persons like yourselves in the town just now, but in future generations there will be more and more, and still more, and the time will come when everything will change and become as you would have it, people will live as you do, and then you too will go out of date; people will be born who are better than you... [*Laughs.*] Yes, today I am quite exceptionally in the vein. I am devilishly keen on living... [*Sings.*] The power of love all ages know, from its assaults great good does grow.... [*Laughs.*]
Masha. Trum-tum-tum...
Vershinin. Trum-tum...
Masha. Tra-ra-ra?
Vershinin. Tra-ta-ta. [*Laughs.*]

Enter Fedotik.

Fedotik. [*Dancing.*] I'm burnt out, I'm burnt out! Down to the ground!

Laughter.

Irina. I don't see anything funny about it. Is everything burnt?
Fedotik. [*Laughs.*] Absolutely. Nothing left at all. The guitar's burnt, and the photographs are burnt, and all my correspondence... And I was going to make you a present of a note-book, and that's burnt too.

Soliony comes in.

Irina. No, please go away, Vassily Vassilych. You can't come here.
Soliony. Why can the Baron come here and I can't?
Vershinin. We really must go. How's the fire?
Soliony. They say it's going down. No, I absolutely don't see why the Baron can, and I can't? [*Takes out his scent-bottle and scents himself.*]
Vershinin. Trum-tum-tum.
Masha. Trum-tum.
Vershinin. [*Laughs, to Soliony.*] Let's go into the dining-room.
Soliony. Very well, we'll make a note of it. If I should try to make this clear, the geese would be annoyed, I fear. [*Looks at Tuzenbach.*] Chuck-chuck-chuck...

Goes out with Vershinin and Fedotik.

Ирина. Как накурил этот Соленый... *(В недоумении.)* Барон спит! Барон! Барон!
Тузенбах *(очнувшись).* Устал я, однако... Кирпичный завод... Это я не брежу, а в самом деле, скоро поеду на кирпичный завод, начну работать... Уже был разговор. *(Ирине нежно.)* Вы такая бледная, прекрасная, обаятельная... Мне кажется, ваша бледность проясняет темный воздух, как свет... Вы печальны, вы недовольны жизнью... О, поедемте со мной, поедемте работать вместе!
Маша. Николай Львович, уходите отсюда.
Тузенбах *(смеясь).* Вы здесь? Я не вижу. *(Целует Ирине руку.)* Прощайте, я пойду... Я гляжу на вас теперь, и вспоминается мне, как когда-то давно, в день ваших именин, вы, бодрая, веселая, говорили о радостях труда... И какая мне тогда мерещилась счастливая жизнь! Где она? *(Целует руку.)* У вас слезы на глазах. Ложитесь спать, уж светает... начинается утро... Если бы мне было позволено отдать за вас жизнь свою!
Маша. Николай Львович, уходите! Ну, что право...
Тузенбах. Ухожу... *(Уходит.)*
Маша *(ложится).* Ты спишь, Федор?
Кулыгин. А?
Маша. Шел бы домой.
Кулыгин. Милая моя Маша, дорогая моя Маша...
Ирина. Она утомилась. Дал бы ей отдохнуть, Федя.
Кулыгин. Сейчас уйду... Жена моя хорошая, славная... Люблю тебя, мою единственную...
Маша *(сердито).* Amo, amas, amat, amamus, amatis, amant.[1]
Кулыгин *(смеется).* Нет, право, она удивительная. Женат я на тебе семь лет, а кажется, венчались только вчера. Честное слово. Нет, право, ты удивительная женщина. Я доволен, я доволен, я доволен!
Маша. Надоело, надоело, надоело... *(Встает и говорит сидя.)* И вот не выходит у меня из головы... Просто возмутительно. Сидит гвоздем в голове, не могу молчать. Я про Андрея... Заложил он этот дом в банке, и все деньги забрала его жена, а ведь дом принадлежит не ему одному, а нам четверым! Он должен это знать, если он порядочный человек.
Кулыгин. Охота тебе, Маша! На что тебе? Андрюша кругом должен, ну, и бог с ним.
Маша. Это во всяком случае возмутительно. *(Ложится.)*
Кулыгин. Мы с тобой не бедны. Я работаю, хожу в гимназию, потом уроки даю... Я честный человек. Простой... Omnia mea mecum porto[2], как говорится.

---
[1] Люблю, любишь, любит, любим, любите, любят *(лат.).*
[2] Все мое ношу с собой *(лат.).*

Three Sisters

Irina. That Soliony has filled the house with smoke... [*In surprise.*] The Baron's asleep! Baron! Baron!

Tuzenbach. [*Waking.*] I am tired, I must say... The brickworks... No, I'm not wandering, I mean it; I'm going to start work soon at the brickworks... I've already talked it over. [*Tenderly, to Irina.*] You're so pale, and beautiful, and charming... Your paleness seems to shine through the dark air as if it was a light... You are sad, displeased with life... Oh, come with me, let's go and work together!

Masha. Nicolai Lvovich, go away.

Tuzenbach. [*Laughs.*] Are you here? I can't see you. [*Kisses Irina's hand.*] Good-bye, I'll go... I look at you now and I remember, how long ago, on your name-day, you, cheerful and merry, were talking about the joys of labour... And how happy life seemed to me, then! Where is it now? [*Kisses her hand.*] There are tears in your eyes. Go to bed now; it is already day... the morning begins... If only I was allowed to give my life for you!

Masha. Nicolai Lvovich, go away! What business...

Tuzenbach. I'm off. [*Exit.*]

Masha. [*Lies down.*] Are you asleep, Fyodor?

Kulygin. Eh?

Masha. Shouldn't you go home.

Kulygin. My dear Masha, my darling Masha...

Irina. She's tired out. You might let her rest, Fedya.

Kulygin. I'll go at once. My wife's a good, splendid... I love you, my only one...

Masha. [*Angrily.*] Amo, amas, amat, amamus, amatis, amant.[1]

Kulygin. [*Laughs.*] No, she really is wonderful. I've been your husband seven years, and it seems as if we were only married yesterday. On my word. No, you really are a wonderful woman. I'm satisfied, I'm satisfied, I'm satisfied!

Masha. I'm bored, I'm bored, I'm bored... [*Sits up and talks.*] But I can't get it out of my head... It's simply disgraceful. It has been gnawing away at me... I can't keep silent. I mean about Andrey... He has mortgaged this house with the bank, and his wife has got all the money; but the house doesn't belong to him alone, but to the four of us! He ought to know that, if he's an honourable man.

Kulygin. What's the use, Masha? Why are you doing this? Andryusha is in debt all round; well, let him do as he pleases.

Masha. It's disgraceful, anyway. [*Lies down.*]

Kulygin. You and I are not poor. I work, take my classes, give private lessons... I am a plain, honest man... Omnia mea mecum porto,[2] as they say.

---

[1] I love, you love, he loves, etc. (*Latin*).
[2] All my things I carry with me (*Latin*).

Маша. Мне ничего не нужно, но меня возмущает несправедливость.

Пауза.

Ступай, Федор.
Кулыгин (*целует ее*). Ты устала, отдохни с полчасика, а я там посижу, подожду. Спи... (*Идет.*) Я доволен, я доволен, я доволен. (*Уходит.*)
Ирина. В самом деле, как измельчал наш Андрей, как он выдохся и постарел около этой женщины! Когда-то готовился в профессора, а вчера хвалился, что попал, наконец, в члены земской управы. Он член управы, а Протопопов председатель... Весь город говорит, смеется, и только он один ничего не знает и не видит... И вот все побежали на пожар, а он сидит у себя в комнате и никакого внимания. Только на скрипке играет. (*Нервно.*) О, ужасно, ужасно, ужасно! (*Плачет.*) Я не могу, не могу переносить больше!... Не могу, не могу!...

Ольга входит, убирает около своего столика.

(*Громко рыдает.*) Выбросьте меня, выбросьте, я больше не могу!...
Ольга (*испугавшись*). Что ты, что ты? Милая!
Ирина (*рыдая*). Куда? Куда все ушло? Где оно? О, боже мой, боже мой! Я все забыла, забыла... у меня перепуталось в голове... Я не помню, как по-итальянски окно или вот потолок... Все забываю, а жизнь уходит и никогда не вернется, никогда, никогда мы не уедем в Москву... Я вижу, что не уедем...
Ольга. Милая, милая...
Ирина (*сдерживаясь*). О, я несчастная... Не могу я работать, не стану работать. Довольно, довольно! Была телеграфисткой, теперь служу в городской управе и ненавижу, презираю все, что только мне дают делать... Мне уже двадцать четвертый год, работаю уже давно, и мозг высох, похудела, подурнела, постарела, и ничего, ничего, никакого удовлетворения, а время идет, и все кажется, что уходишь от настоящей прекрасной жизни, уходишь все дальше и дальше, в какую-то пропасть. Я в отчаянии, я в отчаянии! И как я жива, как не убила себя до сих пор, не понимаю...
Ольга. Не плачь, моя девочка, не плачь... Я страдаю.
Ирина. Я не плачу, не плачу... Довольно... Ну, вот я уже не плачу. Довольно... Довольно!

Three Sisters

Masha. I don't want anything, but the unfairness of it disgusts me.

Pause.

You go, Fyodor.
Kulygin. [*Kisses her.*] You're tired, just rest for half an hour, and I'll sit and wait for you there. Sleep... [*Going.*] I'm satisfied, I'm satisfied, I'm satisfied. [*Exit.*]
Irina. Yes, really, our Andrey has grown smaller; how he's snuffed out and aged with that woman! He used to want to be a professor, and yesterday he was boasting that at last he had been made a member of the district council. He is a member, and Protopopov is chairman... The whole town talks and laughs about it, and he alone knows and sees nothing... And now everybody's gone to look at the fire, but he sits alone in his room and pays no attention, only just plays on his fiddle. [*Nervously.*] Oh, it's awful, awful, awful. [*Weeps.*] I can't, I can't bear it any longer!... I can't, I can't!...

Olga comes in and clears up at her little table.

[*Sobbing loudly.*] Throw me out, throw me out, I can't bear any more!
Olga. [*Alarmed.*] What is it, what is it? Dear!
Irina. [*Sobbing.*] Where? Where has everything gone? Where is it all? Oh my God, my God! I've forgotten everything, everything... There is a mess in my head... I don't remember what is the Italian for window or, well, for ceiling... I forget everything, and life passes and will never return, never, and we'll never go away to Moscow... I see that we'll never go...
Olga. Dear, dear...
Irina. [*Controlling herself.*] Oh, I am unhappy... I can't work, I shan't work. Enough, enough! I used to be a telegraphist, now I work at the town council offices, and I have nothing but hate and contempt for all they give me to do... I am already twenty-three, I have already been at work for a long while, and my brain has dried up, and I've grown thinner, plainer, older, and nothing, nothing, there is no satisfaction of any sort, and time goes and it seems all the while as if I am going away from the real, the beautiful life, farther and farther away, down some precipice. I'm in despair, I'm in despair! And I can't understand how it is that I am still alive, that I haven't killed myself.
Olga. Don't cry, my dear girl, don't cry... I suffer, too.
Irina. I'm not crying, not crying... Enough... Look, I'm not crying any more. Enough... enough!

Три сестры

Ольга. Милая, говорю тебе как сестра, как друг, если хочешь моего совета, выходи за барона!

Ирина тихо плачет.

Ведь ты его уважаешь, высоко ценишь... Он, правда, некрасивый, но он такой порядочный, чистый... Ведь замуж выходят не из любви, а только для того, чтобы исполнить свой долг. Я, по крайней мере, так думаю, и я бы вышла без любви. Кто бы ни посватал, все равно бы пошла, лишь бы порядочный человек. Даже за старика бы пошла...
Ирина. Я все ждала, переселимся в Москву, там мне встретится мой настоящий, я мечтала о нем, любила... Но оказалось, все вздор, все вздор...
Ольга *(обнимает сестру).* Милая моя, прекрасная сестра, я все понимаю: когда барон Николай Львович оставил военную службу и пришел к нам в пиджаке, то показался мне таким некрасивым, что я даже заплакала... Он спрашивает: "что вы плачете?" Как я ему скажу! Но если бы бог привел ему жениться на тебе, то я была бы счастлива. Тут ведь другое, совсем другое.

Наташа со свечой проходит через сцену из правой двери в левую молча.

Маша *(садится).* Она ходит так, как будто она подожгла.
Ольга. Ты, Маша, глупая. Самая глупая в нашей семье это ты. Извини, пожалуйста.

Пауза.

Маша. Мне хочется каяться, милые сестры. Томится душа моя. Покаюсь вам и уж больше никому, никогда... Скажу сию минуту. *(Тихо.)* Это моя тайна, но вы все должны знать... Не могу молчать...

Пауза.

Я люблю, люблю... Люблю этого человека... Вы его только что видели... Ну, да что там. Одним словом, люблю Вершинина...
Ольга *(идет к себе за ширму).* Оставь это. Я все равно не слышу.
Маша. Что же делать! *(Берется за голову.)* Он казался мне сначала странным, потом я жалела его... потом полюбила... полюбила с его голосом, его словами, несчастьями, двумя девочками...

Three Sisters

Olga. Dear, I tell you as a sister and a friend if you want my advice, marry the Baron.

Irina cries softly.

You respect him, you think highly of him... It is true that he is not handsome, but he is so honourable and clean... people don't marry from love, but in order to do one's duty. I think so, at any rate, and I'd marry without being in love. Whoever he was, I should marry him, so long as he was a decent man. Even if he was old...
Irina. I was always waiting until we should be settled in Moscow, there I should meet my true love; I used to think about him, and love him... But it's all turned out to be nonsense, all nonsense...
Olga. [*Embraces her sister.*] My dear, beautiful sister, I understand everything; when Baron Nicolai Lvovich left the army and came to us in a coat, he seemed so bad-looking to me that I even started crying... He asked, "Why are you crying?" How could I tell him! But if God brought him to marry you, I should be happy. That would be different, quite different.

Natasha with a candle walks across the stage from the right-hand door to the left-hand one without saying anything.

Masha. [*Sitting up.*] She walks as if she's set all on fire.
Olga. Masha, you're silly, you're the silliest of the family. Please forgive me.

Pause.

Masha. I want to make a confession, dear sisters. My soul is in pain. I will confess to you, and never again to anybody... I'll tell you this minute. [*Softly.*] It's my secret but you must know everything... I can't be silent...

Pause.

I love, I love... I love that man... You saw him only just now... Why don't I say it... In one word, I love Vershinin...
Olga. [*Goes behind her screen.*] Stop that, I don't hear you in any case.
Masha. What am I to do? [*Takes her head in her hands.*] First he seemed queer to me, then I was sorry for him... then I fell in love with him... fell in love with his voice, his words, his misfortunes, his two daughters...

Три сестры

Ольга *(за ширмой)*. Я не слышу, все равно. Какие бы ты глупости ни говорила, я все равно не слышу.
Маша. Э, чудная ты, Оля. Люблю — такая, значит, судьба моя. Значит, доля моя такая... И он меня любит... Это все страшно. Да? Не хорошо это?

Тянет Ирину за руку, привлекает к себе.

О моя милая... Как-то мы проживем нашу жизнь, что из нас будет... Когда читаешь роман какой-нибудь, то кажется, что все это старо, и все так понятно, а как сама полюбишь, то и видно тебе, что никто ничего не знает и каждый должен решать сам за себя... Милые мои, сестры мои... Призналась вам, теперь буду молчать... Буду теперь, как гоголевский сумасшедший... молчание... молчание...

Входит Андрей, за ним Ферапонт.

Андрей *(сердито)*. Что тебе нужно? Я не понимаю.
Ферапонт *(в дверях, нетерпеливо)*. Я, Андрей Сергеич, уж говорил раз десять.
Андрей. Во-первых, я тебе не Андрей Сергеич, а ваше высокоблагородие!
Ферапонт. Пожарные, ваше высокородие, просят, дозвольте на реку садом проехать. А то кругом ездиют, ездиют — чистое наказание.
Андрей. Хорошо. Скажи, хорошо.
Ферапонт уходит.

Надоели. Где Ольга?

Ольга показывается из-за ширмы.

Я пришел к тебе, дай мне ключ от шкапа, я затерял свой. У тебя есть такой маленький ключик.
Ольга подает ему молча ключ. Ирина идет к себе за ширму; пауза.

А какой громадный пожар! Теперь стало утихать. Черт знает, разозлил меня этот Ферапонт, я сказал ему глупость... Ваше высокоблагородие...

Пауза.

Three Sisters

Olga. [*Behind the screen.*] I can't hear you, anyway. You may talk any nonsense you like, it will be all the same, I shan't hear.
Masha. Oh, Olga, you are foolish. I am in love—that means that is to be my fate. It means that is to be my lot... And he loves me... It is all awful. Yes? It isn't good, is it?

Takes Irina's hand and draws her to her.

Oh, my dear... How are we going to live through our lives, what is to become of us... When you read a novel it all seems so old and easy, but when you fall in love yourself, then you learn that nobody knows anything, and each must decide for himself... My dear ones, my sisters... I've confessed, now I shall keep silence... Like the lunatic in Gogol's story... silence... silence...

Andrey enters, followed by Ferapont.

Andrey. [*Angrily.*] What do you want? I don't understand.
Ferapont. [*At the door, impatiently.*] I've already told you ten times, Andrey Sergeych.
Andrey. In the first place I'm not Andrey Sergeych to you, but your Honour!
Ferapont. The firemen, your Honour, ask if they can go across your garden to the river. Else they go right round, right round; it's a nuisance.
Andrey. All right. Tell them it's all right.

Exit Ferapont.

I'm tired of them. Where is Olga?

Olga comes out from behind the screen.

I came to you for the key of the cupboard. I lost my own. You've got a little key.

Olga silently gives him the key; Irina goes behind her screen; pause.

What a huge fire! It's going down now. Hang it all, that Ferapont made me so angry that I talked nonsense to him... Your Honour, indeed...

Pause.

Три сестры

Что же ты молчишь, Оля?

Пауза.

Пора уже оставить эти глупости и не дуться так, здорово-живешь... Ты, Маша, здесь, Ирина здесь, ну вот прекрасно — объяснимся начистоту, раз навсегда. Что вы имеете против меня? Что?
Ольга. Оставь, Андрюша. Завтра объяснимся. *(Волнуясь.)* Какая мучительная ночь!
Андрей *(он очень смущен).* Не волнуйся. Я совершенно хладнокровно вас спрашиваю: что вы имеете против меня? Говорите прямо.
Голос Вершинина: "Трам-там-там!"
Маша *(встает, громко).* Тра-та-та! *(Ольге.)* Прощай, Оля, господь с тобой. *(Идет за ширму, целует Ирину.)* Спи покойно... Прощай, Андрей. Уходи, они утомлены... завтра объяснишься... *(Уходит.)*
Ольга. В самом деле, Андрюша, отложим до завтра... *(Идет к себе за ширму.)* Спать пора.
Андрей. Только скажу и уйду. Сейчас... Во-первых, вы имеете что-то против Наташи, моей жены, и это я замечаю с самого дня моей свадьбы. Если желаете знать, Наташа прекрасный, честный человек, прямой и благородный — вот мое мнение. Свою жену я люблю и уважаю, понимаете, уважаю и требую, чтобы ее уважали также и другие. Повторяю, она честный, благородный человек, а все ваши неудовольствия, простите, это просто капризы...

Пауза.

Во-вторых, вы как будто сердитесь за то, что я не профессор, не занимаюсь наукой. Но я служу в земстве, я член земской управы и это свое служение считаю таким же святым и высоким, как служение науке. Я член земской управы и горжусь этим, если желаете знать...

Пауза.

В-третьих... Я еще имею сказать... Я заложил дом, не испросив у вас позволения... В этом я виноват, да, и прошу меня извинить. Меня побудили к тому долги... тридцать пять тысяч... Я уже не играю в карты, давно бросил, но главное, что могу сказать в свое оправдание, это то, что вы девушки, вы получаете пенсию, я же не имел... заработка, так сказать...

Why are you so silent, Olga?

Pause.

It's time you stopped being silly and sulking without any reason... You are here, Masha. Irina is here, well, let's come to a complete understanding, once and for all. What have you against me? What is it?
Olga. Please don't, Andryusha. We'll talk tomorrow. [*Excited.*] What an awful night!
Andrey. [*Much confused.*] Don't excite yourself. I ask you in perfect calmness; what have you against me? Tell me straight.
Vershinin's voice. Trum-tum-tum!
Masha. [*Stands; loudly.*] Tra-ta-ta! [*To Olga.*] Goodbye, Olga, God bless you. [*Goes behind screen and kisses Irina.*] Sleep well... Good-bye, Andrey. Go away now, they're tired... you can explain tomorrow... [*Exit.*]
Olga. Really, Andryusha, let's talk about it tomorrow... [*Goes behind her screen.*] It's time to sleep.
Andrey. I'll only say this and go. Just now... In the first place, you've got something against Natasha, my wife; I've noticed it since the very day of my marriage. If you wish to know, Natasha is a beautiful and honest person, straight and honourable—that's my opinion. I love and respect my wife; understand it, I respect her, and I insist that others should respect her too. I repeat, she's an honest and honourable person, and all your disapproval, pardon me, is simply silly...

Pause.

In the second place, you seem to be annoyed because I am not a professor, and am not engaged in study. But I work for the zemstvo, I am a member of the district council, and I consider my service as worthy and as high as the service of science. I am a member of the district council, and I am proud of it, if you want to know.
Pause.

In the third place, I have still this to say... that I have mortgaged the house without obtaining your permission... For that I am to blame, and ask to be forgiven. My debts led me into doing it... thirty-five thousand... I do not play at cards any more, I stopped long ago, but the chief thing I have to say in my defence is that you girls receive a pension, and I didn't have... my wages, so to speak...

Пауза.

Кулыгин *(в дверь).* Маши здесь нет? *(Встревоженно.)* Где же она? Это странно... *(Уходит.)*
Андрей. Не слушают. Наташа превосходный, честный человек. *(Ходит по сцене молча, потом останавливается.)* Когда я женился, я думал, что мы будем счастливы... все счастливы... Но боже мой... (*Плачет.)* Милые мои сестры, дорогие сестры, не верьте мне, не верьте... *(Уходит.)*
Кулыгин *(в дверь встревоженно).* Где Маша? Здесь Маши нет? Удивительное дело. *(Уходит.)*

Набат, сцена пустая.

Ирина *(за ширмами).* Оля! Кто это стучит в пол?
Ольга. Это доктор Иван Романыч. Он пьян.
Ирина. Какая беспокойная ночь!

Пауза.

Оля! *(Выглядывает из-за ширм.)* Слышала? Бригаду берут от нас, переводят куда-то далеко.
Ольга. Это слухи только.
Ирина. Останемся мы тогда одни... Оля!
Ольга. Ну?
Ирина. Милая, дорогая, я уважаю, я ценю барона, он прекрасный человек, я выйду за него, согласна, только поедем в Москву! Умоляю тебя, поедем! Лучше Москвы нет ничего на свете! Поедем, Оля! Поедем!

Занавес

Действие четвертое

Старый сад при доме Прозоровых. Длинная еловая аллея, в конце которой видна река. На той стороне реки — лес. Направо терраса дома; здесь на столе бутылки и стаканы; видно, что только что пили шампанское. Двенадцать часов дня. С улицы к реке через сад ходят изредка прохожие; быстро проходят человек пять солдат.

Pause.

Kulygin. [*Through the door.*] Is Masha there? [*Excitedly.*] Where is she? It's queer... [*Exit.*]
Andrey. They don't listen. Natasha is a splendid, honest person. [*Walks about in silence, then stops.*] When I got married I thought we should be happy... all of us happy... But, my God... [*Weeps.*] My dear, dear sisters, don't believe me, don't believe me... [*Exit.*]
Kulygin [*Worried, through the door.*] Where is Masha? Isn't Masha here? That's strange. [Exit.]

Fire-alarm. The stage is clear.

Irina. [*Behind her screen.*] Olga, who's knocking on the floor?
Olga. It's doctor Ivan Romanych. He's drunk.
Irina. What a restless night!

Pause.

Olga! [*Looks out from behind the screen.*] Did you hear? They are taking the brigade away from us; it's going to be transferred to some place far away.
Olga. It's only a rumour.
Irina. Then we shall be left alone... Olga!
Olga. Well?
Irina. My dear, darling sister, I esteem, I highly value the Baron, he's a splendid man; I'll marry him, I consent, only let's go to Moscow! I implore you, let's go! There's nothing better than Moscow on earth! Let's go, Olga, let's go!

Curtain.

Act IV

The old garden at the house of the Prozorovs. There is a long alley of firs, at the end of which the river can be seen. There is a forest on the far side of the river. On the right is the terrace of the house: bottles and tumblers are on a table here; it is evident that champagne has just been drunk. It is midday. Every now and again passers-by walk across the garden, from the road to the river; five soldiers go past rapidly.

Три сестры

Чебутыкин в благодушном настроении, которое не покидает его в течение всего акта, сидит в кресле, в саду, ждет, когда его позовут; он в фуражке и с палкой. Ирина, Кулыгин с орденом на шее, без усов, и Тузенбах, стоя на террасе, провожают Федотика и Родэ, которые сходят вниз; оба офицера в походной форме.

Тузенбах *(целуется с Федотиком).* Вы хороший, мы жили так дружно. *(Целуется с Родэ.)* Еще раз... Прощайте, дорогой мой!
Ирина. До свиданья!
Федотик. Не до свиданья, а прощайте, мы больше уже никогда не увидимся!
Кулыгин. Кто знает! *(Вытирает глаза, улыбается.)* Вот и я заплакал.
Ирина. Когда-нибудь встретимся.
Федотик. Лет через десять-пятнадцать? Но тогда мы едва узнаем друг друга, холодно поздороваемся... *(Снимает фотографию.)* Стойте... Еще в последний раз.
Родэ *(обнимает Тузенбаха).* Не увидимся больше... *(Целует руку Ирине.)* Спасибо за все, за все!
Федотик *(с досадой).* Да постой!
Тузенбах. Даст бог, увидимся. Пишите же нам. Непременно пишите.
Родэ *(окидывает взглядом сад).* Прощайте, деревья! *(Кричит.)* Гоп-гоп!

Пауза.

Прощай, эхо!
Кулыгин. Чего доброго женитесь там, в Польше... Жена полька обнимет и скажет: "кохане!" *(Смеется.)*
Федотик *(взглянув на часы).* Осталось меньше часа. Из нашей батареи только Соленый пойдет на барже, мы же со строевой частью. Сегодня уйдут три батареи дивизионно, завтра опять три — и в городе наступит тишина и спокойствие.
Тузенбах. И скучища страшная.
Родэ. А Мария Сергеевна где?
Кулыгин. Маша в саду.
Федотик. С ней проститься.
Родэ. Прощайте, надо уходить, а то я заплачу... *(Обнимает быстро Тузенбаха и Кулыгина, целует руку Ирине).* Прекрасно мы здесь пожили...
Федотик *(Кулыгину).* Это вам на память... книжка с карандашиком...

Three Sisters

Chebutykin, in a comfortable frame of mind which does not desert him throughout the act, sits in an armchair in the garden, waiting to be called. He wears a peaked cap and has a stick. Irina, Kulygin with a cross hanging from his neck and without his moustaches, and Tuzenbach are standing on the terrace seeing off Fedotik and Rode, who are coming down into the garden; both officers are in march uniform.

Tuzenbach. [*Exchanges kisses with Fedotik.*] You're a good sort, we got on so well together. [*Exchanges kisses with Rode.*] Once again... Farewell, old man!
Irina. Au revoir!
Fedotik. It isn't au revoir, it's farewell; we'll never meet again!
Kulygin. Who knows! [*Wipes his eyes; smiles.*] Oh, I've started crying, too!
Irina. We'll meet again sometime.
Fedotik. After ten years—or fifteen? We'll hardly know one another then; we'll say, "How do you do?" coldly... [*Takes a snapshot.*] Keep still... Once more, for the last time.
Rode. [*Embracing Tuzenbach.*] We shan't meet again... [*Kisses Irina's hand.*] Thank you for everything, for everything!
Fedotik. [*Grieved.*] Wait!
Tuzenbach. We shall meet again, if God wills it. Write to us. Be sure to write.
Rode. [*Looking round the garden.*] Good-bye, trees! [*Shouts.*] Yo-ho!

Pause.

Good-bye, echo!
Kulygin. You may get married there in Poland... Your Polish wife will clasp you and say "kochany!"
Fedotik. [*Looking at the time.*] There's less than an hour left. Soliony is the only one of our battery who is going on the barge; the rest of us are going with the combat unit. Three divisional batteries are leaving today, another three tomorrow and then the town will be quiet and peaceful.
Tuzenbach. And terribly dull.
Rode. And where is Maria Sergeyevna?
Kulygin. Masha is in the garden.
Fedotik. We'd like to say good-bye to her.
Rode. Good-bye, I must go, or else I'll start weeping... [*Quickly embraces Kulygin and Tuzenbach, and kisses Irina's hand.*] We've been so happy here...
Fedotik. [*To Kulygin.*] Here's a keepsake for you... a note-book with a

Мы здесь пойдем к реке...

Отходят, оба оглядываются.

Родэ *(кричит).* Гоп-гоп!
Кулыгин *(кричит).* Прощайте!

В глубине сцены Федотик и Родэ встречаются с Машей и прощаются с нею; она уходит с ними.

Ирина. Ушли... *(Садится на нижнюю ступень террасы.)*
Чебутыкин. А со мной забыли проститься.
Ирина. Вы же чего?
Чебутыкин. Да и я как-то забыл. Впрочем, скоро увижусь с ними, ухожу завтра. Да... Еще один денек остался. Через год дадут мне отставку, опять приеду сюда и буду доживать свой век около вас. Мне до пенсии только один годочек остался... *(Кладет в карман газету, вынимает другую.)* Приеду сюда к вам и изменю жизнь коренным образом. Стану таким тихоньким, благо... благоугодным, приличненьким...
Ирина. А вам надо бы изменить жизнь, голубчик. Надо бы как-нибудь.
Чебутыкин. Да. Чувствую. *(Тихо напевает.)* Тарара... бумбия... сижу на тумбе я...
Кулыгин. Неисправим Иван Романыч! Неисправим!
Чебутыкин. Да вот к вам бы на выучку. Тогда бы исправился.
Ирина. Федор сбрил себе усы. Видеть не могу!
Кулыгин. А что?
Чебутыкин. Я бы сказал, на что теперь похожа ваша физиономия, да не могу.
Кулыгин. Что ж! Так принято, это modus vivendi. Директор у нас с выбритыми усами, и я тоже, как стал инспектором, побрился. Никому не нравится, а для меня все равно. Я доволен. С усами я или без усов, а я одинаково доволен... *(Садится.)*

В глубине сцены Андрей провозит в колясочке спящего ребенка.

Ирина. Иван Романыч, голубчик, родной мой, я страшно обеспокоена. Вы вчера были на бульваре, скажите, что произошло там?
Чебутыкин. Что произошло? Ничего. Пустяки. *(Читает газету.)* Все равно!

pencil... We'll go to the river from here...

They go aside and both look round.

Rode. [*Shouts.*] Yo-ho!
Kulygin. [*Shouts.*] Good-bye!

At the back of the stage Fedotik and Rode meet Masha; they say goodbye and go out with her.

Irina. They've gone... [*Sits on the bottom step of the terrace.*]
Chebutykin. And they forgot to say good-bye to me.
Irina. What about you?
Chebutykin. I just forgot, somehow. Though I'll soon see them again, I'm going tomorrow. Yes... just one day left. I shall be retired in a year, then I'll come here again, and finish my life near you. I've only one year before I get my pension... [*Puts one newspaper into his pocket and takes another out.*] I'll come here to you and change my life radically... I'll be so quiet... so agree... agreeable, respectable...
Irina. Yes, you ought to change your life, dear man, somehow or other.
Chebutykin. Yes, I feel it. [*Sings softly.*] Tarara-boom-beay... I am sitting on a pedestal...
Kulygin. Ivan Romanych is hopeless! Hopeless!
Chebutykin. If only I was apprenticed to you! Then I'd reform.
Irina. Fyodor has shaved his moustache. I can't bear to look at him!
Kulygin. Well, what about it?
Chebutykin. I could tell you what your face looks like now, but I can't.
Kulygin. Well! It's the custom, it's modus vivendi. Our Director is clean-shaven, and so I too, when I received my inspectorship, had my moustaches removed. Nobody likes it, but it's all one to me. I'm satisfied. Whether I've got moustaches or not, I'm satisfied... [*Sits.*]

At the back of the stage Andrey is wheeling a perambulator containing a sleeping infant.

Irina. Ivan Romanych, be a darling. I'm awfully worried. You were out on the boulevard last night; tell me, what happened?
Chebutykin. What happened? Nothing. Quite a trifling matter. [*Reads paper.*] Of no importance!

Кулыгин. Так рассказывают, будто Соленый и барон встретились вчера на бульваре около театра...

Тузенбах. Перестаньте! Ну, что право... *(Машет рукой и уходит в дом.)*

Кулыгин. Около театра... Соленый стал придираться к барону, а тот не стерпел, сказал что-то обидное...

Чебутыкин. Не знаю. Чепуха все.

Кулыгин. В какой-то семинарии учитель написал на сочинении "чепуха", а ученик прочел "реникса" — думал, по-латыни написано. *(Смеется.)* Смешно удивительно. Говорят, Соленый влюблен в Ирину и будто возненавидел барона... Это понятно. Ирина очень хорошая девушка. Она даже похожа на Машу, такая же задумчивая. Только у тебя, Ирина, характер мягче. Хотя и у Маши, впрочем, тоже очень хороший характер. Я ее люблю, Машу.

В глубине сада за сценой: "Ау! Гоп-гоп!"

Ирина *(вздрагивает).* Меня как-то все пугает сегодня.

Пауза.

У меня уже все готово, я после обеда отправляю свои вещи. Мы с бароном завтра венчаемся, завтра же уезжаем на кирпичный завод, и послезавтра я уже в школе, начинается новая жизнь. Как-то мне поможет бог! Когда я держала экзамен на учительницу, то даже плакала от радости, от благости...

Пауза.

Сейчас приедет подвода за вещами...

Кулыгин. Так-то оно так, только как-то все это не серьезно. Одни только идеи, а серьезного мало. Впрочем, от души тебе желаю.

Чебутыкин *(в умилении).* Славная моя, хорошая... Золотая моя... Далеко вы ушли, не догонишь вас. Остался я позади, точно перелетная птица, которая состарилась, не может лететь. Летите, мои милые, летите с богом!

Пауза.

Напрасно, Федор Ильич, вы усы себе сбрили.

Kulygin. They say that Soliony and the Baron met yesterday on the boulevard near the theatre...
Tuzenbach. Stop it! Why are you... [*Waves his hand and goes into the house.*]
Kulygin. Near the theatre... Soliony started behaving offensively to the Baron, who lost his temper and said something nasty...
Chebutykin. I don't know. It's all bunkum.
Kulygin. At some seminary or other a master wrote "bunkum" on an essay, and the student couldn't make the letters out—thought it was a Latin word "luckum." [*Laughs.*] Awfully funny, that. They say that Soliony is in love with Irina and hates the Baron... That's quite natural. Irina is a very nice girl. She's even like Masha, she's so thoughtful. Only, Irina your character is gentler. Though Masha's character, too, is a very good one. I'm very fond of Masha.

Shouts of "Yo-ho!" are heard in the depth of the garden, offstage.

Irina. [*Shudders.*] Everything seems to frighten me today.

Pause.

I've got everything ready, and I send my things off after dinner. The Baron and I will be married tomorrow, and tomorrow we go away to the brickworks, and the next day I go to the school, and the new life begins. God will help me! When I took my examination for the teacher's post, I actually wept for joy and gratitude...

Pause.

The cart will be here in a minute for my things...
Kulygin. Somehow or other, all this doesn't seem at all serious. As if it was all ideas, and nothing really serious. Still, with all my soul I wish you happiness.
Chebutykin. [*With tenderness.*] My splendid... my dear, precious girl... You've gone on far ahead, I won't catch up with you. I'm left behind like a migrant bird grown old, and unable to fly. Fly, my dear, fly, and God be with you!
Pause.

It's a pity you shaved your moustaches, Fyodor Ilyich.

Три сестры

Кулыгин. Будет вам! *(Вздыхает.)* Вот сегодня уйдут военные, и все опять пойдет по-старому. Что бы там ни говорили, Маша хорошая, честная женщина, я ее очень люблю и благодарю свою судьбу. Судьба у людей разная... Тут в акцизе служит некто Козырев. Он учился со мной, его уволили из пятого класса гимназии за то, что никак не мог понять ut consecutivum. Теперь он ужасно бедствует, болен, и я, когда встречаюсь, то говорю ему: "Здравствуй, ut consecutivum" — Да, говорит, именно consecutivum... а сам кашляет. А мне вот всю мою жизнь везет, я счастлив, вот имею даже Станислава второй степени и сам теперь преподаю другим это ut consecutivum. Конечно, я умный человек, умнее очень многих, но счастье не в этом...

В доме играют на рояле "Молитву девы".

Ирина. А завтра вечером я уже не буду слышать этой "Молитвы девы", не буду встречаться с Протопоповым...

Пауза.

А Протопопов сидит там в гостиной; и сегодня пришел...
Кулыгин. Начальница еще не приехала?

В глубине сцены тихо проходит Маша, прогуливаясь.

Ирина. Нет. За ней послали. Если б только вы знали, как мне трудно жить здесь одной, без Оли... Она живет в гимназии; она начальница, целый день занята делом, а я одна, мне скучно, нечего делать, и ненавистна комната, в которой живу... Я так и решила: если мне не суждено быть в Москве, то так тому и быть. Значит, судьба. Ничего не поделаешь... Все в божьей воле, это правда. Николай Львович сделал мне предложение... Что ж? Подумала и решила. Он хороший человек, удивительно даже, такой хороший... И у меня вдруг точно крылья выросли на душе, я повеселела, стало мне легко и опять захотелось работать, работать... Только вот вчера произошло что-то, какая-то тайна нависла надо мной...
Чебутыкин. Реникса. Чепуха.
Наташа *(в окно).* Начальница!
Кулыгин. Приехала начальница. Пойдем.

Уходит с Ириной в дом.

Three Sisters

Kulygin. Oh, drop it! [*Sighs.*] Today the soldiers will be gone, and everything will go on as in the old days. Say what you will, Masha is a good, honest woman. I love her very much, and thank my fate for her. People have such different fates.... There's a Kosyrev who works in the excise department here. He was at school with me; he was expelled from the fifth class of the High School for being entirely unable to understand ut consecutivum. He's awfully hard up now and in very poor health, and when I meet him I say to him, "How do you do, ut consecutivum." "Yes," he says, "precisely consecutivum..." and coughs. But I've been successful all my life, I'm happy, and I even have a Stanislaus Cross, of the second class, and now I myself teach others that ut consecutivum. Of course, I'm a clever man, much cleverer than many, but happiness doesn't only lie in that...

"The Maiden's Prayer" is being played on the piano in the house.

Irina. Tomorrow night I shan't hear that "Maiden's Prayer" any more, and I shan't be meeting Protopopov...
Pause.

Protopopov is sitting there in the drawing-room; he came again today...
Kulygin. Hasn't the head-mistress come yet?

Masha quietly strolls at the back of the stage.

Irina. No. She has been sent for. If you only knew how difficult it is for me to live alone, without Olga... She lives at the High School; she, a head-mistress, busy all day with her affairs and I'm alone, bored, with nothing to do, and hate the room I live in... I've made up my mind: if I can't live in Moscow, then it must come to this. It's fate. It can't be helped.... It's all the will of God, that's the truth. Nicolai Lvovich made me a proposal... Well? I thought it over and made up my mind. He's a good man... it's quite remarkable how good he is... And suddenly it was as if my soul put out wings, I became happy, and light-hearted, and once again the desire for work, work, came over me... Only something happened yesterday, some secret dread has been hanging over me...
Chebutykin. Luckum. Rubbish.
Natasha. [*Through the window.*] The head-mistress!
Kulygin. The head-mistress has come. Let's go.

Exit with Irina into the house.

Три сестры

Чебутыкин *(читает газету и тихо напевает).* Тара-ра... бумбия... сижу на тумбе я...

Маша подходит; в глубине Андрей провозит колясочку.

Маша. Сидит себе здесь, посиживает...
Чебутыкин. А что?
Маша *(садится).* Ничего...

Пауза.

Вы любили мою мать?
Чебутыкин. Очень.
Маша. А она вас?
Чебутыкин *(после паузы).* Этого я уже не помню.
Маша. Мой здесь? Так когда-то наша кухарка Марфа говорила про своего городового: мой. Мой здесь?
Чебутыкин. Нет еще.
Маша. Когда берешь счастье урывочками, по кусочкам, потом его теряешь, как я, то мало-помалу грубеешь, становишься злющей. *(Указывает себе на грудь.)* Вот тут у меня кипит... *(Глядя на брата Андрея, который провозит колясочку.)* Вот Андрей наш, братец... Все надежды пропали. Тысячи народа поднимали колокол, потрачено было много труда и денег, а он вдруг упал и разбился. Вдруг, ни с того ни с сего. Так и Андрей...
Андрей. И когда, наконец, в доме успокоятся. Такой шум.
Чебутыкин. Скоро. *(Смотрит на часы, потом заводит их; часы бьют.)* У меня часы старинные, с боем... Первая, вторая и пятая батарея уйдут ровно в час.

Пауза.

А я завтра.
Андрей. Навсегда?
Чебутыкин. Не знаю. Может, через год вернусь. Хотя черт его знает... Все равно...

Слышно, как где-то далеко играют на арфе и скрипке.

Андрей. Опустеет город. Точно его колпаком накроют.

Three Sisters

Chebutykin. [*Reads the newspaper and sings softly.*] Tara-ra.... boom-beay... I am sitting on a pedestal...

Masha approaches, Andrey is wheeling a perambulator at the back.

Masha. Here you are, sitting here, doing nothing...
Chebutykin. What then?
Masha. [*Sits.*] Nothing...

Pause.

Did you love my mother?
Chebutykin. Very much.
Masha. And did she love you?
Chebutykin. [*After a pause.*] I don't remember that.
Masha. Is my man here? When our cook Martha used to ask about her gendarme, she used to say my man. Is my man here?
Chebutykin. Not yet.
Masha. When you take your happiness in little bits, in snatches, and then lose it, as I have done, you gradually get coarser, more bitter. [*Points to her bosom.*] I'm boiling in here... [*Looks at Andrey with the perambulator.*] There's our brother Andrey... All our hopes in him have gone. There was once a great bell, a thousand persons were hoisting it, much money and labour had been spent on it, when it suddenly fell and was broken. Suddenly, for no particular reason... Andrey is like that...
Andrey. When are they going to calm down in the house? It's such a noise.
Chebutykin. Soon. [*Looks at his watch, then winds it; the watch strikes.*] My watch is antique, it strikes the hours... The first, second, and fifth batteries are to leave at one o'clock precisely.

Pause.

And I go tomorrow.
Andrey. For good?
Chebutykin. I don't know. Perhaps I'll return in a year. The devil only knows... it's all one...

Somewhere a harp and violin are being played.

Andrey. The town will grow empty. It will be as if they put a cover over it.

Три сестры

Пауза.

Что-то произошло вчера около театра; все говорят, а я не знаю.
Чебутыкин. Ничего. Глупости. Соленый стал придираться к барону, а тот вспылил и оскорбил его, и вышло так в конце концов, что Соленый обязан был вызвать его на дуэль. *(Смотрит на часы.)* Пора бы, кажется, уж... В половине первого, в казенной роще, вот в той, что отсюда видать за рекой... Пиф-паф. *(Смеется.)* Соленый воображает, что он Лермонтов, и даже стихи пишет. Вот шутки шутками, а уж у него третья дуэль.
Маша. У кого?
Чебутыкин. У Соленого.
Маша. А у барона?
Чебутыкин. Что у барона?

Пауза.

Маша. В голове у меня перепуталось... Все-таки, я говорю, не следует им позволять. Он может ранить барона или даже убить.
Чебутыкин. Барон хороший человек, но одним бароном больше, одним меньше — не все ли равно? Пускай! Все равно!

За садом крик: "Ау! Гоп-гоп!"

Подождешь. Это Скворцов кричит, секундант. В лодке сидит.

Пауза.

Андрей. По-моему, и участвовать на дуэли, и присутствовать на ней, хотя бы в качестве врача, просто безнравственно.
Чебутыкин. Это только кажется... Ничего нет на свете, нас нет, мы не существуем, а только кажется, что существуем... И не все ли равно!
Маша. Так вот целый день говорят, говорят... *(Идет.)* Живешь в таком климате, того гляди, снег пойдет, а тут еще эти разговоры... *(Останавливаясь.)* Я не пойду в дом, я не могу туда ходить... Когда придет Вершинин, скажете мне... *(Идет по аллее.)* А уже летят перелетные птицы... *(Глядит вверх.)* Лебеди, или гуси... Милые мои, счастливые мои... *(Уходит.)*
Андрей. Опустеет наш дом. Уедут офицеры, уедете вы, сестра замуж выйдет, и останусь в доме я один.
Чебутыкин. А жена?

Three Sisters

Pause.

Something happened yesterday by the theatre. The whole town talks about it, but I know nothing.
Chebutykin. Nothing. A silly little affair. Soliony started irritating the Baron, who lost his temper and insulted him, and as a result Soliony had to challenge him. [*Looks at his watch.*] It's about time, I think... At half-past twelve, in the public wood, that one you can see from here across the river... Piff-paff. [*Laughs.*] Soliony thinks he's Lermontov, and even writes verses. That's all very well, but this is his third duel.
Masha. Whose?
Chebutykin. Soliony's.
Masha. And the Baron?
Chebutykin. What about the Baron?

Pause.

Masha. Everything's all muddled up in my head... But I say it ought not to be allowed. He might wound the Baron or even kill him.
Chebutykin. The Baron is a good man, but one Baron more or less—what difference does it make? Let them! It's all the same!

Beyond the garden somebody shouts "Co-ee! Yo-ho!"

You wait. That's Skvortsov shouting; one of the seconds. He's in a boat.

Pause.

Andrey. In my opinion it's simply immoral to fight in a duel, or to be present, even in the quality of a doctor.
Chebutykin. It only seems so... There's nothing on earth, we don't live, we don't really exist, it only seems that we exist.... Does it matter, anyway!
Masha. They talk and talk the whole day long... [*Going.*] You live in a climate like this, where it might snow any moment, and there they talk... [*Stops.*] I won't go into the house, I can't go there... Tell me when Vershinin comes... [*Goes along the alley.*] The migrant birds are already on the wing... [*Looks up.*] Swans or geese... My dear, happy things... [*Exit.*]
Andrey. Our house will be empty. The officers will go away, you are going, my sister is getting married, and I alone will remain in the house.
Chebutykin. And your wife?

Три сестры

Ферапонт входит с бумагами.

Андрей. Жена есть жена. Она честная, порядочная, ну, добрая, но в ней есть при всем том нечто принижающее ее до мелкого, слепого, этакого шаршавого животного. Во всяком случае, она не человек. Говорю вам как другу, единственному человеку, которому могу открыть свою душу. Я люблю Наташу, это так, но иногда она мне кажется удивительно пошлой, и тогда я теряюсь, не понимаю, за что, отчего я так люблю ее, или, по крайней мере, любил...

Чебутыкин *(встает).* Я, брат, завтра уезжаю, может, никогда не увидимся, так вот тебе мой совет. Знаешь, надень шапку, возьми в руки палку и уходи... уходи и иди, иди без оглядки. И чем дальше уйдешь, тем лучше.

Соленый проходит к глубине сцены с двумя офицерами; увидев Чебутыкина, он поворачивает к нему; офицеры идут дальше.

Соленый. Доктор, пора! Уже половина первого. *(Здоровается с Андреем.)*
Чебутыкин. Сейчас. Надоели вы мне все. *(Андрею.)* Если кто спросит меня, Андрюша, то скажешь, я сейчас... *(Вздыхает.)* Охо-хо-хо!
Соленый. Он ахнуть не успел, как на него медведь насел. *(Идет с ним.)* Что вы кряхтите, старик?
Чебутыкин. Ну!
Соленый. Как здоровье?
Чебутыкин *(сердито).* Как масло коровье.
Соленый. Старик волнуется напрасно. Я позволю себе немного, я только подстрелю его, как вальдшнепа. *(Вынимает духи и брызгает на руки.)* Вот вылил сегодня целый флакон, а они все пахнут. Они у меня пахнут трупом.

Пауза.

Так-с... Помните стихи? А он, мятежный, ищет бури, как будто в бурях есть покой...
Чебутыкин. Да. Он ахнуть не успел, как на него медведь насел. *(Уходит с Соленым.)*

Слышны крики: "Гоп! Ау!" Андрей и Ферапонт входят.

Ферапонт. Бумаги подписать...

Three Sisters

Ferapont enters with some documents.

Andrey. A wife's a wife. She's honest, decent, yes; and kind, but with all that there is still something about her that degenerates her into a petty, blind, even in some respects misshapen animal. In any case, she isn't a human being. I tell you as a friend, as the only man to whom I can lay bare my soul. I love Natasha, it's true, but sometimes she seems extraordinarily vulgar, and then I lose myself and can't understand why I love her so much, or, at any rate, used to love her...

Chebutykin. [*Rises.*] I'm going away tomorrow, old chap, and perhaps we'll never meet again, so here's my advice. Put on your cap, take a stick in your hand, and go... go on and on, without looking round. And the farther you go, the better.

Soliony goes across the back of the stage with two officers; he catches sight of Chebutykin, and turns to him, the officers go on.

Soliony. Doctor, it's time. It's half-past twelve already. [*Greets Andrey.*]
Chebutykin. Half a minute. I'm tired of the lot of you. [*To Andrey.*] Andryusha, if anybody asks for me, say I'll be back soon... [*Sighs.*] Oh, oh, oh!
Soliony. He didn't have the time to sigh. The bear sat on him heavily. [*Goes with him.*] What are you groaning about, old man?
Chebutykin. Well...
Soliony. How's your health?
Chebutykin. [*Angrily.*] Like a cow's milk.
Soliony. The old man is unnecessarily excited. I won't go far, I'll only just bring him down like a woodcock. [*Takes out his scent-bottle and scents his hands.*] I've poured out a whole bottle of scent today and they still smell... They smell of a dead body.

Pause.

Yes... Do you remember the poem? But he, the rebel seeks the storm, as if the storm will bring him rest...
Chebutykin. Yes. He didn't have the time to sigh. The bear sat on him heavily. [*Exit with Soliony.*]

Shouts "Yo-ho! Co-ee!" are heard. Andrey and Ferapont come in.

Ferapont. Documents to sign...

Андрей *(нервно).* Отстань от меня! Отстань! Умоляю! *(Уходит с колясочкой.)*
Ферапонт. На то ведь и бумаги, чтоб их подписывать. *(Уходит в глубину сцены.)*

Входят Ирина и Тузенбах в соломенной шляпе, Кулыгин проходит через сцену, крича: "Ау, Маша, ау!"

Тузенбах. Это, кажется, единственный человек в городе, который рад, что уходят военные.
Ирина. Это понятно.

Пауза.

Наш город опустеет теперь.
Тузенбах. Милая, я сейчас приду.
Ирина. Куда ты?
Тузенбах. Мне нужно в город, затем... проводить товарищей.
Ирина. Неправда... Николай, отчего ты такой рассеянный сегодня?

Пауза.

Что вчера произошло около театра?
Тузенбах *(нетерпеливое движение).* Через час я вернусь и опять буду с тобой. *(Целует ей руки.)* Ненаглядная моя... *(Всматривается ей в лицо.)* Уже пять лет прошло, как я люблю тебя, и все не могу привыкнуть, и ты кажешься мне все прекраснее. Какие прелестные, чудные волосы! Какие глаза! Я увезу тебя завтра, мы будем работать, будем богаты, мечты мои оживут. Ты будешь счастлива. Только вот одно, только одно: ты меня не любишь!
Ирина. Это не в моей власти! Я буду твоей женой, и верной, и покорной, но любви нет, что же делать! *(Плачет.)* Я не любила ни разу в жизни. О, я так мечтала о любви, мечтаю уже давно, дни и ночи, но душа моя, как дорогой рояль, который заперт и ключ потерян.

Пауза.

У тебя беспокойный взгляд.
Тузенбах. Я не спал всю ночь. В моей жизни нет ничего такого

Three Sisters

Andrey. [*Irritated.*] Leave me alone! Leave me! I'm begging you! [*Goes away with the perambulator.*]
Ferapont. That's what documents are for, to be signed. [*Retires to the back of the stage.*]

Enter Irina, with Tuzenbach in a straw hat; Kulygin walks across the stage, shouting "Co-ee, Masha, co-ee!"

Tuzenbach. He seems to be the only man in the town who is glad that the military are going.
Irina. One can understand that.
Pause.

Our town will be empty.
Tuzenbach. My dear, I shall return soon.
Irina. Where are you going?
Tuzenbach. I must go into the town and then... see the others off.
Irina. It's not true... Nicolai, why are you so absentminded today?

Pause.

What happened by the theatre yesterday?
Tuzenbach. [*Making a movement of impatience.*] In an hour's time I shall return and be with you again. [*Kisses her hands.*] My darling... [*Looking her closely in the face.*] It's five years now since I fell in love with you, and still I can't get used to it, and you seem to me to grow more and more beautiful. What lovely, wonderful hair! What eyes! I'm going to take you away tomorrow. We shall work, we shall be rich, my dreams will come true. You will be happy. There's only one thing, one thing only: you don't love me!
Irina. It isn't in my power! I shall be your wife, I shall be true to you, and obedient to you, but I can't love you. What can I do! [*Cries.*] I have never been in love in my life. Oh, I used to think so much of love, I have been thinking about it for so long by day and by night, but my soul is like an expensive piano which is locked and the key lost.

Pause.

You have the troubled look in your eyes.
Tuzenbach. I didn't sleep all night. There is nothing in my life so awful

страшного, что могло бы испугать меня, и только этот потерянный ключ терзает мою душу, не дает мне спать. Скажи мне что-нибудь.

Пауза.

Скажи мне что-нибудь...
Ирина. Что? Что? Кругом все так таинственно, старые деревья стоят, молчат... *(Кладет голову ему на грудь.)*
Тузенбах. Скажи мне что-нибудь.
Ирина. Что? Что сказать? Что?
Тузенбах. Что-нибудь.
Ирина. Полно! Полно!

Пауза.

Тузенбах. Какие пустяки, какие глупые мелочи иногда приобретают в жизни значение, вдруг ни с того ни с сего. По-прежнему смеешься над ними, считаешь пустяками, и все же идешь и чувствуешь, что у тебя нет сил остановиться. О, не будем говорить об этом! Мне весело. Я точно первый раз в жизни вижу эти ели, клены, березы, и все смотрит на меня с любопытством и ждет. Какие красивые деревья и, в сущности, какая должна быть около них красивая жизнь!

Крик: "Ау! Гоп-гоп!"

Надо идти, уже пора... Вот дерево засохло, но все же оно вместе с другими качается от ветра. Так, мне кажется, если я и умру, то все же буду участвовать в жизни так или иначе. Прощай, моя милая... *(Целует руки.)* Твои бумаги, что ты мне дала, лежат у меня на столе, под календарем.
Ирина. И я с тобой пойду.
Тузенбах *(тревожно).* Нет, нет! *(Быстро идет, на аллее останавливается.)* Ирина!
Ирина. Что?
Тузенбах *(не зная, что сказать).* Я не пил сегодня кофе. Скажешь, чтобы мне сварили... *(Быстро уходит.)*

Ирина стоит задумавшись, потом уходит в глубину сцены и садится на качели. Входит Андрей с колясочкой, показывается Ферапонт.

Ферапонт. Андрей Сергеич, бумаги-то ведь не мои, а казенные. Не

as to be able to frighten me, only that lost key torments my soul and does not let me sleep. Say something to me.

Pause.

Say something to me...
Irina. What? What? Everything around us looks so mysterious, the old trees are standing silent... [*Puts her head on his chest.*]
Tuzenbach. Say something to me.
Irina. What? What can I say? What?
Tuzenbach. Something.
Irina. Don't! don't!

Pause.

Tuzenbach. It is curious how silly trivial little things, sometimes for no apparent reason, become significant. At first you laugh at these things, you think they are of no importance, you go on and you feel that you haven't got the strength to stop yourself. Oh don't let's talk about it! I am happy. It is as if for the first time in my life I see these firs, maples, birches, and they all look at me inquisitively and wait. What beautiful trees and how beautiful, when one comes to think of it, life must be near them!

A shout of "Co-ee! Yo-ho!".

It's time I went... There's a tree which has dried up but it still sways in the breeze with the others. And so it seems to me that if I die, I shall still take part in life in one way or another. Good-bye, dear... [*Kisses her hands.*] The papers which you gave me are on my table under the calendar.
Irina. I am coming with you.
Tuzenbach. [*Nervously.*] No, no! [*He goes quickly and stops in the alley.*] Irina!
Irina. What is it?
Tuzenbach. [*Not knowing what to say.*] I haven't had any coffee today. Tell them to make me some... [*He goes out quickly.*]

Irina stands deep in thought. Then she goes to the back of the stage and sits on a swing. Andrey comes in with the perambulator and Ferapont also appears.

Ferapont. Andrey Sergeych, it isn't as if the documents were mine, they

я их выдумал.

Андрей. О, где оно, куда ушло мое прошлое, когда я был молод, весел, умен, когда я мечтал и мыслил изящно, когда настоящее и будущее мое озарялись надеждой? Отчего мы, едва начавши жить, становимся скучны, серы, неинтересны, ленивы, равнодушны, бесполезны, несчастны... Город наш существует уже двести лет, в нем сто тысяч жителей, и ни одного, который не был бы похож на других, ни одного подвижника ни в прошлом, ни в настоящем, ни одного ученого, ни одного художника, ни мало-мальски заметного человека, который возбуждал бы зависть или страстное желание подражать ему. Только едят, пьют, спят, потом умирают... родятся другие, и тоже едят, пьют, спят и, чтобы не отупеть от скуки, разнообразят жизнь свою гадкой сплетней, водкой, картами, сутяжничеством, и жены обманывают мужей, а мужья лгут, делают вид, что ничего не видят, ничего не слышат, и неотразимо пошлое влияние гнетет детей, и искра божия гаснет в них, и они становятся такими же жалкими, похожими друг на друга мертвецами, как их отцы и матери... *(Ферапонту сердито.)* Что тебе?

Ферапонт. Чего? Бумаги подписать.

Андрей. Надоел ты мне.

Ферапонт *(подавая бумаги).* Сейчас швейцар из казенной палаты сказывал... Будто, говорит, зимой в Петербурге мороз был в двести градусов.

Андрей. Настоящее противно, но зато когда я думаю о будущем, то как хорошо! Становится так легко, так просторно; и вдали забрезжит свет, я вижу свободу, я вижу, как я и дети мои становимся свободны от праздности, от квасу, от гуся с капустой, от сна после обеда, от подлого тунеядства...

Ферапонт. Две тысячи людей померзло будто. Народ, говорит, ужасался. Не то в Петербурге, не то в Москве — не упомню.

Андрей *(охваченный нежным чувством).* Милые мои сестры, чудные мои сестры! *(Сквозь слезы.)* Маша, сестра моя...

Наташа *(в окне).* Кто здесь разговаривает так громко? Это ты, Андрюша? Софочку разбудишь. Il ne faut pas faire du bruit, la Sophie est dormee deja. Vous etes un ours.[1] *(Рассердившись.)* Если хочешь разговаривать, то отдай колясочку с ребенком кому-нибудь другому. Ферапонт, возьми у барина колясочку!

Ферапонт. Слушаю. *(Берет колясочку.)*

Андрей *(сконфуженно).* Я говорю тихо.

Наташа *(за окном, лаская своего мальчика).* Бобик! Шалун Бобик!

---

[1] Не шумите, Софи уже спит. Вы медведь *(искаж. франц.)*.

are the government's. I didn't make them.

Andrey. Oh, what has become of my past and where is it? I used to be young, happy, clever, I used to be able to dream and frame elegant ideas, the present and the future seemed to me full of hope. Why do we, almost before we have begun to live, become dull, grey, uninteresting, lazy, apathetic, useless, unhappy... This town has already been in existence for two hundred years and it has a hundred thousand inhabitants, not one of whom is in any way different from the others. There has never been, now or at any other time, a single leader of men, a single scholar, an artist, a man of even the slightest eminence who might arouse envy or a passionate desire to imitate him. They only eat, drink, sleep, and then they die... more people are born and also eat, drink, sleep, and so as not to go silly from boredom, they try to make life many-sided with their beastly backbiting, vodka, cards, and litigation. The wives deceive their husbands, and the husbands lie, and pretend they see nothing and hear nothing, and the evil influence irresistibly oppresses the children and the divine spark in them is extinguished, and they become just as pitiful corpses and just as much like one another as their fathers and mothers... [*Angrily to Ferapont.*] What do you want?

Ferapont. What? Documents want signing.

Andrey. I'm tired of you.

Ferapont. [*Handing him papers.*] The hall-porter from the law courts was saying just now that in the winter there were two hundred degrees of frost in Petersburg.

Andrey. The present is beastly, but when I think of the future, how good it is! I feel so light, so free; there is a light in the distance, I see freedom. I see myself and my children freeing ourselves from indolence, from kvass, from goose baked with cabbage, from after-dinner naps, from base idleness...

Ferapont. Allegedly, two thousand people were frozen to death. The people were frightened, he said. In Petersburg or Moscow, I don't remember which.

Andrey. [*Overcome by a tender emotion.*] My dear sisters, my beautiful sisters! [*Crying.*] Masha, my sister...

Natasha. [*At the window.*] Who's talking so loudly out here? Is that you, Andryusha? You'll wake little Sophie. Il ne faut pas faire du bruit, la Sophie est dormée deja. Vous êtes un ours.[1] [*Angrily.*] If you want to talk, then give the perambulator and the baby to somebody else. Ferapont, take the perambulator from the master!

Ferapont. Yes'm. [*Takes the perambulator.*]

Andrey. [*Confused.*] I'm speaking quietly.

Natasha. [*At the window, nursing her boy.*] Bobick! Naughty Bobick! Bad

---

[1] Don't make a noise, Sophie is already asleep. You are a bear! (*mutilate French*).

Три сестры

Дурной Бобик!

Андрей (*оглядывая бумаги*). Ладно, пересмотрю и, что нужно, подпишу, а ты снесешь опять в управу... (*Уходит в дом, читая бумаги; Ферапонт везет колясочку.*)

Наташа (*за окном*). Бобик, как зовут твою маму? Милый, милый! А это кто? Это тетя Оля. Скажи тете: здравствуй, Оля!

Бродячие музыканты, мужчина и девушка, играют на скрипке и арфе; из дому выходят Вершинин, Ольга и Анфиса и с минуту слушают молча; подходит Ирина.

Ольга. Наш сад, как проходной двор, через него и ходят, и ездят. Няня, дай этим музыкантам что-нибудь!...

Анфиса (*подает музыкантам*). Уходите с богом, сердечные. (*Музыканты кланяются и уходят.*) Горький народ. От сытости не заиграешь. (*Ирине.*) Здравствуй, Ариша! (*Целует ее.*) И-и, деточка, вот живу! Вот живу! В гимназии на казенной квартире, золотая, вместе с Олюшкой — определил господь на старости лет. Отродясь я, грешница, так не жила... Квартира большая, казенная, и мне цельная комнатка и кроватка. Все казенное. Проснусь ночью и — о господи, матерь божия, счастливей меня человека нету!

Вершинин (*взглянув на часы*). Сейчас уходим, Ольга Сергеевна. Мне пора.

Пауза.

Я желаю вам всего, всего... Где Мария Сергеевна?

Ирина. Она где-то в саду. Я пойду поищу ее.

Вершинин. Будьте добры. Я тороплюсь.

Анфиса. Пойду и я поищу. (*Кричит.*) Машенька, ау!

Уходит вместе с Ириной в глубину сада.

А-у, а-у!

Вершинин. Все имеет свой конец. Вот и мы расстаемся. (*Смотрит на часы.*) Город давал нам что-то вроде завтрака, пили шампанское, городской голова говорил речь, я ел и слушал, а душой был здесь, у вас... (*Оглядывает сад.*) Привык я к вам.

Ольга. Увидимся ли мы еще когда-нибудь?

Вершинин. Должно быть, нет.

Three Sisters

Bobick!
Andrey. [*Looking through the papers.*] All right, I'll look them over and sign if necessary, and you can take them back to the council... [*Goes into house reading papers; Ferapont wheels the perambulator.*]
Natasha. [*At the window.*] Bobick, what's your mother's name? Dear, dear! And who's this? That's Aunt Olga. Say to your aunt, "How do you do, Olga!"

Two wandering musicians, a man and a girl, are playing on a violin and a harp. Vershinin, Olga, and Anfisa come out of the house and listen for a minute in silence; Irina comes up to them.

Olga. Our garden might be a public thoroughfare, from the way people walk and ride across it. Nurse, give those musicians something!
Anfisa. [*Gives money to the musicians.*] Go away with God's blessing on you. [*The musicians bow and go away.*] A bitter sort of people. You don't play on a full stomach. [*To Irina.*] How do you do, Arisha! [*Kisses her.*] Well, little girl, how I live! How I live! In the High School, my precious, together with little Olga, in her official apartments... so the Lord has appointed for my old age. Sinful woman that I am, I've never lived like that in my life before... A large flat, government property, and I've a whole little room and a little bed to myself. All government property. I wake up at nights and, oh God, and Holy Mother, there isn't a happier person than I!
Vershinin. [*Looks at his watch.*] We are going soon, Olga Sergeyevna. It's time for me to go.
Pause.

I wish you every... every... Where's Maria Sergeyevna?
Irina. She's somewhere in the garden. I'll go and look for her.
Vershinin. If you'll be so kind. I haven't time.
Anfisa. I'll go and look, too. [*Shouts.*] Little Masha, co-ee!

Goes out with Irina down into the garden.

Co-ee, co-ee!
Vershinin. Everything comes to an end. And so we, too, must part. [*Looks at his watch.*] The town gave us a sort of farewell breakfast, we had champagne to drink and the mayor made a speech, and I ate and listened, but my soul was here all the time... [*Looks round the garden.*] I'm so used to you now.
Olga. Shall we ever meet again?
Vershinin. Probably not.

Три сестры

Пауза.

Жена моя и обе девочки проживут здесь еще месяца два; пожалуйста, если что случится или что понадобится...
Ольга. Да, да, конечно. Будьте покойны.
Пауза.

В городе завтра не будет уже ни одного военного, все станет воспоминанием, и, конечно, для нас начнется новая жизнь...

Пауза.

Все делается не по-нашему. Я не хотела быть начальницей и все-таки сделалась ею. В Москве, значит, не быть...
Вершинин. Ну... Спасибо вам за все. Простите мне, если что не так... Много, очень уж много я говорил — и за это простите, не поминайте лихом.
Ольга (*утирает глаза*). Что ж это Маша не идет...
Вершинин. Что же еще вам сказать на прощание? О чем пофилософствовать?... (*Смеется.*) Жизнь тяжела. Она представляется многим из нас глухой и безнадежной, но все же, надо сознаться, она становится все яснее и легче, и, по-видимому, не далеко время, когда она станет совсем ясной. (*Смотрит на часы.*) Пора мне, пора! Прежде человечество было занято войнами, заполняя все свое существование походами, набегами, победами, теперь же все это отжило, оставив после себя громадное пустое место, которое пока нечем заполнить; человечество страстно ищет и, конечно, найдет. Ах, только бы поскорее!

Пауза.

Если бы, знаете, к трудолюбию прибавить образование, а к образованию трудолюбие. (*Смотрит на часы.*) Мне, однако, пора...
Ольга. Вот она идет.

Маша входит.

Вершинин. Я пришел проститься...

Ольга отходит немного в сторону, чтобы не помешать прощанию.

Маша (*смотрит ему в лицо*). Прощай...

Three Sisters

Pause.

My wife and both my daughters will stay here another two months. Please, if anything happens, or if anything has to be done...
Olga. Yes, yes, of course. You need not worry.

Pause.

Tomorrow there won't be a single military man left in the town, it will all be a memory, and, of course, for us a new life will begin...

Pause.

None of our plans are coming right. I didn't want to be a head-mistress, but they made me one, all the same. It means there's no chance of Moscow...
Vershinin. Well... thank you for everything. Forgive me if I've... I've said such an awful lot—forgive me for that too, don't think badly of me.
Olga. [*Wipes her eyes.*] Why isn't Masha coming...
Vershinin. What else can I say in parting? Can I philosophize about anything?.. [*Laughs.*] Life is heavy. To many of us it seems dull and hopeless, but still, it must be acknowledged that it is getting lighter and clearer, and it seems that the time is not far off when it will be quite clear. [*Looks at his watch.*] It's time I went! Mankind used to be absorbed in wars, and all its existence was filled with campaigns, invasions, victories, now it's all in the past, and now it's just a huge empty place, which there is nothing to fill with at present; but mankind is passionately looking for something, and will certainly find it. Oh, if it only happened more quickly.

Pause.

If only education could be added to diligence, and diligence to education. [*Looks at his watch.*] It's time I went...
Olga. Here she comes.

Enter Masha.

Vershinin. I came to say good-bye...

Olga steps aside a little, so as not to be in the way of their goodbyes.

Masha. [*Looking him in the face.*] Good-bye...

Три сестры

Продолжительный поцелуй.

Ольга. Будет, будет...

Маша сильно рыдает.

Вершинин. Пиши мне... Не забывай! Пусти меня... пора... Ольга Сергеевна, возьмите ее, мне уже... пора... опоздал... *(Растроганный, целует руки Ольге, потом еще раз обнимает Машу и быстро уходит.)*
Ольга. Будет, Маша! Перестань, милая...

Входит Кулыгин.

Кулыгин *(в смущении).* Ничего, пусть поплачет, пусть... Хорошая моя Маша, добрая моя Маша... Ты моя жена, и я счастлив, что бы там ни было... Я не жалуюсь, не делаю тебе ни одного упрека... вот и Оля свидетельница... Начнем жить опять по-старому, и я тебе ни одного слово, ни намека...
Маша *(сдерживая рыдания).* У лукоморья дуб зеленый, златая цепь на дубе том... златая цепь на дубе том... Я с ума схожу... У лукоморья... дуб зеленый...
Ольга. Успокойся, Маша... Успокойся... Дай ей воды.
Маша. Я больше не плачу...
Кулыгин. Она уже не плачет... она добрая...

Слышен глухой далекий выстрел.

Маша. У лукоморья дуб зеленый, златая цепь на дубе том... Кот зеленый... дуб зеленый... Я путаю... *(Пьет воду.)* Неудачная жизнь... Ничего мне теперь не нужно... Я сейчас успокоюсь... Все равно... Что значит у лукоморья? Почему это слово у меня в голове? Путаются мысли.

Ирина входит.

Ольга. Успокойся, Маша. Ну, вот умница... Пойдем в комнату.
Маша *(сердито).* Не пойду я туда. *(Рыдает, но тотчас же останавливается.)* Я в дом уже не хожу, и не пойду...
Ирина. Давайте посидим вместе, хоть помолчим. Ведь завтра я уезжаю...
Пауза.

Three Sisters

Prolonged kiss.

Olga. Don't, don't...

Masha is crying bitterly.

Vershinin. *Write to me... Don't forget! Let me go... It's time. Take her, Olga Sergeyevna... it's time... I'm late...* [*He kisses Olga's hand in evident emotion, then embraces Masha once more and goes out quickly.*]
Olga. Don't, Masha! Stop, dear...

Kulygin enters.

Kulygin. [*Confused.*] Never mind, let her cry, let her... My dear Masha, my good Masha... You're my wife, and I'm happy, whatever happens... I'm not complaining, I don't reproach you at all... Olga is a witness to it... We'll begin to live again as we used to, and not a single word, or hint...
Masha. [*Restraining her sobs.*] There stands a green oak by the curved seashore, and a golden chain is around it... and a golden chain is around it... I'm going off my head... There stands... a green oak... by the curved seashore...
Olga. Calm down, Masha... Calm down... Give her some water.
Masha. I'm not crying any more...
Kulygin. She's not crying any more... she's good...

A hollow remote shot is heard.

Masha. There stands a green oak by the curved seashore, and a golden chain is around it... A green cat... a green oak... I'm mixing it up... [*Drinks some water.*] A failed life... I don't want anything more now... I'll be all right in a moment... It doesn't matter... What does that word mean? Why does it run in my head? My thoughts are all tangled.

Irina enters.

Olga. Calm down, Masha. There's a good girl... Let's go to our room.
Masha. [*Angrily.*] I shan't go in there. [*Sobs, but controls herself at once.*] I'm not going into the house anymore, I won't go...
Irina. Let's sit here together and say nothing. I'm going away tomorrow...

Pause.

Три сестры

Кулыгин. Вчера в третьем классе у одного мальчугана я отнял вот усы и бороду... *(Надевает усы и бороду.)* Похож на учителя немецкого языка... *(Смеется.)* Не правда ли? Смешные эти мальчишки.
Маша. В самом деле похож на вашего немца.
Ольга *(смеется).* Да.

Маша плачет.

Ирина. Будет, Маша!
Кулыгин. Очень похож...

Входит Наташа.

Наташа *(горничной).* Что? С Софочкой посидит Протопопов, Михаил Иваныч, а Бобика пусть покатает Андрей Сергеич. Столько хлопот с детьми... *(Ирине.)* Ты завтра уезжаешь, Ирина — такая жалость. Останься еще хоть недельку. *(Увидев Кулыгина, вскрикивает; тот смеется и снимает усы и бороду.)* Ну вас совсем, испугали! *(Ирине.)* Я к тебе привыкла и расстаться с тобой, ты думаешь, мне будет легко? В твою комнату я велю переселить Андрея с его скрипкой — пусть там пилит! — а в его комнату мы поместим Софочку. Дивный, чудный ребенок! Что за девчурочка! Сегодня она посмотрела на меня своими глазками и — "мама"!
Кулыгин. Прекрасный ребенок, это верно.
Наташа. Значит, завтра я уже одна тут. *(Вздыхает.)* Велю прежде всего срубить эту еловую аллею, потом вот этот клен. По вечерам он такой страшный, некрасивый... *(Ирине.)* Милая, совсем не к лицу тебе этот пояс... Это безвкусица. Надо что-нибудь светленькое. И тут везде я велю понасажать цветочков, цветочков, и будет запах... *(Строго.)* Зачем здесь на скамье валяется вилка? *(Проходя в дом, горничной.)* Зачем здесь на скамье валяется вилка, я спрашиваю? *(Кричит.)* Молчать!
Кулыгин. Разошлась!

За сценой музыка играет марш; все слушают.

Ольга. Уходят.

Входит Чебутыкин.

Маша. Уходят наши. Ну, что ж... Счастливый им путь! *(Мужу.)* Надо

Three Sisters

Kulygin. Yesterday I took away these whiskers and this beard from a boy in the third class... [*He puts on the whiskers and beard.*] I look like the teacher of German... [*Laughs.*] Don't I? The boys are amusing.
Masha. You really do look like that German of yours.
Olga. [*Laughs.*] Yes.

Masha weeps.

Irina. Don't, Masha!
Kulygin. It's a very good likeness...

Enter Natasha.
Natasha. [*To the maid.*] What? Mikhail Ivanych Protopopov will sit with little Sophie, and Andrey Sergeych can wheel Bobick. Children are such a bother... [*To Irina.*] Irina, it's such a pity you're going away tomorrow. Do stay just another week. [*Sees Kulygin and screams; he laughs and takes off his beard and whiskers.*] How you frightened me! [*To Irina.*] I've grown used to you and do you think it will be easy for me to part from you? I'm going to have Andrey and his violin put into your room—let him fiddle away in there!—and we'll put little Sophie into his room. The beautiful, lovely child! What a little girlie! Today she looked at me with her little eyes and said "Mamma!"

Kulygin. A beautiful child, it's quite true.
Natasha. That means I shall have the place to myself tomorrow. [*Sighs.*] In the first place I shall have that alley of fir-trees cut down, then that maple. It's so ugly at nights... [*To Irina.*] That belt doesn't suit you at all, dear... It's an error of taste. You need something light here. And I'll give orders to have lots and lots of little flowers planted here, and they'll smell... [*Severely.*] Why is there a fork lying about here on the seat? [*Going towards the house, to the maid.*] Why is there a fork lying about here on the seat, I say? [*Shouts.*] Shut up!
Kulygin. Temper!

A march is played off; they all listen.

Olga. They're going.

Chebutykin comes in.

Masha. Our friends are going. Well, well... Bon voyage! [*To her husband.*]

домой... Где моя шляпа и тальма...
Кулыгин. Я в дом отнес... Принесу сейчас. *(Уходит в дом.)*
Ольга. Да, теперь можно по домам. Пора.
Чебутыкин. Ольга Сергеевна!
Ольга. Что?

Пауза.

Что?
Чебутыкин. Ничего... Не знаю, как сказать вам... *(Шепчет ей на ухо.)*
Ольга *(в испуге).* Не может быть!
Чебутыкин. Да... такая история... Утомился я, замучился, больше не хочу говорить... *(С досадой.)* Впрочем, все равно!
Маша. Что случилось?
Ольга *(обнимает Ирину).* Ужасный сегодня день... Я не знаю, как тебе сказать, моя дорогая...
Ирина. Что? Говорите скорей: что? Бога ради! *(Плачет.)*
Чебутыкин. Сейчас на дуэли убит барон.
Ирина. Я знала, я знала...
Чебутыкин *(в глубине сцены садится на скамью).* Утомился... *(Вынимает из кармана газету.)* Пусть поплачут... *(Тихо напевает.)* Тара-ра-бумбия... сижу на тумбе я... Не все ли равно!

Три сестры стоят, прижавшись друг к другу.

Маша. О, как играет музыка! Они уходят от нас, один ушел совсем, совсем навсегда, мы останемся одни, чтобы начать нашу жизнь снова. Надо жить... Надо жить...
Ирина *(кладет голову на грудь Ольге).* Придет время, все узнают, зачем все это, для чего эти страдания, никаких не будет тайн, а пока надо жить... надо работать, только работать! Завтра я поеду одна, буду учить в школе и всю свою жизнь отдам тем, кому она, быть может, нужна. Теперь осень, скоро придет зима, засыплет снегом, а я буду работать, буду работать...
Ольга *(обнимает обеих сестер).* Музыка играет так весело, бодро, и хочется жить! О, боже мой! Пройдет время, и мы уйдем навеки, нас забудут, забудут наши лица, голоса и сколько нас было, но страдания наши перейдут в радость для тех, кто будет жить после нас, счастье и мир настанут на земле, и помянут добрым словом и благословят

Three Sisters

We must be going home... Where's my hat and coat?
Kulygin. I took them in... I'll bring them, in a moment. [*Goes into the house.*]
Olga. Yes, now we can all go home. It's time.
Chebutykin. Olga Sergeyevna!
Olga. What is it?

Pause.

What is it?
Chebutykin. Nothing... I don't know how to tell you... [*Whispers to her.*]
Olga. [*Frightened.*] It can't be true!
Chebutykin. Yes... such a story... I'm tired out, exhausted, I won't say any more... [*With vexation.*] Still, it's all the same!
Masha. What's happened?
Olga. [*Embraces Irina.*] This is a terrible day... I don't know how to tell you, my dear...
Irina. What is it? Tell me quickly, what is it? For God's sake! [*Cries.*]
Chebutykin. The Baron was killed in the duel just now.
Irina. I knew it, I knew it...
Chebutykin. [*Sits on a bench at the back of the stage.*] I'm tired... [*Takes a paper from his pocket.*] Let 'em cry... [*Sings softly.*] "Tarara-boom-beay, I am sitting on a pedestal... Isn't it all the same!

The three sisters are standing, pressing against one another.

Masha. Oh, how the music plays! They are leaving us, one has quite left us, quite and for ever. We'll remain alone, to begin our life over again. We must live... we must live...
Irina. [*Puts her head on Olga's bosom.*] There will come a time when everybody will know why, for what purpose, there is all this suffering, and there will be no more mysteries. But now we must live... we must work, just work! Tomorrow, I'll go away alone, and I'll teach at school and give my whole life to those who, perhaps, need it. It's autumn now, soon it will be winter, the snow will cover everything, and I shall be working, working...
Olga. [*Embraces both her sisters.*] The music is so gay, so cheerful, and one does so want to live! Oh, my God! Time will pass on, and we shall depart for ever, we shall be forgotten; they will forget our faces, voices, and even how many there were of us, but our sufferings will turn into joy for those who will live after us, happiness and peace will reign on earth, and

тех, кто живет теперь. О, милые сестры, жизнь наша еще не кончена. Будем жить! Музыка играет так весело, так радостно, и, кажется, еще немного, и мы узнаем, зачем мы живем, зачем страдаем... Если бы знать, если бы знать!

Музыка играет все тише и тише; Кулыгин, веселый, улыбающийся, несет шляпу и тальму, Андрей везет другую колясочку, в которой сидит Бобик.

Чебутыкин *(тихо напевает).* Тара... ра... бумбия... сижу на тумбе я... *(Читает газету.)* Все равно! Все равно!
Ольга. Если бы знать, если бы знать!

Занавес.

Three Sisters

people will remember with kindly words, and bless those who are living now. Oh dear sisters, our life is not yet at an end. Let us live. The music is so gay, so joyful, and, it seems that in a little while we shall know why we are living, why we are suffering... If we could only know, if we could only know!

The music has been growing softer and softer; Kulygin, gay, smiling, brings out the hat and coat; Andrey wheels out the perambulator in which Bobick is sitting.

Chebutykin. [*Sings softly.*] "Tara... ra... boom-beay... I am sitting on a pedestal... [*Reads a paper.*] It's all the same! It's all the same!
Olga. If only we could know, if only we could know!

Curtain.

Вишневый сад

Комедия в четырех действиях

Действующие лица

Раневская Любовь Андреевна, *помещица.*
Аня, *ее дочь, 17 лет.*
Варя, *ее приемная дочь, 24 лет.*
Гаев Леонид Андреевич, *брат Раневской.*
Лопахин Ермолай Алексеевич, *купец.*
Трофимов Петр Сергеевич, *студент.*
Симеонов-Пищик Борис Борисович, *помещик.*
Шарлотта Ивановна, *гувернантка.*
Епиходов Семен Пантелеевич, *конторщик.*
Дуняша, *горничная.*
Фирс, *лакей, старик 87 лет.*
Яша, *молодой лакей.*
Прохожий.
Начальник станции.
Почтовый чиновник.
Гости, прислуга.

Действие происходит в имении Л. А. Раневской.

Действие первое

Комната, которая до сих пор называется детскою. Одна из дверей ведет в комнату Ани. Рассвет, скоро взойдет солнце. Уже май, цветут вишневые деревья, но в саду холодно, утренник. Окна в комнате закрыты.

Входят Дуняша со свечой и Лопахин с книгой в руке.

Лопахин. Пришел поезд, слава богу. Который час?
Дуняша. Скоро два. *(Тушит свечу.)* Уже светло.
Лопахин. На сколько же это опоздал поезд? Часа на два, по крайней мере. *(Зевает и потягивается.)* Я-то хорош, какого дурака свалял!

THE CHERRY ORCHARD

A Comedy in Four Acts

Characters

Lyubov Andreyevna Ranevskaya, *a landowner.*
Anya, *her daughter, aged seventeen.*
Varya, *her adopted daughter, aged twenty-four.*
Leonid Andreyevich Gaev, *Ranevskaya's brother.*
Ermolay Alekseyevich Lopakhin, *a merchant.*
Pyotr Sergeyevich Trofimov, *a student.*
Boris Borisovich Simeonov-Pishchik, *a landowner.*
Charlotta Ivanovna, *a governess.*
Semyon Panteleyevich Epikhodov, *a clerk.*
Dunyasha, *a maid.*
Firs, *a lackey, an old man of eighty-seven.*
Yasha, *a young lackey.*
A passer-by.
A station-master.
A post office clerk.
Guests, servants.

The action takes place on L.A. Ranevskaya's estate.

Act One

A room which is still called the nursery. One of the doors leads into Anya's room. Dawn; it is close on sunrise. It is May, the cherry-trees are in flower but it is chilly in the orchard; there is a morning frost. The windows in the room are shut.

Enter Dunyasha with a candle and Lopakhin with a book in his hand.

Lopakhin. The train's arrived, thank God. What's the time?
Dunyasha. It will soon be two. *[Blows out the candle.]* It is light already.
Lopakhin. How much was the train late? Two hours at least. *[Yawns and stretches himself.]* And I'm a fine piece of work; I've made a rotten mess of

Вишневый сад

Нарочно приехал сюда, чтобы на станции встретить, и вдруг проспал... Сидя уснул. Досада... Хоть бы ты меня разбудила.
Дуняша. Я думала, что вы уехали. *(Прислушивается.)* Вот, кажется, уже едут.
Лопахин *(прислушивается).* Нет... Багаж получить, то да се...

Пауза.

Любовь Андреевна прожила за границей пять лет, не знаю, какая она теперь стала... Хороший она человек. Легкий, простой человек. Помню, когда я был мальчонком лет пятнадцати, отец мой, покойный — он тогда здесь на деревне в лавке торговал — ударил меня по лицу кулаком, кровь пошла из носу... Мы тогда вместе пришли зачем-то во двор, и он выпивши был. Любовь Андреевна, как сейчас помню, еще молоденькая, такая худенькая, подвела меня к рукомойнику, вот в этой самой комнате, в детской. "Не плачь, говорит, мужичок, до свадьбы заживет... "

Пауза.

Мужичок... Отец мой, правда, мужик был, а я вот в белой жилетке, желтых башмаках. Со свиным рылом в калашный ряд... Только что вот богатый, денег много, а ежели подумать и разобраться, то мужик мужиком... *(Перелистывает книгу.)* Читал вот книгу и ничего не понял. Читал и заснул.

Пауза.

Дуняша. А собаки всю ночь не спали, чуют, что хозяева едут.
Лопахин. Что ты, Дуняша, такая...
Дуняша. Руки трясутся. Я в обморок упаду.
Лопахин. Очень уж ты нежная, Дуняша. И одеваешься как барышня, и прическа тоже. Так нельзя. Надо себя помнить.

Входит Епиходов с букетом; он в пиджаке и в ярко вычищенных сапогах, которые сильно скрипят; войдя, он роняет букет.

Епиходов *(поднимает букет).* Вот садовник прислал, говорит, в столовой поставить. *(Отдает Дуняше букет.)*
Лопахин. И квасу мне принесешь.

The Cherry Orchard

it! I came here on purpose to meet them at the station, and then overslept myself... Sitting in a chair. It's a pity... I wish you'd wakened me.
Dunyasha. I thought you'd gone away. *[Listening.]* I think I hear them coming.
Lopakhin. *[Listens.]* No... They've got to collect their luggage and so on...

Pause.

Lyubov Andreyevna has been living abroad for five years; I don't know what she'll be like now... She's a good sort. An easy, simple person. I remember when I was a boy of about fifteen, my late father—he used to keep a shop in the village here—hit me on the face with his fist, and my nose bled... We had gone into the yard together for something or other, and he was drunk. Lyubov Andreyevna, as I remember her now, was still young and so thin, and she took me to the washstand here in this very room, the nursery. She said, "Don't cry, little peasant, it'll be all right in time for your wedding..."

Pause.

Little peasant... My father was a peasant, it's true, but here I am in a white waistcoat and yellow shoes. A pearl out of an oyster... The only difference is I'm rich, with lots of money, but just think about it and examine me, and you'll find I'm still a peasant down to the marrow of my bones... *[Turns over the pages of his book.]* I've been reading this book, but I understood nothing. I read and fell asleep.

Pause.

Dunyasha. The dogs didn't sleep all night; they sense their masters are coming.
Lopakhin. What's up with you, Dunyasha...
Dunyasha. My hands are shaking. I shall faint.
Lopakhin. You're too delicate, Dunyasha. You dress just like a young lady, and you do your hair like one too. You oughtn't. You should know your place.

Epikhodov enters with a bouquet; he wears a jacket and brilliantly polished boots which squeak audibly; he drops the bouquet as he enters.

Epikhodov. *[Picks up the bouquet.]* The gardener sent these; says they're to go into the dining-room. *[Gives the bouquet to Dunyasha.]*
Lopakhin. And you'll bring me some kvass.

Вишневый сад

Дуняша. Слушаю. *(Уходит.)*
Епиходов. Сейчас утренник, мороз в три градуса, а вишня вся в цвету. Не могу одобрить нашего климата. *(Вздыхает.)* Не могу. Наш климат не может способствовать в самый раз. Вот, Ермолай Алексеич, позвольте вам присовокупить, купил я себе третьего дня сапоги, а они, смею вас уверить, скрипят так, что нет никакой возможности. Чем бы смазать?
Лопахин. Отстань. Надоел.
Епиходов. Каждый день случается со мной какое-нибудь несчастье. И я не ропщу, привык и даже улыбаюсь.

Дуняша входит, подает Лопахину квас.

Я пойду. *(Натыкается на стул, который падает.)* Вот... *(Как бы торжествуя.)* Вот видите, извините за выражение, какое обстоятельство, между прочим... Это просто даже замечательно! *(Уходит.)*
Дуняша. А мне, Ермолай Алексеич, признаться, Епиходов предложение сделал.
Лопахин. А!
Дуняша. Не знаю уж как... Человек он смирный, а только иной раз как начнет говорить, ничего не поймешь. И хорошо, и чувствительно, только непонятно. Мне он как будто и нравится. Он меня любит безумно. Человек он несчастливый, каждый день что-нибудь. Его так и дразнят у нас: двадцать два несчастья...
Лопахин *(прислушивается).* Вот, кажется, едут...
Дуняша. Едут! Что ж это со мной... похолодела вся.
Лопахин. Едут, в самом деле. Пойдем встречать. Узнает ли она меня? Пять лет не видались.
Дуняша *(в волнении).* Я сейчас упаду... Ах, упаду!

Слышно, как к дому подъезжают два экипажа. Лопахин и Дуняша быстро уходят. Сцена пуста. В соседних комнатах начинается шум. Через сцену, опираясь на палочку, торопливо проходит Фирс, ездивший встречать Любовь Андреевну; он в старинной ливрее и в высокой шляпе; что-то говорит сам с собой, но нельзя разобрать ни одного слова. Шум за сценой все усиливается. Голос: "Вот, пройдемте здесь..." Любовь Андреевна, Аня и Шарлотта Ивановна с собачкой на цепочке, одеты по-дорожному, Варя в пальто и платке, Гаев, Симеонов-Пищик, Лопахин, Дуняша с узлом и зонтиком, прислуга с вещами — все идут через комнату.

The Cherry Orchard

Dunyasha. Very well. *[Exit.]*
Epikhodov. There's a frost this morning—three degrees, and the cherry-trees are all in flower. I can't approve of our climate. *[Sighs.]* I can't. Our climate is indisposed to favour us even this once. And, Ermolay Alekseyevich, allow me to say to you, in addition, that I bought myself some boots two days ago, and I beg to assure you that they squeak in a perfectly unbearable manner. What shall I put on them?
Lopakhin. Leave me alone. You bore me.
Epikhodov. Some misfortune happens to me every day. But I don't complain; I'm used to it, and I even smile.

Dunyasha comes in and gives Lopakhin some kvass.

I shall go. *[Bumps into a chair, which falls over.]* There... *[As if triumphantly.]* There, you see, if I may use the word, what circumstances I am in, so to speak... It is even simply marvellous! *[Exit.]*
Dunyasha. I may confess to you, Ermolay Alekseyich, that Epikhodov has proposed to me.
Lopakhin. Ah!
Dunyasha. I don't know what to do about it... He's a quiet man, but every now and again, when he begins talking, you can't understand a word. It's nice and sensitive, but incomprehensible. I think I like him. He's madly in love with me. He's an unlucky man; every day something happens. We tease him about it and call him "Two-and-twenty troubles"...
Lopakhin. *[Listens.]* There they come, I think...
Dunyasha. They're coming! What's the matter with me? I'm cold all over.
Lopakhin. There're coming, right enough. Let's go and meet them. Will she recognise me? We haven't seen each other for five years.
Dunyasha. *[Excited.]* I shall faint in a minute... Oh, I shall faint!

Two carriages are heard driving up to the house. Lopakhin and Dunyasha quickly go out. The stage is empty. A noise begins in the adjoining rooms. Firs, leaning on a stick, walks quickly across the stage; he has just been to meet Lyubov Andreyevna; he wears an old-fashioned livery and a tall hat; he is saying something to himself, but not a word of it can be made out. The noise behind the stage gets louder and louder. A voice is heard: "Let's go in there..." Lyubov Andreyevna, Anya, and Charlotta Ivanovna with a little dog on a chain, all dressed in travelling clothes, Varya in a coat and kerchief, Gaev, Simeonov-Pishchik, Lopakhin, Dunyasha with a parcel and an umbrella, servants with luggage—all cross the room.

Вишневый сад

Аня. Пройдемте здесь. Ты, мама, помнишь, какая это комната?
Любовь Андреевна *(радостно, сквозь слезы).* Детская!
Варя. Как холодно, у меня руки закоченели. *(Любови Андреевне.)* Ваши комнаты, белая и фиолетовая, такими же и остались, мамочка.
Любовь Андреевна. Детская, милая моя, прекрасная комната... Я тут спала, когда была маленькой... *(Плачет.)* И теперь я как маленькая... *(Целует брата, Варю, потом опять брата.)* А Варя по-прежнему все такая же, на монашку похожа. И Дуняшу я узнала... *(Целует Дуняшу.)*
Гаев. Поезд опоздал на два часа. Каково? Каковы порядки?
Шарлотта *(Пищику).* Моя собака и орехи кушает.
Пищик *(удивленно).* Вы подумайте!

Уходят все, кроме Ани и Дуняши.

Дуняша. Заждались мы... *(Снимает с Ани пальто, шляпу.)*
Аня. Я не спала в дороге четыре ночи... теперь озябла очень.
Дуняша. Вы уехали в великом посту, тогда был снег, был мороз, а теперь? Милая моя! *(Смеется, целует ее.)* Заждались вас, радость моя, светик... Я скажу вам сейчас, одной минутки не могу утерпеть...
Аня *(вяло).* Опять что-нибудь...
Дуняша. Конторщик Епиходов после святой мне предложение сделал.
Аня. Ты все об одном... *(Поправляя волосы.)* Я растеряла все шпильки... *(Она очень утомлена, даже пошатывается.)*
Дуняша. Уж я не знаю, что и думать. Он меня любит, так любит!
Аня *(глядит в свою дверь, нежно).* Моя комната, мои окна, как будто я не уезжала. Я дома! Завтра утром встану, побегу в сад... О, если бы я могла уснуть! Я не спала всю дорогу, томило меня беспокойство.
Дуняша. Третьего дня Петр Сергеич приехали.
Аня *(радостно).* Петя!
Дуняша. В бане спят, там и живут. Боюсь, говорят, стеснить. *(Взглянув на свои карманные часы.)* Надо бы их разбудить, да Варвара Михайловна не велела. Ты, говорит, его не буди.

Входит Варя, на поясе у нее вязка ключей.

Варя. Дуняша, кофе поскорей... Мамочка кофе просит.
Дуняша. Сию минуточку. *(Уходит.)*
Варя. Ну, слава богу, приехали. Опять ты дома. *(Ласкаясь.)* Душечка

The Cherry Orchard

Anya. Let's go through here. Do you remember what this room is, mother?
Lyubov Andreyevna. *[Joyfully, through her tears.]* The nursery!
Varya. How cold it is, my hands are quite numb. *[To Lyubov Andreyevna.]* Your rooms, the white one and the violet one, are just as they used to be, mother.
Lyubov Andreyevna. My dear nursery, oh, you beautiful room... I used to sleep here when I was a little girl... *[Weeps.]* And here I am like a little girl again... *[Kisses her brother, Varya, then her brother again.]* And Varya is just as she used to be, just like a nun... And I recognised Dunyasha... *[Kisses Dunyasha.]*
Gaev. The train was two hours late. There now; how's that for punctuality?
Charlotta. *[To Pishchik.]* My dog eats nuts too.
Pishchik. *[Astonished.]* To think of that, now!

All go out except Anya and Dunyasha.

Dunyasha. We waited a long time... *[Takes off Anya's coat and hat.]*
Anya. I didn't get any sleep for four nights on the journey... and now I'm awfully cold.
Dunyasha. You went away during Lent, when it was snowing and frosty, but now? Darling! *[Laughs and kisses her.]* We waited a long time for you, my joy, light of my life... I must tell you at once, I can't bear to wait a minute...
Anya. *[Phlegmatically.]* Something else now...
Dunyasha. The clerk, Epikhodov, proposed to me after Easter.
Anya. Always the same... *[Puts her hair straight.]* I've lost all my hairpins... *[She is very tired, even staggering.]*
Dunyasha. I don't know what to think about it. He loves me, he loves me so much!
Anya. *[Looks into her room; gently.]* My room, my windows, as if I'd never gone away. I'm at home! Tomorrow morning I'll get up, I'll run into the orchard... Oh, if I could only get to sleep! I didn't sleep the whole journey, I was so worried.
Dunyasha. Pyotr Sergeich came two days ago.
Anya. *[Joyfully.]* Petya!
Dunyasha. He sleeps in the bath-house, he lives there. He said he was afraid he'd be in the way. *[Looks at her pocket-watch.]* I ought to wake him up, but Varvara Mikhaylovna told me not to. "Don't wake him up," she said.

Enter Varya, a bunch of keys on her belt.

Varya. Dunyasha, some coffee, quick... Mother is asking for coffee.
Dunyasha. This minute. *[Exit.]*
Varya. Well, you've come, glory be to God. You're home again. *[Caressing*

моя приехала! Красавица приехала!

Аня. Натерпелась я.

Варя. Воображаю.

Аня. Выехала я на страстной неделе, тогда было холодно, Шарлотта всю дорогу говорит, представляет фокусы. И зачем ты навязала мне Шарлотту...

Варя. Нельзя же тебе одной ехать, душечка. В семнадцать лет!

Аня. Приезжаем в Париж, там холодно, снег. По-французски говорю я ужасно. Мама живет на пятом этаже, прихожу к ней, у нее какие-то французы, дамы, старый патер с книжкой, и накурено, неуютно. Мне вдруг стало жаль мамы, так жаль, я обняла ее голову, сжала руками и не могу выпустить. Мама потом все ласкалась, плакала...

Варя (*сквозь слезы*). Не говори, не говори...

Аня. Дачу свою около Ментоны она уже продала, у нее ничего не осталось, ничего. У меня тоже не осталось ни копейки, едва доехали. И мама не понимает! Сядем на вокзале обедать, и она требует самое дорогое и на чай лакеям дает по рублю. Шарлотта тоже. Яша тоже требует себе порцию, просто ужасно. Ведь у мамы лакей Яша, мы привезли его сюда...

Варя. Видела подлеца.

Аня. Ну что, как? Заплатили проценты?

Варя. Где там.

Аня. Боже мой, боже мой...

Варя. В августе будут продавать имение...

Аня. Боже мой...

Лопахин (*заглядывает в дверь и мычит*). Ме-е-е... (*Уходит.*)

Варя (*сквозь слезы*). Вот так бы и дала ему... (*Грозит кулаком.*)

Аня (*обнимает Варю, тихо*). Варя, он сделал предложение? (*Варя отрицательно качает головой.*) Ведь он же тебя любит... Отчего вы не объяснитесь, чего вы ждете?

Варя. Я так думаю, ничего у нас не выйдет. У него дела много, ему не до меня... и внимания не обращает. Бог с ним совсем, тяжело мне его видеть... Все говорят о нашей свадьбе, все поздравляют, а на самом деле ничего нет, все как сон... (*Другим тоном.*) У тебя брошка вроде как пчелка.

Аня (*печально*). Это мама купила. (*Идет в свою комнату, говорит весело, по-детски.*) А в Париже я на воздушном шаре летала!

Варя. Душечка моя приехала! Красавица приехала!

Дуняша уже вернулась с кофейником и варит кофе.

The Cherry Orchard

her.] My darling has come! My pretty one has come!

Anya. I did have an awful time.

Varya. I can imagine.

Anya. I went away in Holy Week; it was cold then, Charlotta talked the whole way and would go on performing her tricks. Why did you tie Charlotta on to me?

Varya. You couldn't go alone, darling, at seventeen!

Anya. We arrive in Paris; it's cold there and snowing. I speak French horribly. My mother lives on the fifth floor. I go to her, and find her there with some Frenchmen, ladies, an old abbé with a book, and everything in tobacco smoke and with no comfort at all. I suddenly became very sorry for mother—so sorry that I took her head in my arms, hugged it and wouldn't let it go. Then mother started hugging me and crying...

Varya. *[Through tears.]* Don't talk, don't talk...

Anya. She's already sold her dacha near Mentone; she's nothing left, nothing. I hadn't a kopeck left either; we only just managed to get here. And mother won't understand! We had dinner at a station; she asked for all the expensive things, and tipped the waiters one rouble each. And Charlotta too. Yasha wants his share too, it's simply terrible. Mother's got a lackey, Yasha; we've brought him here...

Varya. I saw the wretch.

Anya. So, how is everything? Have you paid the interest?

Varya. Not much chance of that.

Anya. Oh God, oh God...

Varya. The estate will be up for sale in August...

Anya. Oh God...

Lopakhin. *[Looks in at the door and moos.]* Moo... *[Exit.]*

Varya. *[Through tears.]* I'd like to punch him... *[Shakes her fist.]*

Anya. *[Embraces Varya, softly.]* Varya, has he proposed? *[Varya shakes her head.]* But he loves you... Why don't you talk about it, what are you waiting for?

Varya. I think that it will all come to nothing. He's a busy man, he has no time for me... he pays no attention to me. Bless the man, it's hard for me to see him... Everybody talks about our marriage, everybody congratulates me, but in fact there's nothing, it's all like a dream... *[In another tone.]* You've got a brooch like a bee.

Anya. *[Sadly.]* Mother bought it. *[Goes into her room, talks lightly, like a child.]* In Paris I went up in a balloon!

Varya. My darling has come! My pretty one has come!

Dunyasha has already returned with the coffee-pot and is making the coffee.

467

Вишневый сад

(Стоит около двери.) Хожу я, душечка, цельный день по хозяйству и все мечтаю. Выдать бы тебя за богатого человека, и я бы тогда была покойной, пошла бы себе в пустынь, потом в Киев... в Москву, и так бы все ходила по святым местам... Ходила бы и ходила. Благолепие!..
Аня. Птицы поют в саду. Который теперь час?
Варя. Должно, третий... Тебе пора спать, душечка. *(Входя в комнату к Ане.)* Благолепие!

Входит Яша с пледом, дорожной сумочкой.

Яша *(идет через сцену, деликатно).* Тут можно пройти-с?
Дуняша. И не узнаешь вас, Яша. Какой вы стали за границей.
Яша. Гм... А вы кто?
Дуняша. Когда вы уезжали отсюда, я была этакой... *(Показывает от пола.)* Дуняша, Федора Козоедова дочь. Вы не помните!
Яша. Гм... Огурчик! *(Оглядывается и обнимает ее; она вскрикивает и роняет блюдечко.)*

Яша быстро уходит.

Варя *(в дверях, недовольным голосом).* Что еще тут?
Дуняша *(сквозь слезы).* Блюдечко разбила.
Варя. Это к добру.
Аня *(выйдя из своей комнаты).* Надо бы маму предупредить: Петя здесь...
Варя. Я приказала его не будить.
Аня *(задумчиво).* Шесть лет тому назад умер отец, через месяц утонул в реке брат Гриша, хорошенький семилетний мальчик. Мама не перенесла, ушла, ушла без оглядки... *(Вздрагивает.)* Как я ее понимаю, если бы она знала!

Пауза.

А Петя Трофимов был учителем Гриши, он может напомнить...

Входит Фирс, он в пиджаке и белом жилете.

Фирс *(идет к кофейнику, озабоченно).* Барыня здесь будут кушать... *(Надевает белые перчатки.)* Готов кофий? *(Строго, Дуняше.)* Ты! А сливки?

The Cherry Orchard

[Stands near the door.] I go about all day, looking after the house, and I dream all the time. If only we could marry you off to a rich man, then I'd be calm and would go into solitude, then to Kiev... to Moscow, and I'd keep on going like that from one holy place to another... I'd go on and on. Splendid!..
Anya. The birds are singing in the garden. What time is it now?
Varya. It must be after two... Time you went to sleep, darling. *[Goes into Anya's room.]* Splendid!

Enter Yasha with a plaid and a travelling bag.

Yasha. *[Crossing the stage, politely.]* May I come through here?
Dunyasha. I hardly recognised you, Yasha. You have changed abroad.
Yasha. Hm... and who are you?
Dunyasha. When you went away from here I was so high... *[Shows the height from the floor.]* Dunyasha, the daughter of Fyodor Kozoyedov. You don't remember!
Yasha. Hm... Little pickle! *[Looks round and embraces her; she screams and drops a saucer.]*

Yasha goes out quickly.

Varya. *[In the doorway, in an angry voice.]* What's that?
Dunyasha. *[Through her tears.]* I've broken a saucer.
Varya. That's good luck.
Anya. *[Coming out of her room.]* We must warn mother: Petya is here...
Varya. I told them not to wake him.
Anya. *[Thoughtfully.]* Father died six years ago, a month later my brother Grisha drowned in the river—a sweet boy of seven! Mother couldn't bear it; she went away, away, without looking back... *[Shudders.]* How I understand her; if only she knew!

Pause.

And Petya Trofimov was Grisha's tutor, he might remind her...

Enter Firs in a jacket and white waistcoat.

Firs. *[Goes to the coffee-pot, anxiously.]* The mistress will take it here... *[Puts on white gloves.]* Is the coffee ready? *[To Dunyasha, severely.]* You! What about the cream?

Вишневый сад

Дуняша. Ах, боже мой... *(Быстро уходит.)*
Фирс *(хлопочет около кофейника).* Эх ты, недотепа... *(Бормочет про себя.)* Приехали из Парижа... И барин когда-то ездил в Париж... на лошадях... *(Смеется.)*
Варя. Фирс, ты о чем?
Фирс. Чего изволите? *(Радостно.)* Барыня моя приехала! Дождался! Теперь хоть и помереть... *(Плачет от радости.)*

Входят Любовь Андреевна, Гаев, Лопахин и Симеонов-Пищик, Симеонов-Пищик в поддевке из тонкого сукна и шароварах. Гаев, входя, руками и туловищем делает движения, как будто играет на бильярде.

Любовь Андреевна. Как это? Дай-ка вспомнить... Желтого в угол! Дуплет в середину!
Гаев. Режу в угол! Когда-то мы с тобой, сестра, спали вот в этой самой комнате, а теперь мне уже пятьдесят один год, как это ни странно...
Лопахин. Да, время идет.
Гаев. Кого?
Лопахин. Время, говорю, идет.
Гаев. А здесь пачулями пахнет.
Аня. Я спать пойду. Спокойной ночи, мама. *(Целует мать.)*
Любовь Андреевна. Ненаглядная дитюся моя. *(Целует ей руки.)* Ты рада, что ты дома? Я никак в себя не приду.
Аня. Прощай, дядя.
Гаев *(целует ей лицо, руки).* Господь с тобой. Как ты похожа на свою мать! *(Сестре.)* Ты, Люба, в ее годы была точно такая.

Аня подает руку Лопахину и Пищику, уходит и затворяет за собой дверь.

Любовь Андреевна. Она утомилась очень.
Пищик. Дорога небось длинная.
Варя *(Лопахину и Пищику).* Что ж, господа? Третий час, пора и честь знать.
Любовь Андреевна *(смеется).* Ты все такая же, Варя. *(Привлекает ее к себе и целует.)* Вот выпью кофе, тогда все уйдем.

Фирс кладет ей под ноги подушечку.

Спасибо, родной. Я привыкла к кофе. Пью его и днем и ночью. Спа-

The Cherry Orchard

Dunyasha. Oh, my God... *[Rapid exit.]*
Firs. *[Fussing round the coffee-pot.]* Oh, you oaf... *[Murmurs to himself.]* Back from Paris... And the master used to go to Paris... in a carriage... *[Laughs.]*
Varya. Firs, what are you on about?
Firs. I beg your pardon? *[Joyfully.]* My mistress has come! I've lived to see her! Don't care if I die now... *[Weeps with joy.]*

Enter Lyubov Andreyevna, Gaev, Lopakhin, and Simeonov-Pishchik, Simeonov-Pishchik in a long coat of thin cloth and loose pantaloons. Gaev, coming in, moves his arms and body about as if he is playing billiards.

Lyubov Andreyevna. How does it go? Let me remember... Yellow into the corner! Double into the centre!
Gaev. Right into the corner! Once upon a time, sister, you and I used to sleep in this very room, and now I'm fifty-one, strange as it may seem...
Lopakhin. Yes, time does go.
Gaev. Who does?
Lopakhin. I said that time does go.
Gaev. It smells of patchouli here.
Anya. I'm going to bed. Good night, mother. *[Kisses her mother.]*
Lyubov Andreyevna. My lovely little baby. *[Kisses her hands.]* Glad to be at home? I can't get over it.
Anya. Good night, uncle.
Gaev. *[Kisses her face and hands.]* God be with you. How you do resemble your mother! *[To his sister.]* You were just like her at her age, Lyuba.

Anya gives her hand to Lopakhin and Pishchik, goes out and shuts the door behind her.

Lyubov Andreyevna. She's awfully tired.
Pishchik. It's a long journey.
Varya. *[To Lopakhin and Pishchik.]* Well, gentlemen, it's after two, quite time you went.
Lyubov Andreyevna. *[Laughs.]* You're still just the same, Varya. *[Draws her close and kisses her.]* I'll have some coffee now, then we'll all go.

Firs lays a cushion under her feet.

Thank you, dear. I'm used to coffee. I drink it day and night. Thank you,

сибо, мой старичок. *(Целует Фирса.)*
Варя. Поглядеть, все ли вещи привезли... *(Уходит.)*
Любовь Андреевна. Неужели это я сижу? *(Смеется.)* Мне хочется прыгать, размахивать руками. *(Закрывает лицо руками.)* А вдруг я сплю! Видит бог, я люблю родину, люблю нежно, я не могла смотреть из вагона, все плакала. *(Сквозь слезы.)* Однако же надо пить кофе. Спасибо тебе, Фирс, спасибо мой старичок. Я так рада, что ты еще жив.
Фирс. Позавчера.
Гаев. Он плохо слышит.
Лопахин. Мне сейчас, в пятом часу утра, в Харьков ехать. Такая досада! Хотелось поглядеть на вас, поговорить... Вы все такая же великолепная.
Пищик *(тяжело дышит)*. Даже похорошела... Одета по-парижскому... пропадай моя телега, все четыре колеса...
Лопахин. Ваш брат, вот Леонид Андреевич, говорит про меня, что я хам, я кулак, но это мне решительно все равно. Пускай говорит. Хотелось бы только, чтобы вы мне верили по-прежнему, чтобы ваши удивительные, трогательные глаза глядели на меня, как прежде. Боже милосердный! Мой отец был крепостным у вашего деда и отца, но вы, собственно вы, сделали для меня когда-то так много, что я забыл все и люблю вас, как родную... больше, чем родную.
Любовь Андреевна. Я не могу усидеть, не в состоянии... *(Вскрикивает и ходит в сильном волнении.)* Я не переживу этой радости... Смейтесь надо мной, я глупая... Шкафик мой родной... *(Целует шкаф.)* Столик мой.
Гаев. А без тебя тут няня умерла.
Любовь Андреевна *(садится и пьет кофе)*. Да, царство небесное. Мне писали.
Гаев. И Анастасий умер. Петрушка Косой от меня ушел и теперь в городе у пристава живет. *(Вынимает из кармана коробку с леденцами, сосет.)*
Пищик. Дочка моя, Дашенька... вам кланяется...
Лопахин. Мне хочется сказать вам что-нибудь очень приятное, веселое. *(Взглянув на часы.)* Сейчас уеду, некогда разговаривать... ну, да я в двух-трех словах. Вам уже известно, вишневый сад ваш продается за долги, на двадцать второе августа назначены торги, но вы не беспокойтесь, моя дорогая, спите себе спокойно, выход есть... Вот мой проект. Прошу внимания! Ваше имение находится только в двадцати верстах от города, возле прошла железная дорога, и если

The Cherry Orchard

dear old man. *[Kisses Firs.]*
Varya. I'll go and see if they've brought in all the luggage... *[Exit.]*
Lyubov Andreyevna. Is it really I who am sitting here? *[Laughs.]* I want to jump about and wave my arms. *[Covers her face with her hands.]* But suppose I'm dreaming! God knows I love my country, I love it fondly; I couldn't look out of the railway carriage, I cried so much. *[Through tears.]* Still, I must have my coffee. Thank you, Firs, thank you, my dear old man. I'm so glad you're still alive.
Firs. The day before yesterday.
Gaev. He doesn't hear well.
Lopakhin. It's after four, and I've got to go off to Kharkov now. How vexing! I wanted to look at you, to talk... You're still as magnificent as ever.
Pishchik. *[Breathes heavily.]* Even prettier... dressed in Paris fashions... the devil take my cart with all four wheels...
Lopakhin. Your brother, Leonid Andreyevich, says I'm a boor, a kulak, but that is absolutely nothing to me. Let him talk. Only I do wish you would trust me as you used to, that your wonderful, touching eyes would look at me as they did before. Merciful God! My father was a serf of your grandfather and your father, but you—you more than anybody else—did so much for me once upon a time that I've forgotten everything and love you as if you belonged to my family... and even more.
Lyubov Andreyevna. I can't sit still, I just can't... *[Utters a scream and walks about in great excitement.]* I'll never survive this happiness... Laugh at me, I'm silly... My dear little cupboard... *[Kisses cupboard.]* My little table.
Gaev. Nurse has died in your absence.
Lyubov Andreyevna. *[Sits and drinks coffee.]* Yes, bless her soul. They wrote to me.
Gaev. And Anastasy has died. Petrushka Kosoy has left me and now lives in town with the police officer. *[Takes a box of sugar-candy out of his pocket, sucks.]*
Pishchik. My daughter, Dashenka... sends you her regards...
Lopakhin. I want to say something very pleasant and cheerful to you. *[Looks at his watch.]* I'm going away now, I have no time to talk... well, I'll tell you in two or three words. As you already know, your cherry orchard is to be sold to pay your debts, and the sale is fixed for August 22; but you needn't worry, my dear, you may sleep in peace; there's a way out... Here's my plan. Attention, please! Your estate is only twenty versts from the town, the railway runs by, and if the cherry orchard and the land by the river are

вишневый сад и землю по реке разбить на дачные участки и отдавать потом в аренду под дачи, то вы будете иметь самое малое двадцать пять тысяч в год дохода.

Гаев. Извините, какая чепуха!

Любовь Андреевна. Я вас не совсем понимаю, Ермолай Алексеич.

Лопахин. Вы будете брать с дачников самое малое по двадцать пять рублей в год за десятину, и если теперь же объявите, то, я ручаюсь чем угодно, у вас до осени не останется ни одного свободного клочка, все разберут. Одним словом, поздравляю, вы спасены. Местоположение чудесное, река глубокая. Только, конечно, нужно поубрать, почистить... например, скажем, снести все старые постройки, вот этот дом, который уже никуда не годится, вырубить старый вишневый сад...

Любовь Андреевна. Вырубить? Милый мой, простите, вы ничего не понимаете. Если во всей губернии есть что-нибудь интересное, даже замечательное, так это только наш вишневый сад.

Лопахин. Замечательного в этом саду только то, что он очень большой. Вишня родится раз в два года, да и ту девать некуда, никто не покупает.

Гаев. И в "Энциклопедическом словаре" упоминается про этот сад.

Лопахин (*взглянув на часы*). Если ничего не придумаем и ни к чему не придем, то двадцать второго августа и вишневый сад и все имение будут продавать с аукциона. Решайтесь же! Другого выхода нет, клянусь вам. Нет и нет.

Фирс. В прежнее время, лет сорок-пятьдесят назад, вишню сушили, мочили, мариновали, варенье варили, и, бывало...

Гаев. Помолчи, Фирс.

Фирс. И, бывало, сушеную вишню возами отправляли в Москву и в Харьков. Денег было! И сушеная вишня тогда была мягкая, сочная, сладкая, душистая... Способ тогда знали...

Любовь Андреевна. А где же теперь этот способ?

Фирс. Забыли. Никто не помнит.

Пищик (*Любови Андреевне*). Что в Париже? Как? Ели лягушек?

Любовь Андреевна. Крокодилов ела.

Пищик. Вы подумайте...

Лопахин. До сих пор в деревне были только господа и мужики, а теперь появились еще дачники. Все города, даже самые небольшие, окружены теперь дачами. И можно сказать, дачник лет через двадцать размножится до необычайности. Теперь он только чай пьет на балконе, но ведь может случиться, что на своей одной десятине он

The Cherry Orchard

broken up into building lots and are then leased off for dachas you'll get at least twenty-five thousand a year income.
Gaev. Excuse me, what nonsense!
Lyubov Andreyevna. I don't quite understand you, Ermolay Alekseyich.
Lopakhin. You will get twenty-five roubles a year for each dessiatina from the leaseholders at the very least, and if you advertise now I'll bet anything you like that you won't have a vacant plot left by the autumn; they'll all go. In a word, congratulations, you're saved. The location is wonderful, the river is deep. Only, of course, it needs tidying, cleaning up... say, for instance, pull down all the old buildings, this house, which isn't any use to anybody now, cut down the old cherry orchard...
Lyubov Andreyevna. Cut it down? My dear man, you must excuse me, but you don't understand anything. If there's anything interesting, even remarkable, in the whole province, it's this cherry orchard of ours.
Lopakhin. The only remarkable thing about the orchard is that it's very large. It only bears fruit every other year, and even then you don't know what to do with them; nobody buys any.
Gaev. This orchard is mentioned in the "Encyclopaedic Dictionary."
Lopakhin. *[Looks at his watch.]* If we can't think of anything and don't make up our minds to anything, then on August 22, both the cherry orchard and the whole estate will be up for auction. Make up your mind! I swear there's no other way out. Absolutely none.
Firs. In the old days, forty or fifty years back, they dried the cherries, soaked them and pickled them, and made jam of them, and they used to...
Gaev. Be quiet, Firs.
Firs. And then we'd send the dried cherries off in carts to Moscow and Kharkov. There was money! And in those days the dried cherries were soft, juicy, sweet, and nicely scented... They knew a recipe then...
Lyubov Andreyevna. And where's that recipe now?
Firs. They've forgotten. Nobody remembers.
Pishchik. *[To Lyubov Andreyevna.]* What about Paris? How was it? Did you eat frogs?
Lyubov Andreyevna. I ate crocodiles.
Pishchik. To think of that, now...
Lopakhin. Up to now in the country there were only the gentry and the labourers, but now summer visitors have arrived. All towns now, even the smallest ones, are surrounded by dachas. And it's safe to say that in twenty years' time the dacha resident will be all over the place. At present he just sits on his balcony and drinks tea, but it may just happen that he'll begin to

займется хозяйством, и тогда ваш вишневый сад станет счастливым, богатым, роскошным...

Гаев *(возмущаясь).* Какая чепуха!

Входят Варя и Яша.

Варя. Тут, мамочка, вам две телеграммы. *(Выбирает ключ и со звоном отпирает старинный шкаф.)* Вот они.
Любовь Андреевна. Это из Парижа. *(Рвет телеграммы, не прочитав.)* С Парижем кончено...
Гаев. А ты знаешь, Люба, сколько этому шкафу лет? Неделю назад я выдвинул нижний ящик, гляжу, а там выжжены цифры. Шкаф сделан ровно сто лет тому назад. Каково? Можно было бы юбилей отпраздновать. Предмет неодушевленный, а все-таки как-никак книжный шкаф.
Пищик *(удивленно).* Сто лет... Вы подумайте!..
Гаев. Да... Это вещь... *(Ощупав шкаф.)* Дорогой, многоуважаемый шкаф! Приветствую твое существование, которое вот уже больше ста лет было направлено к светлым идеалам добра и справедливости; твой молчаливый призыв к плодотворной работе не ослабевал в течение ста лет, поддерживая *(сквозь слезы)* в поколениях нашего рода бодрость, веру в лучшее будущее и воспитывая в нас идеалы добра и общественного самосознания.

Пауза.

Лопахин. Да...
Любовь Андреевна. Ты все такой же, Леня.
Гаев *(немного сконфуженный).* От шара направо в угол! Режу в среднюю!
Лопахин *(поглядев на часы).* Ну, мне пора.
Яша *(подает Любови Андреевне лекарства).* Может, примете сейчас пилюли...
Пищик. Не надо принимать медикаменты, милейшая...от них ни вреда, ни пользы... Дайте-ка сюда... многоуважаемая. *(Берет пилюли, высыпает их себе на ладонь, дует на них, кладет в рот и запивает квасом.)* Вот!
Любовь Андреевна *(испуганно).* Да вы с ума сошли!
Пищик. Все пилюли принял.
Лопахин. Экая прорва.

The Cherry Orchard

cultivate his dessiatina, and then your cherry orchard will be happy, rich, splendid...
Gaev. *[Angry.]* What nonsense!

Enter Varya and Yasha.

Varya. There are two telegrams for you, mother. *[Picks out a key and noisily unlocks an antique cupboard.]* Here they are.
Lyubov Andreyevna. They're from Paris. *[Tears up the telegrams without reading them.]* I've done with Paris...
Gaev. And do you know, Lyuba, how old this cupboard is? A week ago I pulled out the bottom drawer; I looked and saw figures burnt out in it. That cupboard was made exactly a hundred years ago. What do you think of that? We could celebrate its jubilee. An inanimate object, but still, say what you will, a book cupboard.
Pishchik. *[Astonished.]* A hundred years... Think of that!..
Gaev. Yes... It's a real thing... *[Feeling the cupboard.]* Dear, honourable cupboard! I salute your existence, which has already for more than a hundred years been directed towards the bright ideals of good and justice; your silent call to productive labour has not grown less in the hundred years *[through tears]* during which you have upheld vivacity, faith in a better future in generations of our family, educating us up to ideals of goodness and social consciousness.

Pause.

Lopakhin. Yes...
Lyubov Andreyevna. You're just the same as ever, Lyonya.
Gaev. *[A little embarrassed.]* Off the ball right into the corner! Red into the middle pocket!
Lopakhin. *[Looks at his watch.]* It's time I went.
Yasha. *[Giving Lyubov Andreyevna her medicine.]* Will you take your pills now?..
Pishchik. You oughtn't to take medicines, my dear... they do neither harm nor good... Give them here... dear madam. *[Takes the pills, pours them out onto the palm of his hand, blows on them, puts them into his mouth, and drinks some kvass.]* There!
Lyubov Andreyevna. *[Frightened.]* You've gone crazy!
Pishchik. I've taken all the pills.
Lopakhin. Gormandizer.

Вишневый сад

Все смеются.

Фирс. Они были у нас на святой, полведра огурцов скушали... *(Бормочет.)*
Любовь Андреевна. О чем это он?
Варя. Уж три года так бормочет. Мы привыкли.
Яша. Преклонный возраст.

Шарлотта Ивановна в белом платье, очень худая, стянутая, с лорнеткой на поясе проходит через сцену.

Лопахин. Простите, Шарлотта Ивановна, я не успел еще поздороваться с вами. *(Хочет поцеловать у нее руку.)*
Шарлотта *(отнимает руку)*. Если позволить вам руку, то вы потом пожелаете в локоть, потом в плечо...
Лопахин. Не везет мне сегодня.

Все смеются.
Шарлотта Ивановна, покажите фокус!
Любовь Андреевна. Шарлотта, покажите фокус!
Шарлотта. Не надо. Я спать желаю. *(Уходит.)*
Лопахин. Через три недели увидимся. *(Целует Любови Андреевне руку.)* Пока прощайте. Пора. *(Гаеву.)* До свидания. *(Целуется с Пищиком.)* До свидания. *(Подает руку Варе, потом Фирсу и Яше.)* Не хочется уезжать. *(Любови Андреевне.)* Ежели надумаете насчет дач и решите, тогда дайте знать, я взаймы тысяч пятьдесят достану. Серьезно подумайте.
Варя *(сердито)*. Да уходите же наконец!
Лопахин. Ухожу, ухожу... *(Уходит.)*
Гаев. Хам. Впрочем, пардон... Варя выходит за него замуж, это Варин женишок.
Варя. Не говорите, дядечка, лишнего.
Любовь Андреевна. Что ж, Варя, я буду очень рада. Он хороший человек.
Пищик. Человек, надо правду говорить... достойнейший... И моя Дашенька... тоже говорит, что... разные слова говорит. *(Храпит, но тотчас же просыпается.)* А все-таки, многоуважаемая, одолжите мне... взаймы двести сорок рублей... завтра по закладной проценты платить...
Варя *(испуганно)*. Нету, нету!
Любовь Андреевна. У меня в самом деле нет ничего.
Пищик. Найдутся. *(Смеется.)* Не теряю никогда надежды. Вот, ду-

The Cherry Orchard

All laugh.

Firs. He was here in Holy Week, ate half a bucket of pickles... *[Mumbles.]*
Lyubov Andreyevna. What's he driving at?
Varya. He's been mumbling like that for three years. We're used to that.
Yasha. Declining years.

Charlotta Ivanovna crosses the stage, dressed in white: she is very thin and tightly laced; has a lorgnette at her waist.

Lopakhin. Excuse me, Charlotta Ivanovna, I haven't said "How do you do" to you yet. *[Tries to kiss her hand.]*
Charlotta. *[Takes her hand away.]* If I let you kiss my hand, then you'll want the elbow, then the shoulder...
Lopakhin. My luck's out today.

All laugh.

Show us a trick, Charlotta Ivanovna!
Lyubov Andreyevna. Charlotta, show us a trick!
Charlotta. It's not necessary. I want to go to bed. *[Exit.]*
Lopakhin. We shall see each other in three weeks. *[Kisses Lyubov Andreyevna's hand.]* Now, good-bye. It's time to go. *[To Gaev.]* Good-bye. *[Kisses Pishchik.]* Good-bye. *[Gives his hand to Varya, then to Firs and to Yasha.]* I don't want to go away. *[To Lyubov Andreyevna.]* If you think about the dachas and make up your mind, then let me know, I'll borrow fifty thousand. Think about it seriously.
Varya. *[Angrily.]* Do go, now!
Lopakhin. I'm going, I'm going... *[Exit.]*
Gaev. Boor. Yet, pardon... Varya's going to marry him, he's Varya's fiancé.
Varya. Don't talk too much, uncle.
Lyubov Andreyevna. Well, Varya, I'll be very pleased. He's a good man.
Pishchik. A man, to speak the truth... most worthy... And my Dashenka... also says that... she says all kinds of things. *[Snores, but wakes up again at once.]* But still, dear madam, if you could lend me... two hundred and forty roubles... to pay the interest on my mortgage tomorrow...
Varya. *[Frightened.]* We haven't got it, we haven't got it!
Lyubov Andreyevna. I really have nothing at all.
Pishchik. I'll find it. *[Laughs.]* I never lose hope. I used to think,

маю, уж все пропало, погиб, ан глядь, — железная дорога по моей земле прошла, и... мне заплатили. А там, гляди, еще что-нибудь случится не сегодня-завтра... Двести тысяч выиграет Дашенька... у нее билет есть.

Любовь Андреевна. Кофе выпит, можно на покой.

Фирс *(чистит щеткой Гаева, наставительно).* Опять не те брюки надели. И что мне с вами делать!

Варя *(тихо).* Аня спит. *(Тихо отворяет окно.)* Уже взошло солнце, не холодно. Взгляните, мамочка: какие чудесные деревья! Боже мой, воздух! Скворцы поют!

Гаев *(отворяет другое окно).* Сад весь белый. Ты не забыла, Люба? Вот эта длинная аллея идет прямо, прямо, точно протянутый ремень, она блестит в лунные ночи. Ты помнишь? Не забыла?

Любовь Андреевна *(глядит в окно на сад).* О мое детство, чистота моя! В этой детской я спала, глядела отсюда на сад, счастье просыпалось вместе со мною каждое утро, и тогда он был точно таким, ничто не изменилось. *(Смеется от радости.)* Весь, весь белый! О сад мой! После темной ненастной осени и холодной зимы опять ты молод, полон счастья, ангелы небесные не покинули тебя... Если бы снять с груди и с плеч моих тяжелый камень, если бы я могла забыть мое прошлое!

Гаев. Да и сад продадут за долги, как это ни странно...

Любовь Андреевна. Посмотрите, покойная мама идет по саду... в белом платье! *(Смеется от радости.)* Это она.

Гаев. Где?

Варя. Господь с вами, мамочка.

Любовь Андреевна. Никого нет, мне показалось. Направо, на повороте к беседке, белое деревцо склонилось, похоже на женщину...

Входит Трофимов в поношенном студенческом мундире, в очках.

Какой изумительный сад! Белые массы цветов, голубое небо...

Трофимов. Любовь Андреевна!

Она оглянулась на него.

Я только поклонюсь вам и тотчас же уйду. *(Горячо целует руку.)* Мне приказано было ждать до утра, но у меня не хватило терпения...

Любовь Андреевна глядит с недоумением.

The Cherry Orchard

"Everything's lost now. I'm a dead man," when, lo and behold, a railway was built over my land... and they paid me. And something else will happen today or tomorrow... Dashenka may win two hundred thousand... she's got a lottery ticket.

Lyubov Andreyevna. We've had our coffee, we can go to bed.

Firs. *[Brushes Gaev's clothes; in an insistent tone.]* You've put on the wrong trousers again. What am I to do with you!

Varya. *[Quietly.]* Anya's asleep. *[Opens window quietly.]* The sun has risen already; it isn't cold. Look, dear mother: what lovely trees! My God, the air! The starlings are singing!

Gaev. *[Opens the other window.]* The whole orchard's white. You haven't forgotten, Lyuba? That long alley goes straight, straight, like a stretched strap; it shines on moonlight nights. Do you remember? You haven't forgotten?

Lyubov Andreyevna. *[Looks through the window at the orchard.]* Oh, my childhood, my innocence! In this nursery I used to sleep; I used to look out from here into the orchard, happiness used to wake with me every morning, and then it was just as it is now; nothing has changed. *[Laughs from joy.]* All, all white! Oh, my orchard! After the dark, rainy autumn and the cold winter you're young again, full of happiness, the angels of heaven haven't left you... If only I could take this heavy stone off my breast and shoulders, if I could forget my past!

Gaev. And they'll sell this orchard to pay off debts, strange as it may seem...

Lyubov Andreyevna. Look, our dead mother is walking in the orchard... in a white dress! *[Laughs from joy.]* That's she.

Gaev. Where?

Varya. God bless you, dear mother.

Lyubov Andreyevna. There's nobody there; I thought I saw somebody. On the right, at the turning to the summer-house, a white little tree bent down, looking just like a woman...

Enter Trofimov in a worn student uniform and spectacles.

What a marvellous orchard! White masses of flowers, the blue sky...

Trofimov. Lyubov Andreyevna!

She looks round at him.

I only want to greet you, and I'll go away at once. *[Kisses her hand warmly.]* I was told to wait till the morning, but I didn't have the patience...

Lyubov Andreyevna looks surprised.

Вишневый сад

Варя *(сквозь слезы).* Это Петя Трофимов...
Трофимов. Петя Трофимов, бывший учитель вашего Гриши... Неужели я так изменился?

Любовь Андреевна глядит на него и тихо плачет.

Гаев *(смущенно).* Полно, полно, Люба.
Варя *(плачет).* Говорила ведь, Петя, чтобы погодили до завтра.
Любовь Андреевна. Гриша мой... мой мальчик... Гриша... сын...
Варя. Что же делать, мамочка. Воля божья.
Трофимов *(мягко, сквозь слезы).* Будет, будет...
Любовь Андреевна *(тихо плачет).* Мальчик погиб, утонул... Для чего? Для чего, мой друг? *(Тише.)* Там Аня спит, а я громко говорю... поднимаю шум... Что же, Петя? Отчего вы так подурнели? Отчего постарели?
Трофимов. Меня в вагоне одна баба назвала так: облезлый барин.
Любовь Андреевна. Вы были тогда совсем мальчиком, милым студентиком, а теперь волосы негустые, очки. Неужели вы все еще студент? *(Идет к двери.)*
Трофимов. Должно быть, я буду вечным студентом.
Любовь Андреевна *(целует брата, потом Варю).* Ну, идите спать... Постарел и ты, Леонид.
Пищик *(идет за ней).* Значит, теперь спать... Ох, подагра моя. Я у вас останусь. Мне бы, Любовь Андреевна, душа моя, завтра утречком... двести сорок рублей...
Гаев. А этот все свое.
Пищик. Двести сорок рублей... проценты по закладной платить.
Любовь Андреевна. Нет у меня денег, голубчик.
Пищик. Отдам, милая... Сумма пустяшная...
Любовь Андреевна. Ну, хорошо, Леонид даст... Ты дай, Леонид.
Гаев. Дам я ему, держи карман.
Любовь Андреевна. Что же делать, дай... Ему нужно... Он отдаст.

Любовь Андреевна, Трофимов, Пищик и Фирс уходят. Остаются Гаев, Варя и Яша.

Гаев. Сестра не отвыкла еще сорить деньгами. *(Яше.)* Отойди, любезный, от тебя курицей пахнет.
Яша *(с усмешкой).* А вы, Леонид Андреич, все такой же, как были.
Гаев. Кого? *(Варе.)* Что он сказал?

The Cherry Orchard

Varya. *[Through tears.]* It's Petya Trofimov...
Trofimov. Petya Trofimov, former tutor of your Grisha... Have I changed so much?

Lyubov Andreyevna looks at him and cries softly.

Gaev. *[Embarrassed.]* That's enough, that's enough, Lyuba.
Varya. *[Weeps.]* But I told you, Petya, to wait till tomorrow.
Lyubov Andreyevna. My Grisha... my boy... Grisha... my son...
Varya. What are we to do, dear mother? It's the will of God.
Trofimov. *[Softly, through tears.]* It's all right, it's all right...
Lyubov Andreyevna. *[Weeps softly.]* My boy's dead, he drowned... Why? Why, my friend? *[More quietly.]* Anya's asleep in there, and I am speaking loudly... making noise... Well, Petya? Why have you lost your good looks? Why have you grown old?
Trofimov. On the train a peasant woman called me a shabby gentleman.
Lyubov Andreyevna. You were just a boy then, a nice little student, and now your hair is thin, spectacles. Are you really still a student? *[Goes to the door.]*
Trofimov. I suppose I'll be a lifelong student.
Lyubov Andreyevna. *[Kisses her brother, then Varya.]* Well, go to bed... And you've grown older, Leonid.
Pishchik. *[Follows her.]* So, time to go to bed... Oh, my gout. I'll stay here with you. If only, Lyubov Andreyevna, my dear, you could get me two hundred and forty roubles... tomorrow morning...
Gaev. Still the same story.
Pishchik. Two hundred and forty roubles... to pay the interest on the mortgage...
Lyubov Andreyevna. I haven't any money, dear man.
Pishchik. I'll pay it back, my dear... it's a small sum...
Lyubov Andreyevna. Well, then, Leonid will give it to you... Give it to him, Leonid.
Gaev. I will give it to him, fat chance!
Lyubov Andreyevna. What can we do, give... He needs it... He'll pay back.

Lyubov Andreyevna, Trofimov, Pishchik, and Firs go out. Gaev, Varya, and Yasha remain.

Gaev. My sister still hasn't lost the habit of throwing money about. *[To Yasha.]* Stand off, my good man; you smell of chicken.
Yasha. *[Grins.]* You are just the same as ever, Leonid Andreich.
Gaev. What? *[To Varya.]* What did he say?

Вишневый сад

Варя (*Яше*). Твоя мать пришла из деревни, со вчерашнего дня сидит в людской, хочет повидаться...
Яша. Бог с ней совсем!
Варя. Ах, бесстыдник!
Яша. Очень нужно. Могла бы и завтра прийти. (*Уходит.*)
Варя. Мамочка такая же, как была, нисколько не изменилась. Если бы ей волю, она бы все раздала.
Гаев. Да...

Пауза.

Если против какой-нибудь болезни предлагается очень много средств, то это значит, что болезнь неизлечима. Я думаю, напрягаю мозги, у меня много средств, очень много и, значит, в сущности, ни одного. Хорошо бы получить от кого-нибудь наследство, хорошо бы выдать нашу Аню за очень богатого человека, хорошо бы поехать в Ярославль и попытать счастья у тетушки-графини. Тетка ведь очень, очень богата.
Варя (*плачет*). Если бы бог помог.
Гаев. Не реви. Тетка очень богата, но нас она не любит. Сестра, во-первых, вышла замуж за присяжного поверенного, не дворянина...

Аня показывается в дверях.

Вышла за недворянина и вела себя нельзя сказать чтобы очень добродетельно. Она хорошая, добрая, славная, я ее очень люблю, но, как там ни придумывай смягчающие обстоятельства, все же, надо сознаться, она порочна. Это чувствуется в ее малейшем движении.
Варя (*шепотом*). Аня стоит в дверях.
Гаев. Кого?

Пауза.

Удивительно, мне что-то в правый глаз попало... плохо стал видеть. И в четверг, когда я был в окружном суде...

Входит Аня.

Варя. Что же ты не спишь, Аня?
Аня. Не спится. Не могу.
Гаев. Крошка моя. (*Целует Ане лицо, руки.*) Дитя мое... (*Сквозь сле-*

The Cherry Orchard

Varya. *[To Yasha.]* Your mother's come from the village; she's been sitting in the servants' room since yesterday, and wants to see you...
Yasha. Bless the woman!
Varya. Oh, shameless man!
Yasha. That's all I need. She could come tomorrow. *[Exit.]*
Varya. Dear mother is just as she always was, she hasn't changed a bit. If it was up to her she'd give away everything.
Gaev. Yes...

Pause.

If there's any illness for which people offer very many remedies, it means the illness is incurable. I think, strain my brains, I've many remedies, very many, and that really means I've none. It would be nice to receive inheritance from somebody, it would be nice to marry our Anya to a very rich man, it would be nice to go to Yaroslavl and try my luck with our aunt the Countess. Our aunt is very, very rich.
Varya. *[Weeps.]* If only God helped us.
Gaev. Don't cry. Our aunt's very rich, but she doesn't like us. My sister, in the first place, married a lawyer, not a nobleman...

Anya appears in the doorway.

She married a commoner and behaved herself in a way which cannot be described as very virtuous. She's good, kind, nice, I love her very much, but say what you will in her favour, you still have to admit she's wicked. You can feel it in her slightest movement.
Varya. *[Whispers.]* Anya's standing in the doorway.
Gaev. What?

Pause.

It's amazing, something's got into my right eye... I can't see properly. And on Thursday, when I was at the District Court...

Enter Anya.

Varya. Why aren't you asleep, Anya?
Anya. I can't sleep. I can't.
Gaev. My darling. *[Kisses Anya's face and hands.]* My child... *[Through*

зы.) Ты не племянница, ты мой ангел, ты для меня все. Верь мне, верь...

Аня. Я верю тебе, дядя. Тебя все любят, уважают... но, милый дядя, тебе надо молчать, только молчать. Что ты говорил только что про мою маму, про свою сестру? Для чего ты это говорил?

Гаев. Да, да... *(Ее рукой закрывает себе лицо.)* В самом деле, это ужасно! Боже мой! Боже, спаси меня! И сегодня я речь говорил перед шкафом... как глупо! И только когда кончил, понял, что глупо.

Варя. Правда, дядечка, вам надо бы молчать. Молчите себе, и все.

Аня. Если будешь молчать, то тебе же самому будет покойнее.

Гаев. Молчу. *(Целует Ане и Варе руки.)* Молчу. Только вот о деле. В четверг я был в окружном суде, ну, сошлась компания, начался разговор о том, сем, пятое-десятое, и, кажется, вот можно будет устроить заем под векселя, чтобы заплатить проценты в банк.

Варя. Если бы господь помог!

Гаев. Во вторник поеду, еще раз поговорю. *(Варе.)* Не реви. *(Ане.)* Твоя мама поговорит с Лопахиным; он, конечно, ей не откажет... А ты, как отдохнешь, поедешь в Ярославль к графине, твоей бабушке. Вот так и будем действовать с трех концов — и дело наше в шляпе. Проценты мы заплатим, я убежден... *(Кладет в рот леденец.)* Честью моей, чем хочешь, клянусь, имение не будет продано! *(Возбужденно.)* Счастьем моим клянусь! Вот тебе моя рука, назови меня тогда дрянным, бесчестным человеком, если я допущу до аукциона! Всем существом моим клянусь!

Аня *(спокойное настроение вернулось к ней, она счастлива).* Какой ты хороший, дядя, какой умный! *(Обнимает дядю.)* Я теперь покойна! Я покойна! Я счастлива!

Входит Фирс.

Фирс *(укоризненно).* Леонид Андреич, бога вы не боитесь! Когда же спать?

Гаев. Сейчас, сейчас. Ты уходи, Фирс. Я уж, так и быть, сам разденусь. Ну, детки, бай-бай... Подробности завтра, а теперь идите спать. *(Целует Аню и Варю.)* Я человек восьмидесятых годов... Не хвалят это время, но все же могу сказать, за убеждения мне доставалось немало в жизни. Недаром меня мужик любит. Мужика надо знать! Надо знать, с какой...

Аня. Опять ты, дядя!

Варя. Вы, дядечка, молчите.

The Cherry Orchard

tears.] You're not my niece, you're my angel, you're my all. Believe me, believe...

Anya. I believe you, uncle. Everybody loves you and respects you... but, uncle dear, you ought to be quiet, just be quiet. What were you saying just now about my mother, your own sister? Why did you say that?

Gaev. Yes, yes... *[Covers his face with her hand.]* Really, it's awful. My God! Save me, God! And today I made a speech before the cupboard... so stupid! And only when I'd finished I realised it was stupid.

Varya. Uncle dear, you really ought to be quiet. Keep quiet, that's all.

Anya. If you keep quiet, you yourself will be calmer.

Gaev. I'll be quiet. *[Kisses Anya's and Varya's hands.]* I'll be quiet. Let's talk only business. On Thursday I was in the District Court, well, some people gathered together, we began to talk of this, that, and the other, and now I think I can arrange a loan against promissory notes to pay the interest to the bank.

Varya. If only God would help us!

Gaev. I'll go on Tuesday, I'll talk with them again. *[To Varya.]* Don't cry. *[To Anya.]* Your mother will talk to Lopakhin; he, of course, won't refuse her... And when you've rested you'll go to Yaroslavl to the Countess, your grandmother. That way we'll work on three fronts - and our business will be in the bag. We'll pay off the interest, I'm sure of it... *[Puts a sugar-candy into his mouth.]* I swear on my honour, on anything you will, that the estate will not be sold! *[Excitedly.]* I swear on my happiness! Here's my hand, you can call me a wretched, dishonourable man if I let it go to auction! I swear by all I am!

Anya. *[She is calm again and happy.]* How good you are, uncle, how clever! *[Embraces her uncle.]* I'm calm now! I'm calm! I'm happy!

Enter Firs.

Firs. *[Reproachfully.]* Leonid Andreyevich, don't you fear God! When are you going to bed?

Gaev. Right now, right now. You go away, Firs. I'll undress myself, I don't mind. Well, children, bye-bye... Details tomorrow, but now go to bed. *[Kisses Anya and Varya.]* I'm a man of the eighties... People don't praise those years much, but I can still say that I've suffered quite a lot for my beliefs in my time. The peasants don't love me for nothing. We've got to know the peasants! We ought to know how...

Anya. You're doing it again, uncle!

Varya. Be quiet, uncle.

Вишневый сад

Фирс *(сердито)*. Леонид Андреич!
Гаев. Иду, иду... Ложитесь. От двух бортов в середину! Кладу чистого... *(Уходит, за ним семенит Фирс.)*
Аня. Я теперь покойна. В Ярославль ехать не хочется, я не люблю бабушку, но все же я покойна. Спасибо дяде. *(Садится.)*
Варя. Надо спать. Пойду. А тут без тебя было неудовольствие. В старой людской, как тебе известно, живут одни старые слуги: Ефимьюшка, Поля, Евстигней, ну и Карп. Стали они пускать к себе ночевать каких-то проходимцев — я промолчала. Только вот, слышу, распустили слух, будто я велела кормить их одним только горохом. От скупости, видишь ли... И это все Евстигней... Хорошо, думаю. Коли так, думаю, то погоди же. Зову я Евстигнея... *(Зевает.)* Приходит... Как же ты, говорю, Евстигней... дурак ты этакой... *(Поглядев на Аню.)* Анечка!..

Пауза.

Заснула!.. *(Берет Аню под руку.)* Пойдем в постельку... Пойдем!.. *(Ведет ее.)* Душечка моя уснула! Пойдем...

Идут.

Далеко за садом пастух играет на свирели.

Трофимов идет через сцену и, увидев Варю и Аню, останавливается.

Тсс... Она спит... спит... Пойдем, родная.
Аня *(тихо, в полусне)*. Я так устала... все колокольчики... Дядя... милый... и мама и дядя...
Варя. Пойдем, родная, пойдем... *(Уходят в комнату Ани.)*
Трофимов *(в умилении)*. Солнышко мое! Весна моя!

Занавес.

Действие второе

Поле. Старая, покривившаяся, давно заброшенная часовенка, возле нее колодец, большие камни, когда-то бывшие, по-видимому, могильными плитами, и старая скамья. Видна дорога в усадьбу Гаева. В стороне, возвышаясь, темнеют

The Cherry Orchard

Firs. *[Angrily.]* Leonid Andreich!
Gaev. I'm going, I'm going... Go to bed now. Off two cushions into the middle! Straight in the pocket... *[Exit; Firs minces after him.]*
Anya. I'm calm now. I don't want to go to Yaroslavl, I don't like grandmother; but I'm calm now. Thanks to uncle. *[Sits down.]*
Varya. I need to sleep. I'll go. There's been an unpleasantness here while you were away. In the old servants' part of the house, as you know, only the old people live—Efimyushka, Polya, Evstigney, and Karp as well. They started letting some tramps or other spend the night there—I said nothing. Then I heard that they spread a rumour that I had ordered them to be fed on peas and nothing else. From meanness, you see... And it was all Evstigney's doing... Very well, I thought. If that's what the matter is, I thought, just you wait. I call in Evstigney... *[Yawns.]* He comes... How can you, Evstigney, I say... you fool... *[Looks at Anya.]* Anechka!..

Pause.

She's dropped off!.. *[Takes Anya by the arm.]* Let's go to bed... Come along!... *[Leads her.]* My darling's gone to sleep! Come on...

They go.

In the distance, beyond the orchard, a shepherd plays his pipe.

Trofimov crosses the stage and stops on seeing Varya and Anya.

Sh... She's asleep... asleep... Come on, dear.
Anya. *[Quietly, half-asleep.]* I'm so tired... all the bells... Uncle... dear... and mother and uncle...
Varya. Come on, dear, come on... *[They go out into Anya's room.]*
Trofimov. *[Moved.]* My sun! My spring!

Curtain.

Act Two

A field. A little old crooked shrine, which has been long abandoned; near it a well and large stones, which apparently are old tombstones, and an old bench. The road is seen to Gaev's estate. On one side rise dark poplars, there begins the cherry orchard. In the

Вишневый сад

тополи: там начинается вишневый сад. Вдали ряд телеграфных столбов, и далеко-далеко на горизонте неясно обозначается большой город, который бывает виден только в очень хорошую, ясную погоду. Скоро сядет солнце. Шарлотта, Яша и Дуняша сидят на скамье: Епиходов стоит возле и играет на гитаре; все сидят задумавшись, Шарлотта в старой фуражке; она сняла с плеч ружье и поправляет пряжку на ремне.

Шарлотта (*в раздумье*). У меня нет настоящего паспорта, я не знаю, сколько мне лет, и мне все кажется, что я молоденькая. Когда я была маленькой девочкой, то мой отец и мамаша ездили по ярмаркам и давали представления, очень хорошие. А я прыгала salto mortale и разные штучки. И когда папаша и мамаша умерли, меня взяла к себе одна немецкая госпожа и стала меня учить. Хорошо. Я выросла, потом пошла в гувернантки. А откуда я и кто я — не знаю... Кто мои родители, может, они не венчались... не знаю. (*Достает из кармана огурец и ест.*) Ничего не знаю.

Пауза.

Так хочется поговорить, а не с кем... Никого у меня нет.
Епиходов (*играет на гитаре и поет*). "Что мне до шумного света, что мне друзья и враги..." Как приятно играть на мандолине!
Дуняша. Это гитара, а не мандолина. (*Глядится в зеркальце и пудрится.*)
Епоходов. Для безумца, который влюблен, это мандолина... (*Напевает.*) "Было бы сердце согрето жаром взаимной любви..."

Яша подпевает.

Шарлотта. Ужасно поют эти люди... фуй! Как шакалы.
Дуняша (*Яше*). Все-таки какое счастье побывать за границей.
Яша. Да, конечно. Не могу с вами не согласиться. (*Зевает, потом закуривает сигару.*)
Епиходов. Понятное дело. За границей все давно уж в полной комплекции.
Яша. Само собой.
Епиходов. Я развитой человек, читаю разные замечательные книги, но никак не могу понять направления, чего мне, собственно, хочется, жить мне или застрелиться, собственно говоря, но тем не менее я всегда ношу при себе револьвер. Вот он... (*Показывает револьвер.*)
Шарлотта. Кончила. Теперь пойду. (*Надевает ружье.*) Ты, Епихо-

The Cherry Orchard

distance is a row of telegraph poles, and far, far away on the horizon are the indistinct signs of a large town, which can only be seen on the finest and clearest days. It is close on sunset. Charlotta, Yasha, and Dunyasha are sitting on the bench; Epikhodov stands by and plays a guitar; all are sitting and thinking. Charlotta wears an old peaked cap; she has unslung a rifle from her shoulders and is adjusting the buckle on the strap.

Charlotta. *[Thoughtfully.]* I haven't a real passport. I don't know how old I am, and I always think I'm young. When I was a little girl my father and mother used to go round fairs and give very good performances and I used to do the salto mortale and various little things. And when papa and mama died a German lady took me to her and began to teach me. I liked it. I grew up and became a governess. And where I came from and who I am, I don't know... Who my parents were, perhaps they weren't married... I don't know. *[Takes a cucumber out of her pocket and eats.]* I don't know anything.

Pause.

I do want to talk, but I haven't got anybody... I haven't anybody at all.
Epikhodov. *[Plays on the guitar and sings.]* "What is this noisy earth to me, what matter friends and foes?" How pleasant it is to play the mandolin!
Dunyasha. That's a guitar, not a mandolin. *[Looks at herself in a little mirror and powders her face.]*
Epikhodov. For the enamoured madman, this is a mandolin... *[Sings.]* "Oh that the heart was warmed, by all the flames of love returned..."

Yasha sings too.

Charlotta. These people sing terribly... Foo! Like jackals.
Dunyasha. *[To Yasha.]* Still, it must be a bliss to travel abroad.
Yasha. Yes, certainly. I cannot differ from you there. *[Yawns, then lights a cigar.]*
Epikhodov. Naturally. Abroad everything has been in full complexity for a long time.
Yasha. That goes without saying.
Epikhodov. I'm an educated man, I read various remarkable books, but I cannot understand the direction I myself want to go—whether to live or to shoot myself, as it were. Nevertheless, I always carry a revolver with me. Here it is... *[Shows a revolver.]*
Charlotta. I've finished. Now I'll go. *[Slings the rifle.]* You, Epikhodov,

дов, очень умный человек, и очень страшный; тебя должны безумно любить женщины. Бррр! *(Идет.)* Эти умники все такие глупые, не с кем мне поговорить... Все одна, одна, никого у меня нет и... и кто я, зачем я, неизвестно... *(Уходит не спеша.)*

Епоходов. Собственно говоря, не касаясь других предметов, я должен выразиться о себе, между прочим, что судьба относится ко мне без сожаления, как буря к небольшому кораблю. Если, допустим, я ошибаюсь, тогда зачем же сегодня утром я просыпаюсь, к примеру сказать, гляжу, а у меня на груди страшной величины паук... Вот такой. *(Показывает обеими руками.)* И тоже квасу возьмешь, чтобы напиться, а там, глядишь, что-нибудь в высшей степени неприличное, вроде таракана.

Пауза.

Вы читали Бокля?

Пауза.

Я желаю побеспокоить вас, Авдотья Федоровна, на пару слов.
Дуняша. Говорите.
Епоходов. Мне бы желательно с вами наедине... *(Вздыхает.)*
Дуняша *(смущенно).* Хорошо... только сначала принесите мне мою тальмочку... Она около шкафа... Тут немножко сыро...
Епоходов. Хорошо-с... принесу-с... Теперь я знаю, что мне делать с моим револьвером... *(Берет гитару и уходит, наигрывая.)*
Яша. Двадцать два несчастья! Глупый человек, между нами говоря. *(Зевает.)*
Дуняша. Не дай бог, застрелится.

Пауза.

Я стала тревожная, все беспокоюсь. Меня еще девочкой взяли к господам, я теперь отвыкла от простой жизни, и вот руки белые-белые, как у барышни. Нежная стала, такая деликатная, благородная, всего боюсь... Страшно так. И если вы, Яша, обманете меня, то я не знаю, что будет с моими нервами.
Яша *(целует ее).* Огурчик! Конечно, каждая девушка должна себя помнить, и я больше всего не люблю, ежели девушка дурного поведения.
Дуняша. Я страстно полюбила вас, вы образованный, можете обо всем рассуждать.

The Cherry Orchard

are a very clever man and very terrible; women must be madly in love with you. Brrr! *[Going.]* These wise ones are all so stupid, I've nobody to talk to... I'm always alone, alone; I've nobody at all... and no one knows who I am, why I live... *[Exit slowly.]*

Epikhodov. As a matter of fact, independently of everything else, I must express my feeling, among other things, that fate has been as pitiless in her dealings with me as a storm is to a small ship. Suppose, let us grant, I am wrong; then why did I wake up this morning, to give an example, and behold an enormous spider on my chest... Like that. *[Shows with both hands.]* And if I do drink some kvass, why is it that there is bound to be something of the most indelicate nature in it, such as a cockroach?

Pause.

Have you read Buckle?

Pause.

I should like to trouble you, Avdotya Fedorovna, for two words.
Dunyasha. Speak.
Epikhodov. I should prefer alone with you... *[Sighs.]*
Dunyasha. *[Embarrassed.]* Very well... Only first bring me my little cloak... It's by the cupboard... It's a little damp here...
Epikhodov. Very well... I'll bring it... Now I know what to do with my revolver... *[Takes the guitar and exits, strumming.]*
Yasha. Two-and-twenty troubles! A silly man, between you and me. *[Yawns.]*
Dunyasha. I hope to God he won't shoot himself.

Pause.

I've become nervous, I worry all the time. I went into service when I was quite a little girl, and now I'm not used to common life, and my hands are white, white as a young lady's. I've become tender, so delicate, refined and afraid of everything... I'm so frightened. And I don't know what will happen to my nerves if you deceive me, Yasha.
Yasha. *[Kisses her.]* Little cucumber! Of course, every girl must retain herself; there's nothing I dislike more than a badly behaved girl.
Dunyasha. I'm passionately in love with you; you're educated, you can talk about everything.

Вишневый сад

Пауза.

Яша (*зевает*). Да-с... По-моему, так: ежели девушка кого любит, то она, значит, безнравственная.

Пауза.

Приятно выкурить сигарету на чистом воздухе... (*Прислушивается.*) Сюда идут... Это господа...

Дуняша порывисто обнимает его.

Идите домой, будто ходили на реку купаться, идите этой дорожкой, а то встретятся и подумают про меня, будто я с вами на свидании. Терпеть этого не могу.

Дуняша (*тихо кашляет*). У меня от сигары голова разболелась... (*Уходит.*)

Яша остается, сидит возле часовни. Входят Любовь Андреевна, Гаев и Лопахин.

Лопахин. Надо окончательно решить, — время не ждет. Вопрос ведь совсем пустой. Согласны вы отдать землю под дачи или нет? Ответьте одно слово: да или нет? Только одно слово!

Любовь Андреевна. Кто это здесь курит отвратительные сигары... (*Садится.*)

Гаев. Вот железную дорогу построили, и стало удобно. (*Садится.*) Съездили в город и позавтракали... желтого в середину! Мне бы сначала пойти в дом, сыграть одну партию...

Любовь Андреевна. Успеешь.

Лопахин. Только одно слово! (*Умоляюще.*) Дайте же мне ответ!

Гаев (*зевая*). Кого?

Любовь Андреевна (*глядит в свое портмоне*). Вчера было много денег, а сегодня совсем мало. Бедная моя Варя из экономии кормит всех молочным супом, на кухне старикам дают один горох, а я трачу как-то бессмысленно. (*Уронила портмоне, рассыпала золотые.*) Ну, посыпались... (*Ей досадно.*)

Яша. Позвольте, я сейчас подберу. (*Собирает монеты.*)

Любовь Андреевна. Будьте добры, Яша. И зачем я поехала завтракать... Дрянной ваш ресторан с музыкой, скатерти пахнут мылом... Зачем так много пить, Леня? Зачем так много есть? Зачем так много говорить? Сегодня в ресторане ты говорил опять много и все некстати. О семидесятых годах, о декадентах. И кому? Половым

The Cherry Orchard

Pause.

Yasha. *[Yawns.]* Yes... I think this: if a girl loves anybody, then that means she's immoral.

Pause.

It's nice to smoke a cigarette out in the open air... *[Listens.]* Somebody's coming... It's the masters...

Dunyasha impulsively embraces him.

Go home, as if you'd been bathing in the river; go by this path, or they'll meet you and will think I've been on a date with you. I can't stand that sort of thing.
Dunyasha. *[Coughs quietly.]* I've got a headache from the cigar... *[Exit.]*

Yasha stays, sitting by the shrine. Enter Lyubov Andreyevna, Gaev, and Lopakhin.

Lopakhin. You must make up your mind definitely—there's no time to waste. The question is perfectly plain. Are you willing to let the land for dachas or no? Say one word, yes or no? Just one word!
Lyubov Andreyevna. Who's smoking horrible cigars here? *[Sits.]*
Gaev. They built that railway; it has become convenient. *[Sits.]* Went to town and had lunch... yellow in the middle! I'd like to go in now and have just one game...
Lyubov Andreyevna. You'll have time.
Lopakhin. Just one word! *[Imploringly.]* Give me an answer!
Gaev. *[Yawns.]* What?
Lyubov Andreyevna. *[Looks in her purse.]* I had a lot of money yesterday, but there's very little today. My poor Varya feeds everybody on milk soup to save money, in the kitchen the old people only get peas, and I spend recklessly. *[Drops the purse, scattering gold coins.]* There, they are all over the place... *[Annoyed.]*
Yasha. Permit me, I'll pick them up at once. *[Collects the coins.]*
Lyubov Andreyevna. Please do, Yasha. And why did I go and have lunch... Your horrid restaurant with a band and tablecloths smelling of soap... Why do you drink so much, Lyonya? Why do you eat so much? Why do you talk so much? You talked a lot again today in the restaurant and all beside the point. About the seventies, about the decadents. And to whom?

говорить о декадентах!
Лопахин. Да.
Гаев *(машет рукой)*. Я неисправим, это очевидно... *(Раздраженно, Яше.)* Что такое, постоянно вертишься перед глазами...
Яша *(смеется)*. Я не мог без смеха вашего голоса слышать.
Гаев *(сестре)*. Или я, или он...
Любовь Андреевна. Уходите, Яша, ступайте...
Яша *(отдает Любови Андреевне кошелек)*. Сейчас уйду. *(Едва удерживается от смеха.)* Сию минуту... *(Уходит.)*
Лопахин. Ваше имение собирается купить богач Дериганов. На торги, говорят, приедет сам лично.
Любовь Андреевна. А вы откуда слышали?
Лопахин. В городе говорят.
Гаев. Ярославская тетушка обещала прислать, а когда и сколько пришлет, неизвестно...
Лопахин. Сколько она пришлет? Тысяч сто? Двести?
Любовь Андреевна. Ну... Тысяч десять — пятнадцать, и на том спасибо.
Лопахин. Простите, таких легкомысленных людей, как вы, господа, таких неделовых, странных, я еще не встречал. Вам говорят русским языком, имение ваше продается, а вы точно не понимаете.
Любовь Андреевна. Что же нам делать? Научите, что?
Лопахин. Я вас каждый день учу. Каждый день я говорю все одно и то же. И вишневый сад и землю необходимо отдать в аренду под дачи, сделать это теперь же, поскорее, — аукцион на носу! Поймите! Раз окончательно решите, чтобы были дачи, так денег вам дадут сколько угодно, и вы тогда спасены.
Любовь Андреевна. Дачи и дачники — это так пошло, простите.
Гаев. Совершенно с тобой согласен.
Лопахин. Я или зарыдаю, или закричу, или в обморок упаду. Не могу! Вы меня замучили! *(Гаеву.)* Баба вы!
Гаев. Кого?
Лопахин. Баба! *(Хочет уйти.)*
Любовь Андреевна *(испуганно)*. Нет, не уходите, останьтесь, голубчик. Прошу вас. Может быть, надумаем что-нибудь!
Лопахин. О чем тут думать!
Любовь Андреевна. Не уходите, прошу вас. С вами все-таки веселее.

Пауза.

The Cherry Orchard

Talking to the waiters about decadents!
Lopakhin. Yes.
Gaev. *[Waves his hand.]* I'm incorrigible, that's obvious... *[Irritably to Yasha.]* What's the matter? Why do you keep twisting about in front of me?
Yasha. *[Laughs.]* I can't listen to your voice without laughing.
Gaev. *[To his sister.]* Either he or I...
Lyubov Andreyevna. Go away, Yasha, go...
Yasha. *[Gives the purse to Lyubov Andreyevna.]* I'll go at once. *[Hardly able to keep from laughing.]* This minute... *[Exit.]*
Lopakhin. That rich man Deriganov intends to buy your estate. They say he'll come to the auction himself.
Lyubov Andreyevna. Where did you hear that?
Lopakhin. They say so in town.
Gaev. Our Yaroslavl aunt has promised to send something, but I don't know when or how much...
Lopakhin. How much will she send? A hundred thousand? Two hundred?
Lyubov Andreyevna. Well... I'd be glad of ten or fifteen thousand.
Lopakhin. Excuse me, but I've never met such frivolous people as you before, gentlemen, or anybody so unbusinesslike and peculiar. I am telling you in plain Russian, your estate is being sold, and you don't seem to understand.
Lyubov Andreyevna. What are we to do? Teach us, what?
Lopakhin. I teach you every day. I say the same thing every day. Both the cherry orchard and the land must be leased off for dachas and at once, immediately—the auction is staring you in the face! Understand! Once you do definitely make up your minds to the dachas, then you'll have as much money as you want and you'll be saved.
Lyubov Andreyevna. Dachas and dacha residents—it's so vulgar, excuse me.
Gaev. I entirely agree with you.
Lopakhin. I will weep or yell or faint. I can't stand it! You're torturing me to death! *[To Gaev.]* You're a wimp!
Gaev. What?
Lopakhin. Wimp! *[Wants to go out.]*
Lyubov Andreyevna. *[Frightened.]* No, don't go, stay, dear. I beg you. Perhaps we'll think of something!
Lopakhin. What's there to think about!
Lyubov Andreyevna. Don't go, I beg you. It's nicer when you're here.
Pause.

Вишневый сад

Я все жду чего-то, как будто над нами должен обвалиться дом.
Гаев (*в глубоком раздумье*). Дуплет в угол... Круазе в середину...
Любовь Андреевна. Уж очень много мы грешили...
Лопахин. Какие у вас грехи...
Гаев (*кладет в рот леденец*). Говорят, что я все свое состояние проел на леденцах... (*Смеется.*)
Любовь Андреевна. О, мои грехи... Я всегда сорила деньгами без удержу, как сумасшедшая, и вышла замуж за человека, который делал одни только долги. Муж мой умер от шампанского, — он страшно пил, — и, на несчастье, я полюбила другого, сошлась, и как раз в это время, — это было первое наказание, удар прямо в голову, — вот тут на реке... утонул мой мальчик, и я уехала за границу, совсем уехала, чтобы никогда не возвращаться, не видеть этой реки... Я закрыла глаза, бежала, себя не помня, а он за мной... безжалостно, грубо. Купила я дачу возле Ментоны, так как он заболел там, и три года я не знала отдыха ни днем, ни ночью; больной измучил меня, душа моя высохла. А в прошлом году, когда дачу продали за долги, я уехала в Париж, и там он обобрал меня, бросил, сошелся с другой, я пробовала отравиться... Так глупо, так стыдно... И потянуло вдруг в Россию, на родину, к девочке моей... (*Утирает слезы.*) Господи, господи, будь милостив, прости мне грехи мои! Не наказывай меня больше! (*Достает из кармана телеграмму.*) Получила сегодня из Парижа... Просит прощения, умоляет вернуться... (*Рвет телеграмму.*) Словно где-то музыка. (*Прислушивается.*)
Гаев. Это наш знаменитый еврейский оркестр. Помнишь, четыре скрипки, флейта и контрабас.
Любовь Андреевна. Он еще существует? Его бы к нам зазвать как-нибудь, устроить вечерок.
Лопахин (*прислушивается*). Не слыхать... (*Тихо напевает.*) "И за деньги русака немцы офранцузят". (*Смеется.*) Какую я вчера пьесу смотрел в театре, очень смешно.
Любовь Андреевна. И, наверное, ничего нет смешного. Вам не пьесы смотреть, а смотреть бы почаще на самих себя. Как вы все серо живете, как много говорите ненужного.
Лопахин. Это правда. Надо прямо говорить, жизнь у нас дурацкая...

Пауза.

Мой папаша был мужик, идиот, ничего не понимал, меня не учил, а только бил спьяна, и все палкой. В сущности, и я такой же болван и

The Cherry Orchard

I keep on waiting for something to happen, as if the house is going to collapse over our heads.
Gaev. *[Thinking deeply.]* Double in the corner... across the middle...
Lyubov Andreyevna. We have been too sinful...
Lopakhin. What sins could you commit...
Gaev. *[Puts a sugar-candy into his mouth.]* They say that I've eaten all my substance in sugar-candies... *[Laughs.]*
Lyubov Andreyevna. Oh, my sins... I've always scattered money about without holding myself in, like a madwoman, and I married a man who made nothing but debts. My husband died of champagne—he drank terribly—and to my misfortune, I fell in love with another man, had an affair, and just at that time—it was my first punishment, a blow right on the head—here, in the river... my boy drowned, and I went abroad, went for good, never to return, never to see this river again...I shut my eyes and ran without thinking, but he followed me... pitilessly, brutally. I bought a dacha near Mentone because he fell ill there, and for three years I knew no rest either by day or night; the sick man wore me out, and my soul dried up. And last year, when they had sold the dacha to pay my debts, I went away to Paris, and there he robbed me of all I had, left me, had an affair with another woman, I tried to poison myself... So silly, so shameful... And suddenly I longed to be back in Russia, in my motherland, with my little girl... *[Wipes her tears.]* Lord, Lord be merciful, forgive me my sins! Punish me no more! *[Takes a telegram out of her pocket.]* I received this today from Paris... He begs my forgiveness, he implores me to return... *[Tears up the telegram.]* I think there's music somewhere. *[Listens.]*
Gaev. That is our famous Jewish band. You remember—four violins, a flute, and a double bass.
Lyubov Andreyevna. So it still exists? We should bring them in somehow, to have a party.
Lopakhin. *[Listens.]* I can't hear anything... *[Sings quietly.]* "For money will the Germans make a Frenchman of a Russian." *[Laughs.]* I saw such an awfully funny play at the theatre last night.
Lyubov Andreyevna. I'm quite sure there wasn't anything at all funny. You shouldn't go and see plays, you should look at yourselves more often. What grey lives you all lead, what a lot you talk unnecessarily.
Lopakhin. It's true. To speak the straight truth, we live a silly life...
Pause.

My father was a peasant, an idiot, he understood nothing, he didn't teach me, he only beat me when he was drunk, and always with a stick. In fact,

идиот. Ничему не обучался, почерк у меня скверный, пишу я так, что от людей совестно, как свинья.
Любовь Андреевна. Жениться вам нужно, мой друг.
Лопахин. Да... Это правда.
Любовь Андреевна. На нашей бы Варе. Она хорошая девушка.
Лопахин. Да.
Любовь Андреевна. Она у меня из простых, работает целый день, а главное, вас любит. Да и вам-то давно нравится.
Лопахин. Что же? Я не прочь... Она хорошая девушка.

Пауза.

Гаев. Мне предлагают место в банке. Шесть тысяч в год... Слыхала?
Любовь Андреевна. Где тебе! Сиди уж...

Фирс входит; он принес пальто.

Фирс *(Гаеву)*. Извольте, сударь, надеть, а то сыро.
Гаев *(надевает пальто)*. Надоел ты, брат.
Фирс. Нечего там... Утром уехали, не сказавшись. *(Оглядывает его.)*
Любовь Андреевна. Как ты постарел, Фирс!
Фирс. Чего изволите?
Лопахин. Говорят, ты постарел очень!
Фирс. Живу давно. Меня женить собирались, а вашего папаши еще на свете не было... *(Смеется.)* А воля вышла, я уже старшим камердинером был. Тогда я не согласился на волю, остался при господах...

Пауза.

И помню, все рады, а чему рады, и сами не знают.
Лопахин. Прежде очень хорошо было. По крайней мере, драли.
Фирс *(не расслышав)*. А еще бы. Мужики при господах, господа при мужиках, а теперь все враздробь, не поймешь ничего.
Гаев. Помолчи, Фирс. Завтра мне нужно в город. Обещали познакомить с одним генералом, который может дать под вексель.
Лопахин. Ничего у вас не выйдет. И не заплатите вы процентов, будьте покойны.
Любовь Андреевна. Это он бредит. Никаких генералов нет.

The Cherry Orchard

I'm a fool and an idiot too. I've never studied anything, my handwriting is terrible, I write so that I'm quite ashamed before people, like a pig.
Lyubov Andreyevna. You ought to get married, my friend.
Lopakhin. Yes... That's true.
Lyubov Andreyevna. Why not to our Varya? She's a nice girl.
Lopakhin. Yes.
Lyubov Andreyevna. She's quite simple in her ways, works all day, and, what matters most, she's in love with you. And you've liked her for a long time.
Lopakhin. Well? I don't mind... She's a nice girl.
Pause.

Gaev. I'm offered a place in a bank. Six thousand a year... Did you hear?
Lyubov Andreyevna. Forget it! Stay where you are...
Enter Firs; he has brought an overcoat.

Firs. *[To Gaev.]* Please, sir, put this on, it's damp.
Gaev. *[Putting on the overcoat.]* You're a nuisance, brother.
Firs. Stop being stubborn... You went away this morning without telling me. *[Examines him.]*
Lyubov Andreyevna. How old you've grown, Firs!
Firs. How may I serve you?
Lopakhin. She says you've grown very old!
Firs. I've been alive a long time. They were making plans to marry me off before your father was born... *[Laughs.]* And when freedom came I was already first valet. I didn't accept freedom then, I stayed with the masters...
Pause.

I remember everybody was happy, but they didn't know themselves why they were happy.
Lopakhin. It was very good in the old days. At least they used to flog them.
Firs. *[Not hearing.]* Rather. The peasants had the masters, the masters had the peasants, but now everything's all anyhow and you can't understand anything.
Gaev. Be quiet, Firs. I've got to go to town tomorrow. I've been promised an introduction to a General who may lend me money on a promissory note.
Lopakhin. Nothing will come of it. And you won't pay your interest, don't you worry.
Lyubov Andreyevna. He's raving. There are no Generals.

Вишневый сад

Входят Трофимов, Аня и Варя.

Гаев. А вот и наши идут.
Аня. Мама сидит.
Любовь Андреевна (*нежно*). Иди, иди... Родные мои... (*Обнимая Аню и Варю.*) Если бы вы обе знали, как я вас люблю. Садитесь рядом, вот так.

Все усаживаются.

Лопахин. Наш вечный студент все с барышнями ходит.
Трофимов. Не ваше дело.
Лопахин. Ему пятьдесят лет скоро, а он все еще студент.
Трофимов. Оставьте ваши дурацкие шутки.
Лопахин. Что же ты, чудак, сердишься?
Трофимов. А ты не приставай.
Лопахин (*смеется*). Позвольте вас спросить, как вы обо мне понимаете?
Трофимов. Я, Ермолай Алексеич, так понимаю: вы богатый человек, будете скоро миллионером. Вот как в смысле обмена веществ нужен хищный зверь, который съедает все, что попадается ему на пути, так и ты нужен.

Все смеются.

Варя. Вы, Петя, расскажите лучше о планетах.
Любовь Андреевна. Нет, давайте продолжим вчерашний разговор.
Трофимов. О чем это?
Гаев. О гордом человеке.
Трофимов. Мы вчера говорили долго, но ни к чему не пришли. В гордом человеке, в вашем смысле, есть что-то мистическое. Быть может, вы и правы по-своему, но если рассуждать попросту, без затей, то какая там гордость, есть ли в ней смысл, если человек физиологически устроен неважно, если в своем громадном большинстве он груб, неумен, глубоко несчастлив. Надо перестать восхищаться собой. Надо бы только работать.
Гаев. Все равно умрешь.
Трофимов. Кто знает? И что значит умрешь? Быть может, у человека сто чувств и со смертью погибают только пять, известных нам, а остальные девяносто пять остаются живы.
Любовь Андреевна. Какой вы умный, Петя!..

The Cherry Orchard

Enter Trofimov, Anya, and Varya.

Gaev. And here come our people.
Anya. Mother's sitting down here.
Lyubov Andreyevna. *[Tenderly.]* Come, come... My dears... *[Embracing Anya and Varya.]* If you two only knew how much I love you. Sit down next to me, like that.

All sit down.

Lopakhin. Our lifelong student is always with the young ladies.
Trofimov. None of your business.
Lopakhin. He'll soon be fifty, and he's still a student.
Trofimov. Leave off your silly jokes.
Lopakhin. What are you getting angry about, you crank?
Trofimov. Stop bugging me.
Lopakhin. *[Laughs.]* May I ask you what you think of me?
Trofimov. This is what I think of you, Ermolay Alekseyich: you're a rich man, you'll soon be a millionaire. Just as the wild beast which eats everything it finds is needed for substance exchange, so you are needed too.

All laugh.

Varya. Better tell us something about the planets, Petya.
Lyubov Andreyevna. No, let's continue yesterday's conversation.
Trofimov. About what?
Gaev. About the proud man.
Trofimov. Yesterday we talked for a long time but we didn't come to anything in the end. There's something mystical about the proud man, in your sense. Perhaps you are right from your point of view, but if you take the matter simply, without complicating it, then what pride can there be, what sense can there be in it, if a man is imperfectly made, physiologically speaking, if in the vast majority of cases he is coarse, unintelligent, deeply unhappy? We must stop admiring ourselves. We must just work.
Gaev. We'll die, all the same.
Trofimov. Who knows? And what does it mean—we'll die? Perhaps a man has a hundred senses, and when he dies only the five known to us are destroyed and the remaining ninety-five are left alive.
Lyubov Andreyevna. How clever you are, Petya!..

Вишневый сад

Лопахин (*иронически*). Страсть!
Трофимов. Человечество идет вперед, совершенствуя свои силы. Все, что недосягаемо для него теперь, когда-нибудь станет близким, понятным, только вот надо работать, помогать всеми силами тем, кто ищет истину. У нас, в России, работают пока очень немногие. Громадное большинство той интеллигенции, какую я знаю, ничего не ищет, ничего не делает и к труду пока не способно. Называют себя интеллигенцией, а прислуге говорят "ты", с мужиками обращаются, как с животными, учатся плохо, серьезно ничего не читают, ровно ничего не делают, о науках только говорят, в искусстве понимают мало. Все серьезны, у всех строгие лица, все говорят только о важном, философствуют, а между тем у всех на глазах рабочие едят отвратительно, спят без подушек, по тридцати, по сорока в одной комнате, везде клопы, смрад, сырость, нравственная нечистота... И, очевидно, все хорошие разговоры у нас для того только, чтобы отвести глаза себе и другим. Укажите мне, где у нас ясли, о которых говорят так много и часто, где читальни? О них только в романах пишут, на деле же их нет совсем. Есть только грязь, пошлость, азиатчина... Я боюсь и не люблю очень серьезных физиономий, боюсь серьезных разговоров. Лучше помолчим!
Лопахин. Знаете, я встаю в пятом часу утра, работаю с утра до вечера, ну, у меня постоянно деньги свои и чужие, и я вижу, какие кругом люди. Надо только начать делать что-нибудь, чтобы понять, как мало честных, порядочных людей. Иной раз, когда не спится, я думаю: "Господи, ты дал нам громадные леса, необъятные поля, глубочайшие горизонты, и, живя тут, мы сами должны бы по-настоящему быть великанами..."
Любовь Андреевна. Вам понадобились великаны... Они только в сказках хороши, а так они пугают.

В глубине сцены проходит Епиходов и играет на гитаре.

(*Задумчиво.*) Епиходов идет...
Аня (*задумчиво*). Епиходов идет...
Гаев. Солнце село, господа.
Трофимов. Да.
Гаев (*негромко, как бы декламируя*). О природа, дивная, ты блещешь вечным сиянием, прекрасная и равнодушная, ты, которую мы называем матерью, сочетаешь в себе бытие и смерть, ты живишь и разрушаешь...

The Cherry Orchard

Lopakhin. *[Ironically.]* Awfully!
Trofimov. The human race progresses, perfecting its powers. Everything that is unattainable for us now will some day be near at hand and comprehensible, but we must work, we must help with all our strength those who seek the truth. Meanwhile in Russia only very few work. The vast majority of those intellectuals whom I know seek for nothing, do nothing, and are at present incapable of hard work. They call themselves intellectuals, but they use "thou" and "thee" to their servants, they treat the peasants like animals, they learn badly, they read nothing seriously, they do absolutely nothing, about science they only talk, about art they understand little. They are all serious, they all have severe faces, they all only talk about important things, they philosophise, and meanwhile in front of everyone's eyes the workers eat dreadfully, sleep without pillows, thirty or forty to a room, everywhere bedbugs, stench, damp, moral filth... And it's obvious that all our nice talk is only carried on to distract ourselves and others. Show me, where are those crèches which are talked of so much and so often, where are the reading rooms? People only write about them in novels; they don't really exist at all. There's only dirt, vulgarity, Asiatic habits... I fear and dislike very serious faces, I fear serious conversations. Better to be quiet!
Lopakhin. You know, I get up after four in the morning, I work from morning till evening, I am always dealing with money—my own and other people's—and I see what people around me are like. You've only got to begin to do anything to understand how few honest, decent people there are. Sometimes, when I can't sleep, I think: "Oh Lord, you've given us huge forests, infinite fields, endless horizons, and living here we ourselves ought really to be giants..."
Lyubov Andreyevna. You need giants... They're only good in fairy tales, otherwise they frighten.

Epikhodov walks by at the back of the stage playing his guitar.

[Thoughtfully.] There goes Epikhodov...
Anya. *[Thoughtfully.]* There goes Epikhodov...
Gaev. The sun's set, gentlemen.
Trofimov. Yes.
Gaev. *[Quietly, as if declaiming.]* O Nature, thou art wonderful, thou shinest with eternal radiance! Oh, beautiful and indifferent one, thou whom we call mother, thou containest in thyself existence and death, thou givest life and destroyest...

Вишневый сад

Варя (*умоляюще*). Дядечка!
Аня. Дядя, ты опять!
Трофимов. Вы лучше желтого в середину дуплетом.
Гаев. Я молчу, молчу.

Все сидят, задумались. Тишина. Слышно только, как тихо бормочет Фирс. Вдруг раздался отдаленный звук, точно с неба, звук лопнувшей струны, замирающий, печальный.

Любовь Андреевна. Это что?
Лопахин. Не знаю. Где-нибудь далеко в шахтах сорвалась бадья. Но где-нибудь очень далеко.
Гаев. А может быть, птица какая-нибудь... вроде цапли.
Трофимов. Или филин...
Любовь Андреевна (*вздрагивает*). Неприятно почему-то.

Пауза.

Фирс. Перед несчастьем тоже было: и сова кричала, и самовар гудел бесперечь.
Гаев. Перед каким несчастьем?
Фирс. Перед волей.

Пауза.

Любовь Андреевна. Знаете, друзья, пойдемте, уже вечереет. (*Ане.*) У тебя на глазах слезы... Что ты, девочка? (*Обнимает ее.*)
Аня. Это так, мама. Ничего.
Трофимов. Кто-то идет.

Показывается прохожий в белой потасканной фуражке, в пальто; он слегка пьян.

Прохожий. Позвольте вас спросить, могу ли я пройти здесь прямо на станцию?
Гаев. Можете. Идите по этой дороге.
Прохожий. Чувствительно вам благодарен. (*Кашлянув.*) Погода превосходная... (*Декламирует.*) Брат мой, страдающий брат... выдь на Волгу, чей стон... (*Варе.*) Мадемуазель, позвольте голодному россиянину копеек тридцать...

The Cherry Orchard

Varya. *[Entreatingly.]* Uncle, dear!
Anya. Uncle, you're doing it again!
Trofimov. You'd better double the yellow into the middle.
Gaev. I'll be quiet, I'll be quiet.

They all sit thoughtfully. It is quiet. Only the soft mumbling of Firs is heard. Suddenly a distant sound is heard as if from the sky, the sound of a broken string, dying away, sad.

Lyubov Andreyevna. What's that?
Lopakhin. I don't know. It may be a bucket fallen down a mine somewhere far away. But it's somewhere very far away.
Gaev. Or perhaps it's some bird... like a heron.
Trofimov. Or an owl...
Lyubov Andreyevna. *[Shudders.]* It's unpleasant, somehow.

Pause.

Firs. Before the misfortune it was the same: an owl hooted and the samovar hummed without stopping.
Gaev. Before what misfortune?
Firs. Before freedom.

Pause.

Lyubov Andreyevna. You know, my friends, let's go in; it's evening now. *[To Anya.]* You've tears in your eyes... What is it, little girl? *[Embraces her.]*
Anya. Never mind, mother. It's nothing.
Trofimov. Someone's coming.

Enter a passer-by in an old white peaked cap and overcoat; he is a little drunk.

Passer-by. May I ask, can I go through here straight to the station?
Gaev. You can. Go along this path.
Passer-by. I thank you from the bottom of my heart. *[Coughing.]* Lovely weather... *[Declaims.]* My brother, my suffering brother... come out on the Volga, whose groan... *[To Varya.]* Mademoiselle, please give a hungry Russian thirty kopecks...

Вишневый сад

Варя испугалась, вскрикивает.

Лопахин *(сердито).* Всякому безобразию есть свое приличие!
Любовь Андреевна *(оторопев).* Возьмите... вот вам... *(Ищет в портмоне.)* Серебра нет... Все равно, вот вам золотой...
Прохожий. Чувствительно вам благодарен! *(Уходит.)*

Смех.

Варя *(испуганная).* Я уйду... я уйду... Ах, мамочка, дома людям есть нечего, а вы ему отдали золотой.
Любовь Андреевна. Что же со мной, глупой, делать! Я тебе дома отдам все, что у меня есть. Ермолай Алексеич, дадите мне еще взаймы!..
Лопахин. Слушаю.
Любовь Андреевна. Пойдемте, господа, пора. А тут, Варя, мы тебя совсем просватали, поздравляю.
Варя *(сквозь слезы).* Этим, мама, шутить нельзя.
Лопахин. Охмелия, иди в монастырь...
Гаев. А у меня дрожат руки: давно не играл на бильярде.
Лопахин. Охмелия, о нимфа, помяни меня в твоих молитвах!
Любовь Андреевна. Идемте, господа. Скоро ужинать.
Варя. Напугал он меня. Сердце так и стучит.
Лопахин. Напоминаю вам, господа: двадцать второго августа будет продаваться вишневый сад. Думайте об этом!.. Думайте!..

Уходят все, кроме Трофимова и Ани.

Аня *(смеясь).* Спасибо прохожему, напугал Варю, теперь мы одни.
Трофимов. Варя боится, а вдруг мы полюбим друг друга, и целые дни не отходит от нас. Она своей узкой головой не может понять, что мы выше любви. Обойти то мелкое и призрачное, что мешает быть свободным и счастливым, вот цель и смысл нашей жизни. Вперед! Мы идем неудержимо к яркой звезде, которая горит там вдали! Вперед! Не отставай, друзья!
Аня *(всплескивая руками).* Как хорошо вы говорите!

Пауза.

Сегодня здесь дивно!

The Cherry Orchard

Varya is frightened, screams.

Lopakhin. *[Angrily.]* There must be propriety in every disgrace!
Lyubov Andreyevna. *[Shocked.]* Take this... here you are... *[Looks in her purse.]* There's no silver... It doesn't matter, here's a gold coin for you...
Passer-by. I am deeply grateful to you! *[Exit.]*

Laughter.

Varya. *[Frightened.]* I'm going... I'm going... Oh, dear mother, at home there's nothing for the servants to eat, and you gave him a gold coin.
Lyubov Andreyevna. What is to be done with such a fool as I am! At home I'll give you everything I've got. Ermolay Alekseyich, you will lend me some more!...
Lopakhin. Very well.
Lyubov Andreyevna. Let's go, gentlemen, it's time. And Varya, we've settled your marriage; congratulations.
Varya. *[Through tears.]* You shouldn't joke about this, mother.
Lopakhin. Okhmeliya, get thee to a nunnery...
Gaev. My hands are trembling; I haven't played billiards for a long time.
Lopakhin. Okhmeliya, nymph, remember me in thine orisons!
Lyubov Andreyevna. Let's go, gentlemen. It'll soon be supper time.
Varya. He frightened me. My heart is pounding.
Lopakhin. I remind you, gentlemen, on August 22 the cherry orchard will be sold. Think of that!... Think!...

All go out except Trofimov and Anya.

Anya. *[Laughs.]* Thanks to the passer-by who frightened Varya, we're alone now.
Trofimov. Varya's afraid we may fall in love with each other and she doesn't leave us alone for days on end. Her narrow mind won't allow her to understand that we are above love. To avoid all the petty and illusive things which prevent our being free and happy, that is the aim and meaning of our lives. Forward! We go irresistibly towards that bright star which burns there, in the distance! Forward! Don't lag behind, friends!
Anya. *[Clapping her hands.]* How beautifully you talk!

Pause.

It is glorious here today!

Вишневый сад

Трофимов. Да, погода удивительная.

Аня. Что вы со мной сделали, Петя, отчего я уже не люблю вишневого сада, как прежде? Я любила его так нежно, мне казалось, на земле нет лучше места, как наш сад.

Трофимов. Вся Россия наш сад. Земля велика и прекрасна, есть на ней много чудесных мест.

Пауза.

Подумайте, Аня: ваш дед, прадед и все ваши предки были крепостники, владевшие живыми душами, и неужели с каждой вишни в саду, с каждого листка, с каждого ствола не глядят на вас человеческие существа, неужели вы не слышите голосов... Владеть живыми душами — ведь это переродило всех вас, живших раньше и теперь живущих, так что ваша мать, вы, дядя, уже не замечаете, что вы живете в долг, на чужой счет, на счет тех людей, которых вы не пускаете дальше передней... Мы отстали по крайней мере лет на двести, у нас нет еще ровно ничего, нет определенного отношения к прошлому, мы только философствуем, жалуемся на тоску или пьем водку. Ведь так ясно, чтобы начать жить в настоящем, надо сначала искупить наше прошлое, покончить с ним, а искупить его можно только страданием, только необычайным, непрерывным трудом. Поймите это, Аня.

Аня. Дом, в котором мы живем, давно уже не наш дом, и я уйду, даю вам слово.

Трофимов. Если у вас есть ключи от хозяйства, то бросьте их в колодец и уходите. Будьте свободны как ветер.

Аня *(в восторге).* Как хорошо вы сказали!

Трофимов. Верьте мне, Аня, верьте! Мне еще нет тридцати, я молод, я еще студент, но я уже столько вынес! Как зима, так я голоден, болен, встревожен, беден, как нищий, и — куда только судьба не гоняла меня, где я только не был! И все же душа моя всегда, во всякую минуту, и днем и ночью, была полна неизъяснимых предчувствий. Я предчувствую счастье, Аня, я уже вижу его...

Аня *(задумчиво).* Восходит луна.

Слышно, как Епиходов играет на гитаре все ту же грустную песню. Восходит луна. Где-то около тополей Варя ищет Аню и зовет: "Аня! Где ты?"

Трофимов. Да, восходит луна.

The Cherry Orchard

Trofimov. Yes, the weather is wonderful.
Anya. What have you done to me, Petya, why don't I love the cherry orchard as I used to? I loved it so tenderly, I thought there was no better place in the world than our orchard.
Trofimov. All Russia is our orchard. The land is great and beautiful, there are many marvellous places in it.

Pause.

Think, Anya: your grandfather, your great-grandfather, and all your ancestors were serf-owners, they owned living souls; and don't human beings look at you from every cherry in the orchard, every leaf and every trunk? Don't you hear voices...? Owning living souls has changed all of you who lived before and are living now, so that your mother, you, your uncle no longer notice that you are living in debt, at other people's expense, at the expense of those people whom you don't let in beyond your anteroom... We are at least two hundred years behind, we have nothing at all yet, no definite attitude to the past, we only philosophise, complain of boredom or drink vodka. It's so clear that in order to begin to live in the present we must first redeem our past, finish with it, and we can redeem it only by suffering, only by extraordinary, continuous labour. Understand that, Anya.
Anya. The house in which we live has long ceased to be our house; I shall go away, I give you my word.
Trofimov. If you have the housekeeping keys, throw them down the well and go away. Be as free as the wind.
Anya. *[Enthusiastically.]* How nicely you said that!
Trofimov. Believe me, Anya, believe me! I'm not thirty yet, I'm young, I'm still a student, but I have already undergone so much! When winter comes, I'm hungry, ill, anxious, poor as a beggar, and - where haven't I been tossed by fate, where haven't I been! And yet all the time, every minute of the day and the night my soul has been filled with unspeakable anticipations. I anticipate happiness, Anya, I see it already...
Anya. *[Thoughtfully.]* The moon is rising.

Epikhodov is heard playing the same sad song on his guitar. The moon rises. Somewhere by the poplars Varya is looking for Anya and calling, "Anya, where are you?"

Trofimov. Yes, the moon is rising.

Вишневый сад

Пауза.

Вот оно, счастье, вот оно идет, подходит все ближе и ближе, я уже слышу его шаги. И если мы не увидим, не узнаем его, то что за беда? Его увидят другие!

Голос Вари: "Аня! Где ты?"

Опять эта Варя! *(Сердито.)* Возмутительно!
Аня. Что ж? Пойдемте к реке. Там хорошо.
Трофимов. Пойдемте.

Идут.

Голос Вари: "Аня! Аня!"

Занавес.

Действие третье

Гостиная, отделенная аркой от залы. Горит люстра. Слышно, как в передней играет еврейский оркестр, тот самый, о котором упоминается во втором акте. Вечер. В зале танцуют grand-rond. Голос Симеонова-Пищика: "Promenade a une paire!" Выходят в гостиную: в первой паре Пищик и Шарлотта Ивановна, во второй — Трофимов и Любовь Андреевна, в третьей — Аня с почтовым чиновником, в четвертой — Варя с начальником станции и т.д. Варя тихо плачет и, танцуя, утирает слезы. В последней паре Дуняша. Идут по гостиной. Пищик кричит: "Grand-rond balancez!" и "Les cavaliers à genoux et remerciez vos dames!" Фирс во фраке приносит на подносе сельтерскую воду. Входят в гостиную Пищик и Трофимов.

Пищик. Я полнокровный, со мной уже два раза удар был, танцевать трудно, но, как говорится, попал в стаю, лай не лай, а хвостом виляй. Здоровье-то у меня лошадиное. Мой покойный родитель, шутник, царство небесное, насчет нашего происхождения говорил так, будто древний род наш Симеоновых-Пищиков происходит будто бы от той самой лошади, которую Калигула посадил в сенате... *(Садится.)* Но вот беда: денег нет! Голодная собака верует только в мясо... *(Храпит*

The Cherry Orchard

Pause.

There it is, happiness, there it comes, it comes nearer and nearer, I hear its steps already. And if we don't see it, don't recognise it, what does that matter? Others will see it!

The voice of Varya: "Anya! Where are you?"

That's Varya again! *[Angrily.]* Outrageous!
Anya. Well? Let's go to the river. It's nice there.
Trofimov. Let's go.

They go out.

The voice of Varya: "Anya! Anya!"

Curtain.

Act Three

A drawing-room cut off from a reception-room by an arch. A chandelier is alight. A Jewish band, the one mentioned in Act Two, is heard playing in an anteroom. Evening. In the reception-room the grand rond is being danced. Voice of Simeonov-Pishchik: "Promenade a une paire!" They come out into the drawing-room: the first pair are Pishchik and Charlotta Ivanovna; the second, Trofimov and Lyubov Andreyevna; the third, Anya and the post office clerk; the fourth, Varya and the station-master, and so on. Varya is crying gently and wipes away her tears as she dances. Dunyasha is in the last pair. They go through the drawing-room. Pishchik shouts, "Grand-rond balancez!" and "Les cavaliers à genoux et remerciez vos dames!" Firs in a tailcoat brings in seltzer-water on a tray. Pishchik and Trofimov enter the drawing-room.

Pishchik. I'm full-blooded and have already had two strokes; it's hard for me to dance, but, as they say, if you're in the pack, whether you bark or not, you must wag your tail. I've got robustness of a horse. My late father, who liked a joke, peace to his soul, used to say, talking of our origins, that our ancient stock of the Simeonov-Pishchiks was apparently descended from the very same horse that Caligula put in the Senate... *[Sits.]* But the trouble is, we've no money! A hungry dog only believes in meat... *[Snores*

и тотчас же просыпается.) Так и я... могу только про деньги...

Трофимов. А у вас в фигуре в самом деле есть что-то лошадиное.

Пищик. Что ж... лошадь хороший зверь... лошадь продать можно...

Слышно, как в соседней комнате играют на бильярде. В зале под аркой показывается Варя.

Трофимов *(дразнит).* Мадам Лопахина! Мадам Лопахина!..

Варя *(сердито).* Облезлый барин!

Трофимов. Да, я облезлый барин и горжусь этим!

Варя *(в горьком раздумье).* Вот наняли музыкантов, а чем платить? *(Уходит.)*

Трофимов *(Пищику).* Если бы энергия, которую вы в течение всей вашей жизни затратили на поиски денег для уплаты процентов, пошла у вас на что-нибудь другое, то, вероятно, в конце концов вы могли бы перевернуть землю.

Пищик. Ницше... философ... величайший, знаменитейший... громадного ума человек, говорит в своих сочинениях, будто фальшивые бумажки делать можно.

Трофимов. А вы читали Ницше?

Пищик. Ну... Мне Дашенька говорила. А я теперь в таком положении, что хоть фальшивые бумажки делай... Послезавтра триста десять рублей платить... Сто тридцать уже достал... *(Ощупывает карманы, встревоженно.)* Деньги пропали! Потерял деньги! *(Сквозь слезы.)* Где деньги? *(Радостно.)* Вот они, за подкладкой... Даже в пот ударило...

Входят Любовь Андреевна и Шарлотта Ивановна.

Любовь Андреевна *(напевает лезгинку).* Отчего так долго нет Леонида? Что он делает в городе? *(Дуняше.)* Дуняша, предложите музыкантам чаю...

Трофимов. Торги не состоялись, по всей вероятности.

Любовь Андреевна. И музыканты пришли некстати, и бал мы затеяли некстати... Ну, ничего... *(Садится и тихо напевает.)*

Шарлотта *(подает Пищику колоду карт).* Вот вам колода карт, задумайте какую-нибудь одну карту.

Пищик. Задумал.

Шарлотта. Тасуйте теперь колоду. Очень хорошо. Дайте сюда, о мой милый господин Пищик. Ein, zwei, drei. Теперь поищите, она у вас в боковом кармане...

The Cherry Orchard

and wakes up immediately.] Just like me… only about money…
Trofimov. There is something equine about your figure indeed.
Pishchik. Well… a horse is a fine animal… you can sell a horse…

Billiard playing can be heard in the next room. Varya appears in the reception-room under the arch.

Trofimov. *[Teasing.]* Madame Lopakhina! Madame Lopakhina!..
Varya. *[Angrily.]* A shabby gentleman!
Trofimov. Yes, I am a shabby gentleman, and I'm proud of it!
Varya. *[In bitter reflection.]* We've hired the musicians, but how are they to be paid? *[Exit.]*
Trofimov. *[To Pishchik.]* If the energy which you, in the course of your whole life, have spent in looking for money to pay interest had been used for something else, then, I believe, after all, you'd be able to turn the world upside down.
Pishchik. Nietzsche… a philosopher… the greatest, the most celebrated… a man of enormous intellect, says in his writings that it's alright to forge banknotes.
Trofimov. Have you read Nietzsche?
Pishchik. Well… Dashenka told me. Now I'm in such a position, I wouldn't mind forging banknotes… I've got to pay three hundred and ten roubles the day after tomorrow… I've got a hundred and thirty already… *[Feels his pockets, anxiously.]* The money's gone! I've lost the money! *[Through tears.]* Where's the money? *[Joyfully.]* Here it is, behind the lining… I even began to perspire…

Enter Lyubov Andreyevna and Charlotta Ivanovna.

Lyubov Andreyevna. *[Humming a lezginka.]* Why is Leonid away so long? What's he doing in town? *[To Dunyasha.]* Dunyasha, offer the musicians some tea…
Trofimov. Probably, the auction didn't take place.
Lyubov Andreyevna. And the musicians shouldn't have come, and we shouldn't have got up this ball… Well, never mind… *[Sits and sings softly.]*
Charlotta. *[Gives a pack of cards to Pishchik.]* Here's a pack of cards, think of any one card.
Pishchik. I've thought of one.
Charlotta. Now shuffle the pack. Very good. Give it here, oh my dear Mr. Pishchik. Ein, zwei, drei! Now look for it, it's in your side pocket…

Вишневый сад

Пищик *(достает из бокового кармана карту).* Восьмерка пик, совершенно верно! *(Удивляясь.)* Вы подумайте!
Шарлотта *(держит на ладони колоду карт, Трофимову).* Говорите скорее, какая карта сверху?
Трофимов. Что ж? Ну, дама пик.
Шарлотта. Есть! *(Пищику.)* Ну, какая карта сверху?
Пищик. Туз червовый.
Шарлотта. Есть!.. *(Бьет по ладони, колода карт исчезает.)* А какая сегодня хорошая погода!

Ей отвечает таинственный женский голос, точно из-под пола: "О да, погода великолепная, сударыня".

Вы такой хороший мой идеал...

Голос: "Вы, сударыня, мне тоже очень понравился".

Начальник станции *(аплодирует).* Госпожа чревовещательница, браво!
Пищик *(удивляясь).* Вы подумайте. Очаровательнейшая Шарлотта Ивановна... я просто влюблен...
Шарлотта. Влюблен? *(Пожав плечами.)* Разве вы можете любить? Guter Mensch, aber schlechter Musikant.
Трофимов *(хлопает Пищика по плечу).* Лошадь вы этакая...
Шарлотта. Прошу внимания, еще один фокус. *(Берет со стула плед.)* Вот очень хороший плед, я желаю продавать... *(Встряхивает.)* Не желает ли кто покупать?
Пищик *(удивляясь).* Вы подумайте!
Шарлотта. Ein, zwei, drei! *(Быстро поднимает опущенный плед.)*

За пледом стоит Аня; она делает реверанс, бежит к матери, обнимает ее и убегает назад в залу при общем восторге.

Любовь Андреевна *(аплодирует).* Браво, браво!
Шарлотта. Теперь еще! Ein, zwei, drei! *(Поднимает плед.)*

За пледом стоит Варя и кланяется.

Пищик *(удивляясь).* Вы подумайте!
Шарлотта. Конец! *(Бросает плед на Пищика, делает реверанс и*

The Cherry Orchard

Pishchik. *[Takes the card out of his side pocket.]* Eight of spades, quite right! *[Surprised.]* Think of that now!
Charlotta. *[Holds the pack of cards on the palm of her hand, to Trofimov.]* Tell me quickly, what card is on top?
Trofimov. Well, the queen of spades.
Charlotta. Right! *[To Pishchik.]* Well, what card's on top?
Pishchik. Ace of hearts.
Charlotta. Right!.. *[Claps her hands, the pack of cards vanishes.]* How lovely the weather is today!

A mysterious female voice answers her, as if from under the floor, "Oh yes, it's lovely weather, madam."

You are so nice my ideal...

Voice, "You, madam, please me very much too."

Station-master. *[Applauds.]* Madam ventriloquist, bravo!
Pishchik. *[Surprised.]* Think of that, now. Most delightful Charlotte Ivanovna... I'm simply in love...
Charlotta. In love? *[Shrugging her shoulders.]* Can you really love? Guter Mensch, aber schlechter Musikant.
Trofimov. *[Slaps Pishchik on the shoulder.]* You are a horse...
Charlotta. Attention please, here's another trick. *[Takes a plaid from a chair.]* Here's a very nice plaid, I want to sell it... *[Shakes it.]* Won't anybody buy it?
Pishchik. *[Astonished.]* Think of that now!
Charlotta. Ein, zwei, drei! *[Quickly lifts up the plaid, which was hanging down.]*

Anya is standing behind the plaid; she curtseys, runs to her mother, hugs her and runs back to the reception-room amid general delight.

Lyubov Andreyevna. *[Applauds.]* Bravo, bravo!
Charlotta. Once again! Ein, zwei, drei! *[Lifts the plaid.]*

Varya stands behind the plaid and bows.

Pishchik. *[Astonished.]* Think of that, now!
Charlotta. The end! *[Throws the plaid at Pishchik, curtseys and runs*

убегает в залу.)
Пищик *(спешит за ней).* Злодейка... какова? Какова? *(Уходит.)*
Любовь Андреевна. А Леонида все нет. Что он делает в городе так долго, не понимаю! Ведь все уже кончено там, имение продано или торги не состоялись, зачем же так долго держать в неведении!
Варя *(стараясь ее утешить).* Дядечка купил, я в этом уверена.
Трофимов *(насмешливо).* Да.
Варя. Бабушка прислала ему доверенность, чтобы он купил на ее имя с переводом долга. Это она для Ани. И я уверена, бог поможет, дядечка купит.
Любовь Андреевна. Ярославская бабушка прислала пятнадцать тысяч, чтобы купить имение на ее имя, — нам она не верит, — а этих денег не хватило бы даже проценты заплатить. *(Закрывает лицо руками.)* Сегодня судьба моя решается, судьба...
Трофимов *(дразнит Варю).* Мадам Лопахина!
Варя *(сердито).* Вечный студент! Уже два раза увольняли из университета.
Любовь Андреевна. Что же ты сердишься, Варя? Он дразнит тебя Лопахиным, ну что ж? Хочешь — выходи за Лопахина, он хороший, интересный человек. Не хочешь — не выходи; тебя, дуся, никто не неволит...
Варя. Я смотрю на это дело серьезно, мамочка, надо прямо говорить. Он хороший человек, мне нравится.
Любовь Андреевна. И выходи. Что же ждать, не понимаю!
Варя. Мамочка, не могу же я сама делать ему предложение. Вот уже два года все мне говорят про него, все говорят, а он или молчит, или шутит. Я понимаю. Он богатеет, занят делом, ему не до меня. Если бы были деньги, хоть немного, хоть бы сто рублей, бросила бы я все, ушла бы подальше. В монастырь бы ушла.
Трофимов. Благолепие!
Варя *(Трофимову).* Студенту надо быть умным! *(Мягким тоном, со слезами.)* Какой вы стали некрасивый, Петя, как постарели! *(Любови Андреевне, уже не плача.)* Только вот без дела не могу, мамочка. Мне каждую минуту надо что-нибудь делать.

Входит Яша.

Яша *(едва удерживаясь от смеха).* Епиходов бильярдный кий сломал!.. *(Уходит.)*

The Cherry Orchard

into the reception-room.]
Pishchik. *[Runs after her.]* Little villainess... What a woman! What a woman! *[Exit.]*
Lyubov Andreyevna. Leonid hasn't come yet. I don't understand what he's doing so long in town! Everything there must be over by now, the estate is sold or the auction didn't take place, why keep us in the dark so long!
Varya. *[Tries to console her.]* Uncle has bought it, I'm certain of it.
Trofimov. *[Sarcastically.]* Yes.
Varya. Grandmother sent him power of attorney so he could buy it in her name and transfer the debt. She's doing it for Anya. And I'm certain that God will help us and uncle will buy it.
Lyubov Andreyevna. Grandmother in Yaroslavl sent fifteen thousand to buy the estate in her name—she doesn't trust us—but that money wouldn't even be enough to pay the interest. *[Covers her face with her hands.]* Today my fate is being decided, my fate...
Trofimov. *[Teases Varya.]* Madame Lopakhina!
Varya. *[Angrily.]* A lifelong student! You've already been expelled twice from the university.
Lyubov Andreyevna. Why are you getting angry, Varya? He's teasing you about Lopakhin, well what of it? Marry Lopakhin if you want to, he's a good, interesting man. If you don't want to – don't marry him; nobody forces you, my darling...
Varya. I do look at the matter seriously, dear mother, to be quite frank. He's a good man, I like him.
Lyubov Andreyevna. Then marry him. I don't understand what you're waiting for!
Varya. I can't propose to him myself, dear mother. Everyone has been talking about him to me for two years now, everyone's talking, but he either keeps silent or makes jokes. I understand. He's getting rich, he's busy, he can't bother about me. If I had some money, even a little, even only a hundred roubles, I'd have left everything and gone far away. I'd have gone into a convent.
Trofimov. Grandeur!
Varya. *[To Trofimov.]* A student ought to be intelligent! *[Gently, in tears.]* How ugly you've become, Petya, how old you've grown! *[To Lyubov Andreyevna, no longer crying.]* But I can't go on without working, dear mother. I have to be doing something every minute.
Enter Yasha.
Yasha. *[Hardly able to restrain himself from laughing.]* Epikhodov's broken a billiard cue!.. *[Exit.]*

Вишневый сад

Варя. Зачем же Епиходов здесь? Кто ему позволил на бильярде играть? Не понимаю этих людей... *(Уходит.)*

Любовь Андреевна. Не дразните ее, Петя, вы видите, она и без того в горе.

Трофимов. Уж очень она усердная, не в свое дело суется. Все лето не давала покоя ни мне, ни Ане, боялась, как бы у нас романа не вышло. Какое ей дело? И к тому же я вида не подавал, я так далек от пошлости. Мы выше любви!

Любовь Андреевна. А я вот, должно быть, ниже любви. *(В сильном беспокойстве).* Отчего нет Леонида? Только бы знать: продано имение или нет? Несчастье представляется мне до такой степени невероятным, что даже как-то не знаю, что думать, теряюсь... Я могу сейчас крикнуть... могу глупость сделать. Спасите меня, Петя. Говорите же что-нибудь, говорите...

Трофимов. Продано ли сегодня имение или не продано — не все ли равно? С ним давно уже покончено, нет поворота назад, заросла дорожка. Успокойтесь, дорогая. Не надо обманывать себя, надо хоть раз в жизни взглянуть правде прямо в глаза.

Любовь Андреевна. Какой правде? Вы видите, где правда и где неправда, а я точно потеряла зрение, ничего не вижу. Вы смело решаете все важные вопросы, но скажите, голубчик, не потому ли это, что вы молоды, что вы не успели перестрадать ни одного вашего вопроса? Вы смело смотрите вперед, и не потому ли, что не видите и не ждете ничего страшного, так как жизнь еще скрыта от ваших молодых глаз? Вы смелее, честнее, глубже нас, но вдумайтесь, будьте великодушны хоть на кончике пальца, пощадите меня. Ведь я родилась здесь, здесь жили мои отец и мать, мой дед, я люблю этот дом, без вишневого сада я не понимаю своей жизни, и если уж так нужно продавать, то продавайте и меня вместе с садом... *(Обнимает Трофимова, целует его в лоб.)* Ведь мой сын утонул здесь... *(Плачет.)* Пожалейте меня, хороший, добрый человек.

Трофимов. Вы знаете, я сочувствую всей душой.

Любовь Андреевна. Но надо иначе, иначе это сказать... *(Вынимает платок, на пол падает телеграмма.)* У меня сегодня тяжело на душе, вы не можете себе представить. Здесь мне шумно, дрожит душа от каждого звука, я вся дрожу, а уйти к себе не могу, мне одной в тишине страшно. Не осуждайте меня, Петя... Я вас люблю, как родного. Я охотно бы отдала за вас Аню, клянусь вам, только, голубчик, надо же учиться, надо курс кончить. Вы ничего не делаете, только судьба бросает вас с места на место, так это странно... Не

The Cherry Orchard

Varya. Why is Epikhodov here? Who allowed him to play billiards? I don't understand these people... *[Exit.]*

Lyubov Andreyevna. Don't tease her, Petya, you see that she's unhappy without that.

Trofimov. She's too eager, she interferes in other people's business. The whole summer she's given no peace to me or to Anya, she's afraid we'll have a romance. What has it to do with her? As a matter of fact, I haven't shown any sign of it, I'm so far away from vulgarity. We are above love!

Lyubov Andreyevna. Then I suppose I must be beneath love. *[Very anxious.]* Why isn't Leonid here? If I only knew: is the estate sold or not? The disaster seems to me so improbable that I somehow don't even know what to think, I'm all at sea... I may scream now... I may do something silly. Save me, Petya. Say something, say something...

Trofimov. Isn't it all the same whether the estate is sold today or isn't? It's been over for a long time; there's no turning back, the path's grown over. Be calm, dear. You shouldn't deceive yourself, for once in your life you must look the truth straight in the eye.

Lyubov Andreyevna. What truth? You see where truth is, and where untruth is, but I seem to have lost my sight and see nothing. You boldly solve all the important questions, but tell me, dear, isn't it because you're young, because you haven't had time to suffer till you solve a single one of your questions? You boldly look forward, but isn't it because you cannot foresee or expect anything terrible, because so far life has been hidden from your young eyes? You are bolder, more honest, deeper than we are, but think only, be magnanimous just on the tip of your finger, have mercy on me. I was born here, my father and mother lived here, my grandfather too, I love this house, I can't understand my life without the cherry orchard, and if it really must be sold, then sell me with the orchard... *[Embraces Trofimov, kisses him on the forehead.]* My son was drowned here... *[Weeps.]* Have pity on me, good, kind man.

Trofimov. You know I sympathise with all my soul.

Lyubov Andreyevna. But it ought to be said differently, differently... *[Takes out her handkerchief, a telegram falls on the floor.]* My heart is so heavy today, you can't imagine. Here it's so noisy, my soul shakes at every sound, I shake all over, but I can't go to my room, I'm afraid of being alone in the silence. Don't blame me, Petya... I love you like a member of my family. I'd gladly let Anya marry you, I swear it, only dear, you ought to study, you ought to get your degree. You don't do anything, only fate throws you about from place to place, it's so odd... Isn't it true? Yes? And you ought to do something to your beard to make it grow somehow...

правда ли? Да? И надо же что-нибудь с бородой сделать, чтобы она росла как-нибудь... *(Смеется).* Смешной вы!

Трофимов *(поднимает телеграмму).* Я не желаю быть красавцем.

Любовь Андреевна. Это из Парижа телеграмма. Каждый день получаю... И вчера и сегодня. Этот дикий человек опять заболел, опять с ним нехорошо... Он просит прощения, умоляет приехать, и по-настоящему мне следовало бы съездить в Париж, побыть возле него. У вас, Петя, строгое лицо, но что же делать, голубчик мой, что мне делать, он болен, он одинок, несчастлив, а кто там поглядит за ним, кто удержит его от ошибок, кто даст ему вовремя лекарство? И что ж тут скрывать или молчать, я люблю его, это ясно. Люблю, люблю... Это камень на моей шее, я иду с ним на дно, но я люблю этот камень и жить без него не могу. *(Жмет Трофимову руку.)* Не думайте дурно, Петя, не говорите мне ничего, не говорите...

Трофимов *(сквозь слезы).* Простите за откровенность, бога ради: ведь он обобрал вас!

Любовь Андреевна. Нет, нет, нет, не надо говорить так... *(Закрывает уши.)*

Трофимов. Ведь он негодяй, только вы одна не знаете этого! Он мелкий негодяй, ничтожество...

Любовь Андреевна *(рассердившись, но сдержанно).* Вам двадцать шесть лет или двадцать семь, а вы все еще гимназист второго класса!

Трофимов. Пусть!

Любовь Андреевна. Надо быть мужчиной, в ваши годы надо понимать тех, кто любит. И надо самому любить... надо влюбляться! *(Сердито.)* Да, да! И у вас нет чистоты, а вы просто чистюлька, смешной чудак, урод...

Трофимов *(в ужасе).* Что она говорит!

Любовь Андреевна. "Я выше любви!" Вы не выше любви, а просто, как вот говорит наш Фирс, вы недотепа. В ваши годы не иметь любовницы!..

Трофимов *(в ужасе).* Это ужасно! Что она говорит?! *(Идет быстро в залу, схватив себя за голову.)* Это ужасно... Не могу, я уйду... *(Уходит, но тотчас же возвращается).* Между нами все кончено! *(Уходит в переднюю.)*

Любовь Андреевна *(кричит вслед).* Петя, погодите! Смешной человек, я пошутила! Петя!

Слышно, как в передней кто-то быстро идет по лестнице и вдруг с грохотом падает вниз. Аня и Варя вскрикивают, но тотчас же слышится смех.

Что там такое?

The Cherry Orchard

[Laughs.] You are funny!
Trofimov. *[Picks up the telegram.]* I don't want to be handsome.
Lyubov Andreyevna. This telegram's from Paris. I get one every day... Yesterday and today. That wild man is ill again, something's wrong with him again... He begs for forgiveness, implores me to come, and I really ought to go to Paris to be near him. You look severe, Petya, but what can I do, my dear, what can I do; he's ill, he's lonely, unhappy, and who's there to look after him, who's to keep him away from his errors, who's to give him his medicine at the right time? And why conceal it or say nothing; I love him, that's plain. I love him, I love him... It's a stone round my neck; I'm going with it to the bottom, but I love that stone and can't live without it. *[Squeezes Trofimov's hand.]* Don't think badly, Petya, don't say anything to me, don't say...
Trofimov. *[Through tears.]* For God's sake forgive my speaking candidly, but he has robbed you!
Lyubov Andreyevna. No, no, no, you mustn't say that... *[Covers her ears.]*
Trofimov. But he's a wretch, you alone don't know it! He's a petty wretch, a nobody...
Lyubov Andreyevna. *[Angry, but restrained.]* You're twenty-six or twenty-seven, and still a schoolboy of the second year!
Trofimov. I don't care!
Lyubov Andreyevna. You ought to be a man, at your age you ought to understand those who love. And you ought to be in love yourself... you must fall in love! *[Angrily.]* Yes, yes! And you aren't pure, you're just a cleanie, a funny crank, a freak...
Trofimov. *[In horror.]* What is she saying!
Lyubov Andreyevna. "I'm above love!" You're not above love, you're just what our Firs calls an oaf. Not to have a mistress at your age!..
Trofimov. *[In horror.]* This is awful! What is she saying? *[Goes quickly into the reception-room, clutching his head.]* It's awful... I can't stand it, I'll go away... *[Exit, but returns at once.]* All is over between us! *[Goes out into the anteroom.]*
Lyubov Andreyevna. *[Shouts after him.]* Petya, wait! Funny man, I was joking! Petya!

Somebody is heard running down the stairs in the anteroom and suddenly falling down with a crash. Anya and Varya scream, but laughter is heard immediately.

What's going on in there?

Вишневый сад

Вбегает Аня.

Аня *(смеясь).* Петя с лестницы упал! *(Убегает.)*
Любовь Андреевна. Какой чудак этот Петя...

Начальник станции останавливается среди залы и читает "Грешницу" А. Толстого. Его слушают, но едва он прочел несколько строк, как из передней доносятся звуки вальса, и чтение обрывается. Все танцуют. Проходят из передней Трофимов, Аня, Варя и Любовь Андреевна.

Ну, Петя... ну, чистая душа... я прощения прошу... Пойдемте танцевать... *(Танцует с Петей.)*

Аня и Варя танцуют. Фирс входит, ставит свою палку около боковой двери. Яша тоже вошел из гостиной, смотрит на танцы.

Яша. Что, дедушка?
Фирс. Нездоровится. Прежде у нас на балах танцевали генералы, бароны, адмиралы, а теперь посылаем за почтовым чиновником и начальником станции, да и те не в охотку идут. Что-то ослабел я. Барин покойный, дедушка, всех сургучом пользовал, от всех болезней. Я сургуч принимаю каждый день уже лет двадцать, а то и больше; может, я от него и жив.
Яша. Надоел ты, дед. *(Зевает.)* Хоть бы ты поскорее подох.
Фирс. Эх ты... недотепа! *(Бормочет.)*

Трофимов и Любовь Андреевна танцуют в зале, потом в гостиной.

Любовь Андреевна. Merci. Я посижу... *(Садится.)* Устала.

Входит Аня.

Аня *(взволнованно).* А сейчас на кухне какой-то человек говорил, что вишневый сад уже продан сегодня.
Любовь Андреевна. Кому продан?
Аня. Не сказал, кому. Ушел. *(Танцует с Трофимовым.)*

Оба уходят в залу.

Яша. Это там какой-то старик болтал. Чужой.

The Cherry Orchard

Anya runs in.

Anya. *[Laughing.]* Petya's fallen down the stairs! *[Runs out.]*
Lyubov Andreyevna. This Petya's a crank...

The station-master stands in the middle of the reception-room and recites "The Sinful Woman" by A. Tolstoy. He is listened to, but he has only delivered a few lines when a waltz is heard from the anteroom, and the recitation is stopped. Everybody dances. Trofimov, Anya, Varya, and Lyubov Andreyevna come in from the anteroom.

Well, Petya... you pure soul... I beg your pardon... Let's go and dance... *[Dances with Petya.]*

Anya and Varya dance. Firs enters and stands his stick by the side door. Yasha has also come in from the drawing-room and looks on at the dance.

Yasha. What is it, grandfather?
Firs. I'm not well. At our balls some time back, generals, barons and admirals used to dance, and now we send for a post office clerk and the station-master, and even they come reluctantly. Somehow I feel weak. The late master, the grandfather, used to give everybody sealing wax for all the illnesses. I've taken sealing wax every day for twenty years, and more; perhaps that's why I still live.
Yasha. I'm tired of you, old man. *[Yawns.]* If you'd only hurry up and kick the bucket.
Firs. Oh you... oaf! *[Mutters.]*

Trofimov and Lyubov Andreyevna dance in the reception-room, then in the drawing-room.

Lyubov Andreyevna. Merci. I'll sit down... *[Sits.]* I'm tired.
Enter Anya.

Anya. *[Excitedly.]* Some man in the kitchen was saying just now that the cherry orchard was sold today.
Lyubov Andreyevna. Sold to whom?
Anya. He didn't say to whom. He left. *[Dances with Trofimov.]*
Both go out into the reception-room.

Yasha. It was some old man chattering. A stranger.

Вишневый сад

Фирс. А Леонида Андреича еще нет, не приехал. Пальто на нем легкое, демисезон, того гляди, простудится. Эх, молодо-зелено!

Любовь Андреевна. Я сейчас умру. Подите, Яша, узнайте, кому продано.

Яша. Да он давно ушел, старик-то. *(Смеется.)*

Любовь Андреевна *(с легкой досадой).* Ну, чему вы смеетесь? Чему рады?

Яша. Очень уж Епиходов смешной. Пустой человек. Двадцать два несчастья.

Любовь Андреевна. Фирс, если продадут имение, то куда ты пойдешь?

Фирс. Куда прикажете, туда и пойду.

Любовь Андреевна. Отчего у тебя лицо такое? Ты нездоров? Шел бы, знаешь, спать...

Фирс. Да... *(С усмешкой.)* Я уйду спать, а без меня тут кто подаст, кто распорядится? Один на весь дом.

Яша *(Любовь Андреевне).* Любовь Андреевна! Позвольте обратиться к вам с просьбой, будьте так добры! Если опять поедете в Париж, то возьмите меня с собой, сделайте милость. Здесь мне оставаться положительно невозможно. *(Оглядываясь, вполголоса.)* Что ж там говорить, вы сами видите, страна необразованная, народ безнравственный, притом скука, на кухне кормят безобразно, а тут еще Фирс этот ходит, бормочет разные неподходящие слова. Возьмите меня с собой, будьте так добры!

Входит Пищик.

Пищик. Позвольте просить вас... на вальсишку, прекраснейшая... *(Любовь Андреевна идет с ним.)* Очаровательная, все-таки сто восемьдесят рубликов я возьму у вас... Возьму... *(Танцует.)* Сто восемьдесят рубликов...

Перешли в зал.

Яша *(тихо напевает).* "Поймешь ли ты души моей волненье..."

В зале фигура в сером цилиндре и клетчатых панталонах машет руками и прыгает; крики: "Браво, Шарлотта Ивановна!"

Дуняша *(остановилась, чтобы попудриться).* Барышня велит

The Cherry Orchard

Firs. And Leonid Andreich isn't here yet, he hasn't come. He's wearing a light, demi-season coat, he'll catch cold. He's still wet behind the ears!
Lyubov Andreyevna. I'll die right now. Yasha, go and find out to whom it's sold.
Yasha. But he's been gone a long time, the old man. *[Laughs.]*
Lyubov Andreyevna. *[Slightly vexed.]* Why do you laugh? What are you glad about?
Yasha. Epikhodov's very funny. A shallow man. Two-and-twenty troubles.
Lyubov Andreyevna. Firs, if the estate is sold, where will you go?
Firs. I'll go wherever you order me to go.
Lyubov Andreyevna. Why do you look like that? Are you ill? You know, you ought to go to bed...
Firs. Yes... *[With a grin.]* I'll go to bed, but who will serve, who will handle things without me here? I've the whole house on my shoulders.
Yasha. *[To Lyubov Andreyevna.]* Lyubov Andreyevna! I want to ask a favour of you, if you'll be so kind! If you go to Paris again, then please take me with you. It's absolutely impossible for me to stay here. *[Looking round, in an undertone.]* What's the good of talking about it, you see for yourself, the country is uneducated, the population is immoral; moreover, boredom; the food in the kitchen is beastly, and here's this Firs walking about mumbling various inappropriate words. Take me with you, be so kind!

Enter Pishchik.

Pishchik. May I ask you... a little waltz, the fairest one... *[Lyubov Andreyevna goes with him.]* But all the same, you charming woman, I'll take a hundred and eighty little roubles off you... I will... *[Dances.]* A hundred and eighty little roubles...

They have passed into the reception-room.

Yasha. *[Sings softly.]* "Oh, will you understand my soul's deep restlessness..."

In the reception-room a figure in a grey top-hat and checked trousers is waving its arms and jumping about; there are cries of "Bravo, Charlotta Ivanovna!"

Dunyasha. *[Stops to powder her face.]* The young mistress tells me to

мне танцевать — кавалеров много, а дам мало, — а у меня от танцев кружится голова, сердце бьется. Фирс Николаевич, а сейчас чиновник с почты такое мне сказал, что у меня дыхание захватило.

Музыка стихает.

Фирс. Что же он тебе сказал?
Дуняша. Вы, говорит, как цветок.
Яша *(зевает).* Невежество... *(Уходит.)*
Дуняша. Как цветок... Я такая деликатная девушка, ужасно люблю нежные слова.
Фирс. Закрутишься ты.

Входит Епиходов.

Епиходов. Вы, Авдотья Федоровна, не желаете меня видеть... как будто я какое насекомое. *(Вздыхает.)* Эх, жизнь!
Дуняша. Что вам угодно?
Епиходов. Несомненно, может, вы и правы. *(Вздыхает.)* Но, конечно, если взглянуть с точки зрения, то вы, позволю себе так выразиться, извините за откровенность, совершенно привели меня в состояние духа. Я знаю свою фортуну, каждый день со мной случается какое-нибудь несчастье, и к этому я давно уже привык, так что с улыбкой гляжу на свою судьбу. Вы дали мне слово, и хотя я...
Дуняша. Прошу вас, после поговорим, а теперь оставьте меня в покое. Теперь я мечтаю. *(Играет веером.)*
Епиходов. У меня несчастье каждый день, и я, позволю себе так выразиться, только улыбаюсь, даже смеюсь.

Входит из залы Варя.

Варя. Ты все еще не ушел, Семен? Какой же ты, право, неуважительный человек. *(Дуняше.)* Ступай отсюда, Дуняша. *(Епиходову.)* То на бильярде играешь и кий сломал, то по гостиной расхаживаешь, как гость.
Епиходов. С меня взыскивать, позвольте вам выразиться, вы не можете.
Варя. Я не взыскиваю с тебя, а говорю. Только и знаешь, что ходишь с места на место, а делом не занимаешься. Конторщика держим, а неизвестно — для чего.
Епиходов *(обиженно).* Работаю ли я, хожу ли, кушаю ли, играю ли

The Cherry Orchard

dance—there are a lot of gentlemen, but few ladies—but my head goes round when I dance, and my heart beats. Firs Nikolayevich, the post office clerk told me something just now that took my breath away.

The music subsides.

Firs. What did he say to you?
Dunyasha. He says, you're like a flower.
Yasha. *[Yawns.]* Barbarism... *[Exit.]*
Dunyasha. Like a flower... I'm such a delicate girl; I'm awfully fond of tender words.
Firs. You'll lose your head.

Enter Epikhodov.

Epikhodov. Avdotya Fedorovna, you don't want to see me... as if I were some insect. *[Sighs.]* Oh, life!
Dunyasha. What do you want?
Epikhodov. Undoubtedly, perhaps, you may be right. *[Sighs.]* But, certainly, if you regard the matter from the aspect, then you, if I may say so, and you must excuse my candidness, have absolutely reduced me to a state of mind. I know my fate, every day something unfortunate happens to me, and I've grown used to it a long time ago, I even look at my fate with a smile. You gave me your word, and though I...
Dunyasha. Please, we'll talk later on, but leave me alone now. I'm dreaming now. *[Plays with her fan.]*
Epikhodov. Every day something unfortunate happens to me, and I, if I may so express myself, only smile, even laugh.

Varya enters from the reception-room.

Varya. Haven't you gone yet, Semyon? You really are a man with no respect for anybody. *[To Dunyasha.]* You go away, Dunyasha. *[To Epikhodov.]* You play billiards and break a cue, and walk about the drawing-room like a guest.
Epikhodov. You cannot, if I may say so, call me to order.
Varya. I'm not calling you to order, I'm telling you. You just walk about from place to place and never do your work. We keep a clerk but nobody knows why.
Epikhodov. *[Offended.]* Whether I work, or walk about, or eat, or play

на бильярде, про то могут рассуждать только люди понимающие и старшие.

Варя. Ты смеешь мне говорить это! *(Вспылив.)* Ты смеешь? Значит, я ничего не понимаю? Убирайся же вон отсюда! Сию минуту!

Епиходов *(струсив).* Прошу вас выражаться деликатным способом.

Варя *(выйдя из себя).* Сию же минуту вон отсюда! Вон!

Он идет к двери, она за ним.

Двадцать два несчастья! Чтобы духу твоего здесь не было! Чтобы глаза мои тебя не видели!

Епиходов вышел; за дверью его голос: "Я на вас буду жаловаться".

А, ты назад идешь? *(Хватает палку, оставленную около двери Фирсом.)* Иди... Иди... Иди, я тебе покажу... А, ты идешь? Идешь? Так вот же тебе... *(Замахивается.)*

В это время входит Лопахин.

Лопахин. Покорнейше благодарю.
Варя *(сердито и насмешливо).* Виновата!
Лопахин. Ничего-с. Покорно благодарю за приятное угощение.
Варя. Не стоит благодарности. *(Отходит, потом оглядывается и спрашивает мягко.)* Я вас не ушибла?
Лопахин. Нет, ничего. Шишка, однако, вскочит огромная.

Голоса в зале: "Лопахин приехал! Ермолай Алексеич!"

Пищик. Видом видать, слыхом слыхать... *(Целуется с Лопахиным.)* Коньячком от тебя попахивает, милый мой, душа моя. А мы тут тоже веселимся.

Входит Любовь Андреевна.

Любовь Андреевна. Это вы, Ермолай Алексеич? Отчего так долго? Где Леонид?
Лопахин. Леонид Андреич со мной приехал, он идет...
Любовь Андреевна *(волнуясь).* Ну что? Были торги? Говорите же!
Лопахин *(сконфуженно, боясь обнаружить свою радость).* Торги

The Cherry Orchard

billiards, is only a matter to be discussed by people of understanding and seniority.

Varya. You dare say this to me! *[Furious.]* You dare? You mean that I understand nothing? Get out of here! This minute!

Epikhodov. *[Frightened.]* I must ask you to express yourself in a delicate manner.

Varya. *[Beside herself.]* Get out this minute! Get out!

He goes to the door, she follows.

Two-and-twenty troubles! I don't want any sign of you here! I don't want to see anything of you!

Epikhodov has gone out; his voice outside the door: "I'll make a complaint about you."

What, coming back? *[Snatches up the stick left by Firs by the door.]* Come on... Come on... Come on, I'll show you... Ah, are you coming? Are you coming? Then take that... *[Raises the stick.]*

At this moment Lopakhin enters.

Lopakhin. Much obliged.
Varya. *[Angrily and sarcastically.]* I'm sorry!
Lopakhin. Never mind. My humble thanks for the pleasant treat.
Varya. It isn't worth any thanks. *[Walks away, then looks back and asks gently.]* I didn't hurt you, did I?
Lopakhin. No, not at all. However, there'll be an enormous bump.

Voices in the reception-room: "Lopakhin's returned! Ermolay Alekseyich!"

Pishchik. Now we'll see what there is to see and hear what there is to hear... *[He and Lopakhin kiss.]* You smell of cognac, my dear, my soul. And we're having a good time here too.

Enter Lyubov Andreyevna.

Lyubov Andreyevna. Is that you, Ermolay Alekseyich? Why were you so long? Where's Leonid?
Lopakhin. Leonid Andreich came back with me, he's coming...
Lyubov Andreyevna. *[Agitated.]* Well, what? Was there an auction? Tell me!
Lopakhin. *[Embarrassed, afraid to show his joy.]* The auction ended

Вишневый сад

кончились к четырем часам... Мы к поезду опоздали, пришлось ждать до половины десятого. *(Тяжело вздохнув.)* Уф! У меня немножко голова кружится...

Входит Гаев; в правой руке у него покупки, левой он утирает слезы.

Любовь Андреевна. Леня, что? Леня, ну? *(Нетерпеливо, со слезами.)* Скорей же, бога ради...
Гаев *(ничего ей не отвечает, только машет рукой; Фирсу, плача).* Вот возьми... Тут анчоусы, керченские сельди... Я сегодня ничего не ел... Столько я выстрадал!

Дверь в бильярдную открыта; слышен стук шаров и голос Яши: "Семь и восемнадцать!" У Гаева меняется выражение, он уже не плачет.

Устал я ужасно. Дашь мне, Фирс, переодеться. *(Уходит к себе через залу, за ним Фирс.)*
Пищик. Что на торгах? Рассказывайте же!
Любовь Андреевна. Продан вишневый сад?
Лопахин. Продан.
Любовь Андреевна. Кто купил?
Лопахин. Я купил.

Пауза.

Любовь Андреевна угнетена; она упала бы, если бы не стояла возле кресла и стола. Варя снимает с пояса ключи, бросает их на пол, посреди гостиной, и уходит.

Я купил! Погодите, господа, сделайте милость, у меня в голове помутилось, говорить не могу... *(Смеется.)* Пришли мы на торги, там уже Дериганов. У Леонида Андреича было только пятнадцать тысяч, а Дериганов сверх долга сразу надавал тридцать. Вижу, дело такое, я схватился с ним, надавал сорок. Он сорок пять. Я пятьдесят пять. Он, значит, по пяти надбавляет, я по десяти... Ну, кончилось. Сверх долга я надавал девяносто, осталось за мной. Вишневый сад теперь мой! Мой! *(Хохочет.)* Боже мой, господи, вишневый сад мой! Скажите мне, что я пьян, не в своем уме, что все это мне представляется... *(Топочет ногами.)* Не смейтесь надо мной! Если бы отец мой и дед встали из гробов и посмотрели на все происшествие, как их Ермолай,

The Cherry Orchard

by four o'clock... We missed the train, and had to wait till half-past nine. *[Sighs heavily.]* Oof! My head's going round a little...

Enter Gaev; in his right hand he carries things he has bought, with his left he wipes away his tears.

Lyubov Andreyevna. Lyonya, what? Well, Lyonya? *[Impatiently, through tears.]* Quickly, for God's sake...
Gaev. *[Doesn't answer her, only waves his hand; to Firs, weeping.]* Here, take this... Here are anchovies, Kerch herrings... I haven't eaten a thing today... I have endured so much!

The door to the billiard-room is open; the clicking of the balls is heard, and Yasha's voice, "Seven and eighteen!" Gaev's expression changes, he cries no more.

I'm awfully tired. Give me a change of clothes, Firs. *[Goes out to his room through the reception-room; Firs after him.]*
Pishchik. What happened at the auction? Tell us!
Lyubov Andreyevna. Is the cherry orchard sold?
Lopakhin. It is sold.
Lyubov Andreyevna. Who bought it?
Lopakhin. I bought it.

Pause.

Lyubov Andreyevna is overwhelmed; she would fall if she were not standing by an armchair and a table. Varya takes her keys off her belt, throws them on the floor in the middle of the drawing-room and goes out.

I bought it! Wait, gentlemen, please, my head's going round, I can't talk... *[Laughs.]* We got to the auction, Deriganov was there already. Leonid Andreich had only fifteen thousand, and Deriganov offered thirty on top of the mortgage to begin with. I saw how matters were, so I grabbed hold of him and bid forty. He went up to forty-five. I offered fifty-five. That means he goes up by fives and I go up by tens... Well, it came to an end. I bid ninety more than the mortgage; and it stayed with me. The cherry orchard is mine now! Mine! *[Roars with laughter.]* My God, my God, the cherry orchard's mine! Tell me I'm drunk, mad, that I'm imagining all this... *[Stamps his feet.]* Don't laugh at me! If my father and grandfather rose from their graves and looked at the whole affair, and saw how their

Вишневый сад

битый, малограмотный Ермолай, который зимой босиком бегал, как этот самый Ермолай купил имение, прекрасней которого ничего нет на свете. Я купил имение, где дед и отец были рабами, где их не пускали даже в кухню. Я сплю, это только мерещится мне, это только кажется... Это плод вашего воображения, покрытый мраком неизвестности... *(Поднимает ключи, ласково улыбаясь.)* Бросила ключи, хочет показать, что она уж не хозяйка здесь... *(Звенит ключами.)* Ну, да все равно.

Слышно, как настраивается оркестр.

Эй, музыканты, играйте, я желаю вас слушать! Приходите все смотреть, как Ермолай Лопахин хватит топором по вишневому саду, как упадут на землю деревья! Настроим мы дач, и наши внуки и правнуки увидят тут новую жизнь... Музыка, играй!

Играет музыка. Любовь Андреевна опустилась на стул и горько плачет.

(С укором.) Отчего же, отчего вы меня не послушали? Бедная моя, хорошая, не вернешь теперь. *(Со слезами.)* О, скорее бы все это прошло, скорее бы изменилась как-нибудь наша нескладная, несчастная жизнь.
Пищик *(берет его под руку, вполголоса)*. Она плачет. Пойдем в залу, пусть она одна... Пойдем... *(Берет его под руку и уводит в зал.)*
Лопахин. Что ж такое? Музыка, играй отчетливо! Пускай все, как я желаю! *(С иронией.)* Идет новый помещик, владелец вишневого сада! *(Толкнул нечаянно столик, едва не опрокинул канделябры.)* За все могу заплатить! *(Уходит с Пищиком.)*

В зале и гостиной нет никого, кроме Любови Андреевны, которая сидит, сжалась вся и горько плачет. Тихо играет музыка. Быстро входят Аня и Трофимов, Аня подходит к матери и становится перед ней на колени, Трофимов остается у входа в залу.

Аня. Мама!.. Мама, ты плачешь? Милая, добрая, хорошая моя мама, моя прекрасная, я люблю тебя... я благословляю тебя. Вишневый сад продан, его уже нет, это правда, правда, но не плачь, мама, у тебя осталась жизнь впереди, осталась твоя хорошая, чистая душа... Пойдем со мной, пойдем, милая, отсюда, пойдем!.. Мы насадим новый сад, роскошнее этого, ты увидишь его, поймешь, и радость,

The Cherry Orchard

Ermolay, their beaten, semi-literate Ermolay, who used to run barefoot in the winter, how that very Ermolay has bought an estate, which is the most beautiful thing in the world! I've bought the estate where my grandfather and my father were slaves, where they weren't even allowed into the kitchen. I'm asleep, it's only a dream, it's only an illusion... It's the fruit of your imagination, wrapped in the fog of the unknown... *[Picks up the keys, nicely smiling.]* She threw down the keys, she wants to show she is no longer mistress here... *[Jingles the keys.]* Well, it doesn't matter.

The sounds of the band tuning up.

Hey, musicians, play, I want to listen to you! Everybody come and look at Ermolay Lopakhin laying his axe to the cherry orchard, at the trees falling to the ground! We'll build dachas, and our grandsons and great-grandsons will see a new life here... Play on, music!

The music plays. Lyubov Andreyevna has sunk into a chair and weeps bitterly.

[Reproachfully.] Why then, why didn't you listen to me? My poor, dear lady, you can't get it back now. *[Through tears.]* Oh, if only the whole thing was done with quickly, if only our uneven, unhappy life were changed quickly somehow!

Pishchik. *[Takes him by the arm; in an undertone.]* She's crying. Let's go into the reception-room, let her be alone... Come on... *[Takes him by the arm and leads him into the reception-room.]*

Lopakhin. What's that? Music, play clearly! Let everything be as I want it! *[With irony.]* The new landowner is coming, the owner of the cherry orchard! *[Accidentally knocks up against a little table and nearly upsets the candelabra.]* I can pay for everything! *[Exit with Pishchik.]*

In the reception-room and the drawing-room there is no one except Lyubov Andreyevna, who sits all huddled up and weeping bitterly. The music plays softly. Anya and Trofimov come in quickly, Anya goes up to her mother and kneels before her. Trofimov stays at the reception-room entrance.

Anya. Mother!.. Mother, are you crying? My dear, kind, good mother, my beautiful, I love you... I bless you. The cherry orchard is sold, we've got it no longer, it's true, true, but don't cry mother, you've still got your life before you, you've still got your good pure soul... Come with me, come, dear, away from here, come!.. We'll plant a new orchard, more splendid than this one,

тихая, глубокая радость опустится на твою душу, как солнце в вечерний час, и ты улыбнешься, мама! Пойдем, милая! Пойдем!..

Занавес.

Действие четвертое

Декорация первого акта. Нет ни занавесей на окнах, ни картин, осталось немного мебели, которая сложена в один угол, точно для продажи. Чувствуется пустота. Около выходной двери и в глубине сцены сложены чемоданы, дорожные узлы и т. п. Налево дверь открыта, оттуда слышны голоса Вари и Ани. Лопахин стоит, ждет. Яша держит поднос со стаканчиками, налитыми шампанским. В передней Епиходов увязывает ящик. За сценой в глубине гул. Это пришли прощаться мужики. Голос Гаева: "Спасибо, братцы, спасибо вам".

Яша. Простой народ прощаться пришел. Я такого мнения, Ермолай Алексеич: народ добрый, но мало понимает.

Гул стихает. Входят через переднюю Любовь Андреевна и Гаев; она не плачет, но бледна, лицо ее дрожит, она не может говорить.

Гаев. Ты отдала им свой кошелек, Люба. Так нельзя! Так нельзя!
Любовь Андреевна. Я не смогла! Я не смогла!

Оба уходят.

Лопахин (*в дверь, им вслед*). Пожалуйте, покорнейше прошу! По стаканчику на прощанье. Из города не догадался привезть, а на станции нашел только одну бутылку. Пожалуйте!

Пауза.

Что ж, господа! Не желаете? (*Отходит от двери.*) Знал бы — не покупал. Ну, и я пить не стану.

Яша осторожно ставит поднос на стул.

Выпей, Яша, хоть ты.

The Cherry Orchard

you'll see it, you'll understand, and joy, a quiet, deep joy will sink into your soul, like the evening sun, and you'll smile, mother! Come, dear! Come!..

Curtain.

Act Four

The set of Act One. There are no curtains on the windows, no pictures; only a few pieces of furniture are left; they are piled up in one corner as if for sale. The emptiness is felt. By the door to the outside and at the back of the stage, suitcases, travelling bundles, etc. are piled up. The door on the left is open; the voices of Varya and Anya can be heard through it. Lopakhin stands and waits. Yasha holds a tray with little tumblers of champagne. In the anteroom Epikhodov is tying up a box. Voices are heard behind the stage. The peasants have come to say goodbye. The voice of Gaev: "Thank you, brothers, thank you."

Yasha. The common people have come to say goodbye. I am of the opinion, Ermolay Alekseyich, that they're good people, but they don't understand much.

The voices die away. Lyubov Andreyevna and Gaev enter through the anteroom; she is not crying but is pale, her face trembles; she can't speak.

Gaev. You gave them your purse, Lyuba. You can't do that! You can't do that!

Lyubov Andreyevna. I couldn't help myself! I couldn't!

Both go out.

Lopakhin. *[Through the door, after them.]* Please, I ask you most humbly! Just a little glass to say goodbye. It didn't occur to me to bring any from town and I only found one bottle at the station. Please!

Pause.

Well, gentlemen! Don't you want any? *[Goes away from the door.]* If I only knew—I wouldn't have bought it. Well, I'm not going to drink either.

Yasha carefully puts the tray on a chair.

At least you have a drink, Yasha.

Вишневый сад

Яша. С отъезжающими! Счастливо оставаться! *(Пьет.)* Это шампанское не настоящее, могу вас уверить.
Лопахин. Восемь рублей бутылка.

Пауза.

Холодно здесь чертовски.
Яша. Не топили сегодня, все равно уезжаем. *(Смеется.)*
Лопахин. Что ты?
Яша. От удовольствия.
Лопахин. На дворе октябрь, а солнечно и тихо, как летом. Строиться хорошо. *(Поглядев на часы, в дверь.)* Господа, имейте в виду, до поезда осталось всего сорок шесть минут! Значит, через двадцать минут на станцию ехать. Поторапливайтесь.

Трофимов в пальто входит со двора.

Трофимов. Мне кажется, ехать уже пора. Лошади поданы. Черт его знает, где мои калоши. Пропали. *(В дверь.)* Аня, нет моих калош! Не нашел!
Лопахин. Мне в Харьков надо. Поеду с вами в одном поезде. В Харькове проживу всю зиму. Я все болтался с вами, замучился без дела. Не могу без работы, не знаю, что вот делать с руками; болтаются как-то странно, точно чужие.
Трофимов. Сейчас уедем, и вы опять приметесь за свой полезный труд.
Лопахин. Выпей-ка стаканчик.
Трофимов. Не стану.
Лопахин. Значит, в Москву теперь?
Трофимов. Да, провожу их в город, а завтра в Москву.
Лопахин. Да... Что ж, профессора не читают лекций, небось все ждут, когда приедешь!
Трофимов. Не твое дело.
Лопахин. Сколько лет, как ты в университете учишься?
Трофимов. Придумай что-нибудь поновее. Это старо и плоско. *(Ищет калоши.)* Знаешь, мы, пожалуй, не увидимся больше, так вот позволь мне дать тебе на прощанье один совет: не размахивай руками! Отвыкни от этой привычки — размахивать. И тоже вот строить дачи, рассчитывать, что из дачников со временем выйдут отдельные хозяева, рассчитывать так — это тоже значит размахи-

The Cherry Orchard

Yasha. To those departing! Good luck to those who stay behind! *[Drinks.]* I can assure you that this isn't real champagne.
Lopakhin. Eight roubles a bottle.

Pause.

It's devilish cold here.
Yasha. There are no fires today, we're leaving anyway. *[Laughs.]*
Lopakhin. What's the matter with you?
Yasha. I'm just pleased.
Lopakhin. It's October outside, but it's sunny and quiet as summer. Good for building. *[Looking at his watch, speaking through the door.]* Gentlemen, remember that it's only forty-six minutes till the train goes! It means we must go off to the station in twenty minutes. Hurry up.

Trofimov, in an overcoat, comes in from outside.

Trofimov. I think it's time to go now. The carriages are waiting. Where the devil are my galoshes? Disappeared. *[Through the door.]* Anya, my galoshes are not here! I didn't find them!
Lopakhin. I've got to go to Kharkov. I'm going in the same train as you. I'm going to spend the whole winter in Kharkov. I've been hanging about with you, going rusty without work. I can't live without working, I don't know what to do with my hands; they hang about strangely as if they were someone else's.
Trofimov. We'll go away now and then you'll start again on your useful labours.
Lopakhin. Have a glass.
Trofimov. I won't.
Lopakhin. So you're off to Moscow now?
Trofimov. Yes, I'll see them into town and tomorrow I'm off to Moscow.
Lopakhin. Yes... Well, the professors don't lecture, they must be waiting till you turn up!
Trofimov. That's not your business.
Lopakhin. How many years have you been going to the university?
Trofimov. Think up something fresher. This is old and flat. *[Looks for his galoshes.]* You know, we probably won't meet again, so just let me give you a word of advice on parting: don't wave your arms about! Get rid of that habit of waving them about. And then, building dachas and reckoning on dacha residents becoming freeholders in time, reckoning on that—it's also

вать... Как-никак, все-таки я тебя люблю. У тебя тонкие, нежные пальцы, как у артиста, у тебя тонкая, нежная душа...
Лопахин *(обнимает его).* Прощай, голубчик. Спасибо за все. Ежели нужно, возьми у меня денег на дорогу.
Трофимов. Для чего мне? Не нужно.
Лопахин. Ведь у вас нет!
Трофимов. Есть. Благодарю вас. Я за перевод получил. Вот они тут, в кармане. *(Тревожно.)* А калош моих нет!
Варя *(из другой комнаты).* Возьмите вашу гадость! *(Выбрасывает на сцену пару резиновых калош.)*
Трофимов. Что же вы сердитесь, Варя? Гм... Да это не мои калоши!
Лопахин. Я весной посеял маку тысячу десятин и теперь заработал сорок тысяч чистого. А когда мой мак цвел, что это была за картина! Так вот я, говорю, заработал сорок тысяч и, значит, предлагаю тебе взаймы, потому что могу. Зачем же нос драть? Я мужик... попросту.
Трофимов. Твой отец был мужик, мой — аптекарь, и из этого не следует решительно ничего.

Лопахин вынимает бумажник.

Оставь, оставь... Дай мне хоть двести тысяч, не возьму. Я свободный человек. И все, что так высоко и дорого цените вы все, богатые и нищие, не имеет надо мной ни малейшей власти, вот как пух, который носится по воздуху. Я могу обходиться без вас, я могу проходить мимо вас, я силен и горд. Человечество идет к высшей правде, к высшему счастью, какое только возможно на земле, и я в первых рядах!
Лопахин. Дойдешь?
Трофимов. Дойду.

Пауза.

Дойду или укажу другим путь, как дойти.

Слышно, как вдали стучат топором по дереву.

Лопахин. Ну, прощай, голубчик. Пора ехать. Мы друг перед другом нос дерем, а жизнь знай себе проходит. Когда я работаю подолгу, без устали, тогда мысли полегче, и кажется, будто мне тоже известно, для чего я существую. А сколько, брат, в России людей, которые су-

The Cherry Orchard

waving your arms about... After all, I do like you. You've slender, delicate fingers, like those of an artist, you've a slender, delicate soul...
Lopakhin. *[Embraces him.]* Goodbye, dear fellow. Thanks for everything. If you need any, take some money from me for the journey.
Trofimov. Why should I? I don't need it.
Lopakhin. But you don't have any!
Trofimov. Yes, I have. Thank you. I've got some for a translation. Here it is in my pocket. *[Anxiously.]* But my galoshes are not here!
Varya. *[From the other room.]* Take your rubbish! *[Throws a pair of rubber galoshes onto the stage.]*
Trofimov. Why are you angry, Varya? Hm... These aren't my galoshes!
Lopakhin. In the spring I sowed a thousand dessiatinas of poppies, and now I've made forty thousand net profit. And when my poppies were in flower, what a picture it was! So I, as I was saying, made forty thousand, and, well, I'm offering you a loan, because I can. Why turn up your nose? I'm a peasant... it's simple.
Trofimov. Your father was a peasant, mine was a chemist, and that means absolutely nothing.

Lopakhin takes out his wallet.

Stop that, stop that... Even if you gave me two hundred thousand I wouldn't take it. I'm a free man. And everything that all you people, rich and poor, value so highly and so dearly hasn't the least influence over me; it's like a flock of down floating in the air. I can do without you, I can pass you by, I'm strong and proud. Mankind goes on to the highest truth, to the highest happiness such as is only possible on earth, and I am in the front ranks!
Lopakhin. Will you get there?
Trofimov. I will.

Pause.

I'll get there or show others the way.

Axes cutting the trees are heard in the distance.

Lopakhin. Well, goodbye, old man. It's time to go. We turn up our noses at each other, but life goes its own way. When I work for a long time, tirelessly, then my thoughts are lighter, and I think I too know why I exist. But how many people in Russia, brother, exist without knowing why. Still,

ществуют неизвестно для чего. Ну, все равно, циркуляция дела не в этом. Леонид Андреич, говорят, принял место, будет в банке, шесть тысяч в год... Только ведь не усидит, ленив очень...

Аня *(в дверях).* Мама вас просит: пока она не уехала, чтоб не рубили сада.

Трофимов. В самом деле, неужели не хватает такта... *(Уходит через переднюю.)*

Лопахин. Сейчас, сейчас... Экие, право. *(Уходит за ним.)*

Аня. Фирса отправили в больницу?

Яша. Я утром говорил. Отправили, надо думать.

Аня *(Епиходову, который проходит через залу).* Семен Пантелеич, справьтесь, пожалуйста, отвезли ли Фирса в больницу.

Яша *(обиженно).* Утром я говорил Егору. Что ж спрашивать по десять раз!

Епиходов. Долголетний Фирс, по моему окончательному мнению, в починку не годится, ему надо к праотцам. А я могу ему только завидовать. *(Положил чемодан на картонку со шляпой и раздавил.)* Ну, вот, конечно. Так и знал. *(Уходит.)*

Яша *(насмешливо).* Двадцать два несчастья...

Варя *(за дверью).* Фирса отвезли в больницу?

Аня. Отвезли.

Варя. Отчего же письмо не взяли к доктору?

Аня. Так надо послать вдогонку... *(Уходит.)*

Варя *(из соседней комнаты).* Где Яша? Скажите, мать его пришла, хочет проститься с ним.

Яша *(машет рукой).* Выводят только из терпения.

Дуняша все время хлопочет около вещей: теперь, когда Яша остался один, она подошла к нему.

Дуняша. Хоть бы взглянули разочек, Яша. Вы уезжаете... меня покидаете. *(Плачет и бросается ему на шею.)*

Яша. Что ж плакать? *(Пьет шампанское.)* Через шесть дней я опять в Париже. Завтра сядем в курьерский поезд и закатим, только нас и видели. Даже как-то не верится. Вив ла Франс!.. Здесь не по мне, не могу жить... ничего не поделаешь. Насмотрелся на невежество — будет с меня. *(Пьет шампанское.)* Что ж плакать? Ведите себя прилично, тогда не будете плакать.

Дуняша *(пудрится, глядится в зеркальце).* Пришлите из Парижа письмо. Ведь я вас любила, Яша, так любила! Я нежное существо,

The Cherry Orchard

it doesn't matter, work goes on without that. Leonid Andreich, they say, has accepted a post, he'll be in a bank, six thousand a year... Only he won't stay, very lazy...

Anya. *[In the door.]* Mother asks you: until she has gone, not to cut down the orchard.

Trofimov. Really, haven't you got any tact... *[Goes out through the anteroom.]*

Lopakhin. All right, all right... These people, really. *[Goes out after him.]*

Anya. Has Firs been sent to the hospital?

Yasha. I told them to this morning. I suppose they've sent him.

Anya. *[To Epikhodov, who crosses the reception-room.]* Semyon Panteleich, please make inquiries if Firs has been taken to the hospital.

Yasha. *[Offended.]* I told Egor this morning. What's the use of asking ten times!

Epikhodov. The long-lasting Firs, in my conclusive opinion, isn't worth mending; he should go to his forefathers. And I can only envy him. *[Put a suitcase on a box with a hat and squashed it.]* Well, of course. I knew it. *[Exit.]*

Yasha. *[Derisively.]* Two-and-twenty troubles...

Varya. *[Behind the door.]* Has Firs been taken to the hospital?

Anya. He has.

Varya. Why didn't they take the letter to the doctor?

Anya. It'll have to be sent after him... *[Exit.]*

Varya. *[In the next room.]* Where's Yasha? Tell him his mother's come and wants to say goodbye to him.

Yasha. *[Waves his hand.]* They make me lose my patience.

Dunyasha has meanwhile been bustling round the luggage; now that Yasha is left alone, she goes up to him.

Dunyasha. If you only looked at me once, Yasha. You're going away... leaving me... *[Weeps and hugs him round the neck.]*

Yasha. What's the use of crying? *[Drinks champagne.]* In six days I'll be again in Paris. Tomorrow we'll get into the express and we'll be off in a blink of an eye. I can hardly believe it. Vive la France! It doesn't suit me here, I can't live... I can't help it. Well, I've seen barbarism – that's enough for me. *[Drinks champagne.]* What's the use of crying? Behave yourself properly, and then you won't cry.

Dunyasha. *[Powders her face, looks in a small mirror.]* Send me a letter from Paris. I really loved you, Yasha, I loved you so! I'm a sensitive

Вишневый сад

Яша!
Яша. Идут сюда. *(Хлопочет около чемоданов, тихо напевает.)*

Входят Любовь Андреевна, Гаев, Аня и Шарлотта Ивановна.

Гаев. Ехать бы нам. Уже немного осталось. *(Глядя на Яшу.)* От кого это селедкой пахнет?
Любовь Андреевна. Минут через десять давайте уже в экипаж садиться... *(Окидывает взглядом комнату.)* Прощай, милый дом, старый дедушка. Пройдет зима, настанет весна, а там тебя уже не будет, тебя сломают. Сколько видели эти стены! *(Целует горячо дочь.)* Сокровище мое, ты сияешь, твои глазки играют, как два алмаза. Ты довольна? Очень?
Аня. Очень! Начинается новая жизнь, мама!
Гаев *(весело).* В самом деле, теперь все хорошо. До продажи вишневого сада мы все волновались, страдали, а потом, когда вопрос был решен окончательно, бесповоротно, все успокоились, повеселели даже... Я банковский служака, теперь я финансист... желтого в середину, и ты, Люба, как-никак выглядишь лучше, это несомненно.
Любовь Андреевна. Да. Нервы мои лучше, это правда.

Ей подают шляпу и пальто.

Я сплю хорошо. Выносите мои вещи, Яша. Пора. *(Ане.)* Девочка моя, скоро мы увидимся... Я уезжаю в Париж, буду жить там на те деньги, которые прислала твоя ярославская бабушка на покупку имения — да здравствует бабушка! — а денег этих хватит ненадолго.
Аня. Ты, мама, вернешься скоро, скоро... не правда ли? Я подготовлюсь, выдержу экзамен в гимназии и потом буду работать, тебе помогать. Мы, мама, будем вместе читать разные книги... Не правда ли? *(Целует матери руки.)* Мы будем читать в осенние вечера, прочтем много книг, и перед нами откроется новый чудесный мир... *(Мечтает.)* Мама, приезжай...
Любовь Андреевна. Приеду, мое золото. *(Обнимает дочь.)*

Входит Лопахин. Шарлотта тихо напевает песенку.

Гаев. Счастливая Шарлотта: поет!
Шарлотта *(берет узел, похожий на свернутого ребенка).* Мой ребеночек, бай, бай...

The Cherry Orchard

creature, Yasha!

Yasha. Somebody's coming in here. *[Bustles around the suitcases, sings softly.]*

Enter Lyubov Andreyevna, Gaev, Anya, and Charlotta Ivanovna.

Gaev. We'd better be off. There's not much time left. *[Looks at Yasha.]* Who's smelling of herring?

Lyubov Andreyevna. In about ten minutes we should get into the carriage... *[Looks round the room.]* Goodbye, dear house, old grandfather. The winter will go, the spring will come, and then you'll exist no more, you'll be pulled down. How much these walls have seen! *[Passionately kisses her daughter.]* My treasure, you're radiant, your eyes flash like two diamonds. Are you happy? Very?

Anya. Very! A new life is beginning, mother!

Gaev. *[Gaily.]* Yes, really, everything's all right now. Before the cherry orchard was sold we all were worried, we suffered, and then, when the matter was settled once and for all, irrevocably, we all calmed down, even cheered up... I'm a bank official, I'm a financier now... yellow in the middle; and you, Lyuba, after all, look better, no doubt about it.

Lyubov Andreyevna. Yes. My nerves are better, it's true.

They bring her hat and coat.

I sleep well. Take my luggage out, Yasha. It's time. *[To Anya.]* My little girl, we'll see each other soon... I'm off to Paris, I'll live there on the money your grandmother from Yaroslavl sent to buy the estate—long live the grandmother!—though that money won't last long.

Anya. You'll come back soon, soon, mother, won't you? I'll study, pass the exam at the high school, and then I'll work and help you. We'll read all sorts of books together, won't we, mother? *[Kisses her mother's hands.]* We'll read in the autumn evenings; we'll read many books, and a beautiful new world will open up before us... *[Dreamily.]* Mother, come back...

Lyubov Andreyevna. I'll come back, my treasure. *[Embraces her daughter.]*

Enter Lopakhin. Charlotta quietly sings a song.

Gaev. Charlotta is happy; she sings!

Charlotta. *[Takes a bundle, looking like a wrapped-up baby.]* My little baby, bye-bye...

Вишневый сад

Слышится плач ребенка: "Уа, уа!.."

Замолчи, мой хороший, мой милый мальчик.

"Уа!.. Уа!.."

Мне тебя так жалко! *(Бросает узел на место.)* Так вы, пожалуйста, найдите мне место. Я не могу так.
Лопахин. Найдем, Шарлотта Ивановна, не беспокойтесь.
Гаев. Все нас бросают, Варя уходит... мы стали вдруг не нужны.
Шарлотта. В городе мне жить негде. Надо уходить... *(Напевает.)* Все равно...

Входит Пищик.

Лопахин. Чудо природы!..
Пищик *(запыхавшись).* Ой, дайте отдышаться... замучился... Мои почтеннейшие... Воды дайте...
Гаев. За деньгами небось? Слуга покорный, ухожу от греха... *(Уходит.)*
Пищик. Давненько не был у вас... прекраснейшая... *(Лопахину.)* Ты здесь... рад тебя видеть... громаднейшего ума человек... возьми... получи... *(Подает Лопахину деньги.)* Четыреста рублей... За мной остается восемьсот сорок...
Лопахин *(в недоумении пожимает плечами).* Точно во сне... Ты где же взял?
Пищик. Постой... Жарко... Событие необычайнейшее. Приехали ко мне англичане и нашли в земле какую-то белую глину... *(Любови Андреевне.)* И вам четыреста... прекрасная, удивительная... *(Подает деньги.)* Остальные потом. *(Пьет воду.)* Сейчас один молодой человек рассказывал в вагоне, будто какой-то великий философ советует прыгать с крыш... "Прыгай!", говорит, и в этом вся задача. *(Удивленно.)* Вы подумайте! Воды!..
Лопахин. Какие же это англичане?
Пищик. Сдал им участок с глиной на двадцать четыре года... А теперь, извините, некогда... надо скакать дальше... Поеду к Знойкову... к Кардамонову... Всем должен... *(Пьет.)* Желаю здравствовать... В четверг заеду...
Любовь Андреевна. Мы сейчас переезжаем в город, а завтра я за границу...

The Cherry Orchard

The sound of a baby'cry is heard: "Oua! Oua!.."

Hush, my nice, my sweet boy.

"Oua! Oua!.."

I'm so sorry for you! *[Throws the bundle back.]* So please find me a job. I can't go on like this.
Lopakhin. We'll find one, Charlotta Ivanovna, don't worry.
Gaev. Everybody's leaving us, Varya's going away... we've suddenly become unnecessary.
Charlotta. I've nowhere to live in town. I must go away... *[Sings.]* Never mind...

Enter Pishchik.

Lopakhin. Nature's marvel!..
Pishchik. *[Out of breath.]* Oh, let me get my breath back... I'm fagged out... My most honoured... Give me some water...
Gaev. Come for money, what? Your humble servant, I'm going out of the way of temptation... *[Exit.]*
Pishchik. I haven't been here for ever so long... the fairest one... *[To Lopakhin.]* You're here... glad to see you... man of enormous intellect... take... take it... *[Gives Lopakhin money.]* Four hundred roubles... I still owe you eight hundred and forty...
Lopakhin. *[Shrugs his shoulders in bewilderment.]* Like in a dream... Where did you get it?
Pishchik. Wait... It's hot... A most extraordinary thing happened. Some Englishmen came along to my place and found some white clay in the soil... *[To Lyubov Andreyevna.]* And four hundred for you... beautiful, amazing woman... *[Gives her the money.]* The rest later. *[Drinks water.]* Just now a young man in the train was saying that some great philosopher advises us all to jump off roofs... "Jump!" he says, and that's all. *[Astonished.]* To think of that, now! Water!..
Lopakhin. Who were these Englishmen?
Pishchik. I've leased off the land with the clay to them for twenty-four years... Now, excuse me, I've no time... I must run along... I'm going to Znoikov... to Kardamonov... I owe everyone... *[Drinks.]* Cheerio... I'll come in on Thursday...
Lyubov Andreyevna. We're moving out to town now, and tomorrow I'm going abroad...

Вишневый сад

Пищик. Как? *(Встревоженно.)* Почему в город? То-то я гляжу на мебель... чемоданы... Ну ничего... *(Сквозь слезы.)* Ничего... Величайшего ума люди... эти англичане... Ничего. Будьте счастливы... Бог поможет вам... Ничего... Всему на этом свете бывает конец... *(Целует руку Любови Андреевне.)* А дойдет до вас слух, что мне конец пришел, вспомните вот эту самую... лошадь и скажите: "Был на свете такой-сякой... Симеонов-Пищик... царство ему небесное"... Замечательнейшая погода... Да... *(Уходит в сильном смущении, но тотчас же возвращается и говорит в дверях.)* Кланялась вам Дашенька! *(Уходит.)*
Любовь Андреевна. Теперь можно и ехать. Уезжаю я с двумя заботами. Первая — это больной Фирс. *(Взглянув на часы.)* Еще минут пять можно...
Аня. Мама, Фирса уже отправили в больницу. Яша отправил утром.
Любовь Андреевна. Вторая моя печаль — Варя. Она привыкла рано вставать и работать, и теперь без труда она как рыба без воды. Похудела, побледнела и плачет, бедняжка...

Пауза.

Вы это очень хорошо знаете, Ермолай Алексеич; я мечтала... выдать ее за вас, да и по всему видно было, что вы женитесь. *(Шепчет Ане, та кивает Шарлотте, и обе уходят.)* Она вас любит, вам она по душе, и не знаю, не знаю, почему это вы точно сторонитесь друг друга. Не понимаю!
Лопахин. Я сам тоже не понимаю, признаться. Как-то странно все... Если есть еще время, то я хоть сейчас готов... Покончим сразу — и баста, а без вас я, чувствую, не сделаю предложения.
Любовь Андреевна. И превосходно. Ведь одна минута нужна, только. Я сейчас позову...
Лопахин. Кстати и шампанское есть. *(Поглядев на стаканчики.)* Пустые, кто-то уже выпил.

Яша кашляет.

Это называется вылакать...
Любовь Андреевна *(оживленно).* Прекрасно. Мы выйдем... Яша, allez! Я ее позову... *(В дверь.)* Варя, оставь все, поди сюда. Иди! *(Уходит с Яшей.)*
Лопахин *(поглядев на часы).* Да...

The Cherry Orchard

Pishchik. What? *[Agitated.]* Why to town? That's why I see the furniture... the suitcases... Well, never mind... *[Through tears.]* Never mind... People of enormous intellect... these Englishmen... Never mind. Be happy... God will help you... Never mind... Everything in this world comes to an end... *[Kisses Lyubov Andreyevna's hand.]* And if you should happen to hear that my end has come, just remember this very... horse and say: "There was one such and such... Simeonov-Pishchik... God bless his soul..." Most wonderful weather... Yes... *[Exit deeply moved, but returns at once and says in the door.]* Dashenka sent you her greetings! *[Exit.]*
Lyubov Andreyevna. Now we can go. I'm leaving with two anxieties. The first is sick Firs. *[Looks at her watch.]* We've still five minutes...
Anya. Mother, Firs has already been sent to the hospital. Yasha sent him off this morning.
Lyubov Andreyevna. My second anxiety is Varya. She's used to getting up early and to work, and now without work she's like a fish out of water. She's grown thin and pale, and she cries, poor thing...

Pause.

You know this very well, Ermolay Alekseyich; I dreamed... of marrying her to you, and it certainly looked as if you were going to get married. *[Whispers to Anya, who nods to Charlotta, and they both go out.]* She loves you, you're fond of her, and I don't know, I don't know, why you seem to be keeping away from each other. I don't understand!
Lopakhin. To tell the truth, I don't understand either. It's all so strange... If there's still time, then I'm ready right now... Let's get it over with right away – and basta; without you I feel I'll never propose.
Lyubov Andreyevna. Excellent. It'll only take a minute. I'll call her at once...
Lopakhin. We have champagne for the occasion. *[Looking at the tumblers.]* They're empty, somebody's already drunk them.

Yasha coughs.

I call that lapping it up...
Lyubov Andreyevna. *[Animatedly.]* Excellent. We'll go out... Yasha, allez! I'll call her in... *[Through the door.]* Varya, leave all that, come here. Come! *[Exit with Yasha.]*
Lopakhin. *[Looks at his watch.]* Yes...

Вишневый сад

Пауза.

За дверью сдержанный смех, шепот, наконец входит Варя.

Варя *(долго осматривает вещи).* Странно, никак не найду...
Лопахин. Что вы ищете?
Варя. Сама уложила и не помню.

Пауза.

Лопахин. Вы куда же теперь, Варвара Михайловна?
Варя. Я? К Рагулиным... Договорилась с ним смотреть за хозяйством... в экономки, что ли.
Лопахин. Это в Яшнево? Верст семьдесят будет.

Пауза.

Вот и кончилась жизнь в этом доме...
Варя *(оглядывая вещи).* Где же это... Или, может, я в сундук уложила... Да, жизнь в этом доме кончилась... больше уже не будет...
Лопахин. А я в Харьков уезжаю сейчас... вот с этим поездом. Дела много. А тут во дворе оставляю Епиходова... Я его нанял.
Варя. Что ж!
Лопахин. В прошлом году об эту пору уже снег шел, если припомните, а теперь тихо, солнечно. Только что вот холодно... Градуса три мороза.
Варя. Я не поглядела.

Пауза.

Да и разбит у нас градусник...

Пауза.

Голос в дверь со двора: "Ермолай Алексеич!.."

Лопахин *(точно давно ждал этого зова).* Сию минуту! *(Быстро уходит.)*

Варя, сидя на полу, положив голову на узел с платьем, тихо рыдает. Отворяется

The Cherry Orchard

Pause.

A restrained laugh behind the door, whispering, finally Varya comes in.

Varya. *[Looking at the luggage for a long time.]* Strange, I just can't find it...
Lopakhin. What are you looking for?
Varya. I packed it myself and I don't remember.

Pause.

Lopakhin. Where are you going now, Varvara Mikhaylovna?
Varya. Me? To the Ragulins... I've got an agreement to look after his house... as housekeeper or something.
Lopakhin. Is that at Yashnevo? It's about seventy versts from here.

Pause.

So life in this house is finished now...
Varya. *[Looking at the luggage.]* Where is it?... Or perhaps I've put it away in the trunk... Yes, life in this house is finished... there won't be any more...
Lopakhin. And I'm off to Kharkov now... by this train. I have a lot of business. And I'm leaving Epikhodov here in the yard... I've taken him on.
Varya. Well!
Lopakhin. Last year at this time the snow was already falling, if you remember, and now it's calm and sunny. Only it's cold... About three degrees of frost.
Varya. I didn't look.

Pause.

And our thermometer's broken...

Pause.

Voice from outside through the door: "Ermolay Alekseyich!.."

Lopakhin. *[As if he has long been waiting to be called.]* This minute! *[Exit quickly.]*

Varya, sitting on the floor, laying her head on a bundle of clothes, weeps quietly. The

Вишневый сад

дверь, осторожно входит Любовь Андреевна.

Любовь Андреевна. Что?

Пауза.

Надо ехать.
Варя *(уже не плачет, вытерла глаза).* Да, пора, мамочка. Я к Рагулиным поспею сегодня, не опоздать бы только к поезду...
Любовь Андреевна *(в дверь).* Аня, одевайся!

Входит Аня, потом Гаев, Шарлотта Ивановна. На Гаеве теплое пальто с башлыком. Сходится прислуга, извозчики. Около вещей хлопочет Епиходов.

Теперь можно и в дорогу.
Аня *(радостно).* В дорогу!
Гаев. Друзья мои, милые, дорогие друзья мои! Покидая этот дом навсегда, могу ли я умолчать, могу ли удержаться, чтобы не высказать на прощанье те чувства, которые наполняют теперь все мое существо...
Аня *(умоляюще).* Дядя!
Варя. Дядечка, не нужно!
Гаев *(уныло).* Дуплетом желтого в середину... Молчу...

Входит Трофимов, потом Лопахин.

Трофимов. Что же, господа, пора ехать!
Лопахин. Епиходов, мое пальто!
Любовь Андреевна. Я посижу еще одну минутку. Точно раньше я никогда не видела, какие в этом доме стены, какие потолки, и теперь я гляжу на них с жадностью, с такой нежной любовью...
Гаев. Помню, когда мне было шесть лет, в Троицын день я сидел на этом окне и смотрел, как мой отец шел в церковь...
Любовь Андреевна. Все вещи забрали?
Лопахин. Кажется, все. *(Епиходову, надевая пальто.)* Ты же, Епиходов, смотри, чтобы все было в порядке.
Епиходов *(говорит сиплым голосом).* Будьте покойны, Ермолай Алексеич!
Лопахин. Что это у тебя голос такой?
Епиходов. Сейчас воду пил, что-то проглотил.
Яша *(с презрением).* Невежество...

The Cherry Orchard

door opens, Lyubov Andreyevna enters cautiously.

Lyubov Andreyevna. Well?

Pause.

We must go.
Varya. *[Doesn't cry anymore, wipes her eyes.]* Yes, it's time, mother. I'll get to the Ragulins today, if I don't miss the train...
Lyubov Andreyevna. *[Through the door.]* Anya, put on your things!

Enter Anya, then Gaev, Charlotta Ivanovna. Gaev wears a warm overcoat with a hood. The servants and drivers gather. Epikhodov bustles around the luggage.

Now we can go away.
Anya. *[Joyfully.]* Away!
Gaev. My friends, my dear friends! Can I be silent, in leaving this house for evermore, can I restrain myself, in saying farewell, from expressing those feelings which now fill my whole being...?
Anya. *[Imploringly.]* Uncle!
Varya. Uncle, you shouldn't!
Gaev. *[Sadly.]* Double the yellow into the middle... I'll be quiet...

Enter Trofimov, then Lopakhin.

Trofimov. Well, gentlemen, time to go!
Lopakhin. Epikhodov, my coat!
Lyubov Andreyevna. I'll sit one more minute. It's as if I'd never seen before what the walls and ceilings of this house were like, and now I look at them greedily, with such tender love...
Gaev. I remember, when I was six, on Trinity Sunday, I sat at this window and watched my father going to church...
Lyubov Andreyevna. Have all the things been taken away?
Lopakhin. All, I think. *[To Epikhodov, putting on his coat.]* You see that everything's in order, Epikhodov.
Epikhodov. *[Speaks in a hoarse voice.]* Don't worry, Ermolay Alekseyich!
Lopakhin. What's the matter with your voice?
Epikhodov. I was drinking some water just now, I swallowed something.
Yasha. *[Contemptuously.]* Barbarism...

Вишневый сад

Любовь Андреевна. Уедем — и здесь не останется ни души...
Лопахин. До самой весны.
Варя *(выдергивает из узла зонтик, похоже, как будто она замахнулась; Лопахин делает вид, что испугался).* Что вы, что вы... Я и не думала...
Трофимов. Господа, идемте садиться в экипажи... Уже пора! Сейчас поезд придет!
Варя. Петя, вот они, ваши калоши, возле чемодана. *(Со слезами.)* И какие они у вас грязные, старые...
Трофимов *(надевая калоши).* Идем, господа!..
Гаев *(сильно смущен, боится заплакать).* Поезд... станция... Круазе в середину, белого дуплетом в угол...
Любовь Андреевна. Идем!
Лопахин. Все здесь? Никого там нет? *(Запирает боковую дверь налево.)* Здесь вещи сложены, надо запереть. Идем!..
Аня. Прощай, дом! Прощай, старая жизнь!
Трофимов. Здравствуй, новая жизнь!.. *(Уходит с Аней.)*

Варя окидывает взглядом комнату и не спеша уходит. Уходит Яша и Шарлотта с собачкой.

Лопахин. Значит, до весны. Выходите, господа... До свидания!.. *(Уходит.)*

Любовь Андреевна и Гаев остались вдвоем. Они точно ждали этого, бросаются на шею друг другу и рыдают сдержанно, тихо, боясь, чтобы их не услышали.

Гаев *(в отчаянии).* Сестра моя, сестра моя...
Любовь Андреевна. О мой милый, мой нежный прекрасный сад!.. Моя жизнь, моя молодость, счастье мое, прощай!.. Прощай!..

Голос Ани весело, призывающе: "Мама!.."

Голос Трофимова весело, возбужденно: "Ау!.."

Любовь Андреевна. В последний раз взглянуть на стены, на окна... По этой комнате любила ходить покойная мать...
Гаев. Сестра моя, сестра моя!..

Голос Ани: "Мама!.."

The Cherry Orchard

Lyubov Andreyevna. We'll go away - and there won't be a soul left here...
Lopakhin. Till the spring.
Varya. *[Pulls an umbrella out of a bundle, and seems to be waving it about; Lopakhin pretends to be frightened.]* Don't worry, don't worry... I wasn't going to...
Trofimov. Gentlemen, let's get into the carriages... It's time! The train will be coming any minute!
Varya. Petya, here they are, your galoshes, by that suitcase. *[In tears.]* And how dirty and old they are...
Trofimov. *[Putting on the galoshes.]* Let's go, gentlemen!..
Gaev. *[Deeply moved, afraid of crying.]* The train... the station... Cross in the middle, double the white in the corner...
Lyubov Andreyevna. Let's go!
Lopakhin. Is everyone here? Nobody is there? *[Locks the side-door on the left.]* Things are stored in there, I must lock up. Let's go!..
Anya. Goodbye, house! Goodbye, old life!
Trofimov. Hello, new life! *[Exit with Anya.]*

Varya looks round the room and goes out slowly. Yasha and Charlotta, with her little dog, go out.

Lopakhin. Till the spring, then. Come on out, gentlemen... Goodbye! *[Exit.]*

Lyubov Andreyevna and Gaev are left alone. As if they had been waiting for this, they fall on each other's necks and sob restrainedly and quietly, afraid of being heard.

Gaev. *[In despair.]* My sister, my sister...
Lyubov Andreyevna. Oh my dear, my gentle, beautiful orchard!.. My life, my youth, my happiness, goodbye!.. Goodbye!..

Anya's voice, gaily calling: "Mother!.."

Trofimov's voice gaily, excitedly: "Coo-ee!.."

Lyubov Andreyevna. To look at the walls and the windows for the last time... My late mother liked to walk about this room...
Gaev. My sister, my sister!..

Anya's voice: "Mother!.."

Вишневый сад

Голос Трофимова: "Ау!.."

Любовь Андреевна. Мы идем!..

Уходят.

Сцена пуста. Слышно, как на ключ запирают все двери, как потом отъезжают экипажи. Становится тихо. Среди тишины раздается глухой стук по дереву, звучащий одиноко и грустно. Слышатся шаги. Из двери, что направо, показывается Фирс. Он одет, как всегда, в пиджаке и белой жилетке, на ногах туфли. Он болен.

Фирс (*подходит к двери, трогает за ручку*). Заперто. Уехали... (*Садится на диван.*) Про меня забыли... Ничего... я тут посижу... А Леонид Андреич небось шубы не надел, в пальто поехал... (*Озабоченно вздыхает.*) Я-то не поглядел... Молодо-зелено! (*Бормочет что-то, чего понять нельзя.*) Жизнь-то прошла, словно и не жил. (*Ложится.*) Я полежу... Силушки-то у тебя нету, ничего не осталось, ничего... Эх ты... недотепа!.. (*Лежит неподвижно.*)

Слышится отдаленный звук, точно с неба, звук лопнувшей струны, замирающий, печальный. Наступает тишина, и только слышно, как далеко в саду топором стучат по дереву.

Занавес.

The Cherry Orchard

Trofimov's voice: "Coo-ee!.."

Lyubov Andreyevna. We're coming!..

They go out.

The stage is empty. The sound of all the doors being locked with the keys is heard, then the sound of the carriages going away. It becomes quiet. In the silence there is the thud on wood, sounding solitary and sadly. Footsteps are heard. Firs appears from the door on the right. He is dressed as usual, in a jacket and white waistcoat; slippers on his feet. He is ill.

Firs. *[Goes to the door, tries the handle.]* Locked. They've gone away... *[Sits down on a sofa.]* They've forgotten about me... Never mind... I'll sit here... And Leonid Andreich probably didn't put on his fur coat, went off in his overcoat... *[Sighs anxiously.]* I didn't see to it... He's still wet behind the ears! *[Mumbles something that cannot be understood.]* Life's gone by as if I hadn't lived. *[Lies down.]* I'll lie down for a while... You've no strength, nothing is left, nothing... Oh, you... oaf!.. *[Lies without moving.]*

A distant sound is heard as if from the sky, the sound of a broken string, dying away, sad. Silence falls, and only the sound of an axe striking a tree is heard far away in the orchard.

Curtain.

www.ingramcontent.com/pod-product-compliance
Lightning Source LLC
Chambersburg PA
CBHW071308150426
43191CB00007B/543